麦读
MyRead

走向上的路　追求正义与智慧

中国民法典评注

始于 2016 年

总编·朱庆育　高圣平

中国民法典评注

条 文 选 注

本册主编·朱庆育

本册副主编·刘勇　尚连杰　吴香香　辛正郁

—————— 第 **4** 册 ——————

中国民主法制出版社

全国百佳图书出版单位

本册主编

朱庆育

南京大学法学院教授、博士生导师，南京大学法典评注研究中心主任。中国政法大学法学学士、法学硕士、法学博士，德国马普外国私法与国际私法研究所访问学者。曾任教于中国政法大学、浙江大学光华法学院。研究领域为民法学、法学方法论、德国近现代民法史与法律哲学。

本册副主编

刘　勇

南京大学法学院副教授、硕士生导师。南京大学法学学士、民商法学硕士、经济法学博士，日本京都大学法学研究科访问学者。主要研究领域为民法总则、债法与保险法。

尚连杰

南京大学法学院副教授、硕士生导师。郑州大学法学学士、法学硕士，清华大学法学博士，德国弗莱堡大学联合培养博士生。主要研究领域为民法基础理论、债法、物权法。

吴香香

中国政法大学教授、博士生导师。中国政法大学法学学士、法学硕士、法学博士，德国哥廷根大学联合培养博士生。主要研究领域为民法学与私法方法论，尤其关注物权理论、占有理论、法典评注与请求权基础。

辛正郁

北京市天同律师事务所合伙人。中国政法大学法学学士，日本九州大学法学硕士。曾供职最高人民法院逾二十年，现为京、沪、深五家国内主要仲裁机构仲裁员。主笔/主持天同诉讼圈"民商辛说"专栏，搭建民商法理论实务交流平台。

作者及分工（以姓氏拼音为序）

卜元石　第870条
瑞士伯尔尼大学法学博士，德国弗莱堡大学法律系教授

戴孟勇　第726条
清华大学法学博士，中国政法大学民商经济法学院教授

郝丽燕　第447—452条
中国社会科学院法学博士，山东建筑大学法学院副教授

黄泷一　第320条
中国社会科学院法学博士，广东财经大学法学院讲师

纪海龙　第404条
德国哥廷根大学法学博士，北京大学法学院长聘副教授

柯勇敏　第394条、第395条
清华大学法学博士，中国政法大学法学教育研究与评估中心讲师

刘　勇　第670条、第676条
南京大学法学博士，南京大学法学院副教授

宁红丽　第778条
中国人民大学法学博士，对外经济贸易大学法学院教授

唐　勇　第967条
北京大学法学博士，中央民族大学法学院副教授

吴训祥　第979条
德国图宾根大学法学博士，北京大学法学院助理教授

武亦文　第423条
武汉大学法学博士，武汉大学法学院教授

杨　巍　第1245条
武汉大学法学博士，武汉大学法学院教授

游　冕　第919条
中国政法大学法律硕士，天同律师事务所律师

朱庆育　法律评注是什么？（代序）、《中国民法典评注》写作指南（第2版）
中国政法大学法学博士，南京大学法学院教授

本书系2022年度国家社科基金重大项目"我国民法评注编纂重大问题研究"（项目批准号22&ZD205）的阶段性成果，并受北京市天同律师事务所、南京大学文科中长期专项研究资金资助

法律评注是什么？
（代序）

朱庆育

一

当一名法官被要求依据给定的制定法对个案作出裁判时,专业范畴内,他需要思考的核心问题是,如何正确将抽象的法律规范适用于具体的案件事实,并且保证裁判合乎正义。技术上,这一核心问题可分解为三个小问题:如何准确理解法律规范、如何恰当提取案件事实以及如何为案件事实适配法律规范。此亦法律适用的三步骤,几乎覆盖法律人的全部常规工作。

三项工作各有其困境。

理解与解释法律规范是法律适用者(如法官)与研究者(如法学者)的基本职业内容。不同的是,适用者之理解法律规范,着眼于个案,故难免以管窥豹;研究者致力于得出一般性结论,却又可能忽略具体情境而沦为纸上谈兵。学者之间形成共识本就不易,如果适用者与学者又各行其是,理解法律规范固然举步维艰,裁判之合乎正义亦大概率仅为随机事件,至于以知识共同体为基础的职业共同体,则更是难容乐观。

法律规范以适用为目的,但并非所有法律规范均具相同的可适用性。何种类型的诉讼应以何等性质的法律规范作为裁判依据,须作仔细考量。尤其是,如何依循请求权基础思维甄辨主要规范、辅助规范与防御规范并恰当运用于法律适用各步骤,更是检验法教义学功力的试剂。如果无法通过检验,裁判具有何种程度的科学性,即殊为可疑。

民事诉讼中,呈现案件事实的作业主要由当事人完成。通过原被告的诉辩,法官获得对案件事实的认知。作为事实,须接受证据制度的真伪检验;为了涵摄于规范之下以便得出裁判结论,法官还须对案件事实作适于规范适用的提取。这意味着,唯有对实体规范与程序性证据制度尽皆了然,法官方可游刃于抽象规范与具体案件之间而实现裁判正义。在高度割裂实体法与程序法的我国当下教育体制中,此洵非易事。

问题在于,是否存在某种文献形式可回应上述困境?更确切地说,可一并回应上述困境?

二

无论何种学科,最基本且最重要的文献形式都是教科书。法学兼具科学与技艺双重特点,教科书亦因此区分原理教科书和案例教科书两类。理想状态下,前者旨在阐述学术原理,构筑学科体系,以彰示其追寻科学的青云之志;后者则以工匠精神展示抽象规范适用于具体案件的技术细节。原理教科书提供得到准确界定的概念及以此为基础的规范解释,但不以个案适用为直接目标,即使出现案例,目的亦非在案例适用本身,而在辅助阐述基本原理。案例教科书同样服务于教学,主要功用在于,以代表性案例为示范,帮助学习者理解基本原理与法律适用过程。显然,受制于学术性与教学性定位,无论原理教科书还是案例教科书,意义均在奠立知识基础,对于理解法律规范及其适用固然有其不可替代的作用,但对于真实的个案法律适用,针对性有所不足。

教科书讲求体系,特定问题的研究难免不便深入,弥补这一缺陷的,是专论与案例研究作品。该文献形式的研究性质高于教学性质,亦不必对基本原理作体系化阐述,有专深之优长,但此亦意味着,专论与专案研究失之于窄,难以应对纷繁多样的各种法律适用状况。

除了较为常规的教科书、专题研究与案例研究,我国尚有一类特别的文献形式,即法条释义。此类文献的最大写法特征在于逐条释义,因而可全面覆盖制定法规范。这一写法决定,法条释义书不以理论框架而以制定法的法条编排为线索展开,此根本区别于原理教科书;同时,释义书注重阐释法条词句的含义,对案例的使用极为有限,故与案例研究亦相去甚远。我国释义书之特别不仅在于写法,更在于所面对的需求。释义书之繁荣与新法颁行密切相关,出版高峰集中于新法颁布之初,随即快速回落,峰谷曲线几乎是直上直下。这表示,释义书基本用来满足新法的第一时间了解之需,其写作出版亦相应以迅捷为第一要义。如今,释义书市场大致形成三类作品,分别由学者、立法机关工作人员与法官尤其是最高人民法院法官撰就。释义书结构内容无定法,唯可依作者身份之不同依稀辨识不同风格。相对而言,学者稍偏于理论,立法机关较多使用立法资料,法官则更关注司法实践中呈现的问题。但整体上,无论理论阐述、立法资料抑或司法实践,均是点到即止,此或与出版的速度要求有关。不过,逐条释义便于查阅,点到即止则风格通俗,释义书因此较之其他文献形式更具普及性,乃至无妨以非职业法律人为目标读者。

由是观之,既有各种文献形式均有其存在的合理性,但亦均对法律适用无法作出全面或针对性的回应。评注试图弥补这一缺憾。

三

在高圣平教授的提议与支持下,《法学家》自 2016 年第 3 期起开设"评注"专栏。汉语法学开始以论文的形式引入评注新文体。论文形式的意义在于,既有足够的篇幅从容探索评注的各项细节,亦可借助发表机制实现文章质控。2019 年,经辛正郁律师促成,北京市天同律师事务所捐资南京大学设立法典评注基金,并选派律师参与评注撰写,同年,受基金资助的南京大学天同法典评注工作坊投入运行。此后,每篇评注初稿均须进入闭门工作坊接受严苛的批评,文章质控实现常规化与规范化。

所探索的评注文体,以德国大型评注为借镜,兼参意日成例,并以逐条注释的形式展开。之所以逐条注释,一是确保覆盖所有制定法的适用问题,二可回应司法裁判须以具体法条为依据的需求。同样是为了回应司法裁判的需求,评注依构成要件与法律效果的结构展开。近年来,请求权基础思维在我国法学教育与司法实践中迅速铺开,为此,评注写作在传统"构成要件—法律效果"框架之下,进而关注请求权基础视野中的规范定性,以便精准定位所涉法条在法律适用网络中所处坐标。

以适用为中心不仅体现于写作结构,更在具体写法。所有构成要件与法律效果的解析,均在法律解释方法论的指引下,形上诉诸基本原理,形下与司法案例相互参照。评注因此兼具教科书、专题研究与案例研究的特点。只不过,评注对于全面性的追求,超过任何一种文献形式。教科书虽亦全面,但重在理论体系之周延,实证规范的解释则不必靡细无遗;评注之全面,系追求法条及其适用情形的全覆盖。在逐条评注中,学者见解尚可取其通说或若干代表性学说,司法案例则力求穷尽一切类型。原则上,法条适用中遇到或可能遇到的所有问题,评注均须给出回应。更进一步,所回应的适用问题并不局限于实体规范涵摄法律事实的三段论演算,程序性的举证分配亦在其列。此意味着,评注既探究规范解释,亦追问规范如何适用于个案,更将法律事实的发现程序纳入观察,也许是唯一有能力全面回应前述法律适用三步骤的文献形式。

但这并不表示,评注可以取代教科书、专题研究或案例研究。

评注以规范的解释与适用为关注点,法律人的教义学技能亦在于此,加之评注全面覆盖规范体系,故可兼具教学功用。今日德国评注高度发达的现状,在一定程度上确实对其教科书的产出有所抑制,甚至有学者断言评注将取代教科书。唯评注较之教科书更在乎反映或促成通说,亦因此更为保守。更重要的是,实务导向下,评注缺乏甚至排斥探究基础理论、建构理论体系的意向,而基础理论系法学生命之源。源头若无活水持续供给,生命终将枯竭。就此而言,评注取代教科书之日,也许即是作为科学的法学宣告死亡之时,此非法学之幸。

专题研究的方向之一是法律适用的精细化,此亦评注尤其是大型评注的追求。不过,专题研究的真正价值在于理论的深化,为教科书建构理论体系提供支持,而评注对此力有不逮。再者,专题研究以或者说应以学术命题为轴心,所有论证皆回归指向命题之证立;评注则以法条为中心,呈发散状铺陈法律适用中的各项问题,并不集中处理某个论题。二者取径正好相反。

至于案例研究,在以个案的规范适用为关注对象方面,与评注旨趣颇为相似。但评注以抽象法条为思考起点,从大前提出发全方位搜索射程内的小前提,系"以法找案";案例研究则是"以案找法",从小前提切入寻找适配的大前提。各自起式有所不同。另外,评注的优势在于全面,但缺陷亦在于此。由于全面,评注难以对特定个案专作深入研究,案例研究则恰好致力于此,两种文献因而各擅胜场,互补长短。

如果存在某种可为评注取代的文献形式,也许是法条释义。法条释义与评注有着相同的逐条注释外观,功能则基本为后者所覆盖。实际上,德国早期评注即与我国原生的法条释义颇为相似。在此意义上,评注可称法条释义的升级再造版。但即便如此,我国现实条件下,无论何种类型的释义书,评注均难以取代。基本上,只要第一时间了解新法的市场需求依然旺盛,释义书就有继续存在的广阔空间,且不论全国人大常委会法工委与最高人民法院以官方名义出版新法释义如今已成标准动作，纵是学者，为之投入者亦必大有人在。不过，《民法典》虽然因其巨大影响而令释义书出版的峰谷曲线大幅变缓，但回落趋势毕竟明显。释义书消退之处，也许正是评注登场之时。

四

大型评注非一蹴可就。鉴于立法、司法与学术现状以及撰写经验与能力，本评注项目拟作长期规划。撰写分工上，将《民法典》全部 1260 个条文依规范意义脉络划分为 90 个规范群，以规范群为单元由作者认领。写作进程与发表出版则分四个阶段：第一阶段，经工作坊讨论修改后的评注作品，适于发表者，先行发表于期刊；第二阶段，发表于期刊的评注作品以《中国民法典评注·条文选注》之名结集出版，以"册"计序；第三阶段，规范群评注完成后，符合单独出版条件的，以《中国民法典评注·规范集注》之名出版，以"辑"计序；评注撰写的最终成果呈现于第四阶段，届时，所有条文评注回归法典条序，出版以"卷"计序的《中国民法典评注·体系评注》。虽称四阶段，时间上却未必严格区分，各阶段无妨视其完成程度交替展开。此外，另行出版《中国民法典评注·评注研究》系列丛书，以呼应评注撰写实践。

作此长期规划的基本考虑在于，评注之"完成"固然重要，但"高质"也许更重要——尽管注定只是囿于现实条件的勉力高质，否则无非在众多文献中增加一类名为"评注"的法条释义而已，意义有限，何况评注系汉语法学新文体，如果起势太低，恐将影响评注的功能发挥及其前景。以四阶段推进，既确保作者以最大投入撰写每一篇评注作品，亦在各阶段的发表与出版中，根据立法、司法与学术的变迁以及作者经验能力的增进再作修改，俾使评注在作者能力范围内最大限度趋向高质并与时俱进。

本书系《中国民法典评注·条文选注》第 4 册，收录条文评注作品 15 篇，分涉物权、合同与侵权责任三编。作品分别发表于《法学家》《清华法学》《南京大学学报(哲学·人文科学·社会科学)》《南大法学》，收入本书，均作不同程度修订。

2023 年 10 月 26 日

目　录

引用建议

每篇评注作品均于作品首页显示期刊发表信息，引用时请以期刊发表为准。

第 320 条

从物随主物转让*

第 320 条 主物转让的,从物随主物转让,但是当事人另有约定的除外。

简　目

＊ 本文系基于《〈民法典〉第 320 条(从物随主物转让)评注》(载《南京大学学报(哲学·人文科学·社会科学)》2022 年第 6 期,第 129—148 页)一文修订而成。

案例收集及选取情况说明:本文使用的案例主要来自北大法宝法律数据库,检索时间为 2022 年 5 月 14 日。笔者使用关键词"主物""从物"在北大法宝数据库"司法案例"项下进行全文检索,排除无实质关联案例后,共获得相关案例 219 个,分类整理后选取具有代表性的案例在文中呈现。本文中"关于主从关系判断的常见案型",即由上述案例归纳而来。

一、规范概览

(一) 规范意旨

1　　《民法典》第 320 条规定:"主物转让的,从物随主物转让,但是当事人另有约定的除外。"以两个以上的物在相互关系中的不同功能为标准,物可以区分为主物(Hauptsache)与从物(Zubehör)。通常来说,常助主物效用之物为从物,为从物所辅助之物为主物。鉴于主物与从物在经济上具有密切关联,为维持主物与从物的经济一体性(经济上的密切关联),维护物的经济上利用价值,发挥物的效用,故使从物分享主物之法律命运。[1] 此为本条之规范意旨。

2　　"当事人另有约定的除外",表明本条为任意规范。须注意的是,本条规定的"从物随主物转让"的法效果,虽然在客观上有利于两物经济一体性的维护,但本质上是对当事人意思的推定:因主物与从物在经济上存在密切关联,在交易实践中当事人通常会使"从物随主物转让",故在当事人未有明确意思表示时,推定当事人有"从物随主物转让"的意思。因此,本条的规范性质系属任意规范中的实体解释规则(materiale Auslegungsregeln)。由于本条之"主物转让"可能同时涉及负担行为与处分行为,故在请求权基础思维中,本条的规范类别应视不同情形确定:就主物实施负担行为,就从物亦负担同样的义务,本条为请求权基础规范;就主物实施处分行为,从物亦随之处分,本条为辅助规范。[2]

(二) 制度沿革

3　　《民法通则》和《担保法》未涉及主物从物关系。《合同法》第 164 条就"解除主物买卖合同的效力及于从物"设有规定,《物权法》第 115 条就"从物随主物转让"设有规定。本条来源于《物权法》第 115 条,仅在文字上略有调整。同时,《合同法》第 164 条亦被《民法典》吸纳,成为《民法典》第 631 条。

4　　在司法解释层面,《民通意见》第 87 条虽未使用"主物"和"从物"术语,但明确规定"附属物随财产所有权的转移而转移"。《担保法解释》第 63 条、第 91 条、第 114 条对担保物权领域的主物从物关系设有规定,即在符合特定条件的情况

---

[1]　参见梁慧星、陈华彬:《物权法》(第 7 版),法律出版社 2020 年版,第 44 页;崔建远:《物权法》(第 5 版),中国人民大学出版社 2021 年版,第 35 页;陈华彬:《民法总则》,中国政法大学出版社 2017 年版,第 439 页;王泽鉴:《民法总则》(2022 年重排版),北京大学出版社 2022 年版,第 226 页;黄薇主编:《中华人民共和国民法典物权编解读》,中国法制出版社 2020 年版,第 377—378 页。

[2]　参见吴香香:《民法典请求权基础检索手册》,中国法制出版社 2021 年版,第 49 页(脚注 1)。

下,主物抵押权、质权、留置权的效力及于从物。《民法典担保制度解释》未对担保物权领域的主物从物关系设全面规定,仅于第 40 条规定主物抵押权的效力及于抵押权设立前已产生之从物。

(三)适用范围

1. 本条适用于有体物之间的关系

本条关于"从物随主物转让"的规定,源自罗马法"从物随主物"(accessorium sequitur principale)原则。由于罗马法和共同法上的"物"不限于有体物,"从物随主物"原则的适用范围非常广泛,两个以上的有体物、权利(无体物)和法律行为,只要具有主从关系,均适用此原则。[3]《民法典》第 115 条第 1 句将"物"限定为有体物(即不动产和动产),故我国民法之"主物"与"从物"仅限于有体物,不包括权利、义务或法律行为。相应地,本条之适用范围原则上仅限于在物理世界中具有功能关联的两个以上有体物之间的关系,而不包括主从权利关系、主从债务关系或主从合同关系。

主物与从物关系,取决于两个以上有体物在物理世界中的功能关联性,而主权利与从权利关系,则取决于两项以上权利在法秩序中的存续依赖性。[4] 从权利本身并无独立价值,仅具有担保主权利实现或增强主权利权能的功能,故其无法独立存续而仅能依附于主权利。[5] 因此,主权利与从权利原则上须一并转让,此为强制规范,当事人无法通过另行约定使从权利脱离主权利而独立存续,例如主债权与从权利一并转让(《民法典》第 547 条第 1 款)、区分所有建筑物专有部分所有权与共有部分共有和共同管理的权利一并转让(《民法典》第 273 条第 1 款)。地役权亦属需役地物权的从权利,不得单独转让、抵押,原则上须与需役地物权一并转让(《民法典》第 380 条、第 381 条)。

主债务与从债务、主合同与从合同,亦具有存续依赖关系。从债务、从合同本身并无独立价值,仅具有辅助主债务、主合同的功能,故其无法独立存续而仅能依附于主债务、主合同。因此,新债务人原则上须一并承担主债务与从债务(《民法典》第 554 条),此为强制规范,当事人无法通过另行约定使从债务脱离主债务而独立存续。同理,作为主合同的主债权债务合同无效,作为从合同的担保合同原

5

6

7

---

〔3〕 参见徐国栋:《论民法典第 320 条确立的从随主规则的历史演进及我国适用》,载《甘肃政法大学学报》2020 年第 5 期,第 48—63 页。

〔4〕 参见韩松、姜战军、张翔:《物权法所有权编》,中国人民大学出版社 2007 年版,第 407 页;程啸:《担保物权研究》(第 2 版),中国人民大学出版社 2019 年版,第 398—399 页。

〔5〕 参见朱庆育:《民法总论》(第 2 版),北京大学出版社 2016 年版,第 521 页;江平主编:《民法学》(第 4 版),中国政法大学出版社 2019 年版,第 30—31 页。

则上亦无效,此为强制规范,当事人无法通过另行约定使担保合同的效力不受主债权债务合同影响(《民法典》第 388 条第 1 款、第 682 条第 1 款)。

2. 本条适用于独立物之间的关系

8　　　　本条的调整对象系两个以上独立物之间的关系,并非物的整体与部分的关系。虽然《民法典》未对"物的成分"设有规定,但通说已明确区分"成分"与"从物"。[6] 从体系结构来看,《民法典》分别就"从物随主物转让"(第 320 条)、"孳息的取得"(第 321 条)以及"因添附导致的物权变动"(第 322 条)设有规定,三个条款处于并列关系,故"从物""孳息""添附"三个范畴自应相互独立,并无包含与被包含的关系。

9　　　　值得注意的是,《民法典》第 322 条关于"附合""混合"的规定以及"充分发挥物的效用"的原则,隐含了"重要成分不得单独为物权客体"的强制规范。此项强制规范,源自罗马法"主物吸收添附物"(accessio cedit principali)原则,[7] 现代民法学说称之为"从附原则"(Akzessionsprinzip),即为保持物的整体功用,物之重要成分必须分享该物之法律命运,当事人无法通过私法自治另作安排。[8] 由此可见,虽然"从物随主物"与"主物吸收添附物"具有历史亲缘性,[9] 但两者在现代民法中亦已演化为迥然不同的制度,其规范性质与调整对象均存在明显差异:前者为任意规范,旨在调整两个独立物的关系;后者为强制规范,旨在调整同一物整体与部分的关系。

10　　　　另外,我国民法未采"土地吸收地上物"(superficies solo cedit)原则,定着于土地之建筑物(构筑物)并非土地之重要成分,而是独立不动产。虽然土地与地上建筑物、建筑物与占有范围内的土地互为独立不动产,但依"房地一并处分"规则

---

〔6〕　参见王利明:《物权法》(第 2 版),中国人民大学出版社 2021 年版,第 17 页;孙宪忠:《中国物权法总论》(第 4 版),法律出版社 2018 年版,第 269 页;刘家安:《物权法论》(第 2 版),中国政法大学出版社 2015 年版,第 18 页。

〔7〕　参见唐晓晴:《从不随主(accessio non cedit principali)》,载《澳门大学法学院学生会成立二十周年纪念会刊》,澳门华夏出版社 2010 年版,第 44 页;徐国栋:《〈民法典〉第 322 条规定的添附规则之历史起源与比较法研究》,载《东南学术》2020 年第 5 期,第 28—36 页。Vgl. *Kaser/Knütel/Lohsse*, Römisches Privatrecht, 22. Aufl. , 2021, S. 203, 205, 206, 208.

〔8〕　参见常鹏翱:《经济效用与物权归属——论物权法中的从附原则》,载《环球法律评论》2012 年第 5 期,第 66—78 页。Vgl. *Schmid/Hürlimann-Kaup*, Sachenrecht, 3. Aufl. , 2009, S. 19, S. 159-161, S. 204-210.

〔9〕　"accessorium"(附属物、从物)和"accessio"(添附、添附物)的词源均为"accedere"(接近、加上、增加)。我国学者通常将此两原则统称为"从随主"原则。参见陈华彬:《我国民法典物权编添附规则立法研究》,载《法学杂志》2019 年第 9 期,第 69 页;唐晓晴:《从不随主(accessio non cedit principali)》,载《澳门大学法学院学生会成立二十周年纪念会刊》,澳门华夏出版社 2010 年版,第 43 页;徐国栋:《论民法典第 320 条确立的从随主规则的历史演进及我国适用》,载《甘肃政法大学学报》2020 年第 5 期,第 50 页。

(《民法典》第 356 条、第 357 条、397 条、第 398 条、第 417 条),两者之物权须一并处分,此为强制规范,当事人无法通过另行约定分别处分之。因此,在涉及前述土地物权或建筑物物权的处分时,应当适用"房地一并处分"规则,并无适用本条之余地。

二、构成要件

依本条之规定,发生"从物随主物转让"的法效果,须具备三项构成要件,即   11
"主物与从物关系""主物转让""当事人未另有约定"。判断两个以上的独立有体物之间是否具有主物与从物关系(以下简称主从关系),是本条适用的关键。

(一)主物与从物关系

主物与从物关系(Zubehöreigenschaft, Pertinenzverhältnis),是指两个以上的物   12
具有恒久的功能性关联,其中某物对另一物发挥辅助功能。在物的组合中,居于主导地位、发挥主要功能的物,为主物;居于从属地位的辅助物(Hilfssache),为从物。由于《物权法》第 115 条、本条以及《民法典》颁布前后的司法解释均未给出"主物"与"从物"的定义,故主从关系的判断主要仰赖学说。须注意的是,添附领域亦使用"主物"一词,但其含义与本条之"主物"不同。[10]

在物的组合中,何为"主物"通常并无疑义,引发学理和实践争议的,大都围绕   13
着"从物"的判断。只要判明"从物",相应的"主物"亦可随之确定。受德国、瑞士以及我国台湾地区民事立法与学说的影响,大陆地区学说讨论的"从物"构成要件主要包括"从物为非主物成分的独立物""从物常助主物效用""从物与主物同属一人""主物与从物之间具有空间关系""不存在相反的交易观念"五项。[11] 结合上述学说,本文将"主物与从物关系"的构成要件分解如下:

---

[10] 在动产相互附合时,之所以可将其中一物"视为主物",系指依交易观念判断,该物在价值、效用等方面远超其他物,而非指发生附合的动产之间具有主从关系。参见《德国民法典》第 947 条第 2 款;我国台湾地区"民法"第 812 条第 2 款;王泽鉴:《民法物权》(第 2 版),北京大学出版社 2010 年版,第 202 页;谢在全:《民法物权论(上册)》(修订 5 版),中国政法大学出版社 2011 年版,第 313—314 页。Vgl. Baur/Stürner, Sachenrecht, 18. Aufl., 2009, S. 696.

[11] 参见王利明主编:《中国民法典评注·物权编(上)》,人民法院出版社 2021 年版,第 429—431 页(何松威执笔);孙宪忠、朱广新主编:《民法典评注·物权编 2》,中国法制出版社 2020 年版,第 495—498 页(汪志刚执笔);杨代雄主编:《袖珍民法典评注》,中国民主法制出版社 2022 年版,第 262 页(王锋执笔);徐涤宇、张家勇主编:《〈中华人民共和国民法典〉评注(精要版)》,中国人民大学出版社 2022 年版,第 324 页(张静执笔)。

1. 主物与从物均为有体物

14　　作为民法上的物,主物与从物均为有体物,不包括权利、义务或法律行为在内。同时,基于物权客体特定原则,主物与从物均为特定的单一物(Einzelsache),包括单体物(einfache Sache)和合成物(zusammengesetzte Sache)在内。

15　　依《民法典》第 115 条第 1 句,有体物可分为不动产和动产。在物的组合中,发挥主导功能的物可能是不动产,也可能是动产,故主物包括不动产和动产在内。对于从物的范围是否限于动产,不同国家和地区的立法存在差异。从对"从物"的定义来看,《德国民法典》第 97 条第 1 款、《瑞士民法典》第 644 条第 2 款将从物限于动产,《日本民法典》第 87 条第 1 款、我国台湾地区"民法"第 68 条第 1 款并未将从物限于动产。此种差异,很大程度上是对土地与定着物的关系采取不同的态度导致。德国和瑞士采"土地吸收地上物"原则,建筑物等定着物、土地上的植物均属土地的重要成分,而非独立不动产,故它们相互之间不可能存在主物从物关系,也不可能成为土地的从物,由此导致从物的范围被限于动产。日本和我国台湾地区不采上述原则,建筑物等定着物可以成为独立不动产,故它们相互之间可以成立主物从物关系,也可构成土地的从物,由此导致从物的范围不限于动产。

16　　我国大陆地区法制一直将建筑物、构筑物、林木等定着物视为独立不动产,在逻辑上,上述定着物相互之间可以成立主物从物关系,也可以成为土地的从物。因此,主流学说通常认为"从物"并不限于动产,尚包括不动产在内,例如厕所、停车棚等附属建筑物是房屋(主物)的从物。[12] 在司法实践中,独立建造的附属建筑物和构筑物、房前屋后的林木等不动产,通常亦被认定为主建筑物或土地(主物)的从物。[13]

2. 主物与从物均为独立物

17　　主物与从物关系,系两独立物之间的功能性关联。从物应为独立物,既非主物之成分,亦非其他任何物之成分。若某一有体物已成为合成物的成分,则其独立性丧失,不构成从物。例如,灯罩为台灯的成分,表带为手表的成分,均非从物。因此,当主物为合成物时,须特别区分主物的成分与从物。

---

〔12〕 参见梁慧星、陈华彬:《物权法》(第 7 版),法律出版社 2020 年版,第 45 页;崔建远:《物权法》(第 5 版),中国人民大学出版社 2021 年版,第 35 页。亦有学说认为从物仅限于动产。参见徐涤宇、张家勇主编:《〈中华人民共和国民法典〉评注(精要版)》,中国人民大学出版社 2022 年版,第 324 页(张静执笔);孙宪忠、朱广新主编:《民法典评注·物权编 2》,中国法制出版社 2020 年版,第 496 页(汪志刚执笔)。

〔13〕 参见吉林省白山市中级人民法院(2016)吉 06 民初 18 号民事判决书;福建省漳州市中级人民法院(2015)漳民终字第 1689 号民事判决书;湖北省荆门市中级人民法院(2017)鄂 08 民终 1194 号民事判决书;广东省广州市中级人民法院(2019)粤 01 民终 12281 号民事判决书;陕西省安康市中级人民法院(2014)安中民一终字第 00077 号民事判决书;陕西省榆林市中级人民法院(2019)陕 08 民终 3536 号民事判决书。

《民法典》未就"成分"作出规定。受德国与我国台湾地区立法与学说影响，大陆地区通说将成分区分为重要成分（wesentliche Bestandteile）与非重要成分（unwesentliche Bestandteile），并以"毁损标准"作为区分基准：重要成分，是指非经毁损或变更其性质不能分离，或者分离将耗费过高成本之物的组成部分；非重要成分，是指除重要成分以外的物的组成部分。两者的区分实益在于：重要成分不得单独成为物权客体，必须与物之整体共享法律命运，此强制规范的目的在于维护物的经济价值，避免强行对物分割带来的经济损失；非重要成分虽然通常亦与物之整体共享法律命运，但得单独构成物权客体，当事人亦可通过约定对非重要成分和物的其他部分作出不同的安排。[14]

重要成分与从物的界限较为清晰。凡属主物之重要成分，即不可能为从物。例如，依前述"毁损标准"，与书本黏合之封面，强行分离将导致毁损，应属书本之重要成分，而非从物。又如，钥匙与锁头，任何一部分丧失，剩下的部分将失去价值（性质变更），故均为锁之重要成分，而非从物。再如，揭下裱补画页之宣纸的耗费远高于宣纸本身的价值，故该宣纸应为画之重要成分，而非从物。

相较于重要成分与从物之间的"楚河汉界"，非重要成分与从物的界分主要仰赖于交易观念（Verkehrsanschauung）。[15] 所谓交易观念，即交易当地通行的见解（die am Orte üblichen Auffassung），应结合地方习惯、交易习惯、一般理性人的认识以及相关技术、经济因素予以确定。[16] 凡属主物之非重要成分，即不可能为从物。例如，发动机、车胎为汽车行驶所必须，应属汽车之非重要成分（拆卸成本低，拆卸后亦不发生毁损或性质变更），而随车的备用轮胎、停车警告牌、千斤顶则应属汽车之从物。安全带之有无，虽不影响汽车行驶，但对安全驾驶至关重要，依交易观念，安全带应为汽车之非重要成分，而非从物。

我国大陆地区通说明确区分"成分"与"从物"，并将"并非主物的成分"作为

18

19

20

21

---

〔14〕 关于重要成分与非重要成分的学说，参见刘家安：《物权法论》（第 2 版），中国政法大学出版社 2015 年版，第 17—18 页；梁慧星、陈华彬：《物权法》（第 7 版），法律出版社 2020 年版，第 44 页；崔建远：《物权法》（第 5 版），中国人民大学出版社 2021 年版，第 36 页；杨代雄主编：《袖珍民法典评注》，中国民主法制出版社 2022 年版，第 261 页（王锋执笔）。

〔15〕 Vgl. *Wieling/Finkenauer*, Sachenrecht, 6. Aufl., 2020, S. 34; *Wellenhofer*, Sachenrecht, 35. Aufl., 2020, S. 11. 参见［德］汉斯·布洛克斯、沃尔夫·迪特里希·瓦尔克：《德国民法总论》（第 41 版），张艳译，冯楚奇补译，中国人民大学出版社 2019 年版，第 351 页。

〔16〕 Vgl. *Wiegand*, Basler Kommentar zum ZGB, 3. Aufl., 2006, §§ 644 - 645, Rn. 16; *Wieling/Finkenauer*, Sachenrecht, 6. Aufl., 2020, S. 34.

认定"从物"的构成要件。[17] 最高人民法院亦肯定此要件,并以系争对象与主物之使用功能是否存在"必然的联系"作为区分"组成部分"与"从物"的判断标准:灯具因安装成为房屋功能的一部分,并非从物,而房屋门口的石狮与房屋的使用功能无"必然的联系",故为从物。[18] 可见,对此种"必然的联系"的识别亦须结合交易观念。但遗憾的是,在司法实践中,除个别裁判文书有意识区分"从物"与"成分""重要成分"外,[19] 大多数裁判文书对此仍处于混沌状态。这可能是因为我国民事立法长期未就"成分"和"附合"设置完善的规则,导致法官在处理"整体"与"成分"关系时,有意或无意地"借用"《物权法》第 115 条"从物随主物转让"规则。

3. 从物常助主物的效用

22　　从物常助主物的效用,是指从物被指定用于辅助主物的经济目的,相对于主物处于从属地位,两者具有恒久的功能性关联。[20] 对此构成要件的判断,须注意以下四点:

23　　第一,"从物对主物的辅助"系基于主物使用人的"指定行为"(Widmung),即指定人(主物使用人)将另一独立物确定地用于辅助主物经济目的的行为。在性质上,指定行为为事实行为,行为人具有行为意思足以,并不以行为能力为前提条件。[21] 主从关系伴随着指定行为而产生,并不以对从物的事实上的利用为前提。例如,将千斤顶作为随车工具置于汽车后备厢,此即为指定行为,即便未使用,千斤顶亦为汽车之从物。在现实中,指定行为与对从物的事实利用通常同时发生。

24　　第二,从物对主物的"辅助",是使主物的效用更为显著,利用更为便利,并非

---

〔17〕　参见梁慧星、陈华彬:《物权法》(第 7 版),法律出版社 2020 年版,第 44 页;孙宪忠:《中国物权法总论》(第 4 版),法律出版社 2018 年版,第 269 页;刘家安:《物权论》(第 2 版),中国政法大学出版社 2015 年版,第 18 页;王利明:《物权法》(第 2 版),中国人民大学出版社 2021 年版,第 17 页;崔建远:《物权法》(第 5 版),中国人民大学出版社 2021 年版,第 35 页;杨代雄主编:《袖珍民法典评注》,中国民主法制出版社 2022 年版,第 262 页(王锋执笔);孙宪忠、朱广新主编:《民法典评注·物权编 2》,中国法制出版社 2020 年版,第 496 页(汪志刚执笔)。

〔18〕　参见最高人民法院民法典贯彻实施工作领导小组主编:《中华人民共和国民法典物权编理解与适用(上)》,人民法院出版社 2020 年版,第 575—576 页。

〔19〕　参见江苏省南通市中级人民法院(2017)苏 06 民终 2822 号民事判决书;甘肃省酒泉市肃州区人民法院(2019)甘 0902 民初 2627 号民事判决书;新疆生产建设兵团第三师中级人民法院(2018)兵 03 民终 20 号民事判决书。

〔20〕　Vgl. *Neuner*, Allgemeiner Teil des Bürgerlichen Rechts, 12. Aufl. , 2020, S. 313. 参见王泽鉴:《民法总则》(2022 年重排版),北京大学出版社 2022 年版,第 225 页;梁慧星、陈华彬:《物权法》(第 7 版),法律出版社 2020 年版,第 45 页。

〔21〕　德国通说将"指定行为"定性为事实行为,瑞士通说则将其理解为法律行为。Vgl. *Dörner*, Nomos Handkommentar zum BGB, 7. Aufl. , 2012, § § 97-98, Rn. 4;*Jauernig*, Jauernig Kommentar zum BGB, 14. Aufl. , 2011, § § 97-98, Rn. 3;BSK ZGB/*Wiegand*, 2006, § § 644-645, Rn. 17-18.

是指欠缺了从物,主物的基本功能即丧失。例如,画框为油画之从物,房屋门口的石狮为房屋之从物,即便去除画框、移走石狮,也不影响油画之完整性和房屋的基本功能。如果主物离开了某物,基本功能难以发挥,则该物应为主物之成分,而非从物。例如,汽车离开安全带,建筑物离开变压器、灯具,基本功能难以发挥,故安全带为汽车的成分,变压器、灯具为建筑物的成分。至于遥控器是家用电器的成分还是从物,取决于该家用电器能否脱离遥控器单独发挥基本功能。

第三,从物被指定用于辅助主物,此种辅助应为长期性的或不确定期限的,而非暂时性的。例如,与鱼缸配套使用的过滤器,安装在卡车上的车载导航仪,安装在门面房外的遮阳布棚,均对主物发挥长期性的辅助作用,应为从物。如果某物对另一物的辅助,仅为暂时性的,那么前者并非后者的从物。换言之,为某物的经济目的,而暂时使用另一物,并不使后者成为前者的从物。[22] 例如,为修理汽车而暂时借用的千斤顶,并非汽车的从物。又如,服装厂为完成紧急订单而临时租赁的工业缝纫机,并非厂房的从物。不过,租赁关系或借用关系并非一定意味着"暂时性"辅助。例如,长期借用他人的千斤顶随车使用,足以使得该千斤顶成为车辆的从物。又如,服装厂通过长期租赁或融资租赁的方式取得的工业缝纫机,对厂房发挥着长期辅助作用,应为厂房的从物。

第四,如果两物在功能性关联中处于平等地位,发挥同等重要的功能,那么两物之间不存在主从关系。[23] 例如,黑胶唱片与唱片机、录像带与录像机,对于声音播放、图像播放发挥同等重要的功能,故不能将前者视为后者的从物。又如,餐刀和叉子、锤子和钳子、牵引车和拖车,亦在经济关联中发挥同等重要的功能,不能将某物视为另一物的从物。

4. 从物与主物之间存在空间关系

所谓空间关系,是指从物被指定用于辅助主物的经济目的,即须与主物处于与此种指定相应的空间关联中。[24] 从物常助主物的功能性关联为两物的内在关系,从物与主物的空间关联则为两物的外在关系。对此构成要件的判断,应注意以下两点:

25

26

27

---

〔22〕参见《德国民法典》第 97 条第 2 款第 1 句;《瑞士民法典》第 645 条。Vgl. Hk BGB/*Dörner*, 2012, §§ 97-98, Rn. 4; Jauernig/*Jauernig*, 2011, §§ 97-98, Rn. 3; BSK ZGB/*Wiegand*, 2006, §§ 644-645, Rn. 13.

〔23〕Vgl. *Neuner*, Allgemeiner Teil des Bürgerlichen Rechts, 12. Aufl., 2020, S. 314.

〔24〕参见《德国民法典》第 97 条第 1 款第 1 句;《瑞士民法典》第 644 条第 2 款。《日本民法典》第 87 条第 1 款和我国台湾地区"民法"第 68 条第 1 款未采此要件,学说对此尚有分歧。参见[日]我妻荣:《新订民法总则》,于敏译,中国法制出版社 2008 年版,第 209 页;[日]近江幸治:《民法总则》(第 6 版补订),渠涛等译,北京大学出版社 2015 年版,第 143—144 页;黄立:《民法总则》,中国政法大学出版社 2002 年版,第 178 页;王泽鉴:《民法总则》(2022 年重排版),北京大学出版社 2022 年版,第 225—226 页。

28　　　　其一,空间关系作为主从关系的构成要件,系物权归属关系公开化的要求,即通过此种空间关系,主从关系能够在外观上客观地显现出来,并能够被第三人识别。[25] 交易相对人可通过此种空间关系,建立起对主从关系的合理信赖。为保护此种信赖,即便两物之间欠缺功能性关联,亦应认为主从关系存在。[26] 通常来说,两物处于空间上的临近状态即足以构成此种空间关系,物理上紧密关联并非必要。[27] 例如,轿车后备厢中的千斤顶,与汽车紧密关联,存在足以显示主从关系的空间关系。又如,机器的替换零件,如果与机器处于同一厂房中,那么两者处于临近状态,存在足以显示主从关系的空间关系,但如果替换零件存储于遥远的仓库中,那么两者之间并不存在这种空间关系。实际上,判断空间关系是否存在的关键,是主从关系的可识别性。[28] 即便两物相距甚远,但只要主从关系能够被第三人识别,则仍然具有空间关系。例如,发电厂的高压电线与铁塔大部分架设于他人的土地之上,可能与发电厂存在较远的距离,但电线、铁塔与发电厂(土地)之间仍然存在足以显示主从关系的空间关系。[29]

29　　　　其二,从物与主物的暂时性分离,并不导致主从关系的消失。[30] 例如,轿车后备厢中的千斤顶,因借给他人使用而暂时与汽车分离,主从关系仍然存在。唯有空间关系的持续性丧失,才导致两物之间的主从关系的终止。

30　　　　对主从关系是否以空间关系为构成要件,我国大陆地区学说和司法实践对此并未达成共识。虽然主流学说对此持肯定态度,[31] 但亦有部分学者未采此要件。[32] 在司法实践中,除个别裁判文书明确将"场所结合关系"作为从物的构成

---

〔25〕　Vgl. *Neuner*, Allgemeiner Teil des Bürgerlichen Rechts, 12. Aufl. ,2020, S. 313; *Wieling/Finkenauer*, Sachenrecht, 6. Aufl. , 2020, S. 45; *Schmid/Hürlimann - Kaup*, Sachenrecht, 3. Aufl. , 2009, S. 162; BSK ZGB/*Wiegand*, 2006, § § 644-645, Rn. 8.

〔26〕　Vgl. *Wieling/Finkenauer*, Sachenrecht, 6. Aufl. ,2020, S. 45.

〔27〕　Vgl. *Neuner*, Allgemeiner Teil des Bürgerlichen Rechts, 12. Aufl. , 2020, S. 313; Hk BGB/*Dörner*, 2012, § § 97-98, Rn. 5.

〔28〕　Vgl. BSK ZGB/*Wiegand*, 2006, § § 644-645, Rn. 8.

〔29〕　参见[德]汉斯·布洛克斯、沃尔夫·迪特里希·瓦尔克:《德国民法总论》(第 41 版),张艳译,冯楚奇补译,中国人民大学出版社 2019 年版,第 351 页。Vgl. *Neuner*, Allgemeiner Teil des Bürgerlichen Rechts, 12. Aufl. ,2020, S. 314.

〔30〕　参见《德国民法典》第 97 条第 2 款第 2 句;《瑞士民法典》第 644 条第 3 款。

〔31〕　参见梁慧星、陈华彬:《物权法》(第 7 版),法律出版社 2020 年版,第 45 页;孙宪忠:《中国物权法总论》(第 4 版),法律出版社 2018 年版,第 269 页;王利明:《物权法》(第 2 版),中国人民大学出版社 2021 年版,第 17 页;杨代雄主编:《袖珍民法典评注》,中国民主法制出版社 2022 年版,第 262 页(王锋执笔);孙宪忠、朱广新主编:《民法典评注·物权编 2》,中国法制出版社 2020 年版,第 496 页(汪志刚执笔)。

〔32〕　参见刘家安:《物权法论》(第 2 版),中国政法大学出版社 2015 年版,第 18 页;崔建远:《物权法》(第 5 版),中国人民大学出版社 2021 年版,第 35 页。

要件外,[33]大多数裁判文书并未提及此要件。

5. 不存在相反的交易观念(交易观念优先)

不存在相反的交易观念,即不存在"发挥辅助功能的物并非从物"的交易观　　31
念。此项要件又被称为"交易观念优先",也即,即使两物符合前述四项构成要件,
只要交易观念不认为发挥辅助功能的物为从物,该物即非从物。[34] 遵循"交易观
念优先"的原因在于:对主从关系的识别并非纯粹的逻辑判断,而是为了保持两物
的经济关联以更好地发挥物的效用,若交易观念否认主从关系存在,则表明两物
的经济关联在当地未受足够重视,法律自不必越俎代庖。须注意的是,依《民法
典》第 10 条后半句,若作为交易观念载体的交易习惯或地方习惯违背公序良俗,
法官在判断主从关系时即不得考虑该交易观念。

在我国大陆地区,明确将"交易上无特别习惯""交易上视为从物"列举为从　　32
物构成要件的裁判文书虽未占多数,[35]但"交易观念优先"的理念已经被主流学
说采纳。[36] 例如,营业不动产中的桌椅、电器构成了不动产的从物,但住宅中的
家具、电器却不构成住宅的从物,此种差异正是交易观念造成:营业不动产中的各
类动产,属于营业资产的一部分,交易观念上视之为不动产的从物,通常随不动产
转让;住宅中的家用电器、家具、未发生附合的装饰品,虽然对住宅发挥长期辅助
功能,但交易观念上仍不视之为住宅的从物,除非有明确约定,否则上述动产并不
随住宅转让。[37] 又如,在多个不动产发生经济关联时,发挥辅助功能的可能是一
块独立土地,例如某一宗地长期充当邻近农场的谷物晾晒场或者邻近宾馆的停车
场,但土地的经济价值巨大,即便其长期发挥辅助功能,交易观念上通常不视之为

---

〔33〕　参见浙江省建德市人民法院(2018)浙 0182 民初 5691 号民事判决书;江苏省徐州市铜山区人
民法院(2016)苏 0312 民初 8887 号民事判决书;云南省昆明市中级人民法院(2017)云 01 民终 4111 号民
事判决书。

〔34〕　参见《德国民法典》第 97 条第 1 款第 2 句;我国台湾地区"民法"第 68 条第 1 款第 2 句;王泽
鉴:《民法总则》(2022 年重排版),北京大学出版社 2022 年版,第 226 页;黄立:《民法总则》,中国政法大
学出版社 2002 年版,第 179 页。Vgl. *Neuner*, Allgemeiner Teil des Bürgerlichen Rechts, 12. Aufl. , 2020,
S. 313;*Wieling/Finkenauer*,Sachenrecht, 6. Aufl. ,2020,S. 45;Hk BGB/*Dörner*,2012, § § 97–98,Rn. 6.

〔35〕　参见湖南省长沙市中级人民法院(2020)湘 01 民终 1828 号民事判决书;江苏省连云港市中级
人民法院(2015)连民终字第 00601 号民事判决书。

〔36〕　参见陈华彬:《民法总则》,中国政法大学出版社 2017 年版,第 441 页;崔建远:《物权法》(第 5
版),中国人民大学出版社 2021 年版,第 35 页;刘家安:《物权法论》(第 2 版),中国政法大学出版社 2015
年版,第 18 页;杨代雄主编:《袖珍民法典评注》,中国民主法制出版社 2022 年版,第 262 页(王锋执笔);
徐涤宇、张家勇主编:《〈中华人民共和国民法典〉评注(精要版)》,中国人民大学出版社 2022 年版,第
324 页(张静执笔);孙宪忠、朱广新主编:《民法典评注·物权编2》,中国法制出版社 2020 年版,第 497
页(汪志刚执笔)。

〔37〕　参见安徽省阜阳市中级人民法院(2017)皖 12 民终 1484 号民事判决书。

从物。不过,亦有裁判文书将小块土地(多个建筑物包围的空地)认定为建筑物的从物。[38] 由此可见,交易观念本身具有模糊性,这无疑增加了主从关系判断的不确定性。

6. 存疑要件:主物与从物同属一人?

33　　　　主物与从物同属一人,是指主物所有权与从物所有权归属于同一人。依此要件,即便两物具有功能关联与空间关联,只要两物归属于不同的主体,仍然不构成主从关系。我国大陆地区的主流学说通常将此要件作为主从关系的构成要件,[39]但亦有少数学者认为此要件并无必要,[40]或仅将此要件视为“从物随主物处分”规则的适用前提。[41] 在司法实践中,法院通常将此要件作为主从关系的构成要件。[42] 但是,将“主物与从物同属一人”作为主从关系的构成要件,其合理性存在较大疑问。

34　　　　第一,将“主物与从物同属一人”作为主从关系的构成要件,在比较法上并非通例。《德国民法典》第 97 条第 1 款和《瑞士民法典》第 644 条第 2 款未采此要件,两国学说亦无此要求。[43] 在德国的交易实践中,主物与从物分属两人是常见现象。例如,出卖人以所有权保留的方式向买受人出售动产,该动产因对买受人的不动产发挥长期辅助功能而成为该不动产的从物,唯有在出卖人就该动产行使取回权时,该动产才丧失从物的性质。[44] 在立法上,明确采此要件的为《日本民法典》第 87 条第 1 款与我国台湾地区“民法”第 68 条第 1 款。我国大陆地区学说和司法实践采此要件,应系受上述两立法例影响。不过,时至今日,日本和我国台

---

〔38〕 参见贵州省高级人民法院(2017)黔民终 597 号民事判决书。

〔39〕 参见梁慧星、陈华彬:《物权法》(第 7 版),法律出版社 2020 年版,第 45 页;崔建远:《物权法》(第 5 版),中国人民大学出版社 2021 年版,第 35 页;王利明:《物权法》(第 2 版),中国人民大学出版社 2021 年版,第 17 页;刘家安:《物权法论》(第 2 版),中国政法大学出版社 2015 年版,第 18 页;徐涤宇、张家勇主编:《〈中华人民共和国民法典〉评注(精要版)》,中国人民大学出版社 2022 年版,第 324 页(张静执笔);孙宪忠、朱广新主编:《民法典评注·物权编 2》,中国法制出版社 2020 年版,第 496 页(汪志刚执笔);王利明主编:《中国民法典评注·物权编(上)》,人民法院出版社 2021 年版,第 429—430 页(何松威执笔)。

〔40〕 参见孙宪忠主编:《民法总论》(第 2 版),社会科学文献出版社 2010 年版,第 190 页。

〔41〕 参见朱岩、高圣平、陈鑫:《中国物权法评注》,北京大学出版社 2007 年版,第 342 页。

〔42〕 参见甘肃省庆阳市中级人民法院(2013)庆中民终字第 495 号民事判决书;江苏省徐州市中级人民法院(2017)苏 03 民终 2425 号民事判决书;浙江省建德市人民法院(2018)浙 0182 民初 5691 号民事判决书。

〔43〕 参见[德]迪特尔·梅迪库斯:《德国民法总论》,邵建东译,法律出版社 2001 年版,第 888 页。Vgl. Hk BGB/*Dörner*, 2012,§§ 97 - 98, Rn. 4;Jauernig/*Jauernig*, 2011,§§ 97 - 98, Rn. 3;BSK ZGB/*Wiegand*,2006,§§ 644-645,Rn. 4,Rn. 17-19.

〔44〕 Vgl. *Neuner*, Allgemeiner Teil des Bürgerlichen Rechts, 12. Aufl.,2020, S. 314.

湾地区主流学说对此要件已不再严格坚持,亦承认他人之物得为从物。[45]

第二,将"主物与从物同属一人"作为主从关系的构成要件,对于保护他人之 35
物的所有权并无必要,对保护善意受让人亦属不利。肯定说认为,此要件的功能
在于保护"物的所有权",避免他人之物因随主物处分而受侵害。[46] 但是,真正使
他人之物的所有权受到侵害的,并非"将他人之物认定为从物",而是"他人之物随
主物处分"时可能发生的无权处分。本条并非孤立条款,"从物随主物转让"的法
效果亦仅系对当事人意思的推定,是否发生从物所有权变动,尚须结合无权处分
与善意取得制度予以判断。换言之,即便将他人之物认定为从物,要发生从物所
有权变动,仍然以主物所有权人对该他人之物有处分权或符合善意取得构成要件
为前提。除此之外,否定他人之物得为从物,即无法依本条推定让与人与受让人
就该他人之物存在负担合意与处分合意。如此一来,即便可以从登记或交付行为
中推断出上述处分合意,主张善意取得的受让人,仍须证明上述负担合意的存
在,[47] 这显然加重了善意受让人的证明责任。

第三,将"主物与从物同属一人"作为主从关系的构成要件,与我国法制的实 36
际情况存在龃龉,亦与过往司法解释的态度不合。我国土地所有权、自然资源所
有权不能进入市场流通,市场主体仅享有土地、自然资源的用益物权,此时土地、
自然资源的所有权与辅助物的所有权不可能同属该市场主体。在这种情况下,将
权属作为认定主从关系的构成要件,要求主物所有权与从物所有权同属一人,徒
增法律适用的困扰。从我国过往的司法解释来看,最高人民法院实际上已经承认
了主物从物可以归属于不同主体。《担保法解释》第 63 条但书规定:"抵押物与其
从物为两个以上的人分别所有时,抵押权的效力不及于抵押物的从物。"上述但书
"抵押物与其从物为两个以上的人分别所有"的文义表述,实际上是承认了主物与
从物可以归属于不同主体,只是此时不发生"从物随主物抵押"的法效果而已。[48]
换言之,即便承认他人之物为从物,也可以通过特别规定排除"从物随主物处分"
的法效果。不过,《担保法解释》第 63 条但书并未被《民法典担保制度解释》第 40

---

〔45〕 参见[日]我妻荣:《新订民法总则》,于敏译,中国法制出版社 2008 年版,第 209—210 页;
[日]近江幸治:《民法总则》(第 6 版补订),渠涛等译,北京大学出版社 2015 年版,第 144 页;史尚宽:《民
法总论》,中国政法大学出版社 2000 年版,第 264 页;黄立:《民法总则》,中国政法大学出版社 2002 年版,
第 177—178 页。

〔46〕 参见陈华彬:《民法总则》,中国政法大学出版社 2017 年版,第 441 页;王利明:《物权法》(第 2
版),中国人民大学出版社 2021 年版,第 17 页;王泽鉴:《民法总则》(2022 年重排版),北京大学出版社
2022 年版,第 225—226 页。

〔47〕 参见杨代雄主编:《袖珍民法典评注》,中国民主法制出版社 2022 年版,第 252 页(王立栋
执笔)。

〔48〕 相反观点,参见刘家安:《物权法论》(第 2 版),中国政法大学出版社 2015 年版,第 18 页(脚
注 1)。

条吸纳。[49]

37　　　　综上所述,"主物与从物同属一人"应非主从关系的构成要件。对于两个独立物之间主从关系的认定,考虑功能关联、空间关联以及交易观念足以。两物的权属状况与从物所有权是否变动有关,但与主从关系的认定无关。

7. 关于主从关系判断的常见案型

(1)动产与动产之间的主从关系

38　　　　实践中涉及动产与动产之间主从关系判断的典型例子,即机动车与其备用钥匙、随车单证之间的关系。虽然备用钥匙、随车单证(例如车辆合格证、进口货物进口证明书、进口机动车随车检验单、车辆一致性证书等)在物理上并未与机动车紧密结合,但斟酌交易观念,应为机动车的重要成分:与特定机动车完全分离的备用钥匙,将完全丧失价值;脱离机动车的随车单证本身无任何价值,欠缺随车单证的机动车亦无法办理注册登记。由于备用钥匙、随车单证是机动车的重要成分,故不可能构成从物。同时,重要成分不得单独成为物权客体,故在备用钥匙、随车单证上亦不能单独成立质权或其他担保物权。[50]

(2)不动产与动产之间的主从关系

39　　　　实践中涉及不动产与动产之间主从关系判断的常见案型,主要包括以下三类:

40　　　　其一,营业不动产与营业附属物之间的关系。对营业不动产发挥长期辅助作用的动产,即营业附属物(Inventar),应为该不动产之从物。常见的营业附属物,包括营业建筑物中的机器及其他器具,农用地上的农具、家畜、化肥等。我国司法实践亦将厂房中的电动单梁起重机(行车)、液压升降机等机器、工具认定为厂房的从物。[51] 营业用房安装的各类电器、办公设备、营业设备,例如商场安装的空调、摄像头[52],亦属营业用房的从物。不过,机器是否为厂房之从物,学理上仍然存在争议。[53] 须注意的是,上述附属物以辅助营业不动产为前提条件,如果营业

---

〔49〕《民法典担保制度解释》第 40 条的起草者认为"两物归同一人所有"是认定二者具有主从关系的前提,并据此认为《担保法解释》第 63 条但书存在错误。参见最高人民法院民事审判第二庭:《最高人民法院民法典担保制度司法解释理解与适用》,人民法院出版社 2021 年版,第 368 页。

〔50〕主流裁判意将备用钥匙、随车单证认定为机动车的从物,应属错误。参见江苏省南京市中级人民法院(2016)苏 01 民终 361 号民事判决书;重庆市第一中级人民法院(2016)渝 01 民终 4448 号民事判决书;江西省新余市中级人民法院(2017)赣 05 民终 46 号民事判决书。

〔51〕参见江苏省南通市中级人民法院(2017)苏 06 民终 2822 号民事判决书。

〔52〕有裁判文书否认银行营业用房安装的空调、摄像头的从物性质,应属不妥。参见四川省自贡市中级人民法院(2016)川 03 民终 684 号民事判决书。

〔53〕我国台湾地区主流学说将机器视为厂房之从物,但亦有不同观点。参见王泽鉴:《民法学说与判例研究(第三册)》,北京大学出版社 2009 年版,第 259—260 页;谢在全:《民法物权论(中册)》(修订 5 版),中国政法大学出版社 2011 年版,第 670—671 页。

重点并不在该不动产上,相关动产即非附属物。例如,运输企业的货车并非企业经营场所的从物。

其二,建筑物及其附属设施之间的关系。所谓附属设施,是指维持和增加建   41
筑物的使用功能或者使建筑物满足设计要求的附属设备和配套设施。虽然《民法
典》第278条、第344条等将"建筑物"与"附属设施"并列,但两者之关系,仍应具
体判断。如果附属设施与建筑物结合,非经毁损不能分离,则该附属设施应属建
筑物之重要成分。如果附属设施与建筑物结合,非经毁损即可移除,那么该附属
设施与建筑物的关系取决于交易观念:交易上认为与建筑物具有整体性的附属设
施应属建筑物之非重要成分;反之则为独立物,可构成建筑物之从物。依上述分
析,建筑物的给排水、供气、供暖、供配电[54]、通讯、消防、照明等设施,为现代生产
生活所必须,欠缺将导致建筑物无法正常使用,应属建筑物之成分。[55] 电梯设备
亦属附属设施,无论是在建筑施工时安装的电梯,还是嗣后加装的电梯,依交易观
念,与建筑物具有整体性,亦属建筑物之成分。[56] 摄像头等监控设施、楼顶太阳
能热水器,并非建筑物之重要成分,亦与建筑物欠缺整体性,应属独立物,可构成
建筑物之从物。

其三,不动产与装修装饰物之间的关系。如果装修装饰物与不动产结合,非   42
经毁损不能拆除,即成为不动产的重要成分,而非从物。例如,铺设的地板砖、粉
刷的墙面漆、固定于地面的陶瓷洗手池、埋入墙体或地板的各类管线等室内装修
为建筑物的重要成分,厂房的环氧地坪、土地上的砼地面(混凝土地面),为建筑物
或土地的重要成分。[57] 又如,封固于金库中的保险柜,除非捣毁库门、库壁不能
拆除,应属于建筑物的重要成分。[58] 对他人的不动产进行装修,装修材料因此成
为不动产的重要成分,是典型的动产与不动产附合的过程,应适用《民法典》第

---

[54] 供电设备应为厂房的成分,而非厂房的从物。参见江苏省南通市中级人民法院(2017)苏06
民终2822号民事判决书。变压器通常为建筑物的非重要成分,仍得单独构成物权客体。参见江苏省镇
江市中级人民法院(2020)苏11民终1375号民事判决书。

[55] 部分裁判文书将供水、供电、排烟设施认定为建筑物的从物,应属错误。参见浙江省宁波市镇
海区人民法院(2018)浙0211执异1号执行裁定书;江苏省扬州市中级人民法院(2017)苏10民终3482
号民事判决书;吉林省白山市中级人民法院(2016)吉06民初18号民事判决书。

[56] 非定制电梯为建筑物的非重要成分,仍得单独构成物权客体,在价款付清前,出卖人得保留电
梯所有权。参见最高人民法院民事审判第二庭编:《最高人民法院商事审判指导案例·借款担保卷
(下)》,中国法制出版社2011年版,第640页。

[57] 部分裁判文书将室内装修、环氧地坪、砼地面认定为从物,应属错误。参见江苏省苏州市虎丘
区人民法院(2015)虎执异字第00002号执行裁定书;山东省高级人民法院(2018)鲁民申3273号民事裁
定书;安徽省阜阳市中级人民法院(2017)皖12民终1484号民事判决书。

[58] 有裁判文书将封固于银行金库中的保险柜认定为独立物,应属错误。参见四川省自贡市中级
人民法院(2016)川03民终684号民事判决书。

322 条。〔59〕 如果装修装饰物与不动产结合后,可以轻松拆除或移除,那么交易观念通常视之为独立物,例如置于室内的花瓶、绿植、装饰画等。此类独立物虽然已对不动产发挥辅助功能,但是否构成从物,仍应结合交易观念判断之。通常来说,营业不动产中的独立装饰物应属从物,但住宅中的独立装饰物则非从物。

（3）不动产与不动产之间的主从关系

43　　　由于我国民法中的"从物"包括不动产在内,故不动产与不动产之间亦得构成主从关系。须注意的是,土地以外的不动产应为"定着物",即非土地之成分而定着于土地之物。据此,未定着于土地之物(例如庙会戏台、集装箱式房屋)应属动产;虽已定着于土地但欠缺独立经济价值之物(例如围墙、假山、沟渠)应属土地之成分,并非独立之不动产。某物是否"定着"于土地,应依"毁损标准"判断之,至于已定着于土地之物是否具有独立经济价值,则应依交易观念判断之。在实践中,涉及不动产与不动产之间主从关系判断的常见案型,主要包括以下类型:

44　　　其一,多个建筑物、构筑物之间的关系。多个建筑物、构筑物之间亦可形成主从关系,发挥主要功能的主建筑物为主物,其他建筑物、构筑物为辅助主建筑物的从物。例如,车库、仓库、厨房、厕所、化粪池、牲畜房、门卫房、水泵房等应属主建筑物的从物,至于上述附属建筑物、构筑物有无不动产登记,不影响主从关系的认定。〔60〕如果原附属建筑物不再辅助主建筑物,开始独立发挥功能,则主从关系终止。〔61〕

45　　　其二,定着物与土地之间的关系。对所附宗地发挥辅助功能的定着物,可以认定为所附宗地之从物。例如,农用地上的谷仓、水塔为该农用地之从物,为照看鱼塘而修建的房屋为该鱼塘之从物,零星的树木为所附宗地(或定着于其上之主建筑物)之从物。〔62〕厂房、商业建筑、住宅与所附宗地,对生产生活发挥同等重要的功能,相互之间并不存在主从关系。〔63〕 建筑物周围的空地(例如用于停车、休闲的院落等)通常是建筑物所附宗地的组成部分,并非独立不动产,故亦不构成建

---

〔59〕 有裁判文书虽然将室内装修认定为"添附",但仍然适用"从物随主物转让"规则,应系对附合的法效果存在误解。参见江苏省无锡市惠山区人民法院(2017)苏 0206 民初 5743 号民事判决书。

〔60〕 参见内蒙古自治区赤峰市中级人民法院(2019)内 04 民终 4843 号民事判决书;吉林省白山市中级人民法院(2017)吉 06 民终 896 号民事判决书;福建省漳州市中级人民法院(2015)漳民终字第 1689 号民事判决书;广东省广州市中级人民法院(2019)粤 01 民终 12281 号民事判决书。

〔61〕 参见河南省商丘市中级人民法院(2017)豫 14 民终 3825 号民事判决书。

〔62〕 参见湖北省荆门市中级人民法院(2017)鄂 08 民终 1194 号民事判决书;贵州省平塘县人民法院(2018)黔 2727 民初 183 号民事判决书;陕西省安康市中级人民法院(2014)安中民一终字第 00077 号民事判决书。

〔63〕 部分裁判文书将厂房、商业建筑、住宅认定为土地的从物,混淆了"房地一并处分"规则与"从物随主物转让"规则。参见黑龙江省绥化市中级人民法院(2014)绥中法民一终字第 61 号民事判决书;广西壮族自治区贺州市八步区人民法院(2019)桂 1102 执异 59 号执行裁定书;北京市顺义区人民法院(2015)顺民初字第 8685 号民事判决书。

筑物之从物。[64] 有时候,某一宗地(或定着于其上之主建筑物)与另一宗地上的定着物亦可能形成主从关系。在该另一宗地为他人土地时,对他人土地的利用是基于地役权,还是债之关系(例如租赁关系),不影响主从关系的认定。例如,为辅助某块农用地,租赁邻人之土地修建的具有固定地基的温室,构成该农用地的从物。又如,主厂区与水泵房之间的输水管道定着于他人土地,但对主厂区的厂房发挥辅助作用,且与厂房之间具有可识别主从关系的空间关系,应为厂房之从物。[65]

其三,特定建筑空间得否构成从物。通常来说,建筑空间是建筑物的组成部分,唯有符合"构造独立""利用独立""能够登记"三项要件[66]的建筑空间方可构成独立专有部分,而成为独立不动产。因此,只有构成独立专有部分且对其他不动产发挥辅助功能的建筑空间始得为从物。例如,与别墅连为一体的汽车车库,具有构造和利用上的独立性,若能够登记为独立专有部分且对别墅发挥辅助功能,应属该别墅之从物。[67] 又如,建筑物的地下空间,若具有构造和利用上的独立性且能够登记为独立专有部分,应为独立不动产,是否构成从物,尚取决于其是否对其他专有部分发挥辅助功能。[68] 凡不符合前述三项要件的建筑空间,均非独立不动产,亦不可能构成从物。例如,建筑物的通道、楼梯、大堂、避难层、设备层、设备间、阁楼、厨房、卫生间等,欠缺构造或利用上的独立性,应为建筑物之组成部分。[69] 又如,专有部分内部的阁楼、地下室、夹层、露台等,不具有利用上的独立性,应属该专有部分的组成部分,而非从物。[70] 再如,建筑物外搭建的门厅

46

---

〔64〕 有裁判文书将此类空地认定为建筑物的从物,并不妥当。参见江西省景德镇市中级人民法院(2019)赣 02 民终 272 号民事判决书。

〔65〕 参见四川省泸州市中级人民法院(2013)泸民终字第 194 号民事判决书。Vgl. BSK ZGB/*Rey*,2006,§ 676,Rn. 5-14;*Schmid/Hürlimann-Kaup*,Sachenrecht,3. Aufl.,2009,S. 162.

〔66〕 参见《建筑物区分所有权解释》(2020 年修正)第 2 条第 1 款。

〔67〕 参见浙江省嘉兴市中级人民法院(2018)浙 04 民终 2911 号民事判决书。如果车库仅附记于不动产登记,则该车库应为别墅之组成部分,而非从物。参见江苏省扬州市中级人民法院(2016)苏 10 执复 47 号执行裁定书。

〔68〕 参见黑龙江省高级人民法院(2017)黑民再 413 号民事判决书。

〔69〕 部分裁判文书将楼梯、走道、电力设备用房认定为建筑物的从物,应属错误。参见湖北省黄冈市中级人民法院(2017)鄂 11 民终 918 号民事判决书;安徽省淮南市中级人民法院(2015)淮民一终字第00258 号民事判决书;四川省高级人民法院(2018)川民终 1173 号民事判决书。部分裁判文书将不具有构造上独立性的地下室、阁楼、厨房、卫生间认定为建筑物的从物,亦属错误。参见辽宁省大连市中级人民法院(2015)大民二终字第 01548 号民事判决书;江苏省扬州市中级人民法院(2016)苏 10 执复 47 号执行裁定书;江西省景德镇市中级人民法院(2019)赣 02 民终 272 号民事判决书。

〔70〕 部分裁判文书将专有部分内部的阁楼、门面房内的地下室和夹层认定为专有部分的从物,应属错误。参见浙江省宁波市中级人民法院(2013)浙甬民二终字第 766 号民事判决书;新疆维吾尔自治区乌鲁木齐市中级人民法院(2019)新 01 民终 895 号民事判决书;内蒙古自治区呼伦贝尔市中级人民法院(2014)呼民终字第 717 号民事判决书;重庆市第二中级人民法院(2019)渝 02 民终 2091 号民事判决书。

（门斗、风斗）、不具有独立出入口的房间、温室大棚等,欠缺利用上的独立性,应属建筑物之组成部分。[71] 须注意的是,由搭建或增建形成的建筑空间,通常为违法建设,即便具有构造和利用上的独立性,亦不可能登记为独立专有部分,故仍应为建筑物之组成部分,而不可能构成从物。[72]

47　　　　其四,区分所有建筑区划内的储物间（自行车库）、汽车车位车库等得否构成从物。储物间、汽车车位车库等是否为从物,主要取决于其是否为独立不动产,是否对特定专有部分发挥辅助功能。储物间、汽车车位车库,通常位于主建筑物的一楼或地下室,也可能位于附属建筑物中,具有构造和利用上的独立性,若能够登记为独立专有部分且与特定专有部分（住宅或经营性用房）配套使用,则为该特定专有部分的从物。[73] 虽然专有部分与配套使用的储物间在物理空间上分离,但仍然处于同一建筑物或同一建筑区划内,具有可识别主从关系的空间关系。[74] 如果原本与特定专有部分配套使用的车位车库,已经不再由该专有部分所有权人使用,则车位车库并非该专有部分的从物。[75] 建筑区划内尚未与特定专有部分配套使用的车位车库,例如先到先停的流动车位、由特定业主短期固定使用的车位,并未常助特定专有部分之效用,故非任何专有部分之从物。另外,一楼专有部分附带的院落（窗前绿地）,在利用上不具有独立性,亦不能登记为独立专有部分,实质上是建筑物所附宗地的组成部分,并非独立不动产,故不可能构成一楼专有

---

〔71〕 部分裁判文书将门斗、风斗、无独立出入口的搭建房屋、温室大棚、外部地下室认定为建筑物的从物,应属错误。参见内蒙古自治区呼伦贝尔市中级人民法院（2012）呼民再字第 43 号民事判决书;黑龙江省鸡西市中级人民法院（2015）鸡民终字第 265 号民事判决书;河南省濮阳市中级人民法院（2012）濮中法民终字第 121 号民事判决书;湖北省武汉市中级人民法院（2015）鄂武汉中民终字第 01659 号民事判决书。

〔72〕 部分裁判文书将上述建筑空间认定为从物,应属不妥。参见安徽省淮南市中级人民法院（2015）淮民一终字第 00258 号民事判决书;广东省佛山市中级人民法院（2016）粤 06 民终 9292 号民事判决书;辽宁省铁岭市中级人民法院（2016）辽 12 民终 179 号民事裁定书。

〔73〕 就汽车车位车库得否构成专有部分的从物,学说上存在争议。参见陈华彬:《物权法论》,中国政法大学出版社 2018 年版,第 257 页;孙宪忠:《中国物权法总论》（第 4 版）,法律出版社 2018 年版,第 270—271 页。在司法实践中,法院倾向于将与特定专有部分配套使用的储物间、汽车车位车库认定为该专有部分的从物,而并不考虑系争储物间、汽车车位车库能否登记为独立专有部分,是否附记于不动产登记等登记状况。关于储物间的裁判文书,参见山东省济南市天桥区人民法院（2018）鲁 0105 民初 928 号民事判决书（登记为独立专有部分）;江西省抚州市中级人民法院（2020）赣 10 民再 8 号民事判决书（附记于不动产登记）;河南省焦作市中级人民法院（2018）豫 08 民终 742 号民事判决书（无不动产登记）。关于汽车车位车库的裁判文书,参见江苏省苏州市吴中区人民法院（2014）吴民初字第 1772 号民事判决书（附记于不动产登记）;山东省淄博市中级人民法院（2019）鲁 03 民终 2209 号民事判决书（无不动产登记）。

〔74〕 参见云南省昆明市中级人民法院（2017）云 01 民终 4111 号民事判决书;江苏省徐州市铜山区人民法院（2016）苏 0312 民初 8887 号民事判决书。

〔75〕 参见湖南省长沙市中级人民法院（2020）湘 01 民终 1828 号民事判决书。

部分的从物。[76] 至于院落内搭建的独立房屋、凉亭等,通常对一楼专有部分发挥辅助功能,应属该专有部分之从物。[77]

其五,传统民居中的宗族活动场所得否构成从物。聚族而居的传统民居(例 48
如客家围屋)亦可形成区分所有建筑物,每户居民对专有部分享有所有权。建筑
物中用于举办祖先祭祀、族亲议事、婚丧事宜等宗族活动的场所,通常被称为"众
产",宗族成员有权在上述场所举办宗族活动。宗族活动场所应非专有部分之从
物:此类场所,若构造和利用上具有独立性且能够登记为专有部分,例如作为祠堂
使用的独立房间,应为独立不动产,但由于其对用于居住生活的各专有部分并无
辅助作用,故非特定专有部分的从物;此类场所,若构造或利用上不具有独立性,
例如门厅、天井等,并非独立不动产,自不可能构成从物。[78]

(二) 主物转让

"主物转让的"系本条规定之要件,应从以下两方面把握其含义: 49

1. 转让的"主物"

本条虽然使用了"主物转让"的语词,但"物"仅为权利客体或支配客体,而非 50
处分客体,真正进入市场流通"转让"的应该是"物上的权利"。因此,本条之"主
物",实为"主物上的权利",包括主物所有权以及主物上的部分用益物权(例如建
设用地使用权、宅基地使用权、土地承包经营权)。

须注意的是,"主物"原则上不包括对主物的债权性用益权。虽然债权人可基 51
于债之关系享有主物之用益,但并未在法律上支配主物,故此种债权性用益权并
非"主物上的权利",充其量仅为"与主物有关的权利"。不过,在特定情况下,亦
可考虑对"主物"进行目的性扩张,将部分债权性用益权囊括在内。例如,期限不
足 5 年的土地经营权,应属基于用益租赁关系而生之债权,权利人于土地上搭建
的临时棚屋、设置的灌溉工具等应为土地之从物,在该土地经营权转让时,衡诸常
理,亦应有适用本条之余地。

---

〔76〕 有裁判文书将此类院落认定为一楼专有部分的从物,应属不妥。参见山东省德州市中级人民
法院(2013)德中民再终字第 3 号民事判决书。

〔77〕 参见山东省德州市中级人民法院(2013)德中民再终字第 3 号民事判决书。如果院内搭建房
屋并未对一楼专有部分发挥辅助功能,则非该专有部分的从物。有裁判文书将院内搭建、独立使用的门
面房认定为一楼专有部分的从物,应属错误。参见山东省枣庄市中级人民法院(2017)鲁 04 民终 1388 号
民事判决书。

〔78〕 宗族活动场所是否构成专有部分的从物,司法裁判存在分歧。持肯定说的裁判文书,参见福
建省龙岩市中级人民法院(2016)闽 08 民终 1783 号民事判决书。持否定说的裁判文书,参见福建省龙岩
市中级人民法院(2017)闽 08 民终 441 号民事判决书。

2. "转让"行为

52　　　从文义来看,此处的"转让"应指使主物上的权利在不同主体之间发生移转的让与行为。不过,上述文义解释,可能过于狭窄。

53　　　首先,此处的"转让"应目的性扩张为处分行为。在学理上,处分行为是让与行为的上位概念,除权利让与外,处分行为尚包括在权利上设定负担、废止权利以及变更权利内容之法律行为。虽然本条使用"转让"而非"处分"一词,但在《民法典》未就其他处分行为类型设置"从物随主物"规范的情况下,将此处的"转让"限定为让与行为无疑将导致规范供应不足的困境。[79] 虽然抽象司法解释可以在一定程度上缓解此种困境,但《民法典》颁布前后的司法解释均局限于担保物权设定(《担保法解释》第63条和第91条、《民法典担保制度解释》第40条),并没有全面涵盖各种类型的处分行为。因此,更为妥当的方法,自然是将此处的"转让"目的性扩张为处分行为,以使本条之适用范围扩及对"主物"实施的各类处分行为。[80]

54　　　其次,"转让"尚可进一步目的性扩张,将就主物实施之负担行为囊括在内。既然此处的"转让"已经目的性扩张为处分行为,那么为维护主物从物的经济一体性,不妨对"转让"作进一步的目的性扩张,使之包含负担行为在内。[81] 我国亦有

---

　　[79] 就"从物随主物"的规范设置,比较法上有"个别主义"与"概括主义"两种模式。《德国民法典》采"个别主义",未就"主物之处分"设概括规定,而是分别就所有权让与(第926条)、用益权设定与废止(第1031条、第1062条)等具体处分行为类型设置法律规范。《瑞士民法典》第644条第1款、《日本民法典》第87条第2款、我国台湾地区"民法"第68条第2款采"概括主义",就"主物之处分"设概括规定,学说上一致认为此"处分"不仅包括了让与,尚包括抵押、出质等设定负担的行为。参见史尚宽:《民法总论》,中国政法大学出版社2000年版,第266页;王泽鉴:《民法总则》(2022年重排版),北京大学出版社2022年版,第226—227页;[日]我妻荣:《新订民法总则》,于敏译,中国法制出版社2008年版,第211页;[日]近江幸治:《民法总则》(第6版补订),渠涛等译,北京大学出版社2015年版,第145页。Vgl. *Schmid/Hürlimann-Kaup*, Sachenrecht, 3. Aufl. , 2009, S. 162; BSK ZGB/*Wiegand*, 2006, § § 644-645, Rn. 4, Rn. 28-30.

　　[80] 参见戴永盛:《论物权公示与物权变动——兼及民法典草案物权编若干规定之改善》,载《地方立法研究》2020年第1期,第119页;徐涤宇、张家勇主编:《〈中华人民共和国民法典〉评注(精要版)》,中国人民大学出版社2022年版,第324页(张静执笔);孙宪忠、朱广新主编:《民法典评注·物权编2》,中国法制出版社2020年版,第497页(汪志刚执笔)。

　　[81] 关于就主物实施之负担行为,《德国民法典》对"主物之处分"的原因行为设有专门规定,包括让与义务或设定负担的义务(第311c条)、买受人责任(第457条)、先买权效力(第1096条)、就主物实施之遗赠(第2164条第1款)等。此外,德国通说认为第311c条尚可准用于使用租赁、用益租赁、借用等负担行为。《瑞士民法典》、《日本民法典》和我国台湾地区"民法"虽然未对就主物实施之负担行为设专门规定,但学说上一般对概括规定的"主物之处分"作宽泛解释,使之包含买卖、借贷等负担行为在内。Vgl. *Neuner*, Allgemeiner Teil des Bürgerlichen Rechts, 12. Aufl. , 2020, S. 314; Hk BGB/*Schulte-Nölke*, 2012, § 311c, Rn. 1; Jauernig/*Stadler*, 2011, § 311c, Rn. 2; BSK ZGB/*Wiegand*, 2006, § § 644-645, Rn. 4, Rn. 25. 参见史尚宽:《民法总论》,中国政法大学出版社2000年版,第267页;王泽鉴:《民法总则》(2022年重排版),北京大学出版社2022年版,第226—227页;黄立:《民法总则》,中国政法大学出版社2002年版,第179页;[日]我妻荣:《新订民法总则》,于敏译,中国法制出版社2008年版,第211页;[日]近江幸治:《民法总则》(第6版补订),渠涛等译,北京大学出版社2015年版,第145页。

学者将"转让"理解为买卖等负担行为。[82]　在司法实践中,主流意见均认为该条的适用范围及于就主物实施之负担行为,不仅包括了买卖合同、夫妻财产分割协议等处分行为的原因行为,[83]还包括租赁合同在内。[84]

（三）当事人未另有约定

本条但书规定"当事人另有约定的除外",即明示当事人可以通过私法自治排 55
除"从物随主物转让"的法效果,故此法效果以"当事人未另有约定"为构成要件。

1. 规范性质:任意规范中的实体解释规则

本条属于任意规范无疑,我国大陆地区主流学说均持此种态度。[85]　通常来说, 56
任意规范的主要功能在于填补法律行为的漏洞,以弥补当事人思虑不周并降低交易
成本。为抑制法官恣意、维持法的安定性,法官应受任意规范的约束,在当事人就特
定事项未有意思表示时,法官应优先适用任意规范,而不能以补充解释排斥任意规
范。[86]　不过,前述论断仅对任意规范中的补充规范(ergänzende Normen)成立,对任
意规范中的实体解释规则(materiale Auslegungsregeln)却并不成立:在当事人就特定
事项未有相反意思表示时,法官应当优先根据相关情形来补充当事人的意思,只有
在无法从其他情形推知当事人存在相反的意思时,才有适用实体解释规则之余
地。[87]　原因在于,实体解释规则的法效果系对当事人意思的推测,本身并无独立于
私法自治的正当性基础,而法官比立法者更接近当事人,故法官的补充解释应当优
先于立法者对当事人意思的推测;补充规范的法效果并非对当事人意思的推测,具
有独立于私法自治的其他正当性基础(例如公平、效率等客观立法目的),法官自然
无权通过补充解释改变立法者的决断。[88]　在比较法上,就"从物随主物"的规范性

---

〔82〕　参见陈华彬:《民法总则》,中国政法大学出版社 2017 年版,第 442 页;王利明主编:《中国民法
典评注·物权编(上)》,人民法院出版社 2021 年版,第 430 页(何松威执笔)。

〔83〕　参见江苏省苏州市虎丘区人民法院(2019)苏 0505 民初 2690 号民事判决书;山东省淄博市中
级人民法院(2019)鲁 03 民终 436 号民事判决书。

〔84〕　参见贵州省高级人民法院(2017)黔民终 597 号民事判决书。

〔85〕　参见杨代雄主编:《袖珍民法典评注》,中国民主法制出版社 2022 年版,第 262 页(王锋执笔);徐
涤宇、张家勇主编:《〈中华人民共和国民法典〉评注(精要版)》,中国人民大学出版社 2022 年版,第 324 页
(张静执笔)。

〔86〕　参见[德]迪特尔·梅迪库斯:《德国民法总论》,邵建东译,法律出版社 2001 年版,第 258—260
页;朱庆育:《民法总论》(第 2 版),北京大学出版社 2016 年版,第 51 页。

〔87〕　参见[德]迪特尔·梅迪库斯:《德国民法总论》,邵建东译,法律出版社 2001 年版,第 256 页。

〔88〕　关于实体解释规则与补充规范的区别,参见[德]卡尔·拉伦茨:《德国民法通论(下册)》,王晓
晔等译,法律出版社 2004 年版,第 474—476 页;[德]迪特尔·梅迪库斯:《德国民法总论》,邵建东译,法律
出版社 2001 年版,第 256—257 页。 Vgl. *Neuner*, Allgemeiner Teil des Bürgerlichen Rechts, 12. Aufl. , 2020,
S. 419-420.

质,《瑞士民法典》《日本民法典》和我国台湾地区"民法"并未明确规定,学理上亦存在争议,而《德国民法典》则明确将其定位为实体解释规则。[89]

57　　　　本条"但书"所规定的情形仅限于"当事人另有约定",并未将"从其他情形推知当事人存在相反的意思"囊括在内,似乎排除了法官进行补充解释的空间,但若仅依文义将本条认定为补充规范,尚显遽断。从立法意旨来看,立法者设定"从物随主物转让"的法效果,系为维护两物经济一体性,避免两物分离导致的经济效用损失。不过,此种经济效用考量,只是基于生活经验的推测,并不能保证绝对准确。主物与从物终究系属两物,究竟是一体利用的经济效用高,还是分别利用的经济效用高,两物分离是否导致经济效用损失,私人是自己利益的最佳判断者,当事人的判断自然优先于立法者的判断。立法者之所以选择"从物随主物转让"的法效果,只不过是因为在大多数情况下一体利用比分别利用的经济效用更高,"从物随主物转让"通常更符合当事人的内心意思而已。换言之,本条之法效果,仍然只是对当事人意思的推测,其正当性仍然要回溯到私法自治,本身并不具有独立于私法自治的其他正当性基础。因此,本条宜认定为实体解释规则。虽然本条但书未规定"从其他情形推知当事人存在相反的意思",但法官仍可依据《民法典》第 510 条后段"不能达成补充协议的,按照合同相关条款或者交易习惯确定"对合同进行补充解释。

2. "当事人另有约定"的认定

58　　　　"当事人另有约定",即当事人约定"从物不随主物转让"。"约定",从文义上来看系指双方意思表示一致,为"双方法律行为",但在"主物转让"为单方法律行为(例如遗赠)时,应对"约定"进行目的性扩张,将"单方法律行为"囊括在内。

59　　　　通常来说,当事人如果"另有约定",一般会在合同书、中介服务协议、物业交割单、承诺书等文书中进行"特别声明或者约定",明示"从物不随主物转让"。[90]当事人将与"从物"有关的记载从合同书上划掉后再签订合同,也可以表明"当事

---

〔89〕　我国台湾地区学说未言明"民法"第 68 条第 2 款系补充规范抑或实体解释规则。瑞士学说倾向于将《瑞士民法典》第 644 条第 1 款认定为补充规范,即唯有当事人明确作出分别处分的表示,始得排除该规范的适用。日本学者多主张将《日本民法典》第 87 条第 2 款定性为解释规则,即对当事人意思的推定。《德国民法典》第 311c 条、第 926 条等相关规范表现为"存疑规则"(Im-Zweifel-Regelungen),系典型的实体解释规则,也即,只有在当事人未作相反约定且无法从其他情形推知当事人存在相反的意思时,始得适用上述规范。参见史尚宽:《民法总论》,中国政法大学出版社 2000 年版,第 266 页;王泽鉴:《民法总则》(2022年重排版),北京大学出版社 2022 年版,第 227 页;[日]我妻荣:《新订民法总则》,于敏译,中国法制出版社2008 年版,第 211 页;[日]近江幸治:《民法总则》(第 6 版补订),渠涛等译,北京大学出版社 2015 年版,第143—144 页;[德]迪特尔·梅迪库斯:《德国民法总论》,邵建东译,法律出版社 2001 年版,第 256 页。Vgl. *Schmid/Hürlimann-Kaup*, Sachenrecht, 3. Aufl., 2009, S. 163; *Neuner*, Allgemeiner Teil des Bürgerlichen Rechts, 12. Aufl., 2020, S. 419.

〔90〕　参见江西省抚州市中级人民法院(2020)赣 10 民再 8 号民事判决书;浙江省建德市人民法院(2018)浙 0182 民初 5691 号民事判决书;江苏省苏州市吴中区人民法院(2014)吴民初字第 1772 号民事判决书;福建省厦门市思明区人民法院(2013)思民初字第 212 号民事判决书。

人另有约定"。[91]"另有约定"亦可通过口头方式为之。出卖人在合同订立前口头明确表示拒绝转让从物而双方仍然缔约的，即表明当事人之间存在"从物不随主物转让"的口头约定。[92]依《民法典》第140条第1款，意思表示的效果原则上不因其为明示或默示而异，故"从物不随主物转让"的意思表示亦得通过默示为之。在合同订立前，出卖人将从物搬离主物，例如将备用轮胎、千斤顶等从汽车上卸下、搬走，此即默示作出"从物不随主物转让"的意思表示，若买受人在知情后仍然与之缔约，亦构成"当事人另有约定"。在当事人对意思表示的内容是否为"从物不随主物转让"存在争议时，无论是明示还是默示，均须依《民法典》第142条确定意思表示的含义或行为人的真实意思。

依《民法典》第140条第2款，沉默原则上不构成表示行为，例外仅限于"法律规定""当事人约定""符合当事人之间的交易习惯"三类，故几乎不可能将沉默视为"从物不随主物转让"的意思表示。因此，单纯的"合同未提及从物"，只意味着当事人对从物是否随主物转让这一问题保持沉默、未作意思表示，并不能表明"当事人另有约定"。同理，让与人在交付主物之后继续占有从物，受让人未提出异议，均属沉默，既不能视为"从物不随主物转让"的意思表示，也不能视为对前述意思表示的同意，自不存在"另有约定"。[93] 60

在不存在"从物不随主物转让"的意思表示时，法官尚不能直接适用本条，而应当优先进行补充解释。虽然我国实务界尚未具有区分补充规范与实体解释规则的清晰意识，但从个别裁判文书中也可以发现，有些法官在上述意思表示欠缺时进行了补充解释，从相关案情[94]或交易习惯[95]中推测出当事人存在"从物不 61

---

[91]　参见福建省厦门市海沧区人民法院（2019）闽0205民初1978号民事判决书。

[92]　参见江苏省南京市中级人民法院（2019）苏01民终9103号民事判决书。

[93]　参见湖南省澧县人民法院（2020）湘0723民初526号民事判决书。有裁判文书将"转让人长期占有从物、受让人未提出异议"视为"当事人另有约定"，应属错误。参见浙江省杭州市中级人民法院（2018）浙01民终9722号民事判决书；内蒙古自治区赤峰市中级人民法院（2019）内04民终1987号民事判决书。

[94]　参见内蒙古自治区赤峰市红山区人民法院（2018）内0402民初5411号民事判决书；吉林省白城市中级人民法院（2014）白民三终字第93号民事判决书。

[95]　例如，特定地区对汽车车库、自行车库存在单独计价的交易习惯，若当事人在转让主物时未作出转让汽车车库、自行车库的意思表示，法官则可从交易习惯中推测出当事人存在"从物不随主物转让"的意思，此显系基于交易习惯的补充解释。参见江苏省连云港市中级人民法院（2015）连民终字第00601号民事判决书；湖南省长沙市中级人民法院（2020）湘01民终1828号民事判决书。不过，上述两裁判文书混淆了"交易观念优先"的从物认定要件和基于"交易习惯"的补充解释。在说理中，法官表面上是在根据"交易观念"否定自行车库和汽车车库的从物性质，实际上是基于"交易习惯"推测当事人存在"从物不随主物转让"的意思。这是因为，就某物存在单独计价的交易习惯，并不意味着交易观念否定该物为从物，而是意味着：该物的转让只能通过明示的意思表示实现，非"明示"显然难以"单独计价"，若当事人就该物的转让未有意思表示，其内心意思自然是"该物不随主物转让"。

随主物转让"的意思,从而排除本条的适用,这实际上是将本条理解为实体解释规则。

三、法律效果

62　　依本条之文义,满足前述三项构成要件,即发生"从物随主物转让"的法效果。此项法效果表面上文义清晰,但仍须结合其他法律条文与具体案型,通过解释予以澄清。

（一）法效果概述

1. 随主物转让的"从物"

63　　随主物转让的"从物",实为"从物上的权利",原则上应为从物所有权,并不包括用益物权在内。虽然我国民法上的从物包括动产和不动产,但现行法律并未配置动产用益物权,而作为不动产用益物权客体的土地、水域、矿藏、住宅等通常亦不构成从物,故"从物用益物权"几乎不可能存在。[96]

2. 对"转让从物"效果意思的推定

64　　所谓"随主物转让",系指就主物实施的"转让"行为的效力及于从物,本质上是推定当事人在就主物实施"转让"行为时亦具有"转让从物"的效果意思。由于此"转让"行为在解释论上已经包括各类处分行为与负担行为在内,故对"随主物转让"的理解亦应突破其文义。

65　　首先,以主物上的权利为处分客体的处分行为,其效力亦及于从物上的权利。例如,让与主物所有权或在主物所有权上设定负担,其效力亦及于从物所有权。须注意的是,于此情形,本条之法效果并非物权变动,而只是对处分意思的推定。所谓"处分行为的效力及于从物上的权利",本质上是对当事人意思的推定,即当事人关于"处分从物上的权利"的效果意思已经包含在"处分主物上的权利"的效果意思中,或者说当事人在作出"处分主物上的权利"的意思表示时其内心亦同时蕴含了"处分从物上的权利"的效果意思,故从物上的权利的变动在本质上仍系基于法律行为的物权变动,而非基于法律的物权变动。[97]　正因如此,从物上的权利的变动,除了效

---

〔96〕　在人防车位车库所有权归属国家的情况下,业主从房地产开发商处受让的人防车位车库使用权,基于《人民防空法》第 5 条第 2 款,可以认定为用益物权。此时,随主物转让的"从物",应为不动产用益物权。

〔97〕　参见高富平:《物权法专论》,北京大学出版社 2007 年版,第 49 页;韩松、姜战军、张翔:《物权法所有权编》,中国人民大学出版社 2007 年版,第 409 页。Vgl. *Neuner*, Allgemeiner Teil des Bürgerlichen Rechts, 12. Aufl. , 2020, S. 314.

果意思外,尚须具备处分权与公示两要件。虽然"处分从物上的权利"的效果意思已经被推定存在,但主物与从物终究系属两物,主物上的权利与从物上的权利亦系两项处分客体,故除非法律另有特别规定,从物上的权利的变动,原则上仍以行为人对其具有处分权并完成相应的公示行为(交付或登记)为要件。[98]

其次,就主物实施之负担行为,其效力亦及于从物。至于该负担行为是否为处分行为的原因行为,在所不问。例如,就主物负担让与义务或设定物上负担的义务,就主物实施之遗赠,其效力及于从物。又如,就主物订立租赁或借用合同,其效力亦及于从物。在司法实践中,本条适用于就主物实施的各类负担行为,无论是买卖合同、夫妻财产分割协议,还是租赁合同,其效力均及于从物。[99] 所谓"负担行为的效力及于从物",本质上同样是对当事人意思的推定,即当事人"就从物负担义务"的效果意思已经包含在"就主物负担义务"的效果意思之中。[100] 相对于就主物负担之给付义务,就从物负担之给付义务具有补助功能,能够确保债权人的给付利益获得最大满足,应属从给付义务,权利人得以本条为请求权基础规范诉请履行。

同理,就主物负担之给付义务消灭,就从物负担之给付义务亦随之消灭。依《民法典》第 631 条,因标的物的主物不符合约定而解除合同,解除合同的效力及于从物,反之则否。此亦系对当事人意思的推定。

(二) 常见的法效果类型

1. 从物随主物让与

当事人就主物负担让与义务,推定其具有就从物负担让与义务的效果意思,债权人得依本条请求债务人让与从物所有权并交付从物;当事人让与主物上的权利,亦推定其具有让与从物所有权的效果意思。由于法律未对从物所有权让与的公示要件设特别规定,故应适用《民法典》第 224 条、第 209 条,以交付或登记为生效要件。[101] 不过,仍然存在两项例外:其一,在主物为不动产、从物为动产时,从

66

67

68

---

[98] 参见谢在全:《民法物权论(上册)》(修订 5 版),中国政法大学出版社 2011 年版,第 95—96 页;孙宪忠、朱广新主编:《民法典评注·物权编2》,中国法制出版社 2020 年版,第 497 页(汪志刚执笔);王利明主编:《中国民法典评注·物权编(上)》,人民法院出版社 2021 年版,第 430 页(何松威执笔)。

[99] 参见江苏省苏州市虎丘区人民法院(2019)苏 0505 民初 2690 号民事判决书;山东省淄博市中级人民法院(2019)鲁 03 民终 436 号民事判决书;贵州省高级人民法院(2017)黔民终 597 号民事判决书。

[100] Vgl. *Neuner*, Allgemeiner Teil des Bürgerlichen Rechts, 12. Aufl., 2020, S. 314.

[101] 参见崔建远:《中国民法典释评·物权编(上卷)》,中国人民大学出版社 2020 年版,第 541—542 页;王泽鉴:《民法物权》(第 2 版),北京大学出版社 2010 年版,第 43—44 页;谢在全:《民法物权论(上册)》(修订 5 版),中国政法大学出版社 2011 年版,第 96 页(脚注 19)。不同观点,参见杨代雄主编:《袖珍民法典评注》,中国民主法制出版社 2022 年版,第 262 页(王锋执笔);徐涤宇、张家勇主编:《〈中华人民共和国民法典〉评注(精要版)》,中国人民大学出版社 2022 年版,第 324 页(张静执笔)。

物所有权让与的交付生效要件,可以省略。[102]　其二,在主物为不动产、从物为未登记附属建筑物(构筑物)时,从物所有权让与的登记生效要件,亦应省略。[103]　上述两项例外的原因在于,第三人可通过不动产登记簿知悉主物的权属变动,并结合主物与从物之间的空间关系,识别从物并推知从物的权属变动。换言之,主物与从物之间的空间关系,已经在一定程度上使物权归属关系公开化,故可省略交付或登记。如果作为从物的动产或附属建筑物已附记于主物不动产登记,第三人即可通过不动产登记簿上的附记,识别从物并推知从物的权属变动,而不必依赖于空间关系。[104]

69　　　　除交付或登记的生效要件外,从物所有权的让与,原则上亦以处分权为生效要件,欠缺处分权即构成无权处分。在让与人对从物所有权欠缺处分权且未获追认的情况下,仅在构成善意取得时,受让人始取得从物所有权。[105]　是否构成善意取得,应依据《民法典》第 311 条及以下规定判断。由于《民法典》第 311 条第 1 款第 3 项规定"转让的不动产或者动产依照法律规定应当登记的已经登记,不需要登记的已经交付给受让人",故从物所有权的善意取得必须以登记或交付为构成要件,而无法省略之。如果从物为未登记附属建筑物,那么依照上述"不需要登记的已经交付给受让人"之规定,应当以交付作为从物所有权善意取得的构成要件。

2. 从物随主物抵押

70　　　　《民法典担保制度解释》第 40 条第 1 款以"主物之处分及于从物"为基础,属于任意规范,[106]结合前述分析,此项规定亦为实体解释规则,"抵押权的效力及于从物"本质上是对当事人意思的推定。当事人就主物负担设定抵押权的义务,推

---

〔102〕　参见《德国民法典》第 926 条第 1 款。Vgl. *Neuner*, Allgemeiner Teil des Bürgerlichen Rechts, 12. Aufl. , 2020, S. 314;*Wieling/Finkenauer*, Sachenrecht, 6. Aufl. , 2020, S. 46, S. 462;*Wellenhofer*, Sachenrecht, 35. Aufl. , 2020, S. 250;Hk BGB/*Staudinger*, 2012, § 926, Rn. 2;Jauernig/*Berger*, 2011, § 926, Rn. 2;BSK ZGB/*Wiegand*, 2006, §§ 644-645, Rn. 26;*Schmid/Hürlimann－Kaup*, Sachenrecht, 3. Aufl. , 2009, S. 162-163.

〔103〕　参见[日]近江幸治:《民法总则》(第 6 版补订),渠涛等译,北京大学出版社 2015 年版,第 145 页。

〔104〕　参见《瑞士民法典》第 946 条第 2 款。Vgl. BSK ZGB/*Schmid*, 2006, § 946, Rn. 31-35.

〔105〕　参见《德国民法典》第 926 条第 2 款。Vgl. *Neuner*, Allgemeiner Teil des Bürgerlichen Rechts, 12. Aufl. , 2020, S. 315;Hk BGB/*Staudinger*, 2012, § 926, Rn. 3;Jauernig/*Berger*, 2011, §926, Rn. 3-4;BSK ZGB/*Wiegand*, 2006, §§ 644-645, Rn. 27.

〔106〕　参见最高人民法院民事审判第二庭:《最高人民法院民法典担保制度司法解释理解与适用》,人民法院出版社 2021 年版,第 366、369 页。对于"抵押权的效力及于土地之从物"的规范性质,比较法上有不同态度:德国学说认为《德国民法典》第 1120 条为强制规范,当事人的不同约定仅具有债法效力;瑞士学说则认为《瑞士民法典》第 805 条第 1 款为第 644 条第 1 款的具体化,应属任意规范。Vgl. *Wieling/Finkenauer*, Sachenrecht, 6. Aufl. , 2020, S. 46－47, S. 565;*Schmid/Hürlimann－Kaup*, Sachenrecht, 3. Aufl. , 2009, S. 162;BSK ZGB/*Trauffer*, 2006, § 805, Rn. 17.

定其具有就从物负担同样义务的效果意思,债权人得依本条及上述司法解释请求债务人设定从物抵押权并办理抵押登记;当事人设定主物抵押权,亦推定其具有设定从物抵押权的效果意思。由于法律未对从物抵押权设定的公示要件设特别规定,故应适用《民法典》第402条、第403条:在从物为不动产时,从物抵押权的设立以登记为生效要件;在从物为动产时,从物抵押权在抵押合同生效时即已设立,登记仅为对抗要件。[107] 不过,仍然存在三项例外:其一,在主物为不动产、从物为动产时,从物抵押权设立的登记对抗要件,可以省略。[108] 其二,在主物为不动产、从物为未登记附属建筑物(构筑物)时,从物抵押权设立的登记生效要件,亦应省略。其三,在主物与从物均为动产,且主物抵押权已登记时,从物抵押权设立的登记对抗要件,亦可省略。上述三项例外的原因在于,第三人可以通过不动产登记簿或动产担保登记系统知悉主物抵押权的设立,并结合主物与从物之间的空间关系,识别从物并推知从物抵押权的设立。[109] 换言之,主物与从物之间的空间关系,已经在一定程度上使物权归属关系公开化,故可省略登记。如果作为从物的动产或附属建筑物已附记于主物不动产登记,第三人即可通过不动产登记簿上的附记,识别从物并推知从物抵押权的设立,而不必依赖于空间关系。[110]

除以登记作为生效要件或对抗要件外,从物抵押权的设立,原则上亦以处分权为生效要件。在抵押人对从物所有权欠缺处分权且未获追认的情况下,仅在构成善意取得时,主物抵押权人始取得从物抵押权。不动产抵押权适用善意取得素无争议,依《民法典》第311条第3款并参照适用同条第1款第3项"依照法律规定应当登记的已经登记",应以登记为善意取得的构成要件。因此,在从物为不动产时,从物抵押权的善意取得须以登记为构成要件,而无法省略之;如果从物为未登记附属建筑物,由于无法办理抵押权登记,即不可能发生从物抵押权的善意取得。为维护交易安全,动产抵押权亦应有适用善意取得之余地,虽然此项权利并

71

---

〔107〕 参见常鹏翱:《经济效用与物权归属——论物权法中的从附原则》,载《环球法律评论》2012年第5期,第77页。不同观点,参见王泽鉴:《民法物权》(第2版),北京大学出版社2010年版,第44页;王泽鉴:《民法学说与判例研究(第三册)》,北京大学出版社2009年版,第264页;谢在全:《民法物权论(上册)》(修订5版),中国政法大学出版社2011年版,第96(脚注19)、667页;崔建远:《中国民法典释评·物权编(上卷)》,中国人民大学出版社2020年版,第542页。

〔108〕 Vgl. *Schmid/Hürlimann-Kaup*, Sachenrecht, 3. Aufl., 2009, S. 162; BSK ZGB/*Trauffer*, 2006, § 805, Rn. 12.

〔109〕 王泽鉴教授的说明,可资参照:"从物虽未登记,尚不违背此项公示原则,盖抵押权之效力及于从物,系基于法律之规定,何者为从物,法有明文,可由外界查知也。例如抵押物为耕地时,水车、堆栈为其从物,客观上可以认定,故第三人经由登记而知悉耕地已设定抵押权时,即可知悉水车、堆栈亦包括在抵押权标的物范围之内,无遭受不测损害之虞也。"参见王泽鉴:《民法学说与判例研究(第三册)》,北京大学出版社2009年版,第264页。

〔110〕 参见《瑞士民法典》第805条第2款。Vgl. BSK ZGB/*Trauffer*, 2006, § 805, Rn. 12-14.

非"依照法律规定应当登记的",但亦应以登记作为善意取得的构成要件。[111] 因此,在从物为动产时,从物抵押权的善意取得亦须以登记为构成要件,而无法省略之。

72　　　需要讨论的是,抵押权效力,是否仅及于抵押权设定时已存之从物。[112] 依《民法典担保制度解释》第 40 条第 2 款,抵押权效力并不及于嗣后新增之从物,但在抵押权实现时可以一并处分。[113] 此项规定较为符合当事人可推测的意思,既兼顾了抵押权人与一般债权人的利益平衡,又有利于发挥物的交换价值,值得赞同:一方面,抵押权设定时,若从物尚不存在,难以认为当事人有"处分从物上的权利"的效果意思,且抵押权人对抵押财产的估值一般以抵押权设定时的抵押财产状况为准,若抵押权效力及于嗣后新增之从物,将损害一般债权人的利益;另一方面,主物与嗣后新增之从物,已经形成经济上的整体,一并处分有利于交换价值的发挥,对抵押权人和一般债权人均有利。由于抵押权的效力不及于嗣后新增之从物,在主物从物一并处分后,抵押权人对从物的价款并无优先受偿权。须注意的是,《民法典担保制度解释》第 40 条第 2 款规定"可以一并处分",表明此系抵押权人的权利,是否行使此项权利仍取决于抵押权人的意愿,此与《民法典》第 417 条规定之"一并处分"不同,后者系属强制规范。不过,若单独处分主物将导致主物或从物之交换价值严重贬损,则抵押权人无正当理由不行使此项权利,应构成《民法典》第 132 条之权利滥用,利害关系人(例如抵押人、其他抵押权人、一般债权

---

　　〔111〕 通过类比动产让与担保,可推知动产抵押权的善意取得应以登记为构成要件。欠缺处分权的让与人实施动产让与担保交易,由于动产仍然处于让与人的管领下,故受让人无法善意取得所有权。在实质担保观下,让与担保中的动产所有权与动产抵押权相当,故债权人亦无法善意取得未登记动产抵押权。目前,就动产抵押权是否适用善意取得,动产抵押权善意取得是否以登记为构成要件,学说和司法实践尚有争议。参见冉克平:《抵押权善意取得争议问题研究》,载《暨南学报(哲学社会科学版)》2018 年第 11 期,第 42—45 页;孙宪忠、朱广新主编:《民法典评注·物权编 2》,中国法制出版社 2020 年版,第463—464 页(汪志刚执笔);徐涤宇、张家勇主编:《〈中华人民共和国民法典〉评注(精要版)》,中国人民大学出版社 2022 年版,第 314 页(徐涤宇执笔)。

　　〔112〕 《德国民法典》第 1120 条、《瑞士民法典》第 805 条第 1 款以及我国台湾地区"民法"第 862 条第 1 款均未将抵押权的效力范围限于设定时已存之从物。依德、瑞两国学说,抵押权设定前后产生之从物,均为抵押权效力所及。我国大陆地区和台湾地区学说对此尚存分歧。Vgl. *Baur/Stürner*, Sachenrecht, 18. Aufl., 2009, S. 519; *Wieling/Finkenauer*, Sachenrecht, 6. Aufl., 2020, S. 565; Hk BGB/*Staudinger*, 2012, § 1120, Rn. 17; Jauernig/*Berger*, 2011, §§ 1120-1122, Rn. 14-17; BSK ZGB/*Trauffer*, 2006, § 805, Rn. 12. 参见王泽鉴:《民法学说与判例研究(第三册)》,北京大学出版社 2009 年版,第 261—263 页;谢在全:《民法物权论(中册)》(修订 5 版),中国政法大学出版社 2011 年版,第 667—670 页;程啸:《担保物权研究》(第 2 版),中国人民大学出版社 2019 年版,第 396—398 页;陈华彬:《物权法论》,中国政法大学出版社 2018 年版,第 536—537 页。

　　〔113〕 从起草者的说明来看,《民法典担保制度解释》第 40 条第 2 款系类推适用《民法典》第 417 条的结果。参见最高人民法院民事审判第二庭:《最高人民法院民法典担保制度司法解释理解与适用》,人民法院出版社 2021 年版,第 366—368 页。

人)得请求该抵押权人行使上述权利。[114]

3. 从物随主物出质

当事人就主物负担设定质权的义务,推定其具有就从物负担同样义务的效果 **73**
意思,债权人得依本条请求债务人设定从物质权并交付从物;当事人设定主物质
权,亦推定其具有设定从物质权的效果意思。由于法律未对从物质权设定的公示
要件设特别规定,故应适用《民法典》第 429 条,以从物交付为生效要件。[115] 在出
质人对从物所有权欠缺处分权且未获追认的情况下,仅在构成善意取得时,主物
质权人始取得从物质权。动产质权适用善意取得并无争议,依《民法典》第 311 条
第 3 款并参照适用同条第 1 款第 3 项"不需要登记的已经交付",应以交付为善意
取得的构成要件。

四、类推适用

本条虽然在客观上能够发挥维持主物与从物的经济一体性的功能,但作为实 **74**
体解释规则,其正当性基础仍为私法自治,即推定当事人有"从物随主物转让"的
意思,故其适用范围原则上仅限于法律行为领域。不过,对主物与从物之间经济
一体性的维护,有利于发挥物的效用,本身亦具有客观合理性。因此,可以考虑对
本条进行类推适用,使《民法典》对主物与从物之间经济一体性的维护,超出法律
行为领域,扩及非依法律行为发生的物权变动。据此,主物上的权利非依法律行
为发生变动,从物上的权利亦随之变动。[116]

其一,主物上的权利依法律发生变动,从物上的权利亦随之变动。例如,留置 **75**
权为法定担保物权,债权人在取得主物留置权时,只要其占有从物,亦同时取得从

---

〔114〕 参见史尚宽:《民法总论》,中国政法大学出版社 2000 年版,第 717—718 页;本书编委会主编:
《〈中华人民共和国民法总则〉条文理解与适用》,人民法院出版社 2017 年版,第 892 页。

〔115〕 参见《担保法解释》第 91 条;《瑞士民法典》第 892 条第 1 款。Vgl. BSK ZGB/*Bauer*, 2006,§
892, Rn. 7. 参见[日]我妻荣:《新订民法总则》,于敏译,中国法制出版社 2008 年版,第 211 页;谢在全:
《民法物权论(上册)》(修订 5 版),中国政法大学出版社 2011 年版,第 96 页(脚注 19);谢在全:《民法物
权论(下册)》(修订 5 版),中国政法大学出版社 2011 年版,第 982 页;王泽鉴:《民法物权》(第 2 版),北
京大学出版社 2010 年版,第 44 页;王泽鉴:《民法学说与判例研究(第三册)》,北京大学出版社 2009 年
版,第 264 页;杨代雄主编:《袖珍民法典评注》,中国民主法制出版社 2022 年版,第 262 页(王锋执笔)。

〔116〕 Vgl. BSK ZGB/*Wiegand*, 2006,§§ 644-645, Rn. 25. 参见史尚宽:《民法总论》,中国政法大
学出版社 2000 年版,第 267 页;孙宪忠、朱广新主编:《民法典评注·物权编 2》,中国法制出版社 2020 年
版,第 497 页(汪志刚执笔)。

物留置权。[117] 又如,依《民法典》第 230 条,继承系基于法律的物权变动,[118] 在界定遗嘱继承人取得遗产的范围时,须考虑主从关系,只要遗嘱未对从物另作安排,遗嘱继承人将同时取得主物所有权与从物所有权。[119]

76　　　其二,因公权力导致主物上的权利变动,从物上的权利亦随之变动。法院作出的具有形成效力的判决书、裁定书、调解书,政府作出的征收决定,导致主物上的权利变动,从物上的权利亦随之变动。[120] 例如,因共有物分割判决取得主物所有权,亦同时取得从物所有权。[121] 法院对主物实施的强制执行措施,其效力亦可能及于从物。依《民法典物权编解释一》第 7 条,法院在执行程序中作出的拍卖裁定书、变卖裁定书、以物抵债裁定书均属《民法典》第 229 条之"法律文书",由此导致主物上的权利变动,从物上的权利亦随之变动。[122] 除处分性执行措施外,法院对主物实施的控制性强制执行措施,其效力亦及于从物。对此,《查封、扣押、冻结财产规定》(2020 年修正)第 20 条明确规定:"查封、扣押的效力及于查封、扣押物的从物和天然孳息。"

77　　　另外,对于具有经济一体性但不构成主从权利关系的权利组合,亦有类推适用本条之余地。利息债权虽系主债权之法定孳息,但一经产生即具有独立价值,其存续不依赖于主债权,故非主债权之从权利。[123] 主债权让与时已产生之利息债权,与主债权具有经济一体性,在交易中通常随主债权让与,故在当事人未约定

---

〔117〕　参见《担保法解释》第 114 条和第 91 条;孙宪忠、朱广新主编:《民法典评注·物权编 2》,中国法制出版社 2020 年版,第 497—498 页(汪志刚执笔)。

〔118〕　参见孙宪忠、朱广新主编:《民法典评注·物权编 1》,中国法制出版社 2020 年版,第 193—194 页(崔文星执笔);杨代雄主编:《袖珍民法典评注》,中国民主法制出版社 2022 年版,第 210 页(杜生一执笔)。

〔119〕　参见山东省济南市天桥区人民法院(2018)鲁 0105 民初 928 号民事判决书。须注意的是,亦有观点认为,基于遗嘱指定分割遗产系法律行为引发的物权变动(意定的物权变动)。参见汪洋:《中国法上基于遗赠发生的物权变动——论〈民法典〉第 230 条对〈物权法〉第 29 条之修改》,载《法学杂志》2020 年第 9 期,第 73 页;徐涤宇、张家勇主编:《〈中华人民共和国民法典〉评注(精要版)》,中国人民大学出版社 2022 年版,第 226 页(伍治良执笔)。

〔120〕　参见徐涤宇、张家勇主编:《〈中华人民共和国民法典〉评注(精要版)》,中国人民大学出版社 2022 年版,第 324 页(张静执笔)。

〔121〕　参见山东省德州市中级人民法院(2013)德中民再终字第 3 号民事判决书。不过,亦有法院认为,在共有物分割的裁判文书未提及从物时,形成判决的效力并不及于从物。参见湖南省张家界市中级人民法院(2013)张中民一终字第 222 号民事判决书。

〔122〕　参见安徽省马鞍山市中级人民法院(2019)皖 05 民终 624 号民事裁定书;浙江省宁波市镇海区人民法院(2018)浙 0211 执异 1 号执行裁定书。不过,亦有法院认为,应以相关拍卖文件(例如拍卖公告)确定拍卖标的物的范围,如果相关拍卖文件未将从物列入拍卖范围,竞买人即无法取得从物所有权。参见江苏省苏州市中级人民法院(2019)苏 05 民终 10159 号民事判决书;江苏省南通市中级人民法院(2017)苏 06 民终 2822 号民事判决书。

〔123〕　参见王洪亮:《债法总论》,北京大学出版社 2016 年版,第 457 页;庄加园:《〈合同法〉第 79 条(债权让与)评注》,载《法学家》2017 年第 3 期,第 166 页。

或约定不明确时,可类推适用《民法典》第320条,推定当事人有使利息债权随主债权转让的合意。[124] 至于主债权让与后产生的利息债权的归属,应直接适用《民法典》第321条第2款,在没有约定或约定不明确时,按照交易习惯,通常由现主债权人取得。

五、举证责任

"主物与从物关系"本身虽系积极要件,但主张本条之法效果发生的一方当事人仅须就此项构成要件中的"从物常助主物效用"和"从物与主物之间存在空间关系"两项积极要件承担举证责任。至于"主物与从物均为有体物"和"主物与从物均为独立物"两项积极要件,法官可依日常经验法则判断,无须证明。不过,就"从物常助主物效用"而言,交易相对人(例如买受人、受让人)往往难以证明某物对另一物的辅助作用是"长期性"的,故法官可以通过事实上的推定,对举证责任进行再分配:在交易相对人能够证明某物对另一物发挥辅助作用的前提下,若法官能够结合日常经验法则推断出该辅助具有"长期性",则应由对方当事人(例如出卖人、让与人)对该辅助仅具有"暂时性"承担证明责任。[125] "不存在相反的交易观念"属于此项构成要件中的消极要件,应当由否定法效果发生的一方当事人承担证明责任,即证明存在"发挥辅助功能的物并非从物"的交易观念。若此种交易观念属于众所周知的事实,则无须证明,但如果主张法效果发生的一方当事人能够证明该交易观念并非众所周知的事实,否定法效果发生的一方当事人仍须证明该交易观念存在。 **78**

"主物转让"系积极要件,主张法效果发生的一方当事人须就此项构成要件承担举证责任,即证明当事人就主物实施了一项成立且生效的处分行为或负担行为。 **79**

"当事人未另有约定"系消极要件,应当由否定法效果发生的一方当事人对"当事人另有约定"承担证明责任。基于规范性质考量,亦有同样的结论。本条系实体解释规则,而实体解释规则通常将导致举证责任转移,即由主张法律行为的效果意思与实体解释规则规定的解释结果不同的一方当事人承担举证责任。[126] **80**

---

〔124〕 我国台湾地区"民法"第295条第2款规定"未支付之利息,推定其随同原本移转于受让人",学说上将之视为对"民法"第68条第2款的准用。参见黄立:《民法总则》,中国政法大学出版社2002年版,第179页。

〔125〕 参见史尚宽:《民法总论》,中国政法大学出版社2000年版,第269页。

〔126〕 参见［德］卡尔·拉伦茨:《德国民法通论(下册)》,王晓晔等译,法律出版社2004年版,第474页。Vgl. *Neuner*, Allgemeiner Teil des Bürgerlichen Rechts, 12. Aufl. , 2020, S. 419.

同时,既然实体解释规则的适用以法律行为的效果意思"有疑义"为前提,欲排除实体解释规则规定的法效果,上述证明须达到"排除疑义"(zweifelsfrei)、"排除合理怀疑"的证明标准。因此,对于本条中的"当事人另有约定",应由否定法效果发生的一方当事人承担证明责任,即证明当事人具有"从物不随主物转让"的明确无疑的合意。我国司法实践中的主流意见亦认为否定法效果发生的一方当事人应对"当事人另有约定"承担举证责任。[127]

附:案例索引

1. 安徽省阜阳市中级人民法院(2017)皖 12 民终 1484 号民事判决书:方某勇等与李某刚等房屋买卖合同纠纷案【边码 32、42】

2. 安徽省淮南市中级人民法院(2015)淮民一终字第 00258 号民事判决书:蔡某宇与刘某国排除妨害纠纷案【边码 46】

3. 安徽省马鞍山市中级人民法院(2019)皖 05 民终 624 号民事裁定书:吴某庆等与秦某芳房屋买卖合同纠纷案【边码 76】

4. 北京市顺义区人民法院(2015)顺民初字第 8685 号民事判决书:姚某 1 等与高某等法定继承纠纷案【边码 45】

5. 重庆市第二中级人民法院(2019)渝 02 民终 2091 号民事判决书:王某伟与汪某全房屋买卖合同纠纷案【边码 46】

6. 重庆市第一中级人民法院(2016)渝 01 民终 4448 号民事判决书:恩施星典汽车销售有限公司与重庆江周汽车销售有限公司返还原物纠纷案【边码 38】

7. 福建省龙岩市中级人民法院(2016)闽 08 民终 1783 号民事判决书:刘某滨等与刘某荣物权保护纠纷案【边码 48】

8. 福建省龙岩市中级人民法院(2017)闽 08 民终 441 号民事判决书:张某华等与张某雷等物权保护纠纷案【边码 48】

9. 福建省厦门市海沧区人民法院(2019)闽 0205 民初 1978 号民事判决书:田某光与戴某文物权保护纠纷案【边码 59】

10. 福建省厦门市思明区人民法院(2013)思民初字第 212 号民事判决书:许某真等与陈某物权保护纠纷案【边码 59】

11. 福建省漳州市中级人民法院(2015)漳民终字第 1689 号民事判决书:梁某安等与福建漳州农村商业银行股份有限公司合同纠纷案【边码 16、44】

12. 甘肃省酒泉市肃州区人民法院(2019)甘 0902 民初 2627 号民事判决书:赵某等与于某等所有权确认纠纷案【边码 21】

13. 甘肃省庆阳市中级人民法院(2013)庆中民终字第 495 号民事判决书:唐某萍与常某蓉确认合同无效纠纷案【边码 33】

---

〔127〕 参见浙江省建德市人民法院(2018)浙 0182 民初 5691 号民事判决书;山东省济南市中级人民法院(2019)鲁 01 民终 11022 号民事判决书;江西省抚州市中级人民法院(2020)赣 10 民再 8 号民事判决书。

14. 广东省佛山市中级人民法院(2016)粤 06 民终 9292 号民事判决书:李某 2 等与李某租赁合同纠纷案【边码 46】

15. 广东省广州市中级人民法院(2019)粤 01 民终 12281 号民事判决书:蔡某平等与蔡某佳等所有权确认纠纷案【边码 16、44】

16. 广西壮族自治区贺州市八步区人民法院(2019)桂 1102 执异 59 号执行裁定书:贺州市金泰实业有限公司与中国农业银行股份有限公司贺州八桂支行执行异议案【边码 45】

17. 贵州省高级人民法院(2017)黔民终 597 号民事判决书:贵州省西江千户苗寨文化旅游发展有限公司与雷山县西江鸿庆旅游有限责任公司房屋租赁合同纠纷案【边码 32、54、66】

18. 贵州省平塘县人民法院(2018)黔 2727 民初 183 号民事判决书:甘某均与林某海物权保护纠纷案【边码 45】

19. 河南省焦作市中级人民法院(2018)豫 08 民终 742 号民事判决书:李某智与杜某山侵权责任纠纷案【边码 47】

20. 河南省濮阳市中级人民法院(2012)濮中法民终字第 121 号民事判决书:吉某胜与张某刚等所有权纠纷案【边码 46】

21. 河南省商丘市中级人民法院(2017)豫 14 民终 3825 号民事判决书:王某与张某顺排除妨碍纠纷案【边码 44】

22. 黑龙江省高级人民法院(2017)黑民再 413 号民事判决书:李某霞等与杨某红等侵权纠纷案【边码 46】

23. 黑龙江省鸡西市中级人民法院(2015)鸡民终字第 265 号民事判决书:黑龙江省哈达岗煤矿与金某波返还原物纠纷案【边码 46】

24. 黑龙江省绥化市中级人民法院(2014)绥中法民一终字第 61 号民事判决书:秦某某与李某某占有物返还纠纷案【边码 45】

25. 湖北省黄冈市中级人民法院(2017)鄂 11 民终 918 号民事判决书:冯某焱与曾某刚财产损害赔偿纠纷案【边码 46】

26. 湖北省荆门市中级人民法院(2017)鄂 08 民终 1194 号民事判决书:欧某与刘某离婚后财产纠纷案【边码 16、45】

27. 湖北省武汉市中级人民法院(2015)鄂武汉中民终字第 01659 号民事判决书:徐某奎等与陈某菊财产损害赔偿纠纷案【边码 46】

28. 湖南省澧县人民法院(2020)湘 0723 民初 526 号民事判决书:潘某禄与罗某伍占有物返还纠纷案【边码 60】

29. 湖南省张家界市中级人民法院(2013)张中民一终字第 222 号民事判决书:毛某成与吴某浓等排除妨害纠纷案【边码 76】

30. 湖南省长沙市中级人民法院(2020)湘 01 民终 1828 号民事判决书:马某平与李某华物权保护纠纷案【边码 32、47、61】

31. 吉林省白城市中级人民法院(2014)白民三终字第 93 号民事判决书:王某文与鲍某江房屋买卖合同纠纷案【边码 61】

32. 吉林省白山市中级人民法院(2016)吉 06 民初 18 号民事判决书:王某栋与白山市浑

黄泷一

69. 四川省自贡市中级人民法院(2016)川 03 民终 684 号民事判决书:钟某清与中国工商银行股份有限公司自贡市分行等房屋买卖合同纠纷案【边码 40、42】

70. 新疆生产建设兵团第三师中级人民法院(2018)兵 03 民终 20 号民事判决书:李某山与新疆生产建设兵团第三师四十一团买卖合同纠纷案【边码 21】

71. 新疆维吾尔自治区乌鲁木齐市中级人民法院(2019)新 01 民终 895 号民事判决书:涂某勇等与新疆青建投资控股有限公司商品房预售合同纠纷案【边码 46】

72. 云南省昆明市中级人民法院(2017)云 01 民终 4111 号民事判决书:杨某珍等与赵某莲返还原物纠纷案【边码 30、47】

73. 浙江省杭州市中级人民法院(2018)浙 01 民终 9722 号民事判决书:胡某新等与方某物权纠纷案【边码 60】

74. 浙江省嘉兴市中级人民法院(2018)浙 04 民终 2911 号民事判决书:徐某平等与程某明房屋买卖合同纠纷案【边码 46】

75. 浙江省建德市人民法院(2018)浙 0182 民初 5691 号民事判决书:胡某新等与方某物权纠纷案【边码 30、33、59、80】

76. 浙江省宁波市镇海区人民法院(2018)浙 0211 执异 1 号执行裁定书:汪某均等与宁波镇海农村商业银行股份有限公司骆驼支行执行异议案【边码 41、76】

77. 浙江省宁波市中级人民法院(2013)浙甬民二终字第 766 号民事判决书:俞某郎与胡某房屋买卖合同纠纷案【边码 46】

第394条

抵押权的定义 *

第394条　为担保债务的履行,债务人或者第三人不转移财产的占有,将该财产抵押给债权人的,债务人不履行到期债务或者发生当事人约定的实现抵押权的情形,债权人有权就该财产优先受偿。

前款规定的债务人或者第三人为抵押人,债权人为抵押权人,提供担保的财产为抵押财产。

简　目

---

*　本文系基于《〈民法典〉第394条(抵押权的定义)评注》(载《南京大学学报(哲学·人文科学·社会科学)》2023年第2期,第33—45页)一文修订而成。

本文案例搜集情况说明。(1)本文筛选案例时参照的顺位:一是最高人民法院发布的指导性案例;二是《最高人民法院公报》中刊载的案例与裁判文书;三是最高人民法院作出的生效裁判文书;四是相同案型下优先选择层级较高的法院的生效裁判文书。(2)本文的案例主要来自北大法宝数据库,案例的检索方式有两种:一是以"法定抵押权""抵押权代持""委托贷款""所有人抵押权""股权抵押"等为关键词在"本院认为"部分检索,并辅以人工筛选,选取其中具有说理意义的典型案例;二是在北大法宝数据库"法律法规"栏目中对《物权法》第179条、《民法典》第394条、《民法典担保制度解释》第4条等链接的"司法案例",以"法院级别"(中级人民法院以上)进行初步筛选,并辅以人工筛选,选取其中具有说理意义的典型案例,检索时间截至2023年2月20日。

柯勇敏

一、规范定位

（一）规范意旨

1　　《民法典》第 116 条规定了物权法定原则,据此民事主体创设物权时以法定类型与法定内容为限。在此原则之下,立法者需为各具体的物权类型赋予名称并界定其物权内容,形成物权的类型序列,供民事主体在法律交往中选择。本条位于《民法典》物权编第十七章"抵押权"第一节"一般抵押权"首条,旨在初步界定抵押权这一物权类型。本条共分 2 款,其中第 1 款从担保功能("为担保债务的履行")、典型成立方式("债务人或者第三人不转移财产的占有,将该财产抵押给债权人的")、实现条件("债务人不履行到期债务或者发生当事人约定的实现抵押权的情形")以及效力("债权人有权就该财产优先受偿")四个方面对抵押权进行描述。[1] 第 2 款对抵押权涉及的当事人(抵押人与抵押权人)与抵押权的客体(抵押财产)作出初步界定,[2] 在体系上有助于区分抵押权与现行法上的其他物权类型。本条属于不完全规范,不能作为独立的请求权基础。裁判实务中,本条常被援引用于辅助判断抵押权是否成立以及是否可实现,或者辅助识别当事人设立的担保物权是否为抵押权。

（二）立法沿革

2　　本条可以回溯至《民法通则》第 89 条。该条笼统地规定了保证、抵押、定金、留置四种债权的担保方式,其中第 2 项对抵押权的界定是"债务人或者第三人可以提供一定的财产作为抵押物。债务人不履行债务的,债权人有权依照法律的规定以抵押物折价或者以变卖抵押物的价款优先得到偿还"。由于受到苏联的民法

---

　　[1]　本条关于抵押权实现条件与效力的内容与《民法典》第 386 条、第 410 条存在立法重复。为避免与《民法典》第 386 条、第 410 条评注内容重复,本文不讨论抵押权的实现条件与优先受偿效力。特此说明。

　　[2]　抵押人涉及的核心问题是抵押人资格的限制,但这并非抵押人所独有,凡抵押人资格受限者,其他担保人资格也同样受限,为了避免与《民法典》第 35 条、第 683 条等条文的评注内容冲突,本条不单独讨论抵押人的相关问题。此外,关于抵押财产,本条仅提及而并未提供明确的具体规则,抵押财产的要求与范围等核心问题被规定在《民法典》第 395 条、第 399 条等条文中,为了避免与这些条文的评注内容重复,本文不单独讨论抵押财产的相关问题。特此说明。

柯勇敏

学说的影响,〔3〕该条并未明确区分抵押与质押,受到诸多批评。〔4〕 1995 年《担保法》第 33 条规定:"本法所称抵押,是指债务人或者第三人不转移对本法第三十四条所列财产的占有,将该财产作为债权的担保。债务人不履行债务时,债权人有权依照本法规定以该财产折价或者以拍卖、变卖该财产的价款优先受偿。前款规定的债务人或者第三人为抵押人,债权人为抵押权人,提供担保的财产为抵押物。"该条明确强调抵押权不移转抵押财产的占有,与动产质权相区分。

2007 年《物权法》第 179 条在《担保法》第 33 条的基础上作出了两处调整:其一,对于抵押权的实现条件,《担保法》第 33 条仅规定了"债务人不履行债务"一种,《物权法》第 179 条增加一种,即"发生当事人约定的实现抵押权的情形"。这一调整为当事人释放了意思自治空间,也与实践需求更加契合。〔5〕 其二,《物权法》第 179 条删去了关于抵押权实现时变价方法的规定,进而避免与《物权法》第 195 条第 1 款重复。本条继受《物权法》第 179 条时并未改动。

在抵押权的立法定义中删去抵押权实现时的变价方法,可以为新的抵押权实现方式预留解释空间。申言之,在流押流质条款缓和的立法趋势下,〔6〕《民法典》第 401 条与第 428 条作出了立法语言上的调整,有处分型清算或归属型清算的解释空间,〔7〕这与现有的抵押权实现方式(《民法典》第 410 条)有所不同,但在本条的文义射程之内。此外,对于担保物权的实现方式,学理上一直有观点呼吁应在立法上引入强制管理,〔8〕《民事强制执行法(草案)》第九章也单设一节对强制管理作出明确规定。强制管理作为新的担保物权实现方式,也在本条的文义射程之内。

3

4

---

〔3〕 1964 年《苏俄民法典》第十七章"履行债的担保"规定了违约金、抵押、保证、定金、保证金五种债的担保方式,并未区分抵押与质押。参见中国社会科学院法学研究所民法研究室编:《苏俄民法典》,中国社会科学出版社 1980 年版,第 61—67 页。

〔4〕 参见程啸:《中国抵押权制度的理论与实践》,法律出版社 2002 年版,第 15—16 页。

〔5〕 参见胡康生主编:《中华人民共和国物权法释义》,法律出版社 2007 年版,第 389 页。

〔6〕《民法典》颁行前,不少学者主张应缓和流押流质禁令。参见高圣平:《论流质契约的相对禁止》,载《政法论丛》2018 年第 1 期,第 72—82 页;程啸:《民法典物权编担保物权制度的完善》,载《比较法研究》2018 年第 2 期,第 62 页;孟强:《〈民法典物权编〉应允许流质流抵》,载《当代法学》2018 年第 4 期,第 80—90 页。

〔7〕 参见最高人民法院民法典贯彻实施工作领导小组主编:《中华人民共和国民法典物权编理解与适用(下)》,人民法院出版社 2020 年版,第 1071 页;陈永强:《〈民法典〉禁止流质之规定的新发展及其解释》,载《财经法学》2020 年第 5 期,第 42—45 页。

〔8〕 参见王洁宇、张义华:《论担保物权实现的强制管理制度》,载《河南财经政法大学学报》2020 年第 2 期,第 85—94 页;高圣平:《土地经营权登记规则研究》,载《比较法研究》2021 年第 4 期,第 13 页。

二、抵押权的设立

（一）概述

5　　　本条第 1 款中的"抵押给"表明,本条所描述的是意定抵押权的典型取得方式,即以当事人的民事法律行为而创设取得。结合《民法典》第 400 条、第 402 条与第 403 条,以此种方式设立抵押权包含两个环节——抵押合同与抵押登记。具言之,动产抵押时,抵押人与债权人签订书面抵押合同(《民法典》第 400 条),抵押合同生效时抵押权即可产生,未经登记,不得对抗善意第三人(《民法典》第 403 条)。不动产或不动产物权(为行文便利,以下统称不动产)抵押时,抵押人与债权人签订书面抵押合同并办理抵押登记,债权人自登记时取得抵押权(《民法典》第 402 条)。

6　　　在负担行为与处分行为区分的视角下,不动产抵押合同属于负担行为,原则上自成立时生效,生效后产生双重法律效果:其一,债权人有权请求抵押人办理抵押登记,以促成抵押权的成立;其二,主债务届期未受清偿时,若抵押权尚未设立,债权人有权请求抵押人以抵押物变价所得价款清偿主债务。[9] 不动产登记环节则包含两部分内容:其一,抵押人与债权人之间直接创设不动产抵押权的物权合意,该合意生效后会在抵押财产的所有权上施加负担,性质上属于处分行为;其二,不动产登记机构依当事人的申请在登记规则的指引下实施抵押登记行为,在性质上属于行政行为,[10]登记是前述处分行为的特别生效要件。

7　　　动产抵押合同则较为复杂:一方面,动产抵押合同生效时直接发生抵押权成立的法律效果,即直接在动产所有权之上创设负担,显现出处分行为的性质;另一方面,动产抵押合同也会在债权人与抵押人之间创设债权债务,如抵押人有义务协助债权人办理抵押登记,或者双方约定抵押权存续期间抵押人不得转让抵押财产。概言之,动产抵押合同具有复合性特征:既含有创设新生债权的负担性内容,也有变动既有权利的处分性内容。[11] 动产抵押登记环节也包含两部分内容:其一,抵押人与债权人达成通过登记增强动产抵押权对抗效力的合意,该合意生效

---

〔9〕 学理上的具体展开,参见杨代雄:《抵押合同作为负担行为的双重效果》,载《中外法学》2019 年第 3 期,第 762 页。

〔10〕 参见尹飞:《不动产登记行为的性质及其展开——兼论民法典编纂中不动产登记制度的完善》,载《清华法学》2018 年第 2 期,第 46—48 页。

〔11〕 参见姚明斌:《民法典体系视角下的意思自治与法律行为》,载《东方法学》2021 年第 3 期,第 151 页。此外,对于土地经营权抵押权,《农村土地承包法》第 47 条采取的是登记对抗规则,因此土地经营权抵押合同的性质分析也可以借鉴动产抵押合同的分析框架,具有复合性特征。

后,动产所有权之上的负担有所增强,在性质上显现出处分行为的性质;[12]其二,登记机构依当事人的申请在登记规则的指引下所实施的登记行为,在性质上属于行政行为,登记是前述处分行为的生效要件,动产抵押权自登记时具备更加完整的对抗效力。[13]

(二) 抵押权人与债权人的同一性

1. 概述

基于抵押权的从属性,抵押权人与债权人须为同一主体,本条第2款中"债权人为抵押权人"明确提及了这一强制性要求。这一要求的正当性在于:如果允许抵押权人与债权人分离,抵押权的从属性这一法定的强制机制无法发挥作用,难以确保抵押权在法律上与主债权保持相同的命运。

8

2. 抵押权设立中的隐名代理

抵押权人与债权人的同一性要求抵押合同的法律效果直接归属于债权人,但并不要求债权人亲自签订抵押合同。因此,债权人可以借助现行法上的民事法律行为效果归属机制来签订抵押合同。债权人若为法人或非法人组织,可由其法定代表人或负责人签订抵押合同,通过代表机制直接归属于法人或非法人组织(《民法典》第61条第2款)。债权人也可以通过授权,由其代理人以其名义实施显名代理行为,由此签订的抵押合同可以直接归属于债权人(《民法典》第162条)。债权人也可以授权其代理人以自己名义签订抵押合同,若符合隐名代理的其他构成要件,抵押合同的法律效果也可以直接归属于债权人(《民法典》第925条),且并不违反抵押权人与债权人的同一性要求。

9

此外,抵押权人与债权人的同一性也要求抵押权登记环节中处分行为的法律效果直接归属于债权人,即由债权人在法律上取得抵押权,但并不要求债权人必须亲自实施,也不强制要求将债权人登记为抵押权人。债权人可以借助代表规则与显名代理规则实施处分行为,并将自己登记为抵押权人。债权人同样可以借助隐名代理规则,授权其代理人以自己名义实施处分行为,并将代理人登记为抵押权人,但若符合隐名代理的其他构成要件,则处分行为的法律效果直接由债权人承受,即债权人取得抵押权(不动产与不动产物权抵押)或债权人的抵押权取得更

10

---

[12] 参见姚明斌:《民法典体系视角下的意思自治与法律行为》,载《东方法学》2021年第3期,第151页。

[13] 普通动产抵押时,抵押权登记奉行的是单方申请原则(《动产和权利担保统一登记办法》第7条),无须抵押人一方的参与,因此对于普通动产抵押,更为准确的构造应该是:债权人可以实施单方的处分行为,该处分行为于登记时生效,使得普通动产抵押权获得更强的对抗效力。

强的对抗效力(动产抵押),如此也并不违反抵押权人与债权人的同一性要求。

3. 抵押权代持的成因与类型

11　　　前述抵押合同的隐名代理与登记环节中的处分行为隐名代理叠加后,就形成了债权人与登记的抵押权人不一致的表象,学理上将此种交易现象称之为"抵押权代持"。[14] 抵押权代持有诸多成因:(1)基于不动产登记政策方面的原因。一方面,部分不动产登记机构限制抵押权人的资格,在涉及土地抵押时,只允许银行业金融机构被登记为抵押权人。非银行业金融机构只能委托有金融机构资质的主体代持抵押权。另一方面,在抵押权随债权移转时,本应申请抵押权转移登记(《不动产登记暂行条例实施细则》第69条),但实践中有的不动产登记机构因为抵押财产发生变化等原因,可能拒绝受理或者要求原债权人先注销抵押登记,再为受让人重新办理抵押权。此时受让人为了预防交易风险,可能与让与人协商由让与人代持抵押权。(2)交易成本方面的原因。主债权数量众多的情形下,为每一个债权人都办理抵押登记,成本过高,且实践中有的登记机构不受理。此时通常将抵押权登记在某个债权人或债权人以外的第三人名下,降低抵押权的设立、管理、行使成本。典型的例证就是公司债券发行、互联网平台(P2P)借贷、资产证券化(ABS)与银团贷款中的抵押权代持。(3)金融管制与监管政策方面的原因。实践中,欠缺放贷资质的主体会借用银行等金融机构的资质发放贷款,使得后者成为名义上的债权人与抵押权人。实践中常见的委托贷款可归入此类。(4)其他交易需求方面的原因。实践中也有债权人单纯出于自身交易需求而委托他人代持抵押权。典型例证是机动车的抵押权代持。在以机动车作为借款抵押担保的情形下,债权人有时会委托他人(融资租赁公司居多)代持并管理该抵押权。《民法典担保制度解释》第4条明确列举了公司债券发行以及委托贷款两种常见的抵押权代持场景,上述其他抵押权代持情形则可归入该条第3项。

4. 抵押权代持中抵押合同的效力

12　　　以往实践中有观点认为,抵押权代持交易中,真正的债权人与抵押合同中的债权人或者登记的抵押权人不一致,违反了抵押权人与债权人必须同一的强制性要求,抵押合同无效。[15] 这一裁判立场一方面是对抵押权人与债权人同一性原理的误读,抵押权人与债权人的同一性应在实质的意义上理解,其并不要求债权人与登记的抵押权人同一;另一方面也不当地忽略了现行法上隐名代理规则的适用可能性。隐名代理规则虽居于委托合同一章,但在体系上属于代理制度的组成

---

〔14〕　参见刘骏:《抵押权代持的类型和效力》,载《经贸法律评论》2021年第2期,第100页。

〔15〕　参见辽宁省锦州市古塔区人民法院(2016)辽0702民初113号民事判决书。

部分,凡民事法律行为,原则上都有适用隐名代理规则的空间。[16] 实践中的多数观点肯定抵押权代持交易中隐名代理规则的适用,并据此判断真正的抵押权人是谁。《民法典担保制度解释》第 4 条也在总结以往司法实践经验的基础上,将隐名代理规则适用于抵押权代持乃至整个担保物权代持领域,以此判断担保物权的真正归属。[17]

抵押权代持领域,债权人取得抵押权的前提是,抵押合同以及抵押登记环节 13
的处分行为均符合隐名代理的构成要件,不过实践中法院裁判说理时,重心基本上都放在抵押合同的隐名代理是否构成,对抵押登记环节的处分行为是否构成隐名代理,基本上略过不谈。[18] 这一处理方式显然是未严格区分负担行为与处分行为的结果,在理论上不够精细,但在裁判结果上不会产生大的偏差,原因在于:抵押权代持类案件中,核心的争议点在于抵押人是否知道债权人与受托人之间的代理关系。这一要件只要在抵押合同上是成立的,逻辑上对于后续的处分行为,该要件也是成立的。

对于抵押合同,实践中可以认定抵押人知道代理关系的情形主要有:(1)抵押 14
人在披露代理关系的合同中签字。在委托贷款、银团贷款、公司发行债券等已经形成固定交易模式的情形下,抵押人均可通过签署的相关合同获悉代理关系。例如,在"北京长富投资基金委托贷款案"中,法院认为:"中森华房地产公司在 2013 年 9 月 27 日与长富基金、兴业银行武汉分行、中森华投资公司、郑某云、陈某夏签订《投资合作协议》,以及与长富基金、兴业银行武汉分行签订《委托贷款合同》的行为及合同内容,表明中森华房地产公司在签订《委托贷款合同》时明知兴业银行武汉分行与长富基金之间的代理关系。"[19](2)如果抵押人所签订的合同并未明确披露债权人与受托人之间的代理关系,此时需要结合其他事实证明。如果有来往文字记录等证据证明,在抵押合同签订之前,债权人或其他交易相关主体向抵押人主动披露代理关系,此时可以认定抵押人知道代理关系。[20](3)结合抵押人与受托人的自认以及债权人向债务人提供借款的事实等,可以认定抵押人知道债权人与受托人之间的代理关系。[21](4)抵押人否认知道代理关系时,可以结合真实贷款是否发生、贷款的具体流向、贷款发生数额与主债权合同是否匹配、抵押人

〔16〕　参见胡东海:《〈合同法〉第 402 条(隐名代理)评注》,载《法学家》2019 年第 6 期,第 183 页。

〔17〕　参见吴光荣:《担保法精讲:体系解说与实务解答》,中国民主法制出版社 2023 年版,第 116 页。

〔18〕　学理上也有观点从信托关系的角度解释抵押权代持。参见刘骏:《抵押权代持的类型和效力》,载《经贸法律评论》2021 年第 2 期,第 108—112 页。

〔19〕　参见最高人民法院(2021)最高法民终 64 号民事判决书。

〔20〕　参见湖南省岳阳市中级人民法院(2021)湘 06 民终 4053 号民事判决书。

〔21〕　参见最高人民法院(2015)民申字第 593 号民事裁定书。

嗣后是否申请抵押权注销登记等因素认定抵押人在签订抵押合同时知道代理关系。[22] 考虑到隐名代理规则对合同相对性原理的冲击,司法实践中对抵押权代持中的隐名代理应严格认定。[23]

15　　　　在不动产抵押登记实务中,主债权合同与抵押合同均属于必备材料(《不动产登记暂行条例实施细则》第 69 条),且登记机构会审查相关材料中抵押权人与债权人形式上是否同一。如果主债权合同中的债权人与抵押合同中的债权人不一致,登记机构会拒绝受理。在这样的登记规则之下,实践中产生了通谋虚伪型抵押权代持。具言之,当借款合同是债权人自己签订而又需要委托第三人代持抵押权时,此时为了满足登记机构的材料要求,受托人不仅需要以自己名义与抵押人签订抵押合同,还需要以自己名义与债务人虚构一份借款合同,以保证申请抵押权登记时符合登记机构的审查要求。在债权人欠缺金融机构资质而被拒绝登记为抵押权人时,通常就存在此种虚构主债权合同的现象。在通谋虚伪型抵押权代持中,有观点认为,当事人提交给登记机构的主债权合同是虚构的,属于通谋虚伪行为,依据《民法典》第 146 条是无效的。而当事人提交给登记机构的抵押合同是该主债权合同的从合同,既然主合同无效,作为从合同的抵押合同也应随之无效。[24] 这一观点对抵押合同的主合同存在误认。在通谋虚伪型抵押权代持中,当事人提交给登记机构的主债权合同是虚构的,这恰恰表明,当事人实际上无意将抵押合同的法律效果绑定于该虚构的主债权合同,否则何来通谋虚伪? 既然确认了登记材料中的主债权合同是虚假的,那么就需要为抵押合同寻找其真正所依附的主债权合同,即债权人与债务人在登记材料之外达成的主债权合同,该合同是真实有效的。因此,不能基于登记材料中虚构的主债权合同直接认定抵押合同无效。

5. 抵押权代持中的抵押权归属

16　　　　如果抵押合同以及抵押登记环节的处分行为均符合隐名代理的构成要件,则抵押权设立的法律效果直接由债权人承受,债权人取得抵押权,登记的抵押权人并非真正的抵押权人,由此形成登记错误。有观点认为,基于隐名代理规则,以当事人的民事法律行为效果的归属来决定抵押权的归属,与不动产登记簿的公示公信力存在冲突,可能损害第三人的权利。[25] 基于类似的逻辑,有观点认为,代理

---

[22] 参见上海市第一中级人民法院(2016)沪 01 民终 3026 号民事判决书。

[23] 参见胡东海:《〈合同法〉第 402 条(隐名代理)评注》,载《法学家》2019 年第 6 期,第 180 页。有观点指出,应通过这一构成要件来控制抵押权代持的适用范围。参见吴光荣:《担保法精讲:体系解说与实务解答》,中国民主法制出版社 2023 年版,第 116—117 页。

[24] 参见福建省高级人民法院(2019)闽民终 933 号民事判决书。

[25] 参见江西省南昌市中级人民法院(2018)赣 01 民终 2407 号民事判决书。

规则不能用于确认不动产权属。[26] 这一观点无法赞同,理由在于:第一,物权变动的公示尽管旨在将物权变动过程清晰准确地公示出来,以维护潜在交易者的信赖,但物权变动的公示信息与物权真实的变动信息未必总能保持一致。动产买卖中出卖人向买受人指定的第三人交付是为典型例证。在不动产领域,在借名买房类交易中,法院也往往将借名人认定为所有权人,尽管其并未被登记为所有权人。[27] 物权公示的准确性虽然是物权法上的核心追求之一,但不能片面地基于物权公示的准确性无视私人在交易实践中的正当交易需求,而需要在二者之间寻求平衡,即使是不动产登记簿也无法完全将交易中的物权变动信息准确公示出来,登记错误在所难免,只是比例大小而已。仅以物权公示的准确性与公信力立论,说服力不足。第二,隐名代理规则的保留本身就意味着现行法需要包容更多的登记错误情形。隐名代理规则适用于不动产物权变动领域的必然效果之一就是,真正的法律效果承受者与登记的信息并不相符,这是隐名代理规则的体系效应之一。既然现行法将隐名代理作为代理制度的一部分,体系上就需要在物权公示领域作出一定让步。第三,即使以抵押权登记作为抵押权归属的判断标准,该抵押权登记也是错误的。具言之,由于受托人与债务人之间并无主债权合同,即使将受托人认定为真实的抵押权人,该抵押权也会因为欠缺担保的主债权而自始不成立,登记信息仍然不正确。换言之,以隐名代理规则判断抵押权的归属,并未额外增加交易第三人的风险。

(三) 不转移财产的占有

对比《民法典》物权编担保物权分编中的其他立法定义可知,"不转移财产的占有"是本条特有的内容,是抵押权与其他担保物权(尤其是质权)相区分的关键。这一表述旨在揭示抵押权属于非移转占有型担保物权,而与此相对,质权与留置权均属于占有移转型担保物权。 17

不移转财产的占有是抵押权的基本属性,对抵押权的设立有重要影响。不移转财产的占有表明:抵押权的成立不以移转抵押财产的占有为前提,既无须移转抵押财产的直接占有,也无须移转抵押财产的间接占有。即使当事人在抵押合同中约定以抵押财产的占有移转作为抵押权的成立要件,该约定也无法对抵押权的成立发生作用。抵押权是否成立仍须依据现行法上的抵押权成立规则判断。不移转抵押财产的占有也直接影响了抵押权的公示方式,结合强制性的公示要求,既然占有不适合作为抵押权的公示方式,于是登记就成为抵押权最合适的公示选 18

---

〔26〕　参见吴光荣:《也谈借名购房的物权归属与合同效力——以涉借名购房与借名投资的几个案例为线索进行考察》,载《法治研究》2022 年第 6 期,第 133 页。

〔27〕　参见最高人民法院(2011)民申字第 261 号民事裁定书。

择。从某种意义上讲,不移转抵押财产的占有与登记公示对抵押权而言,是一体两面。

19　　　不移转财产的占有这一基本属性也同样影响抵押权的权能、担保效力、权利实现方式以及消灭事由,抵押权全方位地与抵押财产的占有脱钩。首先,抵押权的权能中不包含占有,无法作为占有本权。抵押财产的占有受侵害时,抵押权人无权主张返还原物请求权。[28] 抵押权人对抵押财产实施有权占有需要其他占有媒介关系,如另行签订租赁合同。[29] 其次,在担保效力方面,抵押权仅具优先受偿效力而无留置效力。即使抵押权实现条件成就,抵押权人也无权擅自留置抵押财产以实现抵押权。[30] 最后,抵押权的消灭与抵押财产的占有无关,抵押财产的占有状态不影响抵押权的存续,动产质权与留置权的存续在一定程度上依赖于对动产的占有(《民法典》第 457 条)。[31]

（四）抵押权的识别

20　　　理论上抵押权与其他担保物权可以从多个维度区分,各担保物权之间形成互不相同的类型序列。但在交易实践中,识别当事人设立的担保物权是抵押权还是其他担保物权,或者识别当事人签订的合同是抵押合同还是其他担保合同,并非易事。毕竟抵押与质押仅一字之差,实践中交易主体未必能清晰区分二者。

21　　　识别的困难可能来自措辞与客体的错配。当事人在签订担保合同时可能使用了"质押"的措辞,但选取了无法成为质押财产的客体;或者当事人使用了"抵押"的措辞,但选取了无法成为抵押财产的客体。前者如约定以房屋质押;后者如约定以股权抵押。如果当事人已经办理了登记,如房屋抵押登记或者股权质押登记,那么通常不存在识别困难,既然当事人已经通过登记公示明确了其设立的担保物权类型,此时直接将前者认定为房屋抵押合同,将后者认定为股权质押合同即可。如果当事人未办理登记,但结合合同的其他内容或者其他事实足以证明其真实的担保意思,此时也不存在识别的困难。例如,在"王某惠与青岛鸿泰投资担保有限公司抵押权确认纠纷案"中,担保人出具《同意质押声明》,承诺"所有的房屋、土地、车辆、办公设施、有价证券等一并向鸿泰公司提供质押担保"。从客体的

〔28〕 参见王利明:《论抵押权的追及效力——以〈民法典〉第 406 条为中心》,载《政法论丛》2023 年第 1 期,第 18 页。

〔29〕 参见王利明主编:《中国民法典评注·物权编(下)》,人民法院出版社 2021 年版,第 754 页(程啸执笔)。

〔30〕 参见河南省许昌市中级人民法院(2021)豫 10 民终 1657 号民事判决书;山东省济宁市中级人民法院(2019)鲁 08 民终 5357 号民事判决书。

〔31〕 债权人自愿放弃质押财产的占有在实践中被认定为对质权的放弃。参见浙江省绍兴市中级人民法院(2022)浙 06 民终 1266 号民事判决书。

描述看,其中质押的措辞并非明确的设立质权的意思,而是"具有广泛的担保含义,其具体的担保类型和范围,应当结合当事人实际履行状况等其他证据综合作出判断"。[32] 但是,如果当事人既未办理登记,担保合同的约定又极为简略,只有"某人承诺以某房或某公司的股权质押"这样的表述,又无其他证据可以证明当事人真实合意的具体指向,各方当事人在诉讼中各执一词,此时直接基于物权法定原则认定房屋质押合同、股权抵押合同无效? 还是说应当通过意思表示的解释或者无效民事法律行为的转换等路径,将其解释为有效的房屋抵押合同与股权质押合同? 实践中对此存在截然不同的立场:对于房屋质押的情形,一种观点直接认定其无效,并未给予回旋余地,[33] 另一种观点则将其解释为房屋抵押合同。[34]而对于股权抵押的情形,尽管多数法院认为股权不得抵押,[35] 但是对于当事人签订的股权抵押合同是否无效,也存在争议,一种观点认为股权抵押合同无效或不生效,[36] 另一种观点则主张将股权抵押合同解释为股权质押合同,并承认其效力。[37]

　　不论是房屋质押还是股权抵押,由于未办理登记,担保物权自然尚未成立,但在担保合同层应尽可能以有效的路径解释,在房屋质押情形下,将其解释为有效的房屋抵押合同,在股权抵押的情形下,将其解释为有效的质押合同。理由在于:第一,"物权法定只存在于物权法领域,其所规制者,亦仅仅是私法行为在物权法上的效力",[38] 在物权是否成立的判定环节严格遵守物权法定原则的意旨即足以实现该原则的立法目的,物权法定原则不宜过多地干预担保合同类型的识别以及担保合同的效力。如果担保合同效力认定过于严苛,直接认定其无效,无疑剥夺了债权人获得担保的机会。通常诉至法院时,债权人已经基于担保物权有效创设的预期为债务人提供了借款,此时仅以抵押与质押之间的一字之差,就否认债权人的担保,会对当事人的交易施加不当的影响。第二,从意思表示解释的角度,担保合同的效力从宽把握,以有效为原则的立场,符合当事人可以推知的真意。以房屋质押为例,当事人以房屋质押时通常是想追求有效的担保物权,[39] 而现行法

22

----

〔32〕　参见最高人民法院(2015)民申字第 593 号民事裁定书。

〔33〕　参见湖南省芷江侗族自治县人民法院(2019)湘 1228 民初 465 号民事判决书;山东省淄博市张店区人民法院(2014)张商初字第 562 号民事判决书。

〔34〕　参见陕西省西安市莲湖区人民法院(2021)陕 0104 民初 17567 号民事判决书。

〔35〕　参见云南省普洱市中级人民法院(2018)云 08 民初 9 号民事判决书;广东省茂名市中级人民法院(2021)粤 09 民终 290 号民事判决书。

〔36〕　参见浙江省三门县人民法院(2021)浙 1022 民初 961 号民事判决书。

〔37〕　参见浙江省乐清市人民法院(2014)温乐商初字第 1818 号民事判决书。

〔38〕　参见朱庆育:《物权法定的立法表达》,载《华东政法大学学报》2019 年第 5 期,第 114 页。

〔39〕　即使存在当事人在设立担保时就旨在设立无效的担保这种情形,也是极少数的例外。

上以房屋为客体的担保物权不多,尽管当事人使用了质押的措辞,但当事人借质押表达的是以该房屋设立有效担保物权的意思,将质押解释为抵押至少符合当事人设立担保物权的合意。

23　　　　抵押权的识别困难也可能来自当事人的措辞与公示之间的错配。例如,当事人在担保合同中使用"抵押"的措辞,以某动产抵押,但并未办理抵押登记,而是交付了该动产。此时是否成立担保物权? 成立何种担保物权? 担保合同应解释为抵押合同还是质押合同? 实践中多数观点认为应结合当事人的交付行为将当事人的抵押合同解释为质押合同,认定当事人之间设立了动产质权。[40] 在债务清偿之前,债权人有权留置该质押财产,出质人无权主张质押财产的返还。[41] 如果当事人签订动产抵押合同并办理抵押登记,抵押人后又将抵押财产交付债权人占有,有观点认为此时当事人的抵押关系转变为质押关系,债权人取得动产质权。[42]

24　　　　此外还有一种较为疑难的情形:当事人以某动产作为担保财产签订质押合同,合同签订后始终未交付该动产,也未办理抵押登记。此时动产质权固然尚未成立,但可否将当事人之间的质押合同解释为抵押合同,由债权人取得未登记的动产抵押权? 实践中一种观点认为,尽管此时动产质权并未设立,但当事人之间存在设立动产担保物权的合意,应认定债权人取得动产抵押权。[43] 另一种观点则认为不应认定债权人取得动产抵押权。最高人民法院在"河南金石联科工程技术有限公司保证合同纠纷案"中为否定说给出了四项理由:"第一,按照物权法定原则,当事人仅在名为设立质权,但实际上却有明确具体且与抵押权内容一致的合意之时才可以认为双方设立了动产抵押权,抵押权在客体、标的、成立要件、实现方式等众多方面与质权均存在差别,不宜仅凭借是否转移占有设立担保的动产这一区别而径直认定通过动产质押合同设立了抵押权。第二,物权行为具有独立性,设立物权需要有明确的物权合意,本案在双方当事人欠缺设立动产抵押权的物权合意的情况下,不宜忽略物权行为的独立性而径直认定设立了抵押权。第三,从案涉动产质押合同的内容出发,以探求当事人真实意思的解释方式对合同内容进行解释,无法得出双方当事人存在一致的设立抵押权的意思表示的结论。第四,若按照原审法院的解释思路,所有未出质的动产质押合同都将会被视为设

---

〔40〕　参见新疆维吾尔自治区巴音郭楞蒙古自治州中级人民法院(2022)新 28 民终 926 号民事判决书;山东省德州市中级人民法院(2015)德中民终字第 65 号民事判决书;浙江省湖州市中级人民法院(2009)浙湖商终字第 337 号民事判决书。

〔41〕　参见广东省深圳市中级人民法院(2017)粤 03 民终 20488 号民事判决书。

〔42〕　参见上海市浦东新区人民法院(2021)沪 0115 民初 11044 号民事判决书。

〔43〕　参见四川省渠县人民法院(2020)川 1725 民初 905 号民事判决书。

柯勇敏

立动产抵押权的合同,将会对民法物债二分体系、意思自治原则与社会经济关系造成巨大的冲击。"[44]

否定说的前述理由有待商榷,原则上应从宽把握动产抵押合同与动产质押合同,二者不必严格区分。如果没有明确的证据表明当事人只有设立动产质权的合意,可以将当事人的动产质押合同解释为动产抵押合同,允许债权人获得未登记的动产抵押权,理由在于:第一,与不动产不同,在动产担保领域,当事人在交易实践中以动产担保融资时,有多种担保手段可以选择,包括动产抵押、动产质押、所有权保留、融资租赁、让与担保等,而且这些担保手段之间在交易上是可替代的。[45] 动产担保手段的多元化导致的结果就是当事人在实践中往往不能清晰区分各个动产担保方式之间的差异,加上现行法对动产抵押权采取登记对抗的设立规则,仅凭当事人之间的抵押合同即可产生抵押权,如果当事人不办理登记,则无法通过公示来进一步确定当事人之间的担保意思。这就导致实践中如果当事人以动产签订担保合同,在公示之前,当事人之间的担保意思未必是有明确指向的,很可能仅仅是较为笼统的设立担保物权的意思。因此,在动产领域,对当事人之间的担保合同应从宽解释,尽管当事人使用了"质押"的语词,但是如果结合其他合同条款以及相关事实可以确定当事人并无明确的质押合意,此时不妨将质押解释为抵押,允许债权人取得未公示的动产抵押权,这一解释并未违反当事人之间设立担保物权的合意。第二,由于现行法对动产抵押权的设立采登记对抗主义,动产抵押权设立的物权合意已经内含于动产抵押合同之中,并不存在外部可识别的、独立的设立动产抵押权的物权合意。物权行为的独立性是指在规范上须与债权行为相区分,二者均是独立的民事法律行为,而非在交易实践中必须存在一个外部可识别的物权合意。第三,物权法定原则旨在限制私人创设物权的形成自由,禁止私人创设与法定物权类型与法定物权内容相违背的物权,但物权法定原则并不禁止对当事人创设物权的意思进行解释,物权法定原则毋宁是对当事人创设物权的意思解释以后的进一步评价,如果可以结合其他事实因素将当事人的质押合同文本解释为抵押合同,就不会违反物权法定原则。第四,结合当事人之间创设担保物权的意思将"质押"解释为"抵押",并不会对物债二分体系造成冲击,因为将"质押"解释为"抵押"并未改变现行法动产抵押权的变动规则。真正冲击物债二分体系的是现行法上动产抵押权的登记对抗规则,[46] 在此规则之下形成

---

〔44〕 参见最高人民法院(2018)最高法民申 5669 号民事裁定书。

〔45〕 参见龙俊:《民法典中的动产和权利担保体系》,载《法学研究》2020 年第 6 期,第 25 页。

〔46〕 参见李永军:《论财产权利"登记能力"对物权效力体系的影响》,载《法商研究》2021 年第 6 期,第 162—165 页。

了"未登记的动产抵押权"这一物权与债权的中间形态。[47] 将质押解释为抵押只是通过当事人意思表示的解释,进而适用动产抵押的规则而已。

三、抵押权的分类

(一)法定抵押权与意定抵押权[48]

26　　依成立原因的不同,抵押权有意定抵押权与法定抵押权之分。[49]《民法典》抵押权一章的规则大多以意定抵押权为原型而设计,重意定而轻法定。现行法上是否存在法定抵押权,哪些情形属于法定抵押权,立法者均未给出明确的回答。目前通说认可的法定抵押权是《民法典》第 397 条中基于第 2 款而成立的抵押权。[50] 该条将建筑物与建设用地使用权绑定,即使当事人仅抵押其一,也强制性地"视为一并抵押",符合法定抵押权所须具备的成立上的法定性。据此,即使当事人仅办理了建设用地使用权的抵押登记,抵押权人也自动取得既有建筑物的抵押权。[51]

27　　《民法典》第 807 条规定的工程价款优先权是否为法定抵押权?学理与实务争议颇大。目前实践中存在法定优先权说、[52] 法定担保物权说[53] 与法定抵押权说[54] 三种主要观点,学理上早期还有观点持留置权说。[55]

28　　留置权说并不合理,理由在于:其一,将工程价款优先权界定为留置权,会与

---

〔47〕　参见龙俊:《民法典中的动产和权利担保体系》,载《法学研究》2020 年第 6 期,第 41 页。

〔48〕　抵押权还可作其他分类,如将抵押权分为保全性抵押权与流通性抵押权,动产抵押权、不动产抵押权与权利抵押权等,出于避免与《民法典》其他条文评注重复的考虑,本部分仅涉及《民法典》其他条文不宜处理的几种抵押权分类。特此说明。

〔49〕　参见申卫星:《物权法原理》(第 2 版),中国人民大学出版社 2016 年版,第 333 页;程啸:《担保物权研究》(第 2 版),中国人民大学出版社 2019 年版,第 241—242 页。

〔50〕　参见崔建远:《物权法》(第 5 版),中国人民大学出版社 2021 年版,第 438—439 页。实务案例参见广西壮族自治区河池市中级人民法院(2021)桂 12 民终 1153 号民事判决书;四川省高级人民法院(2019)川民终 280 号民事判决书;安徽省安庆市中级人民法院(2016)皖 08 民终 1782 号民事判决书。

〔51〕　参见四川省高级人民法院(2017)川民终 1166 号民事判决书。

〔52〕　参见最高人民法院(2022)最高法民申 22 号民事裁定书;最高人民法院(2021)最高法民再 18 号民事判决书。

〔53〕　参见陕西省高级人民法院(2020)陕民终 280 号民事判决书;广西壮族自治区玉林市中级人民法院(2014)玉中民二终字第 113 号民事判决书;江西省上饶市中级人民法院(2020)赣 11 民初 4 号民事判决书。

〔54〕　参见重庆市高级人民法院(2009)渝高法民终字第 215 号民事判决书;贵州省贵阳市中级人民法院(2014)筑民再终字第 12 号民事判决书;河南省焦作市中级人民法院(2019)豫 08 民初 160 号民事判决书。

〔55〕　参见孔祥俊:《合同法教程》,中国人民公安大学出版社 1999 年版,第 623 页。

柯勇敏

现行法上留置权客体仅限于动产（《民法典》第 447 条）相冲突,需要特别的正当性理由;其二,将工程价款优先权界定为留置权在规范适用上并无增益,因为留置权一章的条文对工程价款优先权几乎没有适用空间,反而将工程价款优先权界定为留置权会带来规范适用上的新问题:《民法典》中的留置权以债权人占有动产为必要,留置权因而可以作为占有本权。但工程价款优先权不能作为占有本权,承包方无权基于工程价款优先权而对建设工程实施占有。[56] 如果将工程价款优先权界定为留置权,就需要论证为何作为留置权的工程价款优先权没有占有权能。

　　法定抵押权说也并不合理,理由在于:将工程价款优先权界定为法定抵押权 **29**的正当性应该来自其对《民法典》抵押权一章的规范适用需求。如果该章多数规范对工程价款优先权均有适用余地,说明工程价款优先权与抵押权同大于异,将工程价款优先权归入抵押权有体系上的正当性与规范适用的实益。但是从目前的司法实践来看,法院很少在工程价款优先权纠纷中援引抵押权的相关规则。其中当然有该援引而不援引的问题,不过主要原因可能还是在于:一方面,抵押权一章的大部分规则都是为意定抵押权量身打造,工程价款优先权具有法定性,难以适用;另一方面,现行法围绕《民法典》第 807 条已经设置了诸多工程价款优先权的特别规则,已经初具规模,[57] 其中部分规则与抵押权规则是互斥的,[58] 导致抵押权一章中的规范无法适用于工程价款优先权。如果将工程价款优先权归入法定抵押权,对于工程价款优先权的规范适用而言,实益较为有限。

　　法定担保物权说与法定优先权说并无实质区别,因为即使将工程价款优先权 **30**界定为法定优先权,也无法否定工程价款优先权具有法定担保物权的性质,因为工程价款优先权也具有从属性、[59] 不可分性、[60] 物上代位性[61] 与优先受偿性等担保物权的基本法律特征。体系上将其界定为法定的担保物权,一方面可以直接适用担保物权的一般规则,另一方面也为其在物权编以外发展自身的特别规则留下充足空间。

---

　　[56]　参见贵州省贵阳市中级人民法院(2014)筑民再终字第 12 号民事判决书。

　　[57]　例如《建设工程施工合同解释一》第 35—42 条。

　　[58]　例如工程价款优先权的顺位无法适用《民法典》第 414 条,而应适用《建设工程施工合同解释一》第 36 条。

　　[59]　参见最高人民法院(2021)最高法民申 36 号民事裁定书;最高人民法院(2021)最高法民再 18 号民事判决书。

　　[60]　参见重庆市高级人民法院(2009)渝高法民终字第 215 号民事判决书。

　　[61]　参见北京市第二中级人民法院(2017)京 02 民初 109 号民事判决书;浙江省高级人民法院(2019)浙民申 1791 号民事裁定书。

（二）一般抵押权与最高额抵押权

31　　　从《民法典》物权编抵押权一章内部来看,本条居于第一节"一般抵押权"的首条,第二节则名为"最高额抵押权"。在此结构安排之下,"一般抵押权"之"一般"须与最高额抵押权进行比对来解释其含义。结合本条与《民法典》第 420 条的立法措辞不难发现,尽管二者都有担保债权实现的功能("为担保债务的履行"),但是《民法典》第 420 条第 1 款对最高额抵押权的主债权给出了进一步的描述,据此最高额抵押权担保的债权是"一定期间内将要连续发生的债权",而本条第 1 款则没有进一步的限定。最高额抵押权所担保的债权具有双重特征:(1)将来性。最高额抵押权担保的债权不以既存债权为限,也包括担保将来发生的债权。(2)不特定性。最高额抵押权所担保的债权具有不特定性,其并不限制"一定期间内"发生的债权数量,也不要求其具备发生可能性。[62]

32　　　与最高额抵押权相对的一般抵押权,通说认为其主要担保的是既存的特定债权,先有主债权,后有抵押权。这也是抵押权成立上的从属性的核心含义。对于本条第 1 款中的"为担保债务的履行",基于债务和债权之间的相对性,"债务"应在债权的意义上理解。抵押权所担保的债务以金钱之债最为常见,但并不限于此,非金钱之债也可以作为抵押权的担保对象,其正当性在于:非金钱之债在债务人陷入债务不履行时通常可以转化为金钱之债。[63] 抵押权所担保的债权,以意定之债最为常见,但并不限于此,侵权之债、无因管理之债、不当得利之债等法定之债也不妨成为抵押权的担保对象。因此,抵押合同未必有对应的主债权合同。

33　　　除了既存的特定债权,一般抵押权是否可以用于担保将来债权? 将来债权是指订立抵押合同时尚未产生但将来有可能产生的债权,具体可分为三类:(1)附条件与附期限的债权;(2)有基础法律关系,但欠缺一定事实而尚未发生的债权;(3)仅有相关法律事实但无基础法律关系的债权。前两类属于有基础法律关系的将来债权,第三类属于无基础法律关系的债权,即纯粹的将来债权。一般抵押权可以用于担保前述第一类债权,典型的例证就是债务人或第三人以抵押的方式为担保人设定反担保(《民法典》第 387 条第 2 款),此时该抵押权所担保的主债权是担保人承担担保责任以后对债务人的追偿权,该债权属于典型的附停止条件的债权。[64] 一般抵押权也可以用于担保前述第二类债权,典型的例证就是尚未提供借款的自然人之间的借贷合同(《民法典》第 679 条)。

---

〔62〕　参见武亦文:《〈民法典〉第 420 条(最高额抵押权的一般规则)评注》,载《南京大学学报(哲学・人文科学・社会科学)》2021 年第 6 期,第 115 页。

〔63〕　参见谢在全:《民法物权论(下)》(第 7 版),2020 年作者自版,第 160 页。

〔64〕　参见谢在全:《民法物权论(下)》(第 7 版),2020 年作者自版,第 165 页。

一般抵押权能否担保前述第三类债权？对此存在肯定说[65]与否定说,[66]二 34
者的核心争议在于对抵押权成立上的从属性理解不同,前者对从属性的理解更为
缓和。应采纳肯定说,理由在于:一方面,交易实践中,当事人签订主债权合同之
前可能就有设立抵押等担保的需求,在抵押人的财产上占据顺位靠前的抵押权,
防止主债权合同签订后无充足的抵押财产可供担保,控制交易风险。要求抵押权
的成立以主债权合同存在为前提,是对实践中正当交易需求的忽视。另一方面,
从属性作为一种施加在担保制度上的法定机制,其虽具有强制性,但随着交易实
践的发展,应允许为了实践需求而有所突破。[67] 概言之,担保发生上的从属性和
担保债权的特定原则不宜作严格解释,只须抵押权实现时债权产生并特定即
可。[68] 不过,对于因侵权行为、无因管理、不当得利产生的债权不能通过先行设
定担保的方式加以保障,仅在因上述行为已经产生债权后,才可以担保方式保障
实现。[69]

(三) 他主抵押权与所有人抵押权

依抵押权人是否为抵押财产的所有权人,抵押权可分为他主抵押权与所有人 35
抵押权。德国法上因承认流通性抵押权并采顺位固定主义,广泛地允许所有人抵
押权的存在。但我国现行法上的抵押权属于保全性抵押权,从属性特征十分明
确,结合抵押权顺位升进主义的基本立场,抵押权以他主抵押权为原则,所有人抵
押权的需求很小。单行法时代曾在两处涉及所有人抵押权:其一,《担保法解释》
第 77 条在抵押权竞存时例外地承认了后发的所有人抵押权,[70]不过此所有人抵
押权仅具有防御性,抵押权人不得为积极的处分,例如该抵押权连同主债权出质
担保其他债权;[71]其二,修正前的 2014 年《融资租赁合同解释》第 9 条第 2 项允
许融资租赁合同中的承租人将租赁物抵押给出租人,由此形成租赁物所有权与抵

---

〔65〕 参见最高人民法院(2012)民二终字第 56 号民事判决书。

〔66〕 参见湖北省宜昌市中级人民法院(2018)鄂 05 民辖终 202 号民事裁定书;内蒙古自治区高级
人民法院(2019)内民终 18 号民事判决书。

〔67〕 参见李运杨:《担保从属性:本质、功能及发展》,载《澳门法学》2020 年第 2 期,第 244 页。

〔68〕 参见高圣平:《民法典担保从属性规则的适用及其限度》,载《法学》2020 年第 7 期,第 6 页。

〔69〕 参见高圣平:《民法典担保从属性规则的适用及其限度》,载《法学》2020 年第 7 期,第 5 页。

〔70〕 该条的立法初衷是,在抵押权竞存时,如果顺序在先的抵押权与该财产的所有权发生混同,为
了防止顺位在后的抵押权升进损害顺位在先的抵押权人利益,允许其抵押权例外地不消灭,以对抗后顺
位的抵押权人。参见李国光等:《最高人民法院〈关于适用《中华人民共和国担保法》若干问题的解释〉理
解与适用》,吉林人民出版社 2000 年版,第 280—282 页。但该条在司法实践中发生了偏离,主要被适用于
融资租赁合同领域,用于论证出租人对租赁物的抵押权是合法的。参见广东省东莞市中级人民法院(2020)
粤 19 民终 10201 号民事判决书;贵州省贵阳市中级人民法院(2018)黔 0! 民终 678 号民事判决书。

〔71〕 参见程啸:《担保物权研究》(第 2 版),中国人民大学出版社 2019 年版,第 243 页。

押权归属于同一个主体的局面,该条例外地承认了原始的所有人抵押权,其立法初衷是在融资租赁中出租人所有权欠缺合适公示机制的情况下为其提供替代的担保机制。

36　　《担保法解释》第 77 条在《民法典》编纂中未被保留,而《融资租赁合同解释》于 2020 年底修正时也删去了第 9 条。前述条文被删除并不意味着现行法已经不再承认所有人抵押权。一方面,在《担保法解释》第 77 条所预设的场景发生时,仍有必要例外地允许在先顺位的抵押权不消灭,以对抗后顺位的抵押权;[72]另一方面,尽管融资租赁中出租人的所有权已经被纳入动产融资统一登记公示系统(《动产和权利担保统一登记办法》第 2 条),有了合适的公示机制,但实践中仍存在出租人获得租赁物抵押权的需求。具言之,出于购车配额等因素的影响,实践中机动车融资租赁的一种常见交易模式是:由承租方选择机动车,融资租赁公司向销售方付款,机动车过户登记在承租方名下,并由承租方占有使用,通过占有改定的方式将机动车的所有权移转给融资租赁公司。此时尽管融资租赁公司可以在动产融资统一登记公示系统中对其机动车所有权进行登记,但出租人在登记后仍面临巨大的交易风险:租赁物的所有权在机动车登记簿上被登记在承租人名下,与融资租赁中的出租人所有权登记分属两个独立的登记系统,前者以物的编成主义编制,而后者奉行人的编成主义并采声明登记制。即使出租人在动产融资统一登记公示系统中为其租赁物所有权办理登记,客观上也无法阻止承租人通过机动车登记簿对租赁物实施转让等处分。为了防止承租人的擅自处分行为,更为有效的方式是在租赁物上创设抵押权,通过抵押登记进一步巩固自己的法律地位。[73]

四、举证责任

37　　　主张抵押权成立的一方(通常为债权人),须对抵押权成立要件所涉及的事实举证,包括提供主债权合同及其履行情况、抵押合同、不动产登记证明等。主张抵押权不成立、已消灭或存在行使障碍的一方(通常为债务人、抵押人),须对所涉及的事实举证。主债权合同与抵押合同不成立或无效时,人民法院也可依职权认定。抵押权代持的情形下,主张隐名代理成立者(通常为债权人)应举证证明抵押

---

〔72〕　据介绍,该条被删除的主要原因是"考虑到实践中已形成共识,无须再规定"。参见刘贵祥:《当前民商事审判中几个方面的法律适用问题》,载王利明主编:《判解研究》2022 年第 2 辑(总第 100 辑),人民法院出版社 2023 年版,第 15 页。

〔73〕　实务中也多认可此种出租人抵押权。参见福建省龙岩市中级人民法院(2022)闽 08 民终 975 号民事判决书;江西省抚州市临川区人民法院(2022)赣 1002 民初 8067 号民事判决书;河南省孟州市人民法院(2022)豫 0883 民初 2739 号民事判决书。

人在签订抵押合同时知道债权人与受托人之间的代理关系,包括提供抵押人签字的披露代理关系的合同、抵押合同签订前披露代理关系的文字记录、贷款的转账记录等。

　　附:案例索引

　　1. 安徽省安庆市中级人民法院(2016)皖 08 民终 1782 号民事判决书:中国邮政储蓄银行股份有限公司怀宁县支行与王某通等金融借款合同纠纷案【边码 26】

　　2. 北京市第二中级人民法院(2017)京 02 民初 109 号民事判决书:北京城乡欣瑞建设有限公司与北京申全福熊猫环岛综合市场有限公司建设工程施工合同纠纷案【边码 30】

　　3. 重庆市高级人民法院(2009)渝高法民终字第 215 号民事判决书:重庆农村商业银行股份有限公司巴南支行与重庆宙斯贸易有限公司等借款合同(执行异议)纠纷案【边码 27、30】

　　4. 福建省高级人民法院(2019)闽民终 933 号民事判决书:宁德市环三实业有限公司与林某洁等买卖合同纠纷案【边码 15】

　　5. 福建省龙岩市中级人民法院(2022)闽 08 民终 975 号民事判决书:陈某杰与深圳金海峡融资租赁有限公司厦门分公司融资租赁合同纠纷案【边码 36】

　　6. 广东省东莞市中级人民法院(2020)粤 19 民终 10201 号民事判决书:汇通信诚租赁有限公司与张某东融资租赁合同纠纷案【边码 35】

　　7. 广东省茂名市中级人民法院(2021)粤 09 民终 290 号民事判决书:陈某洪等与陈某燕等股权转让纠纷案【边码 21】

　　8. 广东省深圳市中级人民法院(2017)粤 03 民终 20488 号民事判决书:重庆市迪鑫建筑劳务有限公司等与深圳市华运莲土石方工程有限公司买卖合同纠纷案【边码 23】

　　9. 广西壮族自治区河池市中级人民法院(2021)桂 12 民终 1153 号民事判决书:中国银行股份有限公司河池分行与广西环江富源茧丝绸有限责任公司破产债权确认纠纷案【边码 26】

　　10. 广西壮族自治区玉林市中级人民法院(2014)玉中民二终字第 113 号民事判决书:苏某新与广西北流市方圆印业有限公司建设工程合同纠纷案【边码 27】

　　11. 贵州省贵阳市中级人民法院(2014)筑民再终字第 12 号民事判决书:贵阳二建工程建设股份有限公司与贵州美盈房地产开发有限公司返还原物纠纷案【边码 27、28】

　　12. 贵州省贵阳市中级人民法院(2018)黔 01 民终 678 号民事判决书:先锋太盟融资租赁有限公司与崔某安融资租赁合同纠纷案【边码 35】

　　13. 河南省焦作市中级人民法院(2019)豫 08 民初 160 号民事判决书:王某燕与闫某毛案外人执行异议之诉纠纷案【边码 27】

　　14. 河南省孟州市人民法院(2022)豫 0883 民初 2739 号民事判决书:民生金融租赁股份有限公司与刘某等融资租赁合同纠纷案【边码 36】

　　15. 河南省许昌市中级人民法院(2021)豫 10 民终 1657 号民事判决书:方某涛与王某芳返还原物纠纷案【边码 19】

　　16. 湖北省宜昌市中级人民法院(2018)鄂 05 民辖终 202 号民事裁定书:宜昌弘洋投资有限公司与招商银行股份有限公司宜昌分行金融借款合同纠纷案【边码 34】

17. 湖南省岳阳市中级人民法院(2021)湘 06 民终 4053 号民事判决书:吴某与瞿某晖民间借贷纠纷案【边码 14】

18. 湖南省芷江侗族自治县人民法院(2019)湘 1228 民初 465 号民事判决书:张某军与姚某铭等民间借贷纠纷案【边码 21】

19. 江西省抚州市临川区人民法院(2022)赣 1002 民初 8067 号民事判决书:陕西优盈金融信息服务有限公司与万某融资租赁合同纠纷案【边码 36】

20. 江西省南昌市中级人民法院(2018)赣 01 民终 2407 号民事判决书:江西煤业销售有限责任公司与江西煤炭多种经营实业有限责任公司等买卖合同纠纷案【边码 16】

21. 江西省上饶市中级人民法院(2020)赣 11 民初 4 号民事判决书:明珠建设集团有限公司与汉腾汽车有限公司建设工程施工合同纠纷案【边码 27】

22. 辽宁省锦州市古塔区人民法院(2016)辽 0702 民初 113 号民事判决书:吕某与杨某林、徐某令民间借贷纠纷案【边码 12】

23. 内蒙古自治区高级人民法院(2019)内民终 18 号民事判决书:李某苹等与包商银行股份有限公司赤峰分行借款合同纠纷案【边码 34】

24. 山东省德州市中级人民法院(2015)德中民终字第 65 号民事判决书:李某与邓某等民间借贷纠纷案【边码 23】

25. 山东省济宁市中级人民法院(2019)鲁 08 民终 5357 号民事判决书:安某亮与卢某宝排除妨害纠纷案【边码 19】

26. 山东省淄博市张店区人民法院(2014)张商初字第 562 号民事判决书:姜某坤与王某广等租赁合同纠纷案【边码 21】

27. 陕西省高级人民法院(2020)陕民终 280 号民事判决书:陕西文投影业投资管理有限公司与陕西豪普置业有限公司等第三人撤销之诉纠纷案【边码 27】

28. 陕西省西安市莲湖区人民法院(2021)陕 0104 民初 17567 号民事判决书:陕西盛捷电梯工程有限责任公司与西安海粤股份有限公司合同纠纷案【边码 21】

29. 上海市第一中级人民法院(2016)沪 01 民终 3026 号民事判决书:查某国与吴某芳等抵押权纠纷案【边码 14】

30. 上海市浦东新区人民法院(2021)沪 0115 民初 11044 号民事判决书:金某与胡某锋民间借贷纠纷案【边码 23】

31. 四川省高级人民法院(2017)川民终 1166 号民事判决书:德阳市三合房地产开发有限责任公司与上海浦东发展银行股份有限公司成都分行等金融借款合同纠纷案【边码 26】

32. 四川省高级人民法院(2019)川民终 280 号民事判决书:四川绵竹农村商业银行股份有限公司与四川省绵竹市豪森包装印务有限公司等金融借款合同纠纷案【边码 26】

33. 四川省渠县人民法院(2020)川 1725 民初 905 号民事判决书:中国工商银行股份有限公司渠县支行与四川酒洲商贸有限责任公司等金融借款合同纠纷案【边码 24】

34. 新疆维吾尔自治区巴音郭楞蒙古自治州中级人民法院(2022)新 28 民终 926 号民事判决书:马某存与马某明返还原物纠纷案【边码 23】

35. 云南省普洱市中级人民法院(2018)云 08 民初 9 号民事判决书:朱某华与杨某春等

柯勇敏

第 395 条

抵押财产的范围*

第 395 条　债务人或者第三人有权处分的下列财产可以抵押：

（一）建筑物和其他土地附着物；

（二）建设用地使用权；

（三）海域使用权；

（四）生产设备、原材料、半成品、产品；

（五）正在建造的建筑物、船舶、航空器；

（六）交通运输工具；

（七）法律、行政法规未禁止抵押的其他财产。

抵押人可以将前款所列财产一并抵押。

简　　目

＊　本文系基于《〈民法典〉第 395 条（抵押财产的范围）评注》（载《法学家》2023 年第 5 期，第 175—190 页）一文修订而成。

本文的案例主要来自北大法宝数据库，案例的检索方式有两种：一是以 "在建建筑物抵押" "在建工程抵押" "海域使用权抵押" "在建船舶抵押" "林木抵押" "不得抵押" "股权抵押" 等为关键词进行全文检索，并辅以人工筛选；二是在北大法宝数据库 "法律法规" 栏目中对《民法典》第 395 条、第 399 条等条文链接的 "司法案例"，以 "法院级别"（中级人民法院以上）进行初步筛选，并在此基础上辅以人工筛选。本文筛选案例时参照的顺位：一是最高人民法院发布的指导性案例；二是《最高人民法院公报》中刊载的案例与裁判文书；三是最高人民法院作出的生效裁判文书；四是相同案型下优先选择层级较高的法院的生效裁判文书，检索时间截至 2023 年 3 月 20 日。

柯勇敏

一、规范定位

（一）规范意旨

《民法典》第 395 条（以下简称本条）是关于抵押财产范围的规定。本条结构 **1**
上分为 2 款，第 1 款第 7 项旨在确定可抵押财产的范围(边码 9—10)；第 1 款第 1 项
至第 6 项大体上按照"不动产—不动产用益物权—动产"的顺序[1]列举了可抵押
财产的具体类型，一方面为民事主体提供明确的交易指引，另一方面也为登记机
构配置相应抵押登记机制提供规范基础。第 1 款前 6 项均有对应的抵押登记机
制，总体上属于可登记的抵押财产(边码 11—13)，不过土地附着物、建设用地使用权
等都属于框架性概念，都有进一步类型化的空间，是否都属于可登记的抵押财产，
需解释澄清。第 2 款的规范内容是提示抵押人可将多个抵押财产一并抵押以担
保同一个债权，性质上属于任意性规定(边码 49—50)。

在登记实务中，本条为抵押登记机制的建构提供实体法上的规范依据。在裁 **2**
判实务中，本条的主要功能是确认当事人所选抵押财产的合法性，进而确认抵押
合同的有效性或抵押权有效成立。在请求权基础的视角下，本条无法作为独立的
请求权基础，属于辅助规范。[2]

逻辑上，立法者应先一般性地确定可抵押财产的范围，在此基础上选取其中 **3**
部分配置抵押登记机制。循此逻辑，下文先就本条第 1 款第 7 项展开评注，以确
定可抵押财产的范围；在此基础上就第 1 款第 1 项至第 6 项列举的各类可登记抵
押财产展开评注。

（二）规范史略

本条源于《物权法》第 180 条。与《物权法》第 180 条相比，本条有两处实质性 **4**

---

〔1〕　不过这一顺序并未得到严格遵循，因为第 5 项混杂了动产（正在建造的船舶、航空器）与不动
产（正在建造的建筑物）。学理上对这一列举顺序的批判，参见孙宪忠、朱广新主编：《民法典评注·物权
编 4》，中国法制出版社 2020 年版，第 81 页（董学立执笔）。

〔2〕　参见吴香香编著：《民法典请求权基础手册：进阶》，中国法制出版社 2023 年版，第 116 页。

调整:其一,本条删除了《物权法》第 180 条第 1 款第 3 项,这一改动主要受承包地"三权分置"改革影响。在 2018 年修正后的《农村土地承包法》与《民法典》中,承包地呈现"三权分置"结构,其中土地承包经营权维持身份性,只有本集体经济组织的成员才能享有,而土地承包经营权之上派生的土地经营权则具有一定的市场性,可以作为抵押财产(《农村土地承包法》第 47 条)。改革前不宜采取家庭承包方式的荒山、荒沟、荒丘、荒滩等农村土地的土地承包经营权被改名为土地经营权,也可以作为抵押财产(《农村土地承包法》第 53 条)。承包地上的权利体系调整后,本条自然需随之调整。其二,本条新增"海域使用权"作为第 3 项,为海域使用权抵押提供更高立法位阶的规范依据。

(三) 体系关联

1. 与《民法典》第 115 条

5   《民法典》第 115 条是关于物权客体的集中规定。从该条中的动产与不动产二分可知,物权的客体以有体物为原则,权利作为物权客体须有法律的明确规定。《民法典》第 115 条对物权客体的保守立场与本条所持的开放立场存在冲突。不过,依据《民法典》第 115 条将抵押权的客体原则上也限于有体物,正当性不足。所有权与用益物权、担保物权对有体性的要求并不相同。所有权是建构物权体系的核心,其概念完全建立在有体物的基础之上,因此所有权的客体原则上必须得有体物。[3] 但是与所有权相比,他物权的功能并不以区分权利、建构体系为重,其本身只是财产权流转与交易的手段,[4] 其中担保物权侧重于支配客体物的交换价值,客体物是否有体,并不重要。解释上可考虑对《民法典》第 115 条中的"物权"采目的性限缩,使之不包括抵押权,进而在体系上与本条相协调。

2. 与《民法典》第 399 条

6   本条与《民法典》第 399 条在内容上都涉及抵押财产的范围,但立法技术上有所不同:本条侧重于正面规定可抵押财产的范围;《民法典》第 399 条侧重于从反面规定禁止抵押的财产,提供"负面清单"。体系上,《民法典》第 399 条与本条第 1 款第 7 项相呼应。

3. 与《民法典》第 440 条

7   《民法典》第 440 条对权利质权的客体作出封闭式的列举,有疑问的是,权利质权的客体是否为可抵押的财产。当事人以权利质权的客体(如股权)签订抵押

---

[3] 参见王利明主编:《民法(上册)》(第 9 版),中国人民大学出版社 2022 年版,第 116 页(王利明执笔)。

[4] 参见冉克平:《物权法总论》,法律出版社 2015 年版,第 145—146 页。

合同,合同效力如何? 对此应作肯定回答。既然可抵押财产的范围是开放的,且现行法并未禁止权利质权的客体作为抵押财产,其自然有资格成为抵押财产。抵押合同有效说也契合《民法典担保制度解释》第 63 条的立场。裁判实务中常见的情形是当事人以股权抵押,主流观点将其解释为股权质押合同,并认可其效力。[5] 不过,此说可能面临物权法定原则层面的质疑,物权法定原则旨在控制物权的类型与内容(《民法典》第 116 条),其调整的是物权的创设行为,并不调整债法上的合同效力。[6] 以权利质权的客体签订抵押合同,属于抵押人与债权人之间相对性的担保合同,债权人尚未据此取得绝对性的抵押权人地位,抵押合同效力如何,不应受物权法定原则的影响。[7]

　　立法者是否需要为权利质权的客体配置抵押登记机制? 答案是否定的。《民法典》第 440 条中的权利质权采取了两种公示方式,即权利凭证的占有与登记。对于凭证型权利质权,其客体的证明、权利行使以及权利的转让都以权利凭证的占有/交付为基础,以其设立担保物权时以权利凭证的交付作为公示机制,维持了公示方式的统一,交易成本很低,通过对权利凭证的占有,权利质权在优先受偿力之外取得留置效力,与动产质权保持体系上的一致性。如果在此基础上为其配置相应的抵押登记机制(如仓单抵押登记),不仅会带来登记成本,而且会影响该财产权利本身的流通,增加交易成本,[8] 且交易实践中对仓单抵押登记、汇票抵押登记等的需求很低,为权利凭证型权利质权的客体配置相应的抵押登记机制,既无实践需求,经济上也不效率。对于登记型权利质权,其公示方式已经与动产质权相偏离,而与抵押权更为接近,不论是股权、基金份额质押,还是知识产权中的财产权质押,质押期间尽管有质押财产不得转让的限制,但出质人仍可行使权利,质权人对出质的财产权利很难构成"准占有",将其与动产质权同列为质权的子类型,并无充分的正当性,登记型权利质权实质上与抵押权更为接近。[9] 在此基础上为登记型权利质权的客体配置相应的抵押登记机制,不仅会耗费不小的登记成本,而且抵押登记后债权人所取得的抵押权与现有的权利质权,在功能上具有高度的可替代性(股权抵押权与股权质权并无明显不同),配置抵押登记机制的实益甚小。概言之,并无必要为权利质权的客体配置抵押登记机制,权利质权的客体

8

----

〔5〕　参见广东省茂名市中级人民法院(2021)粤 09 民终 290 号民事判决书;广东省深圳市宝安区人民法院(2019)粤 0306 民初 26503 号民事判决书。

〔6〕　参见朱庆育:《物权法定的立法表达》,载《华东政法大学学报》2019 年第 5 期,第 114—115 页。

〔7〕　参见常鹏翱:《物权法的基础与进阶》,中国社会科学出版社 2016 年版,第 135 页。

〔8〕　对同一个客体采取两种以上物权公示方式的缺陷,参见张双根:《物权公示原则的理论构成——以制度正当性为重心》,载《法学》2019 年第 1 期,第 59—60 页。

〔9〕　参见高圣平:《民法典担保制度及其配套司法解释理解与适用(下)》,中国法制出版社 2021 年版,第 898—899 页。

属于可抵押但不可登记的抵押财产。

二、可抵押财产的范围

(一) 法律、行政法规未禁止抵押的财产均可抵押 (第 1 款第 7 项)

9　　　本项延续了《物权法》第 180 条第 1 款第 7 项的基本立场,即可抵押财产的范围是开放的,法律、行政法规未禁止抵押的财产均可抵押。抵押权作为不移转占有的担保物权,通过对抵押财产变价后的价款优先受偿的方式实现,抵押财产的具体形态并不重要,因此在立法技术上无须限定抵押财产的范围。这一开放性立场奉行"法不禁止即自由"的理念,[10]为抵押制度的发展预留充足的空间,也契合比较法上扩展担保财产范围的立法趋势。[11]

10　　　学理上将可抵押的财产分为动产、不动产与权利三类。有观点认为可抵押的权利仅限于不动产用益物权。[12] 尽管本条第 1 款列举的权利都是不动产用益物权,但不能据此认为可抵押的权利仅限于不动产用益物权。既然现行法已经将抵押财产的范围扩展至动产,此时不宜再围绕不动产概念划定可抵押的财产范围。就权利抵押权而言,只要是法律、行政法规未禁止抵押的财产权利,均可作为抵押财产。

(二) 可抵押财产与可登记抵押财产的区分

11　　　抵押权以登记为唯一的法定公示方式,但现行法无法为所有可抵押财产配置相应的抵押登记机制:一方面,现行法上的抵押登记机构多为公权力机关,通说认为抵押权相关的登记行为属于行政行为,[13]受制于行政法上职权法定等基本原则的强制要求,[14]登记机构可以为哪些财产类型办理抵押登记,需有明确的法律依据,而本条第 1 款第 7 项仅为兜底性规定,难堪此任。通常只有实体法上正面地列举具体的可抵押财产类型(如本条第 1 款前 6 项),登记机构才会跟进设置对应的抵押登记机制。另一方面,抵押权登记机制本身作为人为创设的公示手段,

---

　　〔10〕 参见王利明主编:《中国民法典评注·物权编(下)》,人民法院出版社 2021 年版,第 761 页(程啸执笔)。

　　〔11〕 参见谢鸿飞:《〈民法典〉担保制度内在体系的变迁》,载《东南学术》2021 年第 5 期,第 43—44 页。

　　〔12〕 参见杨立新:《中国物权法研究》,中国人民大学出版社 2018 年版,第 582 页。

　　〔13〕 参见尹飞:《不动产登记行为的性质及其展开——兼论民法典编纂中不动产登记制度的完善》,载《清华法学》2018 年第 2 期,第 46—49 页。

　　〔14〕 参见胡建淼:《行政法学(上)》(第 5 版),法律出版社 2023 年版,第 44—46 页。

需耗费一定的成本,如果为所有的可抵押财产都配置相应的抵押登记机制,其耗费的成本可能过高,在经济上未必有效率。可登记的抵押财产总体上呈现出封闭性特征。

区分可抵押财产与可登记抵押财产的主要意义在于:其一,对于登记机构而言,一方面,配置抵押登记机制时,原则上应以实体法上明确正面列举的财产类型为限,另一方面,实体法上正面列举新的可抵押财产类型时,应在程序法上尽快回应,为其配置对应的抵押登记机制,登记机构应尽可能缩短二者之间的时间差。其二,裁判实务中,当事人以可抵押但不可登记的财产抵押时,应区分债权层次与物权层次,尽管当事人无法通过办理抵押权登记而设立抵押权或者获得完整的物权效力,但不能否认当事人之间抵押合同的效力。此时债权人尽管无权就抵押财产变价优先受偿,但其有权请求对该抵押财产变价受偿。[15]《民法典担保制度解释》第 63 条明确承认了这一区分。 **12**

现行法上的可登记抵押财产除了本条第 1 款前 6 项以外,还包括土地经营权(《农村土地承包法》第 47 条、第 53 条)、矿业权(《矿业权出让转让管理暂行规定》第 6 条)等。而对于排污权、商铺租赁权等情形,目前并无对应的抵押登记机制,尚处于地方实践状态。学理上有观点认为,基于地方交易实践以及地方政府立法的参与有助于习惯法上物权的形成,[16]循此观点,如果相关地方实践中对排污权、商铺租赁权抵押所配置的公示机制符合习惯法的要求,亦不妨将其作为可登记的抵押财产。 **13**

(三)债务人或者第三人有权处分

本条第 1 款首句要求抵押财产是"债务人或者第三人有权处分"的财产。这一要求始于《担保法》第 34 条并延续至今。按照《民法典》起草机关组织编写的释义书,抵押人有权处分具体包括三种情形:其一,抵押财产是动产或不动产时,抵押人是该抵押财产的所有权人;其二,抵押财产是不动产用益物权时,抵押人是用益物权人;其三,抵押人根据法律、行政法规的规定,或者经过政府主管部门批准,可以将其占有、使用的财产抵押,例如《全民所有制工业企业转换经营机制条例》第 15 条第 2 款规定:"企业根据生产经营的需要,对一般固定资产,可以自主决定出租、抵押或者有偿转让;对关键设备、成套设备或者重要建筑物可以出租,经政府主管部门批准也可以抵押、有偿转让。法律和行政法规另有规定的除外。"[17] **14**

---

〔15〕　参见高圣平:《担保法前沿问题与判解研究(第五卷)——最高人民法院新担保制度司法解释条文释评》,人民法院出版社 2021 年版,第 458—459 页。

〔16〕　参见常鹏翱:《物权法的"希尔伯特问题"》,载《中外法学》2022 年第 2 期,第 309—310 页。

〔17〕　参见黄薇主编:《中华人民共和国民法典物权编释义》,法律出版社 2020 年版,第 493—494 页。

这一解释存在两处偏差:第一,前两种情形并未涵盖所有有权处分的情形,抵押人未必是所有权人或用益物权人,也可以是经所有权人或用益物权人授权而取得处分权之人。第二,第三种情形与处分权无关,对于须经批准的抵押,若未经批准,其法律效果是抵押合同不生效(《民法典》第 502 条第 2 款),并不会构成无权处分。在负担行为与处分行为二分的视野下,抵押人与债权人之间创设抵押权的处分行为以抵押人有处分权为特别生效要件。不过,即使抵押人无权处分,也并不意味着抵押权一定无法成立,如果债权人符合抵押权善意取得的要件,抵押权也可基于善意取得而成立(《民法典担保制度解释》第 37 条第 1 款)。对登记机构而言,其在审核过程中需要审查抵押人的身份信息与抵押财产的相关产权证书是否一致(《不动产登记操作规范(试行)》第 14.1.6 部分)。不过,处分权是所有处分行为的特别生效要件,[18]并非抵押权创设行为所独有,登记机构也并非仅在办理抵押登记时负担审查义务。"债务人或者第三人有权处分"这一要求并未显示出抵押权的特殊性,处分权的有无与可抵押财产的范围并无关联。

三、可登记抵押财产的具体类型(第 1 款第 1 项至第 6 项)

(一)建筑物和其他土地附着物(第 1 款第 1 项)

15   依本项,土地附着物可以作为抵押财产。本项在立法技术上的特点有两个:第一,概念使用上并未使用不动产登记法上的"定着物"概念(《不动产登记暂行条例》第 2 条第 2 款),而是使用"附着物"概念,二者应属同义。[19] 第二,在土地与海域各为独立不动产的规范前提下,本项仅提及土地附着物,未顾及海域附着物,并不周延。依据《不动产登记暂行条例实施细则》第 65 条第 2 款,海域附着物也可作为抵押财产。可以抵押的土地附着物除了建筑物[20]这一常见类型外,还包括构筑物、林木、农作物等。[21] 以土地附着物抵押时,抵押权自登记时成立(《民法典》第 402 条)。结合不动产登记法上的连续登记原则,土地附着物的抵押登记以所有权登记为前提。土地附着物的类型不同,其抵押权的登记机构也有所

---

〔18〕 参见朱庆育:《民法总论》(第 2 版),北京大学出版社 2016 年版,第 159 页。

〔19〕 学理上二者通常在相同的意义上使用,作为不动产的下位概念,使用"附着物"者,参见杨代雄:《民法总论》,北京大学出版社 2022 年版,第 236 页;使用"定着物"者,参见崔建远:《物权法》(第 5 版),中国人民大学出版社 2021 年版,第 31 页。

〔20〕 建筑物有广狭两种含义,广义的建筑物是指人工建造的所有建造物,包括房屋和构筑物;狭义的建筑物是指人工建造的供人们进行生产、生活等活动的房屋或场所,如住宅、厂房等。考虑到《民法典》第 344 条、第 348 条、第 352 条等条文将建筑物与构筑物并列,体系上本条第 1 款第 1 项中的"建筑物"应为狭义的建筑物。

〔21〕 参见黄薇主编:《中华人民共和国民法典物权编释义》,法律出版社 2020 年版,第 476 页。

不同,建筑物与构筑物的登记机构为不动产登记机构,而林木的登记机构为林业主管部门。[22]

现行法上建筑物类型众多,未必都是可登记的抵押财产。宅基地使用权自诞生以来就与农民的身份紧密捆绑,作为农民的生存保障机制之一,尽管《物权法》将其列为用益物权之一,但其财产权属性较弱,仅能在本集体经济组织内部流转。若允许其抵押,抵押权实现时很可能缺乏有效的变价市场,担保债权的功能也可能随之落空。《物权法》第 184 条第 2 项直接将其列为禁止抵押的财产。基于房地一体原则,宅基地上的建筑物也属于禁止抵押的财产。裁判实务的主流观点认为宅基地上的建筑物抵押合同无效。[23] 宅基地“三权分置”与农民住房财产权抵押正在改革试点阶段,尚未形成可复制推广的制度经验,[24]据此《民法典》并未改变前述通说,宅基地上的建筑物仍属于禁止抵押的财产,[25]待宅基地“三权分置”的最终方案在现行法上完成规范转化后,通说也将随之松动。

违法建筑物是指未取得建设工程规划许可证或未按照规划许可规定内容建设的建筑物。经行政主管机关认定的违法建筑物,无法基于建造行为取得建筑物所有权(《民法典》第 231 条),无法办理所有权首次登记(《不动产登记暂行条例实施细则》第 35 条)。《民法典担保制度解释》第 49 条第 1 款延续了此前将违法建筑物作为禁止流通物的一贯立场,明确规定违法建筑物的抵押合同无效,一审法庭辩论终结前已经办理合法手续的除外。抵押人以建设用地使用权抵押时,抵押合同的效力不受土地上的违法建筑物影响(《民法典担保制度解释》第 49 条第 2 款)。抵押合同无效的法律效果,按照《民法典担保制度解释》第 17 条处理。

将违法建筑物抵押合同作无效评价的观点有待商榷,理由在于:第一,建设工程规划许可旨在规制建筑物的建造行为,而非规制抵押合同,其可能影响抵押合同的履行,但不应影响抵押合同的效力,直接以违反建设工程规划许可为由否定抵押合同的效力,于法无据。[26] 第二,抵押合同不论是否有效,均不影响违法建筑物公法上的限期拆除、没收、强制拆除等处置措施,即使抵押合同有效,建设工

16

17

18

---

〔22〕 目前林权登记正逐步纳入不动产登记系统,参见《自然资源部办公厅、国家林业和草原局办公室关于进一步规范林权类不动产登记做好林权登记与林业管理衔接的通知》(自然资办发〔2020〕31 号)。

〔23〕 参见江苏省南京市中级人民法院(2016)苏 01 民终 9084 号民事判决书;福建省龙岩市中级人民法院(2019)闽 08 民终 746 号民事判决书。

〔24〕 参见《国务院关于农村土地征收、集体经营性建设用地入市、宅基地制度改革试点情况的总结报告》。

〔25〕 参见甘肃省永登县人民法院(2021)甘 0121 民初 3070 号民事判决书;广东省广州市白云区人民法院(2021)粤 0111 民初 8349 号民事判决书。

〔26〕 参见王轶:《行政许可的民法意义》,载《中国社会科学》2020 年第 5 期,第 92—93 页。

程规划许可的规范目的仍可实现。[27] 第三,从民事强制执行的角度,违法建筑物可以通过现状处置的方式变价。[28] 既然可以变价,那就没有必要认定违法建筑物的抵押合同无效。据此,违法建筑物应界定为可抵押但不得登记的抵押财产,而非禁止抵押的财产。

19　　　　林权抵押是我国集体林权制度改革的重要组成部分。《森林法》第 6 条区分商品林与公益林,并规定二者分类经营管理,其中公益林以发挥生态效益为主要目的(第 47 条)。2004 年《森林资源资产抵押登记办法(试行)》(已废止)第 9 条明确禁止生态公益林抵押,2013 年《中国银行业监督管理委员会、国家林业局关于林权抵押贷款的实施意见》也重申了这一立场,裁判实务中的主流立场认为以公益林为抵押财产的抵押合同无效,[29] 登记实务中也有不给公益林办理抵押登记的做法。[30] 不过,将公益林作为禁止抵押的财产,正当性有待商榷:一方面,《民法典》第 399 条规定只有法律、行政法规可以禁止某财产抵押,而前述实施意见仅为部门规范性文件,难以作为禁止公益林抵押的规范依据;另一方面,允许公益林抵押不仅不会阻碍其生态效益之规范目的的实现,反而可能有助于激励公益林的权利人投资与经营,提升公益林的生态效益。[31]

(二)建设用地使用权(第 1 款第 2 项)

20　　　　依本项,建设用地使用权属于可登记的抵押财产。不过,建设用地使用权是框架性概念,有诸多子类型,是否均属于可登记的抵押财产,需进一步解释澄清。

1. 国有土地的建设用地使用权

21　　　　国有土地的建设用地使用权派生于国有土地的所有权,可基于有偿(出让、租赁、作价出资与入股)与无偿(划拨)的方式取得。对于出让情形,《民法典》第 353 条明确允许其抵押,作价出资与入股的情形可作相同解释。租赁的建设用地使用权源于 20 世纪 90 年代的国企改革,后被推广为一种与出让并列的国有土地有偿

---

〔27〕 有学者以违法建筑物买卖与租赁为讨论对象提出了相近的观点,参见常鹏翱:《违法建筑的公法管制与私法因应》,载《法学评论》2020 年第 4 期,第 86 页。

〔28〕 参见《最高人民法院关于转发住房和城乡建设部〈关于无证房产依据协助执行文书办理产权登记有关问题的函〉的通知》(法〔2012〕151 号)。

〔29〕 参见云南省高级人民法院(2018)云民申 1060 号民事裁定书;山东省聊城市中级人民法院(2021)鲁 15 民再 3 号民事判决书;江西省新余市中级人民法院(2018)赣 05 民初 78 号民事判决书。

〔30〕 参见吉林省高级人民法院(2017)吉民申 619 号民事裁定书。

〔31〕 参见张蕾、黄雪丽:《深化集体林权制度改革的成效、问题与建议》,载《西北农林科技大学学报(社会科学版)》2016 年第 4 期,第 133 页。

使用方式。[32] 尽管取得方式为"租赁",但从实际运作情况来看,基于出让和租赁所取得的都是用益物权性质的建设用地使用权,都是可登记的抵押财产。[33]

划拨的国有土地建设用地使用权抵押以土地上已有合法的建筑物或其他附 **22** 着物为前提(《城镇国有土地使用权出让和转让暂行条例》第 45 条第 1 款)。实践中有争议的是抵押时是否需要审批以及审批的效力,对此现行法经历了从"需要经过审批"到"登记视同审批",再到"无须审批"三个阶段。[34]《民法典担保制度解释》第 50 条明确采纳了无须审批说,不论是划拨的建设用地使用权抵押,还是其上的建筑物抵押,是否经有关部门批准,均不影响抵押合同的效力,[35] 抵押权登记实务中也未将行政审批作为必要的申请材料。[36] 依据《民法典担保制度解释》第 50 条,抵押财产变价后所获得的价款,应当优先用于补缴出让金。

如果当事人仅抵押划拨的建设用地使用权或者仅抵押其上的建筑物,抵押权 **22a** 实现时,是仅以其抵押的房或地的对价补缴建设用地使用权出让金,还是以房地的整体对价补缴? 按《民法典担保制度解释》第 50 条第 1 款的文义,以划拨建设用地上的建筑物抵押时,仅以建筑物的对价补缴出让金。这一观点不能赞同。划拨的建设用地也应奉行房地一体原则,不论当事人仅抵押建设用地使用权还是其上的建筑物,抵押财产的范围都及于房地整体(《民法典》第 397 条),补缴建设用地使用权出让金时也应以房地整体的对价支付,《城市房地产管理法》第 51 条也明确规定以房地产拍卖后的价款缴纳出让金。

2. 集体土地的建设用地使用权

我国集体建设用地一级市场尚不成熟,二级市场也正处于起步阶段。[37] 在 **23** 农村"三块地"的改革背景下,2019 年修正后的《土地管理法》将集体建设用地使用权区分为集体公益性建设用地使用权(第 61 条),乡镇、村企业的建设用地使用

---

〔32〕 参见刘璐、高圣平:《土地一级市场上租赁供地模式的法律表达——以〈土地管理法〉的修改为中心》,载《上海财经大学学报(哲学社会科学版)》2012 年第 2 期,第 20—21 页。

〔33〕 参见高圣平、李子乐:《论集体建设用地二级市场的法律构造》,载《广西大学学报(哲学社会科学版)》2022 年第 5 期,第 150—151 页。

〔34〕 参见最高人民法院民事审判第二庭:《最高人民法院民法典担保制度司法解释理解与适用》,人民法院出版社 2021 年版,第 435 页。

〔35〕 参见最高人民法院民事审判第二庭:《最高人民法院民法典担保制度司法解释理解与适用》,人民法院出版社 2021 年版,第 435—436 页。

〔36〕 对此,学理上的反对观点认为办理划拨的建设用地使用权抵押登记时,登记机构应将审批机关的批准作为申请材料之一。参见吴光荣:《担保法精讲:体系解说与实务解答》,中国民主法制出版社2023 年版,第 429 页。

〔37〕 参见高圣平、李子乐:《论集体建设用地二级市场的法律构造》,载《广西大学学报(哲学社会科学版)》2022 年第 5 期,第 145 页。

权(第 59 条、第 60 条),以及集体经营性建设用地使用权(第 63 条)。[38] 其中集体经营性建设用地使用权所指向的客体是"土地利用总体规划、城乡规划确定为工业、商业等经营性用途,并经依法登记的集体经营性建设用地"(《土地管理法》第 63 条第 1 款),按照改革的政策导向,改革后的集体经营性建设用地使用权"实行与国有土地同等入市、同权同价",《土地管理法》第 63 条第 3 款明确允许其抵押,具体规则"参照同类用途的国有建设用地执行"(第 4 款),但国务院尚未颁布具体办法,目前仍处于试点阶段,[39] 据此集体经营性建设用地使用权目前处于向可登记的抵押财产过渡的阶段。

24　　　乡镇、村企业的建设用地使用权大多形成于 20 世纪八九十年代,1998 年《土地管理法》修订后,改革了用地方式和用地补偿方式,乡镇企业用地的取得成本与征地成本基本一样,已经丧失了吸引力,此后很少再增加。[40]《民法典》第 398 条禁止乡镇、村企业的建设用地使用权单独抵押。裁判实务中有观点认为当该建设用地上没有厂房等建筑物时,该建设用地使用权不得抵押,违反者抵押无效。[41]这一观点有待商榷,2019 年《土地管理法》修正时并未触及乡镇、村企业的建设用地使用权,改革并不彻底。乡镇、村企业的建设用地功能上迥异于具有福利保障性质的宅基地和集体公益性建设用地,更趋近于"工业、商业等经营性用途",[42]且《民法典》第 418 条已有明确的用途管制规范,乡镇、村企业的建设用地使用权抵押规则应与集体经营性建设用地使用权趋同,无须禁止其单独抵押。解释上应对《民法典》第 398 条中的"乡镇、村企业的建设用地使用权"进行目的性限缩,已经转换为集体经营性建设用地使用权的乡镇、村企业的建设用地使用权不适用该条。[43]

25　　　集体公益性建设用地使用权用于乡村公共设施和公益事业,包括乡村行政办

---

〔38〕　学理上也有观点认为应将乡镇、村企业的建设用地使用权纳入集体经营性建设用地使用权。参见汪洋:《"三块地"改革背景下集体建设用地使用权的再体系化》,载《云南社会科学》2022 年第 3 期,第 140 页。试点改革实践中也有直接将乡镇、村企业的建设用地按照集体经营性建设用地处理的做法。参见高圣平、李子乐:《论集体建设用地二级市场的法律构造》,载《广西大学学报(哲学社会科学版)》2022 年第 5 期,第 149 页。

〔39〕　2023 年中央一号文件《中共中央 国务院关于做好 2023 年全面推进乡村振兴重点工作的意见》明确指出要"深化农村集体经营性建设用地入市试点,探索建立兼顾国家、农村集体经济组织和农民利益的土地增值收益有效调节机制"。

〔40〕　参见高圣平、李子乐:《论集体建设用地二级市场的法律构造》,载《广西大学学报(哲学社会科学版)》2022 年第 5 期,第 148 页。

〔41〕　参见辽宁省锦州市中级人民法院(2015)锦民终字第 00486 号民事判决书。

〔42〕　参见汪洋:《"三块地"改革背景下集体建设用地使用权的再体系化》,载《云南社会科学》2022年第 3 期,第 140 页。

〔43〕　参见高圣平:《民法典担保制度及其配套司法解释理解与适用(上)》,中国法制出版社 2021 年版,第 487 页。

公、文化科学、医疗卫生、教育设施和公用事业等,其是否可以作为抵押财产,不无疑问。学理上多数观点或基于其无偿性与公益性,[44] 或基于《土地管理法》公法无授权即禁止的一般原理,[45] 认为应禁止或限制其进入二级市场,据此则集体公益性建设用地使用权属于禁止抵押的财产。这一观点在体系上或有可商榷之处。就集体公益性建设用地使用权的取得方式,多数观点均类比国有土地的"划拨",[46] 结合《土地管理法》第 63 条"参照同类用途的国有建设用地"的规范路径,集体公益性建设用地使用权的抵押规则应与划拨的国有土地建设用地使用权抵押相协调,而现行法已经明确允许划拨的国有土地建设用地使用权抵押,此时禁止集体公益性建设用地使用权作为抵押财产,体系上并不合理。

(三) 海域使用权 (第 1 款第 3 项)

依本项,海域使用权属于可登记的抵押财产。本项属于新增内容,《担保法》第 34 条在列举抵押财产时未将海域使用权纳入,2001 年《海域使用管理法》第 27 条也仅提及海域使用权可以依法转让与继承,并未明确海域使用权是否可以抵押。20 世纪 90 年代后期以来,许多省市先后开始探索海域使用权抵押制度的建构,如 1997 年《厦门市海域使用管理规定》第 20 条明确规定通过出让方式获得的海域使用权可以抵押。自 2004 年起,国家海洋局发布的《海域使用管理公报》开始出现海域使用权抵押的信息,2005 年开始包含海域使用权抵押的统计信息。2006 年《海域使用权管理规定》一般性地认可海域使用权可以抵押,不过其仅为部门规范性文件,层级较低。本项有助于在更高层级的规范层面确认海域使用权抵押的合法性。海域使用权抵押权自登记时成立(《民法典》第 402 条)。基于房地一体原则,海域使用权抵押时,其固定附属用海设施随之一并抵押,固定附属用海设施抵押时,其使用范围内的海域使用权随之一并抵押(《海域使用权管理规定》第 41 条第 2 款)。

(四) 生产设备、原材料、半成品、产品 (第 1 款第 4 项)

依本项,生产设备、原材料、半成品、产品四类动产均属于可登记的抵押财产。本项在立法技术上是从商事交易视角所进行的列举,并不周延。这可能会带来疑

---

〔44〕 参见陈小君:《集体建设用地使用权物权规则之省察反思》,载《现代法学》2021 年第 6 期,第 14 页。

〔45〕 参见高圣平、李子乐:《论集体建设用地二级市场的法律构造》,载《广西大学学报(哲学社会科学版)》2022 年第 5 期,第 146 页。

〔46〕 参见李国强:《〈土地管理法〉修正后集体建设用地使用权的制度构造》,载《云南社会科学》2020 年第 2 期,第 115 页。

问:本项列举以外的普通动产是否不得办理抵押登记?《动产和权利担保统一登记办法》第 2 条第 1 项照搬了本项措辞,从文义上看,似乎动产与权利统一融资登记系统仅允许本项所列四类普通动产抵押,但结合动产与权利统一登记公示系统的改革目的以及实际运作情况来看,所有的普通动产均应在该系统中办理抵押登记。[47] 以普通动产抵押时,抵押权自抵押合同生效时成立,未登记不得对抗善意第三人(《民法典》第 403 条)。

(五)正在建造的建筑物、船舶、航空器(第 1 款第 5 项)

28　　　　依本项,正在建造的建筑物、船舶、航空器均为可登记的抵押财产。本项列举了三类正在建造之物,不论是正在建造的建筑物(以下简称在建建筑物),还是正在建造的船舶、航空器,尽管尚未建成,但在建状态下已经具备一定的交换价值,允许其抵押有助于在实践中拓展开发商、建造者等主体的融资渠道。[48] 不过,现行法并未针对在建航空器抵押设置具体规则,登记机构、登记程序等问题均欠缺明确的规则。鉴于实践中相关争议问题主要聚焦于在建建筑物抵押与预售商品房抵押,以下主要针对二者展开评注。

1. 在建建筑物抵押

(1)客体定位

29　　　　在建建筑物是指正在建造、尚未办理所有权首次登记的房屋等建筑物(《不动产登记暂行条例实施细则》第 75 条第 3 款)。关于在建建筑物的客体定位,学理上有不动产说[49]与动产说[50]的分歧,《民法典》第 402 条将其作为一类特殊的不动产,即使尚未办理所有权首次登记,也允许其办理抵押权登记(《不动产登记暂行条例实施细则》第 65 条),抵押权于登记时成立。

(2)抵押人与抵押权人的范围

30　　　　在建建筑物抵押时,抵押人是否必须是债务人?《城市房地产抵押管理办法》第 3 条第 5 款的表述是为了"取得在建工程继续建造资金的贷款"。一种观点认

---

〔47〕 参见龙俊:《民法典中的动产和权利担保体系》,载《法学研究》2020 年第 6 期,第 27—29 页。在动产融资统一登记公示系统上线后,动产抵押权的登记公示应尽可能统一由该系统承担,但《公证机构办理抵押登记办法》这一部门规章尚未被废止,该办法第 3 条将公证机构作为部分动产的登记机构。目前实践中仍有部分地方的公证处在开展抵押权登记业务,如山东省莒南县公证处,参见莒南县人民政府网,http://www.junan.gov.cn/gk/zfxxgk/fdzdgknr/gggs/gzxx.htm,最后访问时间:2023 年 3 月 25 日。《公证机构办理抵押登记办法》是配合《担保法》而制定的,应尽快废止。

〔48〕 参见黄薇主编:《中华人民共和国民法典物权编释义》,法律出版社 2020 年版,第 479—480 页。

〔49〕 参见崔建远:《物权法》(第 5 版),中国人民大学出版社 2021 年版,第 34 页。

〔50〕 参见陈华彬:《物权法论》,中国政法大学出版社 2018 年版,第 61 页。

为该款将抵押人限定为债务人,且限制了贷款用途,即用于工程的继续建造。[51]另一种观点则认为该款只是在建建筑物抵押的典型情形之一,并非强制性规定。[52] 在建建筑物抵押本质上与建筑物抵押没什么不同,在实践中取得继续建造的资金是典型的融资目的之一,但并非唯一目的,既然本条第1款并未限制抵押人的范围,那就应当允许在建建筑物建造者为他人债务抵押。[53]

尽管《城市房地产抵押管理办法》第3条第5款提及的抵押权人是"贷款银行",但该款只是典型适用情形的例示,银行以外的主体也可作为抵押权人。[54] **31**

(3)客体范围

在建建筑物抵押权的客体是否包括后续新增部分?过去的裁判实务多数持 **32** 肯定说,[55]少数持否定说。[56]《民法典担保制度解释》第51条第2款采纳了否定说,在建建筑物抵押权的效力范围仅及于已办理抵押登记的部分,不包括续建部分、新增建筑物以及规划中尚未建造的建筑物。否定说更有利于交易安全,尤其在烂尾楼等场景下,否定说有助于开发商获得新的融资。[57] 否定说也意味着,在建建筑物抵押并非未来物抵押,而属于现物抵押。此外,在建建筑物抵押权的效力不及于已经办理预告登记的预购商品房和已经办理预售备案的商品房(《不动产登记暂行条例实施细则》第75条第2款)。在建建筑物抵押权的效力是否及于工程占用范围内的建设用地使用权?裁判实务中存在肯定[58]与否定[59]两说,《民法典担保制度解释》第51条第1款明确规定,当事人仅以建设用地使用权抵押时,抵押权的效力及于正在建造的建筑物已完成部分。由该款可知,在建建筑物抵押时也应奉行房地一体原则,其占用范围内的建设用地使用权应一并抵押。《不动产登记暂行条例实施细则》要求当事人申请在建建筑物抵押权登记时,应一并申请建设用地使用权抵押权登记(第75条第1款)。即使当事人未一并申请办理建设用地使用权抵押权登记,在建建筑物抵押权的效力也及于其占用范围内的

---

〔51〕 参见刁其怀:《在建工程抵押登记若干疑难问题探讨(上)》,载《中国房地产》2014年第13期,第47页。

〔52〕 参见甘肃省高级人民法院(2019)甘民再27号民事判决书。

〔53〕 参见房绍坤主编:《房地产法》(第5版),北京大学出版社2015年版,第141页(于海防执笔)。

〔54〕 参见《最高人民法院关于〈城市房地产抵押管理办法〉在建工程抵押规定与上位法是否冲突问题的答复》(〔2012〕行他字第8号)。

〔55〕 参见最高人民法院(2018)最高法民再19号民事判决书;江苏省无锡市中级人民法院(2015)锡民终字第1149号民事判决书。

〔56〕 参见最高人民法院(2019)最高法民终805号民事判决书。

〔57〕 参见吴光荣:《担保法精讲:体系解说与实务解答》,中国民主法制出版社2023年版,第440页。

〔58〕 参见四川省高级人民法院(2016)川民初36号民事判决书。

〔59〕 参见江苏省高级人民法院(2013)苏商终字第0217号民事判决书。

建设用地使用权。[60] 实践中,建设用地使用权人在施工前可以该建设用地使用权抵押融资,此时抵押权的效力仅及于建设用地使用权,不及于后续新增的建筑物或在建建筑物(《民法典》第 417 条)。建设用地使用权抵押后,抵押人仍可以在建建筑物抵押,此时对于在建建筑物占用范围内的建设用地使用权,构成抵押权竞存,应以抵押权登记时间确定其顺位(《民法典》第 414 条)。[61]

(4)现状登记与实地查看

33　　基于现状抵押立场,不动产登记机构在办理在建建筑物抵押权登记时,须查明并记载在建建筑物的现状,以作为确定抵押权客体范围的依据。《不动产登记暂行条例》第 19 条并未将实地查看作为强制要求,这在现状抵押立场下不再合理,理由在于:其一,办理在建建筑物抵押权登记时,登记机构须查明在建建筑物的现状,而仅凭当事人提交的材料无法确保信息的准确性,有必要通过实地查看环节确认。其二,实践中当事人申请办理在建建筑物抵押权登记时,该在建建筑物可能已经处于商品房预售阶段,有必要在办理在建建筑物抵押权登记时查明商品房的预售情况,并将已经预售的商品房从抵押财产范围中排除出去,而申请在建建筑物抵押权登记的当事人往往会隐瞒这一信息,此时就有必要通过实地查看环节查明这一事实。《不动产登记法(征求意见稿)》第 39 条第 1 款将实地查看列为强制性环节,值得肯定。

(5)在建建筑物抵押权登记与建筑物抵押权登记的转换

34　　在建建筑物竣工验收合格并办理所有权首次登记后,在建建筑物转变为建筑物,此时在建建筑物的抵押权登记也须作相应转换。《不动产登记暂行条例实施细则》第 77 条第 2 款持依申请转换的立场,不过也有地方采取直接转换的做法。[62] 直接转换说实现了在建建筑物抵押权登记与建筑物抵押权登记之间的无缝衔接,效率上更优,也可避免一些不必要的争议,更值得赞同。不过,《不动产登记法(征求意见稿)》第 78 条第 4 款仍采依申请转换说。

35　　按申请转换说,如果建筑物所有权首次登记已经完成,但在建建筑物抵押权

---

〔60〕　参见四川省乐山市中级人民法院(2021)川 11 民初 38 号民事判决书。"占用范围"如何解释,这一问题在理论与实务上争议颇大,为了防止与《民法典》第 397 条评注的内容重复,这一问题本条评注暂不处理。特此说明。

〔61〕　参见高圣平:《民法典担保制度及其配套司法解释理解与适用(上)》,中国法制出版社 2021 年版,第 417—418 页。

〔62〕　例如《上海市不动产登记若干规定》第 29 条第 1 款规定:"以在建建筑物设定抵押的,在建建筑物竣工后,除下列不动产外,在办理房屋所有权首次登记的同时,直接将在建建筑物抵押权登记转为不动产抵押权登记:(一)已经办理预告登记的商品房;(二)房屋所有权首次登记时已明确的业主共有不动产;(三)不属于建设单位所有的作为公益性公共服务设施的不动产;(四)配建的保障性住房及其用于停放汽车的车位、车库。"据此,除例外情形,建筑物所有权首次登记时,不动产登记机构有权直接将在建建筑物抵押权登记转为建筑物抵押权登记。

登记并未转换,此时在建建筑物抵押权是否仍有效存续?有观点认为建筑物完成所有权首次登记以后,须将在建建筑物的抵押权登记转为建筑物抵押权登记,债权人方可实现抵押权。[63] 这一见解难以赞同。一方面,作出此论断的裁判大多认为在建建筑物的抵押登记属于预告登记而非本登记,但《不动产登记暂行条例实施细则》第 65 条将在建建筑物抵押登记定性为本登记,基于预告登记展开说理难谓正确;另一方面,建筑物所有权首次登记后,之所以要求当事人将在建建筑物抵押权登记转为建筑物抵押权登记,是因为抵押权客体已经发生了变化,在性质上应为变更登记,而非抵押权首次登记,即使未办理此种变更登记,也不应影响在建建筑物抵押权的效力。[64] 此外,将在建建筑物抵押权登记变更为建筑物抵押权登记,原则上不影响抵押财产的范围与抵押权的顺位,抵押权的效力范围仍应以在建建筑物抵押权登记时的抵押财产范围为准,债权人不能就新增部分优先受偿,否则对抵押人的其他债权人以及该在建建筑物上的其他抵押权人不公平,有损交易安全。在担保物权竞存时,仍应以在建建筑物抵押权登记的时点为准确定其顺位。

2. 预售商品房抵押

预售商品房抵押在商品房预售交易中十分常见,购房人因资金短缺,在借款支付购房款时,通常以该预售的商品房抵押给银行等债权人,为其提供还款保障。[65] 预售商品房抵押也发生于在建建筑物这一时间阶段,与在建建筑物抵押存在紧密联系,学理上通常也将预售商品房抵押作为广义的在建建筑物抵押。[66] 以预售商品房抵押时,基于抵押财产尚不存在这一客观限制,无法直接办理抵押权登记,实践中往往通过预告登记为债权人提供保护。概言之,预售商品房抵押时,债权人在不动产登记簿上无法办理抵押权登记,而只能办理抵押权预告登记。[67] 实践中,预售商品房抵押涉及的核心问题是预售商品房抵押权预告登记的法律效力。

(1)预售商品房抵押权预告登记的限制处分效力

《民法典》第 221 条规定了预告登记限制处分的法律效力。通说认为该条所规定的限制处分效力具有绝对性,与德国法上预告登记的相对处分限制路径不

36

37

---

〔63〕 参见最高人民法院(2015)民申字第 766 号民事裁定书;山西省高级人民法院(2014)晋商终字第 78 号民事判决书。

〔64〕 参见广东省高级人民法院(2018)粤民终 367 号民事判决书。

〔65〕 参见高圣平:《担保法论》,法律出版社 2009 年版,第 308 页。

〔66〕 参见程啸、高圣平、谢鸿飞:《最高人民法院新担保司法解释理解与适用》,法律出版社 2021 年版,第 319 页(程啸执笔)。

〔67〕 参见程啸:《担保物权研究》(第 2 版),中国人民大学出版社 2019 年版,第 521—522 页。

同,未经预告登记的权利人同意,无法针对该不动产实施有效的处分行为。《民法典物权编解释一》第 4 条进一步确认了预告登记绝对性的限制处分效力。《民法典》第 221 条不仅适用于商品房预售的交易场景,也适用于"其他不动产物权的协议",其中就包括以预售的商品房抵押的情形。据此,预售商品房抵押权的预告登记也有绝对性的限制处分效力,未经预告登记权利人同意,购房人乃至开发商都无法实施有效的处分行为。《不动产登记暂行条例实施细则》第 85 条第 2 款规定:"预告登记生效期间,未经预告登记的权利人书面同意,处分该不动产权利申请登记的,不动产登记机构应当不予办理。"

38　　　　将《民法典》第 221 条适用于所有类型的预告登记,并不正当。从预告登记制度引入的初衷来看,《民法典》第 221 条预设的核心适用场景是预售商品房的所有权预告登记,旨在确保购房人将来取得无权利负担的商品房所有权,因此有必要施加处分的限制以保全之。[68] 但在抵押权预告登记的情形下,预告登记权利人所预期取得的只是商品房抵押权,而商品房抵押权本身并不限制抵押人对抵押财产的处分,举重以明轻,抵押权预告登记更不应产生限制抵押人处分抵押财产的法律效力。因此,学理上有观点认为应区别对待所有权预告登记与抵押权预告登记,对于抵押权预告登记,无须限制抵押财产的处分,只需借助顺位效力,确保预告登记权利人所预期取得的抵押权不受影响即可。[69] 值得注意的是,《民法典担保制度解释》第 52 条第 1 款中"应当认定抵押权自预告登记之日起设立"的表述认可了抵押权预告登记的顺位效力,在此顺位效力的保护之下,放开预告登记期间抵押财产的处分,是更为合理的选择。

39　　　　可惜的是,《不动产登记法(征求意见稿)》第 94 条尽管于第 2 款通过"登记顺位"的表述承认了抵押权预告登记的顺位效力,但该条第 1 款仍继受了《不动产登记暂行条例实施细则》第 85 条第 2 款,维持了抵押权预告登记绝对性的限制处分效力。应当调整该款表述,将其适用范围限缩于移转不动产所有权或不动产用益物权等情形。

(2)预售商品房抵押权预告登记的顺位效力

40　　　　抵押权预告登记的顺位效力是指预告登记权利人取得抵押权后,该抵押权的顺位仍以预告登记的时点为准。借助顺位效力,抵押权预告登记的权利人可以对抗后续的抵押权人等主体。《民法典》并未规定抵押权预告登记的顺位效力,以往的裁判实务虽有肯定抵押权预告登记具有顺位效力者,但大多只是简单提及,并

---

〔68〕　参见黄薇主编:《中华人民共和国民法典物权编释义》,法律出版社 2020 年版,第 28—29 页。

〔69〕　参见程啸:《不动产登记法研究》(第 2 版),法律出版社 2018 年版,第 819—820 页。

未具体阐释顺位效力的具体所指。[70] 实践中真正基于顺位效力解决的纠纷很少,究其原因,是因为现有的通说将预告登记绝对性的限制处分效力一体地适用于抵押权预告登记,这导致抵押权预告登记期间,抵押财产的所有权人如果未经预告登记权利人同意,几乎不可能实施有效的处分行为。概言之,绝对性的限制处分效力大大限缩了顺位效力的作用空间。《民法典担保制度解释》第52条第1款将抵押权的成立时点前移至预告登记之日,被认为是肯定其顺位效力,[71]但这一效力的真正发挥需要放开抵押权预告登记期间对抵押财产的处分。

(3)预售商品房抵押权预告登记与保全性强制执行

在预售商品房抵押权预告登记存续期间,如果开发商或者购房人成为被执行人,人民法院可以采取查封或者预查封的执行措施。实践中有疑问的是,抵押权登记条件满足时,该查封或预查封的执行措施是否构成当事人申请将抵押权预告登记转为抵押权登记的障碍? 对此,裁判实务中有不同观点。一种观点认为查封登记构成抵押权预告登记转为抵押权登记的障碍,有查封登记时无法再办理抵押权登记;[72]另一种观点认为预售商品房抵押权预告登记期间的预查封登记不影响抵押权登记的办理,[73]因为这一登记的转换中并无新权利产生,查封登记的效力未受影响。[74] 不动产登记法采纳了后一种观点,《不动产登记操作规范(试行)》第14.1.6部分明确规定"在商品房抵押预告登记后办理的预查封登记,不影响商品房抵押预告登记转抵押权首次登记"。查封或预查封与预告登记之间的冲突也应通过顺位规则处理,[75]既然预告登记的时点在先,登记在后的查封或预查封不应对预告登记权利人产生不利影响,后一种观点值得赞同。

(4)预售商品房抵押权预告登记的优先受偿效力

预售商品房抵押权预告登记不能排除拍卖、变卖等处分性强制执行措施,主要理由在于:预售商品房抵押权预告登记的权利人所预期取得的物权是抵押权,即使是抵押权人也无法排除拍卖、变卖等处分性强制执行措施[《拍卖、变卖财产规定》(2020年修正)第28条],预告登记权利人自然更没有资格排除执行。不过,预售商品房抵押权预告登记通常建立在预售商品房所有权预告登记的基础之

41

42

〔70〕 参见湖南省怀化市中级人民法院(2021)湘12民终806号民事判决书;河南省郑州市中级人民法院(2020)豫01民终11541号民事判决书。

〔71〕 参见吴光荣:《担保法精讲:体系解说与实务解答》,中国民主法制出版社2023年版,第420页。

〔72〕 参见广东省高级人民法院(2018)粤民申5867号民事裁定书。

〔73〕 参见江苏省高级人民法院(2018)苏民再100号民事判决书。

〔74〕 参见赵培元、程洁:《抵押预告登记与法院预查封登记在正式登记条件具备时的司法处理》,载《人民司法·案例》2014年第4期,第108页。

〔75〕 参见高圣平:《担保法前沿问题与判解研究(第五卷)——最高人民法院新担保制度司法解释条文释评》,人民法院出版社2021年版,第373页。

上,预售商品房的购房人作为预告登记权利人有权基于《执行异议复议规定》(2020 年修正)第 30 条提出停止处分的异议,并在商品房所有权转移登记条件满足时提出排除执行的异议,如此也能间接地起到保护抵押权预告登记权利人的作用。[76]

43　　　在预售商品房买卖这一典型交易模式中,如果开发商与购房人顺利办理商品房所有权转移登记,购房人与银行等债权人将抵押权预告登记变更为抵押权登记,则抵押权实现条件成就时,债权人可就该商品房优先受偿。实践中颇有争议的问题是,债权人取得抵押权登记之前,如果抵押权的实现条件成就,其能否基于抵押权预告登记优先受偿? 对此,以往裁判实务的主流观点持否定立场,其主要原因在于:抵押权预告登记与抵押权登记有性质上的差异,抵押权预告登记的核心效力是确保债权人将来取得预售商品房的抵押权,但预告登记本身不是抵押权登记,不能发挥抵押权登记的法律效力。[77] 也有少数法院持肯定说,但说理路径有所不同:有的法院将预售商品房抵押作为在建建筑物抵押之一种,即使当事人办理的是抵押权预告登记,其也能产生如同在建建筑物抵押权登记那样的效力;[78] 有的法院则重点考查了抵押权登记未能办理的原因,如果过错在抵押人一方,结合该商品房已经交付等因素,认为应允许债权人基于抵押权预告登记而优先受偿。[79]

44　　　前述裁判实务的主流观点以是否办理抵押权登记为界判断债权人能否优先受偿,标准明确,也有助于清晰地区分抵押权预告登记与抵押权登记,防止二者的混淆,但是这一立场存在诸多不足:如果一概否认抵押权预告登记的优先受偿效力,那么对债权人一方而言,从抵押权预告登记开始至办理商品房抵押权登记这段期间,其债权之上没有担保物权存在,购房人在其中任何一个时点陷入违约,债权人一方均难以通过行使担保物权以实现债权,由此形成风险敞口期。这一风险敞口期不仅漫长,而且债权人一方无法控制,其间的诸多因素都可能导致债权人最后无法取得抵押权登记。尽管实践中发展出了由开发商提供阶段性保证等方式,以应对债权人在这一风险敞口期间的担保需求,但人保与物保之间的担保机

---

[76]　参见程啸:《不动产登记法研究》(第 2 版),法律出版社 2018 年版,第 830 页。

[77]　参见最高人民法院(2020)最高法民申 57 号民事裁定书;贵州省高级人民法院(2019)黔民终 547 号民事判决书;山东省高级人民法院(2018)鲁民申 4701 号民事裁定书;陕西省高级人民法院(2018)陕民申 1650 号民事裁定书。

[78]　参见辽宁省沈阳市中级人民法院(2015)沈中民四终字第 147 号民事判决书;浙江省杭州市中级人民法院(2016)浙 01 民终 922 号民事判决书。

[79]　参见浙江省嘉兴市中级人民法院(2015)浙嘉商外终字第 12 号民事判决书;福建省福州市中级人民法院(2020)闽 01 民终 3457 号民事判决书;浙江省杭州市中级人民法院(2017)浙 01 民终 3184 号民事判决书;云南省曲靖市中级人民法院(2017)云 03 民初 194 号民事判决书。

柯勇敏

制与担保功能并不相同,阶段性保证完全依赖于开发商的信用,一旦工程项目陷入烂尾或者开发商破产,其保证的担保功能也会随之殆尽。基于前述考虑,《民法典担保制度解释》第 52 条改变了以往裁判实务的主流观点,将债权人优先受偿的时点适当提前,即允许在满足一定条件时,债权人在抵押权预告登记阶段也能就该商品房优先受偿。依该条,抵押权预告登记具备优先受偿效力的要件有三个:第一,办理建筑物所有权首次登记;第二,不存在预告登记失效的情形;第三,预告登记的财产与办理建筑物所有权首次登记时的财产一致。据此,债权人优先受偿的时点从抵押权登记时前移至办理建筑物所有权首次登记时。之所以选择这一时点,是因为建筑物所有权首次登记后,抵押权预告登记转为抵押权登记的客观障碍基本上不存在了,只要开发商与购房人配合,债权人可以确定地获得抵押权登记,以此为界不仅符合各方当事人的正常交易预期,也不会影响交易安全。[80]这一观点也得到了裁判实务的支持。[81]

　　结合《民法典》第 221 条,有疑问的是"自能够进行不动产登记之日起九十日内未申请登记"是否属于《民法典担保制度解释》第 52 条第 1 款中"预告登记失效"的情形之一? 裁判实务有采肯定说者。[82]《民法典》第 221 条第 2 款中的 90 日期间旨在督促预告登记权利人积极地促使预告登记转为本登记,既然《民法典担保制度解释》第 52 条第 1 款已经认可预告登记权利人在建筑物所有权首次登记时实质上具备了抵押权人的地位,那就不再有督促的必要,抵押权预告登记的优先受偿效力不会因为"自能够进行不动产登记之日起九十日内未申请登记"而丧失,[83]法院无须审查该 90 日期间是否经过。

　　在开发商进入破产程序的情形下,以往裁判实务的主流观点是基于抵押权预告登记与抵押权登记之间的差异,不允许抵押权预告登记权利人优先受偿。[84]但《民法典担保制度解释》第 52 条在法政策上作出了调整,认为在开发商破产时,[85]在建建筑物成为建筑物并办理建筑物所有权首次登记的概率已经不大,而这一局面的形成通常不可归责于预告登记权利人,此时如果不允许其优先受偿,

──────────

〔80〕 参见吴光荣:《担保法精讲:体系解说与实务解答》,中国民主法制出版社 2023 年版,第 420 页。

〔81〕 参见辽宁省高级人民法院(2021)辽民申 9194 号民事裁定书;福建省龙岩市中级人民法院(2023)闽 08 民终 1539 号民事判决书;湖北省鄂州市中级人民法院(2023)鄂 07 民终 210 号民事判决书。

〔82〕 参见福建省漳州市中级人民法院(2022)闽 06 民终 1214 号民事判决书;江西省吉安市中级人民法院(2022)赣 08 民终 1168 号民事判决书。

〔83〕 参见国凯:《预售房抵押预告登记之优先受偿论》,载《财经法学》2023 年第 1 期,第 117 页。

〔84〕 参见江苏省高级人民法院(2019)苏民申 1765 号民事裁定书;湖南省汨罗市人民法院(2021)湘 0681 民初 1919 号民事判决书。

〔85〕 《民法典担保制度解释》第 52 条第 2 款中的"抵押人"似为误用,该款调整的应是开发商破产的情形,但预售商品房抵押时,抵押人并非开发商,而是购房人。

对预告登记权利人过于不利,抵押权预告登记也将失去意义。[86] 在这一价值判断的指引下,《民法典担保制度解释》第 52 条第 2 款借鉴了《企业破产法》第 46 条债权加速到期的规则,允许抵押权"加速成立",[87] 允许在开发商进入破产程序后,即使没有建筑物所有权的首次登记,预告登记权利人也可以优先受偿。

47　　　　依据《民法典担保制度解释》第 52 条第 2 款,抵押权预告登记在破产程序中具备优先效力的前提是该预售商品房属于破产财产。为了防止债务人的个别清偿行为,《民法典担保制度解释》第 52 条第 2 款规定了一种不得主张优先受偿的除外情形,即"在人民法院受理破产申请前一年内,债务人对没有财产担保的债务设立抵押预告登记",在体系上与《企业破产法》第 31 条保持一致。此外,为了在破产重整等程序里为开发商提供融资空间,[88] 抵押权预告登记权利人优先受偿的范围限于受理破产申请时抵押财产的价值范围(《民法典担保制度解释》第 52 条第 2 款)。[89]

(六) 交通运输工具 (第 1 款第 6 项)

48　　　　依据本项,交通运输工具是可登记的抵押财产。交通运输工具是框架性概念,指完成旅客和货物运输的工具,包括机动车、船舶、民用航空器等多种具体类型。以交通运输工具抵押时,抵押权自抵押合同生效时设立,未经登记,不得对抗善意第三人(《民法典》第 403 条)。现行法出于公共安全等因素考虑,通过登记机制将部分交通运输工具纳入行政管控,相应的登记簿也按照行政管理职权划分,机动车、船舶与航空器均有按物的编成设置的登记簿,抵押权登记也各自进行。[90] 拖拉机和联合收割机抵押登记由县级人民政府农业机械化主管部门负责办理。[91] 纳入登记的非机动车(包括摩托车、电动自行车、残疾人轮椅车、人力三轮车等)并无专门的抵押权登记规定,[92] 以此类非机动车抵押时,应在动产融资统一登记公示系统中办理抵押权登记。对于铁路机车车辆以及城市轨道交通车

---

〔86〕 参见吴光荣:《担保法精讲:体系解说与实务解答》,中国民主法制出版社 2023 年版,第 420—421 页。

〔87〕 参见吴光荣:《担保法精讲:体系解说与实务解答》,中国民主法制出版社 2023 年版,第 421 页。

〔88〕 参见吴光荣:《担保法精讲:体系解说与实务解答》,中国民主法制出版社 2023 年版,第 421 页。

〔89〕 这一限制将产生诸多体系效应,其中之一就是在开发商进入破产程序时,在建建筑物的价值评估环节会成为必备环节,并且需要在评估时确定每个预售商品房的对应现值,这增加了不少成本,使得相关程序更加复杂,是否合理妥当,有待进一步研究分析。

〔90〕 参见《机动车登记规定》第 31 条、《船舶登记条例》第 20 条、《渔业船舶登记办法》第 24 条、《民用航空法》第 16 条。

〔91〕 参见《拖拉机和联合收割机登记规定》第 3 条。

〔92〕 例如,《上海市非机动车登记规定》针对纳入登记的非机动车规定了注册登记、变更登记、转移登记与注销登记,但并未规定抵押登记。

辆,尽管这两类交通运输工具也在本项文义射程之内,但现行法并未配置相应的登记簿,其无法像机动车那样办理抵押权登记,属于可抵押但不可登记的抵押财产。

四、多个抵押财产一并抵押(第 2 款)

对于本款的规范内容,学理上有不同理解。财团抵押权说认为本款认可了财团抵押权,[93] 由此企业可以将其不动产、动产、知识产权等财产打包作为集合财产,以该集合财产设立抵押权。此说并不成立,理由在于:其一,比较法上采纳财团抵押权的国家或地区通常会对抵押人作出一定的限制,如日本法上财团抵押权的抵押人限于各类企业,而并非所有的民事主体,[94] 但是本条第 2 款并未对抵押人作出限制。其二,由于财团抵押权的抵押财产是企业所有财产的集合,属于集合物抵押,因此在公示机制上需要相关的配套机制,如制作相应的财团目录,以确定抵押财团的具体范围。[95] 但是,现行法并未针对财团抵押设置相应的配套规则。财团抵押权说在解释论上难以成立。

本款是关于共同抵押的任意性规定,旨在提示民事主体可以多个抵押财产一并抵押,以担保同一个债权。在共同抵押的情形下,抵押财产是多个物,可能来自债务人,也可能来自第三人。抵押人以多个抵押财产一并抵押时,尽管在抵押登记上可以通过一并申请等方式节省成本,但抵押权的数量仍应遵循客体特定原则,一物对应一个抵押权,[96] 且各抵押权顺位也未必相同,需各自单独判断。[97] 总体上,共同抵押所描述的只是以多个财产抵押担保同一个债权的法律现象,其本身并非一种独立的抵押权类型。

五、证明责任

主张存在有效抵押合同的一方须提供书面的抵押合同(《民法典》第 400 条),其无须举证证明抵押财产属于可抵押的财产。在抵押财产为宅基地上的建筑物、

49

50

51

---

〔93〕 参见陈华彬:《物权法论》,中国政法大学出版社 2018 年版,第 572 页。

〔94〕 参见[日]我妻荣:《新订担保物权法》,申政武等译,中国法制出版社 2008 年版,第 503—504 页。

〔95〕 参见[日]近江幸治:《担保物权》(第 3 版),徐肖天译,上海社会科学院出版社 2023 年版,第 298—300 页。

〔96〕 动产浮动抵押或为例外,有观点认为动产浮动抵押时,多个动产上仅有一个抵押权。参见李永军主编:《民法学教程》,中国政法大学出版社 2021 年版,第 186—187 页(刘保玉执笔)。

〔97〕 参见王利明主编:《中国民法典评注·物权编(下)》,人民法院出版社 2021 年版,第 761—762 页(程啸执笔)。

违法建筑物等禁止抵押的财产情形下,主张抵押合同无效的一方应就相关事实举证,[98]如提供违章建筑处罚通知。[99] 法院也有权依职权认定抵押合同的效力,对于违法建筑物抵押的情形,法院可依职权征询行政管理部门以查明是否构成违法建筑物。[100] 若涉及的抵押财产属于本条第 1 款第 1 项至第 3 项以及第 5 项中"正在建造的建筑物",主张抵押权成立的一方需举证证明抵押权已登记;若涉及的抵押财产属于本条第 1 款第 4 项、第 5 项中的正在建造的船舶与航空器以及第 6 项,债权人须举证证明抵押权已登记以对抗第三人。

附:案例索引

1. 福建省福州市中级人民法院(2020)闽 01 民终 3457 号民事判决书:中国工商银行股份有限公司福清支行与福清融侨置业有限公司等金融借款合同纠纷案【边码 43】

2. 福建省龙岩市中级人民法院(2019)闽 08 民终 746 号民事判决书:陈某兰与陈某兴民间借贷纠纷案【边码 16】

3. 福建省漳州市中级人民法院(2022)闽 06 民终 1214 号民事判决书:漳浦民生村镇银行股份有限公司与蔡某生等金融借款合同纠纷案【边码 45】

4. 甘肃省高级人民法院(2019)甘民再 27 号民事判决书:甘肃省酒泉地区恒盛物资有限责任公司与嘉峪关农村商业银行股份有限公司等第三人撤销之诉纠纷案【边码 30】

5. 甘肃省永登县人民法院(2021)甘 0121 民初 3070 号民事判决书:中国邮政储蓄银行股份有限公司永登县支行与张某秀等金融借款合同纠纷案【边码 16】

6. 广东省高级人民法院(2018)粤民申 5867 号民事裁定书:中国建设银行股份有限公司佛山三水支行与刘某荣等抵押合同纠纷案【边码 41】

7. 广东省高级人民法院(2018)粤民终 367 号民事判决书:中山市天乙铜业有限公司等与广东天乙集团有限公司等金融借款合同纠纷案【边码 35】

8. 广东省广州市白云区人民法院(2021)粤 0111 民初 8349 号民事判决书:广州农村商业银行股份有限公司空港经济区支行与钟某平等金融借款合同纠纷案【边码 16】

9. 广东省茂名市中级人民法院(2021)粤 09 民终 290 号民事判决书:陈某洪等与陈某燕等股权转让纠纷案【边码 7】

10. 广东省深圳市宝安区人民法院(2019)粤 0306 民初 26503 号民事判决书:曾某霞与曾某珍等民间借贷纠纷案【边码 7】

11. 贵州省高级人民法院(2019)黔民终 547 号民事判决书:贵州乌当农村商业银行股份有限公司与贵州黔隆房地产开发有限公司等金融借款合同纠纷案【边码 43】

12. 河南省郑州市中级人民法院 (2020)豫 01 民终 11541 号民事判决书:谢某会等与中

---

〔98〕 参见江西省宜春市中级人民法院(2016)赣 09 民终 1010 号民事判决书。

〔99〕 参见江苏省盐城市中级人民法院(2012)盐商初字第 0037 号民事判决书。

〔100〕 参见最高人民法院民事审判第二庭:《最高人民法院民法典担保制度司法解释理解与适用》,人民法院出版社 2021 年版,第 432 页。

国农业银行股份有限公司郑州二七支行金融借款合同纠纷案【边码 40】

13. 湖北省鄂州市中级人民法院（2023）鄂 07 民终 210 号民事判决书：湖北联投碧桂园投资有限公司等与中国农业银行股份有限公司鄂州文星支行金融借款合同纠纷案【边码 44】

14. 湖南省怀化市中级人民法院（2021）湘 12 民终 806 号民事判决书：怀化天成房地产开发有限公司与中国银行股份有限公司怀化分行等金融借款合同纠纷案【边码 40】

15. 湖南省汨罗市人民法院（2021）湘 0681 民初 1919 号民事判决书：中国工商银行股份有限公司汨罗支行与汨罗市佳鑫房地产开发有限公司破产债权确认纠纷案【边码 46】

16. 吉林省高级人民法院（2017）吉民申 619 号民事裁定书：高某福等与吉林和龙农村商业银行股份有限公司金融借款合同纠纷案【边码 19】

17. 江苏省高级人民法院（2013）苏商终字第 0217 号民事判决书：交通银行股份有限公司连云港分行与连云港天裕建材有限公司等金融借款合同纠纷案【边码 32】

18. 江苏省高级人民法院（2018）苏民再 100 号民事判决书：南京仁恒置业有限公司与中国光大银行股份有限公司南京湖北路支行等金融借款合同纠纷案【边码 41】

19. 江苏省高级人民法院（2019）苏民申 1765 号民事裁定书：交通银行股份有限公司扬州分行与孙某金融借款合同纠纷案【边码 46】

20. 江苏省南京市中级人民法院（2016）苏 01 民终 9084 号民事判决书：王某生与南京紫竹物业管理股份有限公司等担保追偿权纠纷案【边码 16】

21. 江苏省无锡市中级人民法院（2015）锡民终字第 1149 号民事判决书：周某强与王某海等民间借贷纠纷案【边码 32】

22. 江苏省盐城市中级人民法院（2012）盐商初字第 0037 号民事判决书：中国东方资产管理公司南京办事处与盐城方行集团有限公司金融借款合同纠纷案【边码 51】

23. 江西省吉安市中级人民法院（2022）赣 08 民终 1168 号民事判决书：吉安市房屋置业担保有限公司吉水分公司与赖某发等追偿权纠纷案【边码 45】

24. 江西省新余市中级人民法院（2018）赣 05 民初 78 号民事判决书：中国长城资产管理股份有限公司江西省分公司与新余市仙女湖风景名胜区东坑林场债权转让合同纠纷案【边码 19】

25. 江西省宜春市中级人民法院（2016）赣 09 民终 1010 号民事判决书：涂某珍等与江西银行股份有限公司宜春丰城支行金融借款合同纠纷案【边码 51】

26. 辽宁省高级人民法院（2021）辽民申 9194 号民事裁定书：中国建设银行股份有限公司丹东分行与丹东海鹰房地产开发有限公司等金融借款合同纠纷案【边码 44】

27. 辽宁省锦州市中级人民法院（2015）锦民终字第 00486 号民事判决书：凌海市农村信用合作联社与凌海市林志达食品有限责任公司等金融借款合同纠纷案【边码 24】

28. 辽宁省沈阳市中级人民法院（2015）沈中民四终字第 147 号民事判决书：中国建设银行股份有限公司沈阳苏家屯支行与单某含等金融借款合同纠纷案【边码 43】

29. 山东省高级人民法院（2018）鲁民申 4701 号民事裁定书：中国建设银行股份有限公司青岛市分行与付某涛等金融借款合同纠纷案【边码 43】

30. 山东省聊城市中级人民法院（2021）鲁 15 民再 3 号民事判决书：上海博瑞信诚投资

第404条

正常经营买受人规则[*]

第404条　以动产抵押的,不得对抗正常经营活动中已经支付合理价款并取得抵押财产的买受人。

简　目

* 本文系基于《〈民法典〉第404条（正常经营买受人规则）评注》（载《清华法学》2023年第4期,第158—175页）一文修订而成。本文为2022年国家社科基金重大项目"我国民法评注编纂重大问题研究"（22&ZD205）的阶段性成果;2021年国家社科基金年度项目"优化营商环境视角下动产与权利担保制度现代化研究"（21BFX018）的阶段性成果。

案例检索情况:利用北大法宝数据库的法条联想功能,在《民法典》第404条以及《物权法》第189条下选择"引用到条"。在该检索结果的基础上,同时在北大法宝、威科先行、Lexis China律商网三个数据库的案例检索框下,组合运用关键词"《民法典》第四百零四条"（或"《物权法》第一百八十九条"）、"正常经营活动"、"动产抵押"、"合理价款",关键词间采用"且"的逻辑,选择"全文""精确""同篇"的检索选项进行检索。在补缺与剔重后,得到适用《民法典》第404条的56篇裁判文书,略作讨论正常经营买受人规则的裁判文书仅1篇;得到适用《物权法》第189条第2款的192篇裁判文书,实质性讨论正常经营买受人规则的裁判文书28篇。从裁判文书看,司法实践对于正常经营买受人规则的认识比较混乱,正确适用的情形不多。

一、历史沿革、规范依据与体系关联

（一）历史沿革

1.《物权法》时期：基于浮动抵押的论证

1　　　《物权法》第 189 条第 2 款规定的正常经营买受人规则只适用于浮动抵押情形。《物权法》立法工作人员对该款的阐述揭示，该款规定的正常经营买受人规则乃是基于当时人们对浮动抵押的理解。彼时人们认为，首先，浮动抵押是以抵押人全部或部分动产作抵押，如不让抵押人处分抵押物，抵押人的经营活动就无法进行，从而浮动抵押人有权自由处分抵押物。[1] 其次，浮动抵押具有抵押期间财产不确定，在抵押财产最终确定前处分抵押财产不受物上追及的特点。[2] 可见，当时人们是按照英式浮动抵押来理解《物权法》中的浮动抵押。[3] 基于英式浮动抵押下抵押人自由处分抵押物的特点，认为买受人取得浮动抵押下的抵押财产不应受抵押权人的追及。形象地说，英式浮动抵押情形在抵押财产结晶前担保的罩子尚未扣在担保标的上，从而抵押人自然可以无负担地处分抵押财产。[4] 当时

---

〔1〕《物权法》时期司法实践对于浮动抵押多持此态度，并以此为理由论证《物权法》第 189 条第 2 款正常经营买受人规则。参见四川省成都市中级人民法院（2014）成民终字第 4016 号民事判决书；四川省南充市中级人民法院（2017）川 13 民终 1575 号民事判决书；湖北省高级人民法院（2013）鄂民二终字第 00041 号民事判决书。

〔2〕 参见胡康生主编：《中华人民共和国物权法释义》，法律出版社 2007 年版，第 414—415 页；黄薇主编：《中华人民共和国民法典物权编释义》，法律出版社 2020 年版，第 503 页。对于物权立法工作者对正常经营买受人规则之阐释的反思，参见龙俊、高曼琳：《动产抵押领域正常经营活动中的买受人制度研究》，载《清华法律评论》编委会编：《清华法律评论》第 10 卷第 2 辑，法律出版社 2021 年版，第 17—18 页。

〔3〕 关于英式浮动抵押下抵押人有权自由处分抵押物，且抵押财产确定前处分抵押物不受物上追及的特点，可参见［英］艾利斯·费伦：《公司金融法律原理》，罗培新译，北京大学出版社 2012 年版，第 367 页。

〔4〕 实际上，如果认为浮动抵押只是在结晶时才发生效力，在此之前浮动抵押人可以无负担地自由处分抵押物，那么其实浮动抵押人的任何处分包括出售生产设备或赠予等，本应都是被允许的。也即是按此逻辑，在英式浮动抵押的模式下，其实本不需要《物权法》第 189 条第 2 款的正常经营买受人规则。

对于正常经营买受人规则的理解也受到保护买受人、减轻买受人查询登记负担之思想的影响。也即是，如果在浮动抵押中不保护抵押人的买受人，则买受人为避免购买的货物被追及的风险，就要在交易前查阅登记和征得担保物权人的同意。[5]而此种保护买受人的思想主导了《民法典》对于《物权法》第189条第2款中正常经营买受人规则的修改。

2.《民法典》的转变：与浮动抵押脱钩

在《民法典》编纂过程中，立法者将《物权法》第189条第2款下正常经营买受人规则从浮动抵押扩大到所有动产抵押领域。按照《民法典》立法工作人员的阐释，对此的理由是一般的动产抵押也可能以存货作为抵押标的，从而如果将正常经营买受人规则限于浮动抵押场合，则任何买受人都要在交易前查询登记，以确定买卖标的上是否存在抵押以及该抵押是动产抵押还是浮动抵押。此不合交易习惯，降低交易效率。立法工作者还以大卖场的商品上被设定一般动产抵押为例，认为如顾客购买的商品会受到抵押权人的追及不尽合理，以此来论证将正常经营买受人规则扩大到一般动产抵押情形的合理性。[6]可见，将正常经营买受人规则从浮动抵押扩大到所有动产抵押，这种改动的立法动因是保护买受人的思想，即减轻买受人查询登记的负担。[7]

本文认为，将正常经营买受人规则与浮动抵押脱钩，其实是顺应《民法典》下的浮动抵押并非英式浮动抵押而是美式浮动抵押的定位。美式浮动抵押是覆盖未来取得财产的动产抵押，其在登记时（而非如英式浮动抵押那样在结晶时）便发生相应的对抗和顺位效力，[8]本就是一种动产抵押。[9]《民法典》下浮动抵押的对抗、顺位等问题，适用与一般动产抵押一样的规则，再加上《民法典》新增第416条购置款担保超级优先规则以破除在先之浮动抵押的"垄断"地位，从而很显然《民法典》下的浮动抵押为美式浮动抵押。形象地说，美式浮动抵押情形，担保的罩子在设立和登记时便已经扣在担保标的上。从而对于抵押物的转让，《民法典》

---

〔5〕参见胡康生主编：《中华人民共和国物权法释义》，法律出版社2007年版，第415页；黄薇主编：《中华人民共和国民法典物权编释义》，法律出版社2020年版，第503页。

〔6〕参见黄薇主编：《中华人民共和国民法典物权编释义》，法律出版社2020年版，第504页。相同观点，参见龙俊、高曼琳：《动产抵押领域正常经营活动中的买受人制度研究》，载《清华法律评论》编委会编：《清华法律评论》第10卷第2辑，法律出版社2021年版，第39—41页。

〔7〕参见黄薇主编：《中华人民共和国民法典物权编释义》，法律出版社2020年版，第504页。同时此改动也受到比较法的影响，立法者借鉴了美国法和联合国国际贸易法委员会《担保交易示范法》的做法，即无论是一般动产抵押还是浮动抵押，都不得对抗正常经营活动中的买受人。

〔8〕参见龙俊：《民法典中的动产和权利担保体系》，载《法学研究》2020年第6期，第35页；纪海龙：《民法典动产与权利担保制度的体系展开》，载《法学家》2021年第1期，第45页。

〔9〕但英式浮动抵押和一般的动产抵押完全不同，对于英国法下浮动抵押的定性与讨论，参见[英]艾利斯·费伦：《公司金融法律原理》，罗培新译，北京大学出版社2012年版，第367—373页。

下的浮动抵押应适用与一般动产抵押相同的规则,也即是,浮动抵押人转让抵押物不会当然地导致抵押权追及力被切断(《民法典》第 406 条第 1 款后句)。动产抵押(包括浮动抵押)下抵押物转让后抵押权追及力的切断,要么基于抵押权人的同意(边码4),要么基于本条之适用(边码5—7)。就此而言,浮动抵押和一般动产抵押并无区别,确无必要将正常经营买受人规则仅限于浮动抵押的情形。[10] 但《民法典》立法工作者以减轻买受人查询登记的负担、保护买受人为由来证成正常经营买受人规则,虽不乏一定合理性,却有失重心。实际上正常经营活动中的买受人无义务查询出卖人的登记,并非是证成该规则的原因,而是适用该规则的结果。对于该规则的证成,应基于抵押权人同意抵押人无负担地销售抵押物的推定与表象(边码5—7)。遗憾的是,《民法典担保制度解释》也延续了立法工作者对本条的理解,同样基于减轻买受人查询登记的负担来设计《民法典担保制度解释》第 56条的规定(边码9)。

(二)规范意旨

1. 抵押权人同意抵押人无负担转让抵押物时无须本条之适用

4　　　抵押权作为物权本具有追及力,但如果抵押权人同意抵押人无负担地转让抵押动产的所有权,则买受人取得的所有权上将不再负担抵押权。此时并不需要本条之正常经营买受人规则的适用,[11] 也不必满足本条规定的相关要件,例如价款已被支付或正常经营活动等。从而,本条其实是在不存在抵押权人之同意时,对于正常经营活动中的销售情形法律规定之抵押权追及力切断。是否存在抵押权人的同意,乃是意思表示解释问题。抵押权人的同意可以是明示的,明示的同意可以体现于抵押合同中相关的明示意思表示,或体现于事后的单独同意表示(例如基于与买受人的谈判);抵押权人的授权也可以是默示的,例如基于行业惯例或交易习惯,甚至是基于对抵押人无负担处分抵押物的容忍。[12]

---

〔10〕　赞同的观点,参见龙俊:《民法典中的动产和权利担保体系》,载《法学研究》2020 年第 6 期,第 33 页;纪海龙:《民法典动产与权利担保制度的体系展开》,载《法学家》2021 年第 1 期,第 52 页。反对的观点,参见邹海林:《论〈民法典各分编(草案)〉"担保物权"的制度完善——以〈民法典各分编(草案)〉第一编物权为分析对象》,载《比较法研究》2019 年第 2 期,第 37 页;邹海林:《民法典上的动产抵押权规则体系解释论》,载《法律适用》2021 年第 5 期,第 35 页。

〔11〕　参见庄加园:《探析抵押动产的正常经营买受人规则》,载《法学》2023 年第 1 期,第 110 页;Official Comment 6 to UCC § 9-320; Richard B. Hagedorn, Secured Transactions, fifth edition, Thomson/West, 2007, p. 223.

〔12〕　关于美国法下基于交易过程(course of dealing,相当于一系列交易中的惯例)的默示授权的讨论,参见 Lawrence, Henning & Freyermuth, Understanding Secured Transactions, LexisNexis, 2012, pp. 258-259.

2. 抵押权人沉默时由法律推定的同意

在当事人未基于私法自治设定规则时,法律可能会配置缺省规则。如果抵押权人对于是否授权抵押人无负担地转让抵押物所有权未表态,即抵押权人对此保持了沉默,在特定情形法律也推定抵押权人同意抵押人无负担地出售和转让抵押物。此即是本条之正常经营买受人规则适用的核心情形。首先,担保权人明知担保人持续销售某类商品,却选择该类商品作为担保物;其次,担保权人选择的是抵押的担保方式,并未选择控制担保财产的质押方式。法律基于此推断抵押权人允许抵押人在其正常经营活动中无负担地出售和转让抵押物。[13]

实际上,法律的此种推定在绝大多数情形亦符合各方当事人的预期。对于抵押权人而言,以出售该类商品为业的抵押人如不能无负担地出售该等商品,则抵押人(通常便是债务人)的销售将会困难,便无法获取现金流,进而抵押人也就无法清偿其针对抵押权人的债务;对于买受人而言,从持续销售某类商品的出卖人手中购买该类商品,买受人可以信赖即便该等商品上存在抵押权,抵押权人也会授权或至少不反对抵押人无负担地出售和转让该等商品;而对于抵押人来说,能够无负担地出售和转让抵押物更是其经营乃至存活所需。[14] 总之,在抵押权人对于是否同意抵押人无负担地转让抵押物沉默时,本条的规范依据在于法律对抵押权人之同意的推定。

3. 存在限转或禁转约定时买受人的善意取得

抵押权人也可能限制或禁止抵押物的转让。限制转让包括转让抵押物应征得抵押权人的同意,也包括对抵押物的转让设置要求,例如要求买受人将价款直接支付给抵押权人或支付至特定账户;限制转让也包括禁止抵押人无负担地转让抵押物,或者对无负担地转让抵押物设置了要求。根据《民法典担保制度解释》第43 条第 1 款,如买受人对于限转或禁转属于恶意即其知道限转或禁转约定的,买受人无法取得标的物的所有权。从而此时因买受人不能取得抵押财产而无法适用本条(边码41)。但如买受人善意即不知限转或禁转约定的,根据《民法典担保制度解释》第 43 条第 1 款,买受人可取得标的物的所有权。同时,其可基于本条正常经营买受人规则无负担地取得标的物的所有权,即动产抵押权人选择担保人持

5

6

7

---

[13]　See United Nations Commission on International Trade Law, UNCITRAL Legislative Guide on Secured Transactions, United States, 2010, p. 202.

[14]　参见王利明:《论正常经营买受人规则》,载《东方法学》2021 年第 4 期,第 95 页;纪海龙、张玉涛:《〈民法典物权编(草案)〉中的"正常经营买受人规则"》,载《云南社会科学》2019 年第 5 期,第 108—109 页;纪海龙:《民法典动产与权利担保制度的体系展开》,载《法学家》2021 年第 1 期,第 51 页;龙俊、高曼琳:《动产抵押领域正常经营活动中的买受人制度研究》,载《清华法律评论》编委会编:《清华法律评论》第 10 卷第 2 辑,法律出版社 2021 年版,第 40—41 页。

续销售的商品作为担保物且并未采取控制担保物的质押方式，制造了其同意抵押人无负担地转让抵押物的表象，买受人基于对此表象的信赖无负担地取得了标的物的所有权。此实质上是一种特殊的善意取得。[15] 此种善意取得并非是《民法典》第 311 条以及《民法典担保制度解释》第 43 条第 1 款规定的所有权的善意取得。《民法典》第 311 条以及《民法典担保制度解释》第 43 条第 1 款保护的是对有权处分的信赖，后果是物权的善意取得；而本条保护的是对有权无负担地处分的信赖，后果是取得的所有权上无负担。[16]

4. 小结与澄清

8　　本条之正常经营买受人规则的规范意旨在于：在抵押权人并未明示或默示同意抵押人无负担处分抵押物的情形，动产抵押权人选择抵押人持续销售的商品作为担保物，且并未选择控制担保物的质押方式，法律基于此推定抵押权人允许抵押人在其正常经营活动中无负担地出售和转让抵押物，从而买受人可以无负担地取得抵押物的所有权，动产抵押权的追及力被切断。如抵押权人限制或禁止抵押人转让，则善意的买受人基于上述授权表象，也可以无负担地取得抵押物的所有权。在抵押人和债务人并非同一人即抵押人为他人提供担保时，本条亦同样适用。此乃因为本条是基于抵押权人同意抵押人无负担出售抵押物的推定和表象。此推定和表象在抵押人并非债务人时亦同样存在。

9　　最高人民法院在起草《民法典担保制度解释》时，认为正常经营买受人规则的主要目的在于豁免买受人的查询义务。按此观点，动产抵押采用登记作为公示方法，如任何人在和抵押人进行交易时都需要查询登记，那么会增加查询成本、交易成本，干扰人们的正常生活，而正常经营买受人规则正是豁免潜在买受人的查询

---

[15]　参见庄加园：《探析抵押动产的正常经营买受人规则》，载《法学》2023 年第 1 期，第 112 页；纪海龙、张玉涛：《〈民法典物权编（草案）〉中的"正常经营买受人规则"》，载《云南社会科学》2019 年第 5 期，第 109 页。

[16]　对于不同表象的信赖是一个谱系：(1)对享有所有权的信赖，例如乙将从甲处借来的书转让给善意的丙，丙善意取得所有权；(2)对享有处分权的信赖，例如乙作为行纪商将甲委托乙修理的机器转让给善意的丙，丙善意取得所有权；(3)对负担不存在的信赖，例如甲在乙之机器上享有未登记之动产抵押权，乙将此机器转让给善意的丙，丙取得的机器上不再负担抵押权；(4)虽然标的物上存在负担，但信赖标的物可被无负担地处分，例如甲在乙生产的产品上设定浮动抵押，乙将产品在正常经营活动中转让给丙，丙取得的产品上不再负担抵押权。以豁免买受人查询义务作为正常经营买受人规则的主要目的，涉及的是上述第三点，其背后的逻辑是，由于要豁免某些买受人的查询登记义务，从而这些买受人不知或不应知悉的物上存在抵押权，所以买受人无负担地取得标的物。而本文认为正常经营买受人规则涉及的是上述第四点，即无论买受人是否知悉标的物上负担抵押权，买受人均可信赖抵押权人允许抵押人在正常经营活动中无负担地转让标的物。

义务。[17] 从而《民法典担保制度解释》第 56 条第 1 款第 5 项规定"买受人应当查询抵押登记而未查询的其他情形",作为排除正常经营买受人规则适用的兜底事由。但此种理解值得商榷。正常经营买受人规则之所以能切断抵押权的追及力,并非是因为要保护买受人对于抵押权不存在的信赖,而是要保护买受人对于(即便存在抵押权)抵押权人会同意抵押人在正常经营活动中无负担处分抵押物的信赖。买受人知悉标的物上负担抵押权并不妨碍本条的适用。即便买受人(例如依据交易习惯)有查询登记的义务从而应知标的物上负担抵押权,或者买受人虽然没有查询登记的义务却因实际查询了登记而知悉标的物上负担抵押权,均不妨碍本条的适用。换言之,正常经营买受人规则是因,豁免买受人查询登记义务是果。《民法典担保制度解释》对于本条的认识,是倒果为因了。从而《民法典担保制度解释》第 56 条第 1 款第 5 项将存在查询登记义务作为排除本条适用的事由,并不合理(边码 50)。[18]

(三)体系关联与规范性质

本条构成《民法典》第 406 条第 1 款第 3 句的特别规范。[19] 按照《民法典》第 406 条第 1 款第 3 句,抵押财产转让的,抵押权不受影响,即该句确认了抵押权(包括动产抵押权与不动产抵押权)的追及力。本条正常经营买受人规则实质上确认了正常经营中的买受人不受动产抵押权的追及,在动产抵押情形构成《民法典》第 406 条的特别规范。

本条亦构成《民法典》第 403 条的特别规范。在动产抵押已登记或虽未登记但买受人恶意的情形,按照第 403 条的登记对抗规则,买受人取得的所有权上负担抵押权。但此时如本条的要件得以满足则买受人会无负担地取得标的物的所有权。就此而言,本条构成《民法典》第 403 条的特别规范。[20] 有观点认为在动

10

11

---

〔17〕　参见林文学、杨永清、麻锦亮、吴光荣:《〈关于适用民法典有关担保制度的解释〉的理解和适用》,载《人民司法·应用》2021 年第 4 期,第 41 页;似乎亦以此为理由对正常经营买受人规则的论证,参见龙俊:《民法典中的动产和权利担保体系》,载《法学研究》2020 年第 6 期,第 32—33 页。

〔18〕　参见王利明:《论正常经营买受人规则》,载《东方法学》2021 年第 4 期,第 103 页;杨代雄主编:《袖珍民法典评注》,中国民主法制出版社 2022 年版,第 311 页(吴宏乔执笔)。

〔19〕　相同观点,参见岳红强、罗泽伟:《论"正常经营买受人规则"的对抗效力——以〈民法典〉第 403 条、404 条与 406 条的体系分工为视角》,载《长春师范大学学报》2022 年第 7 期,第 32—33 页。

〔20〕　认为正常经营活动中的买受人规则应当优先于登记对抗制度适用的观点,参见高圣平:《民法典动产担保权登记对抗规则的解释论》,载《中外法学》2020 年第 4 期,第 22 页;龙俊、高曼琳:《动产抵押领域正常经营活动中的买受人制度研究》,载《清华法律评论》编委会编:《清华法律评论》第 10 卷第 2 辑,法律出版社 2021 年版,第 21、42 页;岳红强、罗泽伟:《论"正常经营买受人规则"的对抗效力——以〈民法典〉第 403 条、404 条与 406 条的体系分工为视角》,载《长春师范大学学报》2022 年第 7 期,第 33—34 页。

产抵押未登记的情形,如买受人善意(即不知或不应知抵押权的存在),则应优先适用《民法典》第 403 条。[21] 买受人善意且两条中的"不得对抗"的要件均得到满足时,因无论是适用本条还是《民法典》第 403 条,法律后果均相同,即买受人无负担地取得标的物所有权,买受人自可依据举证的便利来选择依靠哪条保护自己,[22] 没有必要强求买受人一定要诉诸哪一条文。

12　　　　本条适用的法律后果是买受人取得的标的物所有权上不再负担抵押权,本质上涉及的是抵押人与买受人之间处分行为的法律效果。但本条涉及抵押权人、抵押人和买受人三方之间的利益关系,该三方的合意自可排除本条的适用,从而本条属于任意性规范而非强制性规范。但须注意的是,只是买受人同意或抵押人与买受人合意排除本条的适用,虽然此对抵押权人看似有利,但因我国法下在债务免除、真正利第三人合同以及债务加入的场合受益人均有权在合理期限内拒绝其受益,从而此时抵押权人有权在合理期限内拒绝之。

(四) 本条的类推适用

12a　　　　本条只能适用于抵押物被买卖的情形,还是也可能被类推适用至非买卖情形例如租赁,对此存有不同观点。有学者认为,"正常经营买受人规则"的一个重要目的在于保障抵押人的正常经营活动,而维持生产经营所需的、所有对抵押财产的处分行为都应该能够自由进行。因此,包括租赁、买卖、设定担保等在内的经营性行为,都应当属于"正常经营活动"。[23] 本文认为此观点值得商榷。本文否认将该条无限制地类推到租赁或设定担保等情形,但认为在满足特定条件下本条规则可被类推适用到租赁与许可情形。[24]

12b　　　　本条的内在根据在于抵押权人选择抵押人持续销售的商品作为担保物且并未选择控制担保物的担保方式,造成了抵押权人同意抵押人无负担地转让抵押物的推定和表象。将此原理准用到租赁的场合便意味着,如果抵押人是以出租某种

---

[21]　参见最高人民法院民事审判第二庭:《最高人民法院民法典担保制度司法解释理解与适用》,人民法院出版社 2021 年版,第 486 页。认为若抵押权未登记,则受让人为善意时应优先适用第 403 条而受让人恶意时第 404 条接续第 403 条适用的观点,参见王琦:《论抵押财产转让对抵押权的影响——以〈民法典〉第 403,404,406 条的协调适用为视角》,载《北京航空航天大学学报(社会科学版)》2020 年第 5 期,第 3—6 页。

[22]　认为在《民法典》第 403 条和本条的要件均满足时"买受人可择一适用,此时构成法条竞合"的观点,参见麻锦亮编著:《民法典·担保注释书》,中国民主法制出版社 2023 年版,第 661 页。

[23]　参见钟França:《民法典编纂背景下我国浮动抵押制度的释评与完善》,载《广东社会科学》2018 年第 4 期,第 235 页;木拉提、李军:《域外法律制度对完善我国浮动抵押制度的启示》,载《社会科学家》2018 年第 3 期,第 116 页。

[24]　参见纪海龙、张玉涛:《〈民法典物权编(草案)〉中的"正常经营买受人规则"》,载《云南社会科学》2019 年第 5 期,第 111 页。

动产为业,那么在抵押人的正常出租经营活动中租赁该动产的承租人,也可信赖其会无负担承租相关标的物,可以对抗在先的抵押权人。《民法典》第 405 条虽然只是规定了租赁先于抵押时租赁优先,但根据《民法典》第 403 条以及《民法典担保制度解释》第 54 条第 2 项之规定可以推知,如动产抵押权的登记先于租赁的,在先的抵押权优先于租赁。但在抵押人为持续经营出租业务之经营者的情形,类推本条会实现承租人优先于在先登记之动产抵押权人的效果,此时会构成《民法典》第 405 条、第 403 条以及《民法典担保制度解释》第 54 条第 2 项的例外情形。[25] 同理,在以知识产权为担保标的的情形,如担保人是以持续许可知识产权为业的,本条亦存在类推的可能。类推的结果便是,在担保人正常经营的许可业务中的被许可人,可以对抗在先登记的知识产权质权人。

二、构成要件

(一) 动产抵押

本条适用于所有动产抵押的情形。[26] 所谓动产,是指不动产(即土地和其上附着物)以外的物。《民法典》第 395 条第 1 款第 4 项和第 6 项分别规定"生产设备、原材料、半成品、产品"和"交通运输工具"可作为抵押权的标的。对于未与土地分离的庄稼和林木等,民法理论将之理解为土地的附着物从而构成不动产,[27]似无法适用动产抵押的规则去设定担保。但如果是暂时养护嗣后会移走的苗木,应可被视为动产,在其上设定抵押应采取动产抵押的设定和登记方式,对之可以适用正常经营活动中的买受人规则。[28] 如果当事人抵押的是某块土地上待收割或采伐的粮食或木材,此属于在未来动产上设定抵押即浮动抵押,对此现行法下

13

---

　　[25]　仅以《民法典》第 405 条、第 403 条以及《民法典担保制度解释》第 54 条第 2 项为根据,认为正常经营买受人规则不应被类推至租赁情形的观点,参见刘智慧:《〈民法典〉"正常经营买受人规则"适用解构》,载《中国政法大学学报》2022 年第 3 期,第 134 页。

　　[26]　有观点认为,"该条中所使用的'正常经营活动中'这一特定术语,就将该条规范适用领域限定在了动产浮动抵押权",参见孙宪忠、朱广新主编:《民法典评注·物权编 4》,中国法制出版社 2020 年版,第 149、154 页(董学立执笔)。该观点的逻辑是,"正常经营活动中"指向存货的销售,而存货的抵押属于浮动抵押。但其实,存货的抵押未必一定是浮动抵押,如果存货的抵押不覆盖未来取得的存货,其就不是浮动抵押而是一般动产抵押。此在实践中也不少见。

　　[27]　参见崔建远:《物权法》(第 2 版),中国人民大学出版社 2011 年版,第 29 页。

　　[28]　参见广东省高级人民法院 (2017) 粤民终 3094 号民事判决书。

并无障碍。从而抵押人将收割或采伐后的粮食或木材出售的,亦可适用本条规定。[29] 机动车虽然属于特殊动产,机动车抵押虽然不在动产融资统一登记系统(参见中国人民银行《动产和权利担保统一登记办法》第 2 条第 7 项)而是在公安机关交通管理部门(参见公安部《机动车登记规定》第 2 条、第 22 条)登记,但本条亦可适用于机动车抵押。例如汽车 4S 店以其销售的车辆为债权人设定抵押的,自 4S 店购车的买受人可基于本条规定无负担地取得车辆的所有权。[30] 反对观点认为,买受人在购买机动车时,因较容易了解机动车上是否存在抵押权,从而没有必要对这类买受人予以特别保护。[31] 但由于本条的适用与买受人是否知悉抵押权的存在无关(边码45),反对说不足为信。

14　　　　在动产担保功能主义的背景下,所有权保留买卖和融资租赁已在很大程度上被认定为担保物权交易,因此《民法典担保制度解释》第 56 条第 2 款也将所有权保留和融资租赁交易纳入正常经营买受人规则的覆盖范围。所有权保留交易中的保留买主或融资租赁交易中的承租人相当于本条中的动产抵押人,其出售标的物符合本条规定之正常经营买受人规则的,买受人取得的标的物所有权上无负担,保留卖主或融资租赁出租人在标的物上享有的权利被切断。值得提及的是,由于融资租赁的标的常是设备,较少为存货,从而满足本条之适用条件的融资租赁交易应属例外(边码19)。

15　　　　本条不能类推适用到动产质押情形。出质人将质物(例如以返还请求权让与的方式)出售并转让给买受人的,即便质物属于出质人持续销售的某类商品且本条的其他条件(例如价款支付、所有权被移转)被满足,买受人也无法以剔除质权的方式取得所有权。这是因为,如担保人选择了控制担保物的担保方式,则本条规范所依据的担保权人同意担保人无负担转让担保物的推定和表象便被打破,从

---

[29]　美国法下,UCC § 9-320 (a)规定正常经营活动买受人规则不适用于自从事农业经营活动的人购买农产品的买受人。但 1985 年《美国食品安全法》(Food Security Act of 1985)在很大程度上废止了此种做法,规定原则上购买农产品的买受人也可被认定为正常经营活动中的买受人,除非担保权人或债务人按照该法的通知要求向潜在买受人进行了通知或在(不同于担保融资登记系统的)一个州的中央登记处备案了"有效融资声明(Effective Financial Statement,简称为 EFS)"。

[30]　认为在机动车抵押场合正常经营活动中买受人规则亦可适用的判决,参见河北省石家庄市中级人民法院(2019)冀 01 民终 11522 号、11532 号民事判决书;云南省昆明市中级人民法院(2017)云 01 民终 7518 号民事判决书;云南省昆明市西山区人民法院(2017)云 0112 民初 2820、3241、3475、5365、5366、5367、5368、5369 号民事判决书。

[31]　参见刘智慧:《〈民法典〉"正常经营买受人规则"适用解构》,载《中国政法大学学报》2022 年第 3 期,第 140 页。

而本条不得准用到质押情形。[32] 由于留置权的情形也无法证成该推定和表象，从而本条也不得类推至留置权情形。

(二) 正常经营活动

1. 出卖人 (抵押人) 而非买受人的正常经营活动

本条对于何为正常经营活动未加以界定，《民法典担保制度解释》第 56 条对此 16 进行了解释。该条第 1 款首先明确《民法典》第 404 条中规定的"正常经营活动"是指出卖人而非买受人的正常经营活动。这是因为，正常经营买受人规则的规范依据是抵押权人同意抵押人无负担转让抵押物的推定和表象，而抵押权人通常只会在抵押物属于出卖人正常销售的商品时才不会反对抵押物被无负担地转让。因此，此条中的正常经营活动，指向的是出卖人而非买受人的正常经营活动。[33]

2. 登记的经营范围与正常经营活动

《民法典担保制度解释》第 56 条第 2 款前句规定："前款所称出卖人正常经营 17 活动，是指出卖人的经营活动属于其营业执照明确记载的经营范围，且出卖人持续销售同类商品。"该规定要求《民法典》第 404 条中的正常经营活动必须属于出卖人营业执照明确记载的经营范围，对此颇值反思。一方面，市场主体均应进行设立登记取得营业执照才能从事合法经营，[34] 而在营业执照中均明确列出了该经营者的经营范围，经营者的经营活动超越经营范围构成违法行为。但另一方面，其违法只是体现在应办理变更登记而未办理变更登记。[35] 而且，对于不涉及行政许可的经营项目变更经营范围非常方便；在"先照后证"的背景下，即便涉及行政许可的经营项目也可在行政许可前纳入登记的经营范围。从而一般而言，绝大多数经营者并不会超越经营范围经营。而且国务院于 2021 年发布的通知中甚至明确规定，"企业超经营范围开展非许可类经营活动的，市场监管部门不予处罚"。[36] 另外，由于农业生产经营者也可能设定动产抵押 (参见《民法典》第 396

---

[32] 按照 UCC § 9-320 (e) 之规定，正常经营买受人规则不得适用于"有担保权人占有的有体动产之上的担保权益"。对此可参见 Lopucki and Warren, Secured Credit, A Systems Approach, Fifth Edition, Aspen Publishers, p. 590.

[33] 相同观点，参见董学立：《论"正常经营活动中"的买受人规则》，载《法学论坛》2010 年第 4 期，第 90 页；孙宪忠、朱广新主编：《民法典评注·物权编 4》，中国法制出版社 2020 年版，第 151 页 (董学立执笔)。

[34] 2022 年 3 月 1 日生效之《市场主体登记管理条例实施细则》第 68 条。

[35] 2022 年 3 月 1 日生效之《市场主体登记管理条例实施细则》第 72 条。

[36] 参见《国务院关于深化"证照分离"改革进一步激发市场主体发展活力的通知》(国发〔2021〕7号)。高圣平教授认为，在鼓励营业自由、"万众创业"的背景下，出卖人具有相应的经营资格并不应构成正常经营买受人规则中的"正常经营活动"的要件。参见程啸、高圣平、谢鸿飞：《最高人民法院新担保司法解释理解与适用》，法律出版社 2021 年版，第 355 页。

条),农业生产经营者主要是农村承包经营户,[37]而农村承包经营户无须办理登记,也就没有登记的经营范围,从而要求正常经营活动必须属于登记的经营范围,对于农业生产经营者既不必要也不现实。[38] 在经营范围总体已经被"虚置"的背景下,强行要求本条中的正常经营活动必须属于出卖人登记的经营范围并无意义。虽然绝大多数情况下经营者均不会超越经营范围去持续销售某类商品,但即便极少数情况下某经营者超越经营范围持续销售某类商品,也不应断然认为此不属于正常经营活动。毋宁是,对于正常经营活动的判断,"出卖人持续销售同类商品"这个标准更具有关键意义。

3. 抵押物属于出卖人持续销售的同类商品

18　　根据《民法典担保制度解释》第56条第2款前句,属于登记经营范围的出售行为并不当然构成本条意义上的正常经营活动,对此还要求"出卖人持续销售同类商品"。这是因为,如今市场主体登记的经营范围可能很广泛,但其真正开展持续性经营的范围却比较狭窄。[39] 而且,一些辅助型或附属型的商行为也不应被认定为超越了经营范围,但这些不构成本条意义上的正常经营活动。例如印刷公司出售旧印刷机不属于印刷公司的正常经营活动,[40]而是属于出售生产设备(《民法典担保制度解释》第56条第1款第2项)。究而言之,正常经营买受人规则的规范依据在于抵押权人同意抵押人无负担地转让抵押物的推定和表象,销售某商品仅仅落在担保人经营范围之内但担保人没有持续销售该类商品的,并不能造成此种推定或表象。

19　　《民法典》第395条第1款第4项规定"生产设备、原材料、半成品、产品"可作为抵押财产。从会计准则角度看,生产设备属于设备,而原材料、半成品和产品属于存货。构成出卖人的正常活动要求买卖标的属于出卖人持续销售的某类商品,此意味着构成本条下之正常经营的出售不会是生产设备的出售,[41]因为企业的

---

〔37〕 参见黄薇主编:《中华人民共和国民法典物权编释义》,法律出版社2020年版,第483页。

〔38〕 参见庄加园:《探析抵押动产的正常经营买受人规则》,载《法学》2023年第1期,第118页。

〔39〕 参见最高人民法院民事审判第二庭:《最高人民法院民法典担保制度司法解释理解与适用》,人民法院出版社2021年版,第485页。

〔40〕 See United Nations Commission on International Trade Law, UNCITRAL Legislative Guide on Secured Transactions, United States, 2010, p.203; Grant Gilmore, Security Interests in Personal Property, Volume II, The Lawbook Exchange, Ltd., 1965, p.694. 相反的观点认为,"非生产设备的抵押人为更新设备而出售二手设备"会构成本条中的正常经营活动,对此参见庄加园:《探析抵押动产的正常经营买受人规则》,载《法学》2023年第1期,第118页。

〔41〕 认为本条只会适用于出售存货情形,但并未将此纳入"正常经营活动"的解释,而是认为本条中的"动产"只能是存货的观点,参见张素华、李鸣捷:《〈民法典〉"正常经营买受人规则"的解释论》,载《北方法学》2021年第3期,第12页。此种解释方案结论上并无不妥,但实践中会存在抵押人以机器设备和存货等一起设定抵押的情形,从而或许将出售存货纳入"正常经营活动"解释更为妥当。

生产设备不会构成企业持续销售的对象(《民法典担保制度解释》第 56 条第 1 款第 2 项)。[42] 此是因为,销售生产设备并非企业常态,企业也并非以此为业用以赚取利润,从而担保权人通常没必要允许担保人无负担地出售生产设备,即销售生产设备不会造成无负担出售的推定或表象。[43] 如果某制造企业本就是制造某类型的设备并销售之,那么该种设备对于该企业构成存货而非生产设备,该企业销售该设备因符合"持续销售同类商品",可构成本条下的正常经营活动。[44]

并非所有出售存货(即《民法典》第 395 条第 1 款第 4 项中规定的"原材料、半成品、产品")的情形都会构成出卖人的正常经营活动。"存货,是指企业在日常活动中持有以备出售的产成品或商品、处在生产过程中的在产品、在生产过程或提供劳务过程中耗用的材料和物料等。"[45] 可见,只有产成品或商品(即《民法典》第 395 条第 1 款第 4 项中的"产品")才构成企业日常出售的对象,而半成品、原材料等并非企业日常出售的对象。虽然原材料、半成品也属于存货,制造商销售原材料、半成品却通常不构成本条下的正常经营活动,[46]除非此种销售属于行业的通常或习惯做法。 **20**

虽然担保人并没有以持续销售某类商品作为主要营业活动,但如果销售该类商品构成担保人所在相关行业的通常做法时,此亦可构成正常经营活动。[47] 例如,某公司的主业虽然是制造并销售成品,但如果在该行业内类似公司可能也会在市场上时不时销售原材料,由于销售原材料符合该行业的通常或习惯做法,[48]销售原材料也构成出卖人的正常经营活动。[49] 这同样是因为此情形可以造成担保权人允许担保人无负担出售担保物的推定或表象,即该行业通常会销售原料, **21**

---

〔42〕 在《物权法》下认为出售生产设备也可构成正常经营活动的错误判决,参见浙江省金华市中级人民法院(2014)浙金商终字第 664 号民事判决书。

〔43〕 错误地认为出售设备也可满足正常经营买受人规则的判决,参见山东省滨州市中级人民法院(2022)鲁 16 民终 1399 号民事判决书。

〔44〕 参见黄薇主编:《中华人民共和国民法典物权编释义》,法律出版社 2020 年版,第 504 页;王利明:《论正常经营买受人规则》,载《东方法学》2021 年第 4 期,第 102 页;庄加园:《探析抵押动产的正常经营买受人规则》,载《法学》2023 年第 1 期,第 118 页;刘竞元:《民法典动产担保的发展及其法律适用》,载《法学家》2021 年第 1 期,第 60 页。

〔45〕 《企业会计准则第 1 号——存货》(财会〔2006〕3 号)第 3 条。

〔46〕 参见 Grant Gilmore, Security Interests in Personal Property, Volume II, The Lawbook Exchange, Ltd. , 1965, p. 695; Robert H. Skilton, "Buyer in Ordinary Course of Business under Article 9 of the Uniform Commercial Code (and Related Matters)," Wisconsin Law Review 1974, no. 1 (1974), p. 22.

〔47〕 类似观点参见张素华、李鸣捷:《〈民法典〉"正常经营买受人规则"的解释论》,载《北方法学》2021 年第 3 期,第 15 页。

〔48〕 对此可参见 UCC § 1-201(b)(9)。

〔49〕 关于美国法下相关案例的介绍,参见庄加园:《探析抵押动产的正常经营买受人规则》,载《法学》2023 年第 1 期,第 119 页。

担保权人将原料作为担保品但又没有对该原料进行控制(如采取质押方式),会造成担保权人允许担保人无负担出售担保物的推定或表象。

22　　　　对于某类商品是否构成出卖人持续销售的同类商品,应从理性买受人视角观察之。如从理性买受人角度看出卖人乃是以出售某商品为业,即可构成持续销售同类商品。就此而言,对于"持续"并无明确时间要求。例如,从消费者角度看超市出售任何日用品几乎均可构成持续销售同类商品,即便该超市之前从未销售拖把,亦不妨碍超市现在销售拖把构成正常经营活动。进而,对于"同类"亦无法严格界定,因为类型可以无限细分下去。只要从理性买受人的视角看出卖人乃以出卖该种商品为业,即可认定为符合"持续销售同类商品"的要求。

4. 不属于不正常的销售方式

23　　　　尽管出卖人持续销售某类商品,但销售该类商品的特定销售行为异常,例如销售的方式或规模不正常时,也不构成正常经营活动。如果出卖人在其通常的销售渠道以外进行出售,例如出卖人通常只卖给零售商而此次是向批发商出售,此不属于正常经营活动。[50] 这是因为,债权人很可能不会同意担保人在其通常的销售方式以外销售商品,从而担保人的此种举动并不会造成担保权人同意其无负担出售的推定或表象。

24　　　　《民法典担保制度解释》第 56 条第 1 款第 1 项规定,"购买商品的数量明显超过一般买受人"的买受人不构成正常经营活动买受人。此项规定借鉴于美国《统一商法典》(以下简称 UCC) § 1-201(b)(9)对"正常经营活动中的买受人"之定义,按此定义大宗转让(transfer in bulk)情形的出售不构成正常经营活动。UCC第六编[51] 规制之大宗出售,指的是非在出卖人的正常经营活动中(not in the

---

〔50〕　United Nations Commission on International Trade Law, UNCITRAL Legislative Guide on Secured Transactions, United States, 2010, p. 202.

〔51〕　关于 UCC § 1-201(b)(9)中的大宗转让是否就是 UCC 第六编"大宗转让(bulk transfer)"中规定的大宗出售(bulk sale),美国法学界曾有不同观点。之所以会质疑 UCC § 1-201(b)(9)对正常经营活动中买受人之定义中的"大宗转让"是否就是 UCC 第六编规制的"大宗出售",是因为后者的定义中包含了"非在出卖人的正常经营活动中"这样的表述,从而两者有循环定义之嫌。另有观点认为,UCC § 1-201(b)(9)对正常经营活动中买受人的定义,是承继自 UCC 之前的《美国统一信托收据法(UTRA)》中对"正常贸易活动中的买受人(Buyer in the ordinary course of trade)"的定义,该定义排除"大宗受让人(transferee in bulk)"为正常贸易活动中的买受人。UTRA 对"大宗受让人"的定义是"抵押人或质押人或实质上整体购买委托人业务的买方"。该观点主张 UCC § 1-201(b)(9)中的大宗转让应按照 UTRA 对"大宗受让人"的定义解释。对上述观点的介绍,参见 Robert H. Skilton, " Buyer in Ordinary Course of Business under Article 9 of the Uniform Commercial Code (and Related Matters)," Wisconsin Law Review 1974, no. 1 (1974), p. 29. UCC 第六编之"大宗出售"和 UTRA 下"大宗受让人"的定义实质类似,都是指出卖人转让其所有存货的大部分的情形(从而存在逃债风险);但也有不同,例如前者要求买受人知道或应当知道出卖人未来不再从事相同或类似业务,而后者则无此要求。

ordinary course of the seller's business)销售其存货价值的一半以上,且买受人知或应知出卖人以后不再从事相同或类似业务[UCC § 6-102(1)(c)]。可见,UCC第六编调整的典型情形是某经营者出售大部分货物后转行不干。此时出卖人有清仓后卷款逃债的风险,[52]从而 UCC 第六编对此情形的买受人施以通知出卖人之债权人的义务。UCC 第六编中的大宗转让之所以要求买受人知道或应当知道出卖人未来不再从事相同或类似业务,是为了将该编的适用限于会对债权人造成最大风险的销售。[53]买受人违反 UCC 第六编下通知义务的后果,并非是买受人无法取得标的物的所有权[UCC § 6-107(8)],而是买受人应赔偿出卖人之债权人因此造成的损害[UCC § 6-107(1)]。可见,UCC 第六编处理的问题是(类似于营业转让或公司分立情形)债权人的保护,防范的是某商人赊购货物然后将货物销售后卷款逃债的风险,此种风险是 20 世纪初(即 1900 年左右)美国常见的一种欺诈类型。随着技术(如征信技术)和法律的进步,这种类型的欺诈已较鲜见。从而美国法学会和美国统一州法委员会已认为对于大宗买卖没有必要进行管制,并鼓励已经采纳 UCC 第六编的美国各州废止该编。[54]

　　对于《民法典担保制度解释》第 56 条第 1 款第 1 项"购买商品的数量明显超过一般买受人",在具体适用上如何理解呢? 本文认为,对于"数量明显超过一般买受人"的理解,应回溯规则继受来源(美国法在 20 世纪初对大宗交易的规制)的最初动机,将此解释为出卖人的出售行为不同寻常,使得买受人合理怀疑出卖人的销售行为会损害其债权人利益。[55]抵押人出售大部分存货且不再从事相关营业,一般都会满足此合理怀疑的要求。但具体出售行为的数量只是衡量因素之一,即便(如美国法下对大宗出售的定义那样)出卖人出售存货中的大部分,出卖人也未必在从事逃债行为,也可能构成正常经营活动。[56]而"购买商品的数量明显超过一般买受人"是否会导致买受人合理怀疑出卖人逃债从而不构成出卖人的正常经营活动,也应具体情况具体分析。[57]一般情形的买受人作为消费者只买

---

　〔52〕　See Bradford Stone, Kristen David Adams, Uniform Commercial Code in a Nutshell, seventh edition, Thomson West, 2008, p.164.

　〔53〕　See Official Comment 1(c) to UCC § 6-102.

　〔54〕　参见美国法学会、美国统一州法委员会:《美国〈统一商法典〉及其正式评述(第二卷)》,李昊等译,中国人民大学出版社 2005 年版,第 304—305 页。

　〔55〕　《物权法》时期曾有案件中,浮动抵押人原高管出资成立了买受人公司,买受人租赁抵押人的场地经营,同时购买了抵押人场地中的所有存货并销售殆尽。此案中法院认为买受人构成正常经营买受人,应属不当。参见四川省南充市中级人民法院(2017)川 13 民终 1575 号民事判决书。

　〔56〕　类似观点参见杨代雄主编:《袖珍民法典评注》,中国民主法制出版社 2022 年版,第 310 页(吴宏乔执笔)。

　〔57〕　亦可参见王利明:《论正常经营买受人规则》,载《东方法学》2021 年第 4 期,第 101 页;张素华、李鸣捷:《〈民法典〉"正常经营买受人规则"的解释论》,载《北方法学》2021 年第 3 期,第 17 页。

一个保温杯,某买家突然买了一百个保温杯,也不应仅因其购买数量明显超过一般买受人,而否认该买受人为正常经营活动中买受人。[58]

5. 不属于为实现担保目的的买卖

26   《民法典担保制度解释》第56条第1款第3项规定,出卖人(即动产抵押人)"订立买卖合同的目的在于担保出卖人或者第三人履行债务"的,抵押权人依旧可以请求就抵押动产优先受偿,即此时买受人不应被认定为本条中的正常经营活动中的买受人。在《民法典》动产和权利担保迈向功能主义的背景下,如果抵押人为了担保目的出售抵押财产给买受人,虽然按照当事人间的交易文件买受人会取得动产所有权,但该等交易应被认定为担保交易。在为实现担保目的而订立买卖合同的情形,如在形式上并未转移抵押财产的所有权,那么本条会因不符合"取得抵押财产"的要件而不得适用。如买受人在形式上已经取得了抵押财产的所有权,也应认定买受人实质上并未取得所有权,而只是取得了一个担保物权(《民法典担保制度解释》第68条)。[59] 此时在抵押权人与买受人(新的担保物权人)之间,应适用《民法典》第414条第2款竞存的担保物权排序的规则。为实现担保目的而出售抵押动产,典型的情形如售出回购交易,即抵押人和买受人约定将财产转移至买受人名下,在一定期间后再由抵押人或者其指定的第三人以交易本金加上溢价款回购,抵押人或第三人到期不履行回购义务,财产归买受人所有。按照《民法典担保制度解释》第68条第3款,此种情形应按照担保交易处理,买受人取得的并非所有权,实质上取得的是担保物权。此时不应适用本条,而应按照竞存担保物权的顺位规则处理。[60]

6. 关于买受人与出卖人之间的关联关系

27   按照《民法典担保制度解释》第56条第1款第4项,"买受人与出卖人存在直接或者间接的控制关系"的,抵押权人依旧可以请求对抵押财产进行优先受偿,即

---

〔58〕 参见王利明:《论正常经营买受人规则》,载《东方法学》2021年第4期,第101页。

〔59〕 虽然《动产和权利担保统一登记办法》第2条第7项只是规定了"其他可以登记的动产和权利担保",而并未明确规定让与担保可以在此系统中登记,但(非属于机动车、船舶、航空器、债券、基金份额、股权、知识产权的)普通动产和权利的让与担保在实操中可以在该系统中登记。

〔60〕 对此参见龙俊:《民法典中的动产和权利担保体系》,载《法学研究》2020年第6期,第34页;龙俊、高曼琳:《动产抵押领域正常经营活动中的买受人制度研究》,载《清华法律评论》编委会编:《清华法律评论》第10卷第2辑,法律出版社2021年版,第47页;庄加园:《探析抵押动产的正常经营买受人规则》,载《法学》2023年第1期,第117页。庄加园教授认为之所以此时不构成正常经营活动,有两个原因:一是担保权人并非真正的买受人;二是未向债务人支付对价。本文认为,第一个原因才是真正的原因,而第二个原因则未必。提供担保是否会满足支付对价的标准,应分情况而定。如果是为了第三人的债务提供担保,原则上相当于无对价。如果是为了自己的既存债务提供担保,也相当于无对价。如果是为了从他人获得融资而提供担保,并且也获得了融资,那其实是有"对价"(即取得融资)。

正常经营买受人规则不予适用,抵押权的追及力未被切断。按照该司法解释起草人的观点,正常经营买受人规则的主要目的"在于明确哪些情况下可以豁免买受人的查询义务……如果买受人知道或者应当知道标的物已被设定担保物权,此时其就不能援引该项规则阻却抵押权的追及效力"[61]。根据此种理解,在买受人与出卖人之间存在关联关系时,因买受人知道或应当知道买卖标的上已被设定担保物权,所以此时不应适用本条来切断抵押权的追及力。但如上文所述(边码9),正常经营买受人规则的主要目的并不是豁免买受人的查询义务。即便买受人知道买卖标的上负担抵押权,只要买受人构成正常经营活动中的买受人,抵押权的追及力也会因本条的适用而切断。

因此,只是买受人与出卖人间存在关联关系从而买受人知或应知买卖标的上　　28
负担抵押权,并不足以排除本条的适用。不过,如果抵押权人和抵押人之间存在限转或禁转约定,在出卖人和买受人之间存在关联关系时可以认为买受人知悉此等约定,从而会因买受人非善意而排除本条的适用(边码46)。如抵押权人和抵押人之间并不存在此等约定,抵押人向其关联企业出售抵押财产,只要交易公平合理,且不存在其他异常情况的,并不必然损害债权人利益,[62]从而也不能推翻抵押权人同意抵押人无负担转让抵押物的推定和表象,本条依旧可以适用。但在相关买卖为关联企业之间的买卖时,对于交易是否公平合理以及不存在异常情况,可由买受人负担举证责任,买受人如不能说明具体交易行为的合理性,应视为关联企业之间的买卖不属于正常经营活动。[63]

(三)支付合理价款

1. 价款

本条的适用要求买受人"已经支付合理价款"。价款是指买卖合同下买受人　　29

---

〔61〕　林文学、杨永清、麻锦亮、吴光荣:《〈关于适用民法典有关担保制度的解释〉的理解和适用》,载《人民司法·应用》2021年第4期,第41页。

〔62〕　参见王利明:《论正常经营买受人规则》,载《东方法学》2021年第4期,第103页;庄加园:《探析抵押动产的正常经营买受人规则》,载《法学》2023年第1期,第114页。认为如出卖人与买受人关系过于密切则本条不得适用的观点,参见龙俊:《民法典中的动产和权利担保体系》,载《法学研究》2020年第6期,第34页。但龙俊教授作为例证引用的美国判例Morey Machinery Co., Inc., v. Great Western Industrial Machinery Company, 507 F. 2d 987 (5th Cir. 1975)中,法官认为"卖方和买方相互间的商业关系、对Great Western的快速销售以及该销售的条款,不能证明发生于正常经营活动中买方与卖方之间的正常交易(arm's length transaction)"。从而可知,其实该判例并非一概认为具有关联关系的买方不会构成正常经营活动中的买受人,而是认为如果构成正常交易则也可能适用正常经营买受人规则。

〔63〕　类似观点参见王利明:《论正常经营买受人规则》,载《东方法学》2021年第4期,第103页;庄加园:《探析抵押动产的正常经营买受人规则》,载《法学》2023年第1期,第114页;杨代雄主编:《袖珍民法典评注》,中国民主法制出版社2022年版,第310页(吴宏乔执笔)。

支付给出卖人的金钱。在此可提出的问题是,本条中的价款是否必须是金钱,还是买受人提供某种价值(value)亦可。以货易货或以物抵债是否满足价款的要件?就此应基于本条的规范意旨和调整之利益关系进行分析。正常经营活动中的买受人规则的内在根据是对于抵押权人允许抵押人无负担转让抵押物的推定和表象。而此种推定和表象最终是因为无负担地转让抵押物也符合抵押权人的利益,至少通常不会损害其利益。如果抵押人以持续销售某类商品为业,其营利和现金流都依赖于出售此种商品,那么其可以无负担地出售此商品对于抵押权人也至关重要,因为只有这样抵押人才可以获取现金流进而偿还其欠抵押权人的债务。换言之,抵押权人之所以通常不会反对抵押人在正常经营活动中出售担保物,是看中抵押物的变价能力,如果抵押物的转让不能换取价值,那么抵押权人不太可能会愿意抵押物无负担地转让,因为这等于抵押权人丧失了担保又不能换取新的偿债可能。因此,出售抵押物换取金钱肯定满足本条的价款要求,这也是实践中的常态。

(1)关于互易

30　　抵押权人之所以愿意允许抵押人无负担地处分抵押物,是看重抵押物的变价能力。但如果抵押物变价后所换来者并非金钱(互易),则抵押人很难以其直接清偿抵押权人的债权,其虽然增加了抵押人的责任财产但不能增加其现金流,抵押人还需要再次变价才能换来现金流。相比于卖货换钱,互易似乎对于抵押权人会更加不利。但对此也要在类型化后具体问题具体分析。[64]

31　　如果抵押权人的抵押权是针对某类型财产的浮动抵押,且互易换来的货物也属于此类型从而可被浮动抵押所覆盖,那么互易对于抵押权人并无不利,此时抵押权人大概率不会反对抵押人无负担处分抵押物。如果抵押权人在抵押财产的收益(proceeds,即由抵押物所续生之财产)上设定了担保权,例如抵押权人和抵押人约定抵押权人的担保权继续存续于抵押财产所生之任何收益,如应收账款、价款或互易所得等,且将此约定登记,情况会如何呢?此时,由于互易换取的财产可被潜在交易第三人(例如想购买所易之物的第三人)预测为抵押财产之收益的可能性比较低,也即是在实物形式之收益的场合收益上担保权的登记基本无法起到信息传递作用,从而实物形式之收益也不应顺延收益担保权的顺位效力和对抗效力。[65] 在此场合,互易所换得之物上虽然也存在抵押权人的担保权,但因该担保权未公示从而不具有对抗力,其虽然增加了抵押人的责任财产,但却"掏空"了抵

---

〔64〕　认为以货易货可否作为正常经营买受人规则下的买卖应具体情况具体分析(但又并未分情况分析)的观点,参见刘智慧:《〈民法典〉"正常经营买受人规则"适用解构》,载《中国政法大学学报》2022年第3期,第134页。

〔65〕　对此参见纪海龙:《动产担保权益延伸的合意路径》,载《现代法学》2022年第3期,第16页。

押权人的担保权而并未实质增强其债权得到清偿的可能。因此,很难认为此时抵押权人会同意抵押人通过互易无负担地处分抵押财产。

综上,对于互易,只有在所易之物会被抵押权人在先设定的浮动抵押所覆盖时,才可以推断抵押权人一般不会反对抵押物被无负担地处分。此时可认定互易满足本条"价款"要件。而对于其他情形的互易,本文认为不满足本条下的"价款"要素,从而不应适用正常经营活动买受人规则。[66] 因此,抵押人的交易相对人在面临互易交易时,应查询抵押登记,如发现标的物上可能存在抵押权,其可以选择采取普通的买卖方式即支付金钱作为价款,或者可以和抵押权人谈判以使其同意抵押人无负担处分抵押物。总之,对于互易这种比较少见的交易,认定其通常不适用正常经营买受人规则,[67] 让该交易中的交易相对人承担控制风险的成本,并无不当。

（2）关于以物抵债

如动产抵押人与第三人达成以物抵债协议,约定以抵押物抵充抵押人欠第三人的债务,此可否构成本条下的"价款"？首先,如果在被抵之债到期前达成以物抵债协议,且债务人此时并未放弃期限利益（也即是按照双方约定此时债并未被消灭,而是待期限届满时才因"以物抵债"而消灭）,应认定为此种协议实际上是担保合同。如标的物并未交付给第三人,此时相当于抵押人以该物为第三人设定了一个动产抵押；如标的物交付给了第三人,此时相当于抵押人以该物为第三人设定了一个动产质押。[68] 无论如何,此时对于抵押权人和第三人之间的关系,应适

32

33

---

〔66〕 不同的观点,参见王利明:《论正常经营买受人规则》,载《东方法学》2021 年第 4 期,第 98 页；高圣平:《民法典动产担保权登记对抗规则的解释论》,载《中外法学》2020 年第 4 期,第 21 页；张素华、李鸣捷:《〈民法典〉"正常经营买受人规则"的解释论》,载《北方法学》2021 年第 3 期,第 16 页。在《物权法》时代,曾有判决认为以物易物也可以满足本条中的价款要素,参见湖北省高级人民法院（2013）鄂民二终字第 00041 号民事判决书。在本案中,1 号仓库中的粮食本属于抵押且为抵押财产,3 号仓库的粮食本属于第三人。后因该第三人租赁 1 号仓库,粮食挪库麻烦,双方便约定 1 号仓库的粮食和 3 号仓库的粮食置换,由此 1 号仓库的粮食转移给了第三人,3 号仓库的粮食转移给了抵押人。但本案中的浮动抵押却不涉及 3 号仓库,从而在置换后 3 号仓库中因置换而属于抵押人的粮食并非抵押标的。如果认可此情形符合正常经营活动买受人规则的要件,则 1 号仓库中的抵押财产被通过置换转移给第三人后,其上的抵押权消灭,但抵押人没有获取新的资金,抵押权人也没有获取新的担保。

〔67〕 与本文观点不同的是,按照 UCC § 1-201(b)(9) 对该法下正常经营活动中的买受人的定义,在 UCC 下以物易物（"by exchange of other property"）也可以满足正常经营买受人规则的要求。但其实,美国法下,以物易物换得之物也会构成原担保物的收益,并自动顺延原始担保权的对抗和顺位效力,从而此时对于担保权人并无不利。

〔68〕 《九民纪要》第 45 条的观点是,只有在抵债物交付给债权人（即本文此处正文中的"第三人"）时,实质上才会构成担保（《九民纪要》起草者认为此时构成让与担保）；如抵债物未交付给债权人,此时以物抵债协议类似于签订买卖合同作为债务的担保,应参照适用《民间借贷规定》第 24 条处理。对此参见最高人民法院民事审判第二庭编著:《〈全国法院民商事审判工作会议纪要〉理解与适用》,人民法院出版社 2019 年版,第 308 页。

用担保权排序的规则(《民法典》第 414 条、第 415 条),而非本条规定的正常经营买受人规则。其次,如果在被抵之债到期后达成以(抵押)物抵债协议并将该物交付给第三人的,此时抵押人和第三人之间的协议虽不构成担保合同,但由于该物所有权移转给第三人是为了消灭既存债务,且并未因此换取新的价值,从而很难认为抵押权人会同意抵押人将抵押物无负担地转让给第三人。即此时的以物抵债无法满足本条中的"价款"要素。[69] 综上,以物抵债要么构成担保交易,要么难以满足本条规定之"价款"要素。也即是,以(抵押)物抵债将抵押物移转给第三人的,无法触发本条规定之正常经营买受人规则的适用。[70] 但如果买卖对价的组成是一部分金钱加上一部分抵债,因此种方式带来了部分新价值,且不宜将一个交易从整体上划分为效果完全不同的两部分,从而此时也可能会导致本条的适用。此时应重点考察价款是否合理以及买受人是否善意等其他要件是否满足。[71]

2. 价款的合理性

34　　　　本条规定构成正常经营活动中的买受人应支付合理价款。对于价款的合理性,《民法典物权编解释一》第 18 条在解释《民法典》第 311 条善意取得制度中的"合理的价格"时,规定"应当根据转让标的物的性质、数量以及付款方式等具体情况,参考转让时交易地市场价格以及交易习惯等因素综合认定"。此"综合认定"对于本条下价款合理性的认定有参考意义。[72]

---

〔69〕 在《民法典》前认为以物抵债也可以适用正常经营买受人规则的错误判决,参见浙江省金华市中级人民法院(2014)浙金商终字第 664 号民事判决书。

〔70〕 按照 UCC § 1-201(b)(9)对该法下正常经营活动中的买受人的定义,为了全部或部分地满足某金钱债权而取得货物的人(a person that acquires goods … in total or partial satisfaction of a money debt),亦不构成正常经营活动中的买受人。对此亦可参见 Grant Gilmore, Security Interests in Personal Property, Volume II, The Lawbook Exchange, Ltd., 1965, p. 696. 国内学者认为以物抵债无法构成正常经营买受人规则下的买卖的观点,参见刘智慧:《〈民法典〉"正常经营买受人规则"适用解构》,载《中国政法大学学报》2022 年第 3 期,第 135 页。认同以物抵债可构成本条中"合理价格"的观点,参见张素华、李鸣捷:《〈民法典〉"正常经营买受人规则"的解释论》,载《北方法学》2021 年第 3 期,第 16 页。该认同观点以债务重组中的以物抵债为例,说明有些情形的以物抵债会使债务人财务状况改善、责任财产增加,从而也有利于抵押权人。但其实债务重组情形的以物抵债仅仅是以物抵债的少数适例,以此情形为由论证以物抵债满足本条要件属于以偏概全;且债务重组时作为债权人的抵押权人也可能会参与,如计划被抵之债的债权人意图无负担地取得用以抵债之担保物,也可以与抵押权人谈判征求其同意,如此交易的确对于抵押权人有利,抵押权人也可能会同意之。

〔71〕 参见龙俊、高曼琳:《动产抵押领域正常经营活动中的买受人制度研究》,载《清华法律评论》编委会编:《清华法律评论》第 10 卷第 2 辑,法律出版社 2021 年版,第 30、46—47 页。美国法下的判例参见 General Electric Credit Corp. v. RA Heintz Const. Co., 302 F. Supp. 958 (D. Or. 1969)。

〔72〕 参见黄薇主编:《中华人民共和国民法典物权编释义》,法律出版社 2020 年版,第 505 页;高圣平、叶冬影:《民法典动产抵押物转让规则的解释论》,载《比较法研究》2020 年第 4 期,第 84 页。

但也要注意到,《民法典》第311条中的"合理的价格"与本条中的"合理价 [35]
款"有所不同。《民法典》第311条的法律后果是善意取得物权,涉及的是原所有
权人丧失所有权和取得人取得所有权。《民法典》第311条中"合理的价格"要件
的功能,一是确认(与所有权人相比)无偿受让人较不值得保护,二是价格是否合
理也是判断受让人是否善意的重要因素,但其与原所有权人在丧失所有权后针对
无权处分人的救济关联较小。[73] 因此,《民法典》第311条中的"合理的价格",可
以不同于市场价格,甚至"半卖半送"也可以满足此要求。而本条的法律后果是抵
押权追及力的切断,涉及的是抵押权人与买受人之间的利益衡量。如果忽略其他
担保措施,本条中的"合理价款",将是抵押权人丧失抵押权后"追及"的最主要对
象。抵押权人可能会和抵押人约定,抵押人在正常经营过程中出售抵押财产取得
价款后,应以其清偿针对抵押权人的债务;抵押权人也可能会在抵押财产的收益
(如抵押人转让抵押财产取得的应收账款或现金)上设定应收账款质押或账户质
押。这些均表明,本条中的合理价款的认定应比《民法典》第311条中的"合理的
价格"的认定要更加严格。一般而言,本条中的合理价款应以接近市场价格为
准。[74] 在商业买卖中,"半卖半送"原则上不应认定为满足本条下价款的合理
性。[75] 当然,对此还是要依据交易的情形综合判断。例如当买受人是消费者时,
商家正常的打折促销不应认为价款不合理;在电商环境中,关于合理价款的认定
也应更弹性。

3. 价款已被支付

本条明文规定正常经营活动中买受人应"已经支付"合理价款。对此,首先提 [36]
出的问题是,虽然本条文义明确要求价款应已支付,但此要求是否合理,从而是否
应对"已经支付"的要求进行目的性扩张(也即是,即便买受人价款未支付亦可构
成正常经营活动中的买受人)?其次,即便秉持价款一定要支付的要求,价款是否
要完全支付抑或只要支付部分即可?

---

[73] 当然,在善意取得制度中,无权处分人可能会对原所有权人承担违约责任、侵权责任或负担不
当得利返还的义务,无权处分人因无权处分所取得的对价越高,也就越能增加其责任财产,从而当然也更
有利于实现原所有权人对其主张的救济措施。在无权处分人向原所有权人返还不当得利的情形,无权处
分时对价的高低也可能会影响不当得利返还义务的范围。参见[德]汉斯·约瑟夫·威灵:《德国不当得
利法》(第4版),薛启明译,中国法制出版社2021年版,第65—67页。但这种有利,只是一种比较弱的意
义上的有利。

[74] 参见王利明:《论正常经营买受人规则》,载《东方法学》2021年第4期,第98页;刘智慧:《〈民
法典〉"正常经营买受人规则"适用解构》,载《中国政法大学学报》2022年第3期,第137页;郭明瑞、房
绍坤、张平华编著:《担保法》(第3版),中国人民大学出版社2011年版,第122页。

[75] 《物权法》时代,以购买价款过低难以解释从而不合理以及标的物并未实际交付为理由否定正
常经营买受人规则适用的案例,参见浙江省衢州市中级人民法院(2018)浙08民终673号民事判决书。

37　　　关于是否要求买受人已经支付价款,学界有不同观点。肯定说认为要求价款已被支付具有合理性。对此的理由,一是认为仅仅订立买卖合同但尚未支付价款或只支付极少价款的买受人,在利益衡量上不值得保护;二是认为价款支付要素可以防范抵押人和他人合谋虚构合同欺诈抵押权人。[76]

38　　　否定说则认为要求价款已经支付并不具有合理性。在《民法典》制定过程中,曾有观点在立法论层面主张不应硬性要求买受人已支付价款。其理由主要有:首先,比较法上无论 UCC、联合国国际贸易法委员会《担保交易示范法》还是《欧洲共同框架参考草案》(以下简称 DCFR)[77],对于正常经营中的买受人取得担保财产后切断担保权,均不要求买受人的价款已被支付;其次,从体系的视角看,《民法典》第311条在善意取得的场合并不要求"合理的价格"已被支付,对于本条中的合理价款也应一体处理;最后,从对抵押权人的利益影响角度看,虽然价款被支付可增加担保人(很可能同时为债务人)的责任财产,但即便价款尚未支付完毕,担保人针对买受人的价款请求权也属于担保人的一般责任财产范围。[78] 在《民法典》施行后,学界亦有观点认为"已经支付合理价款"不应作为本条的构成要件,而是仅具有列举作用。此观点的理由主要是:并非价款被支付才是对抵押权人最有利的。价款支付后会存在抵押人私自处分款项的风险;而即便价款未支付完毕,抵押权人还可向买受人主张剩余价款请求权以实现其在抵押财产之收益(包括转让该财产取得的应收账款)上的担保权。[79]

---

〔76〕　对此参见王利明:《论正常经营买受人规则》,载《东方法学》2021年第4期,第98页;程啸:《担保物权研究》,中国人民大学出版社2017年版,第434页。

〔77〕　对此问题,DCFR 并不要求价款已经被支付,其理由一是欧洲大多数国家在此均不要求价款已被支付;二是如要求价款已被支付,则支付部分价款会导致问题非常复杂。对此参见 von Bar/Clive (Hrsg), Principles, Definitions and Model Rules of European Private Law – Draft Common Frame of Reference (DCFR), Volume 6, sellier. European law publisher, 2009, pp. 4880, 4830.

〔78〕　以上几点理由,参见纪海龙、张玉涛:《〈民法典物权编(草案)〉中的"正常经营买受人规则"》,载《云南社会科学》2019年第5期,第112页。对于最后一个理由的不同意见认为,由于价款请求权的坏账风险以及执行上的麻烦,虽同为责任财产一部分,但相比于价款,价款请求权对于抵押权人利益的保护力有不逮。参见张素华、李鸣捷:《〈民法典〉"正常经营买受人规则"的解释论》,载《北方法学》2021年第3期,第15页。此意见有一定道理,但也忽略了价款到了债务人手里被挪用的风险(尤其是在其陷入财务危机时)。

〔79〕　对此的分析,参见庄加园:《探析抵押动产的正常经营买受人规则》,载《法学》2023年第1期,第120页。该分析的前提是动产抵押情形担保权会自动延及至抵押财产的收益(对此参见庄加园:《动产担保物权的默示延伸》,载《法学研究》2021年第2期,第40—44页),但其实即便不支持动产抵押情形担保权自动延及至抵押财产的收益,而是需要担保权人实现在收益上设定担保权,例如设定应收账款质押或账户质押(对此参见纪海龙:《动产担保权益延伸的合意路径》,载《现代法学》2022年第3期,第5—12页),庄加园教授的分析依旧有意义。原因是,鉴于正常经营买受人规则的存在,存货上的担保权本就比较脆弱,所以在存货上设定动产抵押的抵押权人,如其足够理性和老道,本就应在抵押财产的收益上设定担保权(例如设定应收账款质押或账户质押)以保护自己的利益。

本文认为,肯定说的理由有些未必成立,有些有一定道理。首先,就抵押权人和买受人之间的利益衡量而言,正如否定说所指出的,即便价款尚未支付,对于抵押权人也未必不利甚至更加有利,因为价款支付后存在债务人将资金挪作他用而非用于清偿抵押权人之债权的风险,且价款未支付抵押权人也可能会在抵押人针对买受人的应收账款债权上享有担保权。其次,价款支付要件可以防范欺诈这个理由在一定程度上有其道理。例如在抵押权人对抵押物采取执行措施后,抵押人和买受人恶意串通签订买卖合同,约定以占有改定的方式转移抵押物所有权,并将合同日期倒签至抵押人违约之前或抵押权人对抵押物采取执行措施之前,如正常经营买受人规则不要求价款支付的要件,则此种操作可能使得动产抵押权人丧失抵押权。此种操作虽然会因恶意串通损害第三人利益而被认定为悖俗无效,但恶意串通的证明毕竟比较困难和个案化,具有不确定性。不过,正如否定说指出的,即便此种操作无法因悖俗(具体表现形式是恶意串通损害第三人利益)而被认定为无效,即便此时抵押权人丧失了抵押权,但抵押权人有可能会在抵押人针对第三人的应收账款上享有担保权。因此,此种操作对于抵押权人的害处也未必特别大,主要会增加抵押权人执行担保时的"麻烦"。

对于本条下的"已经支付合理价款",立法论上的根据虽未必扎实,但由于本条已明文规定价款应"已经"被支付,且要求价款已经支付确实会有利于防范抵押人与第三人串通悖俗的风险,从而在解释论上,不妨认可本条的文义表述,即本条的适用要求买受人已经支付价款。[80] 但鉴于要求价款支付的最主要意义不在于维持担保人的偿债能力而是在于防范担保人与第三人恶意串通的悖俗风险,所以不必要求全部价款被支付,只要买受人可证明相关买卖合同下的部分(甚至极少部分的)价款被支付,即可满足本条下价款被支付的要求。[81] 但价款的支付至晚应发生在抵押权人对抵押物采取执行措施前,否则依旧会存在抵押权人采取执行措施后,抵押人和第三人恶意串通倒签合同约定占有改定并支付部分价款,以实现"掏空"抵押权的目的。另需注意的是,与以物抵债不宜认定为价款(边码33)同理,如买受人以价款与抵押人之前欠买受人的债务抵销以此消灭价款债务,也不宜认定为价款已支付。[82]

---

〔80〕 参见刘智慧:《〈民法典〉"正常经营买受人规则"适用解构》,载《中国政法大学学报》2022年第3期,第138页。

〔81〕 相同观点,参见徐涤宇、张家勇主编:《〈中华人民共和国民法典〉评注(精要版)》,中国人民大学出版社2022年版,第426页;认为需要支付大部分价款才可满足此要求的观点,参见王利明:《论正常经营买受人规则》,载《东方法学》2021年第4期,第98页。

〔82〕 不同的意见,参见张素华、李鸣捷:《〈民法典〉"正常经营买受人规则"的解释论》,载《北方法学》2021年第3期,第16页。《物权法》时代将此认定为价款已支付的判决,参见最高人民法院(2014)民申字第1628号民事裁定书。

（四）取得抵押财产

1. 取得抵押财产的所有权

41　　本条的适用要求买受人取得抵押财产。本条中的取得抵押财产应为取得所有权（以下称"所有权取得说"）。其原因：一是物权优先于债权，如果买受人还没有取得所有权，其享有的权利就只是债权请求权，不能对抗抵押权人的担保物权；[83]二是由于本条的法律效果本质上是切断抵押权的追及力，在买受人尚未取得所有权时，还谈不上切断抵押权的追及力。[84]

42　　学界有观点借鉴 UCC 的做法，将本条中的取得抵押财产解释为取得可实现的实际履行请求权（以下称"实际履行请求权取得说"）。在此请求权的可实现主要是指标的物的特定化。该说主要借鉴 UCC 下对于正常经营活动中买受人的定义，即"只有占有货物或有权根据第二编（即买卖编——本文作者注）向出卖人收回货物的买受人才可能是正常经营活动中的买受人"，认为只要买受人对被特定化的标的物享有实际履行请求权即可切断抵押权的追及力。对于此做法的实质理由，该观点认为从鼓励担保物流通的角度看，享有实际履行请求权的买受人的期待应获保护。[85]但并未进行进一步的论证。本文认为，实际履行请求权取得说并不足取。美国法赋予享有实际履行请求权的买受人以优先于抵押权人的地位，这是因为在美国合同法下实际履行请求权本就是例外情形，而买卖标的是货物而非不动产的场合支持强制实际履行就更属例外了。美国法下在货物买卖认可买受人实际履行请求权的情形，主要是因为该货物对于买受人是独特的，对此买受人不能进行替代性购买会成为强有力的证据。[86]从而，美国法下对于货物享有实际履行请求权的买受人会更加值得保护。而由于我国普遍认可实际履行请求权（《民法典》第580条第1款第1句），如赞同实际履行请求权取得说，意味着不存在特别保护买受人之理由的绝大多数货物买卖情形也要倾斜保护买受人，这并无必要。而且，即便采所有权取得说，买受人如想在取得货物直接占有前便获得本条的保护，可以通过与出卖人约定占有改定的方式尽早取得标的物所有权。

---

〔83〕 参见王利明：《论正常经营买受人规则》，载《东方法学》2021年第4期，第99页；刘智慧：《〈民法典〉"正常经营买受人规则"适用解构》，载《中国政法大学学报》2022年第3期，第140页。

〔84〕 参见王利明：《论正常经营买受人规则》，载《东方法学》2021年第4期，第99页；纪海龙、张玉涛：《〈民法典物权编（草案）〉中的"正常经营买受人规则"》，载《云南社会科学》2019年第5期，第112页。

〔85〕 参见庄加园：《探析抵押动产的正常经营买受人规则》，载《法学》2023年第1期，第123页；孙宪忠、朱广新主编：《民法典评注·物权编4》，中国法制出版社2020年版，第153页（董学立执笔）。

〔86〕 参见[美]E·艾伦·范斯沃斯：《美国合同法》（原书第3版），葛云松、丁春艳译，中国政法大学出版社2004年版，第771页。

而且,所有权取得说为法律适用提供了清晰简单的标准,而实际履行请求权 42a
取得说可能会造成不公平。假设抵押人将抵押物一物二卖,先与甲签订买卖合
同,后与乙签订买卖合同。善意的甲除了未取得抵押财产所有权外已满足了本条
的其他所有要求,从而如按照实际履行请求权取得说,抵押权人便不得对抗甲,这
实质上意味着在甲取得实际履行请求权(目标的物被特定化)之时(时点一),抵
押权人的抵押权便已因本条正常经营买受人规则的适用而被除去。[87] 假设后买
人乙并不符合本条的规定(如未支付价款或乙为恶意),但如果抵押人选择将标的
物所有权转移给乙(时点二),那么因在时点一标的物上已不负担抵押权,乙在时
点二便可以无负担地取得标的物的所有权,尽管乙作为买受人并不符合本条的规
定从而本不应受到保护。而按照本文认可的所有权取得说,如抵押人选择向甲转
移所有权,在甲取得所有权后抵押人对乙的合同便已陷入给付不能,从而原则上
乙无法取得标的物的所有权;而如抵押人选择向乙转移所有权,乙如不符合本条
规定则抵押权的追及力不会被切断,从而乙也无法无负担地取得标的物所有权。

2. 取得抵押财产的方式:交付与交付的替代

尚可讨论的是,本条下买受人取得抵押财产的所有权是只能通过现实交付的 43
形式,抑或也可通过交付的替代形式(简易交付、返还请求权的让与和占有改
定)。[88] 有此一问,是因为在动产所有权善意取得的场合,对于占有改定方式是
否可支撑动产所有权的善意取得争议极大。有力说对此持否定意见。[89] 形式上
的理由是占有改定情形受让人并未取得强度足够的占有,[90] 实质上的理由是要
避免所有权被通过占有改定方式秘密地善意取得,而所有权被秘密地善意取得通
常是所有权人无法承受的风险,从而因其不具有可归责性而不应使其丧失所有
权。[91] 但对交易安全要求极高的场合,例如受让人通过拍卖或者向具有经营资
格的经营者购得动产的,对交易安全的保护压制了风险原则。从而在此种场合,
无论是占有改定还是返还请求权的让与都应该可以导致善意取得,秘密地善意取

---

〔87〕 逻辑上当然也可以采取另一种构造,即将本条中的"不得对抗"解释为只是发生抵押人与特定
买受人间的相对效力,即在本例中,抵押人不得对抗甲并不意味着抵押(在对世意义上)被除去,只是意
味着对于甲该抵押被除去。但这种构造过于复杂,也不足采。

〔88〕 认为取得抵押财产应为取得抵押财产的所有权,但该所有权应通过交付转让给买受人的观
点,参见黄薇主编:《中华人民共和国民法典物权编释义》,法律出版社 2020 年版,第 505 页。

〔89〕 《民法典物权编解释一》第 17 条第 2 款在解释动产善意取得情形善意的认定时点时,只是对
现实交付、简易交付、返还请求权让与这三种情形作出了规定,而对于占有改定未予置喙,或可体现该司
法解释的起草者对于占有改定形式无法支撑善意取得的态度。

〔90〕 参见庄加园:《动产善意取得的理论基础再审视——基于权利外观学说的建构尝试》,载《中
外法学》2016 年第 5 期,第 1356 页。

〔91〕 参见纪海龙:《解构动产公示、公信原则》,载《中外法学》2014 年第 3 期,第 712 页。

得应被允许。[92]

44　　　　在本条调整之正常经营活动买受人的场合,恰恰就是抵押权人将抵押物留于持续出售某类商品的抵押人之手,此时一方面应视为抵押权人允许抵押人在正常经营活动中无负担地出售抵押物,抵押权人本就已承接了抵押物被无负担出售的风险,另一方面保护正常经营活动中买受人之交易安全的需求也极高,从而应认可买受人通过交付的替代方式取得标的物所有权也可满足本条规定之"取得抵押财产",[93]即便此会导致抵押权人的抵押权被秘密地切割掉。[94]

(五)买受人善意

1. 买受人善意指向的是抵押权人对抵押物转让的限制或禁止

45　　　　本条文义中并未规定买受人善意的要件。依本条文义,即便买受人在受让动产标的物时明知该物上负担抵押权,也不妨碍买受人无负担地取得动产所有权。其原因是,抵押权人选择抵押人持续销售的商品作为担保物,且并未采取控制担保物的担保方式,此造成了其同意抵押人在正常经营活动中无负担地转让抵押物

---

〔92〕　参见纪海龙:《解构动产公示、公信原则》,载《中外法学》2014年第3期,第713页。

〔93〕　相同观点,参见王利明:《论正常经营买受人规则》,载《东方法学》2021年第4期,第99页;刘智慧:《〈民法典〉"正常经营买受人规则"适用解构》,载《中国政法大学学报》2022年第3期,第142页;纪海龙、张玉涛:《〈民法典物权编(草案)〉中的"正常经营买受人规则"》,载《云南社会科学》2019年第5期,第112页;徐涤宇、张家勇主编:《〈中华人民共和国民法典〉评注(精要版)》,中国人民大学出版社2022年版,第426页。

〔94〕　不同的观点,参见高圣平:《民法典动产担保权登记对抗规则的解释论》,载《中外法学》2020年第4期,第22页;高圣平、叶冬影:《民法典动产抵押物转让规则的解释论》,载《比较法研究》2020年第4期,第84页;刘竞元:《民法典动产担保的发展及其法律适用》,载《法学家》2021年第1期,第60页;张素华、李鸣捷:《〈民法典〉"正常经营买受人规则"的解释论》,载《北方法学》2021年第3期,第16页。UCC下虽不存在例如占有改定这样的术语,但美国法院通过"拟制占有(constructive possession)"这一构造实现了占有改定约定也可满足正常经营活动中买受人规则的效果。按照UCC § 1-201(b)(9)对正常经营活动中买受人的定义,"只有占有货物或有权根据第二编向出卖人收回货物的买受人才可能是正常经营活动中的买受人"。美国法院在一系列的判例中将此处的占有解释为也包括"拟制占有"(见本注释中所引的美国判例,又可参见 Lopucki, Warren, Lawless, Secured Transactions, A Systems Approach, Ninth Edition, Wolters Kluwer, 2020, p. 584;庄加园:《探析抵押动产的正常经营买受人规则》,载《法学》2023年第1期,第112页)。按照美国法院对拟制占有的认定,"拟制占有是一个在多种情形下被使用的概念,基于此,在某些情况下可以占有某物的权利或能力足以在没有实际占有的情形产生'占有'的法律后果"[见 In re Havens Steel Co., 317 BR. 75, 88(Bankr. W. D. Mo. 2004)]。"如果所有权人故意将动产(personal property)的实际占有(即直接的实际控制)交给他人,目的是让该他人为了所有权人或对于该财产实施某种行为,则存在所有权人对该动产的拟制占有"[参见 In re Western Iowa Limestone, Inc., 538 F. 3d 858, 867(8th Cir. 2008)]。可见,从功能比较的角度看,美国法下的拟制占有和大陆法系的间接占有基本相同。而且在上述判例中,美国法院都是在认定标的物所有权已转移给买受人后确认了买受人(对于尚被出卖人实际占有之货物)的拟制占有。从而在这几个判例中对拟制占有的认定,实质上相当于在大陆法系下认定买受人基于占有改定而取得了所有权。

的推定和表象。从而,买受人知悉抵押权存在与否不影响本条的适用。

　　但恰恰因为本条是基于抵押权人同意抵押人无负担转让抵押物的推定和表象,所以如果买受人知道或应当知道抵押权人反对抵押人无负担转让抵押物的,此种推定和表象便被打破,本条也就不应适用。从而本条文义中虽未要求买受人善意,但买受人善意的要件应被解释进本条的正常经营买受人规则中。只是在此买受人的善意,并非是指其不知且不应知转让标的物上存在抵押权,而是指其不知且不应知抵押人不具有无负担转让抵押物的权限,从而抵押人出售抵押物侵犯了抵押权人的合同权利。[95] 例如抵押权人禁止抵押人转让抵押物,或禁止抵押人无负担地转让抵押物,或对抵押物的转让附加条件而在具体个案中相关条件并未得到满足。具体而言,受让人在正常经营买受人规则下的恶意,需要满足三个层层递进的条件。首先,买受人须知或应知标的物上存在担保权;其次,买受人须知或应知出卖人与担保权人之间存在"就该动产限制或禁止出售"之约定或其他类似约定;最后,买受人还须知或应知其与出卖人之间的买卖行为会侵犯担保权人基于前述担保协议所享有的权利。[96] 对于买受人"应知"的标准,应参考《民法典物权编解释一》第14条之规定,以因重大过失不知为标准。

　　至于在本条文义并未提及买受人善意这个要件的情况下如何引入该要件,学界观点不一。有观点认为应借鉴 UCC § 1-201(b)(9)之规定,将买受人善意要素直接涵到正常经营活动的概念之中。[97] 如买受人为恶意的,其购买行为便不属于"正常经营"的范畴,买受人因此不得因"正常经营买受人规则"受到优先

46

47

---

〔95〕 此是比较法上的通行做法。对此参见 UCC § 1-201(b)(9);联合国国际贸易法委员会《担保交易示范法》第34条第4款;DCFR IX. - 6:102, VIII. - 3:102. 关于 DCFR 下的买受人的善意要求,参见 von Bar/Clive (Hrsg), Principles, Definitions and Model Rules of European Private Law - Draft Common Frame of Reference (DCFR), Volume 6, sellier. European law publisher, 2009, p. 5605.

〔96〕 参见王利明:《论正常经营买受人规则》,载《东方法学》2021年第4期,第100页;庄加园:《探析抵押动产的正常经营买受人规则》,载《法学》2023年第1期,第114页;纪海龙、张玉涛:《〈民法典物权编(草案)〉中的"正常经营买受人规则"》,载《云南社会科学》2019年第5期,第113页;纪海龙:《民法典动产与权利担保制度的体系展开》,载《法学家》2021年第1期,第52页;龙俊、高曼琳:《动产抵押领域正常经营活动中的买受人制度研究》,载《清华法律评论》编委会编:《清华法律评论》第10卷第2辑,法律出版社2021年版,第43页;孙宪忠、朱广新主编:《民法典评注·物权编4》,中国法制出版社2020年版,第152—153页(董学立执笔)。反对观点,参见高圣平、叶冬影:《民法典动产抵押物转让规则的解释论》,载《比较法研究》2020年第4期,第84页;邹海林:《民法典上的动产抵押权规则体系解释论》,载《法律适用》2021年第5期,第35页;杨代雄主编:《袖珍民法典评注》,中国民主法制出版社2022年版,第311页(吴宏乔执笔)。

〔97〕 参见李莉:《浮动抵押权人优先受偿范围限制规则研究》,载《西南政法大学学报》2014年第3期,第49页。

性保护。[98] 但本文认为,将"善意"要素解释到"正常经营活动"的概念中,会混淆正常经营活动这个客观要件和善意这个主观要件。就举证责任而言,买受人应负担证明正常经营活动而抵押权人应负担证明买受人为恶意,两者不应被混淆。本条未规定买受人善意这个要件,应被视为构成法律漏洞。此法律漏洞可基于目的性限缩加以填补。即,本条乃是基于抵押权人同意抵押人无负担出售和转让抵押物的推定和表象,在此推定和表象被打破之时,应对本条进行目的性限缩,不允许买受人无负担地取得标的物的所有权。[99] 在此,买受人善意的标准是不知且非因重大过失不知。

2. 限转或禁转的登记

48　　　《民法典》第 406 条原则上认可抵押物自由转让,但后果是抵押权追及力依旧存在。同时《民法典》第 406 条第 1 款中句又规定了"当事人另有约定的,按照其约定"。所谓另有约定,主要是指抵押权人和抵押人约定限制或禁止抵押人转让抵押物。对于此约定的效力,学界曾有观点主张其只具有债法意义上的效力,而并未限制抵押人的处分权,亦即抵押人违反该约定转让抵押物的只会导致其向抵押权人承担违约责任,而不会影响其向受让人转让抵押物所有权的权限。[100] 但按照《民法典担保制度解释》第 43 条,如果抵押权人有证据证明受让人知道抵押权人和抵押人间禁止或限制抵押财产转让的约定的,或者该约定被登记的,则受让人无法取得抵押财产的所有权。按照《民法典担保制度解释》第 43 条,限转或禁转约定剥夺了抵押人的处分权,从而抵押人的处分构成无权处分,受让人只能依据善意取得的法理取得抵押物的所有权。若买受人对此等约定恶意,其无法取得所有权,进而便无须讨论本条是否适用以使得买受人无负担地取得所有权了。但问题在于,若限转或禁转约定被登记,是否可认为买受人应当知道该限转或禁转约定,从而因买受人恶意导致买受人无法取得所有权? 回答此问题的关键是,符合本条其他要件的买受人是否有义务查询登记。如其无义务查询登记,那么限转或禁转约定被登记也不等于买受人为恶意,《民法典担保制度解释》第 43 条第 2款在此不应被适用(目的性限缩),买受人因《民法典担保制度解释》第 43 条第 1款取得所有权,进而基于本条之适用其取得的所有权上无抵押权负担。

---

〔98〕 参见钟维:《民法典编纂背景下我国浮动抵押制度的释评与完善》,载《广东社会科学》2018 年第 4 期,第 235 页。

〔99〕 参见纪海龙、张玉涛:《〈民法典物权编(草案)〉中的"正常经营买受人规则"》,载《云南社会科学》2019 年第 5 期,第 113 页;刘智慧:《〈民法典〉"正常经营买受人规则"适用解构》,载《中国政法大学学报》2022 年第 3 期,第 144 页;张素华、李鸣捷:《〈民法典〉"正常经营买受人规则"的解释论》,载《北方法学》2021 年第 3 期,第 17 页。

〔100〕 参见纪海龙:《民法典动产与权利担保制度的体系展开》,载《法学家》2021 年第 1 期,第 50 页。

在消费者买受人的场合,消费者在购买商品时肯定无义务查询商家的登记, 49
从而即便限转或禁转约定被登记的,不应推定消费者买受人为恶意,即此时限转
或禁转约定不妨碍本条的适用。若买受人非为消费者而是经营者、非营利法人或
其他法人或非法人组织,该等买受人从持续销售某类商品的出卖人处购买该类商
品时,是否有义务查询登记? 鉴于正常经营买受人规则的内在根据是出卖人正常
经营活动中的销售行为存在无负担移转所有权的推定和表象这个授权表象,该表
象可以使得买受人相信,即便标的物上存在动产抵押,抵押权人也会授权抵押人
在其正常经营活动中无负担地出售标的物,从而正常经营活动中的买受人并无义
务查询出卖人的登记。[101]

结论便是,满足本条要件的买受人无义务查询出卖人名下的登记,从而即便 50
抵押权人和抵押人之间的限转或禁转约定被登记,也不能仅凭借此登记便认定买
受人恶意。[102] 当然,如果特定个案中相关端倪指向限转或禁转约定可能存在的,
买受人便有义务查询出卖人的登记,或者如特定行业惯例或交易惯例下作为经营
者的买受人一般均查询出卖人的登记的,也应认定买受人有查询登记的义务。此
时如果限转或禁转约定被登记的,买受人应被视为恶意,依据《民法典》第 406 条
第 1 款中句以及《民法典担保制度解释》第 43 条第 2 款买受人无法取得标的物的
所有权,进而更谈不上基于本条之规定无负担地取得所有权了。就此而言,《民法
典担保制度解释》第 56 条第 1 款第 5 项"买受人应当查询抵押登记而未查询的其
他情形"的不当规定或可解释为:在限转或禁转约定被登记时,如买受人按照行业
惯例或交易习惯应当查询登记而未查询的,因买受人恶意而无法适用本条。[103]

三、法律后果

(一) 买受人取得的所有权上无抵押权负担

本条规定,"以动产抵押的,不得对抗……买受人"。此规定从句法上看,其实 51
省略了主语,即以动产抵押的"抵押权人"。抵押权人不得对抗符合本条条件的买
受人,具体究竟何指? 对此《民法典担保制度解释》第 56 条第 1 款规定的是,"请

---

〔101〕　认为如买受人是商人则负有查询登记之义务的观点,参见麻锦亮编著:《民法典·担保注释
书》,中国民主法制出版社 2023 年版,第 662 页。
〔102〕　虽认为本条的适用不以买受人善意为要件但同时也认为限转或禁转约定被登记不妨碍本条
适用的观点,参见高圣平、叶冬影:《民法典动产抵押物转让规则的解释论》,载《比较法研究》2020 年第 4
期,第 84 页。
〔103〕　类似的观点,参见王利明:《论正常经营买受人规则》,载《东方法学》2021 年第 4 期,第 102—
103 页。

求就该动产优先受偿的,人民法院不予支持"。但无论本条中的"不得对抗",还是《民法典担保制度解释》第 56 条第 1 款中的无法"请求就该动产优先受偿",均可有如下两种理解:一是正常经营买受人规则适用的法律后果是动产抵押权依旧存在,只是降格为不具有对抗力的抵押权;二是正常经营买受人规则适用的法律后果是动产抵押权消灭,买受人无负担地取得标的物所有权。正确的理解应为第二种,即买受人取得的标的物所有权上不再负担抵押权。[104]　如买受人将标的物转让给第三人的,即便该第三人不构成正常经营活动中的买受人,第三人取得的标的物上亦不负担抵押权人的抵押权。

52　　　　因本条之适用导致抵押权负担被除去的时点是本条要件满足之时。具体而言,出卖人在正常经营活动中出售标的物给买受人,则在至少一部分价款被支付且买受人取得标的物所有权之时,标的物上的抵押权被剔除;如买受人先支付价款后取得所有权,则为取得所有权之时;如买受人先取得所有权后支付价款,则为价款被支付之时。

52a　　　　如抵押人和买受人之间的买卖合同无效,则在不认可处分行为无因性的司法实践下,因标的物所有权自始并未转移至买受人,本条的适用要件未被满足,标的物上的抵押权负担也就未被除去。如抵押人和买受人之间的买卖合同被撤销,则在不认可处分行为无因性的司法实践下,标的物所有权溯及既往地自始未移转至买受人,此时发生与买卖合同无效时相同的效果,即标的物上的抵押权负担未被除去。如买卖合同被解除或发生了相当于解除的退货,则在解除效果的清算说下,标的物已经转移给买受人,此时如本条其他要件满足,则标的物上的抵押权负担已被除去。在基于解除的法律效果标的物所有权被返还给抵押人后,如抵押权为浮动抵押,则此被返还的标的物当然又被该浮动抵押所覆盖。此时如抵押权并非浮动抵押而是一般的动产抵押,该被返还的标的物是否重新成为抵押权的标的,则颇费思量。鉴于让被返还的标的物重新恢复抵押物地位且享受原抵押权的对抗和顺位效力,可能会更加符合抵押权人和抵押人在当初设定抵押权时的潜在合意,本文初步赞同因买卖合同被解除而返还的标的物重新恢复原抵押标的的属性。

（二）抵押权人的保护措施

53　　　　存货上的担保利益在相当程度上是一种很脆弱的担保利益。[105]　在存货中的产成品上设定动产抵押,必然面临着正常经营买受人规则的"破坏"。抵押人在其

---

〔104〕　参见龙俊:《民法典中的动产和权利担保体系》,载《法学研究》2020 年第 6 期,第 33 页。

〔105〕　See Robert H. Skilton, " Buyer in Ordinary Course of Business under Article 9 of the Uniform Commercial Code (and Related Matters), " Wisconsin Law Review 1974, no. 1 (1974), p. 1.

正常经营活动中销售作为抵押财产的产品,常会因本条之适用而使得抵押权被消灭。此时,抵押权人只能依赖因销售抵押财产而取得的收益。抵押权人可基于《民法典》第406条第2款向抵押人主张将转让所得的价款提前清偿债务或提存。[106] 对于我国法下动产担保上的担保权是否会覆盖转让担保财产取得的收益,例如应收账款或现金收益,学界存在争议。有观点认为这些收益会自动被动产担保权所覆盖;[107] 有观点则认为现行法下无法解释出自动覆盖的效果,毋宁是抵押权人应在收益上设定担保,例如在应收账款上设定应收账款质押,在现金收益上设定账户质押,乃至约定及登记动产抵押覆盖因抵押财产取得的收益。[108] 在司法实务对此点争议并未发展出统一态度的背景下,本文建议在存货尤其是产成品上设定动产抵押(包括浮动抵押)的债权人,应自我采取措施保护其利益,例如同时在销售产生的应收账款上设定应收账款质押,在销售获取的现金上设定账户质押或采取其他控制抵押人账户的方式,并尽量采用浮动抵押,以覆盖新流入的存货。[109]

四、举证责任

在抵押物被出售的情形,动产抵押权人为执行买受人购买的标的物,应负责证明其在标的物上设定了抵押且该抵押在标的物所有权移转给买受人前已登记;如在标的物所有权移转给买受人前该抵押并未被登记,则动产抵押权人应负责证明买受人知道或应当知道标的物上负担抵押权。 54

买受人为阻却抵押权人的追及,其应负责证明抵押权人已经明示或默示授权抵押人无负担地转让抵押物,或证明买受人是在抵押人的正常经营活动中购买了该标的物,即标的物属于抵押人持续销售的商品、其已支付合理价款并取得了标的物的所有权。进而,抵押权人可通过证明标的物的销售方式不正常,或证明标的物的转让是为了担保目的,或证明买受人恶意(即知道或应当知道存在限转或禁转约定),来推翻本条的适用。在抵押人和买受人为关联企业时,应由买受人负责证明交易的合理性。 55

---

〔106〕 参见纪海龙:《世行营商环境调查背景下的中国动产担保交易法》,载《法学杂志》2020年第2期,第41页;龙俊、高曼琳:《动产抵押领域正常经营活动中的买受人制度研究》,载《清华法律评论》编委会编:《清华法律评论》第10卷第2辑,法律出版社2021年版,第44页。

〔107〕 参见庄加园:《动产担保物权的默示延伸》,载《法学研究》2021年第2期,第40—44页。

〔108〕 参见纪海龙:《动产担保权益延伸的合意路径》,载《现代法学》2022年第3期,第5—12页。

〔109〕 对此的讨论,参见纪海龙:《动产担保权益延伸的合意路径》,载《现代法学》2022年第3期,第17页;纪海龙:《民法典动产与权利担保制度的体系展开》,载《法学家》2021年第1期,第52页。

附:案例索引

1. 广东省高级人民法院(2017)粤民终3094号民事判决书:中信银行股份有限公司深圳分行与深圳市龙日园艺景观有限公司金融借款合同纠纷案【边码13】

2. 河北省石家庄市中级人民法院(2019)冀01民终11522号民事判决书:中信银行股份有限公司石家庄分行与陈某卫买卖合同纠纷案【边码13】

3. 河北省石家庄市中级人民法院(2019)冀01民终11532号民事判决书:中信银行股份有限公司石家庄分行与郝某泽买卖合同纠纷案【边码13】

4. 湖北省高级人民法院(2013)鄂民二终字第00041号民事判决书:中央储备粮宜昌直属库与湖北当阳农村商业银行股份有限公司借款合同纠纷案【边码1、32】

5. 山东省滨州市中级人民法院(2022)鲁16终1399号民事判决书:中信银行股份有限公司淄博分行与山东科瑞钢板有限公司等动产抵押权纠纷案【边码19】

6. 四川省成都市中级人民法院(2014)成民终字第4016号民事判决书:四川东连融资担保有限公司等与杨某伦等排除妨碍纠纷案【边码1】

7. 四川省南充市中级人民法院(2017)川13民终1575号民事判决书:四川东胜林业开发有限公司与中国农业发展银行阆中市支行金融借款合同纠纷案【边码1、25】

8. 云南省昆明市西山区人民法院(2017)云0112民初2820号民事判决书:腾冲甫创汽车贸易有限责任公司与昆明星长征实瑞汽车销售有限公司等买卖合同纠纷案【边码13】

9. 云南省昆明市西山区人民法院(2017)云0112民初3241号民事判决书:云南速双商贸有限公司等与昆明星长征实瑞汽车销售有限公司等买卖合同纠纷案【边码13】

10. 云南省昆明市西山区人民法院(2017)云0112民初3475号民事判决书:腾冲甫创汽车贸易有限责任公司与昆明星长征实瑞汽车销售有限公司等买卖合同纠纷案【边码13】

11. 云南省昆明市西山区人民法院(2017)云0112民初5365号民事判决书:腾冲宏鑫经贸有限责任公司与昆明星长征实瑞汽车销售有限公司等买卖合同纠纷案【边码13】

12. 云南省昆明市西山区人民法院(2017)云0112民初5366号民事判决书:腾冲宏鑫经贸有限责任公司与昆明星长征实瑞汽车销售有限公司等买卖合同纠纷案【边码13】

13. 云南省昆明市西山区人民法院(2017)云0112民初5367号民事判决书:腾冲宏鑫经贸有限责任公司与昆明星长征实瑞汽车销售有限公司等买卖合同纠纷案【边码13】

14. 云南省昆明市西山区人民法院(2017)云0112民初5368号民事判决书:腾冲宏鑫经贸有限责任公司与昆明星长征实瑞汽车销售有限公司等买卖合同纠纷案【边码13】

15. 云南省昆明市西山区人民法院(2017)云0112民初5369号民事判决书:腾冲宏鑫经贸有限责任公司与昆明星长征实瑞汽车销售有限公司等买卖合同纠纷案【边码13】

16. 云南省昆明市中级人民法院(2017)云01民终7518号民事判决书:中信银行股份有限公司昆明南亚支行与严某峻返还原物纠纷案【边码13】

17. 浙江省金华市中级人民法院(2014)浙金商终字第664号民事判决书:徐某威等与永康市威远塑料厂等债权人撤销权纠纷案【边码19、33】

18. 浙江省衢州市中级人民法院(2018)浙08民终673号民事判决书:衢州忠博贸易有限公司与宁波巨榭能源有限公司、浙江牧明新材料科技有限公司案外人执行异议之诉案【边

码 35】

19. 最高人民法院(2014)民申字第 1628 号民事裁定书:永吉县京顺粮食经销有限公司与中国农业发展银行吉林市分行营业部、吉林市天程粮食购销有限公司金融借款合同纠纷案【边码 40】

第423条

最高额抵押权担保债权的确定[*]

第 423 条　有下列情形之一的,抵押权人的债权确定:

(一)约定的债权确定期间届满;

(二)没有约定债权确定期间或者约定不明确,抵押权人或者抵押人自最高额抵押权设立之日起满二年后请求确定债权;

(三)新的债权不可能发生;

(四)抵押权人知道或者应当知道抵押财产被查封、扣押;

(五)债务人、抵押人被宣告破产或者解散;

(六)法律规定债权确定的其他情形。

简　目

---

[*] 本文系基于《〈民法典〉第423条(最高额抵押权担保债权的确定)评注》(载《法学家》2023年第3期,第175—189页)一文修订而成。

案例收集情况说明:(1)尽可能全面收集最高人民法院的裁判意见;(2)选取其他法院有代表性的裁判意见;(3)本文案例主要来源于中国裁判文书网、北大法宝、无讼案例。

武亦文

一、规范定位

(一) 规范意旨

本条是确定最高额抵押权所担保债权的基础规范。最高额抵押权所担保债权的确定,指的是最高额抵押权所担保的债权基于特定的事由而归于具体特定。[1] 相较于一般抵押权,最高额抵押权具有担保的债权不特定的特征,但最高额抵押权仍属于抵押权的一种,而抵押权的实现以担保的债权及数额的确定为必要。因此,确定最高额抵押权担保的债权是最高额抵押权实现的前置程序。其重要意义在于:第一,保障债权人利益。债权一旦需要清偿时,如果不能将抵押权所及之债权予以确定,不利于债权的实现。抵押权的目的在于使得特定债权能够优先于普通债权受偿,最高额抵押权制度即便允许所担保的债权在一定期间内发生变化,但抵押权最终实现阶段担保的债权不确定时,债权人的权益则难以保障。[2] 第二,保障债务人利益。最高额抵押权所担保的债权确定后,最高额抵押权转变为一般抵押权,与确定后的主债权具有从属关系。[3] 之后债权若发生变动、移转或消灭的效果,抵押权随之变动。第三,保护其他利害关系人利益。如果不能将最高额抵押权所担保的债权予以确定,对于同一债务人的后次序的担保权人和普通债权人来说,其债权是否能得到实现以及能够得到何种程度的实现,均存在较大的不确定性,其利益自然难以保障。

本条具有数个不同的构成要件,但指向的法律效果相同,理解该条文时,应将其还原成六个基本型法条。本条构成要件是有本条规定的六项情形之一发生,法律效果为抵押权人的债权确定。本条并非请求权基础规范。针对本条第 2 项所规定的当事人行使债权确定请求权以确定债权的情形,属于形成权的行使。针对满足本条第 1 项、第 3 项至第 6 项所规定的债权确定的情形,直接发生债权确定的法律后果。

本条第 1 项的意旨在于尊重当事人意思自治;第 2 项的规范目的在于避免抵押财产长期受到抵押权的束缚;第 3 项体现了最高额抵押权的应有之义,因为最高额抵押权是为了担保一定期间内不断连续发生的债权而设,既然新的债权已不可能发生,最高额抵押权所担保债权便应发生确定;第 4 项的规范目的在于,在其他债权人欲实现其债权的场合下,为了保障最高额抵押权人的利益不因查封、扣

---

〔1〕　黄薇主编:《中华人民共和国民法典物权编释义》,法律出版社 2020 年版,第 553 页。

〔2〕　程啸:《担保物权研究》(第 2 版),中国人民大学出版社 2019 年版,第 585 页。

〔3〕　曹士兵:《中国担保制度与担保方法》(第 5 版),中国法制出版社 2022 年版,第 356 页。

押等措施受到影响,有必要确定最高额抵押权所担保债权,并在满足最高额抵押权优先受偿的条件下使得最高额抵押权人优先受偿;第 5 项下,债务人、抵押人已经被宣告破产或解散,最高额抵押权所担保的债权若不确定,允许继续产生新的债权,则会损害其他破产债权人利益;[4]第 6 项为兜底条款,旨在规定前五项无法涵盖的导致债权确定的其他情形。本条第 3 项、第 4 项、第 5 项、第 6 项的情形一旦出现,即便当事人约定的债权确定期间、法定的债权确定期间尚未届满,最高额抵押权所担保的债权也直接产生债权确定的效果。[5]

(二)规范史略

4　　　1995 年颁布的《担保法》在其第三章第五节首次规定了最高额抵押制度,但是《担保法》对最高额抵押的态度过于保守,内容较为粗疏,仅用 4 个条文对最高额抵押的定义、担保的债权、主合同的转让等内容进行规定,而对于最高额抵押权的设定、抵押的范围、变更、转让、确定、实现等内容没有涉及。上述情况造成最高额抵押权制度在司法实务当中适用的困难,[6]不利于最高额抵押权制度在我国市场经济中的广泛应用。[7]

5　　　2000 年颁布的《担保法解释》对最高额抵押权制度依旧着墨不多。《担保法解释》第 81 条规定:"最高额抵押权所担保的债权范围,不包括抵押物因财产保全或者执行程序被查封后或债务人、抵押人破产后发生的债权。"《担保法解释》第 83 条第 1 款规定,最高额抵押权所担保的不特定债权特定后,最高额抵押权人可以根据一般抵押权的规定行使其抵押权。该条款系最高额抵押权所担保的债权确定后,债权人行使最高额抵押权的规则,但是关于最高额抵押权所担保债权确定的法定事由依旧缺少明确规定。[8]

6　　　及至 2004 年,《查封、扣押、冻结财产规定》[9]第 27 条规定:"人民法院查封、扣押被执行人设定最高额抵押权的抵押物的,应当通知抵押权人。抵押权人受抵押担保的债权数额自收到人民法院通知时不再增加。人民法院虽然没有通知抵

---

[4]　崔建远:《中国民法典释评·物权编(下卷)》,中国人民大学出版社 2020 年版,第 436—437 页。
[5]　例如,在约定的债权确定期间届满前,抵押权人知道或者应当知道抵押财产被查封、扣押的,最高额抵押权人的债权确定。参见最高人民法院(2020)最高法执监 192 号执行裁定书。
[6]　曹士兵、吴光荣:《中国法上的最高额担保制度》,载郑智航主编:《山东大学法律评论》2015 年卷(年刊),山东大学出版社 2016 年版,第 131—132 页。
[7]　胡康生主编:《中华人民共和国物权法释义》,法律出版社 2007 年版,第 447 页。
[8]　孙宪忠、朱广新主编:《民法典评注·物权编 4》,中国法制出版社 2020 年版,第 278 页(李俊执笔)。
[9]　根据 2020 年 12 月 23 日最高人民法院审判委员会第 1823 次会议通过的《最高人民法院关于修改〈最高人民法院关于人民法院扣押铁路运输货物若干问题的规定〉等十八件执行类司法解释的决定》,《查封、扣押、冻结财产规定》已被修正。

押权人,但有证据证明抵押权人知道查封、扣押事实的,受抵押担保的债权数额从其知道该事实时起不再增加。"〔10〕该条对于因查封、扣押导致最高额抵押权所担保债权确定的情形,以"通知到达当事人"和"当事人知道"为标准。2007 年颁布的《物权法》在第 206 条规定了最高额抵押权所担保债权确定的法定事由,其中第 4 项规定的"抵押财产被查封、扣押",延续了《担保法解释》第 81 条的立场,但与《查封、扣押、冻结财产规定》第 27 条的立场未完全契合,并未规定后者所要求的抵押权人知道抵押财产被查封、扣押的条件。

《民法典》立法时保留了最高额抵押权所担保债权的确定情形这一条款。在 7
《民法典各分编(草案)》(2018 年 9 月版)中,《物权法》第 206 条的内容得以延续。但是在《民法典物权编(草案)》(2019 年 4 月第 2 次审议稿)中,条款的第 5 项被修改为"债务人、抵押人被宣告破产或者解散清算"。在《民法典(草案)》(2020年 5 月 22 日审议稿)中,第 5 项又被修改为"债务人、抵押人被宣告破产或者解散",这一表述为《民法典》所采纳。最终,在《民法典》中,《物权法》第 206 条第 4项被修改为"抵押权人知道或者应当知道抵押财产被查封、扣押";第 5 项被修改为"债务人、抵押人被宣告破产或者解散"。〔11〕《查封、扣押、冻结财产规定》(2020 年修正)第 25 条基本承继了《查封、扣押、冻结财产规定》第 27 条的规定,同时增加了抵押权人应当知道查封或扣押事实的,最高额抵押权所担保的债权数额确定的内容。《查封、扣押、冻结财产规定》(2020 年修正)第 25 条可作为《民法典》第 423 条第 4 项的进一步解释和补充。

(三) 体系关联

最高额抵押权所担保债权的确定与最高额抵押权的实现系不同概念,前者系 8
后者的前提。"实现抵押权"系最高额抵押权人在特定债权范围内优先受偿,实现抵押权时需要确定所担保债权的具体额度,之后再在债权额度内进行抵押权的实现程序。尽管《民法典》第 420 条债务人不履行到期债务或者当事人约定的实现抵押权的情形可以纳入本条所规定的其他情形,但不应忽视的是,第 420 条中债务人不履行到期债务或者发生当事人约定的实现抵押权的情形,其前提是债权确定,〔12〕强调债权确定的意义还在于,只有在债权确定后,最高额抵押权才会随着主债权的转让而随同移转。〔13〕

---

〔10〕《查封、扣押、冻结财产规定》在 2008 年作了修改,但修改后第 27 条的内容并未发生变化,本文中的《查封、扣押、冻结财产规定》不对 2004 年、2008 年的版本进行区分。

〔11〕石冠彬主编:《中华人民共和国民法典立法演进与新旧法对照》,法律出版社 2020 年版,第 175 页。

〔12〕四川省高级人民法院(2015)川民终字第 49 号民事判决书。

〔13〕最高人民法院(2021)最高法民申 6237 号民事裁定书。

9　　　　关于最高额抵押权与最高额质权的关系问题,《民法典》第 439 条明确最高额质权应当适用最高额抵押权的相关规定,因此,本条关于最高额抵押权所担保债权确定的规则也应适用于最高额质权所担保债权的确定。

二、与债权相关的确定情形(第 1 项至第 3 项)

(一)约定的债权确定期间届满

10　　　　本项中当事人约定的债权确定期间需要与两组概念进行区分。第一,债权确定期间有别于最高额抵押权的存续期间。二者的区别主要在于功能不同。债权确定期间是用于确定最高额抵押权所担保债权数额的时间;债权确定期间届满,抵押权人的债权便发生确定。最高额抵押权的存续期间是用于确定最高额抵押权担保债权的期间,最高额抵押权的存续期间届满,最高额抵押权人便丧失要求法院对最高额抵押权提供保护的权利。[14] 在当事人未作出特别约定时,最高额抵押权的存续期间为最高额抵押权所担保主债权的诉讼时效期间,其确定指向《民法典》第 419 条,区别于债权确定期间。第二,债权确定期间有别于最高额抵押中的债务清偿期。二者的差异在于:其一,债务的清偿期决定债权诉讼时效的起算,而债权确定期间则无此功能。其二,当事人可以在最高额抵押合同中约定债务清偿期为债权的确定期间,也可以在债务的清偿期之外另行约定债权的确定期间。[15]

11　　　　最高额抵押权所担保的债权不能没有期限地处于变动状态。为尊重当事人的意思自治,允许抵押人和抵押权人对债权的确定期间进行约定,一旦抵押人和抵押权人设定抵押期间,则凡是发生在该期间内的未超过最高额抵押权所担保债权限额的债权均属于最高额抵押权担保范围。[16] 在当事人约定的债权确定期间届满前,除非有应当确定债权的其他情形发生,否则不发生债权确定的法律效果。例如,最高人民法院认为,即便当事人之间发生的债权数额已经超过约定的最高债权额,只要约定的债权确定期间未届满,则仍不发生债权确定的法律效果。[17] 由于已经发生的债权可能因债务人清偿而使得债权数额再次少于最高债权额,此后产生的债权仍然属于最高额抵押权担保范围。债权确定期间不属于最高额抵

---

〔14〕　黄薇主编:《中华人民共和国民法典物权编释义》,法律出版社 2020 年版,第 554 页。
〔15〕　最高人民法院(2019)最高法民终 124 号民事判决书。
〔16〕　浙江省嘉兴市中级人民法院(2022)浙 04 民终 832 号民事判决书。
〔17〕　最高人民法院(2019)最高法民申 3097 号民事裁定书。

押合同的必备条款。当事人未在最高额抵押合同中约定债权确定期间的,不影响最高额抵押权的设立。[18] 当事人如对债权确定期间没有约定,则本条规定的其他事实出现时,同样产生债权确定的效果。

关于有权就债权确定期间作出约定的当事人具体指哪些主体,本项未予明确,但鉴于《民法典》第 422 条规定了"抵押权人与抵押人可以通过协议变更债权确定的期间",从体系解释的角度出发,应当将当事人界定为抵押人和抵押权人。但相反观点则认为,在当事人通过协议确定最高额抵押权担保债权的场合,当事人仅限于债务关系的当事人,即债权人和债务人,当抵押财产系由第三人提供时,作为抵押人的该第三人无权参与约定。[19] 还有观点认为,应当区分债权不确定的类型作不同处理。当债权不确定体现为因客观标准导致债权的存在或数额不确定时,可以由债权人和债务人通过约定消除该不确定性,若担保债权额相较于初始状态不可能再被减少,则由于该抵押权在内容上得到扩张,抵押人必须同意该约定。若债权不确定体现为尚未确定多项债权中的哪些可以得到最高额抵押权担保时,则可以由债权人和抵押人在不经债务人同意的情况下,于最高额范围内约定具体哪些债权可以得到担保。[20] 考虑到债权确定期间的约定真正影响的是抵押人的利益,关系抵押人提供的抵押财产最终将在多大范围内用于债务清偿,为防止抵押人的利益在其不知情的情况下遭受减损,不应认为抵押人无权参与约定债权确定期间。就此而言,我国《民法典》将约定债权确定期间的当事人界定为抵押人和抵押权人是合理的。另外,基于保障抵押人利益的基本原则,若对债权确定期间实际作出约定的是债权人和债务人,则其约定必须告知抵押人并取得抵押人同意,否则对抵押人不具有约束力,除非该约定对抵押人有利。

当事人约定的债权确定期间的效果表现为:若当事人对债权确定期间作出约定,约定期间一旦届满后,债权即发生自动确定,最高额抵押权所担保的债权数额予以固定。例如,某公司与某银行约定,在 2013 年 4 月 15 日至 2014 年 4 月 15 日期间发生的债务由公司以特定资产为银行进行最高额抵押,期间届满后最高额抵押权所担保的债权归于确定。[21]

12

13

---

[18] 最高人民法院(2007)民二终字第 240 号民事判决书。

[19] MüKoBGB/*Lieder*, 2020, § 1190 Rn. 12.

[20] Staudinger BGB/*Wolfsteiner*, 2019, § 1190 Rn. 27.

[21] 最高人民法院(2019)最高法民终 266 号民事判决书。类似的案例还有最高人民法院(2017)最高法民终 964 号民事判决书;安徽省宿州市中级人民法院(2019)皖 13 民初 42 号民事判决书。

14　　　本条未对当事人约定的债权确定期间的长短进行直接限制,对此理论上存在争议。[22] 司法实践中的普遍观点是认可当事人约定债权确定期间的效力,不会因约定的债权确定期间过长而认定该约定无效。例如,在"亚洲铝业(中国)有限公司与中国进出口银行等金融借款合同纠纷案"中,当事人约定的债权确定期间长达 10 年,最高人民法院仍认可该约定的效力。[23] 应当认为,最高额抵押权制度存在的目的是担保债权的实现,如果最高额抵押权事实上长期存在,可能意味着债权人和债务人之间的交易处于良性状态,债权人无须诉诸实现抵押权以保障自己的利益。即便约定的债权确定期间较长,也应认定约定有效。此外,由于存在第 3 项至第 6 项的债权确定情形,即便约定的债权确定期间较长,也不会影响最高额抵押权人、抵押人、后顺位抵押权人的利益,因此,无须对当事人约定的债权确定期间进行限制。

15　　　此外,若当事人约定的债权确定期限过长或者债权实际发生确定时,所担保的部分债权的诉讼时效已经完成,关于此时《民法典》第 419 条"抵押权人应当在主债权诉讼时效期间行使抵押权"的规定应如何适用,合理的处理模式为:在当事人针对各项债务的履行期限作了明确约定的背景下,若某一项债权诉讼时效已经经过,则应尊重当事人意思表示,认定虽然债权确定期限超过该项债权的诉讼时效期间,但是债务履行期限的约定表明了该项债权应由债权人自履行期限届满时及时主张,当事人针对各项债务的履行期与债权确定期间的约定均属有效。因而,在某一项债权的诉讼时效已经经过时,虽然抵押权人仍可主张行使抵押权,但此时抵押权人将丧失请求人民法院对其抵押权进行保护的权利。[24] 不过,在最高额抵押权所担保的债权确定之前,某一债权诉讼时效已经经过,而后在最高额抵押权所担保的债权确定之后,抵押人同意将时效已届满的债权登记入最高额抵押权所担保范围,这意味着抵押人放弃时效利益,诉讼时效已经经过的债权仍应当确定为最高额抵押权所担保的债权范围。[25]

---

〔22〕　主张限制者的观点,可参见杨文辉:《最高额抵押权决算期之研究》,载《法学》2009 年第 3 期,第 105 页;房绍坤、吴兆祥、郝倩:《论最高额抵押权》,载《法学家》1998 年第 2 期,第 16 页;王利明:《物权法研究(下卷)》(第 4 版),中国人民大学出版社 2016 年版,第 1293 页。反对限制者的观点,可参见杨巍:《最高额抵押权行使期间的确定与计算》,载麻昌华主编:《私法研究》第 25 卷,法律出版社 2020 年版,第 10—11 页。

〔23〕　最高人民法院(2021)最高法民终 64 号民事判决书。类似案例参见最高人民法院(2021)最高法民终 879 号民事判决书。

〔24〕　广东省潮州市中级人民法院(2021)粤 51 民终 511 号民事判决书;黄薇主编:《中华人民共和国民法典物权编释义》,法律出版社 2020 年版,第 547 页。

〔25〕　杨巍:《最高额抵押权行使期间的确定与计算》,载麻昌华主编:《私法研究》第 25 卷,法律出版社 2020 年版,第 16 页。

　　　　　　　　　　　　　武亦文

（二）没有约定债权确定期间或者约定不明确，抵押权人或者抵押人自最高额抵押权设立之日起满 2 年后请求确定债权

1. 债权确定请求权的制度价值

当事人如果未对最高额抵押权所担保债权约定确定期间，法律并不会任由最 16 高额抵押无期限的存续。第一，抵押制度的最终目的在于担保债权的实现。最高额抵押权所担保的债权不能无序地增减，使得最高额抵押中当事人之间的法律关系具有相当的不确定性。如果最高额抵押权担保的债权额长期不确定，抵押人会长期受到约束，无法摆脱担保责任，抵押物的担保价值也会长期处于被限制状态，对抵押人十分不利。设置法定的债权确定期间有利于保护抵押人的权益。〔26〕 本项规定为任意性规范，在当事人意思自治缺位的情况下，赋予抵押人在法定期间经过后请求确定债权的权利，避免当事人永久性地受到最高额抵押权担保的拘束。第二，如果在当事人没有就债权确定期间进行约定或约定不明时，赋予抵押人以随时请求确定债权的权利，也会与最高额抵押权在于担保一定期间内连续发生的债权的规范目的相悖，因而本项参照比较法通例，规定抵押人可在最高额抵押权设立之日起满 2 年后行使债权确定请求权，使得抵押权人不必时常顾虑抵押人行使债权确定请求权。〔27〕

上述针对本条第 2 项的分析，仅仅针对的是抵押人，而按照本条第 2 项的文 17 义，抵押权人也应当自最高额抵押权设立之日起满 2 年后请求确定债权，但这种处理模式并不合理。〔28〕 由于最高额抵押权是为抵押权人的利益而设，抵押权人随时请求确定债权不会对抵押人造成负担，要求抵押权人应自最高额抵押权设立之日起满 2 年后请求确定债权，限制了抵押权人的自由选择。而若允许抵押人随时确定债权，则不利于抵押权人签订最高额抵押合同及设立最高额抵押权的目的。考虑到区分对待抵押权人和抵押人的必要性，尽管本条第 2 项规定抵押人和抵押权人均应当自最高额抵押权设立之日起满 2 年后请求确定债权，但对本条第

〔26〕 孙宪忠、朱广新主编：《民法典评注·物权编4》，中国法制出版社 2020 年版，第 280 页（李俊执笔）；柯澄川：《最高额抵押债权优先受偿的范围》，载《人民司法·案例》2019 年第 29 期，第 104 页。

〔27〕 黄薇主编：《中华人民共和国民法典物权编释义》，法律出版社 2020 年版，第 555 页。

〔28〕 比较法上存在不同于我国的处理模式。例如，日本立法例区分最高额抵押权人与最高额抵押人，规定抵押权人可随时请求确定最高额抵押权所担保的债权，而抵押人只能在法定期间经过后请求确定所担保的债权。例如《日本民法典》第 398 条之 19。参见舟桥秀明：《根抵当权者的元本确定请求权に关する一考察》，载《札幌法学》第 18 卷第 2 号（2008 年），第 17 页。而且，德国民法在处理该问题时对抵押权人和抵押人的区分对待甚至更为明显。尽管《德国民法典》并未对最高额抵押权担保债权的确定情形作出明文规定，但理论上认为，在当事人之间未就债权确定事宜作出约定时，有权确定债权的主体为抵押权人或第三人，而不包括抵押人。Vgl. Staudinger BGB/*Wolfsteiner*, 2019, § 1190 Rn. 26.

2 项进行解释时,应按照第 2 项的规范目的进行目的解释:最高额抵押人应当自最高额抵押权设立之日起满 2 年后才有权请求确定债权,最高额抵押权人可自最高额抵押权设立之日起满 2 年后请求确定债权,也可以在最高额抵押权设立之日起未满 2 年时请求确定债权。不过,即便如此,最高额抵押权的实现仍然受制于债务履行期间届满但债务人未履行债务、其他约定实现事由的发生。

18　　　就本项的适用来说:第一,债权确定期间为法定期间。最高额抵押权所担保债权的法定确定期间为 2 年。该法定期间系固定期间,自当事人设立最高额抵押权之日起算,不发生中止、中断、延长的情形。第二,我国不动产抵押权和动产抵押权分别采登记设立主义和登记对抗主义,在确定 2 年法定期间的起算点时,应当区分不动产最高额抵押权与动产最高额抵押权:对于不动产最高额抵押权而言,最高额抵押权设立之日为不动产最高额抵押权的登记之日,因而 2 年法定期间应自不动产最高额抵押权登记之日开始起算;对于动产而言,最高额抵押权设立之日为动产最高额抵押合同生效之日,因而 2 年的法定期间应自动从最高额抵押合同生效之日开始起算。[29] 第三,无论 2 年的法定期间是否届满,都不影响本条第 3 项至第 6 项规定的适用,若发生本条第 3 项至第 6 项所规定的确定事由,最高额抵押权所担保的债权依然产生确定的效果。

19　　　在本条第 2 项所规定的场合下,需要满足行使债权确定请求权这一条件,才会发生债权确定的法律效果。在满足本条中的其他债权确定事由时,并不存在当事人行使债权确定请求权的问题。[30] 在当事人并未就债权确定期间作出约定时,需要当事人行使债权确定请求权方可使得债权确定的原因在于,若仅仅因为最高额抵押权所担保的债权自最高额抵押权设立之日起满 2 年,便发生债权确定的法律后果,可能会有悖于当事人的真实交易意愿。例如,在 2 年的期间届满后,当事人仍然存在继续交易的意思,当事人均信赖因继续交易所产生的债权而被纳入最高额抵押权所担保的债权范围。此时便不宜直接认定最高额抵押权所担保的债权发生确定,而应当由当事人通过意思表示的方式请求确定债权。

2. 债权确定请求权的法律性质

20　　　通说认为,债权确定请求权虽含有请求权一词,但其权利性质为形成权。[31] 需注意的是,虽然债权确定请求权为形成权,但并不意味着本项中的 2 年法定期间为除斥期间,除斥期间是形成权存续的期间,而本项中 2 年的法定期间经过之后,最高额抵押人才可行使债权确定请求权,并不发生债权确定请求权消灭的法

---

〔29〕　杨文辉:《最高额抵押权决算期之研究》,载《法学》2009 年第 3 期,第 106—107 页。

〔30〕　比较法上的区分,参见《日本民法典》第 398 条之 19 与第 398 条之 20。

〔31〕　谢在全:《民法物权论(下)》,台湾地区新学林出版股份有限公司 2020 年版,第 354 页。

律后果,因而将 2 年的法定期间解释为除斥期间并不可采。[32] 问题在于,在本项所规定的 2 年的法定期间届满后,债权确定请求权作为一项形成权,应否受到除斥期间的约束。对此应持否定观点。在 2 年的法定期间届满之后,无论是最高额抵押权人还是最高额抵押人,都享有债权确定请求权,双方都可以自最高额抵押关系中摆脱拘束,当事人因对方享有形成权而使得自己法律地位长期不安定的状况可得到很大程度的消解,并无必要专门设定除斥期间。

债权确定请求权的行使方式既包括明示方式,也包括默示方式,默示方式主要体现为通过主张实现抵押权的方式为之。若抵押权人通过明示的方式行使债权确定请求权,则意思表示到达抵押人时便发生债权确定的法律后果。若抵押人通过默示的方式行使债权确定请求权,则主张实现抵押权的意思到达抵押权人时便发生债权确定的法律后果。　　21

(三) 新的债权不可能发生

当最高额抵押权所担保的债权事实上不能发生时,最高额抵押权所担保债权较于一般抵押权的债权流动性特点已经不复存在。新的债权不可能产生,意味着最高额抵押权人和抵押人的交易事实上难以继续,则债权自然归于确定。　　22

新的债权不可能发生的情况一旦出现,则可以排斥约定或法定的债权确定期间。虽有观点认为,当事人一旦自行约定了债权的确定期间,应对当事人的意思自治予以尊重,在约定的债权确定期间届满前,法院不宜依一方当事人的单方请求而确定债权。[33] 但此种解释应予以舍弃,通说认为,即便当事人约定的债权期间尚未届满,或是当事人并未约定或者约定不明确,法定的 2 年债权确定期间也尚未届满,在新的债权不可能发生时,依然产生债权确定的效果。[34] 例如,最高额抵押权设立合同约定:若债务人未足额按时偿还任一主合同项下的全部或部分贷款、融资款、抵押权人垫付的款项或相应利息,则抵押权人有权依法采取折价、拍卖或变卖的方式处分抵押物,并以所得价款优先受偿。[35] 这一约定类似于第 1 项中约定债权期间届满的情形,不同点在于此处无法确定何时发生最高额抵押权所担保债权确定的法律后果,这一约定意味着在债务人未足额按时偿还任一主合同项下的全部或部分贷款等债务时,最高额抵押权人将不再与债务人产生债权债　　23

〔32〕　参见杨巍:《最高额抵押权行使期间的确定与计算》,载麻昌华主编:《私法研究》第 25 卷,法律出版社 2020 年版,第 11 页。

〔33〕　杨文辉:《最高额抵押权决算期之研究》,载《法学》2009 年第 3 期,第 107 页。

〔34〕　黄薇主编:《中华人民共和国民法典物权编释义》,法律出版社 2020 年版,第 555 页。

〔35〕　山东省高级人民法院(2020)鲁民终 3084 号民事判决书。

务关系。[36] 此外,在最高额抵押权人对于债务人的授信额度用尽且债务人迟延履行债务时,法院亦会认定新的债权不可能发生。[37] 如果出现不可抗力导致交易难以继续,或是产生情势变更等事由致使新的债权不能产生的,同样可以适用本条以确定最高额抵押权所担保之债权。

24　　判断债权能否继续发生,存在客观说和主观说两种标准。客观说认为,应当采取客观的标准来判断"新的债权不可能发生"。[38] 例如,当事人约定就某一期间内针对如电脑交易等某种类型的交易所产生的债权提供担保,而后债务人改变经营范围,不再从事电脑交易,按照客观说此时当事人之间不可能产生新的债权。[39] 主观说认为,应当采取当事人是否有继续交易的意愿来判断"新的债权不可能发生"的标准。[40] 比如债务人经营情况恶化,如果不确定债权以实现最高额抵押权,有可能危及主债权的情况。[41] 此时尽管存在按照客观说认定当事人之间不可能发生新的债权的可能性,但债务人可能仍然存在使得交易继续的愿望,便不能单纯地以客观事由的存在而认定当事人之间新的债权不可能发生。[42]

25　　新的债权不可能发生的情形主要有两种:第一,连续交易的终止。最高额抵押权担保的如系一段时间内连续交易产生的债权,连续交易一旦结束,最高额抵押权所担保的债权归于确定。[43] 连续交易的结束日期为最高额抵押权所担保债权的确定时间。当然,连续交易的终止只是表明当事人不再有继续交易的愿望,但如果当事人明确表示存在继续交易的意思,则仍以当事人主观意愿为准,认定新的债权仍可能发生。第二,基础法律关系消灭。比如银行为某公司授信,承诺在一段时间内提供多笔借款,该公司以特定财产为银行设立最高额抵押权。其中一笔借款到期债务人未及时偿还,银行解除授信,此时最高额抵押权所担保之债权归于确定。[44] 实践中,债务人的违约行为可能会导致抵押权人主张实现抵押权,则新的债权不可能发生。常见的情况如债务人没有在贷款期限到期后履行还

---

〔36〕　甘肃省高级人民法院(2021)甘民申 57 号民事裁定书;山东省烟台市中级人民法院(2020)鲁 06 民初 45 号民事判决书等。

〔37〕　最高人民法院(2021)最高法民申 6237 号民事裁定书。

〔38〕　王利明:《物权法研究(下卷)》(第 4 版),中国人民大学出版社 2016 年版,第 1293 页。

〔39〕　王利明:《物权法研究(下卷)》(第 4 版),中国人民大学出版社 2016 年版,第 1293 页。

〔40〕　杨巍:《最高额抵押权行使期间的确定与计算》,载麻昌华主编:《私法研究》第 25 卷,法律出版社 2020 年版,第 10 页;[日]近江幸治:《担保物权法》,祝娅等译,法律出版社 2000 年版,第 206—207 页。

〔41〕　吕伯涛主编:《适用物权法重大疑难问题研究》,人民法院出版社 2008 年版,第 310 页。

〔42〕　[日]近江幸治:《担保物权法》,祝娅等译,法律出版社 2000 年版,第 206 页。

〔43〕　曹士兵、吴光荣:《中国法上的最高额担保制度》,载郑智航主编:《山东大学法律评论》2015 年卷(年刊),山东大学出版社 2016 年版,第 138 页。

〔44〕　天津市滨海新区人民法院(2015)滨民初字第 0865 号民事判决书;程啸:《担保物权研究》(第 2 版),中国人民大学出版社 2019 年版,第 587 页。

款义务、[45]债务人经营状况恶化、[46]债务人预期违约,债权人已经明确表示不会再与债务人进行交易。[47] 这些情况一旦出现,难谓当事人在提起诉讼之后仍有重新在原来的最高额抵押合同项下继续交易的可能性。基础法律关系消灭导致最高额抵押权所担保债权的确定,其产生的效果同样不受当事人约定的债权确定期间或者当事人之间没有约定或约定不明确时债权的法定确定期间的影响。[48]

当事人约定了债权确定期间的情况下,如果发生特殊事由,致使当事人在约定的债权确定期间到来之前希望确定债权以维护权益,则当事人能否径直向法院提出确定债权的主张,法官需结合具体情事判断是否符合新的债权不可能发生的要件。例如,约定债权确定期间未到期,当事人就主债权发生纠纷,且除该债权外,无其他的债权债务关系发生,也会因构成本条第 3 项的事由而产生债权确定的效果。[49] 但是,如果债权人在债权达到一定额度后依然对债务人进行放款,且当事人约定的债权确定期间尚未届至,此时不能谓债权不会继续发生,故不会产生债权确定的效果。[50]

26

银行等金融机构的贷款业务有最长期限的限制,《贷款通则》第 11 条第 2 款规定,银行的自营贷款期限最长一般不得超过 10 年,超过 10 年应当报中国人民银行备案。这实际上是对基础法律关系的存续期限作出了规定。此时若允许债权确定期间超过基础性法律关系的期限,则在贷款期限届满时,抵押权人无法依照抵押权的实现程序实现抵押权。[51] 事实上,若当事人约定的债权确定期间超过基础法律关系存续期限时,对于超出的期限部分,已经不可能再发生新的债权,因而应当认为在基础法律关系的期限届满时,便发生债权确定的法律后果,此时债权之所以发生确定,是适用本条第 3 项的结果。

27

三、抵押权人知道或者应当知道抵押财产被查封、扣押

(一) 主体要件:抵押权人

最高额抵押权人知道或者应当知道抵押财产被查封、扣押后,如果被担保债

28

---

[45] 四川省高级人民法院(2020)川民终 417 号民事判决书;江西省高级人民法院(2017)赣民初 7 号民事判决书;浙江省温州市中级人民法院(2020)浙 03 民终 990 号民事判决书;河南省高级人民法院(2020)豫民再 312 号民事判决书。

[46] 湖南省长沙市中级人民法院(2020)湘 01 民终 2853 号民事判决书。

[47] 浙江省高级人民法院(2013)浙商终字第 7 号民事判决书。

[48] 黄薇主编:《中华人民共和国民法典物权编释义》,法律出版社 2020 年版,第 555 页。

[49] 新疆维吾尔自治区高级人民法院(2016)新民终 79 号民事判决书。

[50] 甘肃省高级人民法院(2020)甘民终 646 号民事判决书。

[51] 程啸:《担保物权研究》(第 2 版),中国人民大学出版社 2019 年版,第 586 页。

权不因此归于确定,那么抵押权人就有可能继续和债务人进行交易并产生新的债权,并且这些债权仍可在最高债权额限度内优先受偿。如果允许这种情况发生,显然会损害申请查封、扣押抵押财产的其他债权人的利益,也容易诱导抵押权人与债务人恶意串通设立新债务。从此角度进行考察,抵押财产一旦被查封、扣押,应以抵押权人知悉财产被查封、扣押时作为债权确定时点。[52]

(二)主观要件:知道或者应当知道

29　　　　抵押财产被查封、扣押的,是否需要以抵押权人应知悉作为确定最高额抵押权所担保债权的标准,《民法典》通过前存在主观说和客观说两种观点。客观说认为,抵押财产一旦被查封、扣押,债权自查封、扣押时起确定。[53] 原因在于:其一,最高额抵押权人多为银行等金融机构,负有审查特定财产司法属性的义务;其二,从实践来看,法院一般不会主动通知当事人特定财产是否被查封或扣押,[54] 甚至出现法院因查封当事人财产未通知抵押权人而引起诉讼的情况。[55] 司法实践中,也曾发生不同审级法院的裁判相抵牾的情况。[56] 相反主观说得到了较多法院的支持,[57] 并认为《物权法》第 206 条规定较为粗略,《查封、扣押、冻结财产规定》第 27 条是《物权法》第 206 条的程序性规定。[58]《民法典》第 423 条第 4 项使得客观说在实证法中已无存在空间。[59]

30　　　　主观说的确具有更强合理性。按照主观说,抵押财产被查封、扣押的,财产被查封、扣押的通知到达抵押权人或者抵押权人知悉查封、扣押事实时债权确定。采纳主观说的实质正当性在于:第一,在抵押权人获得通知之前,对于财产的状态并不知情,是否采取查封、扣押手段取决于执行申请人和法院单方面的行为,不应当由最高额抵押权人承担申请执行人申请及法院采取的查封、扣押措施带来的负

---

〔52〕 崔建远:《最高额抵押权的争议问题及其解决》,载《国家检察官学院学报》2017 年第 4 期,第 24—25 页。

〔53〕 山西省高级人民法院(2020)晋民申 216 号民事裁定书;浙江省高级人民法院(2015)浙民申字第 213 号民事裁定书;浙江省余姚市人民法院(2015)甬余商特字第 2 号民事裁定书。

〔54〕 山东省烟台市中级人民法院(2022)鲁 06 民终 1006 号民事判决书。

〔55〕 四川省绵竹市中级人民法院(2021)川 0683 民申 1 号民事裁定书。

〔56〕 四川省绵竹市中级人民法院(2021)川 0683 民申 1 号民事裁定书。

〔57〕 最高人民法院(2018)最高法民终 787 号民事判决书;最高人民法院(2017)最高法民申 5165 号民事裁定书;最高人民法院(2020)最高法执监 192 号执行裁定书;山西省高级人民法院(2020)晋民终 916 号民事判决书。

〔58〕 最高人民法院(2018)最高法民终 787 号民事判决书。

〔59〕 在《民法典》通过之前,客观说也受到较多批评。刘志、胡四海:《抵押物被查封最高额抵押债权不当然确定》,载《人民司法·案例》2019 年第 2 期,第 76 页;程啸:《担保物权研究》(第 2 版),中国人民大学出版社 2019 年版,第 588—590 页。

担,[60]"事实上抵押权人只有在知道或应当知道抵押财产被查封、扣押的情况下,才能知晓抵押财产的价值受到影响而决定是否继续发放贷款,在不知道或不应当知道的情况下,抵押权人的放贷行为不存在过错。如果因此认定最高额抵押权担保的债权确定,则对抵押权人不公平"。[61] 主观说背后暗含着对最高额抵押权人与债务人进行交易时交易安全的考量。[62] 采取主观说可兼顾抵押权人与执行债权人双方的利益。[63] 第二,如果课以抵押权人审查抵押财产司法状态的义务,会增加交易的成本。[64] 此外,抵押权人履行对抵押财产的查询义务也不能保证财产状态的稳定性。

　　基于主观说的合理性,为了避免增加最高额抵押权人的审查义务,[65] 在对　31
"应当知道"进行解释时,不宜采取过宽的解释。"应当知道"只是阐明,在通知义务人已经向最高额抵押权人送达抵押财产被查封或扣押的通知后,抵押权人不能以未实际知晓查封、扣押的事实而主张最高额抵押权所担保债权尚未确定。通知的生效可类推适用《民法典》第 137 条第 2 款关于意思表示生效的规则。抵押权人可以通过主动查询、法院通知等方式了解抵押财产的司法状态,但无论是以何种方式知悉抵押财产被查封、扣押的事实,都不影响债权确定的法律效果。若抵押权人知道抵押财产被查封、扣押在法院通知之前,仍应以最先知情的时间节点作为债权确定的时间。[66] 换言之,实际知道晚于应当知道的时间的,以应当知道时为准;实际知道早于应当知道的时间的,以实际知道时为准。通知只是导致实际知道或应当知道的一种情形。

　　根据《民法典》第 439 条第 2 款的规定,最高额质权适用有关最高额抵押权的相　32
关规定,由于最高额质权与最高额抵押权的设立要件并不相同,动产质权的设立以交付为要件,不动产应收账款质权的设立则以登记为要件,保证金质权的设立则以保证金账户的控制为要件,这就决定了在最高额质权的场合下,最高额质权人能够知晓法院采取了查封、扣押措施,此时只要法院已采取查封、扣押措施,便应认定最高额质权人知道或应当知道法院已采取查封、扣押措施,[67] 这并未偏离本项所要

　　〔60〕　最高人民法院(2018)最高法民申 6066 号民事裁定书。

　　〔61〕　江苏省淮安市中级人民法院(2021)苏 08 民终 3170 号民事判决书。

　　〔62〕　江苏省无锡市中级人民法院(2021)苏 02 民申 16 号民事裁定书;山东省高级人民法院(2015)鲁商终字第 155 号民事判决书。

　　〔63〕　曹士兵:《中国担保制度与担保方法》(第 5 版),中国法制出版社 2022 年版,第 358 页。

　　〔64〕　黄薇主编:《中华人民共和国民法典物权编释义》,法律出版社 2020 年版,第 556 页;河南省原阳县人民法院(2021)豫 0725 民申 21 号民事裁定书。

　　〔65〕　最高人民法院(2020)最高法执监 192 号执行裁定书。

　　〔66〕　最高人民法院(2019)最高法民申 2937 号民事裁定书;吉林省高级人民法院(2016)吉民初 51 号民事判决书。

　　〔67〕　最高人民法院(2019)最高法民申 2937 号民事裁定书。

求的最高额抵押权人知道或应当知道法院已采取查封、扣押措施的规定。

(三) 法律效果

33　　　抵押财产被查封、扣押后,不影响已登记的最高额抵押权的行使。若抵押物被采取保全措施之前,最高额抵押权已经设立并登记的,抵押权人对于被采取保全措施的抵押财产依旧享有优先受偿的权利。[68] 但是,自抵押权人知道或应当知道抵押财产被查封、扣押时起,被担保的债权数额不再增加,对于其后发生的债权,抵押权人无法就抵押物拍卖、变卖的价款优先受偿。[69]

34　　　若以动产设定最高额抵押权且并未登记的,则查封、扣押会对最高额抵押权的行使产生影响。《民法典担保制度解释》第 54 条规定,动产抵押合同订立后未办理抵押登记的,抵押人的其他债权人向人民法院申请保全或者执行抵押财产,人民法院已经作出财产保全裁定或者采取执行措施,抵押权人主张对抵押财产优先受偿的,人民法院不予支持。因此,如果以动产设立最高额抵押权且未登记的,抵押权人不能就抵押财产拍卖、变卖的价款优先于已经采取查封、扣押措施的其他债权人受偿。

35　　　抵押财产一旦被解除查封、扣押后,最高额抵押权所担保债权的确定事由归于消灭,此时,最高额抵押权恢复债权确定前的效力,继续发挥对特定期间内连续发生的债权进行担保的作用,[70] 债权确定时点重新适用当事人的约定期间或者法定期间。[71] 在查封、扣押的财产仅为部分抵押财产时,未被查封、扣押的财产价值仍可能足以担保一定期间内连续发生的不特定债权,并不当然导致最高额抵押权所担保的债权确定。[72]

四、债务人、抵押人被宣告破产或者解散

(一) 主体要件:债务人、抵押人

36　　　本项规定的被宣告破产或者解散的主体是债务人或者抵押人,而非抵押权人。若抵押权人被宣告破产或者解散,则意味着抵押权人丧失交易能力,此时需

---

〔68〕 最高人民法院(2018)最高法民申 6066 号民事裁定书;最高人民法院(2019)最高法民终 326 号民事裁定书。

〔69〕 最高人民法院(2012)民再申字第 212 号民事裁定书;河南省高级人民法院(2021)豫民申 1851 号民事裁定书;最高人民法院(2019)最高法民申 2937 号民事裁定书。

〔70〕 浙江省台州市中级人民法院(2016)浙 10 民终 889 号民事判决书。

〔71〕 江苏省无锡市中级人民法院(2017)苏 02 民终 1056 号民事判决书。

〔72〕 江苏省淮安市中级人民法院(2021)苏 08 民终 3170 号民事判决书。

要判断是否导致新的债权不可能发生,进而确定是否适用本条第 3 项的规定,而非适用本项规定。[73]

(二)客观要件:被宣告破产或者解散

本项的内容较之《物权法》第 206 条第 5 项存在差别,《物权法》的表述为"债务人、抵押人被撤销",本条将"被撤销"更改为"解散"。这一变动的合理性值得赞同,原因在于债务人或抵押人被撤销的法律后果也指向的是解散,《公司法》第 180 条第 4 项即为体现。　37

根据《企业破产法》第 46 条的规定,未到期的债权,在破产申请受理时视为到期。附利息的债权自破产申请受理时起停止计息。《民法典担保制度解释》第 22 条规定,人民法院受理债务人破产案件后,债权人请求担保人承担担保责任,担保人主张担保债务自人民法院受理破产申请之日起停止计息的,人民法院对担保人的主张应予支持。这意味着一旦出现债务人或者抵押人破产的事由,最高额抵押权所担保的债权归于到期,利息亦应停止计算,因而有确定债权的必要。　38

本项前半段沿袭了《物权法》第 206 条第 5 项前半段的规定,将债务人、抵押人被宣告破产作为债权确定的事由之一。《企业破产法》中规定的破产宣告属于破产受理与破产财产变价分配之间的程序。多数学者亦主张,破产宣告是法院依当事人申请或者依职权对于已经符合破产条件的债务人所作出的宣告其为破产人并对其财产依法进行分配的司法行为,是法院对债务人不能清偿债务而应当被清算的事实作出的法律上的判定。[74] 本项规定"被宣告破产"为最高额抵押权人的债权确定情形之一,但"被宣告破产"是指法院受理破产申请还是法院宣告债务人破产,则存在疑问。　39

《企业破产法》第 107 条将宣告债务人破产与债务人被宣告破产作相同解释,据此,本项中的被宣告破产也应作与《企业破产法》第 107 条相同的解释。但反对观点指出,根据《企业破产法》第 44 条、第 45 条等规定,破产债权范围的确定、破产债权的申报等程序都是以破产案件的受理为计算起点,如果将本项规定的破产宣告作狭义理解,仅在人民法院作出宣告破产时才能确定债权,会导致《民法典》与《企业破产法》的规定、原则和实践需要皆不相符,存在不妥之处。[75] 如以作出破产宣告时为准,抵押权人与债务人可能会在知悉他人提出破产申请后,仍然进　40

---

〔73〕 孙宪忠、朱广新主编:《民法典评注·物权编4》,中国法制出版社 2020 年版,第 282 页(李俊执笔)。

〔74〕 李永军:《破产法——理论与规范研究》,中国政法大学出版社 2013 年版,第 405 页;李永军、王欣新、邹海林、徐阳光:《破产法》(第 2 版),中国政法大学出版社 2017 年版,第 246 页。

〔75〕 王欣新:《〈民法典〉与破产法的衔接与协调》,载《山西大学学报(哲学社会科学版)》2021 年第 1 期,第 106—108 页。

行交易、发生新债权,从而对其他债权人不利。

41　　　司法实践中亦存在以人民法院受理破产案件的时点作为最高额抵押债权确定的时点的做法。[76]但将本项所规定的被宣告破产解释为法院受理破产申请的解释并不可采:第一,申报债权与债权的确定并不冲突,最高额抵押权人可在破产申请受理时申报债权,但并不妨碍在作出破产宣告的场合下确定债权。[77]　第二,所谓的法律体系之间的协调问题,采取破产申请受理时可申报债权,但在作出破产宣告时最高额抵押权所担保债权确定的立场,也并不会造成体系悖反。第三,将被宣告破产解释为法院作出破产宣告,并不会产生抵押权人与债务人在知道债务人发生破产申请事由时,仍进行交易,从而损害其他债权人利益的问题,《企业破产法》第 31 条等规定对于债务人在破产申请前 1 年内所可能存在的损害其他债权人利益问题已经进行了规制。[78]

五、法律规定债权确定的其他情形

42　　　本条第 6 项明确了,除了本条的前五项债权确定事项之外,《民法典》中其他条款或者其他法律规定的情形也可以导致最高额抵押权所担保债权的确定。《民法典》中的其他情形包括第 420 条第 1 款规定的发生当事人约定的实现抵押权的情形,抵押权人有权在最高债权额限度内就该担保财产优先受偿。抵押权人实现最高额抵押权的前提就是最高额抵押权所担保的债权额确定,因此当事人约定实现最高额抵押事件的发生蕴藏着债权确定这一法律效果。例如,最高额抵押合同中约定,当主合同债务人不履行到期债务或发生约定的实现担保物权的情形,乙方有权直接请求抵押人在其担保范围内承担担保责任。[79]

43　　　在《民法典》出台之前,有观点认为如果最高额抵押物被强制拍卖,也会产生最高额抵押权所担保债权确定的效果。[80]　在《民法典》时代下,举轻以明重,既然抵押权人知道或应当知道抵押财产被查封、扣押,都应当作为最高额抵押权所担保债权的确定事由,那么,在抵押权人知道或应当知道抵押财产被强制拍卖时,也

---

〔76〕　河南省高级人民法院(2018)豫民终 1658 号民事判决书;山东省高级人民法院(2020)鲁民终 2015 号民事判决书。

〔77〕　武亦文:《〈民法典〉第 420 条(最高额抵押权的一般规则)评注》,载《南京大学学报(哲学·人文科学·社会科学)》2021 年第 6 期,第 131 页。

〔78〕　司法实践中以破产宣告作为债权确定时点的案例,参见山东省高级人民法院(2014)鲁商终字第 120 号民事判决书。

〔79〕　最高人民法院(2019)最高法民再 155 号民事判决书。

〔80〕　最高人民法院物权法研究小组编著:《〈中华人民共和国物权法〉条文理解与适用》,人民法院出版社 2007 年版,第 615 页。

发生债权确定的法律效果。此外,该项规定为法律在未来设定其他债权确定的情形留下立法或司法解释的空间。

六、债权确定的法律效果

(一) 最高额抵押权所担保的债权予以固定

最高额抵押权所担保的债权在本条规定的确定事由出现后即予以特定化,由一系列流动的债权固定下来。属于最高额抵押权所担保债权范围中的债权,必须是债权确定情形发生时已经产生的债权;在此情形发生之后所产生的债权,不能为最高额抵押权所及。唯需注意,最高额抵押权所担保的债权仅需在债权确定情形出现时已经发生,并不需要该债权已届清偿期。[81]　最高额抵押权所担保的原债权范围,在债权确定时发生截断的作用,即便债权确定时担保的债权额没有达到最高额,或者虽然达到最高额,但在最高额抵押权所担保的债权确定前存在的债权又因清偿或者其他原因而消灭,并不被最高额抵押权效力所及。[82]

(二) 最高额抵押权转变为一般抵押权

1. 抵押权的从属性恢复

最高额抵押权不同于一般抵押权的原因在于其担保的债权不确定,处于流动的状态之中。随着债权确定情形的出现,最高额抵押权所担保的债权予以固定,此时抵押权人依《民法典》第 424 条的规定,应适用一般抵押权的有关规定来优先受偿。最高额抵押权所担保的债权一经确定,最高额抵押权即具有一般抵押权的特征,其从属性得以恢复。依照《民法典》第 421 条的规定,当事人没有约定时,最高额抵押权在债权尚未确定时,某一笔特定的债权如果发生转让,最高额抵押权并不随之发生移转。[83]　但是在最高额抵押权所担保的债权确定后,债权如果发生变动,则抵押权随之变动。[84]　司法实践中有观点认为,即便在当事人转让债权及从属于债权的最高额抵押权时,尚未发生债权确定的情形,但只要在债权人行使债权时已经发生债权确定的情形,且最高额抵押权转让后尚未发生新的债权,

〔81〕　最高人民法院(2019)最高法民终 266 号民事判决书。

〔82〕　最高人民法院(2019)最高法民申 3097 号民事裁定书。

〔83〕　新疆维吾尔自治区乌鲁木齐市中级人民法院(2019)新 01 民终 4542 号民事判决书。

〔84〕　最高人民法院(2019)最高法民终 266 号民事判决书。

也应当认同最高额抵押权一同发生转让。[85] 此种情形似乎突破了有关最高额抵押权在债权确定前不应发生移转的规则,但此种情形可被解释为债权人与债务人之间不再可能发生新的债权,因而债权人将债权予以转让,并使得最高额抵押权一同发生移转。此外,被担保的债权如发生代为清偿等情形,均适用有关一般抵押权处分上从属性的规定。

2. 不得约定变更债权确定期间、范围

46　　《民法典》第 422 条规定,最高额抵押权所担保的债权确定之前,在不影响其他抵押权人时,当事人可以协商对债权确定期间、债权范围、最高债权额进行变更。该条意旨在于指出,最高额抵押权所担保的债权一经确定,最高额抵押关系中的当事人不得变更担保债权的范围、变更债务人、变更确定期日、约定原债权的特别确定事由。[86] 至于在债权确定后,当事人协议将其他债权纳入抵押权担保范围,则属于新设抵押权的行为。

3. 最高额抵押权在债权确定后的特殊性

47　　最高额抵押权在债权确定后仍然区别于一般抵押权:最高额抵押中的最高额依然存在。最高额抵押权一旦确定,在担保范围内的本债权所生的利息而产生的新债权,依然在最高额抵押权所担保的债权之中,且不得超过最高额抵押中的最高额度。[87]

(三) 最高额抵押权的确定登记

48　　《民法典》并未就不动产最高额抵押权所担保债权的确定登记作出规定,但现行部门规章对当事人以不动产作为抵押财产时债权确定的登记情况进行了规定,[88] 不过这也并未对动产场合下的登记问题作出处理。《不动产登记暂行条例实施细则》第 73 条规定,当发生最高额抵押权担保的债权被确定的事由,从而使最高额抵押权转变为一般抵押权时,当事人应当持不动产登记证明、最高额抵押权担保的债权已经确定的材料等必要材料办理登记,通说认为,当事人申请将最

---

　　〔85〕　山东省高级人民法院(2019)鲁民终 174 号民事判决书;江苏省连云港市中级人民法院(2017)苏 07 民终 1394 号民事判决书。

　　〔86〕　程啸:《担保物权研究》(第 2 版),中国人民大学出版社 2019 年版,第 591 页。

　　〔87〕　最高人民法院(2021)最高法民终 736 号民事判决书。

　　〔88〕　国家市场监督管理总局颁布的《动产抵押登记办法》已于 2021 年 1 月 1 日失效。2022 年 2 月 1 日施行的《动产和权利担保统一登记办法》第 9 条第 5 款仅规定最高额担保应登记最高债权额,并未对债权确定登记作出具体规定。

高额抵押权转变为一般抵押权登记的性质为变更登记。[89] 尽管如此,围绕着最高额抵押权所担保债权的确定登记的意义,则在现行法中并不清晰,即便是《不动产登记暂行条例实施细则》对此也并未予以明确。理论界认为,在最高额抵押权所担保债权确定后,如果当事人并未办理确定登记,将会产生的后果是,不仅仅会使得最高额抵押权人的利息债权不断增加,还会导致抵押人设定后顺位抵押权存在障碍,无助于抵押物交换价值的发挥,因而在最高额抵押权所担保债权确定后,应当办理确定登记。[90] 从我国实证法观察,最高额抵押权所担保债权的确定登记并无类似功能,更为重要的是,在最高额抵押权所担保债权确定后,其后所产生的债权并不在最高额抵押权担保的范围内,这一结果无须通过最高额抵押权的确定登记予以实现。在此意义上而言,最高额抵押权所担保债权的确定登记更多具有证据法层面的功能,旨在证明最高额抵押权所担保债权何时得以确定。[91]

债权确定事由产生后,抵押人和抵押权人共同向登记机关申请登记,抵押权人与抵押人均是申请确定债权的适格主体,可以单独向登记机关申请确认登记,不必共同进行申请。登记簿中应当记载债权确定的事由、最高额抵押权的担保数额。此外,最高额抵押所担保的债权额同样需要在登记簿中得到体现。[92]　　49

针对动产最高额抵押权的确定登记,无论是法律还是行政法规抑或是部门规章,对此均未作出明确规定,2022 年 2 月 1 日实施的《动产和权利担保统一登记办法》对此亦未涉及,但考虑到当下正在实施动产和权利担保的统一登记,可参考《不动产登记暂行条例实施细则》第 73 条相关规定办理动产最高额抵押权的确定登记,只是此时的登记系统为中国人民银行征信中心动产融资统一登记公示系统。[93]　　50

七、举证责任

本条所列的六项事由指向的效果是最高额抵押权所担保的债权确定,第 1　　51

---

〔89〕 程啸:《担保物权研究》(第 2 版),中国人民大学出版社 2019 年版,第 592 页;孙宪忠、朱广新主编:《民法典评注·物权编4》,中国法制出版社 2020 年版,第 283 页(李俊执笔)。

〔90〕 谢在全:《民法物权论(下)》,台湾地区新学林出版股份有限公司 2020 年版,第 386 页。

〔91〕 司法实践亦未将《不动产登记暂行条例实施细则》第 73 条中的确定登记解释为不动产最高额抵押权的设立要件或者是不动产最高额抵押权设立后最高额抵押权人行使抵押应满足的要件。参见安徽省淮北市中级人民法院(2020)皖 06 民终 463 号民事判决书;四川省高级人民法院(2020)川民终417 号民事判决书。程啸:《担保物权研究》(第 2 版),中国人民大学出版社 2019 年版,第 593 页。

〔92〕 程啸:《担保物权研究》(第 2 版),中国人民大学出版社 2019 年版,第 593 页。

〔93〕 《国务院关于实施动产和权利担保统一登记的决定》(国发〔2020〕18 号)第 3 条、《动产和权利担保统一登记办法》(中国人民银行令〔2021〕第 7 号)第 4 条。

项、第 2 项、第 3 项、第 5 项,是最高额抵押权人实现最高额抵押权的权利发生规范,在债权确定之前,无法明确最高额抵押权所担保的债权,因而最高额抵押权人对于第 1 项、第 2 项、第 3 项、第 5 项所规定的情形负有举证责任。可能会产生疑问的地方在于,在抵押人行使债权确定请求权时,要求最高额抵押权人承担第 2 项所规定情形的举证责任,似并不合理,应当由抵押人承担举证责任,对此的解释是,抵押人单独提起行使债权确定请求权之诉并无意义,债权确定的最终目的在于最高额抵押权人可行使其抵押权,因此,即便在抵押人已经行使债权确定请求权的场合下,最高额抵押权人需举证证明抵押人何时行使了债权确定请求权,因此,针对第 2 项所规定的债务人行使债权确定请求权的情形,举证责任同样在于最高额抵押权人。至于最高额抵押权人举证证明了抵押人何时行使了债权确定请求权后,抵押人当然可以提出抗辩,在抵押人行使债权确定请求权之前,新的债权已不可能发生,进而主张新的债权不可能发生到抵押人行使债权确定请求权时段内所发生的债权,不在最高额抵押权所担保的债权范围内。针对第 4 项所规定的抵押权人知道或应当知道抵押财产被查封或扣押,看似同样属于最高额抵押权人实现最高额抵押权的权利发生规范,但实际上属于权利妨碍规范,最高额抵押权人主张实现最高额抵押权时,抵押人则主张最高额抵押权自抵押权人知道或应当知道抵押财产被查封或扣押时便已发生确定,因而抵押权人不得对自抵押权人知道或应当知道抵押财产被查封或扣押时所产生的债权主张实现抵押权,第 4 项属于权利妨碍规范,应由抵押人承担举证责任。[94] 对于第 6 项而言,则应根据法律所规定的具体情形进行判断。

附:案例索引

1. 安徽省滁州市中级人民法院(2021)皖 11 民终 1121 号民事判决书:滁州兴扬汽车有限公司与交通银行股份有限公司滁州分行破产债权确认纠纷案【边码 51】

2. 安徽省淮北市中级人民法院(2020)皖 06 民终 463 号民事判决书:安徽中厦建筑安装有限公司与淮北市鑫盛建筑钢管出租服务部建筑设备租赁合同纠纷案【边码 48】

3. 安徽省宿州市中级人民法院(2019)皖 13 民初 42 号民事判决书:中国工商银行股份有限公司宿州埇桥支行与宿州嘉成置业有限公司等借款合同纠纷案【边码 13】

4. 甘肃省高级人民法院(2020)甘民终 646 号民事判决书:刘某 1 等与中国工商银行股份有限公司陇南分行等金融借款合同纠纷案【边码 26】

5. 甘肃省高级人民法院(2021)甘民申 57 号民事裁定书:勾某红与兰州银行股份有限公司金昌分行等金融借款合同纠纷案【边码 23】

6. 广东省潮州市中级人民法院(2021)粤 51 民终 511 号民事判决书:潮州市广通造纸实

---

〔94〕　安徽省滁州市中级人民法院(2021)皖 11 民终 1121 号民事判决书。

业有限公司等与广东建诚资产管理有限公司金融不良债权追偿纠纷案【边码 15】

7. 河南省高级人民法院(2018)豫民终 1658 号民事判决书:中国建设银行股份有限公司平顶山分行与周某杰等金融借款合同纠纷案【边码 41】

8. 河南省高级人民法院(2020)豫民再 312 号民事判决书:郑州银行股份有限公司康平路支行与刘某金融借款合同纠纷案【边码 25】

9. 河南省高级人民法院(2021)豫民申 1851 号民事裁定书:上海浦东发展银行股份有限公司郑州分行与刘某瑛等执行异议之诉案【边码 33】

10. 河南省原阳县人民法院(2021)豫 0725 民申 21 号民事裁定书:刘某与河南原阳农村商业银行股份有限公司等金融借款合同纠纷案【边码 30】

11. 湖南省长沙市中级人民法院(2020)湘 01 民终 2853 号民事判决书:中国邮政储蓄银行股份有限公司长沙市分行与望城县三叉河预制构件厂等金融借款合同纠纷案【边码 25】

12. 吉林省高级人民法院(2016)吉民初 51 号民事判决书:中国民生银行股份有限公司长春分行与吉林昊融集团股份有限公司金融借款合同纠纷、质押合同纠纷案【边码 31】

13. 江苏省淮安市中级人民法院(2021)苏 08 民终 3170 号民事判决书:戴某美等与淮安市宏信国有资产投资管理有限公司金融借款合同纠纷案【边码 30、35】

14. 江苏省连云港市中级人民法院(2017)苏 07 民终 1394 号民事判决书:何某娟等与连云港融达企业资产管理有限公司债权转让合同纠纷案【边码 45】

15. 江苏省无锡市中级人民法院(2017)苏 02 民终 1056 号民事判决书:袁某与中信银行股份有限公司无锡分行财产损害赔偿纠纷案【边码 35】

16. 江苏省无锡市中级人民法院(2021)苏 02 民申 16 号民事裁定书:江苏国腾现代物流有限公司与无锡金铃集团有限公司等追偿权纠纷案【边码 30】

17. 江西省高级人民法院(2017)赣民初 7 号民事判决书:中国农业银行股份有限公司上饶分行与上饶市康强贸易有限公司等金融借款合同纠纷案【边码 25】

18. 山东省高级人民法院(2014)鲁商终字第 120 号民事判决书:山东聊城宝通钢管制造有限公司与聊城市昌燃运输服务有限公司债权转让合同纠纷案【边码 41】

19. 山东省高级人民法院(2015)鲁商终字第 155 号民事判决书:中国银行股份有限公司青岛经济技术开发区支行与浙江安吉竹艺置业有限公司等金融借款合同纠纷案【边码 30】

20. 山东省高级人民法院(2019)鲁民终 174 号民事判决书:山东冠县宝信置业有限公司与山东省金融资产管理股份有限公司借款合同纠纷案【边码 45】

21. 山东省高级人民法院(2020)鲁民终 2015 号民事判决书:山东润中药业有限公司与中国建设银行股份有限公司烟台莱山支行金融借款合同纠纷案【边码 41】

22. 山东省高级人民法院(2020)鲁民终 3084 号民事判决书:招远市人民商场有限公司与恒丰银行股份有限公司招远支行金融借款合同纠纷案【边码 23】

23. 山东省烟台市中级人民法院(2020)鲁 06 民初 45 号民事判决书:李某利与烟台渤海制药集团有限公司等民间借贷纠纷案【边码 23】

24. 山东省烟台市中级人民法院(2022)鲁 06 民终 1006 号民事判决书:刘某等与蓬莱文旅置业有限公司债权转让合同纠纷案【边码 29】

25. 山西省高级人民法院(2020)晋民申 216 号民事裁定书:招商银行股份有限公司太原分行与太原市华旗小额贷款有限公司等执行分配方案异议之诉案【边码 29】

26. 山西省高级人民法院(2020)晋民终 916 号民事判决书:中国长城资产管理股份有限公司山西省分公司与山西和田物资集团有限公司破产债权确认纠纷案【边码 29】

27. 四川省高级人民法院(2015)川民终字第 49 号民事判决书:四川升元光正实业集团有限责任公司与中国工商银行股份有限公司峨眉山支行等金融借款合同纠纷案【边码 8】

28. 四川省高级人民法院(2020)川民终 417 号民事判决书:宜宾市远大贸易发展有限责任公司等与四川发展资产管理有限公司借款合同纠纷案【边码 25、48】

29. 四川省绵竹市中级人民法院(2021)川 0683 民申 1 号民事裁定书:四川亚东水泥有限公司作为案外人与绵竹浦发村镇银行有限责仟公司等申请再审案【边码 29】

30. 天津市滨海新区人民法院(2015)滨民初字第 0865 号民事判决书:中国工商银行股份有限公司天津港保税区分行与天津海鑫物流有限公司等金融借款合同纠纷案【边码 25】

31. 新疆维吾尔自治区高级人民法院(2016)新民终 79 号民事判决书:汪某银等与昆仑银行股份有限公司乌鲁木齐分行等金融借款合同纠纷案【边码 26】

32. 新疆维吾尔自治区乌鲁木齐市中级人民法院(2019)新 01 民终 4542 号民事判决书:乌鲁木齐市康宏工贸有限公司等与中国华融资产管理股份有限公司新疆维吾尔自治区分公司等金融不良债权追偿纠纷案【边码 45】

33. 浙江省高级人民法院(2013)浙商终字第 7 号民事判决书:上海浦东发展银行股份有限公司衢州支行与俞某华等最高额抵押合同纠纷案【边码 25】

34. 浙江省高级人民法院(2015)浙民申字第 213 号民事裁定书:上海浦东发展银行股份有限公司温州分行与温州市磊泰革业有限公司等金融借款合同纠纷案【边码 29】

35. 浙江省嘉兴市中级人民法院(2022)浙 04 民终 832 号民事判决书:桐乡市供销集团有限责任公司等与中国工商银行股份有限公司桐乡支行保证合同纠纷案【边码 11】

36. 浙江省台州市中级人民法院(2016)浙 10 民终 889 号民事判决书:台州市同泰典当有限责任公司与中国工商银行股份有限公司台州经济开发区支行等第三人撤销之诉案【边码 35】

37. 浙江省温州市中级人民法院(2020)浙 03 民终 990 号民事判决书:温州诚远制革有限公司与中国信达资产管理股份有限公司浙江省分公司金融借款合同纠纷案【边码 25】

38. 浙江省余姚市人民法院(2015)甬余商特字第 2 号民事裁定书:招商银行股份有限公司宁波余姚支行与寿某等最高额抵押合同纠纷案【边码 29】

39. 最高人民法院(2007)民二终字第 240 号民事判决书:石家庄建工集团有限公司与中国东方资产管理公司石家庄办事处最高额抵押借款合同纠纷案【边码 11】

40. 最高人民法院(2012)民再申字第 212 号民事裁定书:岳阳友协置业有限公司与交通银行股份有限公司佛山南海支行等借款合同纠纷案【边码 33】

41. 最高人民法院(2017)最高法民申 5165 号民事裁定书:王某学与上海浦东发展银行股份有限公司兰州分行金融借款合同纠纷案【边码 29】

42. 最高人民法院(2017)最高法民终 964 号民事判决书:延边新合作连锁超市有限公司与吉林龙井农村商业银行股份有限公司抵押合同纠纷案【边码 13】

43. 最高人民法院（2018）最高法民申 6066 号民事裁定书：凌某泉等与中国光大银行股份有限公司芜湖分行第三人撤销之诉案【边码 30、33】

44. 最高人民法院（2018）最高法民终 787 号民事判决书：福建上杭农村商业银行股份有限公司与王某执行分配方案异议之诉案【边码 29】

45. 最高人民法院（2019）最高法民申 2937 号民事裁定书：王某平与洛阳银行股份有限公司三门峡分行等案外人执行异议之诉纠纷案【边码 31、32、33】

46. 最高人民法院（2019）最高法民申 3097 号民事裁定书：尤某等与安徽临泉农村商业银行股份有限公司等借款合同纠纷案【边码 11、44】

47. 最高人民法院（2019）最高法民再 155 号民事判决书：中信银行股份有限公司东莞分行与陈某华等金融借款合同纠纷案【边码 42】

48. 最高人民法院（2019）最高法民终 124 号民事判决书：广西永和贸易有限责任公司等与广西铁投冠信贸易有限公司等买卖合同纠纷案【边码 10】

49. 最高人民法院（2019）最高法民终 266 号民事判决书：沈阳朗勤置业有限公司与山东省金融资产管理股份有限公司信用证纠纷案【边码 13、44、45】

50. 最高人民法院（2019）最高法民终 326 号民事裁定书：中国民生银行股份有限公司苏州分行与中国银行股份有限公司靖江支行第三人撤销之诉案【边码 33】

51. 最高人民法院（2020）最高法执监 192 号执行裁定书：姜某与薛某等民间借款纠纷案【边码 3、29、31】

52. 最高人民法院（2021）最高法民申 6237 号民事裁定书：黔南州利达兴商贸有限责任公司与中国长城资产管理股份有限公司贵州省分公司等金融借款合同纠纷案【边码 8、23】

53. 最高人民法院（2021）最高法民终 64 号民事判决书：亚洲铝业（中国）有限公司与中国进出口银行等金融借款合同纠纷案【边码 14】

54. 最高人民法院（2021）最高法民终 736 号民事判决书：中国农业银行股份有限公司三峡宜昌支行与湖北中孚化工集团有限公司等金融借款合同纠纷案【边码 47】

55. 最高人民法院（2021）最高法民终 879 号民事判决书：贤丰控股集团有限公司与中国工商银行股份有限公司东莞石龙支行等金融借款合同纠纷案【边码 14】

第 447—452 条

一般留置权的成立要件与效力[*]

第 447 条　债务人不履行到期债务,债权人可以留置已经合法占有的债务人的动产,并有权就该动产优先受偿。

前款规定的债权人为留置权人,占有的动产为留置财产。

第 448 条　债权人留置的动产,应当与债权属于同一法律关系,但是企业之间留置的除外。

第 449 条　法律规定或者当事人约定不得留置的动产,不得留置。

第 450 条　留置财产为可分物的,留置财产的价值应当相当于债务的金额。

第 451 条　留置权人负有妥善保管留置财产的义务;因保管不善致使留置财产毁损、灭失的,应当承担赔偿责任。

第 452 条　留置权人有权收取留置财产的孳息。

前款规定的孳息应当先充抵收取孳息的费用。

简　　目

---

　　* 本文系基于《〈民法典〉第 447—452 条(一般留置权的成立要件与效力)评注》(载《南大法学》2023 年第 2 期,第 128—148 页)一文修订而成。

　　案例搜集及选取情况说明:本文在北大法宝法律数据库"司法案例"中以"案由"+"关键词"、"全文"+"关键词"和"全文"+"具体法条"的方法检索,通过"留置权""工程价款优先权""航空器留置权""不当得利""无因管理""同一法律关系"等关键词进行检索,然后选用其中具有说明意义的案例。

郝丽燕

一、规范意旨

《民法典》第447条以下条款规定了一般留置权的成立要件和法律效力。　　1

(一)制度功能

留置权的功能表现为明显的双重性:迫使债务人清偿和担保债权实现。在满　　2
足法律规定的条件下,留置权人首先可以拒绝返还动产,此为留置权的第一次效
力;然后可以按法律规定的程序将留置财产变价获得优先清偿,此为第二次效
力。[1] 司法实践和理论对于留置权的主要功能存在观点分歧。部分观点认为,
留置权的本质功能是留置,以迫使债务人清偿债务,就留置物价值优先清偿仅为
次要功能;[2]相反观点认为,作为保全型担保物权的留置权,其制度功能最终是
直接担保债权的实现。[3] 全国人大常委会法工委[4]和最高人民法院[5]工作人
员的观点是,留置权制度的目的在于维护公平原则,保护债权人利益,督促债务人
及时履行义务。我国自《民法通则》以来,一直将留置权作为法定担保物权对
待。[6] 债权人行使留置权的最终目的是,对留置的动产变价清偿债务,否则不足

---

〔1〕 参见尹田:《留置权若干问题研究》,载《中国政法大学学报》2013年第5期,第69页;翟云岭、
吕海宁:《求证留置权的本质效力》,载《法学》2011年第2期,第86页。

〔2〕 参见梁慧星、陈华彬:《物权法》(第7版),法律出版社2020年版,第387页;谢在全:《民法物
权论(下册)》(修订5版),中国政法大学出版社2011年版,第1065页。

〔3〕 参见高圣平:《担保法论》,法律出版社2009年版,第562页;翟云岭、吕海宁:《求证留置权的
本质效力》,载《法学》2011年第2期,第86页。

〔4〕 参见黄薇主编:《中华人民共和国民法典物权编解读》,中国法制出版社2020年版,第798页。

〔5〕 参见中国审判理论研究会民事审判理论专业委员会编著:《民法典物权编条文理解与司法适
用》,法律出版社2020年版,第517页。

〔6〕 参见刘保玉:《物权法学》(第2版),中国法制出版社2022年版,第536页。

郝丽燕

以体现其担保物权的属性。

3 　　除此之外,留置权的功能还在于平衡双方的利益。在合同关系中,留置权为先履行方因给付而产生的债权提供担保,[7]降低先行给付的债权人的风险,从而降低相关交易成本,[8]比如承揽人留置权担保的是承揽人先给付而产生的债权。即便不存在合同关系,多数情况下留置权担保的也是债权人的在先行为,比如无因管理人对动产投入的必要费用。特别是,先行为对动产价值有所增益的,通过留置动产、对其变价或者折价,作为实施了先行为人的债权人可以通过私力救济实现自己的债权,这比留置抗辩权更具合理性。不存在一方当事人先给付行为的,比如留置权担保的是动产引起的损失赔偿之债,留置权可以实现双方当事人在法律交往中的利益平衡。[9]

(二)体系定位

4 　　在《民法典》合同编和其他单行法中,还有其他规定留置权的条款。在这些留置权中,部分与本文的留置权之间是具体留置权和一般留置权的关系;部分与本文的留置权是特别留置权和一般留置权的关系。

1.《民法典》中的具体留置权

5 　　《民法典》在特定典型合同中规定了具体留置权。比如,第783条规定了承揽人对完成的成果的留置权;第836条规定了承运人对运输货物的留置权;第903条规定了保管人对保管物的留置权。有学者提出,本文意义上的留置权是一般留置权,上述条款中规定的是特别留置权。[10] 然而,一般留置权在《民法典》体系中处于物权编,本段上文提及的留置权位于合同编,物权编和合同编是《民法典》中并行的两编,在体系上难谓"一般"与"特殊"。在成立要件和法律后果方面,也不构成"一般"与"特殊"的关系。在司法裁判中,上述留置权的法律后果均指向本文意义上的留置权。[11] 虽然第447条在要件上强调了"债务人的"动产,而承揽人留置权、承运人留置权、保管人留置权等至少在法律文本上并没有提及"债务人

---

〔7〕　Vgl. *Friz Bauer/Rolf Stueürner*, Sachenrecht, 17. Aufl. , 1999, S. 689, § 55, Rn. 36.

〔8〕　参见苏永钦:《私法自治中的经济理性》,中国人民大学出版社2004年版,第206页以下;章程:《论我国留置权的规范适用与体系整合——民法典时代的变与不变》,载《法商研究》2020年第5期,第25页。

〔9〕　参见刘凯湘:《比较法视角下的商事留置权制度》,载《暨南学报(哲学社会科学版)》2015年第8期,第5页;熊丙万:《论商事留置权》,载《法学家》2011年第4期,第90页。

〔10〕　参见章程:《论我国留置权的规范适用与体系整合——民法典时代的变与不变》,载《法商研究》2020年第5期,第22页。

〔11〕　比如山东省枣庄市中级人民法院(2020)鲁04民终2482号民事判决书涉及的是承运人的留置权,在留置权后果上法院援用的是《物权法》第233条。

郝丽燕

的"。但是,根据《民法典担保制度解释》第 62 条第 1 款第 2 句,留置的动产包括债务人自己所有的动产,也包括从债务人处取得的他人动产(边码 30—32)。全国人大常委会法工委的工作人员也不认为,《民法典》合同编中的留置权与本文的留置权在成立条件和法律后果方面应当有所不同。[12] 因此,这类留置权是一般留置权的具体化。无论是成立条件、法律后果,还是权利行使规则等,在没有具体规定的情况下,适用第 447 条以下规范。

2. 特别留置权

真正的特别留置权在成立要件上与本文的留置权不同,这使它在本质上区别　　6
于一般留置权和具体留置权。

（1）行纪人的留置权

《民法典》第 959 条规定了行纪人对委托物的留置权。行纪人基于委托买入　　7
动产的,由于行纪人以自己的名义行为,根据《民法典》第 956 条和第 958 条,法律后果直接归属给行纪人,他留置的是自己拥有所有权的动产。而本文意义上的留置权是他物权。在此情况中,行纪人为担保报酬请求权而留置动产的,是行使留置抗辩权,[13]并不是本文意义上的留置权。因此,《民法典》第 959 条规定的留置权并不完全是本文意义上的留置权。[14]

（2）出租人的留置权

我国法律没有规定房屋出租人对承租人携入房屋中的动产享有留置权。实　　8
践中出租人经常主张对承租人置于房屋中的动产有留置权。[15] 在法律没有明确规定的情况下,出租人未占有承租人动产或者未合法占有承租人动产的,不能对承租人财产享有留置权。即使承租人腾退房屋将动产留于房屋,出租人并非在债权产生时合法占有动产(边码 35—38);[16]另外,动产与租金债权并非处于同一法律

〔12〕　关于《民法典》第 783 条的解读,参见黄薇主编:《中华人民共和国民法典物权编解读》,中国法制出版社 2020 年版。

〔13〕　参见 Basler Kommentar-ZGB-II/*Rampini/Schulin/Vogt*, Art. 895 Rn. 14.

〔14〕　不同观点认为,行纪人的留置权是《民法典》第 448 条的商事留置权,参见黄薇主编:《中华人民共和国民法典物权编解读》,中国法制出版社 2020 年版,第 1468 页;谢鸿飞、朱广新主编:《民法典评注·合同编·典型合同与准合同 4》,中国法制出版社 2020 年版,第 396—397 页(夏小雄执笔)。

〔15〕　参见浙江省宁波市镇海区人民法院(2015)甬镇民初字第 988 号民事判决书;辽宁省瓦房店市人民法院(2015)瓦民初字第 7592 号民事判决书;浙江省宁波市中级人民法院(2016)浙 02 民终 1512 号民事判决书;山西省晋城市城区人民法院(2018)晋 0502 民初 2533 号民事判决书。

〔16〕　参见浙江省乐清市人民法院(2020)浙 0382 民初 2400 号民事判决书。实践中不乏认为出租人留置权成立的裁判,比如北京市第一中级人民法院(2018)京 01 民终 7376 号民事判决书否认出租人的留置权,但该案一审法院肯定了出租人的留置权。

关系。[17]

9　　　实践中当事人经常约定,出租人对承租人携入租赁房屋中的动产可以行使留置权,司法裁判对于这种约定是否成立留置权存在分歧。部分法院认为,此类约定不能产生留置权的效力,因为出租人没有合法占有承租人携入的动产;[18]部分法院认为,约定留置权也产生留置权的效力。[19] 合法占有是留置权成立的关键要件。出租人和承租人约定,对承租人携入租赁房屋的动产有留置权的,如果承租人离开住宅,动产由出租人实际占有,而他们之间的约定使占有具有合法性。因此,此类通过约定设立的留置权有效。

（3）商事特别留置权

10　　　《民法典》之外也存在规定留置权的特别法,比如《信托法》第 57 条规定,信托终止后,受托人依照本法规定行使请求给付报酬、从信托财产中获得补偿的权利时,可以留置信托财产。《海商法》第 25 条第 2 款规定,造船人、修船人在合同另一方未履行合同时,可以留置所占有的船舶,以保证造船费用或者修船费用得以偿还的权利;第 87 条规定了海上货运合同中承运人的留置权;第 141 条规定了船舶出租人的留置权;第 161 条规定了拖船人的留置权。这些留置权规定在商事特别法中,是商事特别留置权。[20]

3. 与留置抗辩权的关系

11　　　我国《民法典》没有规定留置抗辩权,当事人可以约定留置抗辩权。既没有约定留置抗辩权,也不成立法定留置权的,比如因为对象不是动产或者不成立同一法律关系,可以通过扩大解释《民法典》第 525 条,构建法定留置抗辩权。[21]

（三）规范构造

12　　　第 447 条第 1 款、第 448 条和第 449 条共同规定了一般留置权的成立条件。第 447 条第 1 款和第 448 条规定的是留置权的积极要件,第 449 条规定的是消极

---

〔17〕　参见山东省泰安市中级人民法院(2022)鲁 09 民终 416 号民事判决书;湖南省益阳市中级人民法院(2021)湘 09 民终 1532 号民事判决书;山东省菏泽市中级人民法院(2021)鲁 17 民终 4953 号民事判决书等。

〔18〕　参见浙江省宁波市镇海区人民法院(2015)甬镇民初字第 988 号民事判决书;浙江省宁波市中级人民法院(2016)浙 02 民终 1512 号民事判决书。

〔19〕　参见辽宁省瓦房店市人民法院(2015)瓦民初字第 7592 号民事判决书。

〔20〕　参见刘凯湘:《比较法视角下的商事留置权制度》,载《暨南学报(哲学社会科学版)》2015 年第 8 期,第 1 页以下。

〔21〕　参见王洪亮:《债法总则》,北京大学出版社 2016 年版,第 111 页;庄加园:《留置抗辩权的体系构建:以牵连关系为中心》,载《法商研究》2022 年第 3 期,第 142 页以下。比较法上提出相同观点,Vgl. CHK-Handkommentar/*Koller*, 3. Aufl. 2016, Art. 985 Rn. 14.

要件。从第 447 条规定的内容上还可以得出留置权的两层法律效力:"拒绝返还"和"优先受偿"。第 447 条第 2 款对留置权人和留置财产作出定义。债权人行使留置权的第一次效力后,债权人同时成为留置权人,占有的动产成为留置财产。

二、成立要件

(一) 留置权的客体

1. 动产

《民法典》第 447 条明确规定留置权的客体是动产,即具体的、独立的、可移动 ⟨13⟩的有体物。学界有观点提出,留置权不以标的物有变价性为前提条件,留置权的关键功能被界定为通过"保留"动产迫使债务人清偿债务,是否变价无关紧要。[22]法院的观点是,对不具有可变价性的动产不成立留置权。因为债权人不能对这样的动产拍卖、变卖或者折价,留置权的清偿功能根本无法实现。[23] 本文赞同该观点。不可变价之物,债权人可以拒绝返还,但不能变价,这是留置抗辩权,而非担保物权性的留置权。《民法典》第 783 条规定,定作人未向承揽人支付报酬或者材料费等价款的,承揽人对完成的工作成果有留置权或者有权拒绝交付。由此可见,《民法典》的立法者认为,留置权不同于拒绝返还动产。动产不具有可变价性的,债权人拒绝返还动产即可。在没有法律明确规定的情况下,可以通过《民法典》第 525 条构建留置抗辩权,拒绝返还动产。[24]

船舶、航空器等特殊动产是留置权的客体。根据《海商法》第 25 条、第 141 ⟨14⟩条、第 161 条,船舶是留置权的客体。《民用航空法》第 19 条规定了航空器救援人、保管人、维护人的"优先权",该优先权是留置权。[25] 尽管《民用航空法》回避了"留置权"这一术语,但是从可比性的视角看,民用航空器价值等方面与船舶类似,既然在船舶上可以成立留置权,那么在民用航空器上成立留置权不应当存在障碍。航空器留置权在实践中得到法院的承认。[26]

---

　〔22〕 参见谢在全:《民法物权论(下册)》(修订 5 版),中国政法大学出版社 2011 年版,第 1065 页;邹海林、常敏:《债权担保的理论与实务》,社会科学文献出版社 2005 年版,第 335 页。

　〔23〕 参见最高人民法院民法典贯彻实施工作领导小组主编:《中华人民共和国民法典物权编理解与适用(下)》,人民法院出版社 2020 年版,第 1284 页。

　〔24〕 参见庄加园:《留置抗辩权的体系构建:以牵连关系为中心》,载《法商研究》2022 年第 3 期,第 142 页。

　〔25〕 参见熊丙万:《论商事留置权》,载《法学家》2011 年第 4 期,第 93—94 页;刘凯湘:《比较法视角下的商事留置权制度》,载《暨南学报(哲学社会科学版)》2015 年第 8 期,第 5 页。

　〔26〕 参见广东省广州市中级人民法院(2009)穗中法民四初字第 27 号民事判决书。在该案中,法院认定机场公司留置航空器合法,该案最后调解结案。

15　　　　根据我国现行法,在不动产上不成立留置权。[27] 一部分原因在于,留置权担保的债权多数是费用性债权,一般都比标的物本身的价值低很多,而不动产的价值过高,设立留置权不符合经济原则。因此,尽管建设工程合同本质属性是承揽合同,实际施工人在发包人不支付施工款时仍然不得私自留置工程,也不得对工程进行变价用以清偿债务。根据《民法典》第 807 条,实际施工人对工程有优先权。该项权利与动产留置权的功能相似,以至于理论中部分观点认为,第 807 条规定的优先权本质是留置权。[28] 实践中时常发生当事人将第 807 条的工程款优先受偿权称为“留置权”的情况。[29] 也有个别法院认为,工程价款优先权的理论基础是留置权。[30] 但是该观点违反物权法定原则。无论是将工程价款优先权界定为法定优先权,[31] 还是法定担保物权,[32] 或者法定抵押权,[33] 承包人都不能以行使留置权为名控制建设工程[34]或者占用施工现场。[35] 实践中建设工程合同双方当事人有时会约定,在发包人不支付工程款的情况下承包人有留置权。[36] 此类约定不产生留置权的法律后果。原因在于,不动产一般涉及的利益广泛,比如住房买受人的利益或者公共利益,而留置权最终指向变价优先受偿,法院通常不承认此类约定留置权的效力。[37]

2. 有价证券

16　　　　《民法典》第 447 条文字没有将有价证券明确规定为留置权的标的物,学界观

---

〔27〕　不动产不能设立留置权并不具有必然性,比如《日本民法典》第 295 条就没有将留置权的对象限制为动产。

〔28〕　参见黄如宝:《关于承包人留置权的分析和探讨》,载《同济大学学报(社会科学版)》2001 年第 3 期,第 38—41 页。

〔29〕　参见最高人民法院(2016)最高法民申 1562 号民事裁定书;最高人民法院(2015)民申字第 1602 号民事裁定书;最高人民法院(2013)民申字第 02347 号民事裁定书。

〔30〕　参见最高人民法院(2013)民申字第 39 号民事裁定书;最高人民法院(2020)最高法民再 122 号民事判决书。

〔31〕　参见最高人民法院〔2007〕执他字第 11 号《关于对人民法院调解书中未写明建设工程款有优先受偿权应如何适用法律问题的请示的复函》。

〔32〕　参见李建星:《〈民法典〉第 807 条(建工价款的优先受偿权)评注》,载《南京大学学报(哲学·人文科学·社会科学)》2021 年第 4 期,第 86 页。

〔33〕　参见李世刚:《论法定不动产担保物权隐秘性削减的修法趋势——以法国和台湾地区的经验看我国〈合同法〉第 286 条》,载《法学杂志》2016 年第 11 期,第 60 页。

〔34〕　参见重庆市高级人民法院(2007)渝高法民终字第 45 号民事判决书;最高人民法院(2016)最高法民再 53 号民事判决书;最高人民法院(2017)最高法民申 2399 号民事裁定书。

〔35〕　参见最高人民法院(2016)最高法民申 1562 号民事裁定书。

〔36〕　参见最高人民法院(2020)最高法民终 263 号民事判决书。双方当事人在《建设工程施工合同》第 35.1 条中有所约定。

〔37〕　参见山东省胶州市人民法院(2018)鲁 0281 民初 4115 号民事判决书。

郝丽燕

点认为,对有价证券可以成立留置权。[38] 除了证券法意义上的股票、债券之外,有价证券还包括汇票、本票、支票、提单、仓单、各种交通票证等。物权性质的有价证券,比如仓单、提单,[39] 其交付与物的交付具有同等效力,对此类有价证券成立留置权没有障碍。部分有价证券不具有变价功能,比如交通票证等记名有价证券,不成立本文意义上的留置权,但债权人可以行使留置抗辩权。随着社会的发展,越来越多的有价证券已经电子化,不再是传统意义上的"动产",对无纸化的证券不能成立留置权。[40]

3. 特定化的现金

通常情况下收取现金人取得其所有权,债权人不能对自己有所有权的现金享有留置权,因为留置权是他物权。然而,如果现金被特定化,比如将现金封存交与保管人,此时现金的所有权并没有转让给保管人,[41] 仍由寄存人所有,保管人可以对该现金享有留置权。

17

4. 不得留置的动产

需要注意的是,并非在所有的动产上都可以成立留置权。根据《民法典》第449 条,法律规定或者当事人约定不得留置的动产不得留置。此处规定的是留置权的消极要件。

18

（1）约定不得留置

留置权是为保护债权人之利益,当事人约定不得留置动产的,不影响公共利益和第三人利益,法律允许当事人放弃权利。[42] 在留置权产生之后权利人可以放弃留置权。[43]

19

（2）法律规定不得留置

①明确规定

我国现行法个别法律明确规定哪些动产不得留置,比如《海关法》第37 条第1款规定,海关监管物不得留置。另外,《居民身份证法》第15 条第3 款规定,任何组织和个人不得扣押居民身份证。留置身份证与扣押的效果相同,身份证应属法

20

---

〔38〕　参见史尚宽:《物权法论》,中国政法大学出版社 2000 年版,第 447 页;孙宪忠、朱广新主编:《民法典评注·物权编 4》,中国法制出版社 2020 年版,第 412 页(邹海林执笔);董学立:《中国动产担保物权法编纂研究》,法律出版社 2020 年版,第 222 页。

〔39〕　参见广州海事法院(1999)广海法事字第 56 号民事调解书中的观点。

〔40〕　参见刘保玉主编:《担保纠纷裁判依据新释新解》,人民法院出版社 2014 年版,第 327 页。

〔41〕　参见钱明星:《物权法原理》,北京大学出版社 1994 年版,第 235 页;其木提:《货币所有权归属及其流转规则——对"占有即所有"原则的质疑》,载《法学》2009 年第 11 期,第 59 页。

〔42〕　参见黄薇主编:《中华人民共和国民法典物权解读》,中国法制出版社 2020 年版,第 811 页。

〔43〕　参见广东省佛山市禅城区人民法院(2015)佛城法民二初字第 1041 号民事判决书。

律规定的不得留置的动产。根据《民法典》第 450 条,留置财产是可分物的,超出被担保债权价值的财产,不得留置。

②禁止或限制流通的动产

21　　法律禁止流通的动产不得留置。比如《文物保护法》第 51 条规定了某些文物不得买卖;根据《治安管理处罚法》第 68 条,制作、运输、复制、出售、出租淫秽物品,受治安处罚。一方面不得流通的动产不能变价优先清偿,另一方面有的动产流通将危害公共安全或者人们身心健康,因此不允许留置。法律禁止或者限制动产流通的目的各不相同,比如《文物保护法》禁止文物流通的目的主要在于保护继承中华民族优秀的文化遗产。另外,行使留置权也会影响《文物保护法》的规范目的实现。对于此类动产,债权人虽然不可以行使本文意义上的留置权,但可以行使留置抗辩权,拒绝返还动产。

22　　法律限制流通的动产是否可留置要视情况而定。比如《枪支管理法》第 13 条第 2 句规定,未经许可,任何单位和个人不得买卖枪支。债权人是枪支维修人的,如果他被许可买卖枪支,应允许留置枪支,反之则不得留置。

(3)留置违反公序良俗

23　　留置动产违反公序良俗的,债权人不得留置。比如,留置消防车辆会对公共安全造成影响;[44]承运人运输救灾物资,为了公共利益,承运人不得留置物资;个人档案、身份性证明文件等关乎个人身份和公共管理秩序;[45]留置债务人必要的炊饭器具或必要的谋生工具的,将导致债务人陷入生存困境;[46]留置他人毕业证,会影响工作,关乎他人生存;[47]尸体关系死者的人格权,且涉及伦理感情。[48]留置这些动产违反公序良俗。学界有观点认为,定作人委托承揽人定作棺椁的,在委托人不支付报酬的情况下,留置棺椁违反公序良俗。[49] 本文认为,对该问题要区别情况,我国农村仍有老人生时提早准备棺椁的风俗,在此情况下应当允许成立留置权;如果棺椁是为死者定作,则留置违反公序良俗。

(4)留置违反诚实信用

24　　《担保法解释》第 111 条曾规定,债权人行使留置权与其承担的义务相抵触

---

〔44〕　参见王泽鉴:《民法物权》(第 2 版),北京大学出版社 2010 年版,第 406 页。

〔45〕　参见孙宪忠、朱广新主编:《民法典评注·物权编4》,中国法制出版社 2020 年版,第 438 页(邹海林执笔)。

〔46〕　参见刘保玉:《物权法学》(第 2 版),中国法制出版社 2022 年版,第 545 页。

〔47〕　参见最高人民法院民法典贯彻实施工作领导小组主编:《中华人民共和国民法典物权编理解与适用(下)》,人民法院出版社 2020 年版,第 1290 页。

〔48〕　参见河南省安阳市北关区人民法院(2007)北民一初字第 391 号民事判决书。

〔49〕　参见孙宪忠、朱广新主编:《民法典评注·物权编4》,中国法制出版社 2020 年版,第 412 页(邹海林执笔)。

郝丽燕

的,人民法院不予支持。该司法解释虽然被废止,但其背后的法理是留置动产不得违反诚实信用原则。[50] 比如在运输合同中承运人不将货物运送到目的地就留置货物。[51] 但是合同约定的或者法定的债权人返还动产义务,不属于这里所指的"债权人的义务",比如,保管人有返还保管物的义务,承运人有交出货物的义务等,保管人或承运人留置动产不属于这里的违反债权人义务的情况,否则留置权将落空。

(二)"债务人的"含义

1. 基本含义

根据《民法典》第 447 条的条文表达,债权人可以留置的是"债务人的动产"。 25
"债务人的"这个限定语的含义在我国一直存在非常大的争议。

没有疑问的是,在债务人的处分权不受限制的情况下,他有所有权或处分权 26
的动产属于"债务人的动产"。债务人虽然并非所有权人,但是真正的所有权人明确或者通过行为默示同意债务人将标的物的占有交付给债权人的,也可以成立留置权。[52] 债务人有所有权,但是其处分权受限制的动产不属于"债务人的",比如法院受理了债务人的破产申请程序,债务人因经营需要将动产转让给债权人。由于债务人进入破产程序后,法律应当着重保护破产程序的顺利进行,破产债权人的集体利益优先,债务人处分权受限制,此类动产不再属于"债务人的"。

有极大争议的是,动产是债务人之外的第三人的所有物,且第三人没有同意 27
转移占有,债权人是否可以在该动产上行使留置权。比如,定作人将属于他人的动产交付给承揽人(定作人从第三人处取得动产可能是合法的,也可能是通过侵权行为非法取得),并委托其对动产进行修理,事后为担保修理费,承揽人是否可以留置该动产。

2. 观点演变

理论和司法实践曾经的多数观点认为,留置权的对象只能是"债务人所有的" 28

---

[50]　《瑞士民法典》第 896 条第 2 款和我国台湾地区"民法"第 930 条中也有类似规定。

[51]　参见上海市第一中级人民法院(2011)沪一中民四(商)终字第 1341 号民事判决书;王泽鉴:《民法物权》(第 2 版),北京大学出版社 2010 年版,第 406 页。

[52]　参见孙宪忠、朱广新主编:《民法典评注·物权编4》,中国法制出版社 2020 年版,第 412 页(邹海林执笔);孙鹏:《完善我国留置权制度的建议》,载《现代法学》2017 年第 6 期,第 39 页。孙鹏教授指出,债务人为履行对第三人的义务而将其占有的动产交付债权人时,债权人可直接对该动产行使留置权。在这里,债务人为履行第三人义务而将动产占有转移给债权人的,是经第三人推定同意转移占有。

或"债务人有处分权的"动产。[53] 债务人不是所有权人,且所有权人没有同意债务人转移占有的,应当适用善意取得制度来维护交易安全,[54]或类推适用善意取得制度。[55]《担保法解释》第 108 条曾经规定,债权人合法占有债务人交付的动产时,不知债务人无处分该动产的权利,债权人可以按照《担保法》第 82 条的规定行使留置权。

29　　然而,《民法典担保制度解释》第 62 条第 1 款第 2 句没有延续《担保法解释》第 108 条的内容,而是规定,"第三人以该留置财产并非债务人财产为由请求返还的,人民法院不予支持"。在学界对此问题多有争议的情况下,最高人民法院改变了在《担保法解释》中所持的观点。结合《民法典》第 447 条可以认为,最高人民法院当前的观点是,债权人合法占有第三人动产,为担保与该动产处于同一法律关系的债权,可以留置第三人动产,不以债权人是否善意为前提条件。

3. 本文观点

30　　《民法典》第 448 条通过"同一法律关系"限制了被留置的动产和其担保的债权之间的关系。留置权本身具有"物因性",[56]即债权是"物本身的负担"。[57]被担保的债权或者与动产的形成有直接关系,或者与动产保值有直接关系,或者与动产的占有有直接关系。比如承揽合同中报酬正是因为完成定作物而产生,[58]保管合同中保管费恰恰是由于保管了动产而产生,无因管理中债权人投入费用是为了管理动产。《最高人民法院关于国内水路货物运输纠纷案件法律问题的指导意见》第 7 条明确规定:"债务人对留置货物是否具有所有权并不必然影响承运人留置权的行使,除非运输合同当事人对承运人的留置权另有特殊约定。"

31　　在动产不属于债务人的情况下,一面是债权人的利益,另一面是所有权人的利益,留置产生债权的动产没有从根本上牺牲所有权人之利益。其原因是,留置权担保的是动产所生之债,这是留置权制度的根本目的。[59] 无论动产属于谁,留置动产为清偿它本身引起的债权,不会引起不公平。若支持所有权人返还动产,

---

〔53〕 参见贵州省遵义市中级人民法院(2018)黔 03 民终 763 号民事判决书;常鹏翱:《留置权善意取得的解释论》,载《法商研究》2014 年第 6 期,第 124 页;孙鹏:《完善我国留置权制度的建议》,载《现代法学》2017 年第 6 期,第 40—41 页。

〔54〕 参见常鹏翱:《留置权善意取得的解释论》,载《法商研究》2014 年第 6 期,第 124 页。

〔55〕 参见孙鹏:《完善我国留置权制度的建议》,载《现代法学》2017 年第 6 期,第 40—41 页。

〔56〕 参见张家勇:《承运人对第三人货物的留置权》,载《法学研究》2009 年第 3 期,第 158 页。

〔57〕 参见徐银波:《〈物权法〉留置权规则的解释适用与立法反思》,载《法律科学》2017 年第 2 期,第 94 页。

〔58〕 崔建远教授举例说明:驾驶他人之车途中抛锚,请修理厂修理,待修理完成后却拒绝支付修理费,应当成立留置权。参见崔建远:《物权法》(第 4 版),中国人民大学出版社 2017 年版,第 573 页。

〔59〕 参见[日]近江幸治:《担保物权法》,祝娅等译,法律出版社 2000 年版,第 23 页。

他相当于没有付出而获得增益,或者没有赔偿或补偿就取得引发债权的动产,这与公正理念相悖。

留置权的成立以债务人对动产有所有权或者处分权为要件,不符合经济原 **32**
则。留置权在于保障由动产引起的债权的实现,如果要求动产是债务人所有之物或者有处分权之物,债权人就要审查动产的权属,这无疑增加了交易成本。尽管在此情况下根据理论中的观点,债权人可以通过善意取得制度留置动产,但是债权人在怀疑动产权属的情况下,就负担审查义务,这同样会增加债权人的成本。债权人知道或者应当知道动产不属于债务人的,不能留置动产,导致的后果是,债权人对动产权属不确定的,就会不愿意接受动产,这不利于交易。

(三)债权人已经合法占有动产

1. 直接占有和某些情形的间接占有

留置权仅对债权人已经占有的标的物产生,即债权人要对标的物有事实上的 **33**
管控力或管领力。可以成立留置权的占有包括直接占有和间接占有。[60] 有些情形的间接占有不能成立留置权,比如,债权人和债务人之间成立占有改定关系,其中直接占有人是债务人,间接占有人是债权人,债权人的间接占有不能成立留置权,因为在此情况下债务人仍然实际控制标的物,债权人不能通过间接占有实现留置效力。[61] 如果债权人、债务人、第三人之间成立间接占有和直接占有关系,而第三人知道动产属于债务人,并认可自己有向债务人返还动产之义务,此时债权人在很大程度上不能实际支配动产,对这样的动产不能成立留置权。反之,债权人间接占有债务人的动产,但直接占有动产的第三人不能向债务人返还动产,只能向债权人返还,此时债务人取得该动产占有的可能性被排除,债权人可以有效支配动产,债权人通过间接占有可以享有留置权。[62] 比如,债权人将债务人的动产交与第三人保管,债务人和第三人并不知道彼此的存在。在此情况下,债务人没有取得动产的可能性,债权人尽管是间接占有人,他仍然可以有效支配动产。

---

〔60〕 参见黄薇主编:《中华人民共和国民法典物权编解读》,中国法制出版社 2020 年版,第 804 页;中国审判理论研究会民事审判理论专业委员会编著:《民法典物权编条文理解与司法适用》,法律出版社 2020 年版,第 518 页;山东省高级人民法院(2019)鲁民终 189 号民事判决书。在山东省高级人民法院(2019)鲁民终 286 号民事判决书中,子公司占有动产,尽管母子公司之间没有占有媒介关系,但是在履行合同时母子公司权利义务混同的情况下,成立间接占有和直接占有关系,母公司通过子公司占有动产,这样母公司可以留置该动产。

〔61〕 参见中国审判理论研究会民事审判理论专业委员会编著:《民法典物权编条文理解与司法适用》,法律出版社 2020 年版,第 518 页。

〔62〕 Vgl. Zürcher Kommentar zum ZGB/*Oftinger/Baer* 3. Aufl. , 1981, Art. 895 Rn. 55.

债权人与第三人共同占有的动产,[63]只要债权人可以获得动产的实际支配,就可成立留置权。

34　　　　占有辅助人的持有不能成立留置权,[64]因为占有辅助人不能按自己的意愿独立支配动产,而是根据实际占有人的指示占有动产,他在法律上不能拒绝返还标的物,更不能通过自力将标的物变价。比如家里的保姆辅助占有动产,作为持有人的保姆对家里的动产也不能成立留置权。[65] 个别情况下,辅助占有人是标的物在物理上的实际支配人,社会观念认为他有实际支配力,比如在"长三角商品交易所有限公司诉卢某返还原物"案中,[66]用人单位将公司的车交给劳动者卢某上下班使用,虽然劳动者和单位之间是附属关系,但是劳动者可以按自己的意志支配车辆,劳动者并非持有车辆,而应当认定为占有。[67]

对动产的暂时控制不是占有,不能成立留置权。比如,顾客在超市暂时控制货架上的商品,其间因商品上的瑕疵而受伤,该顾客不能为担保损失赔偿而留置他暂时控制的动产。

2. 占有的合法性

35　　　　《民法典》第 447 条要求债权人必须"已经合法占有"动产。合法占有是指,债权人占有动产有法律上依据,[68]也称为有正当原因占有。[69] 正当原因既包括法律行为,也包括法律本身,比如拾得人的占有、无因管理人的占有等。可以从占有保护的角度确定占有是否合法。债权人不经过债务人同意或违反债务人意愿而占有动产,是通过禁止性自力而占有,除非存在正当防卫或者紧急避险的情况,否则属于非法占有。债权人占有动产时不违反债务人明确的或者推定的意思,则是

〔63〕　参见刘保玉:《留置权成立要件规定中的三个争议问题解析》,载《法学》2009 年第 5 期,第 62 页。

〔64〕　参见孙宪忠主编:《中国物权法:原理释义和立法解读》,经济管理出版社 2008 年版,第 535 页。

〔65〕　参见郭明瑞:《担保法》(第 2 版),法律出版社 2004 年版,第 222 页;高圣平:《担保法论》,法律出版社 2009 年版,第 572 页。

〔66〕　参见江苏省无锡市中级人民法院(2014)锡民终字第 1724 号民事判决书。该案一审判决持相反意见,认为成立留置权。

〔67〕　该案法院两审都没有明确论证劳动者是"占有"还是"持有",而是认为占有不成问题,二审法院不认为成立留置权的原因是:劳动关系主体双方在履行劳动合同过程中处于管理与被管理的不平等关系,劳动者以用人单位拖欠劳动报酬为由,主张对用人单位供其使用的工具、物品等动产行使留置权,此类动产不是劳动合同关系的标的物,与劳动债权不属于同一法律关系,故该主张与法律规定相悖。关于劳动者是否"占有"用人单位的车辆,在比较法上也存在争议。Vgl. Basler Kommentar-ZGB-II/Rampini/Schulin/Vogt, Art. 895 Rn. 25.

〔68〕　参见孙宪忠、朱广新主编:《民法典评注·物权编 4》,中国法制出版社 2020 年版,第 416 页(邹海林执笔)。

〔69〕　参见刘保玉:《物权法学》(第 2 版),中国法制出版社 2022 年版,第 541 页。

合法占有。债权人通过欺诈、胁迫等不正当手段取得占有的,是没有正当原因占有。[70]

债权人合法占有可以概括为以下情形:第一,债务人或者其委托的第三人将占有转移给债权人。占有转移并非法律行为,而是事实行为,因此不要求债务人在转移占有时具有行为能力,但是要求有自然的意思。第二,债权人在不违反债务人意思的情况下通过事实行为取得占有。比如,债权人因无因管理债务人财产而占有动产,虽没用经过债务人同意,但符合债务人的推定意思。 36

理论中常见的教学案例是,甲踢球砸碎乙的玻璃,乙留置甲的球。在这个例子中,债权人占有动产违反权利人意思,因此不成立合法占有。学界有观点提出,应将合法占有扩大解释为"非故意违法取得占有"。[71] 本文认为,扩大解释不可取,留置权具有私力救济之效力,要限制其扩张适用。 37

法条中的"已经"表明,确定债权人占有合法性的时间点并不是债务到期之时,而是在此刻之前,即债权产生之时。比如,承租人在租赁期间经过后违反出租人意思继续占有租赁动产,[72]为此支付了必要费用或者产生其他债权,承租人不能就该债权对租赁物行使留置权,因为在债权产生时承租人已经是非法占有。债务人事后追认占有的正当性的,追认有溯及效力。[73] 38

(四)债务人不履行到期债务

留置权担保的是债权人对债务人的债权的实现,是担保物权,因此留置权以债权的有效存在、到期、可实现为前提条件。 39

1. 债权有效存在

留置权担保的债权必须已经存在,对尚未产生的债权不可能成立留置权。留置权担保的多是金钱请求权,但是请求权内容是金钱之外的其他给付的,也可以成为留置权的担保对象。留置权人最终要通过对留置物变价或折价清偿债权人的债权,故在此之前非金钱之债要转化成金钱之债。 40

2. 被担保的债权类型

被担保的债权可以基于合同关系产生,也可以依法产生。 41

---

〔70〕　Vgl. Basler Kommentar-ZGB-II/*Rampini/Schulin/Vogt*, Art. 895 Rn. 31.

〔71〕　参见徐银波:《〈物权法〉留置权规则的解释适用与立法反思》,载《法律科学》2017 年第 2 期,第 94 页。

〔72〕　参见谢在全:《民法物权论》(修订 5 版),中国政法大学出版社 2011 年版,第 1075 页;江苏省无锡市锡山区人民法院(2018)苏 0205 民初 1938 号民事判决书。

〔73〕　Vgl. Basler Kommentar-ZGB-II/*Rampini/Schulin/Vogt*, Art. 895 Rn. 30.

（1）合同之债

42　　　在我国,留置权起源于对合同关系中产生的债权进行担保,比如承揽合同中承揽人的报酬请求权或者材料费请求权(《民法典》第 783 条),承运人的运费、保管费或者其他费用请求权(《民法典》第 836 条),保管人的保管费或者其他费用请求权(《民法典》第 903 条),行纪人的报酬请求权(《民法典》第 959 条),造船人和修船人的造船费和修理费请求权(《海商法》第 25 条)。由于《民法典》第 447 条以下规定的是一般留置权,合同分则没有明确规定的合同债权,也可以是留置权担保的对象。

（2）法定之债

43　　　受留置权担保的法定之债包括不当得利之债、无因管理之债、侵权之债[74]以及其他依法发生的债权。

44　　　无因管理在《民法典》中被规定为准合同,实际上它是法定之债。无因管理人对标的物所支出的必要费用使动产的价值有所增益,可以受留置权担保。比如船舶因风浪飘至他人港口,管理船舶支出了必要费用,在此存在无因管理人为了管理他人动产而支付必要费用,管理人为担保费用补偿请求权可以留置船舶。[75]

45　　　不当得利之债区分为不同情况。侵害型不当得利之债中,由于占有人缺乏占有的合法性,不能成立留置权。[76] 其他的不当得利请求权可以成立留置权,[77]比如在“李某与某公司不当得利纠纷案”中,李某支付涉案轿车的价款,并合法占有使用轿车,但轿车的所有权登记在某公司名下。某公司要求返还轿车,为担保该不当得利之债,李某可以留置轿车。[78]

46　　　依法产生的费用之债也是留置权担保的对象。比如《民法典》第 317 条,遗失物的拾得人对遗失物支付必要费用,他对遗失物权利人的费用请求权;[79] 根据《民法典》第 460 条,善意占有人对其占有的动产支付必要的维修费的,他对权利

---

〔74〕　参见山东省章丘市人民法院(2014)章民初字第 182 号民事判决书。

〔75〕　参见四川省绵竹市人民法院(2019)川 0683 民初 1360 号民事判决书;青岛海事法院(2021)鲁 72 民特 198 号民事裁定书。

〔76〕　其他学者从“雨具价值无增益”的视角否定了一般留置权。参见章程:《论我国留置权的规范适用与体系整合——民法典时代的变与不变》,载《法商研究》2020 年第 5 期,第 27 页。

〔77〕　参见章程:《论我国留置权的规范适用与体系整合——民法典时代的变与不变》,载《法商研究》2020 年第 5 期,第 27 页。

〔78〕　参见广西壮族自治区柳州市城中区人民法院(2019)桂 0202 民初 1228 号民事判决书。

〔79〕　在北京市丰台区人民法院(2018)京 0106 民初 8265 号民事判决书中,被告拾得原告的金毛犬后,为治疗金毛犬的皮肤病支付了费用,被告主张对犬有留置权,但是法院没有支持留置权,原因是被告不打算就该费用提起反诉。

　　　　　　　　　　　　　郝丽燕

人的费用请求权。[80] 即便没有法律明确规定,上述费用请求权也可以归入无因管理费用请求权中。[81]

有疑问的是,侵权之债是否可以成为留置权担保的对象。个别学者观点对此予以否定,该观点将产生留置权的债权限于使标的物价值有所增益的给付,而侵权之债和侵害型不当得利之债相同,并不会使物的价值有所增益。[82] 然而,国内立法和司法都没有将留置权担保的债权限于对标的物价值有所增益的债权。在债权人占有债务人动产期间,该动产对债权人引发了侵权损失赔偿之债,允许债权人留置动产并无不公平之处。这种情况虽然少,但并非完全不存在,在"东营市越豪物流有限公司与石家庄浩翔商贸有限公司公路货物运输合同纠纷二审案"中,越豪物流为浩翔商贸承运一批粗苯,装货过程中因发生静电粗苯着火导致运输车辆损失。法院认定货物的性质也是事故的原因之一,为担保侵权之债,越豪物流主张对粗苯有留置权。[83]

(3)合同无效或被撤销时的返还请求权?

合同无效或者被撤销时,为担保双方当事人的返还请求权,是否可以成立留置权?根据主流观点,我国所有权转让采债权形式主义,债权合同被撤销后,所有权也自动复归给出卖人;债权合同不成立或者无效的,出卖人从始至终都是所有权人。[84] 动产的互易合同无效或者被撤销后,为担保返还原物请求权而成立留置权,不存在违反留置权的制度功能的因素。是否成立留置权,取决于在具体情况中留置权成立的其他要件是否满足。

买卖合同则不同,出卖方主张标的物返还,买受人主张价款返还,买受人为担保价款请求权不能对动产行使物权留置权。因为承认留置权使买卖双方权利不对等。买受人以现金支付价款的,出卖人取得现金的所有权,出卖人不能对自己

---

〔80〕 在湖北省襄阳市中级人民法院(2020)鄂 06 民终 3675 号民事判决书中,上诉人主张根据《物权法》第 243 条(即《民法典》第 460 条)对涉案动产基于维修费有留置权,但是未证明产生维修费,故法院未支持留置权。

〔81〕 参见章程:《论我国留置权的规范适用与体系整合——民法典时代的变与不变》,载《法商研究》2020 年第 5 期,第 27 页。

〔82〕 参见刘保玉主编:《担保纠纷裁判依据新释新解》,人民法院出版社 2014 年版,第 330 页;章程:《论我国留置权的规范适用与体系整合——民法典时代的变与不变》,载《法商研究》2020 年第 5 期,第 26—27 页。

〔83〕 参见山东省东营市中级人民法院(2019)鲁 05 民终 1234 号民事判决书。该案法院以"债务人不履行到期债务"要件不成立而否定成立留置权。

〔84〕 参见梁慧星、陈华彬:《物权法》(第 7 版),法律出版社 2020 年版,第 88 页;最高人民法院民事审判第二庭编著:《〈全国法院民商事审判工作会议纪要〉理解与适用》,人民法院出版社 2019 年版,第 263 页。《九民纪要》第 34 条将标的物返还与价款返还界定为对待给付,存在术语表达的错误,因为"给付"是债的履行中的惯用术语。

所有的现金行使物权留置权;转账支付价款的,买受人和出卖人之间只存在债权关系,出卖人不能对债权行使本文意义上的留置权。而买受人是买卖标的物的占有人,如果允许买受人为了担保他的价款返还请求权而对动产享有物权留置权,则买卖双方的救济手段不对等,这有违公平原则。最高人民法院工作人员在解释《九民纪要》第 34 条时指出,基于返还的对等性,一方未提出给付前,另一方可以拒绝对方要求返还的请求。[85] 买卖合同里的同时返还应当理解为抗辩权。[86] 即使双方陷入返还僵局,返还义务方也不可以通过自力对动产变价优先清偿。

3. 债权到期或加速到期

（1）债权到期

50　　被担保的债权必须到期。债权未到期的,债权人尚不得要求债务人履行,允许债权人留置债务人动产,有失公允。[87] 判断债权是否到期的时间点通常是债权人拒绝向债务人返还动产之时。[88] 债权到期时间是债权人可以要求履行的时间点,或者债务人必须提供履行的时间点。履行时间可以由法律规定,也可以由当事人明确约定或者推定约定。法定或者约定的履行时间通常是日历日或者是可以根据日历日具体确定的日期。当事人约定的履行期限不明确或者没有约定履行期限的,根据《民法典》第 511 条第 4 项和第 510 条,当事人可以补充约定,不能达成补充协议的,一般也认为立即到期,但是债权人应给债务人必要的准备时间。债务人在合理期间内仍不履行的,才满足留置权成立的条件,否则违反诚实信用原则和公平公正。

（2）加速到期

51　　在对债务人开启破产程序的情况下,《企业破产法》第 46 条第 1 款规定,未到期的债权在破产申请受理时视为到期。在债务人失去清偿能力的其他情形,也不应当要求债权履行期限届至。《担保法解释》第 112 条对此曾有规定。在债务人失去支付能力的情况下基于公正的原因为债权人设立"紧急留置权"。[89] 因为债务人失去支付能力意味着,他在可预见的期间内不可能清偿债务,等到债务到期没有任何意义。《担保法解释》虽然已经被废止,但其原理依然不变。无支付能力是指债务人财产状况及信用能力已经无法清偿债务。[90] 可以借助《民法典》第

---

〔85〕 参见最高人民法院民事审判第二庭编著:《〈全国法院民商事审判工作会议纪要〉理解与适用》,人民法院出版社 2019 年版,第 267 页。

〔86〕 参见付一耀:《论合同无效或被撤销后的拒绝返还抗辩权——基于〈民法典〉第 157 条与第 525 条的解释论》,载《社会科学研究》2021 年第 2 期,第 84 页以下。

〔87〕 参见刘保玉:《物权法学》(第 2 版),中国法制出版社 2022 年版,第 377 页。

〔88〕 Vgl. Zürcher Kommentar zum ZGB/*Oftinger/Baer* 3. Aufl. , 1981, Art. 895 Rn. 77.

〔89〕 参见周林彬:《物权法新论——一种法律经济分析的观点》,北京大学出版社 2002 年版,第 715 页。

〔90〕 参见谢在全:《民法物权论(下册)》(修订 5 版),中国政法大学出版社 2011 年版,第 1072 页。

527 条理解无支付能力。债务人方面发生经营状况恶化、转移资产、抽逃资金以逃避债务、丧失商业信誉的,可以认为无支付能力。此外,还包括其他缺乏履行能力的情况,比如负债超过资产等。债务人丧失支付能力不能是短暂的,应当没有可预见的恢复可能性。债务人期前拒绝履行的,也发生债权加速到期。因为在此情况下不能让债权人期待,履行期限届满时债务人仍然履行。[91]

4. 债权的诉讼时效对留置权的影响

《民法典担保制度解释》第 44 条第 2 款规定,主债权诉讼时效期间届满后,财　52产被留置权的债务人或者对财产有所有权的第三人请求债权人返还留置财产的,人民法院不予支持;债务人或者第三人请求拍卖、变卖留置财产并以所得清偿债务的,人民法院应予支持。如何理解该规定,有争议。

立法专家的观点是,主债权诉讼时效届满后,担保物仍在担保权人控制下的,　53担保权人可以处分其占有的担保物,实现权利。如果法律规定(担保权人占有动产的)担保物权因主债权诉讼时效届满而消灭,与债务人不得对超时效债务的履行要求返还的民法基本原理相悖。[92] 学界部分观点认为,《民法典担保制度解释》第 44 条第 2 款体现了上述观点,准此,主债权诉讼时效届满后,留置权的行使不受影响。[93] 部分学者反对司法解释的这一规定。[94]

本文认为,讨论主债权诉讼时效届满对留置权的影响应区分三个阶段:留置　54权产生之前,留置权产生后但债权人尚未行使拒绝返还权,债权人行使拒绝返还权但尚未变价。

留置权成立条件都满足之前债权的诉讼时效届满的,诉讼时效届满阻碍的是　55留置权状态成立。比如,债权产生在先,债务人仍然是直接占有人,债权人是间接占有人,当债权人之后取得动产的直接占有时债权诉讼时效已届满。在此情况下,债务人要求返还动产,债权人对占有的动产不能行使留置权。原因在于,债权人行使留置权的目的是实现债权,而负担时效抗辩权的债权在债务人主张抗辩权时不具备可实现性。因此,在留置权全部要件成立之前债权的诉讼时效期间届满的,如果违反债务人意愿允许债权人留置动产,相当于留置权成立的要件之一是"经过诉讼时效的债权",这样本不能实现的债权得以实现,对债务人严重不公平。

〔91〕　参见李建星:《论拒绝履行》,台湾地区元照出版有限公司 2019 年版,第 18 页。

〔92〕　参见全国人大常委会法制工作委员会民法室编著:《物权法(草案)参考》,中国民主法制出版社 2005 年版,第 447 页。

〔93〕　参见高圣平:《担保法前沿问题与判解研究(第五卷)——最高人民法院新担保制度司法解释条文释评》,人民法院出版社 2021 年版,第 304 页。

〔94〕　参见程啸、高圣平、谢鸿飞:《最高人民法院新担保司法解释理解与适用》,法律出版社 2021 年版,第 278 页(程啸执笔)。

郝丽燕

56　　　　当留置权成立的所有要件都满足,但是债权人尚未表示拒绝返还动产的,债权诉讼时效经过是否阻碍债权人行使留置权?在比较法上,留置权成立要件都满足(即留置权人可以行使留置权,但未行使)之后债权经过诉讼时效的,债权人仍然可以行使留置权,比如《德国民法典》和《瑞士债务法》。[95] 但《德国民法典》中的留置权是留置抗辩权,《瑞士债务法》没有区别对待不同的担保物权。而我国《民法典》第 419 条规定,抵押权人应当在主债权诉讼时效期间行使抵押权;未行使的,人民法院不予保护。《民法典》没有规定主债权诉讼时效对留置权的影响,同为担保物权,留置权人仅仅因为占有动产就获得比抵押权人更优的法律地位,理由并不充分。[96]

57　　　　最高人民法院通过《民法典担保制度解释》第 44 条要解决的问题是,因《民法典》没有规定主债权诉讼时效届满是否对留置权(和质权)产生影响而引起的争议,目的是达到同类权利相同对待,即债权诉讼时效届满对留置权有影响。[97] 对于抵押权,债权诉讼时效届满影响抵押权人实现抵押权。债权人取得留置权和实现留置权是两个阶段,《民法典担保制度解释》第 44 条第 2 款的文本表达为"被留置",只有债权人行使了拒绝返还权时,动产才"被留置",否则应当用"占有"表达。债权诉讼时效届满对留置权行使的影响,区分对留置本身的影响和对被留置动产的变价的影响,也符合留置权的双重效力。

58　　　　综上,被担保债权诉讼时效届满,仅对留置权的第三个阶段不发生影响,即债权人已经行使留置权中的拒绝返还权,但尚未变价。此时,债权人通过拒绝返还动产,已经开始实现留置权的第一次效力。换言之,被担保债权的诉讼时效经过实际发生在债权人行使留置权之后。在债权人行使留置权之前,被担保债权诉讼时效届满的,留置权与抵押权有同等法律地位,即主债权诉讼时效届满阻碍留置权的行使,由此可以达到同种权利相同对待的目标。若发生《民法典担保制度解释》第 44 条第 2 款第 2 分句的情况,即债务人或第三人请求拍卖的,属于债务人或第三人放弃主张时效抗辩权的情况,诉讼时效届满自不会影响债权人行使留置权。

---

　　[95] 《德国民法典》第 215 条规定:在最早可抵销或拒绝履行给付的时刻,请求权尚未完成消灭时效的,消灭时效的完成,不排除抵销和对留置权的主张。《瑞士债务法》第 140 条规定:债权的时效,不因该债权有动产担保物权而停止进行,但时效的完成,不妨碍债权人行使该担保物权。

　　[96] 反对《民法典担保制度解释》第 44 条第 2 款和第 3 款的观点论证,参见程啸、高圣平、谢鸿飞:《最高人民法院新担保司法解释理解与适用》,法律出版社 2021 年版,第 278 页(程啸执笔)。

　　[97] 参见最高人民法院民事审判第二庭:《最高人民法院民法典担保制度司法解释理解与适用》,人民法院出版社 2021 年版,第 398—399 页。

　　　　　　　　　　　　　　　郝丽燕

(五) 同一法律关系

债权人留置与债权没有关联的动产违反诚实信用原则和公平原则,会导致法律关系和法律秩序的混乱。[98] 因此《民法典》第 448 条前半句规定,在一般留置权中动产必须与债权属于"同一法律关系",借此限制被留置动产的范围,意在避免被留置动产的范围任意扩大。 **59**

《担保法》将留置权限于"同一特定合同关系",这使留置权的适用范围过于狭窄。《担保法解释》将留置权扩张到有"牵连关系"的债权和动产之间,则过于宽泛。从"牵连关系"转变为"同一法律关系",一方面体现了法律对被留置动产限制的严格化,避免债权人滥用权利任意留置他人财产,另一方面是为了明确法律用语的表达,提高司法统一和法律安定性。[99] 留置权是担保物权,债权人不仅可以拒绝返还债务人的动产,还可以将留置物变价优先受偿,换言之,通过留置权债权人获得私力救济的可能性。因此,必须严格限制被留置的动产范围,否则债务人的利益将承受不合理之不利。"同一法律关系"使债权人和债务人之间的利益达到平衡。[100] **60**

1. "同一"的含义

司法实践中提出的问题是,本条的"同一"所指为"同一个"还是"同一类"法律关系。该问题主要针对的实践案情是,连续性的保管、承揽、运输等关系,例如托运人未支付承运人某次货物运输的费用,承运人是否可以留置该托运人下一次托运的货物。学界观点多认为,"同一法律关系"仅是指"同一个法律关系"。[101] 实践中认为,如果当事人订立的是长期合同,该合同范围内的债权和动产都成立同一法律关系。比如在"防城港德城码头仓储有限公司与许某军港口作业纠纷案"中,两当事人签订框架合作协议,债务人长期未支付码头使用费,后债权人占有债务人的煤炭,占有取得和使用费均基于框架合作协议产生,因此成立同一法律关系。[102] 如果当事人偶然性地订立多个同一类合同,则不得允许留置同一类法律关系中的动产,否则容易发生任意留置的乱象。 **61**

---

〔98〕　参见刘保玉:《留置权成立要件规定中的三个争议问题解析》,载《法学》2009 年第 5 期,第 64 页。

〔99〕　参见王利明:《物权法研究(下卷)》(第 3 版),中国人民大学出版社 2013 年版,第 1411 页;王胜明主编:《中华人民共和国物权法解读》,中国法制出版社 2007 年版,第 497 页。

〔100〕　参见中国审判理论研究会民事审判理论专业委员会编著:《民法典物权编条文理解与司法适用》,法律出版社 2020 年版,第 520 页。

〔101〕　参见中国审判理论研究会民事审判理论专业委员会编著:《民法典物权编条文理解与司法适用》,法律出版社 2020 年版,第 522 页。

〔102〕　参见广西壮族自治区高级人民法院(2015)桂民四终字第 63 号民事判决书。

2. 具体类型

62　　学界的多数观点认为债权和动产处于同一法律关系包括三种情形:债权由物本身引起;动产占有返还义务与债权产生处于同一法律关系;动产返还义务与债权处于同一事实关系。[103] 第一种情形发生在留置权担保法定之债中;第二种情形发生在留置权担保合同之债中,实际指向动产的返还义务与债权产生处于同一合同关系;第三种情形是对"同一法律关系"的扩大解释。

（1）债权由占有的动产本身引起（与物相结合的债）

63　　债权恰恰由物自身引起的,债权与物处于同一法律关系。为担保由动产所生的费用之债或者动产造成的损害赔偿之债,债权人可以留置动产,比如在"东营市越豪物流有限公司与石家庄浩翱商贸有限公司公路货物运输合同纠纷二审案"中,粗苯着火致货车损失,货车主主张留置粗苯,损害赔偿之债与动产结合。[104]

64　　不当得利之债中,可能的情况是,得利恰好发生在动产上,这属于债权与动产结合的情况。例如,债权人在拾得债务人的狗后,为狗治病支出费用,也属于物与债结合。[105]

65　　费用债权也属于此:《民法典》第 317 条规定的遗失物拾得人为遗失物支付的费用;[106]《民法典》第 460 条规定的善意占有人为维护动产支付的必要费用;[107]《民法典》第 589 条规定的受领迟延时债务人在动产上增加的费用;《民法典》第 921 条规定的（无偿委托）受托人为完成委托事务垫付的必要费用;《民法典》第 979 条规定的无因管理人对动产支付的必要费用。在此情况中,费用债权均由动产引起。

（2）同一合同关系

66　　债权人返还动产义务与债权产生是基于同一个合同关系,属于债权与动产处于同一法律关系。我国留置权构建的基础是这种情况。最早在《民法通则》第 89 条第 4 项中规定,按照合同约定一方占有对方的财产,对方不按照合同给付应付款项超过约定期限的,占有人有权留置该财产。在此情况中,债权人基于合同关系有返还动产义务,债务人基于相同合同有债务,债权和占有动产处于同一合同关系。《担保法》则将合同关系限定于保管合同、运输合同和加工承揽合同。虽然《民法通则》和《担保法》没有以文字形式表达"同一法律关系",但按法律的要求,债权和动产必然处于同一个法律关系。

---

〔103〕 参见梁慧星、陈华彬:《物权法》(第 7 版),法律出版社 2020 年版,第 393 页;刘保玉:《物权法学》(第 2 版),中国法制出版社 2022 年版,第 543 页。

〔104〕 参见山东省东营市中级人民法院(2019)鲁 05 民终 1234 号民事判决书。

〔105〕 参见北京市丰台区人民法院(2018)京 0106 民初 8265 号民事判决书。

〔106〕 参见北京市丰台区人民法院(2018)京 0106 民初 8265 号民事判决书。

〔107〕 参见湖北省襄阳市中级人民法院(2020)鄂 06 民终 3675 号民事判决书。

郝丽燕

劳动者因为用人单位不支付工资,是否可以留置公司交与其使用的动产,存 67
在争议。在"长三角商品交易所有限公司诉卢某返还原物案"中,[108] 一审法院称,
卢某基于其与长三角公司的劳动关系合法占有轿车,基于该劳动关系长三角公司
结欠卢某工资及赔偿金,故卢某依法有权对轿车行使留置权。[109] 一审法院显然
认为工资债权与劳动者占有的单位交与其使用的动产处于同一法律关系。二审
法院否认成立留置权,其原因包括多个,其中之一是,案件中的轿车是单位为工作
便捷交由高管使用,不是劳动合同关系的标的物,轿车不影响劳动合同的成立与
履行,故与劳动债权不属于同一法律关系。

该案二审法院的观点受到理论的批评,认为用人单位交与劳动者使用的汽车 68
属于非法定福利待遇内容,应认为是劳动的对待给付。[110] 本文赞同该观点。用
人单位将汽车交给经理使用,从生活观念看,劳动者可以按自己的意志决定如何
支配汽车,他不仅仅是占有辅助人。虽然汽车的使用不属于法定福利,也没有在
劳动合同中约定,但是用人单位的目的是方便劳动者工作,比如节省时间、节省通
勤精力,这样劳动者就能更好地工作。不管是节省时间,还是节省精力,用人单位
提供车最终将换取劳动者更好的劳动给付。并且,用人单位提供汽车是建立在劳
动合同的基础之上。因此,应当认为汽车和工资债权属于同一法律关系。

还存在的情况是,用人单位交给劳动者使用的动产恰好是劳动工具。比如, 69
在"吴某与宁夏担保集团有限公司等留置权纠纷案"中,[111] 一审法院认为,用人单
位供其使用的工具、物品、设备等动产不是劳动合同关系的标的物,与劳动债权不
属于同一法律关系。该观点恰当,因为交给劳动者使用的动产只是间接服务于劳
动者完成工作,与工资属于同一事实关系。

(3)同一事实关系?

在双方彼此错拿物品案中,两者各自成立侵害型不当得利,这是同一个生活 70
关系,但并不成立同一个法律关系,[112] 是两个独立的法律关系。但学界普遍认
为,在双方彼此错拿物品的情况中成立留置权。[113] 最高人民法院认为,留置权成

〔108〕 参见江苏省无锡市中级人民法院(2014)锡民终字第1724号民事判决书。该案一审判决持相
反意见,认为成立留置权。

〔109〕 参见江苏省无锡市崇安区人民法院(2014)崇民初字第0562号民事判决书。

〔110〕 参见王硕:《劳动者留置权的正当性阐释——对一则最高人民法院公报案例的批评》,载《河
南财经政法大学学报》2020年第5期,第53页。

〔111〕 参见宁夏回族自治区中宁县人民法院(2019)宁0521民初231号民事判决书。

〔112〕 参见刘保玉主编:《担保纠纷裁判依据新释新解》,人民法院出版社2014年版,第453页。

〔113〕 参见梁慧星、陈华彬:《物权法》(第7版),法律出版社2020年版,第393页;谢在全:《民法物
权论(下册)》(修订5版),中国政法大学出版社2011年版,第1069页。

立应当要求债权和动产处于同一特定法律关系,[114]并没有扩大解释的意思。《民法典》摒弃了"牵连关系"这一表达,意在限制被留置动产的范围。留置权赋予权利人将留置的动产变价优先受偿的强大效力,因此不宜将同一法律关系扩展至"同一事实关系"和"同一生活关系"。在此情况中,应适用留置抗辩权。[115]

71   同一经济关系也应被排除。比如,甲向乙借款,为担保借款,甲将自己的车辆交给乙,约定设立质权,但是未订立书面质权合同。在此,乙不得主张留置权。原因在于,乙对甲的返还借款之债是基于借款合同,而甲将车辆交于乙是基于质权合意。借款和车辆属于同一经济关系,但是并不属于同一法律关系。[116]

三、法律效力

(一) 留置权成立的时间点

72   留置权在所有的成立要件都满足时依法产生。留置权成立的时间点对留置权本身的顺位意义重大,即同一动产上成立多个留置权的,比如直接占有人和间接占有人均有留置权,成立在先的留置权优先。[117] 当债务人陷入破产时,留置权成立的时间也很重要,债权人只能主张那些在破产程序开始之前成立的留置权。[118]

(二) 成立债权人占有权

73   留置权是占有性担保物权。[119] 留置权成立后,债权人可以拒绝向债务人返还动产。在比较法上,留置权是否成立占有权有争议。根据德国理论中的通说,留置权不成立占有权,而是独立的反对权利,它可以直接阻碍所有权人的返还原物请求权。[120] 占有人主张反对权利的,将被裁判与返还请求权同时履行。司法裁判中的观点认为,留置权成立占有权,有留置权的占有人不必立即返还动

---

〔114〕 参见最高人民法院民法典贯彻实施工作领导小组主编:《中华人民共和国民法典物权编理解与适用(下)》,人民法院出版社 2020 年版,第 1288 页。

〔115〕 参见庄加园:《留置抗辩权的体系构建:以牵连关系为中心》,载《法商研究》2022 年第 3 期,第 154 页。

〔116〕 参见四川省成都市中级人民法院(2015)成民终字第 3633 号民事判决书。本案法院虽然否定留置权,但论证部分法院援用担保法,认为留置权适用特定法律关系,而借款合同不属于特定合同关系。

〔117〕 Vgl. Basler Kommentar-ZGB-II/*Rampini/Schulin/Vogt*,Art. 895 Rn. 65.

〔118〕 Vgl. Basler Kommentar-ZGB-II/*Rampini/Schulin/Vogt*,Art. 895 Rn. 54.

〔119〕 参见刘保玉:《物权法学》(第 2 版),中国法制出版社 2022 年版,第 547 页。

〔120〕 Vgl. Palandt/*Bassenge*,75. Aufl.,2007,§986,Rn. 5.

产。[121] 我国留置权是担保物权,一方当事人或者第三人主张返还涉案动产,而另一方有留置权的,他首先不必返还动产,宽限期经过后还可以变价优先清偿。应认为留置权成立债权人的占有权。

(三) 留置权及于的动产范围

1. 代位物

《民法典》第 390 条规定了担保物权的物上代位性。理论中对留置权是否有物上代位性有争议。肯定观点从担保物权的角度出发,认为留置权是担保物权,物上代位性必然对其适用,留置物消灭所得的保险金、赔偿金、补偿金,也为留置权效力所及。[122] 折中观点认为,在留置物只是遭受些许损坏的情况下,留置权及于由此产生的保险金。[123] 反对观点认为,留置权以占有留置物为前提条件,故不存在物上代位性。[124] 本文认为,如果留置权人取得代位物的占有,也取得代位物的留置权,比如留置的汽车被他人损毁,侵权人将赔偿金交付给留置权人,此时留置权人占有赔偿金,因此可以留置赔偿金;否则留置权不应当延伸及代位物,因为占有缺失。

74

2. 从物

一般认为,对主物的留置应及于从物。[125] 从物是独立的动产,理论上它可以与主物共同被留置,也可以分开留置。但是,从物的功能是辅助主物发挥功能,一方面,失去从物,主物的功能将大打折扣;另一方面,从物离开主物,也无法发挥其功能。因此在留置权人将主物变价时,应一并处分。[126] 根据《民法典》第 450 条,留置财产是可分物的,留置的财产应当与债权额度相当。有疑问的是,主物的价值与被担保债权相当的,从物是否应被返还。本文认为,若债权人已经占有从物,主物和从物虽然是两个独立的物,但从物有辅助功能,主物离开从物其功能将受损,即使主物的价值足以担保债权,留置权也应及于从物。

75

3. 孳息

被留置的动产由债权人占有,根据《民法典》第 452 条,他有收取孳息的权利。

76

---

[121]　Vgl. BGH NJW 1995, 2627, 2638.

[122]　参见梁慧星、陈华彬:《物权法》(第 7 版),法律出版社 2020 年版,第 396 页。

[123]　参见崔建远:《物权法》(第 4 版),中国人民大学出版社 2017 年版,第 574 页。

[124]　参见[日]近江幸治:《担保物权法》,祝娅等译,法律出版社 2000 年版,第 16 页。

[125]　参见梁慧星、陈华彬:《物权法》(第 7 版),法律出版社 2020 年版,第 396 页;刘保玉:《物权法学》(第 2 版),中国法制出版社 2022 年版,第 546 页。

[126]　其原理见《民法典担保制度解释》第 40 条第 2 款,对此参见最高人民法院民事审判第二庭:《最高人民法院民法典担保制度司法解释理解与适用》,人民法院出版社 2021 年版,第 366 页。

学界观点认为,留置权的效力及于孳息。[127] 本文认为,孳息与动产分离后成为独立的物,根据《民法典》第 450 条,动产原物的价值与债权相当的,留置权不应及于孳息。

4. 可分物

77　　留置动产为可分物的,留置财产的价值应与债务相当,否则是不当留置。债权人留置的动产超过被担保债权范围,应返还超额留置的动产,[128]不能返还原物的,要赔偿其价值。因不当留置给相对人造成损失的,要承担损害赔偿责任。[129]

(四) 留置权人的保管义务

78　　债权人留置动产后,有妥善保管义务。留置权以债权人占有动产为前提条件,在他"留置"动产之前,也有保管义务。此时的保管义务是合同义务或者法定义务。比如,承运人一般有保管义务,此为合同义务(《民法典》第 832 条);遗失物的拾得人对遗失物有妥善保管义务,此为法定义务(《民法典》第 316 条)。自债权人"留置"动产开始,他的义务被称为留置权人的保管义务。理论中将"留置"前后的保管义务在性质上进行区分,认为债权人的义务是附随义务,而留置权人的义务是主要义务。[130] 也有观点认为,"留置"前后债权人(留置权人)的保管义务都是基于对动产的占有,两个保管义务并无性质上的差异。[131] 法律规定留置权人有保管义务,是因为动产脱离债务人控制,由债权人占有,[132]区分保管义务的性质没有意义。

79　　"妥善"保管的标准是,留置权人应当以善良管理人的注意保管动产。[133] 如何理解"善良管理人注意",有不同观点。全国人大常委会法工委的工作人员认为,只要留置权人对动产的损毁或灭失没有重大故意,就不能认定保管不善。[134]最高人民法院工作人员认为,应根据一般交易上观念,以一个有知识、有经验的诚

---

〔127〕　参见梁慧星、陈华彬:《物权法》(第 7 版),法律出版社 2020 年版,第 396 页;刘保玉:《物权法学》(第 2 版),中国法制出版社 2022 年版,第 546 页。

〔128〕　参见广东省高级人民法院(2017)粤民申 7462 号民事裁定书。

〔129〕　参见最高人民法院(2016)最高法民申 994 号民事裁定书;四川省广元市中级人民法院(2017)川 08 民终 544 号民事判决书。

〔130〕　参见郭明瑞:《物权法通义》,商务印书馆 2019 年版,第 407 页。

〔131〕　参见孙宪忠、朱广新主编:《民法典评注·物权编 4》,中国法制出版社 2020 年版,第 448 页(邹海林执笔)。

〔132〕　参见黄薇主编:《中华人民共和国民法典物权编解读》,中国法制出版社 2020 年版,第 815 页。

〔133〕　参见黄薇主编:《中华人民共和国民法典物权编解读》,中国法制出版社 2020 年版,第 816 页;中国审判理论研究会民事审判理论专业委员会编著:《民法典物权编条文理解与司法适用》,法律出版社 2020 年版,第 526 页。

〔134〕　参见黄薇主编:《中华人民共和国民法典物权编解读》,中国法制出版社 2020 年版,第 816 页。

郝丽燕

信人所具有的标准保管动产。[135] 本文从后者,判断留置权人是否尽到"妥善"保管义务,应以客观第三人标准,而非主观标准。

留置权人的妥善保管义务指向的是留置权人采取的保管措施,至于他采取保管措施的原因,无关紧要。比如,不可抗力不必然导致留置权人对动产的损毁灭失不承担责任。发生自然灾害等不可抗力时,留置权人只有采取了必要的、合理的保管措施,才能被评价为尽到善良管理人之注意义务。 ₈₀

债权人保管义务的目的是维持动产的完整状态,通常认为具体包括三项内容:(1)保障动产本身不受损。(2)不为自己利益而使用动产。参照《民法典》第431 条,债权人没有使用留置物的权利。除非使用留置物是为了保障留置物完整性,比如,为避免留置的机器生锈定期使用。[136] (3)收取孳息和其他利益。《民法典》第 452 条将收取孳息规定为留置权人的权利,由于债权人控制动产,收取孳息和利益也是他的义务,否则债务人财产利益的完整性得不到保障。

留置权人未尽妥善保管义务造成动产灭失或损毁的,留置权人对此应承担损害赔偿责任。[137] 在此要求留置权人未尽妥善保管义务与动产损毁灭失之间有因果关系。[138] 留置权人没有收取孳息或其他利益的,属未尽妥善保管义务,也应承担损害赔偿责任。

(五)优先受偿效力

留置权成立的,债权人首先可以拒绝向债务人返还动产,并在《民法典》第453 条以下规定的条件下实现优先受偿权。留置权的优先性表现在两个方面:(1)留置权担保的债权优先于普通债权受清偿,这是担保物权的一般特点。(2)留置权相对于其他担保物权也有优先性。根据《民法典》第 456 条和第 416 条,在受偿顺序上,留置权优先于动产上的抵押权和质权,也优先于"购置款优先权"。对于留置权的绝对优先地位,少数观点认为其原因是物权留置权的法定性;[139] 而

---

〔135〕　参见最高人民法院民法典贯彻实施工作领导小组主编:《中华人民共和国民法典物权编理解与适用(下)》,人民法院出版社 2020 年版,第 1296 页。

〔136〕　参见梁慧星、陈华彬:《物权法》(第 7 版),法律出版社 2020 年版,第 397 页。

〔137〕　参见广州海事法院(2001)广海法汕字第 10 号民事判决书;河北省保定市中级人民法院(2018)冀 06 民终 4797 号民事判决书;江苏省苏州市中级人民法院(2021)苏 05 民终 11427 号民事判决书。

〔138〕　参见中国法制出版社编:《中华人民共和国物权法配套解读与案例注释》,中国法制出版社2013 年版,第 252—253 页。

〔139〕　参见黄薇主编:《中华人民共和国民法典物权编解读》,中国法制出版社 2020 年版,第 720—721页;孙宪忠、朱广新主编:《民法典评注·物权编4》,中国法制出版社 2020 年版,第 415 页(邹海林执笔)。

主流观点认为,这是由于留置权所担保的债权对留置物的价值维持或增加必不可少。[140] 该观点可以解释多数合同之债、无因管理之债,但却无法解释侵权之债、不当得利之债,[141]因为这两类债通常并不会使动产的价值增加或者维持其价值,有些情况下恰好相反,比如侵权之债可能使动产价值减少。《民法典》规定留置权的绝对优先地位,其原因在于节省交易成本、促进交易。基于留置权的优先地位,债权人不必担心动产上负担其他担保物权而谨慎行为。[142]

(六)与债权上的其他担保的关系

84   为担保债权,当事人可以设立质权或者抵押权等其他担保。当另行设立的担保足以担保债权时,留置权消灭。反之,如果另行设立的担保不足以担保全部债权时,留置权和其他担保应当并存。

四、证明责任

85   债权人对一般留置权成立的以下要件承担证明责任:债权有效存在且到期,或者存在债权加速到期的情况;债权人已经占有动产的事实状态;债权和动产之间处于同一法律关系。

86   占有具有推定效力,占有人占有动产,则推定他对动产的占有是合法占有。[143] 因此,债权人占有动产,应推定其占有具有合法性,在此处证明责任倒置,即债务人主张债权人非法占有的,要对非法占有的事实承担证明责任。

87   债务人主张债权人对可分物或孳息超额留置的,应证明留置物是可分物或孳息,留置的动产价值超过债权等事实。债务人或者留置物所有权人主张留置权人未尽妥善保管义务致动产有损失的,证明责任存在争议。一种观点认为,应由债务人承担证明责任;[144]另一种观点认为,应采过错推定,由债权人证明自己的行

---

〔140〕 参见纪海龙:《民法典动产与权利担保的体系展开》,载《法学家》2021 年第 1 期,第 51 页;范悦:《〈民法典〉动产留置规则的解释论——兼论〈民法典〉第 448 条与〈劳动法〉的衔接》,载《河北法学》2021 年第 10 期,第 111 页。

〔141〕 参见徐银波:《〈物权法〉留置权规则的解释适用与立法反思》,载《法律科学》2017 年第 2 期,第 90 页。

〔142〕 参见最高人民法院民法典贯彻实施工作领导小组主编:《中华人民共和国民法典物权编理解与适用(下)》,人民法院出版社 2020 年版,第 1135 页。

〔143〕 参加孙宪忠、朱广新主编:《民法典评注·物权编4》,中国法制出版社 2020 年版,第 421 页(邹海林执笔)。

〔144〕 参见孙宪忠、朱广新主编:《民法典评注·物权编4》,中国法制出版社 2020 年版,第 451 页(邹海林执笔)。

为无过失。[145] 本文认为,在此情况中,债务人应对动产损毁灭失承担证明责任,债权人应证明其已经尽到善良管理人的注意义务。[146] 债权人占有动产期间动产损毁灭失的,该结果足以表明债权人有过失,如果要求债务人证明债权人未尽妥善保管义务,则超出证明责任的合理范围。

附:案例索引

1. 北京市第一中级人民法院(2018)京 01 民终 7376 号民事判决书:天水新华印刷厂与北京嘉隆瑞泰商贸有限公司等留置权纠纷案【边码 8】

2. 北京市丰台区人民法院(2018)京 0106 民初 8265 号民事判决书:谷某 1 与夏某心等返还原物纠纷案【边码 46、64、65】

3. 重庆市高级人民法院(2007)渝高法民终字第 45 号民事判决书:重庆市农垦总公司与重庆市住宅建设有限公司赔偿案【边码 15】

4. 广东省广州市中级人民法院(2009)穗中法民四初字第 27 号民事判决书:白云机场公司与通用电气航空公司、天穹航空公司等航空器留置权纠纷案【边码 14】

5. 广东省佛山市禅城区人民法院(2015)佛城法民二初字第 1041 号民事判决书:广东保力得供应链服务有限公司与广东大洋铝业金属制品有限公司等仓储合同纠纷案【边码 19】

6. 广东省高级人民法院(2017)粤民申 7462 号民事裁定书:钟某斌与广州市腾捷汽车租赁有限公司留置权纠纷案【边码 77】

7. 广州海事法院(1999)广海法事字第 56 号民事调解书:中国轻工业原材料总公司与韩国化联船务有限公司、韩国五星海运株式会社无正本提单放货侵权损害赔偿纠纷案【边码 16】

8. 广州海事法院(2001)广海法汕字第 10 号民事判决书:本溪北台钢铁集团供销有限责任公司与南京华海船务有限公司等留置船载货物纠纷案【边码 82】

9. 广西壮族自治区柳州市城中区人民法院(2019)桂 0202 民初 1228 号民事判决书:李某某与广西柳州某某贸易有限公司不当得利纠纷案【边码 45】

10. 广西壮族自治区高级人民法院(2015)桂民四终字第 63 号民事判决书:防城港德城码头仓储有限公司与许某军港口作业纠纷案【边码 61】

11. 贵州省遵义市中级人民法院(2018)黔 03 民终 763 号民事判决书:遵义贝通汽车服务有限公司与周某承揽合同纠纷案【边码 28】

12. 河北省保定市中级人民法院(2018)冀 06 民终 4797 号民事判决书:保定市满城区百业汽车修理厂与李某双承揽合同纠纷案【边码 82】

13. 河南省安阳市北关区人民法院(2007)北民一初字第 391 号民事判决书:常某只等与河南省安阳市人民医院合同纠纷案【边码 23】

---

[145] 参见杨立新:《物权法》(第 8 版),中国人民大学出版社 2021 年版,第 301 页。

[146] 参见最高人民法院民法典贯彻实施工作领导小组主编:《中华人民共和国民法典物权编理解与适用(下)》,人民法院出版社 2020 年版,第 1296 页。

14. 湖北省襄阳市中级人民法院(2020)鄂 06 民终 3675 号民事判决书:襄樊天健石矿开采有限责任公司与襄阳聚壘矿业有限公司侵权责任纠纷案【边码 46、65】

15. 湖南省益阳市中级人民法院(2021)湘 09 民终 1532 号民事判决书:湖南永鑫置业发展有限公司与湖南潇湘影院投资管理有限公司租赁合同纠纷案【边码 8】

16. 江苏省无锡市崇安区人民法院(2014)崇民初字第 0562 号民事判决书:长三角商品交易所有限公司与卢某云返还财产纠纷案【边码 67】

17. 江苏省无锡市锡山区人民法院(2018)苏 0205 民初 1938 号民事判决书:江苏钢之诺金属制品有限公司与无锡新金龙不锈钢有限公司租赁合同纠纷案【边码 38】

18. 江苏省苏州市中级人民法院(2021)苏 05 民终 11427 号民事判决书:黄某与张家港市荣达渣土运输有限公司返还原物纠纷案【边码 82】

19. 江苏省无锡市中级人民法院(2014)锡民终字第 1724 号民事判决书:长三角交易所公司与卢某云不当留置公司财产返还纠纷案【边码 34、67】

20. 辽宁省瓦房店市人民法院(2015)瓦民初字第 7592 号民事判决书:李某与大商股份有限公司瓦房店新玛特购物广场、大商股份有限公司租赁合同纠纷案【边码 8、9】

21. 宁夏回族自治区中宁县人民法院(2019)宁 0521 民初 231 号民事判决书:吴某与宁夏担保集团有限公司、宁夏欧盛油气技术服务有限公司留置权纠纷案【边码 69】

22. 青岛海事法院(2021)鲁 72 民特 198 号民事裁定书:烟台港集装箱码头有限公司申请实现担保物权案【边码 44】

23. 山东省东营市中级人民法院(2019)鲁 05 民终 1234 号民事判决书:东营市越豪物流有限公司与石家庄浩翱商贸有限公司公路货物运输合同纠纷案【边码 47、63】

24. 山东省高级人民法院(2019)鲁民终 189 号民事判决书:东营市东明石油化工有限责任公司与中国民生银行股份有限公司东营分行票据追索权纠纷、留置权纠纷案【边码 33】

25. 山东省高级人民法院(2019)鲁民终 286 号民事判决书:东方华晨(集团)有限公司与武汉船用机械有限责任公司留置权纠纷案【边码 33】

26. 山东省菏泽市中级人民法院(2021)鲁 17 民终 4953 号民事判决书:杜某壘与刘某民房屋租赁合同纠纷案【边码 8】

27. 山东省胶州市人民法院(2018)鲁 0281 民初 4115 号民事判决书:青岛阳光东辉建设集团有限公司与青岛安福尔车业有限公司建设工程施工合同纠纷案【边码 15】

28. 山东省泰安市中级人民法院(2022)鲁 09 民终 416 号民事判决书:宁某与赵某余房屋租赁合同纠纷案【边码 8】

29. 山东省枣庄市中级人民法院(2020)鲁 04 民终 2482 号民事判决书:临沂市昊顺汽车运输有限公司与枣庄市德源油脂销售有限公司留置权纠纷案【边码 5】

30. 山东省章丘市人民法院(2014)章民初字第 182 号民事判决书:于某增与山东明水汽车配件有限公司别除权纠纷案【边码 43】

31. 山西省晋城市城区人民法院(2018)晋 0502 民初 2533 号民事判决书:晋城市浩鼎工贸有限公司与董某苟租赁合同纠纷案【边码 8】

32. 上海市第一中级人民法院(2011)沪一中民四(商)终字第 1341 号民事判决书:A 公

司与 B 公司留置权纠纷案【边码 24】

33. 四川省成都市中级人民法院(2015)成民终字第 3633 号民事判决书:罗某华与谢某兵等返还原物纠纷案【边码 71】

34. 四川省广元市中级人民法院(2017)川 08 民终 544 号民事判决书:杨某明与广元市利州区飞鸿汽修店返还原物纠纷案【边码 77】

35. 四川省绵竹市人民法院(2019)川 0683 民初 1360 号民事判决书:绵竹市西汽汽车修理有限公司与周某龙等返还原物纠纷案【边码 44】

36. 浙江省乐清市人民法院(2020)浙 0382 民初 2400 号民事判决书:杭州钢铁集团有限公司与浙江兴乐电缆集团有限公司留置权纠纷案【边码 8】

37. 浙江省宁波市镇海区人民法院(2015)甬镇民初字第 988 号民事判决书:宁波兴怡紧固件有限公司与宁波市镇海胜鑫高强度紧固件厂房屋租赁合同纠纷案【边码 8、9】

38. 浙江省宁波市中级人民法院(2016)浙 02 民终 1512 号民事判决书:宁波兴怡紧固件有限公司与宁波市镇海胜鑫高强度紧固件厂等房屋租赁合同纠纷案【边码 8、9】

39. 最高人民法院(2013)民申字第 02347 号民事裁定书:北京中关村科技发展(控股)股份有限公司与福州华电房地产公司建设工程施工合同纠纷案【边码 15】

40. 最高人民法院(2013)民申字第 39 号民事裁定书:沙伯基础创新塑料(中国)有限公司与福建省土木建设实业有限公司等建设工程施工合同纠纷案【边码 15】

41. 最高人民法院(2015)民申字第 1602 号民事裁定书:渭源县强盛建筑安装工程有限责任公司等与定西市聚业房地产开发有限公司建设工程施工合同纠纷案【边码 15】

42. 最高人民法院(2016)最高法民申 1562 号民事裁定书:广州市坤龙建筑安装工程有限公司与广州市城市建设开发有限公司、广州宏城发展有限公司等建设工程施工合同纠纷案【边码 15】

43. 最高人民法院(2016)最高法民申 994 号民事裁定书:江苏悦达卡特新能源有限公司等与富锋生物能源(泰兴)有限公司承揽合同纠纷案【边码 77】

44. 最高人民法院(2016)最高法民再 53 号民事判决书:沙伯基础创新塑料(中国)有限公司等与福建省土木建设实业有限公司深圳分公司等侵权纠纷案【边码 15】

45. 最高人民法院(2017)最高法民申 2399 号民事裁定书:长春新星宇建筑安装有限责任公司等与吉林省普林松保健用品有限公司建设工程施工合同纠纷案【边码 15】

46. 最高人民法院(2020)最高法民终 263 号民事判决书:泸州市永泰建筑工程有限公司与毕节市宝鼎房地产开发有限责任公司建设工程施工合同纠纷案【边码 15】

47. 最高人民法院(2020)最高法民再 122 号民事判决书:四川纳建建设工程有限公司与宜宾鼎城置地有限责任公司案外人执行异议之诉案【边码 15】

第670条

预扣利息的禁止[*]

第670条 借款的利息不得预先在本金中扣除。利息预先在本金中扣除的，应当按照实际借款数额返还借款并计算利息。

简　目

---

　　* 本文系基于《〈民法典〉第670条（禁止预扣利息）评注》（载《法学家》2023年第4期，第176—190页）一文修订而成。同时，本文为国家社科基金项目"民法利息规制的体系整合与辐射效应研究"（21BFX194）、国家社科基金重大项目"我国民法评注编纂重大问题研究"（22&ZD205）、南京大学新时代文科卓越研究计划"中长期研究专项"的阶段性成果。

　　本文所选取的案例来自中国裁判文书网及北大法宝数据库。由于本条内容完全沿袭自《合同法》（边码5），因此选取了部分发生于《民法典》生效之前的裁判例。

一、规范定位

(一) 规范意旨与性质

《民法典》第 670 条之所以禁止预先扣除利息的行为,是因为经济活动中普遍   1
存在以预扣利息来"变相提高借贷利率"的现象。[1] 无论是金融机构借款还是民
间借贷,都存在以预先扣除第一期利息("头息")或全部利息等方式来提高借款
对价的情形,[2]裁判实务一般统称为"砍头息"。[3] 因此,本条意在避免贷款人
利用经济优势地位加重借款人的债务负担,保障当事人之间的实质公平。[4] 同
时,本条通过缩减本金的方式来减少利息总额,与《民法典》第 680 条等形成限制
高利贷的规范群。[5] 从保护借款人利益的角度来看,上述规范目的的实现方式
就是通过禁止预扣利息来保障借款人对足额本金的使用。

本条是通过直接缩减本金数额的方式来实现规范目的,并不是通过利息的缩   2
减来减轻借款人的债务负担(边码6)。可见,"实现公平"是本条的直接目的,而"限
制高利贷"为本条的间接目的。由此,本条与《民法典》第 680 条在主要规范目的
方面不至于重合。若本条的重心也在于利率限制,则第 680 条中的"国家有关规
定"就应表述为"本法及国家有关规定"。更何况,即便实际交付的本金数额低于
约定金额,按照约定金额计算而得的利息总额未必一定超过法定限度。

本条前句虽然采用了"不得"的表达,仍然是宣示性规范;本条的构成要件与   3
法律效果在后句中有完整的表达。即便删除本条前句,也不会影响本条的完
全性。

本条后句在文义上是较为典型的强制性规范,"应当"的表达是较为直接的证   4
明。[6] 但规范意旨来说,本条是对借款人权益的保护机制,不能排除借款人放弃
保护且放弃保护并不违反公序良俗的可能。因此,在对人效力上,本条仅对贷款
人具有强制性。

---

〔1〕 参见北京市房山区人民法院、北京市第一中级人民法院联合课题组:《借贷行为法律治理的二
元化区分》,载《法律适用》2019 年第 9 期,第 90 页。

〔2〕 参见杜万华主编:《最高人民法院民间借贷司法解释理解与适用》,人民法院出版社 2015 年
版,第 479—480 页。

〔3〕 参见最高人民法院民法典贯彻实施工作领导小组主编:《中华人民共和国民法典合同编理解
与适用(二)》,人民法院出版社 2020 年版,第 1234 页。

〔4〕 参见黄薇主编:《中华人民共和国民法典合同编释义》,法律出版社 2020 年版,第 461 页。

〔5〕 杜万华主编:《最高人民法院民间借贷司法解释理解与适用》,人民法院出版社 2015 年版,第
485 页。

〔6〕 参见[日]佐久间毅:《民法の基礎 1 総則》,有斐閣 2020 年版,第 182 页。

　　若借款合同的双方当事人经充分协商,就利息分为预扣和后付两部分达成合意,而预先扣除的利息与后期支付的利息之和并未超过法定限制,则应尊重当事人的主观意愿。此时,预先扣除利息的约定应视为借款合同当事人对本金或利息计算方式的特别约定,该约定既不侵害当事人之间的公平,也可能并不超越利息管制的法定限度。

(二)内容沿革

5　　　本条内容沿袭自《合同法》第 200 条,表述上并未作出任何改动。《民法典》的制定过程中,没有迹象表明本条曾被纳入重点讨论的范畴。[7]

6　　　司法解释方面,最高人民法院 1988 年 4 月 2 日印发的《民通意见》第 125 条后句规定"在借款时将利息扣除的,应当按实际出借款数计息"。《民间借贷规定》(2020 年第二次修正)延续了上述立场,在第 26 条后句规定"预先在本金中扣除利息的,人民法院应当将实际出借的金额认定为本金"。

(三)适用范围

7　　　裁判实务上,本条概括适用于所有类型的借款合同,包括自然人借款和金融机构借款;既有学说对此也未有异论[本文观点有所差异(边码67)]。

　　　对于其他类型的消费借贷,若坚持消费借贷的要物性,则本条并无适用的空间(边码67)。但是,若认为消费借贷的要物性仅在历史语境中才能成立,则本条具有准用至其他类型消费借贷合同的可能。

8　　　民间借贷中,提前扣除部分本金是较为常见的交易模式。在同一当事人的多次借款中,甚至"存在扣除利息的习惯"。[8] 最高人民法院也在判决中指出,"预先在本金中扣除利息亦为民间借贷领域普遍存在的现象,非本案个别情况"。[9] 最高人民法院发布的《金融审判意见》(法发〔2017〕22 号)也将"预扣本金"作为民间融资中应被否定的行为之一。

9　　　此外,本条也适用于金融机构借款合同。最高人民检察院 2022 年 6 月发布的"第三十八批指导性案例"中的"某小额贷款公司与某置业公司借款合同纠纷抗诉案"(检例第 155 号)指出,地方金融机构也存在"预先扣除借款本金、变相收取

---

　　〔7〕 自"民法典合同编草案"以来,本条内容从未发生过改变。《民法典》颁布之后,立法参与者对本条的说明与 1999 年《合同法》立法参与者的说明别无二致,甚至举例都极为类似。这样的状况或许表现出了立法参与者对本条内容的高度认可。参见黄薇主编:《中华人民共和国民法典合同编释义》,法律出版社 2020 年版,第 461 页;胡康生主编:《中华人民共和国合同法释义》(第 3 版),法律出版社 2013 年版,第 328 页。

　　〔8〕 广西壮族自治区贺州市中级人民法院(2022)桂 11 民终 178 号民事判决书。

　　〔9〕 最高人民法院(2018)最高法民终 23 号民事判决书。

高额利息"的行为。银行业通过"以贷转存"等方式缩减贷款本金的情形也并不罕见。[10]

(四) 效力模式

对于本条的内容,较为常见的概括表达为"禁止预扣利息"。[11] 之所以预扣的金钱被称为利息,是因为该部分金钱被视为借款人使用本金的对价。实际上,无论如何称呼该部分金钱,其法性质应当明确界定为利息。[12] 但根据本条后句的规定,本条的法效果在于借款本金数额的确定,并非在利息计算方面发生直接效果。[13] 因此,最高人民法院将本条的内容归纳为"本金数额认定"。[14] 实际上,立法参与者并没有意识到预扣款项的法性质对法律行为内容的实质影响(边码73、74)。[15] 由此,我国《民法典》的立法模式可以被概括为"本金缩减模式"。 10

若基于利息的法性质来看待预扣的金额,则计算的方式将是完全不同的。《日本利息限制法》第 2 条规定,若利息被预先扣除的,以借款人实际受领的金额为本金("实际本金")来计息;预先扣除额超过法定利息上限的部分,则抵充合同约定的本金("名义本金");其中,"名义本金"指的是借款合同约定的本金数额。[16] 这样的模式可以被称为"利息抵充模式"。相对于本金缩减模式,利息抵充模式关注的重心在于利息数额的高低。 11

两种模式的计算过程差异可以通过具体的例子直观地体现。例如,借款合同当事人约定借款本金(PV)为 200 万元,贷款人预扣了 100 万元利息(R),借款人实际受领 100 万元,且合同约定一年后借款人须归还最终本息(FV)200 万元。该借款显然是附有利息的,[17] 且其利率远超法定上限。假设法定年利率(r)上限为15%,按照本金缩减模式,借款人实际借款数额为 100 万元,则借款人一年后应归 12

---

〔10〕　参见陆海天:《论我国银行业行为监管的执法困境及其现实出路——以银行业"不规范经营"监管执法为中心》,载《法律科学》2020 年第 4 期,第 165 页。

〔11〕　如谢鸿飞、朱广新主编:《民法典评注·合同编·典型合同与准合同 1》,中国法制出版社 2020年版,第 412 页(胡旭东执笔)。

〔12〕　参见[日]奥田昌道、佐々木茂美:《新版债权总论(上卷)》,判例タイムズ社 2020 年版,第 84 页。

〔13〕　黄薇主编:《中华人民共和国民法典合同编释义》,法律出版社 2020 年版,第 461—462 页。文中所举的例子表明,第 679 条的法效果就是本金的直接缩减。

〔14〕　杜万华主编:《最高人民法院民间借贷司法解释理解与适用》,人民法院出版社 2015 年版,第479 页。

〔15〕　黄薇主编:《中华人民共和国民法典合同编释义》,法律出版社 2020 年版,第 461—462 页。关于第 670 条,学者也有将预扣的利息与本金直接进行关联的表达,参见崔建远:《论利息之债》,载《中州学刊》2022 年第 1 期,第 72 页。

〔16〕　参见[日]潮见佳男:《新债权总论 I》,信山社 2017 年版,第 253 页。

〔17〕　即便借款没有明确约定利息,"砍头息"的存在会被法院认定为当事人约定利息的证明。参见甘肃省兰州市中级人民法院(2021)甘 01 民终 1992 号民事判决书。

还的本息总额为 115[（200-100）*（1+0.15）]万元[计算公式为：$(PV-R)*(1+r)=FV$]。

而按照利息抵充模式，则借款人应付利息为实际本金与利率的乘积 15（100×0.15）万元。由于预扣利息为 100 万元，则超额利息为 85（100-15）万元。该笔超额利息部分抵充合同的名义本金 200 万元，最终借款人应返还的金额为 115（200-85）万元{计算公式为：$PV+[R-(PV-R)*r]=FV$}。[18]

13　　另外，两种模式之下，本条中的"本金"均为名义本金。只是在具体的计算过程中，实际本金会是重要的计算基准，因此实际本金也被称为"计算上的本金"。[19]

14　　在结果一致的前提下，从计算的直观和便利角度来看，"本金缩减模式"似乎有着当然的优势。但是，法律学并非是追求简单化的学问，而计算的困难通常仅仅是"算术"程度的。

若本条的规范目的仅仅在于保障借款人对足额本金的使用，对于预先扣除本金的情形，本金缩减模式是十分简明和妥当的。但一旦加入了利息限制的意图，并且将本条适用于嗣后扣除的情形（边码 44、45），本金缩减模式在逻辑上就无法成立了。本金一旦交付，贷款人的本金提供义务已经履行，逻辑上不可能再扣除本金。而利息抵充模式则可以适用于预先扣除和嗣后扣除的情形，从而对于实务立场提供统一的解释论基础。

更为重要的是，本金缩减模式的教义学前提在于借款合同的要物性，即认为仅在实际交付的金额上成立借款合同。但是，正如学者所指出的，基于要物性而缩减本金的立场否定了当事人的意思自治，正确的做法应当是以名义本金成立借款合同，[20]并基于利息限制以利息抵充来保护借款人。[21] 而且，我国法上的借款合同原则上是诺成合同，并不存在本金缩减模式的抽象前提，看似简明的"本金缩减模式"将会产生立法参与者和裁判实务均未充分意识到的问题（边码 30、69）。

二、本条"利息"的实务情形

（一）典型情形

15　　利息是使用本金的对价，本金尚未交付使用，是不会产生利息的。因此，按照

---

〔18〕 为更简洁和直观地体现两种模式的差异，此处采取单利计息的方式。
〔19〕 [日]潮見佳男：《新債権総論I》，信山社 2017 年版，第 253 页。
〔20〕 参见[日]我妻荣：《新订债权总论》，王燚译，中国法制出版社 2008 年版，第 48—49 页。
〔21〕 参见[日]我妻荣：《债权各论（中卷一）》，徐进等译，中国法制出版社 2008 年版，第 136 页。

我国《民法典》的立法模式,本条中的"利息"实际上指的是"本金",只是通常被冠以"利息"的称谓。[22] 有法院在判决中指出,"出借时提前收取利息之情形,实质与利息在本金中预先扣除相同"。[23] 这样的表述或许是对本条利息实为本金的暗示。但是,并没有明确的实务立场支持这一猜测。为了保持与现有理论与实务观点的表达一致,如没有特别的说明,本文仍然使用"利息"来指称相关款项。

借款合同的当事人也往往将预扣的本金称为"利息"。例如,有借款合同的当事人在借条中明确载明"扣除三个月的 10000 元利息"。对此,法院认定借款的本金相应缩减 10000 元。[24]　　　　　　　　　　　　　　　　　16

(二) 非典型情形

由于虚增本金会导致利息总额增加,由此本条也并赋予了限制高利的机能。　17
为了规避本条的适用,实务中贷款人往往采取其他用语来指称预先扣除的本金。如果将本条中的"利息"视为典型表达,则其他的用语属于非典型的情形。

1. 服务费

金融借款合同中,以服务费的名义预先扣除利息是较为常见的非典型情形。　18
有法院指出,贷款人收取的财务顾问费用没有对待给付,"应当认定案涉 3405 万元财务顾问费为预先收取的利息,并在计算欠款本金时予以扣除"。[25]

需要注意的是,贷款人收取服务费用而没有提供实际金融服务是法院适用　19
《民法典》第 670 条的重要理由之一。国家发展改革委制定的《商业银行收费行为执法指南》(发改办价监〔2016〕1408 号)规定,"商业银行未给客户提供实质性服务,或者未能按照价目表、服务规程及与客户约定的服务内容提供服务,擅自减少服务内容的,认定为只收费不服务"。最高人民法院据此认为,只收费不服务的行

---

〔22〕 实务和理论均有在多种意义上使用"利息"一词的状况。如《民间借贷规定》(2020 年第二次修正)第 29 条就将违约金等与损害赔偿有关的金钱计入利息。理论上关于利息多义性的说明,可参见〔日〕中田裕康:《債権総論》,岩波书店 2020 年版,第 62—63 页。

〔23〕 浙江省绍兴市中级人民法院(2022)浙 06 民终 436 号民事判决书。

〔24〕 如新疆维吾尔自治区昌吉回族自治州中级人民法院(2021)新 23 民终 2842 号民事判决书。类似的裁判可参见新疆维吾尔自治区高级人民法院伊犁哈萨克自治州分院(2022)新 40 民终 620 号民事判决书等。

〔25〕 最高人民法院发布的十起人民法院助推民营经济高质量发展典型民商事案例之四:华融国际信托有限责任公司与山西梅园华盛能源开发有限公司等金融借款合同纠纷案;最高人民法院(2019)最高法民终 1081 号民事判决书。

为变相增加了企业融资成本,对应服务费用应抵充本金。[26]

20　　　　有关服务费用的表述方式并不单一。例如,有贷款人向借款人收取"融资顾问费、财务费、评估费"等"三费",被法院认定均应从约定本金中扣除。[27]

21　　　　还有实务观点认为,网络垫款平台向实际借款人交付款项时所扣除的服务费,其本质也属于砍头息。[28]

22　　　　金融借款之外,顾问费等表述在民间借贷中也多有出现。例如,对于民间借贷当事人签订《融资顾问服务协议》、约定借款人在借款实际提供的当日向出借人支付咨询顾问费的情形,法院认为上述咨询顾问费属于预扣的利息。[29]

23　　　　实务中,还存在第三人介入的情形。例如,借款合同的当事人先签订了《借款之合作框架协议》,约定借款人须按本金的一定比例向贷款人指定的第三方支付"咨询服务费";之后当事人与金融机构共同签订《委托贷款合同》。借款人认为,该笔咨询服务费属于贷款人预收的利息,应自本金中扣除。对此,最高人民法院则认为,《借款之合作框架协议》与《委托贷款合同》属不同法律关系,咨询服务费的收款人并非贷款人,因此否定了借款人的主张。[30]

　　　　上述立场差异并非源自裁判方法层面的分歧,反而体现了法院重视实质判断的倾向。来自实务的观点认为,此时应对当事人的实质利益状况作出认定,并由此判断第三人与贷款人是否存在一致的利益。[31] 这样的观点放弃了基于法律关系的逻辑判断而诉诸实质认定,裁判者的价值判断将很大程度上取代了教义学的论证,案型类似但结论迥异的情形就是不可避免的。

2. 以贷转存

24　　　　金融借款的场合,作为贷款人的金融机构通过"以贷转存"来实现虚增业务量

---

〔26〕　参见"中国华融资产管理股份有限公司、上海农村商业银行股份有限公司宝山支行与上海智富茂城置业有限公司等金融借款合同纠纷案",最高人民法院(2019)最高法民终 78 号民事判决书,载《最高人民法院公报》2021 年第 9 期。从公报表达的案情来看,本案多笔服务费用的收取有发生于金融机构放款前的,也有发生于放款后的。对此,最高人民法院并无考虑各笔服务费与具体贷款的实际关联,同时也未考虑数年间的多笔服务费是否会有利息产生,而是笼统地、不加区分地抵充了本金,且极为"明快"地以原始金额进行了计算。实际上,本案既有《民法典》第 670 条规定的情形,也有第 680 条适用的对象,当事人多个行为的法性质并不一致。此案裁判在逻辑上破绽明显,但可以感受到裁判者受到主观公平理念、促使金融机构服务实体经济的政策目标的强烈影响。

〔27〕　最高人民法院(2019)最高法民申 4257 号民事裁定书。

〔28〕　参见吴慧琼、须海波:《网络垫款类纠纷的法律关系分析——D 公司诉付某某等民间借贷纠纷上诉案》,载《法律适用》2020 年第 20 期,第 149 页。

〔29〕　北京市第三中级人民法院(2021)京 03 民终 17418 号民事判决书。

〔30〕　最高人民法院(2020)最高法民终 282 号民事判决书。

〔31〕　参见刘宗开、沈桁:《民间借贷中介服务费的性质》,载《人民司法·案例》2019 年第 35 期,第50 页。

的做法较为常见。所谓以贷转存,是指银行等从事信贷业务的金融机构与借款人约定,将部分贷款转换为存款,借款人可实际支配的金钱数额由此减少。根据《中国银监会关于整治银行业金融机构不规范经营的通知》(银监发〔2012〕3 号)的规定,以贷转存是银行业金融机构不得从事的不规范经营行为。

有法院指出,以贷转存的行为导致了借款人无法及时、足额使用贷款,造成了　　25
借款人的损失。[32] 实际案例中,在金融机构发放贷款后,有借款人将贷款全额存入贷款人处,再以大额存单为质押物,向该金融机构再度借款,额度为存单面额的95%。对此,法院认为上述行为属于变相的以贷转存行为,应以第二次借款的金额作为本金。[33]

也有法院认为,上述通知的内容并非法律、法规的效力性规定,不影响借款合　　26
同的效力。[34] 或许是基于这样的判断,有法院在监管部门已认定金融机构存在以贷转存情形的场合,认为借款人对此是明知的,因此以贷转存不影响借款合同本金金额的计算。[35] 而对于存单质押的情形,也有法院认为不应由此影响本金数额的认定。例如,在委托贷款的场合,受托人(贷款人)提供本金后,借款人将本金的 1/3 存入委托人(银行)处,并以该存单为上述借款提供质押。对于借款人认为实际本金仅为约定金额 2/3 的主张,最高人民法院认为该质押为借款人自愿提供,且可收取存款利息,因此不得在本金中予以扣除。[36] 还有下级法院认为,贷款人直接将贷款拨付至借款人的个人定期存款账户,且该账户为借款人用以提供质押担保的情形并不构成以贷转存,因此借款合同约定的本金数额就是实际本金额。[37] 有的金融机构还要求借款人开设贷款保证金账户,预先存入贷款保证金,然后才能发放贷款。对此,借款人认为该笔款项属于银行预先扣除的利息,而法院则认为该笔保证金系借款人提供的质押,不属于预先扣除本息的情形。[38] 在这些案件中,借款人实际上并不能足额使用本金。可见,部分法院在适用《民法典》第 670 条之时,关注的重点并不在借款人对足额本金的使用,而是仅仅将本条作为高利贷限制条款在适用。

3. 其他情形

民间借贷的场合,还存在"以租代息"的情形:当事人在借款合同订立之前,签　　27

〔32〕 湖南省衡阳市中级人民法院(2021)湘 04 民再 38 号民事裁定书。

〔33〕 湖北省襄阳市中级人民法院(2019)鄂 06 民终 4492 号民事判决书。

〔34〕 陕西省高级人民法院(2020)陕民申 1958 号民事裁定书;陕西省高级人民法院(2019)陕民申
1110 号民事裁定书。

〔35〕 辽宁省高级人民法院(2019)辽民申 3057 号民事裁定书。

〔36〕 最高人民法院(2018)最高法民终 864 号民事判决书。

〔37〕 安徽省宣城市中级人民法院(2020)皖 18 民终 1126 号民事判决书。

〔38〕 江苏省徐州市中级人民法院(2021)苏 03 民终 2381 号民事判决书。

订了厂房租赁合同,租金与借款合同约定的利息数额相同,且借款提供后借款人未再支付租金。法院据此认为,当事人之间存在"以租代息"的约定,但却进一步认为提前收取的利息不能在本金中扣除。[39] 如果租金包含了利息,那么至少应在本金中扣除预付租金中相当于利息的部分。

28　　　　另外,还有当事人以融资租赁之名缔结民间借贷合同,贷款人以租赁押金名义在出借当天收取了借款人的大额款项。最高人民法院在厘清当事人法律关系的基础上,认定押金应自本金中扣除。[40]

29　　　　对于金融机构基于保兑协议产生的借款债权,[41]有法院认为金融机构预先扣除的"交易利息"并非是借款合同自身产生的利息,不会导致本金数额的缩减。实际上,该金融机构将借款利息计算期间分为三个阶段,法院仅对后两个期间作出了说明,却未对第一阶段的预扣利息作出判断,径直否定了借款人提出的适用《民法典》第 670 条的主张。[42]

(三) 实务纷乱的原因

30　　　　无论是收取服务费还是要求借款人提供存单质押,或是其他类似情形,法院在相关款项能否从本金中扣减方面存在矛盾的立场。造成实务立场纷杂的原因之一在于本条采取了本金数额缩减的规范模式。法院在认定当事人约定的某笔非利息款项应从本金中扣除时,在逻辑上须说明该笔款项构成利息,再进一步论证该笔"利息"应从本金中予以扣除。非利息的款项可以通过意思表示的解释认定为实质意义上的利息,但利息与本金在法性质上是截然不同的。利息是使用本金的对价,因此某一笔本金产生的利息不可能同时成为该笔本金,利息直接扣减本金在逻辑上是无法实现的。由此,若坚持本金缩减的规范模式,本条的适用一定会在裁判实务中造成指鹿为马的状况。

　　　　而若采取利息抵充模式,则预扣的利息在法性质上不会成为本金,只会在利息超额支付或预先支付时才会抵充本金。这样就可以避免混淆利息与本金的法性质,本条在逻辑上才能得以成立。

---

〔39〕 本案中,租金的收取是在借款本金的提供之前,同时租赁合同也是实际履行的,法院并未对租金中是否包括预扣利息作出判断。参见广东省梅州市中级人民法院(2022)粤 14 民终 285 号民事判决书。
〔40〕 最高人民法院(2020)最高法民终 1256 号民事判决书。
〔41〕 金融机构会与特定客户约定,在一定期间内对后者申请保兑的应收款进行保兑,这样的协议被称为"保兑协议"。法院裁判有时会将该协议认定为金融借款,如山东省济南市中级人民法院(2022)鲁 01 民辖终 318 号民事裁定书;江苏省无锡市中级人民法院(2021)苏 02 民初 175 号民事判决书等。采用类似交易构造实现金融借款的例子,还可参见最高人民法院(2019)最高法民终 870 号民事判决书,载《最高人民法院公报》2021 年第 8 期,第 31—45 页。
〔42〕 甘肃省兰州市中级人民法院(2021)甘 01 民初 120 号民事判决书。

就最高人民法院审判的案例来看,法院强调了当事人的"自愿"是排除《民法典》第 670 条适用的重要理由。[43] 若借款人自愿放弃对本金的足额利用,那么《民法典》第 670 条限制高利率的次级规范目的仍然发生作用。此时,就要考虑利息是否超过法定限度的问题,即将自愿提前支付的利息加上后期实际支付的利息,与以实际本金为基准计算所得的上限利息进行对比;若前者在数额上超过了后者,则存在超额利息抵充本金的可能。可见,如果采取利息抵充模式的话,《民法典》第 670 条的两层次规范目的可以通过统一的操作予以实现。 31

三、利息的预先扣除

《民法典》第 670 条规定的是利息被预先扣除的情形,《民间借贷规定》(2020 32 年第二次修正)第 26 条所针对的事实对象也是预先扣除利息。但裁判实务极大地扩张了上述规范的适用。

(一)预先型

1. 预先扣除型

《民法典》第 670 条所预设的典型情形是贷款人预先在应提供的本金中扣除 33 全部或部分利息,这样的情形可以被称为"预先扣除型"。

预先扣除型的通常操作模式为贷款人按照金融借款合同或在先借款合意计 34 算约定利息,并在提供本金时就扣除全部或部分利息。此时,法院会以贷款人实际交付的金额作为借款本金数额。[44] 从操作方式上看,预先扣除型也可以被概括为"不足额提供型"。[45]

在预扣金额方面,有预先扣除数月利息的,[46] 也有预先扣除首月利息的。[47] 35 有法院指出,后者是较为常见的情形。[48]

---

〔43〕 最高人民法院(2018)最高法民终 864 号民事判决书。

〔44〕 预先扣除的案例极为常见,如新疆生产建设兵团第八师中级人民法院(2022)兵 08 民终 212 号民事判决书;广东省梅州市中级人民法院(2022)粤 14 民终 703 号民事判决书;陕西省汉中市中级人民法院(2022)陕 07 民终 825 号民事判决书;宁夏回族自治区吴忠市中级人民法院(2021)宁 03 民终 1186 号民事判决书等。

〔45〕 相对而言,预先扣除型的表达更加合适。在典型的自然人借款场合,提供借款是合同的成立要件,贷款人在借款合同生效前并无足额提供借款的义务,"不足额提供"的表达不能涵盖这种情况。

〔46〕 新疆维吾尔自治区昌吉回族自治州中级人民法院(2021)新 23 民终 2842 号民事判决书。

〔47〕 广东省梅州市中级人民法院(2021)粤 14 民终 1750 号民事判决书。

〔48〕 陕西省渭南市中级人民法院(2021)陕 05 民终 2345 号民事判决书。

36   有法院将贷款人预扣利息的时点认定为"转账时",[49] 或者是"交付借款时"。[50] 无论哪种情形,贷款人都是在实际提供借款之前预先扣除了部分本金。

2. 预先返还型

37   预先扣除之外,部分借款合同的贷款人还要求借款人在受领借款本金之前向贷款人交付特定数额的款项,[51]这可以被称为"预先返还型"。此时,法院重视的是当事人之间金钱往来与借款合同在时间线上的紧密关系。例如,有借款人在贷款人提供本金的前一日向贷款人支付所谓融资租赁费用,[52]或者是部分"利息"及首月的"财务顾问费",[53]法院认定上述费用的实质就是砍头息。有法院将此类情形称为"典型的砍头息"。[54]

38   除了时间上的接近,借款人已经陷入财务困难但仍然在受领借款前向贷款人支付了一笔费用,法院由此认为该笔费用也是预付的利息。[55]

(二) 返还型

1. 即时返还型

39   一个比较常见的情形是借款人在受领本金的当日就向贷款人返还部分数量的金钱。[56] 民间借贷之外,金融借款合同也存在相同的情形。[57] 实际上,只要存在以贷转存的情况,就意味着借款人在受领本金后又向贷款金融机构返还了部分款项。

40   对于以上情形,法院通常都会认为应适用《民法典》第 670 条,将返还的金额从本金数额中扣除。[58] 也有基层法院认为返还的金额与借款本金无关,但被二审法院改判适用《民法典》第 670 条。[59]

---

〔49〕 湖南省长沙市中级人民法院(2021)湘 01 民终 14076 号民事判决书。

〔50〕 陕西省延安市中级人民法院(2021)陕 06 民终 1900 号民事判决书。

〔51〕 如广东省肇庆市中级人民法院(2022)粤 12 民终 106 号民事判决书。

〔52〕 最高人民法院(2020)最高法民终 1154 号民事判决书。

〔53〕 四川省高级人民法院(2018)川民终 849 号民事判决书。

〔54〕 四川省成都市中级人民法院(2016)川 01 民初 2698 号民事判决书。

〔55〕 参见《张某某诉吴江中成物流投资发展有限公司等借款合同纠纷案》,载郭伟清主编:《2016 年上海法院案例精选》,上海人民出版社 2017 年版,第 175—179 页。

〔56〕 如河南省郑州市中级人民法院(2021)豫 01 民终 7762 号民事判决书;广东省广州市中级人民法院(2021)粤 01 民终 23236 号民事判决书;广东省梅州市中级人民法院(2022)粤 14 民终 425 号民事判决书等。

〔57〕 如江苏省无锡市中级人民法院(2021)苏 02 民终 5167 号民事判决书。

〔58〕 如广东省江门市中级人民法院(2021)粤 07 民终 6987 号民事判决书;天津市第二中级人民法院(2022)津 02 民终 851 号民事判决书。

〔59〕 新疆生产建设兵团第八师中级人民法院(2022)兵 08 民终 514 号民事判决书。

就此而言，裁判实务没有受限于《民法典》第 670 条规定的"预先扣除"，而是将本条扩张到本金足额提供之后。部分裁判中，法院在事实认定方面强调了借款人返还款项系在受领本金的"当日"，因此该种事实类型可以被称为"即时返还型"。 41

"当日"为何满足《民法典》第 670 条规定的"预先扣除"要件，法院裁判通常不会给出具体说明。一个可能的理由在于，当日进出账户的金钱是无法产生利息的，这就意味着借款人对当日返还的款项不能形成有效的利用。[60] 42

但实务中也存在例外的情形。在金融借款场合，借款人在受领本金的当天，将等于首期利息的款项转入了贷款人的账号，却未被认定为砍头息。法院的理由在于，贷款人并未立即使用该笔款项，而是在首期结息日的三天后才实际使用；当日就提前交付利息是借款人自愿放弃期限利益的行为。[61] 既然返还款项当天就存入了贷款人的账户，就意味着该笔款项在当时就处于贷款人的控制中，借款人也就失去了使用该笔款项的可能。且不论何时使用自己控制的金钱是金钱占有人的自由，借款人要对不可能使用的金钱承担偿还本息的债务也是极不合理的。

裁判实务中还存在借款人受领本金的当日向第三人返还部分款项的情形，也被法院认为应自本金中扣除相应金额。[62] 对于第三人当天收取的"手续费"，法院也作出了同样的认定。[63] 然而，对于为何向第三人的给付会导致当事人借款合同本金的缩减、第三人与各当事人之间基础法律关系为何等问题，上述裁判文书均没有清晰的表达。有法院则进一步区分了借款人向第三人以及第三人向贷款人的汇款金额，仅从本金中扣除第三人向贷款人给付的数额。[64] 43

2. 嗣后返还型

对于借款人在受领本金的当日之后向贷款人支付部分金钱的状况，最高人民法院曾认为，次日返还的款项也应当是预扣的利息。[65] 44

但在之后的判决中，对于贷款人（银行）提供本金的次年，借款人向贷款人支付"融资顾问费"的，最高人民法院也认为，贷款人"没有将融资顾问费直接从借款本金中直接扣除"，因此不存在《合同法》第 200 条所规定的情形。[66] 从时间上看，本金交付在前的话，之后支付的费用当然不可能"直接"从本金扣除。以此，最

---

[60] 若采取积数计息法计息，则累计积数为计息的本金基准。所谓"累计积数"，指的是当日结存余额。因此，当日进入并汇出账户的金额是不计息的。参见《中国人民银行关于人民币存贷款计结息问题的通知》（银发〔2005〕129 号）第 3 条。

[61] 最高人民法院（2021）最高法民终 689 号民事判决书。

[62] 天津市第二中级人民法院（2022）津 02 民终 851 号民事判决书。

[63] 江苏省徐州市中级人民法院（2021）苏 03 民终 9475 号民事判决书。

[64] 江苏省徐州市中级人民法院（2022）苏 03 民终 1094 号民事判决书。

[65] 最高人民法院（2017）最高法民再 210 号民事判决书。

[66] 最高人民法院（2021）最高法民终 986 号民事判决书。

高人民法院的裁判理由可能仍然在于前述裁判对《合同法》第 200 条或《民法典》第 670 条的射程的判断，即仅仅包括"预扣"，并不及于"退还"。在其他的判决中，最高人民法院就认为，当事人约定借款人在"实际放款后三日内一次性支付"部分利息的，也不属于"预先在本金中扣除的情形"。[67]

然而，最高人民法院的立场处于明显的摇摆之中。最高人民法院同时期的其他裁判指出，部分款项的返还使得借款人无法全额利用本金，虽然与法律及司法解释规定的"预先在本金中扣除利息"有所不同，但属于非典型的"预先在本金中扣除利息"，两者在本质上并无区别。[68] 本金提供的次日付息被认为是非典型预扣利息的观点在最高人民法院的其他裁判中也有体现。[69]

45　　返还金额的时间并不局限于次日，最高人民法院裁判的案例中，有当事人约定借款期间为三个月，但借款人须在借款合同签订的七日内付清全部利息。[70] 下级法院的裁判中，若部分返还的情形发生于本金受领后的第三日及二十余日之后，法院仍然将该部分金额从本金中扣除。[71] 由此，就受领本金当日之后再返还这一点而言，以上情形可以被归纳为"嗣后返还型"。

46　　如果借款本金进入了借款人的账户，从受领本金的第二日开始，本金在借款人处就能产生利息。即便是通过其他方式交付本金的，借款人受领本金与返还部分款项之间的时间差也能形成对本金的占有与利用。因此，全然不考虑借款人本金利用可能的裁判立场并不合理。

47　　对于现有的裁判立场，一个可能的解释就是计算上的烦琐。对于多次、分期返还的款项，若要分别说明其法性质并分别计算本金及利息的变动，在简便方面显然不如概括性地扣减。但是，在现有科技条件下仍然受困于人工算力的话，未必是妥当的理由。

48　　有学者意识到嗣后返还与预扣的差异，将嗣后的情形限定为"迅速收取利息"。[72] 但"迅速"的表达并未提供实质性的判断基准。

（三）交错型

49　　若本金是在一定期间内多笔提供的，借款人在同一期间内向贷款人返还了一

---

〔67〕 最高人民法院（2020）最高法民终 281 号民事判决书。

〔68〕 最高人民法院（2020）最高法民终 140 号民事判决书。本案所涉为金融借款纠纷，当事人在合同中约定，本金提供的次日须支付部分利息。

〔69〕 最高人民法院（2018）最高法民再 467 号民事判决书。

〔70〕 最高人民法院（2017）最高法民申 4354 号民事裁定书。

〔71〕 河南省许昌市中级人民法院（2022）豫 10 民终 558 号民事判决书。

〔72〕 谢鸿飞、朱广新主编：《民法典评注·合同编·典型合同与准合同1》，中国法制出版社 2020 年版，第 412、415—416 页（胡旭东执笔）。

刘　勇

定数额的款项,最高人民法院并没有特别考虑借款本金与返还金额是否存在对应关系,而是认为该情形概括性地属于预先扣除利息。[73]

但对于类似的情形,最高人民法院在其他判决中认为,不应仅仅关注每笔返还款项与当日或前日本金之间的关联。由于借款人前期欠款尚未全额清偿,其还款应"抵充欠付的前期利息及当期应付利息后,剩余部分已全部抵充本金,不存在将砍头息计入本金的情形"。[74]

实际上,无论是否肯定《民法典》第 670 条的适用,以上裁判立场都没有考察当事人借款合意的具体内容,而是立足于客观的清算作出了裁判。

(四) 扩张适用正当性的检讨

从文义上看,《民法典》第 670 条(《合同法》第 200 条)所规定的事实对象是非常明确的,其射程并不及于返还型以及交错型中的返还类型,由此就需要对现有裁判立场的正当性作出检讨。

此时,需要讨论的是,借款人在受领本金当日交付贷款人的究竟是本金还是利息?从裁判实务的立场来看,虽然法院通常都会将该部分款项表达为利息,但该部分款项的交付会直接导致本金总额缩减,因此其法性质应当为本金,这也符合最高人民法院对《民法典》第 670 条"本金数额的确定"的内容归纳。关于这一点,也未见学说上的反对。

但是,如果返还的是本金,逻辑上是无法适用《民法典》第 670 条的。最高人民法院曾在判决中明确指出,贷款人当天收回款项是"提前回借款本金",借款人因此"并未享受借用 3500 万元的期限利益"。[75] 可见,若借款人返还的款项在法性质上为本金,则返还行为属于借款人放弃期限利益、提前清偿本金。此时要考虑的问题首先是提前清偿是否有效,与借款合同本金数额的确定并非同一问题。若提前清偿有效,则其后仅能按照剩余本金计算利息,自然也就没有《民法典》第 670 条适用的空间。反之,若提前清偿无效,则按照借款合同约定,则要处理的就是借款人违约的问题,也与《民法典》第 670 条无关。

当然,也无法排除借款人提前清偿利息债务的可能。裁判实务中,有借款人受领本金当日返还的金额包括退回的部分本金和提前支付的利息,法院并没有区分款项不同法性质可能产生的影响,而是直接将上述款项从本金中扣除。[76] 实际上,此时也没有适用《民法典》第 670 条的必要。若借款人返还款项的意图在于

---

[73]　最高人民法院(2018)最高法民终 904 号民事判决书。
[74]　最高人民法院(2019)最高法民终 1562 号民事判决书。
[75]　最高人民法院(2020)最高法民终 1256 号民事判决书。
[76]　宁夏回族自治区固原市中级人民法院(2022)宁 04 民终 455 号民事判决书。

提前清偿利息,则首先要论证利息债务提前清偿是否有效,然后再根据借款人实际利用全额本金的期间确定利息,并与提前清偿的利息进行比较,后者若高于前者,则差额再抵充本金。以上情形,归属《民法典》第 680 条的射程之内。

56　　　可见,无论如何认定返还型场合借款人返还款项的法性质,均不应有《民法典》第 670 条适用的可能。现有实务立场之所以仍然适用《民法典》第 670 条来处理相关问题,其症结仍然在于第 670 条在立法论层面笼统地以本金缩减来看待相关问题,未能区分利息与本金的不同法性质。

57　　　值得注意的是,尽管裁判实务普遍适用《民法典》第 670 条(《合同法》第 200 条)来解决嗣后返还的问题,司法解释的制定者在说明相关规范之时,举例并认为嗣后返还的情形剥夺了借款人的期限利益,却回避了具体规范适用及法律效果,仅采用了应予"否定性评价"的含糊表达。[77]　或许,最高人民法院已有区分预扣和返还的意识。[78]

58　　　在本金缩减模式之下,无论是立法参与者还是实务裁判都没有充分意识到《民法典》第 670 条与利息限制之间的关系,而是将本条视为具有独立效果的规范。其实,只要对返还型场合相关款项的法性质予以厘清,超额利息抵充模式就应该是当然的选择。

四、法效果

(一)通说立场:本金数额确定

59　　　根据《民法典》第 670 条后句的规定,无论是预先型、嗣后型还是交错型,法院通常都将以实际交付或借款人实际利用的金额认定为借款本金数额。

而且,即便是借款人嗣后返还的,法院通常也会将本金缩减的法效果追溯到本金提供之日。至于理由,裁判文书则普遍未予说明,或许只能从计算的便利上寻求其合理性。[79]

60　　　值得注意的是,立法参与者认为本条的法律效果在于"借款人只需按照实际

---

〔77〕　杜万华主编:《最高人民法院民间借贷司法解释理解与适用》,人民法院出版社 2015 年版,第 488—490 页。

〔78〕　但这样的判断仅仅是猜测。《民间借贷规定》颁布于 2015 年,考虑到之后《民法典》的制定过程中,第 670 条(《合同法》第 200 条)的内容并未有调整,相关的讨论更为鲜见,即便最高人民法院当时已有区分预扣和返还的自觉意思,之后也消弭无形了。就此而言,无论是立法还是司法解释的制定,立法素材的公开是极其必要的,这也是避免不应有的赞誉或批判的必要。参见刘勇:《民法典的编纂特点与体系展开》,载《东南大学学报(哲学社会科学版)》2020 年第 4 期,第 83 页。

〔79〕　学说上有以实际使用本金天数计息的举例。谢鸿飞、朱广新主编:《民法典评注·合同编·典型合同与准合同 1》,中国法制出版社 2020 年版,第 412、416 页(胡旭东执笔)。

借款数额返还借款并计算利息".[80] 上述表述可以被解释为《民法典》第 670 条后句是贷款人返还请求权的界限基准,即贷款人仅能请求借款人返还实际交付的本金及相应利息。[81] 这样的话,《民法典》第 670 条的法效果就不仅仅是本金数额的确定,而是包含了超额利息的抵充。

但是,立法参与者在继续说明本条法效果时,引用了最高人民法院"本金数额确定"的立场,并以举例直观地肯定了本金直接缩减的效果。[82]

(二) 本文的立场

1. 超额利息抵充路径的肯定

借款合同中所涉及的金钱大体上可以区分为本金和利息,对后者的定量限制是《民法典》及相应司法解释的重心所在。但是,无论是《民法典》还是司法解释,对本金都没有进行数量方面的限定。之所以对两者的规范模式存在显然的差异,是因为本金的数量属于合同内容确定的范畴,是经由当事人自治或者拟制当事人自治的方式加以认定的;而利息的限定则是"私人主体与自愿合作无法解决的情形"。[83]　61

若《民法典》第 670 条仅仅是关于本金确定的条款,则应将其与意思表示解释的一般规范、合同补充的一般规范进行关联的考虑。但是,自《合同法》以来,无论是立法观点、实务裁判或是理论学说,均将《民法典》第 670 条或《合同法》第 200 条与"利息"进行了紧密的关联。可见,对于《民法典》第 670 条的解释,应当与《民法典》第 680 条等涉及利息限制的条款进行体系性的考量。　62

就此而言,在解释论上认为《民法典》第 670 条的法律效果在于超额利息抵充的话,不仅符合本条文义,而且本条也能就此融入《民法典》利息限制的规范体系,经由第 680 条转介至具体数额限制,同样能够实现当事人之间的公平。　63

同时,以上的解释路径也能避免对当事人借款合同具体内容的过度介入,避免规范的冗余。毕竟合意的本金是意思自治的结果,即便存在扭曲意思自由的状况,通过合意瑕疵足以解决相关问题,未必需要进行专门的规定。由此,本条的规范目的也可以纯化为高额利息的限制。

2. 要物借款合同的排除

由于《民法典》第 670 条采取本金缩减的模式,在金融借款以及诺成的自然人　64

---

〔80〕 黄薇主编:《中华人民共和国民法典合同编释义》,法律出版社 2020 年版,第 461 页。

〔81〕 谢鸿飞、朱广新主编:《民法典评注·合同编·典型合同与准合同 1》,中国法制出版社 2020 年版,第 415 页(胡旭东执笔)。

〔82〕 黄薇主编:《中华人民共和国民法典合同编释义》,法律出版社 2020 年版,第 461—462 页。

〔83〕 刘盛:《〈民法典〉视角下金融法律关系的调适》,载《法学》2021 年第 6 期,第 148 页。

借款的场合,就会产生借款合同或在先借款合意是否因本金的缩减而产生变化的问题。该问题似乎并没有被借款合同当事人意识到,裁判实务上鲜见借款人因本金缩减而请求贷款人交付剩余本金的例子。

65　　　　对此,我国台湾地区有学者指出,存在着三种不同的见解。"实际交付金额成立说"认为以实际交付的数额成立借款合同,此为我国台湾地区实务立场;"全额成立说"认为根据契约自由原则,应以约定全额成立借款合同;"超额利息抵充说"则认为在约定的本金数额上成立借款合同,但先付利息超过法定限度者应抵充本金,此为日本法的立场。在实际效果方面,第一种与第三种观点并无实质差异。[84]

66　　　　《民法典》将自然人借款规定为要物合同;同时,由于《民法典》并无"民间借贷"的借款类型,裁判实务普遍以《民法典》第 679 条作为民间借贷的成立规范,即将民间借贷也视为要物合同。就针对非金融机构借款的《民间借贷规定》(2020年第二次修正)第 26 条后句所规定的内容来看,最高人民法院的立场与"实际交付金额成立说"是一致的,这也能解释裁判实务中几乎不存在借款人请求贷款人支付剩余约定本金的情形。

　　　　正如学者所指出的,"实际交付金额成立说"的教义前提是借款合同具有要物性。[85]　就此而言,《民间借贷规定》(2020 年第二次修正)的立场可能是妥当的。但如果这样的结论成立,《民法典》第 670 条不区分要物和不要物借款而概括进行本金缩减就是不恰当的。

67　　　　然而,如果按照"实际交付金额成立说"来解释借款合同当事人合意的内容,在《民法典》的语境中,《民法典》第 670 条和《民间借贷规定》(2020 年第二次修正)第 26 条在逻辑上都没有适用于要物借款合同的可能。

　　　　在要物借款合同的场合,由于该合同自贷款提供时才能成立并生效,贷款人并无义务按照之前的"合意金额"提供借款。例如,两自然人商定借款两万元、贷款人实际仅提供一万元的话,当事人之间的借款合同的内容并非是借款两万元,而是借款一万元。因此,要物借款合同的贷款人在逻辑上不可能"预扣"本金,《民法典》第 670 条自然也无从适用。

68　　　　若要物借款合同采取分期提供本金方式的,根据该合同的要物性,上述结论依然成立。除非当事人之间存在首期本金提供就能使得全额本金合同成立并生

---

〔84〕　参见刘春堂:《预扣利息与金钱借贷之成立——评"最高法院"1998 年台上字第 2244 号判决》,载赵万一、郑佳宁主编:《〈月旦法学〉民事法判例研究汇编》,北京大学出版社 2016 年版,第 120—121 页。

〔85〕　参见刘春堂:《预扣利息与金钱借贷之成立——评"最高法院"1998 年台上字第 2244 号判决》,载赵万一、郑佳宁主编:《〈月旦法学〉民事法判例研究汇编》,北京大学出版社 2016 年版,第 120 页。

效的意思。

实际上,在要物借款的场合,法院所要处理的是借款人受领本金后,出具了超 69
过受领额度的借据的情形。[86] 此时,超过实际受领本金的数额实际上是当事人
约定的利息,[87] 其是否合法应经《民法典》第 680 条的适用来认定。当然,还有一
种可能就是认定出具超额借据的借款人存在意思表示上的瑕疵,从而否定借据的
效力,仍然以实际交付的本金为准。无论何者,都没有必须适用《民法典》第 670
条的需求。

若要物借款合同的当事人在借款合同成立之前缔结了借款的预约,则贷款人 70
不足额提供借款并不影响借款合同的成立,但会构成对借款预约的违约。当然,
此时也没有适用《民法典》第 670 条的必要。

3. 诺成借款合同的合意内容

而对于金融机构借款和非典型的自然人借款,[88] 借款合同在当事人合意达 71
成时就成立并生效了,若贷款人不足额交付本金,则贷款人是否因此要承担违约
责任? 如果认为借款合意仍然有效,则贷款人的行为显然构成了违约。[89] 对此,
有学者认为,对于处于充分竞争资本市场中的诺成的借款合同,不应赋予借款人
对贷款人的本金交付请求权,借款人仅能向贷款人请求损害赔偿。[90] 基于该观
点,在当下贷款人具有优势经济地位的金融环境中,原则上借款人应有请求贷款
人足额交付本金的权利。[91]

当然,上述观点的前提是借款合意仍然是有效的。如果在诺成借款合同中也 72
贯彻本金缩减模式,则借款合意的内容会因贷款人不足额提供本金而发生变化,
即借款合意中的本金数额缩减至贷款人实际交付的数额。此时,由于金钱债务的

---

〔86〕 如广东省广州市中级人民法院(2022)粤 01 民终 1502 号民事判决书;云南省临沧市中级人民
法院(2022)云 09 民终 405 号民事判决书。

〔87〕 参见刘勇:《〈民法典〉第 680 条评注(借款利息规制)》,载《法学家》2021 年第 1 期,第 190 页
(段码 81)。

〔88〕 所谓非典型的自然人借款,是指非以要物方式成立的自然人借款。参见刘勇:《〈民法典〉第
679 条(自然人借款合同的成立)评注》,载《法学家》2022 年第 4 期,第 186 页(段码 66)。

〔89〕 谢鸿飞、朱广新主编:《民法典评注·合同编·典型合同与准合同 1》,中国法制出版社 2020 年
版,第 412 页(胡旭东执笔)。但需要指出的是,该部分论述未能区分要物与非要物的借款合同。

〔90〕 参见张谷:《借款合同分析》,载北京大学金融法研究中心编:《金融法苑》总第 61 辑,中国金
融出版社 2005 年版,第 107—110 页。

〔91〕 缓解融资难是近年来我国金融市场的重要主题之一。2022 年国务院《政府工作报告》就将
"加强金融对实体经济的有效支持"作为 2022 年度的政府工作任务之一,其中就包括"进一步推动解决
实体经济特别是中小微企业融资难题"。参见 2022 年国务院《政府工作报告》,载中国政府网,http://
www.gov.cn/zhuanti/2022qglh/2022zfgzbgdzs/2022zfgzbgdzs.html,最后访问时间:2022 年 8 月 26 日。

可分性,原诺成合意在缩减的范围内部分无效了。[92]

　　但是,这样的解释会导致借款合同的全面要物化:即便是诺成的借款合同,其合意金额对当事人并无拘束力,合同内容会因贷款人单方行为而发生变动。很显然,这完全背离了《民法典》的立法本意。[93]从目前公开的资料来看,关于《民法典》第 670 条的适用,立法参与者并未对当事人借款合意的效力作出任何判断。

73　　　因此,要维持借款合同诺成的原则性规定(《民法典》第 667 条),则应贯彻利息抵充模式,并认定借款合同在约定本金的数额上成立。[94] 而且,诺成的借款合意的效力不受部分交付本金的影响,借款人可请求贷款人实际履行。目前的经济环境下,贷款人处于事实上的优势地位,保护借款人是立法参与者与司法解释制定者的共同指向,应避免贷款人通过部分履行来随意单方变更合意内容的行为。

74　　　当然,也不能否定诺成借款合同的当事人存在通过交付不足额本金来变更合意的可能。此时,应由贷款人承担相应的证明责任,毕竟其行为与合意不一致,应证明其部分履行行为的正当性。

75　　　若能够认定存在以部分履行行为来变更原合同的合意,仍有合意瑕疵规范适用的可能。预扣或返还的情形,通常是贷款人滥用经济上的优势地位造成的。此时,存在通过胁迫制度的扩张,[95]认定贷款人对合意内容变更的不当影响,从而赋予借款人撤销后一合意(以不足额交付行为来变更在先合意的合意)的权利,从而恢复原借款合意的效力。

4. 利息债权的要物性

76　　　正如学者所指出,与预扣利息有关的另一个法律问题在于利息债权的要物性。[96] 由于利息是使用本金的对价,逻辑上以本金的现实利用为前提。从这个意义上来说,贷款人要对借款人主张利息债权,必须证明其实际提供了本金。对于未实际提供的、处于约定范围内的本金,借款人并无现实利用的可能性,因此当然无须支付利息。

77　　　由此可见,即便《民法典》第 670 条后句不规定按照实际提供数额计算利息,

---

〔92〕 可分性与部分无效的关系,可参见潘运华:《论无效民事法律行为转换与解释、补正、确认和部分无效的关系》,载《南大法学》2021 年第 6 期,第 131 页。

〔93〕 黄薇主编:《中华人民共和国民法典合同编释义》,法律出版社 2020 年版,第 477 页。

〔94〕 [日]潮见佳男:《新债权总论 I》,信山社 2017 年版,第 253 页。

〔95〕 参见[日]山本敬三:《民法中"合意瑕疵"论的发展及研究》,杜颖译,载易继明主编:《私法》第 1 辑第 1 卷,北京大学出版社 2001 年版,第 75 页。

〔96〕 参见[日]奥田昌道、佐々木茂美:《新版债权总论(上卷)》,判例タイムズ社 2020 年版,第 84 页。

基于利息债权的要物性,[97]也能得出同样的结论。

此时,还有承认抵销构成的可能,即借款人有权以其对贷款人的足额本金交 77a
付请求权抵销贷款人的本息请求。自贷款人应履行足额给付义务而未履行之时,
借款人可以就未交付部分计算迟延利息;借款人本息债务到期时,即构成抵销适
状。之后,无论贷款人何时请求借款人支付本息,若借款人主张抵销,当事人之间
的利益状况是客观确定的。

然而,抵销构成可能无法在现行法中合理成立。最高人民法院2022年11月
发布的《关于适用〈中华人民共和国民法典〉合同编通则部分的解释(征求意见
稿)》第58条否定了抵销适状的效力,从而使得抵销效果饱含不确定性。若这样
的立场被贯彻,则抵销构成将是不合理的。

此时,需要讨论的是利息债权要物性是否具有强制性。在借款人承诺对未实 78
际受领的本金支付利息的场合,并不意味着利息债权要物性的改变,而是该部分
利息首先应计入实际受领的本金所对应的利息的范畴;然后,再考虑两部分利息
叠加是否违反《民法典》第680条。

5. 诺成借款合同中的借款人抗辩

如果诺成的借款合同以名义上的本金成立,如前所述,借款人对贷款人有足 79
额本金支付请求权;相应的,借款人也承担全额返还本金的义务。在贷款人未足
额提供却请求借款人返还全额约定本金时,借款人可基于上述请求权提出履行抗
辩。就此而言,《民法典》第670条后句所规定的"按照实际借款数额归还借款"可
理解为借款人抗辩权的发生。

而若借款人放弃抗辩,则实际上是将未实际利用的本金计入了利息。与放弃 80
利息债权的要物性一样,基于利率规制的强制性,此时同样应适用《民法典》第
680条。

五、证明责任

对于本条的适用,当事人争议的焦点在于本金数额的确定,即合同约定本金 81
数额与实际交付金额是否存在差异。

(一) 贷款人的举证

根据《民间借贷规定》(2020年第二次修正)第26条的规定,"借据、收据、欠 82

---

[97] 更为详细的说明,参见刘勇:《〈民法典〉第679条(自然人借款合同的成立)评注》,载《法学
家》2022年第4期,第186页(段码64、65)。

条等债权凭证"是贷款人的主要证据。

83　　　金融借款及其他诺成的借款场合,当事人之间签订的借款合同当然是主要的证据之一,借据等则是借款人实际受领本金的证据。[98] 有当事人在借款合同中约定,"借款凭证(借款借据)是本合同重要组成部分"。[99]

84　　　虽然典型的自然人借款合同是要物的,但当事人在本金提供前订立的书面借款合同也通常被贷款人作为债权现存的证据。借款合同之外,有当事人另外签订借据的情形。[100] 同时,贷款人持有的借据还可能是借款人受领本金后出具的凭证,[101] 也可能是借款人出具的对前期欠款的结欠证明。[102]

85　　　除了借据、收据、欠条、借款合同之外,当事人之间的对账单、银行客户专用回单、银行借记通知、银行交易明细等也是贷款人主张本息的重要依据。[103]

(二) 借款人的抗辩

86　　　由于支付手段的发展,当事人利用电子方式进行交付是较为常见的情形,电子记录低于合同约定金额或借据金额是借款人通常的抗辩方式。若微信转账记录金额低于借条所载明金额的,法院会认定贷款人预先扣除了利息。[104] 网银转账金额低于借条记载金额的,法院也会认定差额为预扣的利息。[105] 借条记载金额与当事人电子转账记录不一致时,法院裁判认定以后者为准。[106]

87　　　另一个比较有力的证据是本金约定与实付的差额和首月利息的对比。若借据载明本金数额与转账记录记载金额的差额和首月利息相当的,法院会认定其为砍头息。[107] 若当事人提供的借据载明"利息已付",则法院也会据此认定贷款人预先扣除了全部利息。[108]

88　　　在金融借款的场合,贷款人是否存在预扣或变相预扣本金的情形,金融主管

---

〔98〕 广东省深圳市中级人民法院(2020)粤 03 民终 20938 号民事判决书。

〔99〕 最高人民法院(2021)最高法民再 330 号民事判决书。

〔100〕 广东省广州市中级人民法院(2022)粤 01 民终 13578 号民事判决书。

〔101〕 最高人民法院(2021)最高法民终 962 号民事判决书。

〔102〕 最高人民法院(2019)最高法民终 218 号民事判决书,载《最高人民法院公报》2022 年第 6 期,第 37—43 页。

〔103〕 最高人民法院(2019)最高法民终 133 号民事判决书,载《最高人民法院公报》2020 年第 1 期,第 15—43 页。

〔104〕 山东省青岛市中级人民法院(2022)鲁 02 民终 4350 号民事判决书。

〔105〕 辽宁省大连市中级人民法院(2022)辽 02 民终 1031 号民事判决书。

〔106〕 辽宁省锦州市中级人民法院(2021)辽 07 民终 3674 号民事判决书。

〔107〕 四川省达州市中级人民法院(2022)川 17 民终 248 号民事判决书。

〔108〕 河南省许昌市中级人民法院(2022)豫 10 民终 558 号民事判决书。

机关出具的行政文书是有力的证据。[109]

微信截图、语音、音像资料等也经常被运用于证明贷款人是否足额提供了本 89
金。[110] 裁判实务中,贷款人自认预先扣除利息的情形也并不罕见。[111]

附:案例索引

1. 安徽省宣城市中级人民法院(2020)皖 18 民终 1126 号民事判决书:安徽旌德农村商业银行股份有限公司与旌德县梓旌城大饭店有限公司金融借款合同纠纷案【边码 26】

2. 北京市第三中级人民法院(2021)京 03 民终 17418 号民事判决书:李某春等与杨某玲民间借贷纠纷案【边码 22】

3. 甘肃省兰州市中级人民法院(2021)甘 01 民初 120 号民事判决书:浙商银行股份有限公司兰州分行与宁夏远高实业集团有限公司等金融借款合同纠纷案【边码 29】

4. 甘肃省兰州市中级人民法院(2021)甘 01 民终 1992 号民事判决书:白某祥与兰州市红古区东银小额贷款有限责任公司借款合同纠纷案【边码 12】

5. 广东省广州市中级人民法院(2021)粤 01 民终 23236 号民事判决书:汤某群与梁某伙民间借贷纠纷案【边码 39】

6. 广东省广州市中级人民法院(2022)粤 01 民终 13578 号民事判决书:李某与广州森和旅游汽车运输有限公司等民间借贷纠纷案【边码 84】

7. 广东省广州市中级人民法院(2022)粤 01 民终 1502 号民事判决书:罗某仁与罗某球民间借贷纠纷案【边码 69】

8. 广东省江门市中级人民法院(2021)粤 07 民终 6987 号民事判决书:梁某稳与梁某彬等民间借贷纠纷案【边码 40】

9. 广东省梅州市中级人民法院(2021)粤 14 民终 1750 号民事判决书:廖某与谢某玲民间借贷纠纷案【边码 35】

10. 广东省梅州市中级人民法院(2022)粤 14 民终 285 号民事判决书:江某武与李某丰等民间借贷纠纷案【边码 27】

11. 广东省梅州市中级人民法院(2022)粤 14 民终 425 号民事判决书:陈某香与张某芳等民间借贷纠纷案【边码 39】

12. 广东省梅州市中级人民法院(2022)粤 14 民终 703 号民事判决书:何某浩与薛某泉等民间借贷纠纷案【边码 34】

13. 广东省深圳市中级人民法院(2020)粤 03 民终 20938 号民事判决书:深圳市锟富电子科技有限公司与钟某清金融借款合同纠纷案【边码 83】

---

[109] 湖南省衡阳市中级人民法院(2021)湘 04 民再 38 号民事裁定书。

[110] 如新疆维吾尔自治区昌吉回族自治州中级人民法院(2021)新 23 民终 2842 号民事判决书。

[111] 如最高人民法院(2014)民一终字第 38 号民事判决书;吉林省延边朝鲜族自治州中级人民法院(2022)吉 24 民终 265 号民事判决书;河南省安阳市中级人民法院(2021)豫 05 民终 2727 号民事判决书。

14. 广东省肇庆市中级人民法院(2022)粤 12 民终 106 号民事判决书:关某辉与陈某生民间借贷纠纷案【边码 37】

15. 广西壮族自治区贺州市中级人民法院(2022)桂 11 民终 178 号民事判决书:李某道与唐某民间借贷纠纷案【边码 8】

16. 河南省安阳市中级人民法院(2021)豫 05 民终 2727 号民事判决书:张某花与张某芹民间借贷纠纷案【边码 89】

17. 河南省许昌市中级人民法院(2022)豫 10 民终 558 号民事判决书:王某英与尹某现等民间借贷纠纷案【边码 45、87】

18. 河南省郑州市中级人民法院(2021)豫 01 民终 7762 号民事判决书:赵某伟与河南天方置业有限公司民间借贷纠纷案【边码 39】

19. 湖北省襄阳市中级人民法院(2019)鄂 06 民终 4492 号民事判决书:襄阳彩诚投资实业有限公司与中信银行股份有限公司襄阳分行金融借款合同纠纷案【边码 25】

20. 湖南省衡阳市中级人民法院(2021)湘 04 民再 38 号民事裁定书:中信银行股份有限公司衡阳分行与陈某桂金融借款合同纠纷案【边码 25、88】

21. 湖南省长沙市中级人民法院(2021)湘 01 民终 14076 号民事判决书:赵某文与张某杰民间借贷纠纷案【边码 36】

22. 吉林省延边朝鲜族自治州中级人民法院(2022)吉 24 民终 265 号民事判决书:陈某萍与随某荣民间借贷纠纷案【边码 89】

23. 江苏省无锡市中级人民法院(2021)苏 02 民初 175 号民事判决书:浙商银行股份有限公司江阴支行与江阴澄星实业集团有限公司保证合同纠纷案【边码 29】

24. 江苏省无锡市中级人民法院(2021)苏 02 民终 5167 号民事判决书:吕某忠与中国对外经济贸易信托有限公司等金融借款合同纠纷案【边码 39】

25. 江苏省徐州市中级人民法院(2021)苏 03 民终 2381 号民事判决书:李某梅与张某东等与中国民生银行股份有限公司徐州分行、田某旗等金融借款合同纠纷案【边码 26】

26. 江苏省徐州市中级人民法院(2021)苏 03 民终 9475 号民事判决书:徐州普千殡葬服务有限公司与徐州雅心阁餐饮服务有限公司等民间借贷纠纷案【边码 43】

27. 江苏省徐州市中级人民法院(2022)苏 03 民终 1094 号民事判决书:翟某飞与高某礼民间借贷纠纷案【边码 43】

28. 辽宁省大连市中级人民法院(2022)辽 02 民终 1031 号民事判决书:魏某与张某波等民间借贷纠纷案【边码 86】

29. 辽宁省高级人民法院(2019)辽民申 3057 号民事裁定书:刘某良与招商银行股份有限公司营口分行金融借款合同纠纷案【边码 26】

30. 辽宁省锦州市中级人民法院(2021)辽 07 民终 3674 号民事判决书:邓某明与吴某麒民间借贷纠纷案【边码 86】

31. 宁夏回族自治区固原市中级人民法院(2022)宁 04 民终 455 号民事判决书:吕某与罗某华民间借贷纠纷案【边码 55】

32. 宁夏回族自治区吴忠市中级人民法院(2021)宁 03 民终 1186 号民事判决书:王某与

51. 最高人民法院（2017）最高法民申 4354 号民事裁定书：贵州金典盛园房地产开发有限公司等与张某明民间借贷纠纷案【边码 45】

52. 最高人民法院（2017）最高法民再 210 号民事判决书：厦门元华资产管理有限公司与林某等民间借贷纠纷案【边码 44】

53. 最高人民法院（2018）最高法民再 467 号民事判决书：鞍山中联置业有限公司与鞍山中大房地产开发有限公司债权转让合同纠纷案【边码 44】

54. 最高人民法院（2018）最高法民终 23 号民事判决书：昆明成商房地产开发有限公司与王某民间借贷纠纷案【边码 8】

55. 最高人民法院（2018）最高法民终 864 号民事判决书：广西联壮投资集团有限公司与广西桂建房地产有限责任公司金融借款合同纠纷案【边码 26、31】

56. 最高人民法院（2018）最高法民终 904 号民事判决书：张某茂与黄某合同纠纷案【边码 49】

57. 最高人民法院（2019）最高法民申 4257 号民事裁定书：纳雍县电煤运销有限责任公司与纳雍县鸿腾煤业投资有限责任公司民间借贷纠纷案【边码 20】

58. 最高人民法院（2019）最高法民终 1081 号民事判决书：华融国际信托有限责任公司与山西梅园华盛能源开发有限公司等金融借款合同纠纷案【边码 18】

59. 最高人民法院（2019）最高法民终 133 号民事判决书：黑龙江闽成投资集团有限公司与西林钢铁集团有限公司、第三人刘某平民间借贷纠纷案【边码 85】

60. 最高人民法院（2019）最高法民终 1562 号民事判决书：富民鼎龙凯易房地产开发有限公司与云南鼎易房地产开发有限责任公司民间借贷纠纷案【边码 50】

61. 最高人民法院（2019）最高法民终 218 号民事判决书：黄某与陈某玲、陈某峰、福建省丰泉环保集团有限公司民间借贷纠纷案【边码 84】

62. 最高人民法院（2019）最高法民终 78 号民事判决书：中国华融资产管理股份有限公司、上海农村商业银行股份有限公司宝山支行与上海智富茂城置业有限公司等金融借款合同纠纷案【边码 19】

63. 最高人民法院（2019）最高法民终 870 号民事判决书：山煤国际能源集团晋城有限公司与中信银行股份有限公司西安分行等合同纠纷案【边码 29】

64. 最高人民法院（2020）最高法民终 1154 号民事判决书：天津市市政建设开发有限责任公司与天津胜利宾馆有限公司等融资租赁合同纠纷案【边码 37】

65. 最高人民法院（2020）最高法民终 1256 号民事判决书：中民国际融资租赁股份有限公司与河南九鼎金融租赁股份有限公司融资租赁合同纠纷案【边码 28、54】

66. 最高人民法院（2020）最高法民终 140 号民事判决书：神州长城股份有限公司与渤海国际信托股份有限公司金融借款合同纠纷案【边码 44】

67. 最高人民法院（2020）最高法民终 281 号民事判决书：上海华宸未来资产管理有限公司与滁州中普置业有限公司金融借款合同纠纷案【边码 44】

68. 最高人民法院（2020）最高法民终 282 号民事判决书：南京金榜吉山投资有限公司与南京金榜集团有限公司金融借款合同纠纷案【边码 23】

69. 最高人民法院(2021)最高法民再330号民事判决书:哈尔滨银行股份有限公司沈阳分行与辽阳市国有资产经营(集团)有限公司等金融借款合同纠纷案【边码83】

70. 最高人民法院(2021)最高法民终689号民事判决书:西藏吉奥高投资控股有限公司与中盐银港人造板有限公司等借款合同纠纷案【边码42】

71. 最高人民法院(2021)最高法民终962号民事判决书:广州元阳房地产开发有限公司与石河子信远业丰股权投资管理有限公司等借款合同纠纷案【边码84】

72. 最高人民法院(2021)最高法民终986号民事判决书:大连中益置业有限公司与中国华融资产管理股份有限公司大连市分公司等金融借款合同纠纷案【边码44】

第676条

逾期利息支付义务[*]

第676条　借款人未按照约定的期限返还借款的,应当按照约定或者国家有关规定支付逾期利息。

简　目

---

* 本文系基于《〈民法典〉第676条(逾期利息支付义务)评注》(载《清华法学》2023年第4期,第175—192页)一文修订而成,内容有较大幅度扩展。同时本文为国家社科基金项目"民法利息规制的体系整合与辐射效应研究"(21BFX194)、国家社科基金重大项目"我国民法评注编纂重大问题研究"(22&ZD205)、南京大学新时代文科卓越研究计划"中长期研究专项"的阶段性成果。

本文所选取的案例来自中国裁判文书网及北大法宝数据库,部分裁判发生于《民法典》生效之前。但是,正如文中所述,从《合同法》到《民法典》,本条的内容并没有发生任何变化,因此没有影响司法裁判的连续性(边码12)。

一、规范意旨与属性

(一)规范意旨

《民法典》第 676 条(以下简称本条)规定了借款人须就逾期返还借款的情形承担支付逾期利息的义务。　　　　　　　　　　　　　　　　　　1

逾期还款被立法参与者认为是借款合同中"严重"的违约行为,会对贷款人尤其是金融机构造成严重损害;后者提供的借款本金来自存款,无法及时回收会影响"国家经济的良性循环"。[1] 与此类似,有学者认为,逾期还款"严重违反诚信原则",须对违约后果加以明确规定,否则会造成社会的不稳定。[2]　　　　2

现代金融机构贷款业务建立在较为完备的风险监测指标体系之上,将借款人的情形转化为具体数据,从而高效率、动态地实现贷款业务。个别或者部分贷款无法按期回收会在多大程度上影响经济的良性循环,至少在立法过程中并没有任何实证数据的说明。可见,立法参与者的上述看法很大程度上只是某种个人经验或者直感的表达。另外,借款合同的典型违约形态就是逾期还款,且我国民法采无过错的违约归责原则,所谓"严重违约"或"严重违反诚信原则"在借款合同中并无要件和效果上的意义。

自《合同法》以来,本条正当性的依据之一在于"一些国家及国际金融机构在其借款合同中明确规定"逾期还款场合贷款人可以加收利息。[3] 上述表达似乎认为本条的实践依据在于国家间或国际组织借款,与国内法并无关系。而且,借款合同当事人若普遍在合同中约定了逾期利息,法律所要做的就是不干涉市场主体的自由行动。　　　　　　　　　　　　　　　　　　　　　　　　　　　3

事实上,要便利解决借款合同的违约损害赔偿问题,最重要的是法定利率的　　　　4

---

〔1〕 参见黄薇主编:《中华人民共和国民法典合同编释义》,法律出版社 2020 年版,第 470 页。

〔2〕 参见谢鸿飞、朱广新主编:《民法典评注·合同编·典型合同与准合同1》,中国法制出版社 2020 年版,第 442 页(胡旭东执笔)。

〔3〕 参见黄薇主编:《中华人民共和国民法典合同编释义》,法律出版社 2020 年版,第 470 页;胡康生主编:《中华人民共和国合同法释义》(第 3 版),法律出版社 2013 年版,第 336—337 页。

确定。即以法定利率为逾期利息的算定基准,该部分损害是借款合同违约情形中的"核心损害"或"最低赔偿",贷款人可在此基础上举证其他损害的存在并请求赔偿。确定的法定利率使得各方在缔约及履约过程中能够明确判断风险,从而作出理性选择。由此,对于本条的理解,须在缺失法定利率的中国民法语境中予以展开。

5　　　即便删除本条,对借款合同违约情形的处理也并无实质性的影响,贷款人完全可以基于《民法典》第 577 条、第 584 条等向借款人请求违约损害赔偿。因此,本条规范的正当性不能从制裁违约行为、保护贷款人及金融市场秩序方面寻求直接的依据。考虑到我国金融市场中利率规制的特定结构,[4]本条的规范目的在于减轻当事人及裁判者个案举证及论证的责任,为逾期还款的违约责任提供一个终局的、便利的计算方式。

(二) 规范属性

6　　　本条以"应当"的表述来规定了法律效果,在文义上似乎属于强制性规范的范畴。但就效果而言,本条中逾期利息支付标准既可能是约定的,也可能是"法定"的。"应当按照约定……"是合同的自明之理,这样的表达导致本条面貌极为模糊。

7　　　如前所述,立法参与者对本条规范目的的理解着眼于对贷款人及金融秩序的保护,而本文的立场则是认为本条是处理借款合同违约责任的便宜规定。无论何者,只要不违反公序良俗,作为债权人的贷款人都可以放弃保护或放弃便利的计算方式。从这个角度来看,本条对于贷款人并不具有强制性。

上述理解也可以从本条的历史沿革中找到依据。未约定逾期利率的场合,立法参与者自《合同法》制定时就认为,"金融机构按照国家有关规定的利率向借款人收取逾期利息"。[5]但需要注意的是,该表达在语法上并不通顺,在解释上可以认为金融机构"应当"或者是"可以"收取逾期利息,立场极为含糊。可见,自《合同法》以来,立法就有意保留了巨大的解释空间。当然,这样解释的前提是排除立法意图自身的不明确。

而在解释本条时,最高人民法院在上述立法参与者的表达中加入了"可以"的

---

〔4〕 我国民法上的利率规制采取区分金融借款与非金融借款的双轨制,其背后是管制色彩强烈的金融市场。参见刘勇:《〈民法典〉第 680 条评注(借款利息规制)》,载《法学家》2021 年第 1 期,第 12 页(段码 5)。

〔5〕 胡康生主编:《中华人民共和国合同法释义》(第 3 版),法律出版社 2013 年版,第 337 页。该表达被照搬到《民法典》的有关释义中,黄薇主编:《中华人民共和国民法典合同编释义》,法律出版社2020 年版,第 472 页。

用语,即金融机构可以按照国家规定收取逾期利息。[6] 若这样的解释能代表最高人民法院的立场,则在未明确约定的情况下,金融机构就有放弃本条适用的可能。

对于借款人来说,无论是否存在有关逾期利息的约定,其均要支付逾期利息。有约定的情形自不待言,即便没有约定,国家有关规定也会成为借款合同的法定逾期利息条款。因此,在借款人的逾期利息支付义务方面,本条具有强制性。 8

当然,如果当事人在借款合同中约定,逾期还款不用支付逾期利息,这样的约定应当也是有效的。所以,本条仍然具有相当的任意性,在解释上可以认为本条包含了隐藏的但书:"……应当按照约定或国家有关规定支付逾期利息,但当事人另有约定的除外。"[7] 9

由此,本条整体上属于半强制性条文,在对人效力上因主体身份差异而呈现不同性质。 10

另外,本条属于完全性条文,规定了适用的要件及效果,被认为属于请求权基础规范。[8] 虽然本条的表达包含了参引的因素,若将国家有关规定理解为确定合同内容的参数,本条仍然是完整的请求权基础规范。 11

二、内容沿革、射程与比较法

(一)内容沿革

本条内容承袭自《合同法》第207条,未作任何改动。 12

而在《合同法》之前,《经济合同法》第45条仅仅规定了借款人未按约定用途使用贷款的违约责任,并未对逾期还款作出规定。考虑到比较法上鲜见类似《合同法》第207条的表达,本条规范的内容可推断为本土创设。

虽然缺乏立法机关的明确说明,《合同法》第207条中的"国家有关规定"可以追溯至1982年实施的《经济合同法》的相关表达,该法第24条第2款规定"贷款利率由国家规定,中国人民银行统一管理"。可见,当时的贷款利率来自国家的直接规定,中国人民银行被授予具有管理市场利率的权力。 13

自1991年最高人民法院开始设定非金融机构借款的利率上限之后,借款合 14

---

〔6〕 参见最高人民法院民法典贯彻实施工作领导小组主编:《中华人民共和国民法典合同编理解与适用(二)》,人民法院出版社2020年版,第1256—1257页。

〔7〕 "……应当按照约定……但当事人另有约定的除外"在规范表达上显然是不妥的,此处只是用以说明本条具有的任意性。

〔8〕 参见吴香香编:《民法典请求权基础检索手册》,中国法制出版社2021年版,第99页。

同的利率水平呈现多头管理的状况。或许是考虑当时的实际状况,《合同法》第207条使用了"国家有关规定"的用语。很显然,最高人民法院的决定很难在国内法上被认为是"国家"的决定。因此,所谓的国家有关规定,在理解上应视为"国家有关部门的规定",而不是"国家的有关规定"。

15　　　2004年实施的《中国人民银行法》第5条规定,中国人民银行关于利率等事项作出的决定,须报经国务院批准后执行。因此,作为具体的利率确定机构,中国人民银行本身并不是利率水平的最终决定机关,国务院批准执行的利率政策由此继续带有"国家"的色彩。

同时,最高人民法院继续以抽象司法解释确定非金融借款的利率上限。可见,《民法典》继续采用"国家有关规定"的用语很大程度上仍然是有意无意的含糊表达。[9]

(二)规范射程

16　　　本条适用于所有的借款合同,包括金融机构借款合同与非金融机构借款合同(民间借贷)。司法裁判也将本条适用于准借款的情形。[10]

17　　　此外,《买卖合同解释》(2020年修正)第18条,《建设工程施工合同解释一》(法释〔2020〕25号)第25条、第26条虽然并未直接援引本条,但也都以借款合同的迟延利率基准来计算其他金钱债务的迟延损害或迟延利息。

(三)比较法定位

18　　　虽然对我国民法存在重要影响的德国民法、日本民法等都没有类似本条的规定,但这并不意味着逾期利息的问题在比较法上并不存在。由于《德国民法典》《日本民法典》均在债法总则中设置了有关金钱债务的相关规范,从而结合法定利率的规定对金钱债务的迟延履行作出了规定。《德国民法典》第288条、《日本民法典》第419条就是较为典型的例子。学者指出,金钱债务迟延履行的损害赔偿

---

〔9〕《民法典》中有相当数量的"国家有关规定""国家规定"的表达,这就使得一定比例的条文成为不完全法条,其规范意义会随外部规范的变动而摇摆,甚至失去意义。尤其是在规范密集性程度比较高的领域,例如环境保护领域,作为民事基本法的《民法典》是否以及如何呈现规范意义,在立法理念和技术上都是值得讨论的问题。虽然《民法典》已经颁行,但追求更理想的法应当是学者与实践者的共同追求。

〔10〕如吉林省延边朝鲜族自治州中级人民法院(2022)吉24民终1734号民事判决书。本案中,法院认定某一笔他人"垫付"的款项构成借款,但判决书并未说明垫付是否基于当事人之间的委托,还是该他人自发的行动。若是后者,法院适用本条予以处理的话,就是将此情形视为准借款。关于准借款,可参见刘勇:《〈民法典〉第679条(自然人借款合同的成立)评注》,载《法学家》2022年第4期,第181页(段码33)。货款转化为借款的情形,可参见河南省驻马店市驿城区人民法院(2022)豫1702民初2552号民事判决书。

是以未履行金额为基础,按照迟延期间和一定比率来计算的。[11] 这样的算定方式与利息是类似的,习惯上也被称为"迟延利息"。[12] 由于规定于债法总则,有关金钱债务迟延损害赔偿的算定规范适用于所有类型的金钱债务,还可以适用于侵权损害赔偿、预付瑕疵除去费用及受托人的费用返还等。[13]

可见,只要在债法总则层面规定了金钱债务的迟延履行及法定利率规范,包括借款归还债务在内的金钱债务的迟延履行均可以类似利息计算的方式来算定赔偿额,借款合同中也就没有必要规定具体的逾期利息支付义务及算定规范。[14] 这样的模式可以被称为"概括规定型"。

而由于我国《民法典》没有设置债法总则,合同编通则部分也没有就金钱债务进行专门的规定,且没有就法定利率作出规定,因此"借款合同"一章就有必要对逾期利息的支付及算定提供明文规定。因此,就比较法的定位而言,《民法典》第 676 条的立法模式可以被概括为"个别规定型"。 **19**

三、本条的体系关联

(一) 金钱债务迟延履行的一般规范?

由于采取了"个别规定型"的立法模式,在借款合同之外,裁判实务对金钱债务迟延履行一般规范的需求是可以想象的。 **20**

对此,有观点指出,以借款合同的利率基准来认定其他金钱债务中的迟延损失是混淆法律关系的做法。[15] 确实,抽象的金钱债务的处理规范并不考虑金钱债务的发生原因,而借款合同逾期利息的认定则与借款法律关系紧密相连,两者存在基础思维模式上的根本差异。

基于本文的立场,本条规定的是借款合同迟延还款的终局性救济,是解决借款合同违约责任的特别规范,仅以借款合同为其规范对象。在这个意义上,本条 **21**

---

〔11〕 参见［日］中田裕康:《债权总论》,岩波书店 2020 年版,第 62 页。

〔12〕 参见［日］我妻荣、有泉亨、清水诚、田山辉明:《我妻·有泉コンメンタール民法 総則·物権·債権》,日本評論社 2021 年版,第 825 页。

〔13〕 See Gerhard Dannemann and Reiner Schulze(eds.) German Civil Code Volume I = Bürgerliches Gesetzbuch (BGB), C. H. BECK, 2020, p. 432.

〔14〕 例如,《德国民法典》第 497 条第 1 项规定,消费者信贷中的借款人陷入迟延的话,须按照第 288 条计算迟延利息。具体条文可参见陈卫佐译注:《德国民法典》(第 5 版),法律出版社 2020 年版,第 201 页。

〔15〕 参见陈安然:《论金钱之债迟延履行的损失认定》,载《浙江工商大学学报》2023 年第 1 期,第 10—11 页。

为我国民法的"定制规范",原则上不具有扩张适用至其他合同的可能。[16]

另外,从适用关系上看,如果有关金钱债务迟延利息的规范出现在债法总则或实质债法总则层面,则可以由总及分地适用于消费借贷乃至借款。而本条系规定于有名合同部分,何以能逆向准用至消费借贷乃至抽象债法层面,在缺乏立法者的明确意识和学说的充分讨论之前,仍然需要进一步的细致论证。至于裁判实务的需求,通过对《民法典》第 577 条(违约责任一般条款)的适用,自然也是能得到满足的,只是裁判者的论证责任会有所增强。

近来,最高人民法院在回复全国人大代表的相关建议时,指出借款合同以外的合同债权人可以就利息损失之外的损失请求损害赔偿。[17] 基于反对解释,借款合同中贷款人损害赔偿请求权的范围就仅限于利息损失了,这也是对本条终局性救济的注解。

22　　本条适用方面的上述情形或许不是孤例。单行法时代的我国民法并没有体系性的债法通则性规定,这样的状况也保留到了《民法典》之中。就此而言,采取总分结构的《民法典》在继受和创设之间是否寻找到了平衡,仍然是需要观察和反思的问题。[18]

(二)本条与《民法典》第 577 条的关系

23　　另一个问题在于,本条与《民法典》第 577 条的适用关系应如何确定?即,贷款人是否可以直接根据《民法典》第 577 条请求借款人承担违约责任,并根据《民法典》第 584 条确定赔偿范围?还是本条的存在排除了贷款人的上述请求权?[19]

24　　我国台湾地区"民法"第 233 条第 3 项规定,金钱债权的债权人可以就迟延利息以外的损害请求赔偿。[20] 据此,有观点认为,逾期还款的场合,债权人能证明存在法定利率以外损失的话,则可另行请求损害赔偿。[21] 但是,我国台湾地区的上述规范很显然是在"债法总则"层面就抽象的金钱债权所作出的原则性规定,

〔16〕 有关定制规范射程的讨论,可参见[日]潮见佳男:《新契約各論Ⅰ》,信山社 2021 年版,第 274 页(该书使用"创设规范"的表达)。

〔17〕 参见《最高人民法院对十三届全国人大五次会议第 6912 号建议的答复》(2022 年 7 月 12 日)。

〔18〕 当然,"债法总则"在法典体例上未必是当然必要的。只是现有的理论与实务都没有摆脱"债"的基础概念的明确意识和动向,在不设立"债法总则"的前提下,至少在立法论上要对具有债法层面通则性的规定进行个别、细致的讨论,从而有所取舍并妥当安置。

〔19〕 有贷款人就在诉讼理由中认为,本条规定中的"国家有关规定"包括了《民法典》第 584 条,从而请求逾期利息以外的损害赔偿。参见广东省中山市中级人民法院(2022)粤 20 民终 7040 号民事判决书。

〔20〕 有学者认为,我国台湾地区"民法"规定的金钱债务迟延利息系债权人可以请求的最低赔偿额。参见陈自强:《违约责任与契约回复》,2022 年作者自版,第 140 页。

〔21〕 参见周颖:《论信用卡逾期还款的违约责任及其限度》,载《法律科学》2015 年第 5 期,第 127 页。

《民法典》并无类似的教义学前提。

在逾期利息以外，贷款人若存在其他损失，且可以通过《民法典》第 577 条请求损害赔偿的话，本条便利处理纠纷的规范意义就基本上失去了。同时，本条在比较法上并无直接的继受对象，而且在体系上也无绝对的立法必要，因此可以认为《民法典》想要通过本条的适用终局性地解决借款合同的违约问题。 25

由此，在解释上可以认为约定或法定的逾期利息构成了当事人之间的"损害赔偿的预定"，[22]从而本条原则上排除了《民法典》第 577 条的直接适用。[23]

例外地，当事人在借款合同中约定了逾期利息以外的赔偿项目的话，应以当事人约定为准。例如，借款合同约定的逾期还款赔偿范围包括利息及"其他损失"，并列举了包括律师费在内的项目，法院就此认定律师费的赔偿请求"于法有据"。[24] 除了金融借款，[25]民间借贷中也会有类似的约定。[26] 26

(三) 本条与《民法典》第 985 条的关系

在借款人逾期还款的场合，其已经失去了继续利用本金的合同上依据。从理论上来说，贷款人可以向借款人提出不当得利的主张，请求其返还本金。与此同时，借款人因不当得利而承担的本金返还义务已陷入迟延履行，逾期利息就可以被视为不当得利返还履行迟延的损害赔偿。[27] 如果这样的分析成立，在基于本条提出请求之外，贷款人是否可以基于《民法典》第 985 条向借款人提出双重的不当得利返还请求？ 27

缺乏合同基础的对本金的占有本身就构成了不当得利，借款人的行为此时就会满足《民法典》第 985 条规定的要件。至于逾期利息，按照"当然返还说"的立场，[28]在没有约定的情形下，借款人在借款期间届满后对本金的继续利用是构成 28

---

〔22〕 损害赔偿的预定是无法以实际损失与约定数额的差异来推翻的。对此，可参见刘勇：《论违约金之减额——从"实益"到"原理"》，载《北方法学》2017 年第 4 期，第 65—66 页。

〔23〕 德国法上，金钱债权的债权人可以就迟延利息以外的其他损失请求赔偿。但学者指出，这样的规定"鲜有现实意义"。参见[德]海因·克茨：《德国合同法》(第 2 版)，叶玮昱、张焕然译，中国人民大学出版社 2022 年版，第 363 页。

〔24〕 陕西省咸阳市中级人民法院(2022)陕 04 民终 3980 号民事判决书。

〔25〕 如辽宁省沈阳市和平区人民法院(2021)辽 0102 民初 24785 号民事判决书。

〔26〕 如河南省驻马店市驿城区人民法院(2022)豫 1702 民初 7605 号民事判决书。

〔27〕 参见[日]潮见佳男：《新契約各論Ⅰ》，信山社 2021 年版，第 234 页。

〔28〕 参见刘勇：《溢缴税款的返还——〈税收征收管理法〉第 51 条的解释论》，载张仁善主编：《南京大学法律评论》2017 年秋季卷(总第 48 卷)，法律出版社 2017 年版，第 182 页。

不当得利的,而且是我国法上最为典型的不当得利情形,[29]只是贷款人需要证明借款人获利的存在。但考虑到"当然返还说",贷款人至少可以请求与银行同期存款利率同水平的返还,[30]并且在解释上较为便利。

29　　　　如果认为本条与《民法典》第 985 条存在竞合关系,则需要进一步讨论竞合的具体类型以及效果面是否要作趋同的处理。但在本文的立场上,竞合所要处理的问题是脱离债务原因的抽象请求权之间的关联,与我国民法损害赔偿二元构成的基础立场存在龃龉。[31]出于尊重合意的考虑,在确定合同内容的基础上应优先适用有关合同的法规范,[32]由此本条在思考和适用的顺序上应优先于《民法典》第 985 条。考虑到不当得利的辅助性,有观点在认同迟延利息不当得利构成的基础上,认为应在债务人例外地获得超额利益的情况下承认不当得利返还请求。[33]这样的观点仍然是基于合同请求权优先的。

30　　　　本条优先而《民法典》第 985 条补充适用的判断也符合我国法的体系构造。学者指出,德国式的不当得利是用来缓和物权变动的刚性的。[34]我国法并没有类似的教义学前提,不当得利的制度价值就相应缩减了。近来有学者主张在合同法的领域中排除不当得利的适用,[35]在一定程度上是将不当得利作为超越其他实体法的制度来看待。[36]如果把不当得利作为基于公平理念调整形式上财产移转的实质工具,相对于其他规范,其就具有了"一般条款"的意味,自然也就是最后的武器了。

---

〔29〕　参见娄爱华:《不当得利"没有合法根据"之概念澄清——基于"给付"概念的中国法重释》,载《法律科学》2012 年第 6 期,第 114—115 页。类似的,可参见内田贵:《民法 II·债权各论》,东京大学出版会 2011 年版,第 617 页。

〔30〕　我国民法并没有法定利率的规定,理论和实务中均有将一年期 LPR 当作法定利率的倾向。参见陈安然:《论金钱之债迟延履行的损失认定》,载《浙江工商大学学报》2023 年第 1 期,第 12—14 页。

〔31〕　关于"损害赔偿的二元构成",参见刘勇:《可预见性规则之重释》,载《暨南学报(哲学社会科学版)》2021 年第 7 期,第 58—59 页。

〔32〕　参见[日]小粥太郎:《債権法改正論議と請求権競合問題——川島武宜の復活?》,载《法律時報》82 卷 11 号(2010 年),第 103 页。

〔33〕　参见张金海:《论金钱债务的迟延履行利息》,载《法学》2020 年第 11 期,第 71—72 页。

〔34〕　参见王利明:《论债权形式主义下的区分原则——以〈民法典〉第 215 条为中心》,载《清华法学》2022 年第 3 期,第 15 页。

〔35〕　参见叶名怡:《不当得利法的希尔伯特问题》,载《中外法学》2022 年第 4 期,第 945—946 页。

〔36〕　若强调不当得利的辅助性,不当得利法就会是超越实定法的、实现正义的自然法层面的制度。参见松本恒雄:《取消権の行使期間·取消しの効果》,载《法律時報》88 卷 12 号(2016 年),第 46 页。

四、本条构成要件与逾期利息的法性质

(一) 主体要件

本条针对的是借款合同中的违约情形,因此逾期返还借款的当事人为借   31
款人。

为避免合同约定的借款人与实际受领借款者不一致可能引发的争议,借款合   32
同通常会约定合同上的借款人为债务人。[37]

(二) 期限要件

本条主要规定的是借款人逾期还款的法律效果,因此以借款期间届满为期限   33
方面的要件。有关借款期间,《民法典》第 675 条作出了规定,按照约定、补充解
释、任意法规适用的先后顺序予以确定。

值得注意的是,本条规定是"未按照约定的期限",似乎仅针对约定了本金使   34
用期间的借款合同。但是,若把补充解释及任意法规适用都纳入合同内容确定的
范畴,本条亦能适用于未明确约定返还期限的借款合同。如果本条的表述改为
"未按期返还借款",则完全可以避免上述的疑问。

(三) 对象要件

根据本条,借款人应返还的对象是"借款"。在借款合同中,到期的借款在解   35
释上可以包括届期本金和支分权利息债权中的到期利息。但《民法典》第 674 条
和第 675 条明确区分了"利息"和"借款",在文义上本条若与上述条文作同样的理
解,就须将借款解释为本金。

但是,这样理解的话,就会产生逾期支付的利息是否应支付逾期利息的问题。
实务中普遍存在本金债权届期前分期支付利息的情形,若到期未支付的利息无须
支付迟延利息,则理性借款人自然不会按期支付。

实际裁判中,在金融机构借款的场合,合同中存在利息履行迟延须就该利息   36
计算复利的约定,最高人民法院承认了该约定的效力。[38] 此时,所谓的复利就是
对迟延支付的利息追加的逾期利息。在另外的判决中,最高人民法院明确认定贷

---

〔37〕 具体的例子可参见安徽省芜湖市鸠江区人民法院(2022)皖 0207 民初 1703 号民事判决书。
进一步的说明可参见刘勇:《〈民法典〉第 679 条(自然人借款合同的成立)评注》,载《法学家》2022 年第
4 期,第 179 页(段码 24、25)。

〔38〕 最高人民法院(2018)最高法民终 864 号民事判决书。

款人可请求借款期间内产生的逾期利息的逾期利息。[39]

下级法院也普遍承认类似约定的有效性,借期内的支分权利息债权的应付利息通常会被纳入逾期利息的计算基准。[40] 若当事人没有约定借期内逾期利息的处理方式,则可能会被法院判决不得收取利息的利息。[41] 但是,即便当事人在借款合同中约定了借款人逾期支付利息的加收复利,个别下级法院虽然没有否定上述约定的效力,但仍然认为对借期内利息不得加收迟延利息。[42] 或许出于早日回收本金或者诉讼费用方面的考虑,有的贷款人虽然在诉讼中提出了到期利息的明确金额,但并未对到期利息提出履行请求。[43]

37　　　　从避免借款人投机行为以及尊重实务立场的角度出发,本条中的"借款"应解释为包含本金和已届期利息。这样的话,就可以界定逾期支付利息的法律效果,从而为《民法典》第 674 条提供补充。

(四) 本条逾期利息的法性质

38　　　　所谓利息,是使用本金的对价。在借款人迟延还款的场合,由于本金的使用期限已经届满,因此借款人并没有利用本金的合法权利,也就不存在合同上的对价,即利息。因此,所谓的逾期利息或迟延利息,并非是本金使用的对价,而是金钱债务迟延履行的损害赔偿范围。[44] 学者指出,金钱债权的履行期届满后,只会发生迟延损害赔偿金,并不会产生利息。[45] 只是通常情况下,金钱债务迟延履行损害赔偿的数额计算方式在外观上类似利息(边码 18)。

有观点认为,金钱债务的迟延利息才属于损害赔偿,不同于借款合同中的逾期利息。[46] 这样的观点并没有从利息及利息债权的规范意味看待实体法的规定,实际上,无论是金钱债务的迟延利息还是借款合同中的逾期利息,都具有损害赔偿的法性质。现行法中,有的规范就以逾期利息来指称非借款的金钱债务迟延

〔39〕 最高人民法院(2020)最高法民终 1298 号民事判决书。

〔40〕 如山东省高级人民法院(2022)鲁民终 377 号民事判决书;吉林省高级人民法院(2021)吉民终 620 号民事判决书;西藏自治区高级人民法院(2022)藏民终 53 号民事判决书等。

〔41〕 如四川省高级人民法院(2020)川民终 218 号民事判决书。

〔42〕 新疆维吾尔自治区高级人民法院(2022)新民终 209 号民事判决书。

〔43〕 最高人民法院(2021)最高法民终 962 号民事判决书。

〔44〕 参见[日]潮见佳男:《新契约各论Ⅰ》,信山社 2021 年版,第 234 页。

〔45〕 参见[日]中田裕康:《契约法(新版)》,有斐阁 2021 年版,第 370 页。

〔46〕 参见陈安然:《论金钱之债迟延履行的损失认定》,载《浙江工商大学学报》2023 年第 1 期,第 10—11 页。

履行的损害赔偿范围。[47]

实际的借款合同尤其是金融机构借款合同中,常见将逾期还款称为"罚息"的 39
约定。有观点认为,逾期利息、罚息在法性质上均属于违约金,并且存在赔偿性和
惩罚性的区分。[48] 我国台湾地区裁判实务也有类似观点。[49] 实际上,违约金本
身就属于损害赔偿额预定的范畴。[50] 考虑到便利解决纠纷的规范目的,约定的
逾期利息仍应解释为损害赔偿额的预定。

至于按照国家有关规定确定的逾期利息,若将国家有关规定作为补充解释的 40
基准,则该逾期利息仍然可以认为处于当事人规范性合意的范畴之内,也就具有
了损害赔偿额预定的性质。

有法院明确区分了利息、罚息等,认为前者是"贷款人对出借款项在借款期限 41
内计收的使用费,是从借款人处获得的合法报酬",而后者是"对借款人逾期返还
借款的违约行为课以的惩罚措施",两者性质并不相同。[51] 当然,这样的表述多
少有些望文生义的意味:损害赔偿额的预定与实际损害无关,自然也谈不上惩罚
与否。

实际上,将逾期利息认定为违约金的案例不在少数。[52] 例如,最高人民法院 42
在判决中认为逾期利息的具体数额应适用关于违约金酌减的规则。[53] 有法院则
认为作为违约金的逾期利息具有惩罚属性。[54] 有趣的是,还有法院认为金钱债
务当事人约定的违约金在法性质上是逾期利息。[55]

可见,实务立场在相当程度上混淆了损害赔偿的约定与法定标准的损害赔 42
偿。违约金来自当事人的约定,其正当性基于当事人明确的合意。而对于逾期利
息来说,有约定的情形本来就无须过多关注,无约定的情形则属于法定损害赔偿
的范畴,已然脱离当事人直接表明的合意,或者说至少处于规范而非经验层面的
合意。

之所以出现这样的状况,很大程度上与本条未能妥当表述约定与法定的不同 43

---

〔47〕 如《保障中小企业款项支付条例》第15条。这里还存在进一步的意味:在国内法的不同规范
中,若使用了同样的表达,其意味着是否应当保持一致? 就此而言,"借用概念"并非仅仅会发生在私法
与税法之间,在一国的内部法体系中都会存在类似现象。

〔48〕 参见崔建远:《论利息之债》,载《中州学刊》2022年第1期,第73页。

〔49〕 参见林诚二:《民法债编总论——体系化解说》,中国人民大学出版社2003年版,第244页。

〔50〕 参见[日]加藤雅信:《債権總論》,有斐閣2005年版,第169页。

〔51〕 广东省佛山市中级人民法院(2022)粤06民终9315号民事判决书。

〔52〕 北京市高级人民法院(2021)京民终295号民事判决书。

〔53〕 最高人民法院(2019)最高法民终1974号民事判决书。

〔54〕 辽宁省营口市中级人民法院(2022)辽08民终2907号民事判决书;陕西省高级人民法院
(2021)陕知民终109号民事判决书。

〔55〕 上海市浦东新区人民法院(2021)沪0115民初18203号民事判决书。

情形有关,同时也反映出司法裁判对于违约行为的朴素道德直感。[56]

五、"国家有关规定"内容与适用

44　　　根据本条规定,算定逾期利息的基准来自当事人约定或者国家有关规定。实际上,本条规范的重心不在于当事人的约定,而在于所谓的国家有关规定。若国家有关规定是强行规范,则当事人约定与国家有关规定不一致的,应以国家有关规定为准。反之,若国家有关规定并非强行规范,则当事人的约定会具有优先性。因此,首要的问题在于厘清国家有关规定的内容及其适用状况。

(一) 金融机构借款中的国家有关规定

1. 中国人民银行的相关规定

45　　　作为市场利率的主管机关,中国人民银行1996年发布的《贷款通则》(中国人民银行令1996年第2号)第14条和第32条规定了金融机构可以就逾期贷款加收罚息,而罚息的标准则是"按规定"。

46　　　1999年,中国人民银行印发了《利率管理规定》(银发〔1999〕77号)。对于短期贷款,其中规定:"对贷款期内不能按期支付的利息按贷款合同利率按季或按月计收复利,贷款逾期后改按罚息利率计收复利。"而中长期贷款的借期内逾期利息则按合同利率按季计收复利。

47　　　2003年的《贷款利率通知》(银发〔2003〕251号)进一步对金融借款中逾期利息的利率作出了规定,即"逾期贷款(借款人未按合同约定日期还款的借款)罚息利率由现行按日万分之二点一计收利息,改为在借款合同载明的贷款利率水平上加收30%—50%;……对逾期或未按合同约定用途使用借款的贷款,从逾期或未按合同约定用途使用贷款之日起,按罚息利率计收利息,直至清偿本息为止。对不能按时支付的利息,按罚息利率计收复利"。

48　　　同时,贷记卡(信用卡)逾期还款纠纷在司法裁判中常常被归入借款合同纠纷的范畴,法院认为当事人之间实际上订立的是借款合同。[57] 事实上,部分所谓贷

---

〔56〕　"欠债还钱"或许被认为具有天然的正当性,但借款人未必不愿还钱,很有可能陷入了一时的不能。我国民法上违约责任并无主观方面的抽象要件构成,司法裁判赋予借款人行为特定的道德意味是不恰当的。

〔57〕　江苏省扬州市邗江区人民法院(2021)苏1003民初7527号民事判决书;山东省淄博市张店区人民法院(2022)鲁0303民初11109号民事判决书。也有存在反对立场的例子,如有法院认为:"信用卡是发卡人对持卡人综合授信的具体借贷合同的总称,不同于金融借款合同。"参见成都铁路运输第一法院(2022)川7101民初4117号民事裁定书。

记卡业务是金融机构向借款人发放贷款,并以借款人在本机构开设的贷记卡或准贷记卡作为分期还款专用账户,与典型的信用卡业务相去甚远。对此,虽然不构成贷记卡业务,但法院仍然会按照金融机构的贷记卡章程算定逾期利息。[58]

1999 年的《银行卡业务管理办法》(银发〔1999〕17 号)规定,"贷记卡透支按月计收复利,准贷记卡透支按月计收单利,透支利率为日利率万分之五,并根据中国人民银行的此项利率调整而调整"。此外,持卡人未足额还款的话,还存在向发卡机构支付滞纳金和超限费的可能。

2. 最高人民法院的立场

在行政机构的规定之外,最高人民法院也积极介入了金融借款合同的逾期利率水平的规定。《金融审判意见》(法发〔2017〕22 号)规定,"金融借款合同的借款人以贷款人同时主张的利息、复利、罚息、违约金和其他费用过高,显著背离实际损失为由,请求对总计超过年利率 24% 的部分予以调减的,应予支持,以有效降低实体经济的融资成本"。　　　49

而 2021 年公布的《银行卡纠纷规定》(法释〔2021〕10 号)则采取过程进路叠加内容进路的方式,规定了利息条款的提示或说明义务,以及持卡人类似于违约金酌减的请求权。[59]　　　50

为简明起见,以下以表格的形式(表 1)将金融机构借款逾期利息相关规定列明。　　　51

表 1　金融机构借款逾期利息的主要"国家有关规定"

规范对象	单利及利率	复利及利率			规范依据
借期内到期利息逾期	单利;罚息利率(借期内利率的 1.3—1.5 倍)	短期贷款	贷款期间内以借期内利率按季或月计算复利	贷款到期后,按照罚息利率计算复利	《贷款利率通知》第 3 条;《利率管理规定》第 20 条、第 21 条
		中长期贷款	贷款期间内以借期内利率按季计算复利		
贷款本金逾期	同上				《贷款利率通知》第 3 条

〔58〕　江苏省扬州市邗江区人民法院(2021)苏 1003 民初 5042 号民事判决书。

〔59〕　如果重视缔约过程,则合意过程无瑕疵,内容审查就是没有必要的,正所谓"对心甘情愿者没有不公平"。若重视内容的实质审查,则缔约过程规制并无实质意义。上述两进路叠加实际上并不能实现倍增效力,反而在体系上形成自我的矛盾。

（续表）

规范对象		单利及利率	复利及利率	规范依据
贷记卡 透支	贷记卡	日利率万分之五	月复利	《银行卡业务 管理办法》第 23 条
	准贷 记卡			
利息、复利、 罚息、违约金 和其他费用		不超过年利率 24%		《金融审判 意见》第 2 条

（二）民间借贷中的国家有关规定

52　　　　而关于民间借贷的逾期利息,主要的规范来自最高人民法院。根据本条,只要当事人未在合同中特别约定无须支付逾期利息,借款人就应就未按期还款支付逾期利息。因此,当事人是否在合同中约定了逾期利息是无关紧要的,重要的是当事人是否对逾期利息的利率作出约定。

1. 约定逾期利率的场合

53　　　　对于当事人在合同中约定的逾期利息,《民间借贷规定》(2020 年第二次修正)第 28 条第 1 款规定,约定逾期利息不超过合同成立时一年期贷款市场报价利率(以下简称 LPR)的四倍。

54　　　　对于第 28 条第 1 款的正当性,最高人民法院原则上是将逾期利息视为违约金的。考虑到违约金可能具有赔偿性或者惩罚性,最高人民法院认为借款合同中的约定逾期利息"更应当体现赔偿性",因此不仅应适用《民法典》第 585 条的违约金酌减规范,还应当受到民间借贷利率最高限度的限制。[60]

55　　　　在规定了逾期利息的利率之后,《民间借贷规定》(2020 年第二次修正)第 29条秉持了最高人民法院一贯的立场,继续将借款合同的违约损害赔偿与利率规制直接关联,[61]规定约定的逾期利息、违约金及其他费用的总和不得超过"合同成立时一年期贷款市场报价利率四倍"。

56　　　　问题在于,若约定的逾期利息、违约金等的总和超过了 LPR 的四倍,此时借款合同中的逾期利息计算条款还是违约金条款失去了效力? 抑或是上述条款根据约定总额与 LPR 的四倍的比例部分生效? 实务中,未见当事人和法院对该问题提

---

〔60〕　参见最高人民法院民事审判第一庭编著:《最高人民法院新民间借贷司法解释理解与适用》,人民法院出版社 2021 年版,第 409 页。

〔61〕　参见刘勇:《〈民法典〉第 680 条评注(借款利息规制)》,载《法学家》2021 年第 1 期,第 176—177 页(段码 27)。

出主张或作出说明的例子。

从逻辑上来看,否定贷款人基于合同提出的请求须否定该请求的请求权基础,即否定合同或合同相关条款的效力。若违约金与逾期利息的法性质均为借款合同上的违约损害赔偿,则《民间借贷规定》(2020 年第二次修正)第 28 条第 1 款就足以实现第 29 条前段的主要规范目的。第 29 条再次强调利率上限,至少对逾期利息和违约金并无明显意义,反而在教义上叠床架屋。

于是,残留的问题就在于如何确定第 29 条中的"其他费用"。在民间借贷中,当事人经常会就"为实现债权而实际发生的一切费用(包括但不限于诉讼费、仲裁费、财产保全费、差旅费、执行费、评估费、拍卖费、公证费、送达费、公告费、律师费、鉴定费等)"作出约定。[62] 有的案件中,当事人约定的其他费用还包括中介费。[63]

而通常会成为争议焦点的是贷款人因诉讼支付的律师费用。对此,最高人民法院在裁判中认为,《民间借贷规定》(2020 年第二次修正)第 29 条中的"其他费用"指的是"借款人为获得借款支付的成本或支出",律师费则为贷款人处产生的损失,两者性质不同,不属于其他费用的范畴。[64] 然而,对于下级法院认为"其他费用"包括贷款人为实现债权所产生的律师费的判决,虽然最高人民法院认为该案的争议焦点之一在于"利息的计算",但并未对下级法院的上述观点作出任何否定评价,[65]甚至认为这样的判断"并无不当"。[66]

下级法院的裁判中,律师费通常也被排除在其他费用的范畴之外。较为典型的理由也是基于借款成本方面的说明。[67] 也有法院认为,当事人既然已经就律师费作出了约定,贷款人在逾期利息之外对律师费有独立的请求权。[68]

另外,关于法院收取的诉讼费用,有观点认为其并不属于第 29 条中的"其他费用"。[69] 值得注意的是,虽然是司法解释的官方叙述,但该部分论述被冠以"笔者认为",似乎在表明该观点仅仅是个人主张。

---

〔62〕　如北京市高级人民法院(2022)京民终 294 号民事判决书。

〔63〕　如江苏省扬州市邗江区人民法院(2021)苏 1003 民初 4197 号民事判决书。

〔64〕　最高人民法院(2021)最高法民申 1140 号民事裁定书;最高人民法院(2021)最高法民终 953 号民事判决书。

〔65〕　最高人民法院(2020)最高法民终 478 号民事判决书。

〔66〕　最高人民法院(2019)最高法民申 1938 号民事裁定书。

〔67〕　如陕西省高级人民法院(2021)陕民终 728 号民事判决书。

〔68〕　新疆维吾尔自治区高级人民法院(2022)新民申 953 号民事裁定书。

〔69〕　参见最高人民法院民事审判第一庭编著:《最高人民法院新民间借贷司法解释理解与适用》,人民法院出版社 2021 年版,第 420—421 页。

2. 未约定逾期利率的场合

59　　　而对于"既未约定借期内利率,也未约定逾期利率"的情形,贷款人可以根据《民间借贷规定》(2020 年第二次修正)第 28 条第 2 款第 1 项请求借款人支付逾期利息,其利率为逾期还款时一年期 LPR。

60　　　令人费解的是,最高人民法院对上述规范的说明认为,在借款逾期的场合,实际损失要小于逾期付款的损失——贷款人的实际损失不就是借款人逾期付款导致的损失?[70] 很显然,以上观点混淆了借款合同中的逾期还款与其他类型合同中的金钱债务逾期履行,忽略了债务原因与债务结果之间的关联。

61　　　另外,需要注意的是,《民间借贷规定》(2020 年第二次修正)第 28 条第 2 款第 1 项规定的是借款人逾期还款"违约责任"的内容为赔偿按照一年期 LPR 计算所得的利息,这就意味着贷款人不得在此范围之外请求借款人承担赔偿责任。

62　　　如果当事人只是约定了借期内利率但未约定逾期利率,《民间借贷规定》(2020 年第二次修正)第 28 条第 2 款第 2 项规定,贷款人可以按照借期内利率请求借款人支付"资金占用期间利息"。

63　　　按照最高人民法院的理解,上述请求具有继续履行请求的性质;而之所以要以借期利率来计算逾期利息而不能提高利率,是因为"实际损失的计算除了按借期利率计算利息之外,没有其他的损失计算依据"。[71] 这样的说明与第 28 条第 2 款第 1 项形成了显然的矛盾,因为后者是以 LPR 作为损失计算依据,属于约定以外的"其他的损失计算依据"。

　　　以借期利率来计算逾期利息的做法,实际上是强制贷款人继续向借款人提供借款,使得有关借款期限的约定失去意义。若在该部分利息之外,贷款人仍然可以请求赔偿其他损失,则以借期内利息来计算逾期利息是具有一定合理性的。但很显然,司法解释并没有这方面的考虑。

64　　　另外,若当事人约定的借期内利率为负利率,是否仍然可以按照借期利率认定逾期利息? 在制定和修改司法解释之时,并没有公开信息表明最高人民法院对负利率有所考量,可以认为《民间借贷规定》(2020 年第二次修正)并未将负利率的情形纳入射程。一旦出现负利率的状况,以借期利率计算逾期利息的话,贷款人的损失将持续扩大,显然并不妥当。

65　　　此外,《民间借贷规定》(2020 年第二次修正)第 28 条第 2 款第 2 项并未使用"逾期还款违约责任"的表达,而是将责任内容表述为"资金占用期间利息"。金

---

〔70〕 最高人民法院民事审判第一庭编著:《最高人民法院新民间借贷司法解释理解与适用》,人民法院出版社 2021 年版,第 410—411 页。

〔71〕 参见最高人民法院民事审判第一庭编著:《最高人民法院新民间借贷司法解释理解与适用》,人民法院出版社 2021 年版,第 412—413 页。

刘　勇

钱占有即所有,从逻辑上来说,借款人占用的是所有权属于自己的金钱。如果占用资金要产生赔偿,债权人的请求权基础只能来自不当得利,但最高人民法院并没有从这个角度来看待上述规定。

"占用"的用语还残留解释上的其他问题。借款人对本金"占而不用"的话,是否就不须承担逾期利息?对此,学说上认为利息的发生并不以债务人使用本金为要件。[72] 实务中也未见当事人纠缠于此的例子。但是,与《民法典》使用占有来表达物理控制相比,司法解释用占用来指称对已近乎无体化的金钱进行掌控的状态,有过度口语化的嫌疑。

为简明起见,同样以表格(表2)来说明最高人民法院对民间借贷逾期利息的规范状况。

表 2　民间借贷逾期利息的主要"国家有关规定"

	适用情形	利率	规范依据
约定逾期利率	无违约金、其他费用的约定	上限为 LPR 的四倍	《民间借贷规定》(2020 年第二次修正)第 28 条第 1 款
	约定了违约金、其他费用等		《民间借贷规定》(2020 年第二次修正)第 29 条
未约定逾期利率	未约定借期利率	LPR	《民间借贷规定》(2020 年第二次修正)第 28 条第 2 款第 1 项
	约定了借期利率	借期利率	《民间借贷规定》(2020 年第二次修正)第 28 条第 2 款第 2 项

(三) 制度竞合

1.《金融审判意见》立场的迟滞

很显然,《金融审判意见》中的年利率 24% 标准与《民间借贷规定》(法释〔2015〕18 号)保持了呼应,其目的在于降低实体经济的融资成本。当时,以有关民间借贷的利率标准来处理金融借款合同的利息问题是实务的重要倾向。[73]

根据《民间借贷规定》(2020 年第二次修正)及 2021 年 1 月 1 日施行的《最高人民法院关于新民间借贷司法解释适用范围问题的批复》的规定,有关民间借贷的利率限制等规定并不适用于金融机构,且民间借贷的利息上限已经大幅下降。但是,《金融审判意见》并未在《民法典》及上述司法解释生效后改变立场,24% 仍

---

〔72〕 参见邱聪智:《新订民法债编通则(上)》(新订 1 版),中国人民大学出版社 2003 年版,第 204 页。

〔73〕 参见刘勇:《〈民法典〉第 680 条评注(借款利息规制)》,载《法学家》2021 年第 1 期,第 178—179 页(段码 37)。

然被当作金融机构逾期利息的上限,法院也普遍坚持以此标准来认定逾期利息。[74]

69　　在《金融审判意见》发布的 2017 年,限定逾期利息上限为年利率 24%,金融机构获取的利息总额会低于民间借贷的情形。但当下仍然维持该标准的话,金融机构就能获取比民间借贷利率上限更高的利息,成了合法的"高利贷",降低实体经济的融资成本也就无从谈起。

若将《金融审判意见》看作旧法,《民间借贷规定》(2020 年第二次修正)等看作新法,则《金融审判意见》中的规定是否仍然有效,或者效力范围是否应做调整,仍然需要进一步的检讨。频繁变动的司法解释所引起的"蝴蝶效应"也应受到重视。[75]

2. 评价矛盾的存在

70　　由表 2 可知,《民间借贷规定》(2020 年第二次修正)第 28 条第 1 款和第 29 条在法效果上是相同的,但很显然第 29 条还增加了约定违约金等情形。可以认为,在第 28 条第 1 款的基础上,第 29 条规定的要件强度有所增强,但法效果却毫无变化,这显然违反了"强要件强效果、弱要件弱效果"的逻辑要求。

71　　而且,如果按照最高人民法院的理解,第 29 条中的"其他费用"属于取得借款的成本范畴,属于获取借款的成本,但这样的定性与逾期利息及违约金在性质上并不相容。如前所述,最高人民法院是将逾期利息与违约金统一定位为赔偿,而作为典型借贷成本的中介费显然不具有赔偿意味。将不同性质的对象进行一致的评价,其合理性就显得较为可疑。

72　　或许可以认为《民间借贷规定》(2020 年第二次修正)第 28 条、第 29 条有着压低总体融资成本的强烈意愿,因此更为重视实质判断而非逻辑构造。但是即便是民间借贷,也并不总是存在保护借款人的特定需求。在消费者信贷中,或许借款人的"要保护性"程度很高,概括性地解决费用问题具有一定的正当性。实际上,现行司法解释就是以近似于消费者保护的政策立场看待借款合同的。

73　　比较法上,存在单独规定消费者信贷的情形,[76]但货币市场的其他情形也不会因此而被忽视。例如,日本法对于框架借款合同(授信合同),若约定了固定的

---

〔74〕　如陕西省咸阳市中级人民法院(2022)陕 04 民终 3979 号民事判决书。

〔75〕　从内容上看,《金融审判意见》多数规定不具有法律规范的显著特征,缺乏要件、效果的准确界定。如果要将《金融审判意见》作为裁判依据,至少应说明其中哪些内容具有规范意义、其构成要件如何,而哪些内容仅仅具有宣示意味。另外,民法规范的任何一点变动都可能对民法及国内法体系造成连锁影响,局限于"就事论事"的做法只会造成体系内的逻辑错位。

〔76〕　如《德国民法典》第 491-505e 条规定了消费者信贷,适用于消费者作为借款人而企业作为贷款人的情形。See Gerhard Dannemann and Reiner Schulze(eds.) German Civil Code Volume I = Bürgerliches Gesetzbuch (BGB), C. H. BECK, 2020, p. 860.

手续费而实际借款额度较低、手续费相对于本金比例较高的情形,若作为借款人的大企业满足《关于特别融资框架协议》规定的要件,则上述情形不受《日本利息限制法》的约束。[77]

在逾期利息之外,当事人约定违约金及其他费用的话,实际上是就违约以及货币市场变动等风险的预先分配,其背后是市场供求关系和当事人的交易设计。面对情形繁杂的民间借贷,较为妥当的方式是重视借款合同的成立规制,而不是仅仅从客观的数额角度看待市场交易。当然,对于裁判者来说,后者可以在相当程度上忽视个案情况,从而减轻论证责任。 74

《民间借贷规定》(2020 年第二次修正)第 29 条的存在起到了类似于"税收嫌恶"的效果,[78]《最高人民法院关于依法妥善审理民间借贷案件的通知》(法〔2018〕215 号)第 3 条就列出了多种规避名目。当事人会采取上述规避名目或者交易一些无法直接市场定价的服务,从而提高放贷收益,至少在货币供应紧张的情境中,以上行为是具有合理性的。 75

当事人通过合意创造的"其他费用"类型可能是无穷的。因此,概括性地对"其他费用"进行统一评价而不产生评价矛盾是不可能的。意识到这一点,对所谓其他费用或者违约金,只要看其是否具有损害赔偿预定的性质即可。若答案是肯定的,就应适用《民间借贷规定》(2020 年第二次修正)第 28 条,而第 29 条并没有存在的必要。

(四)"约定"与"国家有关规定"的适用关系

关于本条中的"国家有关规定",另一个可能的问题在于"约定"与"国家有关规定"的关系。本条后段对效果的规定使用了"或者"的表达,那么在既有当事人约定也有国家有关规定的场合,贷款人处发生一个还是两个分别的请求权?若只是发生一个请求权,约定与国家有关规定在适用上何者优先?若是存在两个请求权,则请求权之间的关系如何认定? 76

对此,立法参与者并没有作出任何说明,也没有迹象表明该问题曾经被考虑过。[79] 对此,本条至少存在多种解释可能:其一,本条指的是"按照国家有关规定支付逾期利息,当事人另有约定除外";其二,理解为"按照约定支付逾期利息,国家另有规定的除外";其三,理解为"按照约定或国家规定,择一为准支付逾期利息";其四,则可以理解为"合并约定和国家规定,请求支付逾期利息"。 77

〔77〕 参见[日]中田裕康:《契约法(新版)》,有斐阁 2021 年版,第 371—372 页。

〔78〕 关于"税收嫌恶",可参见刘勇:《契税征收与返还的解释论》,载《法学》2018 年第 2 期,第 105 页。

〔79〕 当然,这里所讨论的问题本身可能就是个伪问题,因此没有进入立法讨论的视野。但就本条的文义表述来看,上述疑问是可以成立的。

第四种解释显然与文义相去甚远,立法与裁判上都没有类似的表达。按照本文的理解,本条实际上是快速解决争议的规范。只要当事人无法证明逾期利息的约定并非损害赔偿额的预定,那么贷款人就不能在逾期利息之外请求其他损害赔偿。就此而言,贷款人请求的根据只能是约定或者国家有关规定。由此,上述解释分歧的焦点就在于"约定"与"国家有关规定"的适用关系。

78　　　金融借款合同的场合,法院通常会尊重当事人对于逾期利息或罚息的约定。[80] 即使当事人在借款合同中约定的逾期利息名目及计算方式并未见于《利率管理规定》或《贷款利率通知》的规定之中,法院也会尊重当事人的意思,按照约定来计算逾期利息。[81] 但按照年利率24%计算所得的结果是逾期利息的最高限度,贷款人只能在此限度内请求。[82] 从《民间借贷规定》(2020年第二次修正)第28条和第29条的内容可知,民间借贷也存在类似的状况,即约定优先但受限于利率上限。

学说方面,有力的观点根据借款合同的内容区分了不同的情形,但基本的立场是在法定高利限制之下重视约定的效力。[83] 这样的立场值得肯定。

79　　　对此,合理的解释并非是超限约定的部分无效,而是"约定无效+任意法规补充"。[84] 此时,逾期利息的约定已经失去效力,也就无法"按照约定"计算逾期利息了,唯一的计算基准就在于国家有关规定。从这个意义上说,在存在当事人有效约定的场合,约定是优先于国家有关规定的,本条应被解释为:"……按照国家有关规定支付逾期利息,但当事人另有约定的除外。"至于约定利率超限的问题,则处于《民法典》第680条的规范射程之内。

80　　　当然,这里还有隐含的重要问题,即中国人民银行的部门规章甚至某个通知能否被法院当作否定当事人约定效力的根据?[85]《九民纪要》(法〔2019〕254号)第31条可以被视为近年来裁判动向的抽象总结,规章对合同效力的影响似乎形成了某种趋势。但正如最高人民法院所说明的,"只有当违反规章的行为可能造

---

〔80〕 如最高人民法院(2020)最高法民终396号民事判决书。

〔81〕 北京市高级人民法院(2022)京民终18号民事判决书。

〔82〕 最高人民法院(2021)最高法民终962号民事判决书。

〔83〕 参见姚明斌:《金钱债务迟延违约金的规范互动——以实践分析为基础的解释论》,载《华东政法大学学报》2015年第4期,第87—89页。

〔84〕 参见刘勇:《超额利息的抵充——以"民间借贷"为对象》,载《法律科学》2019年第2期,第171页。

〔85〕 在某个案件中,贷款人主张按照约定来计算逾期利息。法院并未对合同约定情况作出说明,直接以中国人民银行的部门规章并未规定为由,认为贷款人的相应请求"无合同及法律依据",否定了贷款人的部分逾期利息请求。参见新疆维吾尔自治区高级人民法院(2022)新民终209号民事判决书。

成严重的社会后果,如导致系统性金融风险时"才会影响合意效力。[86] 个案中的逾期利息计算如何会导致系统性金融风险,仍然缺乏明确的说明。[87]

最高人民法院近来的立场表明,即便不能以地方法规和规章作为认定合同无效的直接依据,"金融监管规章可以作为判断金融合同是否违背公序良俗的重要依据或裁判理由"。并且,金融监管规章的上位法若是强制性的,该规章就具有强制性,可以作为认定合同无效的规范根据。[88]

"具有强制性就能导致合同无效"的命题自然是不合理的,"监管"规章的称谓就说明了其法性质为取缔法规,原则上与合同效力无涉。而且,所谓的金融监管规章政出多门、内容繁杂,其中立场是否合法、一致是前提性的问题。最高人民法院的上述观点若是合理的,就必须对监管规章进行梳理,对其规范内容逐一界定性质与效力。依据近来最高人民法院的表述,上述目标在可预见的将来恐怕是无法实现的,毕竟数年前提出的司法与监管的沟通机制目前仍然主要停留于纸面。[89]

六、逾期利息的算定

(一) 逾期利息的起止点

1. 逾期利息的起算点

逾期利息自然是从本金或利息债务逾期时起算。但对于"逾期时"的理解,实务存在一定的分歧。有裁判认为从债务到期日的次日起算逾期利息,[90] 而有裁判则从"到期应付之日"起算。[91] 前者是司法裁判的普遍做法,也是合理的起算点。

而在准借款的场合,有裁判是从一审起诉之日开始计算逾期利息的。[92]

81

82

---

〔86〕 最高人民法院民事审判第二庭编著:《〈全国法院民商事审判工作会议纪要〉理解与适用》,人民法院出版社 2019 年版,第 257 页。

〔87〕 实际上,很难想象某个部门规章的内容与"金融安全、市场秩序、国家宏观政策等"无关,《全国法院民商事审判工作会议纪要》第 31 条的但书也就成了普遍的状况。

〔88〕 参见刘贵祥:《关于金融民商事审判工作中的理念、机制和法律适用问题》,载《法律适用》2023 年第 1 期,第 15 页。

〔89〕 参见刘贵祥:《关于金融民商事审判工作中的理念、机制和法律适用问题》,载《法律适用》2023 年第 1 期,第 14 页。

〔90〕 最高人民法院(2022)最高法民再 206 号民事判决书。

〔91〕 最高人民法院(2020)最高法民终 396 号民事判决书。

〔92〕 最高人民法院(2021)最高法民再 237 号民事判决书。

2. 逾期利息的结算点

83　　相对于起算点,逾期利息的结算时间点恐怕是裁判实务上的重要难题。有学者在观察裁判状况的基础上,指出逾期利息的结算点在实务中存在多种可能:判决生效之日止,判决确定的给付之日、付清之日止或者执行完毕之日。[93]

84　　只有逾期利息被有效清偿之日才是该利息债务的消灭之时,因此逾期利息的结算点只可能是债务清偿时。但借款人何时清偿逾期利息事实上是无法提前预知的,司法裁判未必要对逾期利息结算点给出一个确定的期日,只要对计算的基准、利率作出判断就足够了。由于迟延时间与利息总额是成正比例的,剩下的就只是数学问题了。

　　事实上,司法裁判也是这样做的。关于逾期利息的结算点,判决文书通常的表达是"至实际清偿之日止"。[94]

3. 逾期利息的分段计算

85　　在计算方式、起止点都明确的前提下,逾期利息的总额是能够事后认定的。贷款人所请求的也都是本息总和,判决文书的说明似乎到此为止就足够了。但是,司法裁判几乎没有例外地采取了分段计算逾期利息的方式,即将连续计算的逾期利息人为地分为若干区段。

　　这样的裁判与贷款人的诉讼请求有关。通常情况下,贷款人会请求自贷款逾期之日到某个特定期日之间的确定数额的利息,再请求从该特定期日之后的逾期利息。

86　　仅从裁判文书的内容来看,无法判断为何贷款人要选择一个特定的时间点分段计算逾期利息,也无法了解法院为何承认这样的计算模式。《最高人民法院关于加强和规范裁判文书释法说理的指导意见》(法发〔2018〕10号)要求裁判文书"阐明事理,说明裁判所认定的案件事实及其根据和理由",特定期日在文书中的出现当然也要说明其法律意义。

　　实际上,作为分界点的期日通常是贷款人至法院申请立案之日。由于裁判文书中并没有立案期日的说明,通常仅有受理日期的记载,仅凭文书无法知晓分界期日的由来。

87　　之所以出现这样的状况,在很大程度上并非基于实体法上的原因,而是与案件受理费的交纳有着直接的关联。学者指出,法院都是在立案时按起诉金额征收

---

〔93〕　参见王学棉:《民间借贷合同逾期利息请求及其判决》,载《当代法学》2015年第6期,第123页。
〔94〕　如最高人民法院(2021)最高法民再237号民事判决书;最高人民法院(2021)最高法民终1301号民事判决书。

案件受理费的。[95] 我国民事财产案件的受理费原则上采取以标的金额为基准的单一收费制,这就使得标的金额的完全确定成为必要。逾期利息的实际结算期日是无法预先确定的,案件受理、裁判作出以及生效时间也是无法事前完全确定的。为了收取案件受理费的需要,贷款人和法院只能采取分段计算逾期利息的做法。[96]

此外,某些裁判中的分段式计算是由于相关司法解释发生了变动,不在上述讨论范围之内。　　　　　　　　　　　　　　　　　　　　　　　　　88

(二)逾期利息的复利

根据《利率管理规定》及《贷款利率通知》,金融借款逾期后会产生计算复利的问题。相对于其他情形,复利的计算在金融借款逾期的纠纷中是较为突出的争议焦点。由于民间借贷的利息计算也多有参照金融机构相关规范的裁判例,[97] 当事人也有概括性地以银行利率约定为借款利息标准的情形,[98] 逾期利息包括复利的计算也是民间借贷的重要争点。[99]　　　　　　　　　　　　　　　89

1. 约定复利的效力

(1)原则肯定的裁判立场

最高人民法院曾在 1996 年《关于长城万事达信用卡透支利息不应计算复利的批复》(法复〔1996〕18 号)中指出,信用卡透支利率使得利息具有罚息性质,该罚息不得计算复利。但该批复已经被《最高人民法院关于废止 1980 年 1 月 1 日至 1997 年 6 月 30 日期间发布的部分司法解释和司法解释性质文件(第九批)的决定》(法释〔2013〕2 号)所废止。　　　　　　　　　　　　　　　　90

目前,自最高人民法院以下,裁判文书普遍承认金融机构借款合同中约定的复利条款的法律效力,[100] 包括当事人对逾期利息计收复利的约定。[101]

但以上的立场很难说是裁判立场的一致倾向。例如,金融借款合同的当事人约定"对融资人未按时支付的利息,按逾期罚息利率计收复利",最高人民法院认　　91

---

〔95〕　参见王学棉:《民间借贷合同逾期利息请求及其判决》,载《当代法学》2015 年第 6 期,第 123 页。

〔96〕　单一的案件受理费收取机制受到了不小的质疑。参见廖永安、段明:《民事诉讼费用交纳标准的设定原理与完善建议》,载《烟台大学学报(哲学社会科学版)》2017 年第 5 期,第 22—23 页。

〔97〕　如辽宁省鞍山市中级人民法院(2021)辽 03 民终 2405 号民事判决书;湖北省荆门市中级人民法院(2021)鄂 08 民初 26 号民事判决书。

〔98〕　如贵州省高级人民法院(2019)黔民终 503 号民事判决书。

〔99〕　例如,对于按照银行利率收取利息的约定,当事人对其中是否包含复利就产生了分歧。参见吉林省伊通满族自治县人民法院(2022)吉 0323 民初 18 号民事判决书。

〔100〕　最高人民法院(2020)最高法民终 396 号民事判决书。

〔101〕　如河南省高级人民法院(2021)豫民终 1176 号民事判决书。

为贷款人"将拖欠的期内利息、罚息、复利一并计算复利,过分加重了借款人的利息责任",从而仅支持"就期内利息计算的复利"。[102] 下级法院也有类似的裁判。[103] 还有法院在《利率管理规定》和《贷款利率通知》的基础上,进一步认为"对贷款逾期利息或复利均不能再计收复利,对于期内利息只能计收复利不能再计收罚息",[104] 从而否定了当事人在上述规范以外约定复利的可能。

92　　　　看上去,否定逾期利息计算复利的裁判注重了双方当事人利益的均衡,似乎并无显著问题。但是,法院完全忽视了复利的周期问题。若该复利周期届满而借款人仍然未支付的,已经发生的复利就成为借款人"未按时支付的利息",当然应按照约定成为计收后续复利的基准。类似的判决反映了司法裁判对计息周期的普遍无视。有趣的是,包括金融机构在内的贷款人似乎也很少就此提出异议。

（2）复利的计算方式

93　　　　众所周知,利息是本金与一定的利率计算所得的结果。但这样的表达没有明确指出利息的另一个变量,即计息周期。所谓的利率,都是与计息周期关联的,最高人民法院确定的利率标准也是以"年"为单位的。在本金为常量的情况下,利率数值和计息周期两个变量共同决定了利息总额。

94　　　　而在计算复利的场合,名义利率周期内的本息终值（FV）是由本金（PV）与名义利率（r）、周期内复利分期数（n）共同决定的,计算公式为：$PV * \left(1 + \dfrac{r}{n}\right)^n = FV$。

在名义利率计息周期内,复利分期越多,利息终值越高,最极端的连续复利计算公式为：$PV * \lim\limits_{n \to \infty}\left(1 + \dfrac{r}{n}\right)^n = FV$,其中的 $\lim\limits_{n \to \infty}\left(1 + \dfrac{r}{n}\right)^n = e^r$（e 为欧拉数）。因此,无论名义利率周期内分期数如何变化,连续复利的终值利率为（$e^r - 1$）。

若计算单利,则终值为本金的（1+r）倍;若计算复利,则终值为本金的 e^r 倍。以 1 万元为本金,按照当下一年期 LPR（3.65%,2022 年 12 月）来计算的话,日复利计息年度所得比单利年度所得仅仅多出不到 6.7 元。可见,在名义利率确定并数值较低的情况下,无论复利周期如何增加,计算复利对利息终值的影响是非常有限的,决定利息终值的主要变量是名义利率。[105] 当名义年利率接近或超过100%之时,连续复利的值才会显著提高。以 2022 年 12 月 LPR 为基准且年度内无限利滚利的话,e^r 的值也就是 1.03717,即年化利率 3.717%。

---

〔102〕　最高人民法院（2021）最高法民终 879 号民事判决书。
〔103〕　上海金融法院（2021）沪 74 民初 3394 号民事判决书。
〔104〕　新疆维吾尔自治区高级人民法院（2022）新民终 209 号民事判决书。
〔105〕　参见李炜:《也谈复利率的连续计算方法——析连续复利计算公式的科学性及实用性》,载《数理统计与管理》1998 年第 6 期,第 19 页。

（3）复利的正当性

可见,在限定名义利率的整体环境中,无论是金融借款还是民间借贷,计算复利都不会对整体利息水平产生重大的影响。只要按照复利公示计算利息,法院所担心的"极大地加重了借款人的负担"的情形是不会出现的。而且,正如学者所指出的,同债复利总是能换算为单利的,[106] 利率水平的高低并不难判断。

按照最高人民法院的理解,年利率 24% 是金融机构发放贷款的正常收益水平,民间借贷则为一年期 LPR 的四倍。若逾期还款的利息总额在年利率上无法达到上述水平,则借款人的理性选择会是逾期还款并将款项放贷他人。无论是本金、借期内利息还是逾期利息,如果当事人预定计算复利,都应理解为贷款人追求上述合理收益水平的努力,相对较高的损害赔偿预定条款具有一定的吓阻违约行为的机能。

而且,《利率管理规定》《贷款利率通知》等并没有规定逾期利息不得收取复利。当事人若缔约时就充分考虑了违约风险,并以逾期利息的复利来体现部分的损害赔偿额预定,则应当尊重当事人的意思。就此而言,最高人民法院的观点值得肯定,个别下级法院应改变立场。

降低实体经济的融资成本确实是重要的目标,对实体经济发展也有着极为重大的意义,但其前提是货币供给侧至少也有提供贷款的动力。若压制贷款侧的交易设计,则可能会导致资金流向其他领域,从而进一步抬高贷款成本。

（4）裁判表达的瑕疵

正如前述,利息与利率及计息周期有关,复利更是如此。但令人惊异的是,借款纠纷的裁判文书通常不会对计息周期作出说明,而是仅仅表明本案存在复利。文书中较为典型的表达是:"自 2020 年 6 月 22 日起至实际清偿之日止的复利(以按期支付而未付的利息为基数,按年利率 13.7025% 计算)……"[107] 实际上,按照这样的裁判是无法计算复利的,因为缺少复利的期数。

当然,并非所有法院对复利周期都不作认定。最高人民法院就曾在部分案件中明确指出了"日复利";[108] 而对于约定了逾期计算复利但未约定复利计算周期的情形,法院认为属于约定不明。[109] 但指出复利计息周期的裁判文书比例极低,普遍的做法是指明计息"期间"而不是"周期"。

有法院"鉴于将利息计入本金的时间起点已无法查明",以酌定单利的方式计

95

96

97

---

[106] 参见邓纲、连牧川、张瑞玺:《复利的理性》,载北京大学金融法研究中心主办:《金融法苑》总第 90 辑,中国金融出版社 2015 年版,第 206 页。

[107] 新疆维吾尔自治区高级人民法院伊犁哈萨克自治州分院(2021)新 40 民初 18 号民事判决书。

[108] 如最高人民法院(2020)最高法民终 396 号民事判决书。

[109] 江苏省淮安市中级人民法院(2022)苏 08 民终 399 号民事判决书。

算了利息。[110] 还有法院对本金和罚息都判决了应支付之日的具体日期,但复利的起息日却被判决为"自应当支付之日起"且完全没有复利计息周期的内容。[111]

98　　　对于上述情况,可能的原因之一就是贷款人已经就复利给出了计算过程,并在诉讼过程中经过了双方的质证。但是,既然提及复利,裁判文书至少应对复利的计息周期作出说明。

有法院就曾坦率地承认:"商业银行的利息种类较多,一般可分为正常利息、逾期利息、罚息和复利,而商业银行又未对各利息种类的含义和计收方式进行明确界定,从而易让人产生混淆。不仅借款人对利息的认知较低,就连审判人员在审查利息时都难以准确适用。"[112]

99　　　我国当下借款合同纠纷的主要案型是还款不足。通常情况下,相对于无法归还的本金,利息、罚息及逾期利息的复利在金额上可能并不显著。这或许就是法院及当事人忽视复利计算的理由之一。裁判文书在计息周期方面的瑕疵可能对实际裁判结果影响甚微,[113] 其更主要的影响则在于裁判的执行。

2. 法定复利的可能

（1）与逾期利息有关的多重利息债权

100　　　虽然利息的计息周期在一定程度上被实务立场所忽略,但在规范层面,计息周期的存在是明显的,"年利率"的表达自身就包含了周期因素。《民法典》第674条还对利息的支付期限作出了规定:在没有约定的情况下,是以"年"为单位来设定利息支付周期的。根据第674条,逾期利息的支付就会产生一个问题:本金逾期后第一年所产生的逾期利息能否在第二年计息时计入本金?

101　　　逾期利息自身不会有预先约定的支付期限,自贷款逾期到本息结清可能会跨越多个年度。由于当下的利率基准均是以"年"为周期单位的,即便认为第674条所规定的"利息"不包括逾期利息,跨年度欠款能否将利息计入本金的问题依然存在。

而且,一旦贷款逾期,逾期利息请求权的构成要件已经满足,借款人就陷入了本金、借期利息及逾期利息的履行迟延。对迟延履行的金钱债务计息是合理的,因此逾期利息之上也可加算利息。由此,以每个支付周期内的逾期利息为本金,

---

[110]　湖南省汉寿县人民法院(2022)湘0722民初898号民事判决书。

[111]　辽宁省高级人民法院(2021)辽民终2385号民事判决书。

[112]　《破解计息难题 维护金融秩序 重庆三中院关于涉金融借款合同纠纷案件的调研报告》,载最高人民法院网,https://www.court.gov.cn/zixun-xiangqing-118631.html,最后访问时间:2023年1月15日。有趣的是,对于这样的状况,法院给出的解决方案是要求银行从业人员提高业务水平。

[113]　即便一审裁判对利率的认定存在错误,有二审法院仍然认为其仅仅是"表述上的瑕疵",而不是事实认定的错误;有的借款人对此也缺乏关心。参见重庆市第二中级人民法院(2020)渝02民终2616号民事判决书。

会不断产生单个到期的利息债务。

现行法并未规定逾期利息的计息和支付周期,一种解释方案就是认为逾期利息每日产生且陷入履行迟延,第二日就须就前日产生的逾期利息计算其逾期利息;而另一种解释方案就是准用《民法典》第 674 条,将逾期利息看作没有约定支付期限的利息,以"年"为支付周期。 **102**

很显然,第一种解释使得贷款人请求支付逾期利息时要主张数十个、数百个乃至更多数量的请求权。而且,贷款人须不断向借款人提出数量众多的请求,否则早期逾期利息债权将罹于时效,借款人拖延时间越长越有利。所以,从权利行使的事实可能性以及保护贷款人角度来看,上述第二种解释是比较妥当的。

表 3　由贷款逾期所产生的利息群(单一年度内)

本金	利息	计息周期
借款本金	届期未支付本金的逾期利息	年
借期内利息	届期未支付借期内利息的逾期利息	年(单利)/约定(复利)

(2)跨年本息合计的可能

如前所述,"从某日起至实际清偿之日止"是裁判文书关于逾期利息计算终期的常见表述,甚至是唯一表述。即便"实际清偿之日"和"逾期之日"之间相隔数年,司法裁判也是以逾期时的利率按时间累计计算。 **103**

按照上述计算方式,实际上对贷款人殊为不利。例如,若民间借贷合同约定了借期利率而未约定逾期利率,在借款人实际清偿全部本息之日前,借款人可以按照借期利率无限期使用本金。贷款人实际上被强制继续向借款人发放贷款,且无法解除或终止,而借款人则可以通过偿还本息来终止借贷关系。而且,单一期间连续计算利息的做法与《民法典》第 674 条的立场并不一致。 **104**

对此,比较法上存在将迟延支付一年份以上的利息归入本金并作为后续利息计算基准的做法。[114] 这样的做法可以形成借款人的债务阶梯,增加其违约成本,从而保护贷款人并与我国民法以年为基本利率周期的立场保持一致。由此,迟延支付一年以上的利息就会产生"法定复利"。

此外,若当事人就利息跨年度自动计入本金达成合意,则该合意的效力应被

---

〔114〕　如《日本民法典》第 405 条。需要说明的是,该条是以金钱债务为对象而作出的,并不是针对金钱消费借贷的规定。但日本通说认为,金钱消费借贷中的迟延利息拖延支付一年以上的,债权人可以单方意思将该部分利息计入本金。参见[日]潮见佳男:《新契約各論Ⅰ》,信山社 2021 年版,第 243 页。

承认。[115]

105　　至于借款人负担过重的问题,既然我国民法已将逾期利息归入利率规制的范畴,那么单个计息年度周期内,利息总额不超过法定限额就可以了。

106　　需要特别说明的是,由于现行法采取的利率标准的周期单位为"年",年利率24%或年利率 LPR 四倍的标准仍然应限定为单年度内,即以上一年度结余本息总额为基础,而非以原始本金为基础。[116]

对此,还有一种合理的处理方式,就是对迟延一年以上的逾期利息等按照多年期 LPR 计息。这样的理解在处理中长期欠款之时具有明显的合理性,但在文义上与现行规范差异较大。

表 4　由贷款逾期所产生的利息群(跨年度)

本金	利息	计息周期
借款本金 + 前一周期(年)届期未支付本金的逾期利息	基于左列金额计算的逾期利息	年
借期内利息 + 前一周期(年)届期未支付借期内利息的逾期利息	基于左列金额计算的逾期利息	年(单利)/约定(复利)

七、证明与执行问题

(一)证明责任

1. 贷款逾期的证明

107　　贷款人要请求借款人支付逾期利息的,首先应证明借款合同的订立及借款的提供。[117]　在此基础上,由于逾期利息的产生以贷款逾期为要件,借款合同约定的还款时间是重要的证据。

---

[115]　参见[日]我妻荣、有泉亨、清水诚、田山辉明:《我妻・有泉コンメンタール民法 総則・物権・債権》,日本評論社 2021 年版,第 765 页。

[116]　这样的理解显然与当下的裁判立场相去甚远。由于对计息周期的忽视等因素,现行法没有提供明确的计息公式,而科学上存在确定的计算模式。只要没有特别的说明,按照数学模式来计息是必然的。

[117]　关于借款的实际提供,可参见刘勇:《〈民法典〉第 679 条(自然人借款合同的成立)评注》,载《法学家》2022 年第 4 期,第 179—182 页(段码 27—38)

当事人对借款情况进行结算的场合,借款人出具借据并载明某笔欠款"现已 ⟨108⟩
经逾期"的,可以直接证明贷款逾期的事实存在。[118] 还有贷款人以寄送律师函的
方式来确认贷款逾期的事实。[119]

而借款人要证明不存在或者部分不存在贷款逾期的情形,则要对还款数额及 ⟨109⟩
还款时间均提供客观证据,否则其抗辩难以被法院采信。[120]

2. 逾期利息约定的存在

根据本条规定,借款合同中是否存在有关逾期利息的约定并不重要,依据"国 ⟨110⟩
家相关规定"总是能请求逾期利息的。[121] 但就便利程度来说,若合同中明确约定
了逾期利息,则贷款人在计算方面的举证可能会有所减轻。

若借款合同中并未约定逾期利息,贷款人证明合同中约定了按照本金比例计 ⟨111⟩
算的违约金,法院会认为违约金条款就是有关逾期利息的约定。[122]

(二)逾期利息判决的执行

1. 逾期利息总额的确定

裁判文书通常无法确定逾期利息的精确总额,因此确定数额的工作只能留待 ⟨112⟩
执行阶段。有关借款纠纷的裁判文书虽然无法都对实际清偿日作出预测,但都会
指定判决生效后的特定期日作为履行期届满日(以下简称指定履行日),常见的表
达为"本判决生效之日起十日内"。

贷款人应按照生效法律文书确定的计算方法算定利息并提出执行申请。[123] ⟨113⟩
借款人至指定履行日仍未清偿上述款项的,则在执行程序中陷入"履行迟延"。

若借款人在指定履行日之前清偿了债务,则利息应计算至实际清偿日。[124] ⟨114⟩

2. 执行阶段的逾期利息

一旦借款人的行为构成生效判决确定债务的履行迟延,根据《执行利息解释》 ⟨115⟩
第 1 条的规定,应"加倍计算之后的迟延履行期间的债务利息,包括迟延履行期间
的一般债务利息和加倍部分债务利息"。

其中,一般债务利息是指按照生效文书确定的方法计算所得的利息,被认为 ⟨116⟩

[118] 广西壮族自治区环江毛南族自治县人民法院(2022)桂 1226 民初 39 号民事判决书。
[119] 新疆维吾尔自治区克拉玛依市中级人民法院(2022)新 02 民终 241 号民事判决书。
[120] 如江苏省连云港市中级人民法院(2022)苏 07 民终 3969 号民事判决书。
[121] 如最高人民法院(2020)最高法民终 886 号民事判决书;最高人民法院(2019)最高法民终
1165 号民事判决书。
[122] 最高人民法院(2021)最高法民申 4098 号民事裁定书。
[123] 最高人民法院(2022)最高法执监 198 号执行裁定书。
[124] 参见王建平:《利息判决及其执行疑难问题探析》,载《人民司法》2012 年第 3 期,第 106 页。

属于《合同法》第 207 条所规定的逾期利息。[125] 如果《执行利息解释》仅适用于借款合同纠纷，那么上述结论是妥当的。但很显然，《执行利息解释》对应的民事实体概念是金钱债务，而非借款合同中金钱债务。更为准确的表达是，在借款合同纠纷的场合，上述司法解释中的一般债务利息指的是按照生效文书确定的方法持续计算的逾期利息，其计息期间为指定履行日到实际清偿日，计息周期应为年。

而加倍部分利息则是单独起算的，其债务原因与系争借款合同并无关联，实际上是执行阶段的法定损害赔偿预定，并不属于本文所讨论的逾期利息。因与金钱债务相关，数额方面采取了按比例认定的方式，从而在外观上类似于利息。

附：案例索引

1. 安徽省芜湖市鸠江区人民法院（2022）皖 0207 民初 1703 号民事判决书：安徽省中安小额贷款有限公司与朱某胜等借款合同纠纷案【边码 32】

2. 北京市高级人民法院（2021）京民终 295 号民事判决书：保山长山顺风尚德新能源有限公司等与中国康富国际租赁股份有限公司融资租赁合同纠纷案【边码 41】

3. 北京市高级人民法院（2022）京民终 18 号民事判决书：宁夏晟晏实业集团能源循环经济有限公司等与中国民生银行股份有限公司西安分行金融借款合同纠纷案【边码 78】

4. 北京市高级人民法院（2022）京民终 294 号民事判决书：芜湖德业投资管理中心等与武汉山水星城置业有限责任公司等借款合同纠纷案【边码 57】

5. 重庆市第二中级人民法院（2020）渝 02 民终 2616 号民事判决书：重庆集众农业开发有限公司与冯某波、张某元等房屋买卖合同纠纷案【边码 99】

6. 成都铁路运输第一法院（2022）川 7101 民初 4117 号民事裁定书：中国农业银行股份有限公司成都经济技术开发区支行与刘某牛信用卡纠纷案【边码 48】

7. 广东省佛山市中级人民法院（2022）粤 06 民终 9315 号民事判决书：陈某坤与中国建设银行股份有限公司佛山市分行等金融借款合同纠纷案【边码 41】

8. 广东省中山市中级人民法院（2022）粤 20 民终 7040 号民事判决书：中银消费金融有限公司与徐某子等金融借款合同纠纷案【边码 23】

9. 广西壮族自治区环江毛南族自治县人民法院（2022）桂 1226 民初 39 号民事判决书：蒙某宛与蒙某栋等民间借贷纠纷案【边码 108】

10. 贵州省高级人民法院（2019）黔民终 503 号民事判决书：刘某红与陈某民间借贷纠纷案【边码 89】

11. 河南省高级人民法院（2021）豫民终 1176 号民事判决书：河南省国控保障房建设投资有限公司与浙商银行股份有限公司郑州分行等金融借款合同纠纷案【边码 90】

12. 河南省驻马店市驿城区人民法院（2022）豫 1702 民初 2552 号民事判决书：孙某林与

---

〔125〕 参见杜涛：《强制执行程序中关于利息执行疑难问题的思考》，载《法律适用》2020 年第 12 期，第 128 页。

陈某鑫民间借贷纠纷案【边码 16】

13. 河南省驻马店市驿城区人民法院(2022)豫 1702 民初 7605 号民事判决书：魏某与何某青民间借贷纠纷案【边码 26】

14. 湖北省荆门市中级人民法院(2021)鄂 08 民初 26 号民事判决书：王某与钟祥地高置业投资有限公司等民间借贷纠纷案【边码 89】

15. 湖南省汉寿县人民法院(2022)湘 0722 民初 898 号民事判决书：张某栋与谢某刚民间借贷纠纷案【边码 97】

16. 吉林省高级人民法院(2021)吉民终 620 号民事判决书：吉林恒涛节能环保有限公司与中国银行股份有限公司吉林市分行等金融借款合同纠纷案【边码 36】

17. 吉林省延边朝鲜族自治州中级人民法院(2022)吉 24 民终 1734 号民事判决书：崔某与吴某等民间借贷纠纷案【边码 16】

18. 吉林省伊通满族自治县人民法院(2022)吉 0323 民初 18 号民事判决书：商某春与陈某密民间借贷纠纷案【边码 89】

19. 江苏省淮安市中级人民法院(2022)苏 08 民终 399 号民事判决书：黄某祝与涟水鑫鼎置业有限公司等破产债权确认纠纷案【边码 97】

20. 江苏省连云港市中级人民法院(2022)苏 07 民终 3969 号民事判决书：孙某与陈某鸣民间借贷纠纷案【边码 109】

21. 江苏省扬州市邗江区人民法院(2021)苏 1003 民初 4197 号民事判决书：陆某芳与王某新等民间借贷纠纷案【边码 57】

22. 江苏省扬州市邗江区人民法院(2021)苏 1003 民初 5042 号民事判决书：江苏紫金农村商业银行股份有限公司扬州分行与童某玲信用卡纠纷案【边码 48】

23. 江苏省扬州市邗江区人民法院(2021)苏 1003 民初 7527 号民事判决书：中国农业银行股份有限公司扬州邗江支行与乔某倩金融借款合同纠纷案【边码 48】

24. 辽宁省鞍山市中级人民法院(2021)辽 03 民终 2405 号民事判决书：孙某余与金某道民间借贷纠纷案【边码 89】

25. 辽宁省高级人民法院(2021)辽民终 2385 号民事判决书：中信银行股份有限公司鞍山分行与鞍山新昌平通信科技有限公司等金融借款合同纠纷案【边码 97】

26. 辽宁省沈阳市和平区人民法院(2021)辽 0102 民初 24785 号民事判决书：中国工商银行股份有限公司沈阳和平支行与辽宁融合实业有限公司等金融借款合同纠纷案【边码 26】

27. 辽宁省营口市中级人民法院(2022)辽 08 民终 2907 号民事判决书：营口沿海东方华鼎房地产开发有限公司与崔某珊商品房预售合同纠纷案【边码 41】

28. 山东省高级人民法院(2022)鲁民终 377 号民事判决书：深圳市宝能投资集团有限公司与中国民生银行股份有限公司烟台分行等金融借款合同纠纷案【边码 36】

29. 山东省淄博市张店区人民法院(2022)鲁 0303 民初 11109 号民事判决书：中国农业银行股份有限公司淄博张店支行与李某等金融借款合同纠纷案【边码 48】

30. 陕西省高级人民法院(2021)陕民终 728 号民事判决书：戴慧某与戴智某等合同纠纷案【边码 57】

49. 最高人民法院(2020)最高法民终886号民事判决书：乌鲁木齐市融通典当有限责任公司与昌吉市精美纸业有限公司民间借贷纠纷案【边码110】

50. 最高人民法院(2021)最高法民申1140号民事裁定书：王某生与汤某军民间借贷纠纷案【边码57】

51. 最高人民法院(2021)最高法民申4098号民事裁定书：吕某平与王某东等民间借贷纠纷案【边码111】

52. 最高人民法院(2021)最高法民再237号民事判决书：东明碧蓝环境科技有限公司与菏泽开发区洪源小额贷款有限公司借款合同纠纷案【边码82、84】

53. 最高人民法院(2021)最高法民终1301号民事判决书：施某天与珠海霖阳投资有限公司、广州常江房地产开发有限公司等民间借贷纠纷案【边码84】

54. 最高人民法院(2021)最高法民终879号民事判决书：贤丰控股集团有限公司与中国工商银行股份有限公司东莞石龙支行等金融借款合同、抵押合同、保证合同和质押合同纠纷案【边码91】

55. 最高人民法院(2021)最高法民终953号民事判决书：邱某国与邱某期等质押式证券回购纠纷案【边码57】

56. 最高人民法院(2021)最高法民终962号民事判决书：广州元阳房地产开发有限公司与石河子信远业丰股权投资管理有限公司等借款合同纠纷案【边码36、78】

57. 最高人民法院(2022)最高法民再206号民事判决书：侯某与四川中海外基础企业管理有限公司等民间借贷纠纷案【边码81】

58. 最高人民法院(2022)最高法执监198号执行裁定书：李某卿与内蒙古银行股份有限公司呼和浩特武川支行借款合同纠纷案【边码113】

第726条

房屋承租人优先购买权[*]

第726条　出租人出卖租赁房屋的,应当在出卖之前的合理期限内通知承租人,承租人享有以同等条件优先购买的权利;但是,房屋按份共有人行使优先购买权或者出租人将房屋出卖给近亲属的除外。

出租人履行通知义务后,承租人在十五日内未明确表示购买的,视为承租人放弃优先购买权。

简　目

---

　*　本文系基于《〈民法典〉第726条（房屋承租人优先购买权）评注》（载《清华法学》2023年第4期,第140—157页）一文修订而成。

　　本文选取的案例取自《最高人民法院公报》《人民法院案例选》《民事审判指导与参考》《人民司法》以及北大法宝"司法案例"库。

一、规范意旨

(一) 规范目的

本条规定了房屋承租人优先购买权(以下简称承租人优先购买权)的成立要件、行使要件、行使限制和除斥期间。本条的规范目的是维护承租人利用房屋进行居住或生产经营的稳定。由此决定,该优先购买权是专属于承租人的权利,不能与房屋租赁合同相分离而单独转让或继承。[1]

(二) 规范史略

1983 年《城市私有房屋管理条例》第 11 条首次在国家立法层面确立了承租人优先购买权,规定:"房屋所有人出卖租出房屋,须提前三个月通知承租人。在同等条件下,承租人有优先购买权。"这种表述方式被相关司法解释和立法沿用至今。1988 年《民通意见》第 118 条完全吸收了该规定,并增设出租人未提前三个月通知承租人的法律效果。1994 年《城市公有房屋管理规定》第 36 条第 2 款规定了公有房屋承租人的优先购买权。

1999 年《合同法》第 230 条规定:"出租人出卖租赁房屋的,应当在出卖之前的合理期限内通知承租人,承租人享有以同等条件优先购买的权利。"该条虽未沿用《民通意见》第 118 条关于出租人违反通知义务的法律效果的规定,即"出租人未按此规定出卖房屋的,承租人可以请求人民法院宣告该房屋买卖无效",但后者也未因此被废止。直到 2007 年《物权法》施行后,2008 年《最高人民法院关于废止 2007 年底以前发布的有关司法解释(第七批)的决定》才以"与物权法有关规定冲突"为由,废止了《民通意见》第 118 条。理由是,《物权法》未将优先购买权规定为物权,依据物权法定原则,承租人优先购买权不应认定为物权,不具有排他性(边码67)。[2] 2009 年《房屋租赁合同解释》第 21—24 条为承租人优先购买权增设了部分规则。

本条第 1 款第 1 分句沿用了《合同法》第 230 条的表述;第 1 款第 2 分句和第 2 款吸收了 2009 年《房屋租赁合同解释》第 24 条第 1—3 项内容。因此,以之前的这些法律规范为依据的法院裁判和研究文献,仍可用于阐释本条内容。

1

2

3

4

---

〔1〕 参见黄薇主编:《中华人民共和国民法典合同编释义》,法律出版社 2020 年版,第 556—557 页。相关裁判参见江苏省高级人民法院(2019)苏民申 4152 号民事裁定书。

〔2〕 参见杜万华、冯小光、关丽:《〈关于审理房屋租赁合同纠纷案件具体应用法律若干问题的解释〉的理解与适用》,载《人民司法·应用》2009 年第 21 期,第 27 页。

（三）规范属性

1. 任意性规定

5　　　本条属于任意性规定,当事人可以约定排除其适用。[3] 理由是,承租人既未为取得优先购买权支付对价,"买卖不破租赁"制度（《民法典》第725条）亦足以稳定房屋租赁关系,故本条的正当性不够充分,应当弱化而非强化其适用空间。如将本条解释为强制性规定,对承租人明显保护过度,对出租人也不公平。因此,租赁合同中约定,如出租人出售租赁房屋,承租人"需无条件随时倒房""不得干涉"或者"放弃优先购买权"的,该预先放弃优先购买权的约定有效。[4] 出租人通过格式条款排除承租人的优先购买权的,不应依据《民法典》第497条第3项认定其无效,因为承租人的主要权利是对租赁房屋进行使用、收益（《民法典》第703条）,并不包括优先购买权。[5]

2. 辅助规范与防御规范

6　　　从请求权基础看,本条第1款第1分句是请求权基础的辅助规范。因为承租人优先购买权属于形成权（边码27）,行使该权利后会成立一个房屋买卖合同（边码65）;基于该买卖合同,承租人才对出租人享有交付房屋并转移房屋所有权的请求权（《民法典》第598条）。

　　　本条第1款第2分句和第2款属于防御规范中的抗辩规范。[6] 只要出现其中规定的事由,出租人即可据以对抗承租人行使优先购买权的主张。

（四）体系关联

7　　　本条主要规范出租人通过协商方式向第三人出卖租赁房屋时,承租人行使优先购买权的一般要件及其限制,不适用于出租人以拍卖等竞争方式出卖房屋的情形。出租人委托拍卖人拍卖房屋的,优先购买权的行使问题适用《民法典》第727条及拍卖规则。法院在民事执行中强制拍卖租赁房屋的,优先购买权的行使规则适用《拍卖、变卖财产规定》（2020年修正）第11条、第13条或《网络司法拍卖规

---

〔3〕 参见易军、宁红丽:《合同法分则制度研究》,人民法院出版社2003年版,第200页（宁红丽执笔）。

〔4〕 参见吉林省长春市中级人民法院（2021）吉01民终8126号民事判决书;江苏省高级人民法院（2015）苏审二民申字第01047号民事裁定书;肖某华诉江苏瑞南实达房地产开发有限公司承租人优先购买权案,江苏省无锡市中级人民法院（2009）锡民终字第0710号民事裁定书,载国家法官学院、中国人民大学法学院编:《中国审判案例要览（2011年民事审判案例卷）》,中国人民大学出版社2013年版,第55—58页。

〔5〕 参见江苏省高级人民法院（2015）苏审二民申字第01047号民事裁定书。

〔6〕 参见吴香香编著:《民法典请求权基础手册:进阶》,中国法制出版社2023年版,第191页。

定》的相关规定。

《民法典》第 728 条规范出租人违反通知义务等情形时的赔偿责任及其对出 8
租人与第三人的房屋买卖合同效力的影响。基于法条分工和评注体系的协调,本
文不讨论第 728 条。

二、成立要件

权利的发生或成立与权利的行使属于不同层次的概念,有必要严格区别。优 9
先购买权作为一种民事权利,也应区分其成立要件与行使要件,[7]承租人优先购
买权亦然。[8]

本条第 1 款第 1 分句规定的是承租人优先购买权的行使要件,并非指“出租
人出卖租赁房屋”时承租人才“享有”或取得优先购买权。第 1 款第 2 分句(但
书)规定了限制行使优先购买权的事由,亦可佐证第 1 分句(主文)规定的是行使
要件。当然,第 1 款也含有优先购买权已经成立之意。由第 1 款的文义和规范目
的(边码 1)可知,承租人优先购买权的成立要件包括房屋租赁合同生效且存续、[9]
房屋已经转移给承租人占有。

(一)房屋租赁合同生效且存续

房屋租赁合同生效是承租人优先购买权成立的必要条件。[10]　至于租赁合同 10
是否采用书面形式、是否办理登记备案手续、是定期租赁还是不定期租赁(边码
17),以及租赁房屋的用途如何,均不影响优先购买权的成立。房屋借用合同的借
用人对借住的房屋不享有优先购买权,[11]也不能类推适用本条赋予其优先购
买权。

---

〔7〕　参见王泽鉴:《耕地承租人事先抛弃优先承受权的效力》,载王泽鉴:《民法学说与判例研究
(重排合订本)》,北京大学出版社 2015 年版,第 1520—1521 页。

〔8〕　明确作此区分的裁判,参见山东省高级人民法院(2019)鲁民终 626 号民事判决书;黑龙江省
高级人民法院(2018)黑民再 328 号民事判决书。

〔9〕　参见徐涤宇、张家勇主编:《〈中华人民共和国民法典〉评注(精要版)》,中国人民大学出版社
2022 年版,第 783 页(李金镂执笔)。

〔10〕　参见黄薇主编:《中华人民共和国民法典合同编释义》,法律出版社 2020 年版,第 557 页。相
关裁判参见最高人民法院(2020)最高法民申 6420 号民事裁定书;最高人民法院(2020)最高法执监 183
号执行裁定书。

〔11〕　参见吴某明诉贵州省修文县扎佐镇兴红村村民委员会案,贵州省贵阳市中级人民法院(2001)
筑民二终字第 210 号民事判决书,载国家法官学院、中国人民大学法学院编:《中国审判案例要览(2002
年民事审判案例卷)》,中国人民大学出版社 2003 年版,第 22—26 页。

1. 房屋的界定

11 本条所称的房屋,根据《不动产登记暂行条例实施细则》第 5 条第 4 款的规定,包括"独立成幢、权属界线封闭的空间,以及区分套、层、间等可以独立使用、权属界线封闭的空间"。如果停车位构成该款规定的房屋,依法办理了房地产权利证书,则承租人对停车位享有优先购买权。[12] 在租赁房屋附带有院落的情况下,院落可视为租赁房屋的附属土地。根据房地产"地随房走"原则(《民法典》第 357 条),承租人对租赁房屋及其院落享有优先购买权。[13] 不过,如果租赁合同的标的物仅仅是或者主要是土地,则承租人对土地使用权不享有优先购买权。[14]

2. 房屋租赁合同的界定

12 房屋租赁合同是以房屋为租赁物的租赁合同。房屋所有人以房屋使用权抵偿债务的合同,不属于房屋租赁合同,房屋使用人不享有优先购买权。[15] 实践中,除典型的房屋租赁合同外,部分地方性法规和规章还规定了一些视为房屋租赁或纳入房屋租赁管理的行为,主要包括:(1)以合作、联营、承包、合资、入股等名义提供房屋给他人使用,取得固定收益或分成收入而不承担经营风险;(2)将房屋以隔间、柜台、摊位、场地等方式分割提供给他人使用,由使用人支付约定价金;[16](3)酒店、旅社、宾馆、招待所等将其客房或其他房屋提供给他人作为固定办公或经营场所,由使用人支付约定价金。[17] 若这类合同的标的物符合法律界定的房屋,合同的内容符合租赁合同的要素,则其性质即属于房屋租赁合同,应当适用本条。例如,合同名为承包(经营)合同,实为房屋租赁合同的,承租人享有优先购买权。[18]

---

〔12〕 参见四川省成都市中级人民法院(2013)成民终字第 3040 号民事判决书;重庆市第一中级人民法院(2013)渝一中法民终字第 01428 号民事判决书。

〔13〕 参见王某亚诉卢氏县五交化公司、杨某粉、薛某生承租房屋优先购买权案,河南省灵宝市人民法院(2004)灵民一初字第 693 号民事判决书,载最高人民法院中国应用法学研究所编:《人民法院案例选》2006 年第 1 辑(总第 55 辑),人民法院出版社 2006 年版,第 141—145 页。

〔14〕 参见最高人民法院(2018)最高法执复 17 号执行裁定书;上海市高级人民法院(2020)沪民终 239 号民事判决书;山东省烟台市中级人民法院(2013)烟民四终字第 1306 号民事判决书。

〔15〕 参见江苏省连云港市中级人民法院(2018)苏 07 民终 1237 号民事判决书。

〔16〕 参见《安徽省城市房屋租赁管理办法》(2019 年修正)第 3 条第 2 款;《银川市房屋租赁管理条例》(2012 年修正)第 4 条;《天津市房屋租赁管理规定》(2004 年修正)第 6 条。

〔17〕 参见《太原市城市房地产交易管理条例》(2011 年修订)第 40 条第 3 项;《石家庄市城市房屋租赁管理办法》(2008 年颁布)第 3 条第 2 款。

〔18〕 参见王某亚诉卢氏县五交化公司、杨某粉、薛某生承租房屋优先购买权案,河南省灵宝市人民法院(2004)灵民一初字第 693 号民事判决书,载最高人民法院中国应用法学研究所编:《人民法院案例选》2006 年第 1 辑(总第 55 辑),人民法院出版社 2006 年版,第 141—145 页;河南省商丘市中级人民法院(2010)商民终字第 1610 号民事判决书。

酒店、旅社、宾馆、招待所等服务单位将其客房或其他房屋用于日常经营的行为,以及学校和各类教育培训机构为学生或学员提供宿舍并收取费用的行为,通常不被纳入房屋租赁管理范围。由于这类合同并非纯粹的房屋租赁合同,而是以提供服务为主要内容的混合合同,故不适用本条。

在厂矿、车间、酒店、浴池、商铺、仓库等经营场所的承包(经营)合同中,如果合同除包含对房屋进行使用、收益的内容外,还涉及使用发包方的生产经营相关证照及安全生产监督管理等方面的内容,则该合同即非纯粹的房屋租赁合同,承包人不享有优先购买权。[19]   13

居住权合同不属于房屋租赁合同。虽然居住权人与住宅所有人之间的债权债务关系可以类推适用租赁合同的相关规定,[20]但却不能类推适用本条赋予居住权人以优先购买权。[21] 主要理由是:第一,居住权一般是无偿设立的,本身就是用益物权,缺乏通过优先购买权制度保护居住权人的必要性。第二,居住权的内容不包含优先购买权在内,类推适用本条赋予居住权人以优先购买权,违反物权法定原则。   14

3. 房屋租赁合同生效

房屋租赁合同的生效适用民事法律行为的一般生效规则。房屋租赁合同不成立、无效、[22]未生效、效力待定或者确定不发生效力的,承租人不能享有和行使优先购买权。[23] 租赁合同因所涉及的新建建筑物尚未取得建设工程规划许可证而部分无效的,承租人仅对该部分建筑物不享有优先购买权,对其他租赁房屋仍享有优先购买权。[24]   15

4. 房屋租赁合同存续

已生效的房屋租赁合同被依法解除、被视为解除(《企业破产法》第18条第1   16

---

〔19〕 参见葛某英诉城镇农机站抵押借款后又将抵押物发包给其承包经营现抵押物被判决执行给债权人应按租赁关系由其行使优先购买权案,河南省永城市人民法院一审民事判决书,载最高人民法院中国应用法学研究所编:《人民法院案例选》2003 年第 1 辑(总第 43 辑),人民法院出版社 2003 年版,第211—213 页;河南省信阳市中级人民法院(2010)信中法民终字第 710 号民事判决书。

〔20〕 参见汪洋:《民法典意定居住权与居住权合同解释论》,载《比较法研究》2020 年第 6 期,第114—118 页。

〔21〕 参见房绍坤:《论民法典中的居住权》,载《现代法学》2020 年第 4 期,第 93 页。

〔22〕 参见最高人民法院(2020)最高法民申 6420 号民事裁定书。

〔23〕 参见最高人民法院(2016)最高法民监 27 号民事裁定书;杨某丽诉中州泵业公司优先购买权侵权纠纷案,河南省郑州市中级人民法院二审民事判决书,载《最高人民法院公报》2004 年第 5 期,第31 页。

〔24〕 参见广东省东莞市中级人民法院(2016)粤 19 民终 9535 号民事判决书。

款)、[25]因期限届满[26]等原因而消灭的,承租人优先购买权随之消灭。[27] 租赁合同中约定以房屋被政府置换、征收、收购等作为解除条件的,合同于解除条件成就时失效,承租人不再享有优先购买权。[28] 被撤销的租赁合同自始没有法律约束力,承租人自始不享有优先购买权。

17　　　　在不定期房屋租赁中,虽然出租人和承租人可以随时解除合同,但在一方通知对方解除合同前,租赁合同依然存续,承租人享有优先购买权。[29] 租赁期限届满后,尽管承租人仍占有、使用房屋,但出租人对承租人提出的续租要约有异议、多次通知承租人不同意继续租赁关系或者没有收取租金的,则双方未形成不定期租赁关系,承租人不享有优先购买权。[30]

5. 特殊房屋的租赁合同

(1)福利性住房租赁合同

18　　　　承租人依照国家福利政策租赁公有住房、廉租住房、经济适用住房而形成的住房租赁合同,具有福利性、保障性。这类租赁关系不属于完全的民事法律关系,由此产生的纠纷不适用《房屋租赁合同解释》(2020 年修正),[31]也不适用本条。因此,福利性住房承租人不享有优先购买权。

(2)抵押房屋的租赁合同

19　　　　房屋已经出租并转移给承租人占有后,出租人又以该房屋为他人设立抵押权的(先租后押),"原租赁关系不受该抵押权的影响"(《民法典》第 405 条),承租人优先购买权也不受影响。在出租人出卖租赁房屋或者因抵押权人实现抵押权而出卖租赁房屋时,承租人可在行使优先购买权和适用"买卖不破租赁"制度中择一

〔25〕 参见最高人民法院(2015)民申字第 1737 号民事裁定书。

〔26〕 参见会泽县金钟供销中心合作社诉李某兰房屋租赁合同纠纷案,云南省曲靖市中级人民法院(2007)曲中民终字第 779 号民事判决书,载最高人民法院中国应用法学研究所编著:《人民法院案例选(月版)》2009 年第 4 辑(总第 4 辑),中国法制出版社 2009 年版,第 31—34 页。

〔27〕 参见最高人民法院(2016)最高法民监 27 号民事裁定书。

〔28〕 参见浙江省杭州市中级人民法院(2013)浙杭民终字第 1963 号民事判决书。

〔29〕 参见李某俭诉韩某伟、邵某美房屋租赁合同纠纷案,山东省济南市中级人民法院(2016)鲁 01 民终 4094 号民事判决书,载最高人民法院中国应用法学研究所编:《人民法院案例选》2018 年第 6 辑(总第124 辑),人民法院出版社 2018 年版,第 99 页;邓某基诉广州工艺品进出口集团公司、庾某福优先购买权纠纷案,广东省广州市中级人民法院(2004)穗中法民四终字第 3685 号民事判决书,载最高人民法院中国应用法学研究所编:《人民法院案例选》2007 年第 3 辑(总第 61 辑),人民法院出版社 2008 年版,第 69—71 页。

〔30〕 参见上海市高级人民法院(2011)沪高民一(民)申字第 1535 号民事裁定书;浙江省高级人民法院(2011)浙民再字第 11 号民事判决书;广东省广州市中级人民法院(2015)穗中法民五终字第 3571号民事判决书。

〔31〕 参见《房屋租赁合同解释》(2020 年修正)第 1 条第 3 款;最高人民法院民事审判第一庭编著:《最高人民法院关于审理城镇房屋租赁合同纠纷案件司法解释的理解与适用》,人民法院出版社 2016 年版,第 22—25 页(冯晓光执笔)。

　　　　　　　　　　　　　　　戴孟勇

主张。[32] 不过,出租人出卖租赁房屋时,若抵押权继续存在于房屋上(《民法典》第406条第1款),则承租人行使优先购买权后,只能取得负担有抵押权的房屋所有权。

所有人在房屋上设立抵押权后,又将房屋出租并转移给承租人占有的(先押后租),该抵押权可以对抗后设立的租赁权。[33] 在抵押权人实现抵押权之前,出租人出卖租赁房屋的,承租人可以行使优先购买权。因抵押权人实现抵押权而拍卖租赁房屋的,根据《拍卖、变卖财产规定》(2020年修正)第28条第2款可知,若租赁权继续存在于房屋上,对在先抵押权的实现没有影响,则法院拍卖时无须除去租赁权,[34] 否则法院可以依法除去租赁权后进行拍卖。[35] 抵押权人曾同意抵押人出租抵押房屋,不构成对行使抵押权的限制,不影响适用上述规定。[36] 法院依法除去租赁权后拍卖的,租赁合同归于消灭,承租人不再享有优先购买权。 20

(3)查封房屋的租赁合同

结合《查封、扣押、冻结财产规定》(2020年修正)第24条第1款、第3款可知,房屋被法院查封且查封已经公示后,所有人将房屋出租并转移给承租人占有的,该租赁合同"不得对抗申请执行人"。因此,法院拍卖、变卖该房屋时,可以不带租赁权处置,[37] 承租人不享有优先购买权,[38] 也不适用"买卖不破租赁"制度[《房屋租赁合同解释》(2020年修正)第14条第2项]。房屋被法院查封但查封没有公示的,因查封的效力不得对抗善意第三人[《查封、扣押、冻结财产规定》(2020年修正)第24条第3款],故善意承租人享有优先购买权。 21

(4)出租他人房屋的合同

出租人以自己的名义出租他人房屋,无论是否经过房屋所有人同意,都不影响房屋租赁合同的效力。如果所有人委托出租人出租房屋,且符合间接代理的其他要件,则租赁合同直接约束所有人和承租人(《民法典》第925条),所有人为实际出租人,承租人享有优先购买权。[39] 如果所有人与出租人之间不存在委托合同或者不符合间接代理的构成要件,则承租人依据租赁合同仅对出租人享有优先 22

[32] 参见王利明:《物权法研究(下卷)》(第4版),中国人民大学出版社2016年版,第1236—1237页。相关裁判参见最高人民法院(2013)执监字第67号执行裁定书。

[33] 参见黄薇主编:《中华人民共和国民法典物权编释义》,法律出版社2020年版,第507页。

[34] 参见北京市高级人民法院(2022)京执监37号执行裁定书。

[35] 参见广东省高级人民法院(2021)粤执复187号执行裁定书;广东省高级人民法院(2019)粤执监165号执行裁定书。

[36] 参见广东省高级人民法院(2021)粤执复382号执行裁定书。

[37] 参见北京市高级人民法院(2019)京执异97号执行裁定书。

[38] 参见最高人民法院(2018)最高法执复22号执行裁定书;四川省高级人民法院(2020)川执复96号执行裁定书;福建省高级人民法院(2018)闽执复85号执行裁定书。

[39] 参见江西省宜春市中级人民法院(2018)赣09民终402号民事判决书。

购买权,对所有人不享有该权利。这是合同相对性的必然要求。

23　　　　承租人将租赁房屋转租虽属出租他人房屋,但因承租人与出租人之间不存在委托合同,故不适用间接代理制度。在转租的情形,基于合同的相对性,承租人依据租赁合同对出租人享有优先购买权;次承租人依据转租合同仅对承租人享有优先购买权,对出租人不享有该权利。因此,当出租人出卖租赁房屋时,仅承租人可以行使优先购买权,次承租人不得行使。[40] 转租未经出租人同意的,出租人虽可解除租赁合同,但合同解除前承租人仍享有优先购买权。[41]

(二)房屋已经转移给承租人占有

24　　　　在承租人占有租赁房屋之前,尚未产生居住或营业方面的利益,通过优先购买权保护承租人欠缺正当性,[42] 不符合本条的规范目的(边码1)。本条第 1 款第 1 分句的文义包含房屋尚未转移给承租人占有的情形,适用范围过宽,应对其进行目的性限缩,将该情况排除在外。换言之,应将房屋已转移给承租人占有作为优先购买权的成立要件。[43] 在出租人就同一房屋订立数个租赁合同的情形,优先购买权由已经占有房屋的承租人享有。[44]

25　　　　出租人将房屋转移给承租人占有的方式是交付(《民法典》第 708 条)。这种交付不导致物权变动,故不同于《民法典》规定的动产交付(第 224 条、第 226—228 条)。鉴于因房屋的交付而引起房屋占有状态的改变,与因动产交付而引起动产占有状态的改变具有类似性,故可类推适用《民法典》有关动产交付的规定来解释房屋的交付方式。出租人以占有改定方式交付租赁房屋的,承租人取得了对房屋的间接占有,也应享有优先购买权。

三、法律性质

26　　　　关于承租人优先购买权的法律性质,目前主要有附强制缔约义务的请求权说

---

〔40〕 参见戴孟勇:《房屋承租人如何行使优先购买权——以〈合同法〉第 230 条为中心的解释论》,载《清华大学学报(哲学社会科学版)》2004 年第 4 期,第 62 页;最高人民法院民事审判第一庭编著:《最高人民法院关于审理城镇房屋租赁合同纠纷案件司法解释的理解与适用》,人民法院出版社 2016 年版,第 290 页(关丽执笔)。相关裁判参见江苏省高级人民法院(2019)苏民申 4152 号民事裁定书。

〔41〕 参见房绍坤:《实体与程序双重视角下优先购买权在强制拍卖中的适用》,载《政法论坛》2023 年第 3 期,第 70 页。

〔42〕 参见谢鸿飞、朱广新主编:《民法典评注·合同编·典型合同与准合同 2》,中国法制出版社 2020 年版,第 303 页(雷秋玉执笔)。

〔43〕 《民法典》颁布前持此观点的裁判,参见最高人民法院(2018)最高法执复 17 号执行裁定书;浙江省宁波市中级人民法院(2016)浙 02 执异 2 号执行裁定书。

〔44〕 参见黄薇主编:《中华人民共和国民法典合同编释义》,法律出版社 2020 年版,第 557 页。

和形成权说两种观点。[45] 附强制缔约义务的请求权说认为,应将承租人优先购买权视为直接强制缔约的一种,在出租人违反缔约义务将房屋出卖给第三人时,承租人可以诉请法院介入,强迫出租人对其作出承诺。[46] 该学说所构造的"附强制缔约义务的请求权"概念不合逻辑,不利于确定承租人行使优先购买权后房屋买卖合同的成立时间,也无法解释本条第 2 款规定的 15 日期间的性质(边码53),因为该期间完全不适用诉讼时效制度。[47]

我国学界所主张的形成权说,是受到德国和我国台湾地区学说影响的结果。德国通说将债权性优先购买权理解为一项通过单方的权利形成性表示来设立合同关系的形成权,权利人借助行使优先购买权的单方意思表示,即可在自己与义务人之间成立买卖合同。[48] 该权利的行使以义务人与第三人订立买卖合同为前提条件,[49]也有学者称之为附(停止)条件的形成权。[50] 受德国学说影响,我国台湾地区通说也采纳形成权说,认为优先购买权人通过单方意思表示即可形成以出卖人出卖给第三人的同样条件为内容的买卖合同,而无须出卖人的承诺。[51] 也有观点持附停止条件的形成权说。[52]

依照我国学界所主张的形成权说,在出租人与第三人订立房屋买卖合同后,承租人只需将行使优先购买权的意思表示送达出租人,即在双方之间成立以同等条件为内容的房屋买卖合同。[53] 如果出租人否认承租人有权行使优先购买权,

27

〔45〕 参见湖北省高级人民法院(2018)鄂民终 566 号民事判决书。

〔46〕 参见宁红丽:《论承租人的优先购买权》,载《广西社会科学》2004 年第 8 期,第 95 页;最高人民法院民事审判第一庭编著:《最高人民法院关于审理城镇房屋租赁合同纠纷案件司法解释的理解与适用》,人民法院出版社 2016 年版,第 285—287 页(关丽执笔)。相关裁判参见广东省高级人民法院(2020)粤民申 4784 号民事裁定书;湖北省咸宁市中级人民法院(2020)鄂 12 民终 1712 号民事判决书。

〔47〕 参见戴孟勇:《约定优先购买权的理论构造和法律适用》,载《清华法学》2021 年第 6 期,第 107—108 页。

〔48〕 Vgl. *Klaus Schurig*, Das Vorkaufsrecht im Privatrecht, 1975, S. 63 - 91.; Staudinger BGB/*Schermaier*, 2014, Vorbem. zu § §463ff Rn. 29-35.

〔49〕 参见[德]迪特尔·梅迪库斯:《德国债法分论》,杜景林、卢谌译,法律出版社 2007 年版,第 128 页。

〔50〕 Vgl. *Karl Larenz*, Lehrbuch des Schuldrechts, Bd. Ⅱ. Besonderer Teil, Halbbd. 1., 1986, S. 151. 另可参见[德]卡尔·拉伦茨:《法学方法论》(全本·第 6 版),黄家镇译,商务印书馆 2020 年版,第 555 页。

〔51〕 参见杨宏晖:《初探基地承租人法定优先购买权之法律经济分析》,载《财产法暨经济法》第 27 期,第 99—102 页;黄健彰:《不动产优先购买权总论》,台湾地区元照出版有限公司 2018 年版,第 4 页。

〔52〕 参见王泽鉴:《优先承买权之法律性质》,载王泽鉴:《民法学说与判例研究(重排合订本)》,北京大学出版社 2015 年版,第 1514—1516 页。

〔53〕 参见徐涤宇、张家勇主编:《〈中华人民共和国民法典〉评注(精要版)》,中国人民大学出版社 2022 年版,第 783 页(李金镂执笔);杨代雄主编:《袖珍民法典评注》,中国民主法制出版社 2022 年版,第 689—690 页(王珏执笔)。相关裁判参见浙江省金华市中级人民法院(2019)浙 07 民终 5939 号民事判决书;四川省德阳市中级人民法院(2019)川 06 民特 70 号民事裁定书。

承租人可以诉请法院确认买卖合同已因行使优先购买权而成立,并请求出租人将房屋所有权转移给自己。法院如认定承租人系依法行使优先购买权,可在确认买卖合同成立的同时判令出租人向承租人履行转移房屋所有权的义务,使确认之诉与给付之诉同时完结(边码 69)。[54]

我国少数观点所持的附停止条件的形成权说,是指优先购买权的行使须以出租人与第三人订立房屋买卖合同为条件,[55]并非指行使优先购买权的意思表示附有停止条件。该学说的效果与形成权说相同,但在概念构造上易滋疑义,不如形成权说精准。

四、行使要件

28　　依据本条第 1 款第 1 分句,承租人优先购买权的行使要件有两个:一是出租人出卖租赁房屋;二是承租人以同等条件表示购买。

(一) 出租人出卖租赁房屋

1. 出卖及相关概念

29　　本条第 1 款所称"出卖",不包括拍卖在内(边码 7)。其所谓"出租人出卖租赁房屋",是指出租人与第三人订立房屋买卖合同。[56] 出租人仅具有出卖意图或者向第三人作出出卖房屋的要约邀请或要约的,不属于此所谓"出卖",也不存在确定的同等条件,承租人无从行使优先购买权。出租人与第三人之间的合同名为房屋赠与、实为房屋买卖的,赠与合同因属虚假意思表示而无效,隐藏的买卖合同如不存在效力瑕疵,应为合法有效,承租人可以行使优先购买权。

30　　类推适用《民法典物权编解释一》第 9 条可知,因继承、遗赠、赠与等原因导致房屋所有权无偿转移给第三人的,承租人不得行使优先购买权。名为房屋买卖、

---

〔54〕 参见朱晓喆:《论房屋承租人先买权的对抗力与损害赔偿》,载张谷等主编:《中德私法研究》总第 9 卷,北京大学出版社 2013 年版,第 76—77 页;常鹏翱:《论优先购买权的法律效力》,载《中外法学》2014 年第 2 期,第 396—398 页。相关判决参见四川省内江市中级人民法院(2017)川 10 民终 217 号民事判决书;天津市第二中级人民法院(2015)二中民四终字第 450 号民事判决书;四川省成都市中级人民法院(2014)成民终字第 1547 号民事判决书。

〔55〕 参见最高人民法院民法典贯彻实施工作领导小组主编:《中华人民共和国民法典合同编理解与适用(三)》,人民法院出版社 2020 年版,第 1555 页。相关裁判参见四川省高级人民法院(2016)川民申 2891 号民事裁定书;浙江省温州市中级人民法院(2022)浙 03 民终 5210 号民事判决书。

〔56〕 参见韩世远:《合同法学》(第 2 版),高等教育出版社 2022 年版,第 438 页;杨代雄主编:《袖珍民法典评注》,中国民主法制出版社 2022 年版,第 690 页(王珏执笔);最高人民法院民法典贯彻实施工作领导小组主编:《中华人民共和国民法典合同编理解与适用(三)》,人民法院出版社 2020 年版,第 1556—1557 页。相关判决参见广东省中山市中级人民法院(2022)粤 20 民终 414 号民事判决书。

实为房屋赠与的,买卖合同因属虚假意思表示而无效,即使赠与合同有效,承租人也不能行使优先购买权。[57] 在因遗赠抚养协议、分割房屋、投资入股、[58]企业合并、企业分立、[59]企业股东变更、[60]企业向投资者分配利润、[61]企业清算后分配剩余财产、[62]行政划拨[63]或企业改制、[64]政府的征收行为、法院没收财产的判决等出卖以外的法律事实,导致房屋所有权转移给第三人的情形,承租人也不能行使优先购买权。

出租人与第三人订立房屋买卖合同以担保民间借贷的,本质上属于民间借贷法律关系,而非一般买卖合同[《民间借贷规定》(2020 年第二次修正)第 23 条],承租人不得行使优先购买权。[65] 出租人与第三人约定将房屋所有权转移至第三人名下,以担保出租人对第三人的债务的,其本质属于让与担保而非房屋买卖(《民法典担保制度解释》第 68 条),承租人亦不能行使优先购买权。   31

出租人与第三人订立房屋买卖合同后,因第三人未能支付购房款等原因,第三人经出租人同意,将其合同权利义务概括转让给受让人的,不属于再次买卖房屋,承租人不得行使优先购买权。[66]   32

出卖人与第三人订立房屋买卖合同后,第三人取得房屋所有权之前,出卖人将房屋出租或者第三人授权他人(出租人)将房屋出租的,因买卖合同成立时承租人尚未取得优先购买权,而租赁合同成立后出租人并未出卖租赁房屋,故承租人无权行使优先购买权。[67]

在互易的情形,如以房换房,因承租人通常难以提供同等条件,故原则上不得行使优先购买权。不过,如第三人的对待给付为种类物,而承租人也能提供该给   33

---

〔57〕 参见广东省深圳市中级人民法院(2013)深中法房终字第 1589 号民事判决书。

〔58〕 参见最高人民法院(2018)最高法民终 130 号民事判决书。

〔59〕 参见杜宇、郑智杨:《承租人对通过公司分立转移的房产不享有优先购买权》,载《人民司法·案例》2010 年第 8 期。

〔60〕 参见广东省中山市中级人民法院(2022)粤 20 民终 414 号民事判决书。

〔61〕 参见湖南省株洲市中级人民法院(2014)株中法民四终字第 163 号民事判决书。

〔62〕 参见邓正超:《产权变更登记未侵害租赁方合法权益》,载《人民司法·案例》2007 年第 24 期。

〔63〕 参见最高人民法院(2018)最高法民终 756 号民事判决书;四川省泸州市中级人民法院(2010)泸民终字第 628 号民事判决书。

〔64〕 参见最高人民法院(2013)民申字第 1057 号民事裁定书。

〔65〕 参见江西省高级人民法院(2019)赣民再 147 号民事判决书。

〔66〕 参见最高人民法院(2011)民字第 1664 号民事裁定书。

〔67〕 参见安徽省高级人民法院(2018)皖民申 1836 号民事裁定书;贵州省铜仁市中级人民法院(2020)黔 06 民终 904 号民事判决书。

付,则仍可行使优先购买权。[68]

34　　　混合赠与属于特殊赠与而非买卖。[69] 优先购买权仅适用于纯粹的出卖情形,不包括混合赠与在内。[70] 出租人以混合赠与方式将房屋赠与第三人时,承租人不得行使优先购买权。例如,出租人将市价 1700 万余元的酒店以 900 万余元的价格出卖给其法定代表人,该法定代表人是出租人的实际控制人之子,[71] 或者出租人将房屋以成本价出卖给投资人以冲抵投资款,[72] 出卖给其隐名股东[73] 或其控股股东的近亲属,[74] 均构成混合赠与,承租人不得行使优先购买权(边码 51)。

35　　　出租人与第三人协议以租赁房屋抵债的,本质上与买卖无异,承租人可以行使优先购买权。[75] 《房屋租赁合同解释》(2020 年修正)第 15 条规定,出租人与抵押权人协议折价租赁房屋偿还债务的,承租人可以以同等条件行使优先购买权。出租人与第三人协议以附有建设工程价款优先受偿权的租赁房屋抵债的,应类推适用上述规定,承租人可以行使优先购买权。[76]

2. 出卖租赁房屋

36　　　出租人出卖的须是已转移给承租人占有的租赁房屋。出租人出卖租赁房屋以外的其他房屋,或者承租人无法证明租赁房屋已被出租人出卖的,不能行使优先购买权。[77]

37　　　本条第 1 款所称"出租人出卖租赁房屋",包括以下情形:第一,租赁房屋为出租人单独所有,出租人将房屋的全部份额出卖给第三人。第二,租赁房屋为出租

〔68〕 参见戴孟勇:《房屋承租人如何行使优先购买权——以〈合同法〉第 230 条为中心的解释论》,载《清华大学学报(哲学社会科学版)》2004 年第 4 期,第 64 页;李家军:《几种特殊出卖情形下的先买权行使问题辨析》,载《法律适用》2014 年第 9 期,第 105 页。

〔69〕 参见崔建远:《合同法》(第 4 版),北京大学出版社 2021 年版,第 475—476 页。

〔70〕 参见史尚宽:《债法各论》,中国政法大学出版社 2000 年版,第 137—138 页。

〔71〕 参见陶郑忠、杨立转、孙猛:《特殊身份关系可排除优先购买权的行使》,载《人民司法·案例》2015 第 22 期,第 48—50 页。

〔72〕 参见湖南省张家界市中级人民法院(2016)湘 08 民终 240 号民事判决书。

〔73〕 参见广东省广州市中级人民法院(2019)粤 01 民终 9156 号民事判决书。

〔74〕 参见福建省南平市中级人民法院(2014)南民终字第 641 号民事判决书。

〔75〕 参见戴孟勇:《房屋承租人如何行使优先购买权——以〈合同法〉第 230 条为中心的解释论》,载《清华大学学报(哲学社会科学版)》2004 年第 4 期,第 64 页;最高人民法院民事审判第一庭编著:《最高人民法院关于审理城镇房屋租赁合同纠纷案件司法解释的理解与适用》,人民法院出版社 2016 年版,第 298—299 页(关丽执笔)。相关裁判可参见江西省高级人民法院(2019)赣民再 147 号民事判决书;广东省高级人民法院(2019)粤执复 952 号执行裁定书;辽宁省高级人民法院(2019)辽民申 5462 号民事裁定书。

〔76〕 以第三人的建设工程价款优先受偿权优先于承租人的优先购买权为由,否认承租人可以行使优先购买权的错误裁判,参见山西省高级人民法院(2019)晋民申 2369 号民事裁定书。

〔77〕 参见杨某丽诉中州泵业公司优先购买权侵权纠纷案,河南省郑州市中级人民法院二审民事判决书,载《最高人民法院公报》2004 年第 5 期,第 30—33 页。

人单独所有,出租人将房屋的部分份额出卖给第三人。第三,租赁房屋为数个出租人共同共有,全体出租人共同将房屋出卖给第三人。第四,租赁房屋为数个出租人按份共有,全体出租人共同将房屋出卖给第三人,或者部分出租人依 2/3 多数决将房屋出卖给第三人(《民法典》第 301 条)。第五,租赁房屋为数个出租人按份共有,部分出租人将其共有份额出卖给第三人。在第一、三、四种情形,承租人可以行使优先购买权。在第二种情形,应允许承租人行使优先购买权,否则出租人即可通过多次转让部分份额的方式将房屋所有权转移给第三人,以此规避优先购买权。第五种情形涉及本条第 1 款第 2 分句,后文单独讨论(边码 48—50)。

在出租人将租赁房屋与其他房屋或附属设施作为一个整体出卖的情况下,就承租人能否仅就其承租的那部分房屋行使优先购买权的问题,早期曾有法院持肯定说。[78] 否定说认为,承租人不得就该部分房屋行使优先购买权,因为整体出卖的房屋与承租人承租的该部分房屋并非同一标的。[79]《承租人优先购买权复函》持折中说,认为"从房屋使用功能上看,如果承租人承租的部分房屋与房屋的其他部分是可分的、使用功能可相对独立的,则承租人的优先购买权应仅及于其承租的部分房屋"。反之,如果房屋不可分割或分割会明显降低其整体价值,则承租人对其承租的部分房屋不能行使优先购买权。[80] 折中说虽利于贯彻本条的规范目的(边码 1),但会导致优先购买权是否具备行使条件、如何认定同等条件等问题变得复杂,严重影响出租人与第三人的买卖合同中标的物范围和价款的确定性。另外,因本条的正当性不足,对其适用应予弱化(边码 5),故应以否定说为妥。

38

出租人将租赁房屋与其他房屋或附属设施作为一个整体出卖时,就部分房屋的承租人对整体出卖的房屋能否行使优先购买权的问题,早期曾有法院持肯定说。[81] 否定说的主要理由是,承租人承租的部分房屋与出租人整体出卖的房屋

39

---

　　〔78〕　参见《广东省高级人民法院关于部分承租人对整体转让的租赁物是否享有优先购买权问题的批复》(粤高法民一复字〔2005〕7 号)。

　　〔79〕　参见最高人民法院(2017)最高法民申 1587 号民事裁定书;内蒙古自治区呼和浩特市中级人民法院(2016)内 01 民终 840 号民事判决书;罗某广诉广东省华侨房产建设公司、陈某义、黄某娇优先购买权纠纷案,广东省广州市越秀区人民法院(2006)越法民三初字第 577 号民事判决书,载最高人民法院中国应用法学研究所编著:《人民法院案例选(月版)》2009 年第 4 辑(总第 4 辑),中国法制出版社 2009 年版,第 21—22 页;邓某基诉广州工艺品进出口集团公司、庾某福优先购买权纠纷案,广东省广州市中级人民法院(2004)穗中法民四终字第 3685 号民事判决书,载最高人民法院中国应用法学研究所编:《人民法院案例选》2007 年第 3 辑(总第 61 辑),人民法院出版社 2008 年版,第 69—71 页。

　　〔80〕　参见北京市高级人民法院(2020)京民申 1805 号民事裁定书;山东省枣庄市中级人民法院(2019)鲁 04 民终 4015 号民事判决书。

　　〔81〕　参见辽宁省沈阳市中级人民法院(2005)沈民(2)房终字第 461 号民事判决书;湖北省恩施土家族苗族自治州中级人民法院(2004)恩州中民终字第 61 号民事判决书。

并非同一标的。[82]《承租人优先购买权复函》采纳折中说，认为"承租人承租的部分房屋占出租人出卖的全部房屋一半以上的，则其对出租人出卖的全部房屋享有优先购买权；反之则不宜认定其对全部房屋享有优先购买权"。受此影响，不少法院支持折中说，认为租赁房屋面积占比未过半的承租人不能行使优先购买权。[83] 折中说有利于保护租赁房屋面积占比过半的承租人，也可避免产生数个承租人均行使优先购买权的复杂局面，值得采纳。依据折中说，若数个承租人的租赁房屋面积之和占比过半，亦可作为一个整体行使优先购买权。

出租人以公开竞价方式将分散出租的房屋整体出售，并在竞买方案中表示同等条件下承租人优先购买的，实质上是赋予每个承租人对整体房屋的约定优先购买权。[84] 此时租赁房屋面积占比过半的承租人仍享有法定优先购买权。

（二）承租人以同等条件表示购买

1. 承租人

40　　依据本条享有和行使优先购买权的主体是承租人。承租人以第三人的名义利用租赁房屋对外经营的，第三人不能享有和行使优先购买权。[85] 与承租人共同居住的人或者共同经营人，[86] 或者根据与承租人的离婚协议实际使用租赁房屋的第三人，[87] 均非本条所称的承租人。

41　　法律、行政法规等对购房人资格设有限制的，如要求购房人为本村村民、拥有当地户籍或缴纳社保达一定年限、具有购买二套房的资格等，承租人取得购房资格后才能行使优先购买权。地方政府规定科教用地及地上房屋只能转让给符合

---

〔82〕　参见四川省高级人民法院(2020)川民申 842 号民事裁定书；江西省吉安市中级人民法院(2021)赣 08 民终 810 号民事判决书；陈某文诉连平县五金交电化工公司确认优先购买权纠纷案，广东省河源市连平县人民法院(2003)连民(初)字第 120 号民事判决书，载最高人民法院中国应用法学研究所编：《人民法院案例选》2007 年第 3 辑(总第 61 辑)，人民法院出版社 2008 年版，第 86—88 页；新亚航空服务公司诉长春房地(集团)有限责任公司将出租房屋进行重置换建侵害其优先购买权案，吉林省高级人民法院(1999)吉民终字 191 号民事判决书，载最高人民法院中国应用法学研究所编：《人民法院案例选》2000 年第 4 辑(总第 34 辑)，人民法院出版社 2001 年版，第 91—94 页；郑某俊诉金坛市计量测试技术研究所向他人出售其曾承租部分的整栋房屋侵犯优先购买权案，江苏省常州市中级人民法院二审民事判决书，载最高人民法院中国应用法学研究所编：《人民法院案例选》2000 年第 3 辑(总第 33 辑)，人民法院出版社 2001 年版，第 78—81 页。

〔83〕　参见最高人民法院(2018)最高法民申 3900 号民事裁定书；北京市高级人民法院(2020)京民申 278 号民事裁定书；四川省高级人民法院(2019)川执监 2 号执行裁定书。

〔84〕　参见湖南省常德市中级人民法院(2009)常民重字第 1 号民事判决书。

〔85〕　参见最高人民法院(2013)民申字第 2418 号民事裁定书。

〔86〕　参见湖北省武汉市中级人民法院(2018)鄂 01 民终 10232 号民事判决书；广东省广州市中级人民法院(2014)穗中法民五终字第 3586 号民事判决书。

〔87〕　参见湖北省高级人民法院(2019)鄂民申 770 号民事裁定书。

规定条件的科技研发企业或机构,不得转让、销售给个人的,个人承租人不得行使优先购买权。[88]

承租人优先购买权属于形成权,与撤销权、解除权等其他形成权一样,在行使上具有不可分性。承租人为数人的,无论其租金债务为按份债务或连带债务,都应作为一个整体行使优先购买权;部分承租人放弃行使的,其他承租人仍应作为整体行使优先购买权。[89]

2. 同等条件

本条第 1 款所称的同等条件,应以出租人与第三人订立的房屋买卖合同中约定的内容为准,包括价款及其履行方式、履行期限等条款(类推适用《民法典物权编解释一》第 10 条)。该买卖合同原则上须为有效合同。如该合同存在无效、可撤销、效力待定、未生效、被解除等情形,则是否影响优先购买权的行使,需视不同情况而定。

第一,若该买卖合同因违法或悖俗而无效(《民法典》第 153 条),由于缺乏有效的同等条件,承租人不得行使优先购买权。[90] 若该买卖合同因约定较高或较低价格构成通谋虚伪表示而无效,双方实际以隐藏的真实价格进行交易,则同等条件应依隐藏行为确定。例如,出租人与第三人的实际交易价格与用于备案、逃避税收的合同中约定的价格不一致的,同等条件应以双方约定的实际交易价格为准。[91] 如果出租人以虚假的交易价格骗取承租人放弃优先购买权,承租人可在行使优先购买权的诉讼中,同时以受欺诈为由请求法院撤销其放弃权利的意思表示(《民法典》第 148 条)。

第二,若该买卖合同属于可撤销合同,在合同被撤销后,同等条件不复存在,承租人不得行使优先购买权。承租人行使优先购买权之后,该买卖合同被撤销的,因被撤销的合同自始无效,同等条件自始不存在,故承租人与出租人的买卖合同视为自始不成立。

第三,若该买卖合同属于效力待定的合同,在该合同生效前或者确定不发生效力后,因缺乏有效的同等条件,承租人无从行使优先购买权;该合同生效后,承租人可以行使优先购买权。

42

43

---

〔88〕 参见江苏省南京市中级人民法院(2021)苏 01 民终 2148 号民事判决书。

〔89〕《德国民法典》第 472 条可供参考。类似主张参见王轶等:《中国民法典释评·合同编典型合同(上卷)》,中国人民大学出版社 2020 年版,第 473 页(熊丙万执笔)。

〔90〕 参见最高人民法院(2013)民申字第 1301 号民事裁定书;黑龙江省高级人民法院(2018)黑民再 328 号民事判决书;上海市高级人民法院(2011)沪高民一(民)再终字第 8 号民事判决书。

〔91〕 参见《当实际交易价格与备案合同价格不一致时,承租人不能要求以备案合同价格作为同等条件主张优先购买权》,载最高人民法院民事审判第一庭编:《民事审判指导与参考》2009 年第 2 集(总第 38 集),法律出版社 2009 年版,第 206—209 页。

第四,若该买卖合同属于未生效合同,例如因附有生效条件或生效期限而暂未生效,或者因未办理报批手续而暂未生效,由于据此确定的同等条件并非无效,故承租人可以行使优先购买权。当然,因行使优先购买权而成立的买卖合同,仍含有同样的生效条件、生效期限或报批条款,除非该生效条件是以承租人放弃行使优先购买权为内容,或者据此成立的买卖合同不再需要办理报批手续,[92]该买卖合同中才不包含这些条款(边码 66)。

第五,该买卖合同虽已生效,但因故被解除或因解除条件成就而失效的,此前承租人通过行使优先购买权所成立的买卖合同不受影响。出租人与第三人恶意串通协商解除该买卖合同,以阻碍承租人行使优先购买权的,因该解除协议无效(《民法典》第 154 条),该买卖合同依然存在,故承租人仍可行使优先购买权。

44　　出租人与第三人的房屋买卖合同有效,第三人依约负有从给付义务的,除非该从给付可以用金钱作价,或者无此从给付该买卖合同亦能成立,否则承租人不得行使优先购买权。[93] 例如,买卖合同中约定第三人须为出卖人安排人员就业的,因该条件无法折算为金钱,承租人不能提供同等条件,故不得行使优先购买权。[94]

若第三人已经支付全部或部分价款,而承租人既不能提供类似比例的款项,也不能提供担保以证明其履行能力的,[95]或者承租人因拖欠租金构成根本违约、[96]因拖欠他人债务被列入失信被执行人名单,[97]表明承租人不具备让出租人信赖的履约能力的,则承租人均无法提供同等条件,故不得行使优先购买权。

45　　根据出租人与第三人的房屋买卖合同确定同等条件后,如果承租人提出减少转让价款、增加出租人负担等实质性变更要求,主张以变更后的条件行使优先购买权的,因不符合同等条件的要求,自不能得到支持(类推适用《民法典物权编解释一》第 12 条第 1 项)。此时承租人的意思表示可以解释为要约,[98]须经出租人承诺才能成立买卖合同。反之,如果承租人以更利于出租人的条件行使优先购买权,自无不许之理。例如,出租人与第三人的买卖合同约定,第三人应在订立合同

〔92〕　参见广东省东莞市中级人民法院(2016)粤 19 民终 9535 号民事判决书。

〔93〕　参见戴孟勇:《房屋承租人如何行使优先购买权——以〈合同法〉第 230 条为中心的解释论》,载《清华大学学报(哲学社会科学版)》2004 年第 4 期,第 65 页。

〔94〕　参见万国营主编:《房屋租赁合同纠纷》(第 2 版),法律出版社 2015 年版,第 25—27 页(李祖坤、张睿执笔)。相关裁判可参见河南省高级人民法院(2013)豫法立二民申字第 00363 号民事裁定书。

〔95〕　参见北京市第一中级人民法院(2014)一中民终字第 00797 号民事判决书。

〔96〕　参见江苏省高级人民法院(2019)苏民申 4356 号民事裁定书;江西省高级人民法院(2019)赣民再 147 号民事判决书。

〔97〕　参见福建省三明市中级人民法院(2020)闽 04 民终 1200 号民事判决书。

〔98〕　参见韩世远:《合同法学》(第 2 版),高等教育出版社 2022 年版,第 438 页。

之日支付一半价款,另一半价款办理银行抵押贷款。[99] 如承租人表示以一次性付清价款的方式行使优先购买权,当无不可。

3. 表示购买

本条第 2 款所谓"表示购买",与第 1 款所称"以同等条件优先购买"、《房屋租赁合同解释》(2020 年修正)第 15 条所称"请求以同等条件优先购买房屋"具有相同含义,都是指承租人行使优先购买权的行为。 　46

结合承租人优先购买权的形成权性质(边码 27)可知,所谓"表示购买",是指承租人向出租人作出以同等条件购买的意思表示(行使表示)。基于承租人优先购买权与解除权的法律性质及行使程序的类似性,可将优先购买权的行使方式类推适用《民法典》第 565 条规定的解除权行使方式。[100] 其结果是:第一,承租人依法以同等条件表示购买的,应当通知出租人;出租人对承租人行使优先购买权有异议的,任何一方均可请求法院或仲裁机构确认行使表示的效力(类推适用《民法典》第 565 条第 1 款)。不过,行使表示不得附条件或附期限,这不同于解除权的行使可以附条件或附期限。第二,承租人未通知出租人,直接以提起诉讼或申请仲裁的方式主张行使优先购买权的,行使表示自起诉状副本或仲裁申请书副本送达出租人时生效(类推适用《民法典》第 565 条第 2 款)。承租人在起诉状或仲裁申请书中仅请求出租人将房屋所有权转移给自己,或者仅请求出租人承担"侵害"优先购买权的赔偿责任的,应解释为其裁判请求中同时包含了行使表示,因为作出行使表示是此类裁判请求获得支持的前提。

承租人以优先购买权受到侵害为由,仅请求法院确认其享有优先购买权的,因欠缺具体的诉讼请求,法院可依《民事诉讼法》第 122 条第 3 项裁定驳回起诉。[101] 实践中,有些法院仅判决确认承租人享有优先购买权,[102] 却不支持承租人以同等条件表示购买的主张,[103] 或者同时判决驳回承租人的其他诉讼请 　47

---

〔99〕 参见安徽省安庆市中级人民法院(2015)宜民一终字第 00365 号民事判决书。

〔100〕 参见戴孟勇:《约定优先购买权的理论构造和法律适用》,载《清华法学》2021 年第 6 期,第 114 页;韩世远:《合同法学》(第 2 版),高等教育出版社 2022 年版,第 438 页。

〔101〕 参见广东省深圳市中级人民法院(2016)粤 03 民终 8893 号民事裁定书。

〔102〕 参见江苏省宿迁市中级人民法院(2021)苏 13 民终 334 号民事判决书;吉林省白城市中级人民法院(2020)吉 08 民终 405 号民事判决书。

〔103〕 参见黑龙江省高级人民法院(2015)黑民终字第 84 号民事判决书;河南省许昌市中级人民法院(2015)许民终第 2053 号民事判决书;广西壮族自治区桂林市中级人民法院(2013)桂市民四终字第 829 号民事判决书。

求，[104] 或者判决承租人应于判决生效之日起一定期限内行使优先购买权。[105] 这类判决均难以保护承租人，不够妥当。不过，在对出租人的房屋进行强制执行的过程中，承租人以案外人身份提出执行异议，主张对该房屋享有租赁权和优先购买权的，法院可以裁定对出租人名下的房屋实行带租拍卖、承租人享有优先购买权。[106] 这有助于保障承租人在执行程序中行使优先购买权。

五、行使限制

本条第 1 款第 2 分句规定了承租人不得行使优先购买权的两种情形（行使限制）。

（一）房屋按份共有人行使优先购买权

48　　在房屋为数个出租人按份共有，部分出租人（按份共有人）将其共有份额出卖给第三人的情形（边码 37），肯定说认为承租人对该共有份额也有优先购买权，因而会与其他按份共有人的优先购买权发生冲突。[107] 否定说主张，承租人优先购买权的客体是房屋整体，仅部分出租人出卖其共有份额时，承租人优先购买权尚不成立或不具备行使条件，故与其他按份共有人的优先购买权不发生冲突。[108]

本条第 1 款第 2 分句第一种情形（以下简称情形一）吸收了 2009 年《房屋租赁合同解释》第 24 条第 1 项内容，[109] 将"房屋按份共有人行使优先购买权"规定

---

〔104〕　参见西藏自治区昌都市中级人民法院(2018)藏 03 民终 52 号民事判决书；湖南省益阳市中级人民法院(2017)湘 09 民终 484 号民事判决书；甘肃省嘉峪关市中级人民法院(2017)甘 02 民终 112 号民事判决书。

〔105〕　参见广东省东莞市中级人民法院(2016)粤 19 民终 9535 号民事判决书。

〔106〕　参见浙江省绍兴市中级人民法院(2020)浙 06 执异 57 号执行裁定书；山东省济宁市中级人民法院(2020)鲁 08 执异 656 号执行裁定书。

〔107〕　参见梁慧星主编：《中国物权法草案建议稿：条文、说明、理由与参考立法例》，社会科学文献出版社 2000 年版，第 115 页(孙宪忠执笔)；王利明主编：《中国物权法草案建议稿及说明》，中国法制出版社 2001 年版，第 171 页(王利明执笔)；许尚豪、单明：《优先购买权制度研究》，中国法制出版社 2006 年版，第 298—300 页；最高人民法院物权法研究小组编著：《〈中华人民共和国物权法〉条文理解与适用》，人民法院出版社 2007 年版，第 318 页(杨永清执笔)。

〔108〕　参见张鹏：《共有人优先购买权和房屋承租人优先购买权竞合之证伪——兼评〈房屋租赁司法解释〉第 24 条第 1 项的理解与适用》，载《法学》2014 年第 12 期，第 34 页；黄薇主编：《中华人民共和国民法典合同编释义》，法律出版社 2020 年版，第 558 页；崔建远：《中国民法典释评·物权编(上卷)》，中国人民大学出版社 2020 年版，第 472 页。

〔109〕　该项规定系以按份共有人与承租人的优先购买权发生冲突为前提。参见最高人民法院民事审判第一庭编著：《最高人民法院关于审理城镇房屋租赁合同纠纷案件司法解释的理解与适用》，人民法院出版社 2016 年版，第 318—321 页(贾劲松执笔)。

为阻却承租人行使优先购买权的事由,实际上采纳了肯定说。否定说会导致情形一成为赘文,违背法律解释的基本要求,也不符合本条的规范目的(边码 1)。依肯定说的逻辑,其他按份共有人放弃行使优先购买权的,承租人仍可行使优先购买权。按照情形一的规定,承租人的行使表示以其他按份共有人放弃或丧失优先购买权为特别生效要件。

出租人采取折价补偿方式分割共有房屋的,效果相当于部分按份共有人将其共有份额出卖给其他按份共有人,故各按份共有人均无权行使优先购买权(《民法典物权编解释一》第 13 条)。[110] 由于折价补偿发生在全体出租人之间,不存在出租人与第三人订立房屋买卖合同的事实,故承租人也不能行使优先购买权。 **49**

出租人采取拍卖、变卖共有房屋的方式以分割价款的,因房屋被拍卖、变卖给出租人以外的第三人,故承租人可依《民法典》第 727 条或本条行使优先购买权。此时按份共有人对该房屋不享有优先购买权,故不适用情形一。

有观点认为,情形一承认了一种新型优先购买权,即按份共有人依据 2/3 多数决出卖共有房屋时,不同意出卖的按份共有人对该房屋享有优先购买权,且该优先购买权优先于承租人的优先购买权。[111] 该观点不符合情形一的规范地位和规范意旨,因为情形一是以但书形式出现的,旨在限制承租人行使优先购买权,并非要创设新型优先购买权。 **50**

(二)出租人将房屋出卖给近亲属

本条第 1 款第 2 分句第二种情形(以下简称情形二)吸收了 2009 年《房屋租赁合同解释》第 24 条第 2 项内容,把"出租人将房屋出卖给近亲属"作为阻却承租人行使优先购买权的事由。立法理由是,近亲属之间的房屋买卖具有浓厚的人身色彩,夹杂着情感关系,与纯粹的买卖有很大区别,主要体现在低于正常价格出售房屋、延长付款期限等因素上。此类因素无法作为行使优先购买权的同等条件。[112] 这实际上是将近亲属之间的房屋买卖视为混合赠与(边码 34)。根据情形二,只要证明买受人是出租人的近亲属,承租人就不能行使优先购买权。[113] 该规 **51**

〔110〕 参见房绍坤:《实体与程序双重视角下优先购买权在强制拍卖中的适用》,载《政法论坛》2023年第 3 期,第 73—74 页。

〔111〕 参见房绍坤:《实体与程序双重视角下优先购买权在强制拍卖中的适用》,载《政法论坛》2023年第 3 期,第 72—74 页;张鹏:《民法典背景下我国优先购买权制度内涵——兼评最高人民法院实施民法典相关司法解释的修订》,载《东方法学》2022 年第 1 期,第 133—135 页;王利明主编:《中国民法典评注·合同编(三)》,人民法院出版社 2021 年版,第 1103 页(李大何执笔)。

〔112〕 参见黄薇主编:《中华人民共和国民法典合同编释义》,法律出版社 2020 年版,第 558 页。

〔113〕 参见安徽省马鞍山市中级人民法院(2021)皖 05 民终 1713 号民事判决书。

定并未赋予出租人的近亲属对租赁房屋的优先购买权。[114]

52　　　情形二所称"出卖",是指出租人与近亲属订立房屋买卖合同;所称"近亲属",其范围依照《民法典》第 1045 条第 2 款确定。丧偶儿媳对公婆、丧偶女婿对岳父母尽了主要赡养义务的,应当作为第一顺序继承人(第 1129 条)。就此而言,双方的感情联系类似子女与父母的关系。因此,情形二的"近亲属"应当扩张解释为包括这类人员在内。另外,因被继承人的子女的直系晚辈血亲、被继承人的兄弟姐妹的子女依法进行代位继承时(第 1128 条),其法律地位与被继承人的子女或兄弟姐妹相当,故被继承人将租赁房屋出卖给依法可以代位继承的其他亲属时,应类推适用情形二,承租人不得行使优先购买权。

六、除斥期间

(一)除斥期间的确定

53　　　本条第 2 款规定的 15 日,自出租人的通知到达承租人之日起计算,不适用有关诉讼时效中止、中断和延长的规定,其性质属于除斥期间。[115] 租赁合同对优先购买权的除斥期间另有约定的,按约定处理;没有约定或约定不明的,出租人可在通知中指定一个不短于 15 日的除斥期间(类推适用《民法典物权编解释一》第 11 条);通知中未指定或指定的除斥期间短于 15 日的,适用法定的 15 日期间。

(二)出租人进行事前通知

54　　　本条第 1 款第 1 分句所称"应当在出卖之前……通知承租人",是指出租人应当在与第三人订立房屋买卖合同之前通知承租人(事前通知)。其所谓"合理期限",不应理解为 15 日等固定期限,[116] 只要出租人在与第三人订立买卖合同之前通知承租人即可。因为出租人很难预先确定与第三人订立买卖合同的日期并往前逆算数日提前通知承租人,况且出租人是否提前通知,都不影响承租人在出租人与第三人订立买卖合同后行使优先购买权(边码 61)。

55　　　租赁合同未约定通知形式的,依事前通知构成要约邀请还是要约(边码 56),可

---

〔114〕　参见河南省安阳市中级人民法院(2014)安中民三终字第 1017 号民事判决书。

〔115〕　参见最高人民法院民法典贯彻实施工作领导小组主编:《中华人民共和国民法典合同编理解与适用(三)》,人民法院出版社 2020 年版,第 1559 页。

〔116〕　有观点将"合理期限"解释为 15 日。参见最高人民法院民事审判第一庭编著:《最高人民法院关于审理城镇房屋租赁合同纠纷案件司法解释的理解与适用》,人民法院出版社 2016 年版,第 290 页(关丽执笔);王轶等:《中国民法典释评·合同编典型合同(上卷)》,中国人民大学出版社 2020 年版,第 472 页(熊丙万执笔)。

类推适用或适用《民法典》第 135 条确定通知形式。通知生效的时间应类推适用或适用《民法典》第 137 条。出租人以在租赁房屋处张贴告示、在新闻媒体上刊登公告等方式进行通知的,仅在无法通知承租人的情况下,才能发生通知的法律效果。

事前通知的内容是出租人出卖租赁房屋的意图和拟出卖的价格等交易信息。根据通知的内容是否具体确定等因素,该通知可能构成要约邀请或要约。[117] 在通知生效后 15 日内,可能产生如下法律效果:第一,承租人明确表示不购买或放弃优先购买权的,优先购买权消灭。第二,承租人未明确表示购买的,本条第 2 款规定"视为承租人放弃"优先购买权,实质上是该权利因除斥期间届满而消灭。拍卖公司受出租人委托变卖租赁房屋时,承租人未按拍卖公司要求提交报名手续和交纳相应保证金的,视为放弃优先购买权。[118] 第三,承租人明确表示购买的,根据要约、承诺规则确定买卖合同是否成立。不过,因双方对价格等条件存在分歧等原因,导致未订立买卖合同的,不能视为承租人放弃优先购买权。嗣后出租人如以高于承租人同意的价格等条件与第三人订立买卖合同,承租人不得行使优先购买权;[119] 如以等于或低于承租人同意的价格等条件与第三人订立买卖合同,承租人可以行使优先购买权(边码 65)。

(三) 出租人进行事后通知

出租人未提前通知承租人就与第三人订立房屋买卖合同的,根据本条的规范目的(边码 1)和诚信原则(《民法典》第 509 条第 2 款),出租人有义务再次通知承租人(事后通知)。该义务属于附随义务,产生于出租人与第三人订立买卖合同之时。出租人的事后通知可以保障承租人知悉优先购买权的行使条件,以便其能够决定是否行使优先购买权,并导致优先购买权的除斥期间开始计算(边码 53)。[120]

出租人的事后通知属于观念通知。关于通知的形式和生效时间,可类推适用《民法典》第 135 条、第 137 条。

事后通知的内容是出租人与第三人订立的房屋买卖合同内容(同等条件)(边码 43—44)。通知的内容应详细到可以作为承租人决定行使优先购买权的根据。如果出租人提供的合同文本不清晰,承租人有权要求其补充信息。如果合同依法应当办理批准等手续才能生效,出租人还应将合同获得批准的事实通知承租人。如

56

57

58

59

---

〔117〕 参见李家军:《先买权行使中的出卖通知》,载《人民司法·应用》2012 年第 9 期,第 86 页;戴孟勇:《论优先购买权中的通知义务》,载《云南社会科学》2019 年第 4 期,第 123—125 页。

〔118〕 参见最高人民法院(2013)民申字第 278 号民事裁定书。

〔119〕 参见重庆市第四中级人民法院(2010)渝四中法民终字第 00213 号民事判决书。

〔120〕 参见戴孟勇:《论优先购买权中的通知义务》,载《云南社会科学》2019 年第 4 期,第 118—119 页。

果通知的内容不正确,承租人可以根据《民法典》关于重大误解或欺诈的规定,撤销已经作出的行使表示。如果在出租人发送通知后,出租人与第三人的买卖合同发生变更,则出租人须再提交变更后的通知,否则优先购买权的除斥期间就不能起算。[121]

60　　　　事后通知义务的义务人是出租人。因出租人是否履行通知义务,可能影响出租人与第三人的房屋买卖合同的履行(边码68),故第三人对出租人履行该通知义务具有合法利益,可依据《民法典》第 524 条第 1 款代出租人履行。不过,承租人仅对出租人享有通知请求权,第三人既不负有法定的通知义务,也无提醒出租人通知承租人的义务。[122]

61　　　　本条第 2 款所称"出租人履行通知义务后",包括出租人履行事前通知义务和事后通知义务两种情况。出租人履行事后通知义务后,承租人在 15 日内未明确表示购买的,视为放弃优先购买权(本条第 2 款);以同等条件表示购买的,在双方之间成立房屋买卖合同(边码65)。出租人未履行事后通知义务的,承租人通过其他方式知悉同等条件后,仍可在 15 日内行使优先购买权;在 15 日内未明确表示购买的,视为放弃优先购买权(类推适用本条第 2 款)。出租人出卖租赁房屋时虽未通知承租人,但法院在一审时询问承租人是否以同等条件购买房屋,承租人明确表示不同意按同等条件购买的,应认定为放弃优先购买权。[123]

62　　　　出租人将房屋所有权转移给第三人较长时间后,承租人才知悉同等条件的,如仍允许其行使优先购买权,会影响法律秩序的稳定。因此,应为优先购买权的行使设置最长除斥期间。类推适用《民法典物权编解释一》第 11 条第 4 项可知,出租人未履行事后通知义务的,承租人只能在房屋所有权转移给第三人之日起 6 个月内行使优先购买权。

七、行使效果

(一) 出租人与第三人订立买卖合同前

63　　　　出租人在与第三人订立房屋买卖合同前通知承租人的,双方可以采用要约、承诺方式订立买卖合同(边码56)。严格说来,该合同并非承租人直接行使优先购

---

〔121〕　参见戴孟勇:《论优先购买权中的通知义务》,载《云南社会科学》2019 年第 4 期,第 124 页。

〔122〕　参见广东省广州市中级人民法院(2012)穗中法民五终字第 3738 号民事判决书。

〔123〕　参见最高人民法院(2020)最高法民申 603 号民事裁定书。

买权的结果。[124]

(二) 出租人与第三人订立买卖合同后

出租人与第三人订立房屋买卖合同后,承租人依法行使优先购买权的,产生 64
如下法律效果:第一,成立以同等条件为内容的房屋买卖合同(形成性效果);第
二,承租人有可能优先于第三人取得房屋所有权(优先性效果)。

1. 形成性效果

本条未规定承租人行使优先购买权的法律效果。结合该权利的形成权性质 65
(边码27)及其行使方式(边码46)可知:自承租人的行使表示到达出租人时起,就成
立以同等条件为内容的房屋买卖合同;[125]承租人直接以提起诉讼或申请仲裁的
方式行使优先购买权的,买卖合同自起诉状副本或仲裁申请书副本送达出租人时
成立。[126] 这是行使优先购买权产生的债法上效果,体现了该权利的形成权性质
(形成性效果)。这种订立合同的方式属于要约、承诺方式以外的"其他方式"
(《民法典》第471条)。

出租人已将房屋所有权出卖并转移给第三人的,承租人仍可行使优先购买权
并成立有效的房屋买卖合同,只是不能优先于第三人取得房屋所有权而已(边码
68)。2009年《房屋租赁合同解释》第24条第4项曾规定,如"第三人善意购买租
赁房屋并已经办理登记手续",则"承租人主张优先购买房屋的,人民法院不予支
持"。因其表述易使法官误认为承租人不得行使、不再享有或已经丧失优先购买
权,[127]故《房屋租赁合同解释》(2020年修正)将其删除是正确的。

承租人行使优先购买权所成立的房屋买卖合同,其内容原则上和出租人与第 66
三人的房屋买卖合同相同,但需结合其成立的特点调整相关条款。

第一,出租人与第三人的买卖合同如约定以承租人放弃优购买权为生效条
件或者以承租人行使优先购买权为失效条件,则承租人与出租人的买卖合同中不

---

〔124〕 参见戴孟勇:《论优先购买权中的通知义务》,载《云南社会科学》2019年第4期,第124页;韩
世远:《合同法学》(第2版),高等教育出版社2022年版,第438页。

〔125〕 相关判决参见辽宁省锦州市中级人民法院(2019)辽07民终1789号民事判决书。按份共有
人行使优先购买权的法律效果与此相同。参见杜万华主编:《最高人民法院物权法司法解释(一)理解与
适用》,人民法院出版社2016年版,第136—137页(姜强执笔)、第296—297页(王丹执笔)、第313—317
页(王毓莹执笔)。

〔126〕 参见韩世远:《合同法学》(第2版),高等教育出版社2022年版,第439页。

〔127〕 参见最高人民法院(2015)民申字第2553号民事裁定书;贵州省铜仁市中级人民法院(2020)
黔06民终904号民事判决书;四川省绵阳市中级人民法院(2019)川07民终1433号民事判决书;西藏自
治区林芝地区中级人民法院(2012)林中民一终字第09号民事判决书。

包含这些条款(边码43)。[128] 因为这类条款意在消灭出租人与第三人的买卖合同,无法适用于承租人与出租人的买卖合同。

第二,承租人行使优先购买权时,若出租人与第三人的买卖合同中约定的支付价款或转移房屋所有权的期限已经届满,则这类履行期限条款不应纳入承租人与出租人的买卖合同中,以免出现只要承租人行使优先购买权,承租人或出租人就构成迟延履行的窘境。此时应认为,根据诚信原则(《民法典》第509条第2款),只有在承租人与出租人的买卖合同成立后经过合理期限,双方的债务履行期才能届满。实践中,有些法院判决双方应按照出租人与第三人订立的买卖合同的条款履行;[129] 有些法院则分别确定了承租人和出租人履行义务的期限,如10日、15日等(边码69)。[130] 后一种做法更为妥当。

第三,若出租人与第三人的买卖合同中约定分期付款,则该条款原则上不能纳入承租人与出租人的买卖合同。因为这类付款优待通常是基于出租人对第三人资信状况的信赖,而承租人未必能获得同样的信赖。不过,如果约定的分期付款属于行业习惯,与第三人的信用无关,[131] 或者约定剩余价款采用以所购房屋办理银行抵押贷款的方式支付,则承租人仍可主张适用相同的付款方式。[132]

2. 优先性效果

67   承租人与出租人的房屋买卖合同成立后,若出租人与第三人的买卖合同因此而不生效或失效(边码66),则承租人与第三人不会发生权利冲突,承租人可通过合同的履行取得房屋所有权。若出租人与第三人的买卖合同依然存在,就会在出租人与承租人、第三人之间形成双重买卖关系。[133] 此时承租人能否优先于第三人取得房屋所有权,涉及优先购买权的对抗效力问题。

在《民通意见》第118条被废止后,主流观点认为,承租人优先购买权是债权

---

〔128〕 比较法上的做法参见《德国民法典》第465条;[德]迪特尔·梅迪库斯:《德国债法分论》,杜景林、卢谌译,法律出版社2007年版,第131页。

〔129〕 参见安徽省安庆市中级人民法院(2015)宜民一终字第00365号民事判决书;四川省成都市中级人民法院(2014)成民终字第1547号民事判决书。

〔130〕 参见辽宁省锦州市中级人民法院(2019)辽07民终1789号民事判决书;四川省内江市中级人民法院(2017)川10民终217号民事判决书;天津市第二中级人民法院(2015)二中民四终字第450号民事判决书。

〔131〕 参见杜万华主编:《最高人民法院物权法司法解释(一)理解与适用》,人民法院出版社2016年版,第280页(于蒙执笔)。

〔132〕 参见安徽省安庆市中级人民法院(2015)宜民一终字第00365号民事判决书。

〔133〕 参见天津市第二中级人民法院(2015)二中民四终字第450号民事判决书;四川省成都市中级人民法院(2014)成民终字第1547号民事判决书;广西壮族自治区南宁市中级人民法院(2011)南市民一终字第1680号民事判决书。

性质的优先购买权[134]或者说属于债权性形成权,[135]不具有对抗第三人的效力(边码3)。[136] 也就是说,行使优先购买权的效果仅是在承租人与出租人之间成立房屋买卖合同,承租人基于该买卖合同享有的所有权转移请求权并不能对抗第三人。从现行法来看,由于缺乏合法的公示手段,承租人优先购买权无法取得对抗效力。首先,虽然该权利的成立要件之一是房屋已转移给承租人占有(边码24),但占有本身无法公示房屋上存在的租赁权和优先购买权。其次,现行法不承认对房屋的租赁权和优先购买权具有登记能力,承租人优先购买权无法通过登记或预告登记取得对抗效力。最后,我国对城镇房屋租赁实行的强制登记备案制度,虽然具有将房屋租赁合同予以公示的功能,[137]但将其作为承租人优先购买权的公示方式也无法律依据。

　　由于承租人优先购买权不具有对抗效力,故在出租人与承租人、第三人之间的双重买卖关系中,若出租人已将房屋所有权转移给第三人,则承租人只能请求出租人承担违约损害赔偿责任。不过,在房屋所有权尚未转移给第三人的情形,若承租人和第三人都请求出租人转移房屋所有权,[138]法院应当判决出租人向承租人履行转移房屋所有权的义务,[139]以贯彻本条的规范目的(边码1)。在这个意义上,承租人可以优先于第三人取得房屋所有权(优先性效果)。　　　　68

　　实践中,在认定承租人与出租人之间成立房屋买卖合同的情况下,有些法院判决承租人在判决生效后一定期限内向出租人支付价款、出租人在收到价款后一　　　69

---

〔134〕　参见最高人民法院(2022)最高法执监229号执行裁定书;最高人民法院(2021)最高法执监91号执行裁定书。

〔135〕　参见杨代雄主编:《袖珍民法典评注》,中国民主法制出版社2022年版,第690页(王珏执笔)。

〔136〕　参见杜万华、冯小光、关丽:《〈关于审理房屋租赁合同纠纷案件具体应用法律若干问题的解释〉的理解与适用》,载《人民司法·应用》2009年第21期,第27页;最高人民法院民法典贯彻实施工作领导小组主编:《中华人民共和国民法典合同编理解与适用(三)》,人民法院出版社2020年版,第1561页。相关判决参见广东省高级人民法院(2012)粤高法审监民提字第227号民事判决书;山东省济宁市中级人民法院(2013)济民终字第1636号民事判决书。

〔137〕　参见最高人民法院民事审判第一庭编著:《最高人民法院关于审理城镇房屋租赁合同纠纷案件司法解释的理解与适用》,人民法院出版社2016年版,第87页(姚宝华执笔)。

〔138〕　承租人和第三人可能会参加同一个诉讼,其中一方充当原告,另一方为有独立请求权的第三人,出租人则是被告。参见江苏省宿迁市中级人民法院(2021)苏13民终334号民事判决书;四川省内江市中级人民法院(2017)川10民终1082号民事判决书;广东省东莞市中级人民法院(2016)粤19民终9535号民事判决书。

〔139〕　参见最高人民法院民事审判第一庭编著:《最高人民法院关于审理城镇房屋租赁合同纠纷案件司法解释的理解与适用》,人民法院出版社2016年版,第292页(关丽执笔)。有些法院以承租人享有优先购买权为由,认为承租人与出租人的房屋买卖合同应当优先履行。参见天津市第二中级人民法院(2015)二中民四终字第450号民事判决书;四川省成都市中级人民法院(2014)成民终字第1547号民事判决书。

定期限内协助承租人办理房地产权属转移登记。[140] 在出租人未提出反诉的情况下,前一个判项缺乏法律依据。应当看到,在房地产交易实践中,一般是买受人先履行支付价款的义务,出卖人后履行转移房屋所有权的义务,少数情况下双方同时履行各自的义务。基于此,法院可以结合先履行抗辩权或同时履行抗辩权的法理,将出租人否认承租人行使表示的行为解释成行使先履行抗辩权或同时履行抗辩权,进而作出诸如同时履行判决之类的附条件判决:判决在承租人履行支付价款的义务之时或之后一定期限内,出租人协助承租人办理房地产权属转移登记。[141] 这样只要承租人未支付价款,就不能申请法院对出租人强制执行,出租人无须提出反诉即可维护自己的利益。如果承租人已将价款提交给法院,[142] 法院可直接判决出租人协助承租人办理房地产权属转移登记。

八、举证责任

70　　　承租人优先购买权的成立要件,由承租人承担举证责任。仅是当事人在房屋中居住的事实,不能证明其属于承租人。[143] 出租人否认承租人享有优先购买权的,应当证明房屋租赁合同属于福利性住房租赁或者该合同已因解除、期满、撤销等事由而消灭等事实。

71　　　出租人出卖租赁房屋的事实,由承租人承担举证责任。承租人仅提交第三人向出租人汇款的凭证,不足以证明出租人与第三人订立了房屋买卖合同。[144] 出租人或第三人否认承租人的行使表示的,应举证证明存在限制优先购买权行使的事实,如第三人系出租人的近亲属等。

72　　　出租人履行通知义务及通知到达承租人的事实,由出租人承担举证责任。[145] 承租人主张已依法行使优先购买权的,应证明行使表示在除斥期间内到达出租人。出租人主张承租人已放弃或视为放弃优先购买权的,应承担举证责任。

---

〔140〕　参见辽宁省锦州市中级人民法院(2019)辽 07 民终 1789 号民事判决书;四川省内江市中级人民法院(2017)川 10 民终 217 号民事判决书;天津市第二中级人民法院(2015)二中民四终字第 450 号民事判决书。

〔141〕　关于同时履行判决,参见王洪亮:《〈合同法〉第 66 条(同时履行抗辩权)评注》,载《法学家》2017 年第 2 期,第 175 页。

〔142〕　参见江苏省宿迁市中级人民法院(2021)苏 13 民终 334 号民事判决书。

〔143〕　参见河北省高级人民法院(2020)冀民申 4973 号民事裁定书。

〔144〕　参见最高人民法院(2020)最高法民申 1684 号民事裁定书。

〔145〕　参见新疆生产建设兵团第十二师中级人民法院(2022)兵 11 民终 225 号民事判决书;贵州省贵阳市中级人民法院(2014)筑民一终字第 523 号民事判决书。

附:案例索引

1. 安徽省安庆市中级人民法院(2015)宜民一终字第00365号民事判决书:马某与安徽中广置业有限公司等优先购买权纠纷案【边码45、66】

2. 安徽省高级人民法院(2018)皖民申1836号民事裁定书:亳州市残疾人康复中心医院与亳州市谯城区残疾人联合会合同纠纷案【边码32】

3. 安徽省马鞍山市中级人民法院(2021)皖05民终1713号民事判决书:孙某祥与陈某铁等房屋买卖合同纠纷案【边码51】

4. 北京市第一中级人民法院(2014)一中民终字第00797号民事判决书:陈某彬与解某房屋租赁合同纠纷案【边码44】

5. 北京市高级人民法院(2019)京执异97号执行裁定书:中国进出口银行等与程某执行异议纠纷案【边码21】

6. 北京市高级人民法院(2020)京民申278号民事裁定书:马某良与王某等房屋买卖合同纠纷案【边码39】

7. 北京市高级人民法院(2020)京民申1805号民事裁定书:龚某发与王某等房屋买卖合同纠纷案【边码38】

8. 北京市高级人民法院(2022)京执监37号执行裁定书:赵某彬与徐某执行审查纠纷案【边码20】

9. 重庆市第四中级人民法院(2010)渝四中法民终字第00213号民事判决书:龙某均与侯某飞等房屋优先购买权纠纷案【边码56】

10. 重庆市第一中级人民法院(2013)渝一中法民终字第01428号民事判决书:冯某飞与重庆市鸳鸯房地产开发有限公司车位纠纷案【边码11】

11. 福建省高级人民法院(2018)闽执复85号执行裁定书:庄某狮与陈某轮、庄某华等其他案由纠纷案【边码21】

12. 福建省南平市中级人民法院(2014)南民终字第641号民事判决书:单某与福建省南平市中野房地产开发有限公司等房屋租赁合同纠纷案【边码34】

13. 福建省三明市中级人民法院(2020)闽04民终1200号民事判决书:杨某与黄某海租赁合同纠纷案【边码44】

14. 甘肃省嘉峪关市中级人民法院(2017)甘02民终112号民事判决书:周某梅等与嘉峪关德汇房地产开发有限公司房屋租赁合同纠纷案【边码47】

15. 广东省东莞市中级人民法院(2016)粤19民终9535号民事判决书:东莞市胜威实业投资有限公司等与新祺科技(东莞)有限公司合同纠纷案【边码15、43、47、68】

16. 广东省高级人民法院(2012)粤高法审监民提字第227号民事判决书:广东建基环境工程有限公司与欧某林等优先购买权纠纷案【边码67】

17. 广东省高级人民法院(2019)粤执复952号执行裁定书:冠粤集团有限公司与广州市润树实业有限公司、广州市番禺区桥梁开发建设集团公司等其他案由纠纷案【边码35】

18. 广东省高级人民法院(2019)粤执监165号执行裁定书:郑某标与东莞市威远实业集团有限公司借款合同纠纷案【边码20】

19. 广东省高级人民法院(2020)粤民申 4784 号民事裁定书:张某永与方某合同纠纷案【边码 26】

20. 广东省高级人民法院(2021)粤执复 187 号执行裁定书:深圳市德力源通贸易发展有限公司与中信银行股份有限公司深圳分行等借款合同纠纷案【边码 20】

21. 广东省高级人民法院(2021)粤执复 382 号执行裁定书:杨某与中国农业银行股份有限公司深圳东部支行等其他案由纠纷案【边码 20】

22. 广东省广州市越秀区人民法院(2006)越法民三初字第 577 号民事判决书:罗某广诉广东省华侨房产建设公司、陈某义、黄某娇优先购买权纠纷案,载《人民法院案例选(月版)》2009 年第 4 辑【边码 38】

23. 广东省广州市中级人民法院(2004)穗中法民四终字第 3685 号民事判决书:邓某基诉广州工艺品进出口集团公司、庾某福优先购买权纠纷案,载《人民法院案例选》2007 年第 3 辑【边码 17、38】

24. 广东省广州市中级人民法院(2012)穗中法民五终字第 3738 号民事判决书:朱某辉等与何某华优先购买权纠纷案【边码 60】

25. 广东省广州市中级人民法院(2014)穗中法民五终字第 3586 号民事判决书:马某华等与广东电子器材有限公司等优先购买权纠纷案【边码 40】

26. 广东省广州市中级人民法院(2015)穗中法民五终字第 3571 号民事判决书:广州市西亚兴安商业有限公司与广州市东建实业集团有限公司房屋优先购买权纠纷案【边码 17】

27. 广东省广州市中级人民法院(2019)粤 01 民终 9156 号民事判决书:广东穗恒律师事务所与恒利电子国际有限公司等优先购买权纠纷案【边码 34】

28. 广东省河源市连平县人民法院(2003)连民(初)字第 120 号民事判决书:陈某文诉连平县五金交电化工公司确认优先购买权纠纷案,载《人民法院案例选》2007 年第 3 辑【边码 39】

29. 广东省深圳市中级人民法院(2013)深中法房终字第 1589 号民事判决书:李某红与深圳市闽泰房地产开发有限公司房屋租赁合同纠纷案【边码 30】

30. 广东省深圳市中级人民法院(2016)粤 03 民终 8893 号民事裁定书:蒋某等与陈某岩房屋租赁合同纠纷案【边码 47】

31. 广东省中山市中级人民法院(2022)粤 20 民终 414 号民事判决书:广东宝路盛精密机械有限公司与中山市国迈五金实业有限公司等房屋租赁合同纠纷案【边码 29、30】

32. 广西壮族自治区桂林市中级人民法院(2013)桂市民四终字第 829 号民事判决书:桂林新先立抗菌材料有限公司与桂林集琦包装有限公司房屋租赁合同纠纷案【边码 47】

33. 广西壮族自治区南宁市中级人民法院(2011)南市民一终字第 1680 号民事判决书:石某涛与广西中鼎股份有限公司等租赁合同纠纷案【边码 67】

34. 贵州省贵阳市中级人民法院(2001)筑民二终字第 210 号民事判决书:吴某明诉贵州省修文县扎佐镇兴红村村民委员会案,载《中国审判案例要览(2002 年民事审判案例卷)》【边码 10】

35. 贵州省贵阳市中级人民法院(2014)筑民一终字第 523 号民事判决书:贵州金鹰物业有限公司与贵州人文资源开发有限公司等房屋租赁合同纠纷案【边码 72】

36. 贵州省铜仁市中级人民法院（2020）黔 06 民终 904 号民事判决书：刘某钊与贵州吉兴房地产开发有限公司房屋租赁合同纠纷案【边码 32、65】

37. 河北省高级人民法院（2020）冀民申 4973 号民事裁定书：贺某与宋某国案外人执行异议之诉纠纷案【边码 70】

38. 河南省安阳市中级人民法院（2014）安中民三终字第 1017 号民事判决书：仝某贵与韩某宇等确认合同无效纠纷案【边码 51】

39. 河南省高级人民法院（2013）豫法立二民申字第 00363 号民事裁定书：步某华与张某、郑州市上街区矿山街道办事处、郑州市上街区矿山街道工业办公室、张某民租赁合同纠纷案【边码 44】

40. 河南省灵宝市人民法院（2004）灵民一初字第 693 号民事判决书：王某亚诉卢氏县五交化公司、杨某粉、薛某生承租房屋优先购买权案，载《人民法院案例选》2006 年第 1 辑【边码 11、12】

41. 河南省商丘市中级人民法院（2010）商民终字第 1610 号民事判决书：吴某章与河南省夏邑县业庙供销合作社优先购买权纠纷案【边码 12】

42. 河南省信阳市中级人民法院（2010）信中法民终字第 710 号民事判决书：陈某敏、陈某与罗山县供销社零售公司破产管理人罗山县丰华破产清算事务所、罗山县企业养老保险中心、黄某承租人优先购买权纠纷案【边码 13】

43. 河南省许昌市中级人民法院（2015）许民终第 2053 号民事判决书：张某安与胡某潇等房屋租赁合同纠纷案【边码 47】

44. 河南省永城市人民法院一审民事判决书：葛某英诉城镇农机站抵押借款后又将抵押物发包给其承包经营现抵押物被判决执行给债权人应按租赁关系由其行使优先购买权案，载《人民法院案例选》2003 年第 1 辑【边码 13】

45. 河南省郑州市中级人民法院二审民事判决书：杨某丽诉中州泵业公司优先购买权侵权纠纷案，载《最高人民法院公报》2004 年第 5 期【边码 15、36】

46. 黑龙江省高级人民法院（2015）黑民终字第 84 号民事判决书：王某双与鹤岗市第一制砖厂留守处租赁合同纠纷案【边码 47】

47. 黑龙江省高级人民法院（2018）黑民再 328 号民事判决书：王某涛与穆棱市农村信用合作联社租赁合同纠纷案【边码 9、43】

48. 湖北省恩施土家族苗族自治州中级人民法院（2004）恩州中民终字第 61 号民事判决书：周其成与建始县兴泉供水有限责任公司等房屋优先购买权纠纷案【边码 39】

49. 湖北省高级人民法院（2018）鄂民终 566 号民事判决书：汇达资产托管有限责任公司与襄阳涌鑫鼎洁洗涤有限责任公司侵权责任纠纷案【边码 26】

50. 湖北省高级人民法院（2019）鄂民申 770 号民事裁定书：杨某珠与湖北中信鑫鑫置业开发有限公司房屋租赁合同纠纷案【边码 40】

51. 湖北省武汉市中级人民法院（2018）鄂 01 民终 10232 号民事判决书：杨某珠与湖北中信鑫鑫置业开发有限公司房屋租赁合同纠纷案【边码 40】

52. 湖北省咸宁市中级人民法院（2020）鄂 12 民终 1712 号民事判决书：姚某英与高某元

侵权责任纠纷案【边码 26】

53. 湖南省常德市中级人民法院(2009)常民重字第 1 号民事判决书:谢某与常德市武陵区武陵农村信用合作社房屋买卖合同纠纷案【边码 39】

54. 湖南省益阳市中级人民法院(2017)湘 09 民终 484 号民事判决书:益阳信实置业有限公司与江某伟等合同纠纷案【边码 47】

55. 湖南省张家界市中级人民法院(2016)湘 08 民终 240 号民事判决书:吴某明与江西成功房地产开发有限公司及原审第三人凌某强租赁合同纠纷案【边码 34】

56. 湖南省株洲市中级人民法院(2014)株中法民四终字第 163 号民事判决书:刘某成与株洲市祥元房地产有限责任公司等侵权纠纷案【边码 30】

57. 吉林省白城市中级人民法院(2020)吉 08 民终 405 号民事判决书:王某与张某宝房屋租赁合同纠纷案【边码 47】

58. 吉林省长春市中级人民法院(2021)吉 01 民终 8126 号民事判决书:封某顺与张某等房屋租赁合同纠纷案【边码 5】

59. 吉林省高级人民法院(1999)吉民终字 191 号民事判决书:新亚航空服务公司诉长春房地(集团)有限责任公司将出租房屋进行重置换建侵害其优先购买权案,载《人民法院案例选》2000 年第 4 辑【边码 39】

60. 江苏省常州市中级人民法院二审民事判决书:郑某俊诉金坛市计量测试技术研究所向他人出售其曾承租部分的整栋房屋侵犯优先购买权案,载《人民法院案例选》2000 年第 3 辑【边码 39】

61. 江苏省高级人民法院(2015)苏审二民申字第 01047 号民事裁定书:王某年与扬州市鑫龙房产有限公司房屋租赁合同纠纷案【边码 5】

62. 江苏省高级人民法院(2019)苏民申 4152 号民事裁定书:刘某杰与孙某汉、邢某君房屋租赁合同纠纷案【边码 1、23】

63. 江苏省高级人民法院(2019)苏民申 4356 号民事裁定书:殷某兵与余某租赁合同纠纷案【边码 44】

64. 江苏省连云港市中级人民法院(2018)苏 07 民终 1237 号民事判决书:钱某与江苏灌云农村商业银行股份有限公司租赁合同纠纷案【边码 12】

65. 江苏省南京市中级人民法院(2021)苏 01 民终 2148 号民事判决书:王某瑜、南京市玄武北苑之星幼儿园与南京市城市建设开发(集团)有限责任公司房屋租赁合同纠纷案【边码 41】

66. 江苏省宿迁市中级人民法院(2021)苏 13 民终 334 号民事判决书:赵某兵与宿迁市众安文化旅游发展有限公司房屋租赁合同纠纷案【边码 47、68、69】

67. 江苏省无锡市中级人民法院(2009)锡民终字第 0710 号民事裁定书:肖某华诉江苏瑞南实达房地产开发有限公司承租人优先购买权案,载《中国审判案例要览(2011 年民事审判案例卷)》【边码 5】

68. 江西省高级人民法院(2019)赣民再 147 号民事判决书:江西凯诚实业有限公司九江县分公司与徐某侵权责任纠纷案【边码 31、35、44】

69. 江西省吉安市中级人民法院(2021)赣 08 民终 810 号民事判决书:胡某琴与吉安市鑫田化肥农药有限公司房屋租赁合同纠纷案【边码 39】

70. 江西省宜春市中级人民法院(2018)赣 09 民终 402 号民事判决书:祁某辉与袁某立合同纠纷案【边码 22】

71. 辽宁省高级人民法院(2019)辽民申 5462 号民事裁定书:李某英与杜某江第三人撤销之诉纠纷案【边码 35】

72. 辽宁省锦州市中级人民法院(2019)辽 07 民终 1789 号民事判决书:黑山县工业物资贸易中心与张某纯房屋租赁合同纠纷案【边码 65、66、69】

73. 辽宁省沈阳市中级人民法院(2005)沈民(2)房终字第 461 号民事判决书:朴某植与沈阳市和平区粮油经销公司优先购买权纠纷案【边码 39】

74. 内蒙古自治区呼和浩特市中级人民法院(2016)内 01 民终 840 号民事判决书:王某瑄与何某志等确认合同无效纠纷案【边码 38】

75. 山东省高级人民法院(2019)鲁民终 626 号民事判决书:青岛利群集团担保投资有限公司与青岛利群投资有限公司合同纠纷案【边码 9】

76. 山东省济南市中级人民法院(2016)鲁 01 民终 4094 号民事判决书:李某俭诉韩某伟、邵某美房屋租赁合同纠纷案,载《人民法院案例选》2018 年第 6 辑【边码 17】

77. 山东省济宁市中级人民法院(2013)济民终字第 1636 号民事判决书:黄某丰等与嘉祥县金穗粮食购销中心房屋租赁合同纠纷案【边码 67】

78. 山东省济宁市中级人民法院(2020)鲁 08 执异 656 号执行裁定书:济宁开源机械制造有限公司与济宁银行股份有限公司借款合同纠纷案【边码 47】

79. 山东省烟台市中级人民法院(2013)烟民四终字第 1306 号民事判决书:周某杰与华夏银行股份有限公司烟台分行等物权纠纷案【边码 11】

80. 山东省枣庄市中级人民法院(2019)鲁 04 民终 4015 号民事判决书:滕州瑞源置业发展有限公司与费某租赁合同纠纷案【边码 38】

81. 山西省高级人民法院(2019)晋民申 2369 号民事裁定书:孙某贵等与盂县物资总公司等第三人撤销之诉纠纷案【边码 35】

82. 上海市高级人民法院(2011)沪高民一(民)申字第 1535 号民事裁定书:洪某俊与上海达连置业有限公司、施某民商品房预售合同纠纷案【边码 17】

83. 上海市高级人民法院(2011)沪高民一(民)再终字第 8 号民事判决书:上海浦润装潢有限公司与上海市纺织原料公司等优先购买权纠纷案【边码 43】

84. 上海市高级人民法院(2020)沪民终 239 号民事判决书:上海冠松集团有限公司与上海录润置业有限公司、上海市规划和自然资源局确认合同无效纠纷案【边码 11】

85. 四川省成都市中级人民法院(2013)成民终字第 3040 号民事判决书:成都合力达房地产开发有限公司与唐某东等车位纠纷案【边码 11】

86. 四川省成都市中级人民法院(2014)成民终字第 1547 号民事判决书:田某华与刘某等房屋买卖合同纠纷案【边码 27、66、67、68】

87. 四川省德阳市中级人民法院(2019)川 06 民特 70 号民事裁定书:周某与德阳安泰房

地产开发有限公司申请撤销仲裁裁决纠纷案【边码 27】

88. 四川省高级人民法院(2016)川民申 2891 号民事裁定书:达州市通川区金鑫商务宾馆等与四川达洲金属材料股份有限公司等房屋租赁合同纠纷案【边码 27】

89. 四川省高级人民法院(2019)川执监 2 号执行裁定书:青川县阳光汽车修理厂与中国农业银行股份有限公司青川县支行金融借款合同纠纷案【边码 39】

90. 四川省高级人民法院(2020)川民申 842 号民事裁定书:张某与张某炳房屋租赁合同纠纷案【边码 39】

91. 四川省高级人民法院(2020)川执复 96 号执行裁定书:邱某芳与李某华民间借贷纠纷案【边码 21】

92. 四川省泸州市中级人民法院(2010)泸民终字第 628 号民事判决书:泸州闲马汽车修理厂与泸县开元粮食有限责任公司承租人优先购买权纠纷案【边码 30】

93. 四川省绵阳市中级人民法院(2019)川 07 民终 1433 号民事判决书:江油市汇新广告有限公司与四川汇通能源装备制造股份有限公司房屋租赁合同纠纷案【边码 65】

94. 四川省内江市中级人民法院(2017)川 10 民终 217 号民事判决书:内江市东兴区农林局与刘某秀、四川省内江聚丰商贸有限公司房屋租赁合同纠纷案【边码 27、66、69】

95. 四川省内江市中级人民法院(2017)川 10 民终 1082 号民事判决书:陶某英与邓某容买卖合同纠纷案【边码 68】

96. 天津市第二中级人民法院(2015)二中民四终字第 450 号民事判决书:河北省监狱管理局冀东分局等与天津市北方海盐设备制造有限公司房屋租赁合同纠纷案【边码 27、66、67、68、69】

97. 西藏自治区昌都市中级人民法院(2018)藏 03 民终 52 号民事判决书:昌都市金茂商贸有限公司与昌都市投资有限公司租赁合同纠纷案【边码 47】

98. 西藏自治区林芝地区中级人民法院(2012)林中民一终字第 09 号民事判决书:刘某与西藏林芝地区建筑有限责任公司房屋租赁合同纠纷案【边码 65】

99. 新疆生产建设兵团第十二师中级人民法院(2022)兵 11 民终 225 号民事判决书:高某萍与新疆西域天源房地产开发有限公司房屋租赁合同纠纷案【边码 72】

100. 云南省曲靖市中级人民法院(2007)曲中民终字第 779 号民事判决书:会泽县金钟供销中心合作社诉李某兰房屋租赁合同纠纷案,载《人民法院案例选(月版)》2009 年第 4 辑【边码 16】

101. 浙江省高级人民法院(2011)浙民再字第 11 号民事判决书:温州某企业集团有限公司与戴某等房屋优先购买权纠纷案【边码 17】

102. 浙江省杭州市中级人民法院(2013)浙杭民终字第 1963 号民事判决书:李某与桐庐丰源置业有限公司房屋租赁合同纠纷案【边码 16】

103. 浙江省金华市中级人民法院(2019)浙 07 民终 5939 号民事判决书:汪某青与东阳市蓝天白云置业有限公司房屋租赁合同纠纷案【边码 27】

104. 浙江省宁波市中级人民法院(2016)浙 02 执异 2 号执行裁定书:中国银行股份有限公司宁波市江东支行与寰宝能源(中国)有限公司金融借款纠纷案【边码 24】

第778条

定作人的协助义务*

第778条　承揽工作需要定作人协助的,定作人有协助的义务。定作人不履行协助义务致使承揽工作不能完成的,承揽人可以催告定作人在合理期限内履行义务,并可以顺延履行期限;定作人逾期不履行的,承揽人可以解除合同。

简　　目

　　* 本文系基于《〈民法典〉第778条(定作人的协助义务)评注》(载《南京大学学报(哲学·人文科学·社会科学)》)2023年第2期,第46—58页。收录时本文边码稍有调整。

　　本文案例检索结果来自中国裁判文书网和北大法宝数据库,案例更新截止时间为2023年2月24日。引用案例未涉及最高人民法院指导性案例和公报案例。由于与本选题直接相关的二审裁判文书数量有限,本文在写作时将参照范围放宽至一审裁判文书。

宁红丽

一、规范定位

(一)规范目的

1　　《民法典》第 778 条规定:"承揽工作需要定作人协助的,定作人有协助的义务。定作人不履行协助义务致使承揽工作不能完成的,承揽人可以催告定作人在合理期限内履行义务,并可以顺延履行期限;定作人逾期不履行的,承揽人可以解除合同。"承揽合同为典型的劳务提供型合同。与其他劳务提供型合同相比,承揽人的劳务给付义务具有满足定作人个性需求的特点。承揽人欲完成约定工作,通常须定作人提供相应的协助行为,如在来料加工型承揽中,须定作人提供工作基底或工作对象;包工包料型承揽中,定作人需交付图纸或提出其他个性化需求等。定作人如不为协助,承揽人根本无从给付,从而陷入履行困难。本条分为 2 句,其中第 1 句的规范目的在于界定协助义务的实质要件,强调承揽工作"需要定作人协助",意指定作人协助对承揽合同的目的实现十分重要;第 2 句的规范目的在于提供协助义务违反的救济措施。定作人违反协助义务的,承揽人享有催告权和解除权,确保其在合同履行陷入僵局时可摆脱束缚。本条虽未明定承揽人享有损害赔偿的权利,但立法例、我国学说与司法实践均承认其有权主张赔偿损失。

(二)立法演变

2　　1984 年《加工承揽合同条例》未就定作人的协助义务作出明定;《合同法》第 259 条规定了定作人的协助义务,其后,该条文原封不动成为《民法典》第 778 条。

(三)规范性质

3　　本条第 1 句"承揽工作需要定作人协助的,定作人有协助的义务",为强制性规定。如排除定作人协助不影响承揽工作完成,则作为协助义务实质要件的"需要协助"即被架空,因此本句不允许当事人排除。本条第 2 句规定的承揽人"可以催告"应为任意性规定,当事人可于合同中排除或修改其适用,如可约定承揽人无须催告即可解除合同,也可约定需两次或以上催告才能解除合同。本条第 2 句后段虽规定当事人"可以解除合同",但由于协助义务不能强制执行,为了避免因定作人拒绝协助致合同履行陷入僵局,应将"可以解除合同"理解为强制性规范,当事人不得以特约排除。

本条第1句确立了定作人负有协助义务及其构成要件,为主要规范;第2句为违反协助义务的法律效果,为防御型规范。   4

二、体系关联

(一) 本条与《民法典》第509条第2款所规定的"协助"

《民法典》第509条第2款关于合同履行中当事人的附随义务的规定中,也包括"协助"内容,就其与本条之关系,有学者认为,本条所规定之定作人协助义务是"诚实信用及协作履行诸原则的当然体现"[1]或"附随义务之具体化"。[2] 受该观点影响,将定作人协助义务等同于附随义务的观点在司法实践中影响甚广,如有判决直接将定作人负有的提供完整的原始资料等义务认定为"附随义务";[3] 也有判决将定作人对承揽人的人身保护义务[4]或对施工场所进行安全管理等典型附随义务认定为协助义务,如将经营者疏于对场所进行安全管理、未能排除安全隐患认定为未尽到"相应协助义务"。[5] 但定作人的协助义务与附随义务在制度目的、义务人及对合同履行产生的影响都不尽相同,应注意厘清: 5

(1)定作人之协助义务,本质上是基于承揽合同之特殊性而发生,义务主体应限于定作人;而附随义务一般认为基于诚信原则而产生,主要目的在于保护相对人固有利益的完整性,因此其义务主体并不限于特定身份之当事人。

(2)定作人违反协助义务须以"定作人不为协力导致承揽人不能完成工作"为要件。若定作人不为协助并不足致工作不能完成,虽也可能导致承揽人以较高成本完成工作,或所完成之工作将难以符合债务本旨,均应属附随义务之违反,承揽人应依不完全给付主张权利。[6] 因此,承揽人要求定作人提供工作场所,依工作场所对完成之工作是否不可或缺,有可能构成定作人的协助义务(如怠于提供

---

〔1〕 崔建远主编:《合同法》(第7版),法律出版社2021年版,第378—379页。

〔2〕 朱广新:《合同法总则》(第2版),中国人民大学出版社2012年版,第330页。

〔3〕 广东省珠海市中级人民法院(2014)珠中法民一终字第775号民事判决书;江苏省淮安市中级人民法院(2019)苏08民终3792号民事判决书。

〔4〕 重庆市南岸区人民法院(2019)渝0108民初9684号民事判决书。

〔5〕 湖南省怀化市中级人民法院(2019)湘12民终1349号民事判决书;湖南省张家界市中级人民法院(2021)湘08民终503号民事判决书。

〔6〕 吴志正:《债编各论逐条释义》(修正6版),台湾地区元照出版公司2019年版,第217页。

工作基底），也有可能构成附随义务（如怠于提供其他工作条件）。承揽中定作人对承揽人负有各种附随义务，如对承揽人的人身保护义务、返还承揽人因承揽置于定作人处之物或文件之义务等，与本条所规定的协助义务并不相同。定作人违反此附随义务，应承担债务不履行责任。[7]

（3）承揽合同中，还应区分定作人"为完成工作所需协助"与"为验收工作所需协助"。本条协助义务的目的是保障工作"完成"，则定作人协助义务的发生时间应在承揽人完成工作之前。实践中，定作人未能为完工的工作物提供相应条件以供安装，[8] 或定作人未提供与图纸相符的物料用于已完成工作物的生产线测试，[9] 或承揽人已完成电梯安装工作，但定作人怠于履行土建填充、修补、整改义务，导致电梯安装完成后不能通过验收[10] 等情形，虽经法院判决可适用本条，但均已超出本条所规定的协助范围。在该案型中，因承揽人已经完成工作，只待定作人协助安装或验收，应区分情形纳入《民法典》第 509 条附随义务或第 780 条验收的适用范围。

（二）本条与《民法典》第 775 条、第 776 条

6　　　除本条外，《民法典》"承揽合同"章第 775 条规定了定作人提供材料的义务，第 776 条规定了承揽人发现定作人提供的图纸或者技术要求不合理的，应当及时通知定作人的义务。定作人提供材料、图纸或技术要求均属于协助义务范围，就其违反后果，第 775 条规定承揽人负有及时检验义务，并于发现材料不符合约定时的及时通知定作人采取补救措施的义务；第 776 条规定了定作人因怠于答复等原因造成承揽人损失时应当赔偿损失的义务。但该两条文均未明确承揽人此时可否解除合同。就本条与第 775 条、第 776 条的关系，有观点认为，第 778 条为承揽合同中定作人协助义务的一般规定，如定作人违反第 775 条、第 776 条的情形符合第 778 条所规定之要件的，承揽人可适用第 778 条主张救济。[11] 该观点可资赞同。具体而言，定作人违反第 775 条未按时提供原材料或经催告不及时更换、补齐不符合约定的原材料导致承揽人无法完成工作的，承揽人当然可以适用第 778 条顺延履行期限或经催告解除合同；依照第 776 条，承揽人发现定作人提供的图纸或技术要求不合理的，应当及时通知定作人，以便双方进一步协商。如定作人怠于答复导致承揽人无法开展承揽工作，除主张损害赔偿外，承揽人也可

---

〔7〕　黄茂荣：《劳务之债》，厦门大学出版社 2020 年版，第 360 页（注释 1）。
〔8〕　辽宁省沈阳市于洪区人民法院（2021）辽 0114 民初 6486 号民事判决书。
〔9〕　广东省广州市中级人民法院（2021）粤 01 民终 12003 号民事判决书。
〔10〕　黑龙江省哈尔滨市中级人民法院（2020）黑 01 民终 3525 号民事判决书。
〔11〕　崔建远主编：《合同法》（第 7 版），法律出版社 2021 年版，第 379 页。

依第 778 条解除合同。[12]

(三) 定作人违反协助义务与中途变更权(《民法典》第 777 条)

根据《民法典》第 777 条规定,承揽工作结束前,定作人无须与承揽人协商即 7
可单方变更承揽工作要求;因定作人中途单方变更合同导致承揽人不能如期完成
工作的,第 777 条仅规定"造成承揽人损失的,应当赔偿损失",未明确因其导致的
工期延误是否顺延。定作人行使中途变更权导致履行日期延宕,亦属于因债权人
原因的履行迟延,自可参照本条顺延履行期限。但实践中有判决持不同观点,如
将中途变更导致履行逾期、延期视为"双方当事人对合同交付时间进行变更"。本
文认为,第 777 条所规定的定作人变更权为形成权,以需受领的意思表示为权利
行使方式,无须承揽人同意。既无须同意,则无合意存在,法院将其认定为双方对
交付时间进行变更显然过于牵强。[13]

(四) 定作人违反协助义务与任意解除权(《民法典》第 787 条)

《民法典》第 787 条授予定作人在工作完成之前享有任意解除权,规定因合同 8
解除"造成承揽人损失的,应当赔偿损失"。定作人行使任意解除权与协助义务违
反导致合同解除同因定作人行为而致,但本条未规定承揽人的损害赔偿请求权。
就依本条解除合同后承揽人能否主张损害赔偿以及该两条的损害赔偿范围有无
关联问题,本文认为,首先,应承认依本条解除合同也发生定作人损害赔偿责任;
其次,虽然该两项解除权的主体不同,但赔偿主体均为定作人,鉴于二者均属于因
定作人原因而导致的合同解除,解除后损害赔偿范围应协调一致。否则,如定作
人违反协助义务承担的赔偿低于行使任意解除权所生之赔偿,在定作人欲行使任
意解除权时,将激励其以消极不履行协助义务方式迫使承揽人解除合同,从而规
避定作人任意解除合同而发生的较高赔偿。有关赔偿范围的认定,可见下文论述
(边码 46—50)。

(五) 本条与《民法典》第 803 条、第 804 条

《民法典》"建设工程合同"章中第 803 条、第 804 条、第 806 条规定了建设工 9
程合同发包人的协助义务及其法律效果。将本条与第 803 条、第 804 条条文内容
相比较可以发现,本条未直接规定因定作人违反协助义务导致的停工、窝工损失
赔偿,但支持承揽人解除权;而第 803 条、第 804 条明确了因发包人的原因导致的

---

〔12〕　安徽省蚌埠市中级人民法院(2021)皖 03 民终 2227 号民事判决书。
〔13〕　广东省深圳市中级人民法院(2020)粤 03 民终 19092 号民事判决书。

承包人停工、窝工损失,但未明确承包人此时是否可行使解除权。就建设工程合同承包人能否依《民法典》第 808 条的规定适用本条解除合同,有判决持肯定态度。[14]《八民纪要》第 33 条、第 34 条虽未明定,但实践均持肯定态度。[15] 承揽人应可参照第 803 条、第 804 条主张停工、窝工损失赔偿。

三、定作人违反协助义务的发生要件

承揽人欲主张定作人违反协助义务,须具备下述要件:

(一)"需要"协助:须定作人协助对承揽工作完成具有必要性

1."必要性"的判断

10　　　本条第 1 款第 1 句规定承揽工作"需要"定作人协助,意指定作人协助对承揽人完成工作须具有"必要性",这是定作人协助义务发生的实质性要件。相关立法例也均强调此项要件。[16]

判断协助行为对工作完成是否具有"必要性",应依当事人约定、合同性质、交易习惯等因素综合考量。司法实践中,下列情形均属"必要"的协助:车辆维修合同中,定作人中途拒绝提供车钥匙造成承揽人无法进一步检测维修;[17] 房屋装修合同中,承揽人装修之部分需要以在先工程完工为前提,如因在先工程未完工导致承揽人误工;[18] 船舶维修合同中,定作人在重新报验交证前需对设备先行为基础性修复[19] 等。但如合同约定,对定作人未能提供的图纸资料,由承揽人根据定作人所提供的样件测绘制图,交定作人确认后制作,则不可认为定作人负有提供全部图纸资料的协助义务。[20]

依交易习惯,对承揽人开展工作所需之专门器具设备,定作人不负提供义务。在安装、测试类承揽中,常见因合同履行中承揽人或承揽人的受雇人遭受人身伤害的案型,其中定作人的协助范围值得注意。欲实现安全施工,须提供安全的工

---

〔14〕　北京市第一中级人民法院(2020)京 01 民终 3796 号民事判决书。

〔15〕　杜万华主编:《〈第八次全国法院民事商事审判工作会议(民事部分)纪要〉理解与适用》,人民法院出版社 2017 年版,第 514—515 页。

〔16〕　《德国民法典》第 642 条第 1 款和我国台湾地区"民法"第 507 条第 1 款也都规定了该项要件。依其规定,"必要性"是指"工作需要定作人的某种行为始能完成"。《欧洲私法共同示范框架草案》(DCFR)"服务合同"章节第 IV. C-2:103 条也规定,服务接受者的协作义务仅在"必要"范围内。

〔17〕　北京市第三中级人民法院(2017)京 03 民终 11587 号民事判决书。

〔18〕　辽宁省营口市老边区人民法院(2021)辽 0811 民初 932 号民事判决书。

〔19〕　福建省福州市中级人民法院(2020)闽 01 民终 6954 号民事判决书。

〔20〕　江苏省高级人民法院(2019)苏民申 5700 号民事裁定书。

作环境、配备工作所需的安全设施以及对高危作业进行危险提醒等内容,这些是否均属定作人协助范围,实践中有不同意见,如有判决认为,定作人对承揽人是否配备有足够的安全设施负有"提醒"义务,否则即应对施工过程中发生的承揽人伤亡承担责任。[21] 相反意见则认为,承揽人工作具有高度专业性和人身危险性,依合同性质,定作人只负有提供安全工作环境的义务,并不负有配备安全设施、协助维修或安全提示的义务。[22] 本文认为,后者较为可取。应当认识到,承揽人上门作业时,定作人的协助义务不应涵盖提供承揽人完成工作所需之安全设施、人身保护义务、危险提醒等内容。其原因在于,承揽作业施工技术以及所需安全设施较为专业,超出普通人的日常准备和认知范围。承揽人作为专业服务的提供者,应自行配备安全设施;如将其纳入定作人协助范围,将大大增加定作人成本,造成浪费(试比较高层建筑所有业主安装空调时均需为安装工人提供一套安全设施,与承揽人自备一套安全设施为所有业主安装所需成本之差异);此外,承揽人取得特定施工资质均须取得许可,对因实施施工可能面临的危险原则上应具自行排除的能力,要求定作人对其为人身保护或风险提示实属苛求。

若协助行为对于承揽人履行合同不具有必要性,则不能认为定作人违反本条。例如,定作人不为协助并不足以导致工作不能完成,但可能造成承揽人逾期或须以较高成本完成工作,则不属于违反本条,而属于附随义务之违反。[23] 如承揽人要求定作人提供工作场所,依工作场所对完成之工作是否不可或缺,有可能构成定作人的协助义务,也有可能构成附随义务。   **11**

定作人协助行为不具人身专属性。协助具有"必要性"并不当然意味着需定作人亲自协助。除具有个人性的协力行为需定作人亲为外,定作人也可使第三人为协助行为。如制作画像,定作人必须亲临画室,而挑选油漆颜色,则定作人可委托第三人选定。   **12**

定作人的协助行为一般为积极作为,如提供建筑物图纸、供给材料;也可为消极不作为,如允许承揽人进入、定作人不得因监督检验妨碍承揽人的正常工作等。   **13**

定作人协助义务为非金钱债务,原则上不能体现为支付金钱。实践中有法院将"支付采购配件资金"认定为定作人的协助义务,[24] 这种做法并不妥当。承揽合同中定作人所需支付的费用,无论是材料成本还是承揽人的利润部分,均体现   **14**

〔21〕 河南省鹿邑县人民法院(2022)豫1628民初4329号民事判决书。

〔22〕 浙江省宁波市中级人民法院(2022)浙02民终2593号民事判决书。该案中法院指出,"善意提示"并非定作人法定的协助义务,定作人"监督检验的权利"针对的对象是承揽工作过程或成果,并非要求定作人越俎代庖,代替雇主监督雇工。该观点殊值肯定。

〔23〕 吴志正:《债编各论逐条释义》(修正6版),台湾地区元照出版公司2019年版,第217页。

〔24〕 山东省淄博市中级人民法院(2022)鲁03民终2923号民事判决书。

为报酬形式;除当事人另有约定外,报酬的支付时间和支付方式均应依照《民法典》第 782 条确定。

2. 定作人协助行为的类型

《民法典》中的承揽合同包括数量众多的子类型。根据《民法典》第 770 条第 2 款规定,承揽合同又可分为加工、定作、修理、复制、测试、检验等类型。在这些承揽的子类型中,定作人各负有以下典型协助义务:

(1)加工、修理合同中的定作人协助

15　　加工合同又称"来料加工",定作人负有的主要协助义务为提供原材料或半成品。[25] 如加工合同需在定作人原有工作基底卜进行,则定作人负有提供基底的义务;[26]此外,定作人还负有排除开工阻碍的义务。

修理合同属于特殊的加工合同,其中定作人协助主要是指交付加工物,如车辆维修合同中定作人应交付瑕疵车辆或依约定自行提供零配件等。[27]

(2)定作合同中的定作人协助

16　　定作合同,又称为"包工包料",其与加工合同的区别就在于原材料的提供者不同。定作合同中,定作人虽不提供原材料,但一般需提供图纸、素材、背景资料或者完整的原始资料、[28]符合施工条件的场地,[29]对不同施工方案作出取舍,[30]对阶段性成果进行预验收以推进承揽工作进度,[31]为安装提供便利等。[32] 承揽合同中,需定作人提供工作场所,定作人负有满足施工所需水、电的义务。[33]

(3)测试、检验合同中的定作人协助

17　　测试、检验合同中,承揽人需按照定作人的要求,以自己的技能、设备、劳力等,对定作人指定项目进行测试,如对房屋抗震性能、汽车防撞功能、密闭空间特殊气体含量测试等。此类承揽中的定作人协助主要体现为交付测试物或提供符合检测要求的测试环境等。

---

〔25〕 广东省广州市中级人民法院(2021)粤 01 民终 12003 号民事判决书。

〔26〕 黑龙江省齐齐哈尔市中级人民法院(2021)黑 02 民终 1213 号民事判决书。

〔27〕 山东省烟台市中级人民法院(2022)鲁 06 民终 2885 号民事判决书。

〔28〕 广东省珠海市中级人民法院(2014)珠中法民一终字第 775 号民事判决书;新疆维吾尔自治区高级人民法院(2016)新民终 295 号民事判决书;江苏省淮安市中级人民法院(2019)苏 08 民终 3792 号民事判决书。

〔29〕 安徽省蚌埠市中级人民法院(2021)皖 03 民终 1123 号民事判决书;广西壮族自治区南宁市青秀区人民法院(2014)青民二初字第 923 号民事判决书。

〔30〕 北京市平谷区人民法院 (2022)京 0117 民初 2595 号民事判决书。

〔31〕 广东省佛山市中级人民法院 (2021)粤 06 民终 1898 号民事判决书。

〔32〕 山东省日照市中级人民法院(2019)鲁 11 民终 2148 号民事判决书。

〔33〕 广东省佛山市中级人民法院(2022)粤 06 民终 9133 号民事判决书。

　　　　　　　　　　　宁红丽

实践中,承揽合同的样态复杂多变,协助义务的形态也呈现出多元化的特点,个案认定时应根据当事人约定、交易习惯以及相关合同条款等因素综合认定。

(二)须定作人不履行协助义务致使承揽工作不能完成

依本条第 2 句规定,欲认定定作人违反协助义务,还须定作人不履行协助义务,且该不履行与承揽工作不能完成之间存在因果关系。

1. 协助义务的违反形态

定作人不履行协助义务的形态,可分为协助迟延、瑕疵协助以及拒绝协助。具体如下:

(1)定作人协助迟延

承揽合同中一般有工期约定,定作人协助对于承揽人按工期完成工作至为关键;定作人若提供协助义务不及时,可能会对承揽人按时完成工作有直接影响。在当事人未对协助日期有明文约定时,应依承揽人是否已完全具备开工条件并提出协助请求来判断定作人是否及时协助。具备开工条件,又可称为"具备完全的履行能力",是指承揽人以约定时间、地点、方式提供给付且向定作人明示处于待协助状态。[34] 承揽人自身存在履行瑕疵或履行不能情形导致受领协助时间延后,不属于定作人协助迟延。实践中有法院根据定作人是否及时提供协助来判断其是否尽到协助义务,例如,虽然定作人最终提交了设计图,但提交时间过晚影响了承揽人的工作进度,属于"没有很好地履行协助义务";[35] 但如定作人"当天及时回复"了承揽人对修改方案的询问,就认定其"尽到了协助义务"。[36]

(2)定作人瑕疵协助

定作人瑕疵协助,是指定作人虽为协助行为,但未实现协助效果。如虽已尽量排除相邻阻挠但未实现顺利开工效果,或虽交付原材料,但材料有瑕疵不能满足施工要求等均属此类。协助义务为结果义务,定作人虽提供协助但不能发生协助效果的,也构成本条所规定的协助义务违反。

(3)定作人拒绝协助

定作人拒绝协助,是指定作人明确拒绝承揽人的协助请求导致承揽工作无法继续。由于承揽人不能诉请定作人强制履行协助义务,在定作人明确拒绝协助后,承揽人对完成承揽工作的合理期待极低,此时承揽人可否径直解除合同,本条未作明定。有观点认为,定作人拒绝协助时,双方的利益状态与定作人迟延协助

18

19

20

---

〔34〕 黄喆:《论建设工程合同发包人的协力义务——以德国民法解释论为借鉴》,载《比较法研究》2014 年第 5 期,第 101 页。

〔35〕 浙江省宁波市海曙区人民法院(2019)浙 0203 民初 6035 号民事判决书。

〔36〕 广东省东莞市第二人民法院(2018)粤 1972 民初 18216 号民事判决书。

后在合理期间内仍不协助具有相似性,此时宜通过类推适用填补这项漏洞,肯定定作人明确表示或以行为表示不协助时,承揽人可行使解除权,防止其损失进一步扩大。[37] 此外,定作人明确拒绝协助,与《民法典》第563条第1款第2项规定的"预期违约"类似,承揽人也可参照该项规定行使解除权。

2. 协助义务违反无须"可归责于"定作人

21　　定作人不为协助义务,不以其主观上有过失为要件。原因在于:首先,合同解除的目的在于使债权人从合同中得以解脱,并非对债务人作否定评价;以定作人主观上是否具有可非难性来决定能否解除合同,不符合解除制度的本旨。其次,定作人践行协助义务,须发生排除履行障碍之效果。大陆法系民法中有手段债务与结果债务的区分,[38]协助义务为典型的结果债务,定作人对达成协助效果负有严格责任,在判断定作人是否违反协助义务时,不应要求对定作人主观上可归责。

22　　司法实践中,法院在认定是否存在协助义务违反时也不要求可归责于定作人。如承揽工作因第三人阻挠无法开工,属于不可归责于定作人之事由,但法院认为,虽然定作人公司股东阻挠工程施工是针对政府的抗争,但只要其行为客观上造成承揽人不能履行,都属于定作人协助的范畴。[39]

如催告后此等履行障碍仍无法排除,应允许承揽人解除,否则将导致承揽人因准备履行合同所支出的人力物资动弹不得,有失公平。虽定作人违反协助义务主观上无过失,仍应允许承揽人行使解除权。[40] 有法院认为,定作人仅仅尽力沟通,但未采取具体措施有效排除开工阻碍;[41]或虽经多次协调,仍未采取"行之有效的措施"化解纠纷;[42]定作人未能"及时解决"村民阻工问题,协商后仍未解决导致原告无法完成后续工程,均属协助义务违反。[43]

23　　虽协助义务之认定无须"可归责性"要件,但若承揽人在顺延履行期限或合同解除后主张损害赔偿的,在认定赔偿范围时是否应考虑定作人违反协助义务时的主观状态? 对此有学者提出,应区分"不可归责于定作人的协助义务违反"与"可归责于定作人的协助义务违反"。对于前者,一旦出现协力不能的因素,即应排除定作人未完成部分的报酬支付义务,请求权基础可参照适用《民法典》第806条第

---

〔37〕 宁红丽:《〈民法典草案〉"承揽合同"章评析与完善》,载《经贸法律评论》2020年第1期,第121页。

〔38〕 唐波涛:《承揽合同的识别》,载《南大法学》2021年第4期,第44—46页。

〔39〕 湖北省荆州市中级人民法院(2022)鄂10民终285号民事判决书。

〔40〕 史尚宽:《债法各论》,中国政法大学出版社2000年版,第351—352页;林诚二:《民法债编各论(中)》,中国人民大学出版社2002年版,第97页。

〔41〕 最高人民法院(2017)最高法民申4464号民事裁定书。

〔42〕 甘肃省陇南市中级人民法院(2020)甘12民终1000号民事判决书。

〔43〕 四川省广安市前锋区人民法院(2021)川1603民初1502号民事判决书。

3 款规定,采"部分报酬说"。[44] 本文认为,这种做法并不妥当,原因有两个:

首先,第 806 条第 3 款关于解除效果的规定是否适用于"不可归责于定作人的协助义务违反"情形需再斟酌。第 806 条第 3 款适用的情形为该条第 1 款、第 2 款,其中第 1 款规定了承揽人"转包、违法分包"的情形;第 2 款规定了"发包人提供的主要建筑材料、建筑构配件和设备不符合强制性标准"和"不履行协助义务"两种情形。三种情形中前两种明显可归责于发包人,而第三种情形——发包人"不履行协助义务"——这一表述本身并不能当然限缩至"不履行协助义务不可归责于定作人"。因此,第 806 条第 3 款并不适合作为"不可归责于定作人的协助义务违反"的请求权基础。

其次,定作人对协助义务完成承担严格责任,因此只要某项行为属于"需要协助"的范围,无论合同履行受阻的原因是定作人未按时提交图纸或者反馈修改意见,还是来自合同之外第三人阻工[45]等,均可纳入本条调整。实践中法院在计算损害赔偿范围时也未明确是否因定作人对违反协助义务可归责而区分对待。例如,即使合同履行障碍来自第三人对地方政府的抗争,法院仍认定定作人违反了协助义务,在认定损害赔偿范围时也未有考虑"不可归责于定作人"这一因素的明显迹象。[46] 但如果开工阻碍来自政府行为等不可抗力,法院即会排除本条适用。如有裁判认为,当事人因地方政府政策原因停止生产逾十年,并非定作人违反协助义务。[47] 总而言之,司法实践中并未对协助义务违反是否"可归责于定作人"作明确区分,对法院而言,厘清不可抗力在承揽合同中的适用与协助义务违反的边界更具现实意义。

3. 承揽人能否自行协助?

关于定作人不履行协助义务时承揽人能否自行为协助的问题,协助行为虽不具人身专属性,但对承揽人自行协助仍应慎重对待,原因有两个:一是定作人之协助对于承揽工作之个性实现十分重要,若允许承揽人自行协助,可能导致承揽物与定作人实际需求不符;二是实践中定作人违反协助义务有时是消极行使任意解除权的表现,此时若承揽人自行协助,有可能违反定作人的真实意思。基于此,原则上不应认为承揽人可自行协助。若定作人在承揽人自行为协助后行使任意解

---

[44] 刘洋:《协力义务违反的类型谱系与效果构造——基于承揽合同的教义学展开》,载《环球法律评论》2023 年第 1 期,第 133 页。

[45] 有判决认为,定作人负有提供可操作的作业面的义务,但合同履行过程中,发生村民阻工问题,其未能及时解决导致延误停工数月,导致承揽人解除合同。法院在认定损害赔偿范围时并未提及该因素不可归责于定作人从而可以限制损害赔偿范围。参见四川省广安市前锋区人民法院(2021)川 1603 民初 1502 号民事判决书。

[46] 湖北省荆州市中级人民法院(2022)鄂 10 民终 285 号民事判决书。

[47] 山西省高级人民法院(2022)晋民申 1595 号民事裁定书。

除权的,承揽人不得请求定作人偿还其为协助所耗费之费用。[48]

四、定作人违反协助义务的法律效果

根据本条第 2 句,定作人违反协助义务,可发生如下法律效果:

（一）承揽人可以催告定作人在合理期限内履行义务

1. 催告的性质、主体和形式

25　　本条"催告"为定期催告,是承揽人明确要求定作人在一定期限内践行协助,否则将行使解除权的警告。催告的主体为承揽人;催告作为单方需受领的意思表示,原则上应由定作人受领。同时催告为非要式行为,当事人可以书面、口头或其他形式发出催告。

2. 催告的内容

26　　催告中应包括定作人应提供协助的具体内容和确定履行或补正履行的宽限期等内容。首先,宽限期"合理性"的判断应先考察合同约定,如无约定的,应当考虑当事人订立合同的背景目的、交易性质、履行情况、交易习惯等因素,并将诚信原则贯彻其中进行衡量,从而形成合理的判断。[49]

27　　其次,催告中是否应明确超出期限可能发生的法律后果？对此有学者指出,催告主要有两个目的:一是给予债务人第二次机会;二是警告债务人,使其有履行债务的急迫感。[50] 因此,债权人不必在发出催告时就对催告期满后债务人仍不履行的法律效果作出决定,债权人可在催告期届满后决定行使何种权利。依本条第 2 句规定,承揽人催告期届满后,不但可以选择顺延履行期限,也可就行使解除权与否再作选择。

（二）承揽人可以顺延履行期限

1. 自动顺延还是需承揽人主张顺延?

28　　本条第 2 句前段规定,定作人违反协助义务,承揽人催告定作人在合理期限内履行,并可以顺延工期。在文义上,催告履行与顺延履行期限为并列选项,履行

---

〔48〕　黄立主编:《民法债编各论(上)》,中国政法大学出版社 2003 年版,第 447 页。

〔49〕　高丰美、丁广宇:《合同解除权行使"合理期限"之司法认定——基于 36 份裁判文书的分析》,载《法律适用》2019 年第 22 期,第 97 页。

〔50〕　郝丽燕:《〈合同法〉第 167 条(分期付款买卖)评注》,载《法学家》2019 年第 5 期,第 181 页。

宁红丽

期限顺延并不以履行催告为前提。[51]

就履行期限的顺延方法是否需承揽人主张的问题,实践中有判决认为需承揽 29
人主张,若承揽人不及时积极主张顺延履行期限,"难以认定系因定作人变更工作
要求或怠于履行协助义务导致延期"[52];也有判决采自动顺延立场,认为无须承
揽人专门提出顺延主张。[53] 本文认为,由承揽人主张顺延履行期限更为合理,理
由在于:首先,并非所有定作人迟延协助都必然导致工期延误。如采自动顺延模
式,将会产生"一刀切"的顺延效果,不符合个案需求,并进而影响后续验收时间的
确定;对那些虽因定作人行为延误,但仍能如期完成工作的承揽人,自动顺延又增
加了自治成本。其次,采承揽人主张顺延模式在解释上可扩大对"主张"行为范围
的认定,不必要求承揽人提供正式的书面主张,以降低履行成本。

2. 顺延期限长度的确定

"顺延"的期限长度一般按照定作人迟延协助的日期计算。如有判决认为,定 30
作人交付图纸的时间比合同约定时间迟延了 3 个月 15 天,法院认为承揽人的交
货时间亦应当顺延 3 个月 15 天。[54] 因顺延履行期限造成的损失,如闲置费以及
增加的履行成本等,承揽人可以请求定作人赔偿。

3. 顺延期间赔偿损失的请求权基础及赔偿范围

对顺延期间的停工、窝工损失能否主张赔偿,本条未作明定。有学者认为,承 31
揽人可以《民法典》"建设工程合同"章第 803 条、第 804 条为请求权基础主张损害
赔偿。[55] 第 803 条为完全法条,其规定的"发包人未按约定的时间和要求提供原
材料、设备、场地、资金、技术资料"为建设工程合同发包人协助义务违反的典型类
型,在法效果上发生顺延工程日期、请求赔偿停工、窝工等损失。《民法典》第 804
条肯定承包人可主张因发包人原因导致的"停工、窝工、倒运、机械设备调迁、材料
和构件积压等损失和实际费用"。

除第 804 条列举的实际损失外,承揽人是否可以主张停工期间的可得利益赔 32
偿? 对此,有学者持肯定见解,认为在因定作人协力义务违反导致的施工等待期
间中,承揽人履行能力仍被定作人占用,剥夺了其替代交易的机会。因此除了赔

---

[51]　杨代雄主编:《袖珍民法典评注》,中国民主制出版社 2022 年版,第 727 页。

[52]　浙江省宁波市海曙区人民法院(2022)浙 0203 民初 4360 号民事判决书。

[53]　广东省深圳市中级人民法院(2019)粤 03 民终 33285 号民事判决书;山东省烟台市中级人民
法院(2022)鲁 06 民终 2885 号民事判决书。

[54]　新疆维吾尔自治区昌吉回族自治州中级人民法院(2020)新 23 民终 725 号民事判决书。

[55]　刘洋:《协力义务违反的类型谱系与效果构造——基于承揽合同的教义学展开》,载《环球法
律评论》2023 年第 1 期,第 138 页。

偿承揽人的实际损失,还应赔偿拖延期间相对应的预期利益。[56] 该观点堪值赞同。因定作人不为协助导致停工、窝工期间,承揽人不但增加了人力和财物的支出,同时因履行期间顺延也导致对后续其他工作订单履行时间的挤压,此部分的可得利益应予赔偿。实践中法院一般会参照个案情形,如停工时间长短、约定报酬高低、当事人有无过错、承揽人是否减轻损失等因素具体裁量。[57]

(三)因定作人违反协助义务导致承揽人逾期完成工作的,不构成履行迟延

33　　　定作人不为协助义务,属于因债权人的原因导致履行不能,不允许债权人通过援引牵连性关系的方式推卸责任、将不利后果向对方当事人移转。因此,定作人未尽协助义务,承揽人虽逾期但不构成给付迟延。[58] 对此法律效果,法院也持肯定态度,但基于个案情形不同,其判决措辞有一定差异。如有法院以定作人"有协助义务而未完全履行"为由,认定承揽人"未逾期完工";[59] 有法院认为,定作人不配合承揽人提供施工条件导致工程项目交付迟延,责任在定作人,承揽人"无须向定作人支付违约金";[60] 还有法院认为,涉案工程逾期竣工的原因在于发包人未能依约按期付款及及时提供材料,因此其主张承包人承担逾期交工损失"无事实及法律依据"等均指向豁免承揽人的违约责任。[61]

34　　　如定作人迟延协助的同时亦存在承揽人违约,法院在计算承揽人违约损害赔偿额时,一般将协助义务违反作为定作人"与有过失"情事,进而作为酌情减免承揽人违约损害赔偿的因素。如有法院认为,发包方"未能履行协助义务",属于"存在部分过错",酌情减免承揽人的部分赔偿金额;[62] 还有法院认为,承揽人完成工作成果受制于前期主材的完成进度,因此延期的责任不能完全归责于承揽人,进而酌减了合同中约定的延期交工赔偿金。[63]

(四)减轻承揽人对原材料的保管责任

35　　　依《民法典》第 784 条规定,承揽人对原材料负有保管义务。因保管不善造成

---

〔56〕 刘洋:《协力义务违反的类型谱系与效果构造——基于承揽合同的教义学展开》,载《环球法律评论》2023 年第 1 期,第 134 页。

〔57〕 刘洋:《协力义务违反的类型谱系与效果构造——基于承揽合同的教义学展开》,载《环球法律评论》2023 年第 1 期,第 134 页。

〔58〕 刘洋:《对待给付风险负担的基本原则及其突破》,载《法学研究》2018 年第 5 期,第 112 页。

〔59〕 福建省龙岩市中级人民法院(2021)闽 08 民终 1350 号民事判决书。

〔60〕 广东省佛山市中级人民法院(2022)粤 06 民终 9133 号民事判决书。

〔61〕 山东省济南市中级人民法院(2020)鲁 01 民终 4572 号民事判决书。

〔62〕 天津市第二中级人民法院(2021)津 02 民终 3094 号民事判决书。

〔63〕 辽宁省营口市中级人民法院(2021)辽 08 民终 2125 号民事判决书。

毁损、灭的,应当承担赔偿责任。对此条中所规定的"保管不善",原则上应与"保管合同"章第 897 条所规定的"保管不善"作相同解释,即承揽人应承担有偿保管人的一般过失责任。[64] 但因定作人不及时提供协助义务,导致承揽人延期继续占有材料期间,增加了其保管负担,应减轻其保管责任,顺延期间承揽人应承担无偿保管人责任,即重大过失责任。据此,承揽人因轻过失造成定作物毁损时,可免除其保管责任。[65] 对"一般轻过失"的认定,有法院认为,虽定作人违反协助义务,但承揽人"将价值数百万元的货物露天放置,任由风吹日晒",即认为该行为构成一般轻过失,从而构成违反保管义务。[66]

(五) 定作人的协助义务与强制履行

协助义务属于非金钱债务,属于《民法典》第 580 条第 1 款第 2 项"债务的标 **36** 的不适于强制履行"之类型,承揽人不可诉请法院强制定作人履行协助义务。这一特点也得到司法实践肯认。如有判决认为,承揽人虽要求合同继续履行,但本案中定作人的义务有"人身自由属性",该义务不宜强制履行。[67] 还有判决认为,以建筑物拆除为内容的承揽合同,定作人拒绝交付需拆除的建筑物时,不适于强制履行。[68]

(六) 承揽人可以解除合同

根据本条第 2 句后段,定作人违反协助义务的,经承揽人催告仍不协助,承揽人可以行使解除权。

1. 解除权的行使要件

本条解除权只要求具备催告期间届满这一要件,承揽人无须就定作人主观上 **37** 有无过失或违反协助义务是否致合同目的无法实现等为主张。

2. 解除权人及解除权的行使

本条解除权人为承揽人,其行使须承揽人对定作人发出解除通知,自解除通 **38** 知到达定作人时发生解除效力。

3. 解除权的除斥期间

本条未明定解除权的除斥期间,应根据法定解除的一般规则确定行使期间。 **39**

---

〔64〕 杨代雄主编:《袖珍民法典评注》,中国民主制出版社 2022 年版,第 776 页。

〔65〕 齐晓琨:《解读德国〈民法典〉中的债权人迟延制度》,载《南京大学学报(哲学·人文科学·社会科学)》2010 年第 2 期,第 141 页(注释 3)。

〔66〕 山西省临汾市中级人民法院(2021)晋 10 民终 1772 号民事判决书。

〔67〕 北京市第一中级人民法院(2020)京 01 民终 3796 号民事判决书。

〔68〕 安徽省淮南市中级人民法院(2022)皖 04 民终 309 号民事判决书。

《民法典》第 564 条第 2 款规定的一年期间适用于本条解除权时应自"催告之期限届至时"起算,而非第 564 条第 2 款规定的"自解除权人知道或者应当知道解除事由之日起一年内不行使"。

4. 合同解除的法律效果

(1)解除通知到达定作人时,承揽合同终止

40　　本条未就解除权的解除通知作特别规定,因此其行使应适用《民法典》第 565 条之规定。

(2)合同解除后,承揽人就已经履行部分是否须负恢复原状义务?

41　　《民法典》第 566 条第 1 款规定了法定解除的效果,其中包括就已经履行工作,规定"当事人可以请求恢复原状"。由于在承揽合同中,恢复原状通常须耗费相当成本,如将未完成之工程恢复原状,须考虑到人力、机器设备使用及拆除后建筑垃圾处理等费用。最高人民法院对此持肯定意见,但未提及相关费用承担。[69] 有判决将该费用全部施加给承揽人,明显对其不公。[70] 据此,承揽人依本条解除合同后,是否还负恢复原状义务仍有讨论余地。本文认为,由于承揽关系中,承揽人对人力、机器设备等资源有控制权,合同解除后已经履行工作如无独立利用价值,由承揽人负责恢复原状拆除工作更为便利,但恢复原状所需费用,须由定作人承担,在计算损害赔偿的范围时应予考虑。

(3)合同解除后,承揽人可向定作人主张赔偿损失

42　　合同解除后,承揽人可主张的损害赔偿范围可见下文论述(边码45—50)。

(七)承揽人的损害赔偿请求权及其范围

43　　本条虽未明定承揽人是否享有损害赔偿权,但学说和司法实践均持肯定态度。如立法机关释义也指出,"合同解除不能免除定作人不履行协助义务的责任,造成损失的,应赔偿损失"。[71] 但承揽人的损害赔偿权是否须以合同解除为前提以及如何认定损害赔偿的范围,仍有分歧。

1. 承揽人未解除合同,亦可主张赔偿损失

44　　承揽人的损害赔偿权不以合同解除为前提。承揽人不行使合同解除权,亦可主张赔偿损失。此时承揽人选择维持合同效力继续提供给付,法律效果上可能会导致工期顺延;顺延期间承揽人损害赔偿的范围可参照顺延期间赔偿损失的请求

---

〔69〕　最高人民法院民法典贯彻实施工作领导小组主编:《中华人民共和国民法典合同编理解与适用(三)》,人民法院出版社 2020 年版,第 1848、1849 页。

〔70〕　吉林省通化市中级人民法院(2015)通中民三终字第 265 号民事判决书。

〔71〕　黄薇主编:《中华人民共和国民法典合同编释义》,法律出版社 2020 年版,第 636 页。

权基础及赔偿范围(边码 31—32)。

2. 承揽人解除合同并主张赔偿损失

承揽人依本条解除合同后请求损害赔偿的范围,我国学界亦未见论及。承揽   45
人完成工作所得之对价均体现为报酬,报酬可分为成本与利润两部分。合同解除
后,承揽人付出的成本即可认定为其直接损失,利润即为其可得利益损失。当定
作人拒绝协助时,承揽工作可能有已完成部分与未完成部分。就承揽人能否就已
完成部分与未完成部分成本与利润均主张定作人赔偿,法院有下述不同做法:

(1)仅支持赔偿承揽人的直接损失。该观点认为,合同解除后承揽人仅能就   46
已方的实际损失主张赔偿,不能主张可得利益损失。如有法院仅支持承揽人在实
际施工期间支出的人员工资、施工机械运输费等,其他损失请求"因其未提供相关
票据",不予支持。[72] 有法院判决定作人违约,承担赔偿损失责任,赔偿范围为承
揽人"已支出的全部原材料和人工费用"。[73]

(2)支持赔偿承揽人的履行利益。此观点认为,定作人违反协助义务即构成   47
违约行为,致合同解除的,承揽人关于履行利益的赔偿请求应予支持。但就履行
利益范围之认定,司法实践中有明显分歧。具体有三种做法:

第一,支持定作人赔偿部分报酬。最高人民法院支持此观点,认为合同依本   48
条解除后,定作人需承担的赔偿额应为"已完工部分的报酬"[74],即部分报酬。本
文认为,"部分报酬说"的做法不足采,具体有以下原因:首先,"部分报酬说"以承
揽物可分为前提,但实践中存在大量的承揽物不可分的现象。既然承揽物为不可
分,即使承揽人已经开展工作,也很难认定"部分"报酬的范围。在定作人不为协
助时,承揽人为履行合同所付出的人、财、物代价很难获得充分赔偿。

其次,"部分报酬说"与法院关于协助义务的性质认定之间存在逻辑上冲突。
定作人协助义务的性质,虽学界就其为"真正义务"还是"不真正义务"存有分歧,
但审判实践中法院几乎一边倒地采"真正义务说",将协助义务认定为"附随义
务"或定作人的"主要义务";与之相应地,违反该义务即需承担违约责任。依《民
法典》第584条规定,定作人的违约损害赔偿范围应为"合同履行后的可得利益",
而承揽人的可得利益并不限于已经完工部分的报酬,而应为全部报酬,即包括未
完工部分的报酬。

---

〔72〕 辽宁省高级人民法院(2016)辽民终 181 号民事判决书。

〔73〕 湖北省恩施土家族苗族自治州中级人民法院(2015)鄂恩施中民终字第 00378 号民事判决书。

〔74〕 最高人民法院民法典贯彻实施工作领导小组主编:《中华人民共和国民法典合同编理解与适
用(三)》,人民法院出版社 2020 年版,第 1848—1849 页。甘肃省兰州市中级人民法院(2021)甘 01 民终
5812 号民事判决书;山东省日照市中级人民法院(2019)鲁 11 民终 2148 号民事判决书;江苏省常州市中
级人民法院(2019)苏 04 民终 3715 号民事判决书。

最后,"部分报酬说"因限缩了定作人的赔偿责任,无法为定作人尽早明确拒绝协助意图提供正向激励,相反还可能会导致其消极拖延,引发道德风险,[75] 使承揽人白白耗费人力物力,造成浪费。本条解除权,属于因可归责于定作人的原因导致合同解除,如果使承揽人因行使解除权而承受经济上的不利益,明显对承揽人不公。

49　　　第二,支持定作人赔偿全部报酬。[76] 如有判决认为,定作人必须支付全部报酬,"不问工作物完成程度",但法院也注意到承揽人因合同终止有节省费用以及将劳动力移作他用而取得利益的事实,认为对合同终止后"应取得但故意不取得的利益"应予扣除或抵充。[77] 本文认为,该方案较为可采。定作人赔偿范围原则上应以合同约定报酬为总额,扣除掉承揽人所负减轻损失部分;同时,如需承揽人恢复原状的,恢复原状所需成本也应在赔偿之列。因此"全部报酬说"的计算方案应为:"总报酬-因合同解除而节约的成本+恢复原状所需成本",此外还要考虑承揽人减轻损失或因解约而获之收益,如将拆除工作物另作他用等。

50　　　第三,参照《民法典》第 787 条确定本条损害赔偿范围。《民法典》第 787 条规定了定作人的任意解除权。有观点认为,定作人拒绝履行协助义务导致承揽工作无法履行,在本质上等同于行使任意解除权解除合同,其损害赔偿的范围,应参照《民法典》第 787 确定。[78] 实践中也有法院将定作人不履行协助义务"视为其行使任意解除权"。[79] 同时还常见定作人虽已违反协助义务,但仍主动选择行使任意解除权终止合同的做法。[80] 应当认识到,本条解除后的赔偿范围与第 787 条所规定的赔偿损失具有一致性,[81] 此时定作人损害范围的计算方法应为"可得

---

〔75〕　宁红丽:《〈民法典〉中定作人任意解除权的适用要件与法律效果》,载《浙江工商大学学报》2020 年第 6 期,第 39 页;刘洋:《协力义务违反的类型谱系与效果构造——基于承揽合同的教义学展开》,载《环球法律评论》2023 年第 1 期,第 129 页。

〔76〕　山东省烟台市中级人民法院(2020)鲁 06 民终 2256 号民事判决书。

〔77〕　如有法院认为,定作人经多次催告不履行协助义务,拖延定作物安装时间导致合同解除,法院判决损害赔偿范围为全部合同约定报酬扣减未发生的安装费用。辽宁省丹东市中级人民法院(2021)辽 06 民终 1318 号民事判决书。

〔78〕　如我国台湾地区学者黄茂荣教授也认为,定作人如无正当理由长期违反协助义务,无异于变相任意解除合同。因此实务上应考虑定作人有无正当理由,以决定是否给予与任意解除相同的效力。详参见黄茂荣:《劳务之债》,厦门大学出版社 2020 年版,第 360—361 页。

〔79〕　江苏省苏州市中级人民法院(2019)苏 05 民终 9195 号民事判决书;福建省惠安县人民法院(2020)闽 0521 民初 6559 号民事判决书;贵州省遵义市中级人民法院(2019)黔 03 民终 5324 号民事判决书;重庆市巴南区人民法院(2020)渝 0113 民再 3 号民事判决书。

〔80〕　吉林省通化市中级人民法院(2015)通中民三终字第 265 号民事判决书;四川省彭州市人民法院(2019)川 0182 民初 2481 号民事判决书。

〔81〕　吉林省通化市中级人民法院(2015)通中民三终字第 265 号民事判决书。

利益减去承揽人因合同解除而节约的必要成本"。[82] 在认定思路上,依第 787 条解除合同所发生的损害赔偿与前述"全部报酬说"实为殊途同归。

五、举证责任

承揽人依本条第 1 句主张定作人违反协助义务,应就以下事项举证:第一,定作人负有协助义务,且协助义务对承揽工作完成具有必要性。具体应根据合同约定、承揽工作性质、交易习惯等因素综合确定。第二,定作人未履行或未适当履行协助义务,当事人就该事项仅就事实举证即可,无须就定作人主观上有过失举证。　51

本条第 2 句为解除权发生规范,由主张解除权成立之当事人即承揽人就事实构成承担证明责任,具体而言,承揽人应证明下列要件事实:第一,定作人违反协助义务;第二,承揽人就定作人违反协助义务已经完成催告程序且合理期间内定作人仍未协助。承揽人主张赔偿损失的,定作人抗辩时应对承揽人因合同解除而节约的成本以及未适当践行减损义务进行举证。　52

附:案例索引

1．安徽省蚌埠市中级人民法院(2021)皖 03 民终 1123 号民事判决书:沈某刚与蒲某亮承揽合同纠纷案【边码 16】

2．安徽省蚌埠市中级人民法院(2021)皖 03 民终 2227 号民事判决书:南通三圣石墨设备科技股份有限公司与安徽泰格生物技术股份有限公司等承揽合同纠纷案【边码 6】

3．安徽省淮南市中级人民法院(2022)皖 04 民终 309 号民事判决书:淮南恒升天鹅湾置业有限公司与合肥江河建筑有限公司承揽合同纠纷案【边码 36】

4．北京市第三中级人民法院(2017)京 03 民终 11587 号民事判决书:北京众悦惠贸易有限公司与石某宇承揽合同纠纷案【边码 10】

5．北京市第一中级人民法院(2020)京 01 民终 3796 号民事判决书:京东方润泽节水科技有限公司与北京中徽康泰建设有限公司建设工程施工合同纠纷案【边码 9、36】

6．北京市平谷区人民法院 (2022)京 0117 民初 2595 号民事判决书:周某霞与北京红杉树臻匠建筑装饰有限公司装饰装修合同纠纷案【边码 16】

7．重庆市巴南区人民法院(2020)渝 0113 民再 3 号民事判决书:王某彬与刘某波定作合同纠纷案【边码 50】

8．重庆市南岸区人民法院(2019)渝 0108 民初 9684 号民事判决书:张某钱与重庆玖善嘉空间装饰设计有限公司、重庆韬铭医药科技有限公司服务合同纠纷案【边码 5】

9．福建省福州市中级人民法院(2020)闽 01 民终 6954 号民事判决书:福建华东船厂有限公司与福建先达钢结构工程有限公司承揽合同纠纷案【边码 10】

---

〔82〕　江苏省苏州市中级人民法院(2019)苏 05 民终 9195 号民事判决书。

10．福建省惠安县人民法院(2020)闽 0521 民初 6559 号民事判决书：王某康与陈某风买卖合同纠纷案【边码 50】

11．福建省龙岩市中级人民法院(2021)闽 08 民终 1350 号民事判决书：福建利昌投资有限公司与厦门屹发机电设备有限公司等承揽合同纠纷案【边码 33】

12．甘肃省兰州市中级人民法院(2021)甘 01 民终 5812 号民事判决书：重庆红潮文化传播有限公司与兰州虹盛润凯房地产开发有限公司承揽合同纠纷案【边码 48】

13．甘肃省陇南市中级人民法院(2020)甘 12 民终 1000 号民事判决书：马某与成县教育局、成县城关中学承揽合同纠纷案【边码 22】

14．广东省东莞市第二人民法院(2018)粤 1972 民初 18216 号民事判决书：东莞大蜥蜴智能系统有限公司与东莞市瑞景自动化设备有限公司、李某国买卖合同纠纷案【边码 18】

15．广东省佛山市中级人民法院 (2021)粤 06 民终 1898 号民事判决书：佛山市南海专高模具有限公司与东莞伱声塑胶科技有限公司等承揽合同纠纷案【边码 16】

16．广东省佛山市中级人民法院(2022)粤 06 民终 9133 号民事判决书：佛山市高明区荷城街道明瑞熙乐幼儿园与佛山蓝烨厨房设备工程有限公司承揽合同纠纷案【边码 16、33】

17．广东省广州市中级人民法院(2021)粤 01 民终 12003 号民事判决书：广州市恩开福自动化设备科技有限公司与广州奥姆特机电设备制造有限公司承揽合同纠纷案【边码 5、15】

18．广东省深圳市中级人民法院(2019)粤 03 民终 33285 号民事判决书：AAXA 科技股份有限公司与深圳市锐眼科技有限公司定作合同纠纷案【边码 29】

19．广东省深圳市中级人民法院(2020)粤 03 民终 19092 号民事判决书：深圳国泰安教育技术有限公司与布鲁星球文化传播(深圳)有限公司承揽合同纠纷案【边码 7】

20．广东省珠海市中级人民法院(2014)珠中法民一终字第 775 号民事判决书：珠海市得劳斯科技有限公司与成某雄生命权、健康权、身体权纠纷案【边码 5、16】

21．广西壮族自治区南宁市青秀区人民法院(2014)青民二初字第 923 号民事判决书：南宁力丰空调设备有限公司与广西腾龙消防工程有限公司承揽合同纠纷案【边码 16】

22．贵州省遵义市中级人民法院(2019)黔 03 民终 5324 号民事判决书：黎某洪与秦某权承揽合同纠纷案【边码 50】

23．河南省鹿邑县人民法院(2022)豫 1628 民初 4329 号民事判决书：陈某学、杨某等与周某迎等承揽合同纠纷案【边码 10】

24．黑龙江省哈尔滨市中级人民法院(2020)黑 01 民终 3525 号民事判决书：哈尔滨大普激光科技发展有限公司与快意电梯股份有限公司承揽合同纠纷案【边码 5】

25．黑龙江省齐齐哈尔市中级人民法院(2021)黑 02 民终 1213 号民事判决书：秦某志与龙沙区大森林建筑装饰工程队等建设工程施工合同纠纷案【边码 15】

26．湖北省恩施土家族苗族自治州中级人民法院(2015)鄂恩施中民终字第 00378 号民事判决书：肖某与田某茂承揽合同纠纷案【边码 46】

27．湖北省荆州市中级人民法院(2022)鄂 10 民终 285 号民事判决书：湖北福拓建材科技有限公司与邱某安承揽合同纠纷案【边码 22、23】

28．湖南省怀化市中级人民法院(2019)湘 12 民终 1349 号民事判决书：唐某红与怀化潮

第870条

技术转让方的瑕疵担保义务[*]

第870条　技术转让合同的让与人和技术许可合同的许可人应当保证自己是所提供的技术的合法拥有者，并保证所提供的技术完整、无误、有效，能够达到约定的目标。

简　目

＊　本文系基于《〈民法典〉第870条(技术转让方的瑕疵担保义务)评注》(载《南大法学》2023年第5期,第159—178页)一文修订而成。本文系2022年度国家社科基金重大项目"我国民法评注编纂重大问题研究"(22&ZD205)的阶段性研究成果。本文定稿的完成受益于解亘教授提出的多处修改建议与南京大学天同法典评注工作坊第23期各位专家和同行的批评、质疑、反馈,南京大学博士生杨思佳为本文裁判的收集提供了协助,在此一并感谢。

案例搜集情况说明:本文案例来源于《最高人民法院公报》、《人民司法·案例》及北大法宝数据库。数据库案例搜集方法为:在"司法案例"项下,按照"民法典"+"第870条"与"合同法"+"第349条"分别进行全文检索,再筛除未涉及技术转让合同或技术许可合同之案例。共搜集裁判文书185份,其中最高人民法院15份,高级法院68份,中级法院74份,专门法院5份,基层法院23份。本文以审级与说明意义作为案例选择依据,以最高人民法院与高级法院案例为重点分析对象,兼顾具有说明意义的其他审级法院案例。

一、规范定位

(一)规范意旨

1　　　　技术转让、许可的一个突出特点就是合同的标的物,即技术上所存在的权利,具有天然的法律不确定性。这种不确定性体现在两点:一是在订立合同之初被转让或许可的技术就有可能不受法律保护;二是相应权利在合同履行过程中被撤销或提前灭失。此外,技术的实施与实施人的经验、实施的外在条件等相关,同样具有一定的不稳定性。新兴技术的工业化潜力更是难以预测。合同标的物的无形性也使得合同条款趋于宽泛,在实际履行过程中出现技术转化困难时,经常需要后续的反复磋商。[1] 因此,瑕疵担保可以说是技术转让与许可中的一个核心问题,也是技术合同纠纷常见的诱因。已有的判决集中在专利被宣告无效以及技术缺乏有效性的情形,也佐证了这一判断。此外,技术转让、许可的交易对象包括专利权、专利申请权、技术秘密等(《民法典》第 863 条第 1 款),而专利又分为发明专利与实用新型专利,加之技术许可的类型众多(边码 12),所以,即便像我国这样在《民法典》中把技术转让与许可合同作为有名合同进行规制,对瑕疵担保义务亦有明确规定的国家,其所涉及的众多法律问题也远非《民法典》第 870 条条文本身所能呈现的。这也导致在现有文献中,对技术转让与许可中瑕疵担保的范围、如何区分权利瑕疵与品质瑕疵,认识存在很大的不同。[2]

---

〔1〕　姚兵兵、臧文刚:《技术合同纠纷案件争议问题实证研究》,载《人民司法·应用》2018 年第 7 期,第 39 页。

〔2〕　限于篇幅这里仅以两部关于专利许可的专著以及最高人民法院释义书为例。董美根:《专利许可合同的构造:判例、规则及中国的展望》,上海人民出版社 2012 年版,第 48—52 页。该书作者认为在专利许可合同中瑕疵担保包括对专利权与专利处分权以及专利真实有效的保证,进而认为专利维持义务也属于瑕疵担保义务。邱永清:《专利许可合同法律问题研究》,法律出版社 2010 年版,第 211—213 页。该书作者同样认为专利维持义务属于瑕疵担保义务;其将许可合同中的瑕疵担保分为权利瑕疵担保与物之瑕疵担保,其中权利瑕疵担保又分为权利无缺的瑕疵担保与权利存在的瑕疵担保两种,其中前者又包括其他共有人未同意、存在冲突许可、未经质权人同意三种情形,而物之瑕疵担保则包括可实施性与实施结果不侵权两种情形。最高人民法院民法典贯彻实施工作领导小组主编:《中华人民共和国民法典合同编理解与适用(四)》,人民法院出版社 2020 年版,第 2294—2295 页。该书作者不区分权利瑕疵与品质瑕疵,并将实属权利瑕疵的情形均认为是对技术完整、无误的保证,对于技术有效性的保证也包括部分属于权利瑕疵的情形,其分类总体上缺乏明确标准。

技术转让、许可瑕疵担保范围的确定,与技术上所存在权利的有效性之风险 **2**
相关。[3] 一般而言,首先经过实质审查被授权的发明专利有效性风险最低,其次
为通过形式审查被授权的实用新型,最后为包括处于申请专利状态的技术与技术
秘密在内的非专利技术。这是因为专利申请权,无法确定其是否能最终获得授
权,所以风险较大,而技术秘密因其秘密性,权属状态难以判断。这一区别直接影
响被许可人的注意义务,发生权利灭失时风险的分配以及对于瑕疵的举证责任(边
码 54—62)。

在比较法中,对于技术上权利有效性的风险分配,也有考虑交易性质的做法, **3**
并对被许可人是投资公司,通过知识产权交易进行投机而牟利的情形,与被许可
人切实实施被许可技术的情形,作不同处理。前者可以被认为是一种近似于赌博
或者期货交易的活动,被许可人被要求承担更高的风险。[4]

(二) 规范史略

《民法典》第 870 条的前身是《合同法》第 349 条,前者仅是将后者"技术转让 **4**
合同的让与人"的表述,改为"技术转让合同的让与人和技术许可合同的许可
人"。这一补充源于《民法典》把《合同法》中的技术转让合同,细分为狭义的技术
转让合同与技术许可合同。二者的区别在于狭义的技术转让合同是技术所有权
的永久性让与,原技术所有人不再保留任何权利,后者仅仅是技术使用权的转让,
不涉及所有权的变动。[5] 这一区分使得技术转让合同部分法条的规定更加精确
化,但《民法典》中对于技术转让与许可合同中的瑕疵担保责任在第 870 条中统一
加以规定,因此上述区分并未引起这一问题的法律变动。[6] 在《民法典》颁布前
的法律规范中,也有对转让与许可合同概念混用的现象,比如用"技术秘密转让"
一词指代技术秘密所有权的转让以及技术秘密许可。[7] 为了简化行文,如无另
外指明,本文仍然在广义上使用"转让"与"转让方"的概念,包括转让与许可两种
情形。

《合同法》技术合同一章的前身《技术合同法》并没有与《合同法》第 349 条相 **5**
对应的条文。对于让与人瑕疵担保义务的规定,仅限于非专利技术转让合同,不

---

[3] 德文文献中类似观点: Lunze, ZGE 2011, S. 296.

[4] Henn/Pahlow, Patentvertragsrecht, 6. Aufl. , 2017, S. 18; BGH GRUR 1982, 481 (482).

[5] 在最高人民法院(2021)最高法知民终 768 号民事判决书中,最高人民法院就二者的区分进行
了阐述。

[6] 黄薇主编:《中华人民共和国民法典合同编解读(下册)》,中国法制出版社 2020 年版,第 1191
页。该书作者认为技术许可合同中许可人的瑕疵担保义务相对于《合同法》,属于新增内容,也许没有意
识到《合同法》技术转让合同中转让采广义,也包括许可的情形。

[7] 《技术合同纪要》第 52 条第 3 项。

包括专利转让合同,而且仅要求让与人保证技术的实用性、可靠性(该法第 39 条第 1 款第 2 项)。对于权利瑕疵方面的要求,则交由该法第 42 条来调整,其内容相当于《民法典》第 874 条。

6   此外,最高人民法院于 2001 年颁布的《技术合同纪要》[8],2005 年实施的、2020 年修正的《技术合同纠纷解释》,对让与与许可合同中的瑕疵担保问题也加以补充规定。

7   无论是原有的《合同法》第 349 条,还是《民法典》第 870 条,在全国人大常委会法工委相关的释义书中,均将这两条所规定的义务称为保证义务,与之相应也并未对该义务继续细分,而仅仅指出让与人、许可人须保证自己是技术的合法拥有人,而且技术不能是剽窃、冒充、仿照的,并保证技术完整、无误、有效,能够达到约定的目标。[9] 但"保证义务"一词意思不够精确,所以本文采用司法实践与文献中所常用的"瑕疵担保义务"的表述方式,并将瑕疵分为权利瑕疵与品质瑕疵。

(三)规范性质

8   瑕疵担保被定性为技术转让合同转让方的基本义务,[10] 但亦有学者认为应把技术品质瑕疵担保的内容之一,即对技术可达目的性,作为附带义务处理。[11]《民法典》第 870 条为任意性规范,当事人可以减轻或加重转让方义务。本条为不完全规范,有观点认为《民法典》第 874 条是与第 870 条相对应的责任规定。[12] 就本条规范属性,有观点认为其属于请求权基础,[13] 但其并未对法律后果直接作出规定,因此作为辅助规范和抗辩规范更为合适。

(四)适用范围

9   根据文义,本条适用于所有技术转让、让与合同。根据《公司法》第 27 条第 1

---

[8] 因为技术合同的相关正式规定较少,这一纪要虽然颁布于 2001 年,但仍有较强参考价值。

[9] 胡康生主编:《中华人民共和国合同法释义》,法律出版社 1999 年版,第 518 页;黄薇主编:《中华人民共和国民法典合同编解读(下册)》,中国法制出版社 2020 年版,第 1191—1192 页。

[10] 胡康生主编:《中华人民共和国合同法释义》,法律出版社 1999 年版,第 518 页。

[11] 谢鸿飞、朱广新主编:《民法典评注·合同编·典型合同与准合同 3》,中国法制出版社 2020 年版,第 511 页。

[12] 谢鸿飞、朱广新主编:《民法典评注·合同编·典型合同与准合同 3》,中国法制出版社 2020 年版,第 526 页。

[13] 吴香香编:《民法典请求权基础检索手册》,中国法制出版社 2021 年版,第 122 页。

款,以技术出资的,可以通过转让或许可的方式来进行,因此也为本条所覆盖。[14]在实践中,对于当事人之间的法律关系构成技术服务、技术开发还是技术转让,经常出现争议。某一法律关系是否能够被认定为技术转让、许可,根据双方所约定的义务来判断。科学技术部所制定的《技术合同认定规则》(国科发政字〔2001〕253 号)第 25 条、第 26 条、第 30 条、第 31 条对此提供了具体的操作指南。[15]因此,在司法判决中,技术转让合同性质的认定并非难题。[16]值得一提的是,在药品技术转让交易中,转让方的义务包括提供临床数据,申请药品许可等技术服务性质的行为,但这并不影响合同为技术转让的本质。

　　根据《民法典》第 863 条第 1 款,技术转让合同的标的包括专利、专利申请权与技术秘密。如果合同的标的涉及的不是技术方案的实施,而是集成电路布图设计专有权、植物新品种权、计算机软件著作权等其他知识产权的,根据《民法典》第876 条,技术转让合同的相关规定参照适用。但《技术合同纠纷解释》(2020 年修正)把计算机软件、集成电路布图设计、植物新品种也列为技术成果,因此该解释的内容直接适用于这些知识产权。　　10

　　为了论述的简洁,本文仅限于《民法典》第 870 条直接适用的领域,即专利、专利申请权、技术秘密,并将专利申请权与技术秘密统称为非专利技术。其原因在于专利尚未被授权时,专利申请权人的权利与技术秘密所有人的权利类似,其转让、许可适用技术秘密的相关规定。[17]专利申请技术的转让、许可合同在所涉及的专利申请尚未公开时,如果符合技术秘密保护的前提,适用技术秘密转让、许可合同的规定;在申请公开以后授权以前,专利申请技术处于临时保护期,相关的转让、许可合同属于一种无明文规定的特殊技术转让、许可合同,参照适用专利转让、许可合同的有关规定;在专利授权以后,专利申请权转让、许可合同就转变为一般的专利转让、许可合同,直接适用专利转让、许可合同的相关规定。[18]　　11

　　技术许可合同根据不同的标准可以划分为不同的种类,比较常见的是分为独　　12

---

　　〔14〕　专利所有权与使用权均可作为出资对象,是否可以专利申请权与技术秘密来出资入股尚有争议。参见朱晓娟、赵勇:《专利权出资及其在国有单位适用的特殊性研究》,载《知识产权》2020 年第 5 期,第 82—84 页。

　　〔15〕　最高人民法院民法典贯彻实施工作领导小组主编:《中华人民共和国民法典合同编理解与适用(四)》,人民法院出版社 2020 年版,第 2312 页。该书作者以表格方式对四种合同的区别加以列举。

　　〔16〕　在天津市第一中级人民法院(2016)津 01 民初 252 号民事判决书中,法院认为受让方需要支付给转让方的首付款与能否实施技术生产成功并销售无关联,而且需要据产品销量支付转让方相应提成款,因此双方的法律关系为许可合同。

　　〔17〕　《技术合同纠纷解释》(2020 年修正)第 29 条第 1 款第 1 分句;《技术合同纪要》第 57 条第 1分句。

　　〔18〕　《技术合同纠纷解释》(2020 年修正)第 29 条第 1 款第 2 分句、第 3 分句;《技术合同纪要》第57 条第 2 分句、第 3 分句。

占、排他与普通三种类型[《技术合同纠纷解释》(2020 年修正)第 25 条],也有专有(exclusive)与非专有(non-exclusive)的划分方法。[19] 也有学者区分基于处分行为而发生对世效力的许可与基于负担行为仅形成债的关系的许可,在这一分类中独占许可可以被理解为伴随有权利变动的物权性许可。[20] 根据许可权利的不同,可以分为生产许可、销售许可、研发许可等。此外,还有分许可、交叉许可、专利池许可、消极许可、默示许可等其他的许可种类。这些许可类型的不同也会影响瑕疵担保的范围,比如默示许可、消极许可实质上是专利权人放弃对他人未经许可实施专利的行为追究侵权责任,并无积极授权,所以不产生瑕疵担保的问题。[21]

(五)体系关联

1. 与《民法典》第 148 条的关系

13　　在转让人、许可人对转让的技术作出虚假陈述,诱使受让方签订转让、许可合同时,构成欺诈,受让方可依据《民法典》第 148 条撤销合同,也可以选择主张瑕疵担保责任。此类案件在实践中并不罕见,如技术提供方在无科学数据支持情况下,对转让技术所涉产品的寿命、产气时间、产气量等数据予以了具体说明,被认定构成欺诈。[22] 在另一起案件中,技术提供方对外宣传涉案技术"申请了专利",法院认为"申请了专利"代表既有申请这一行为,又取得了国家授予专利这一结果,而申请专利,则仅仅表示实施了申请行为。因此,许可人的表述足以让人产生该转让的技术已经取得了国家专利的误解。[23]

---

〔19〕　张鹏:《知识产权许可使用权对第三人效力研究》,载《北方法学》2020 年第 6 期,第 66 页。

〔20〕　解亘:《论知识产权法上的定限权法定主义》,载苏永钦教授七秩华诞祝寿论文集编辑委员会主编:《法学的想像(第一卷)》,台湾地区元照出版社 2022 年版,第 136 页。解亘教授认为,之所以把独占许可认定为一种物权性权利,一项重要的依据是根据《专利法》第 65 条、《商标法》第 60 条,比照《商标纠纷解释》(2020 年修正)第 4 条 2 款,独占许可人被赋予了独立主张救济的程序法权利。而学理上对此规定比较顺畅的解释,应该就是把独占许可作为物权性质的权利来处理。但也有学者认为从独占许可的诉权不能推导出其物权属性,参见张轶:《论专利独占被许可人的诉权》,载《知识产权》2018 年第 1 期,第22—23 页。笔者认为,把独占许可定性为物权性权利虽然具有可行性,但在中国法的语境中其说服力较弱。在日韩专利法中,登记为独占专利许可的生效要件(详见杨玲:《专利实施许可备案效力研究》,载《知识产权》2016 年第 11 期,第 81 页),认定这种许可的物权属性,理由更为充分。中国法中无这一要求,而且专利许可在专利转让的情形能够继续存在的说法,也无法律根据,所以将专利许可认为是一种债权性质的权利更为通顺。

〔21〕　就默示许可可参见陈瑜:《专利默示许可研究》,法律出版社 2022 年版,第 227—229 页;李闯豪:《专利默示许可制度研究》,知识产权出版社 2020 年版,第 326—335 页。

〔22〕　北京市第一中级人民法院(2010)一中民终字第 6313 号民事判决书。

〔23〕　湖南省常德市中级人民法院(2015)常民三终字第 155 号民事判决书。

当然,欺诈成立的主观要件要求更高。在最高人民法院审理的一起案件 **14**
中,[24] 转让人在合同订立前,自行申请国家知识产权局就两涉案实用新型专利出
具评价报告,评价报告结论为两涉案专利的大部分权利要求不符合授予专利权的
条件。但最高人民法院认为评价报告仅为参考,不具有推翻两涉案专利授权文件
内容的法律效力。另外,最高人民法院也认同如果受让人能在签约前了解到两涉
案专利权的评价报告内容,就可能会对签约意愿或受让价格作出调整。然而,受
让人自己也拥有向国家知识产权局申请出具专利权评价报告的权利,也拥有从国
家知识产权局调取已有评价报告的公开途径,但受让人并没有在签订合同前了解
评价报告内容,也未在签约前就两涉案专利权效力问题询问过转让方,因此转让
方未主动向其披露评价报告内容的行为尚不足以构成欺诈。

2. 与《民法典》第 850 条的关系

《民法典》第 850 条规定了技术合同所特有的无效理由,包括非法垄断技术和 **15**
侵害他人的技术成果。此条中后一种无效理由与让与人、许可人的瑕疵担保义务
存在一定交集。在司法解释与现有文献中,"侵害他人的技术成果"被认为是指
"侵害另一方当事人或合同以外的第三方的知识产权或其他科技成果权的行
为"[25],而这些情形中也会产生瑕疵担保责任。对于《民法典》第 850 条将后一种
情形作无效处理,学界并不完全认同,法院也尽量避免认定合同无效。[26] 在缺乏
对技术上权利进行转让、许可权利的情形,只要事后获得权利人的追认或取得权
利,合同就可作有效处理。即使不被追认,将合同作有效但履行不能处理,在《民
法典》第 597 条推出后,法理上也更为顺畅。[27]

3. 与《民法典》第 844 条的关系

《民法典》第 844 条规定:"订立技术合同,应当有利于知识产权的保护和科 **16**
技术的进步,促进科学技术成果的研发、转化、应用和推广。"此条本来属于说明性
条文,但在实务中,有法院援引此条来确定技术瑕疵担保的范围,指出拔高合同约

---

〔24〕　最高人民法院(2021)最高法知民终 768 号民事判决书。

〔25〕　谢鸿飞、朱广新主编:《民法典评注·合同编·典型合同与准合同3》,中国法制出版社 2020 年
版,第 420 页。

〔26〕　谢鸿飞、朱广新主编:《民法典评注·合同编·典型合同与准合同3》,中国法制出版社 2020 年
版,第 422—423 页。

〔27〕　邱永清:《专利许可合同法律问题研究》,法律出版社 2010 年版,第 151 页。该书作者认为只
有被许可人虽然为善意,但不满足善意取得的其他前提时,才会发生瑕疵担保责任,是建立在承认许可可
以善意取得的前提下。如果否定这一前提,缺乏处分权的许可合同就一律作无效处理。

定的技术标准会阻滞技术向生产力的转化,因而产品商业化不属于技术品质瑕疵。[28] 无独有偶,德国法也从促进技术推广的角度,来确定瑕疵担保的范围,避免转让方承担过高的瑕疵担保义务。[29]在法律后果方面,亦有法院从产品滞销出发,认定涉案技术存在瑕疵,因而无法达到促进科学技术成果推广的合同目的,因而判决解除技术转让合同。[30]

4. 与《民法典》第 868 条第 1 款的关系

17　　《民法典》第 868 条第 1 款规定:"技术秘密转让合同的让与人和技术秘密使用许可合同的许可人应当……保证技术的实用性、可靠性……"相对于《民法典》第 870 条,此条显然属于技术秘密转让、许可合同中瑕疵担保义务的特别法,在与第 870 条发生冲突时,优先适用。但这两个条文在瑕疵担保范围的问题上,是否有实质上的不同,不无疑问(边码 43)。实践中,法院在涉及技术秘密转让、许可的情形中,经常跳过第 868 条,直接适用《民法典》第 870 条。

5. 与《民法典》第 874 条的关系

18　　《民法典》第 874 条规定:"受让人或者被许可人按照约定实施专利、使用技术秘密侵害他人合法权益的,由让与人或者许可人承担责任,但是当事人另有约定的除外。"此条规定的是转让、许可中权利瑕疵担保的一种类型,即被转让技术的实施导致侵权,在一定意义上弥补了第 870 条对于权利瑕疵定义的狭窄(边码 21),把权利瑕疵从第 870 条所规定的转让方、许可方不是技术所有人的情形扩展到所有侵害他人权利的情形。

19　　在标的物涉及知识产权的委托加工合同中,当制造的产品侵害第三人权利时,也会产生瑕疵担保的问题。[31] 只是尽管加工人实施了定作人的技术,这种法律关系一般不被认定为技术许可,其原因是委托加工(即俗称的代工、贴牌)中,[32]加工人的报酬与使用的技术并不直接相关,而是取决于所提供的劳务。

6. 与《技术进出口管理条例》第 23 条、第 24 条的关系

20　　《民法典》第 877 条规定,法律、行政法规对技术进出口合同另有规定的,依照

---

〔28〕 最高人民法院(2016)最高法民再 251 号民事判决书;姚兵兵、臧文刚:《技术合同纠纷案件争议问题实证研究》,载《人民司法·应用》2018 年第 7 期,第 41 页。技术合同的验收标准应遵循利于技术转化与应用原则。姚兵兵、臧文刚:《技术合同纠纷案件争议问题实证研究》,载《人民司法·应用》2018 年第 7 期,第 39 页。

〔29〕 Henn/Pahlow, Patentvertragsrecht, S. 203.

〔30〕 青海省高级人民法院(2012)青民三终字第 4 号民事判决书。

〔31〕 凌宗亮:《加工承揽关系中专利侵权产品制造者及其责任认定》,载《电子知识产权》2022 年第 7 期,第 95—96 页。

〔32〕 文献中也将其称为指使制造(Have-Made),陈瑜:《专利默示许可研究》,法律出版社 2022 年版,第 154—156 页。

其规定。对于技术转让、许可合同而言,《技术进出口管理条例》第23条关于权利瑕疵担保的规定与《民法典》第870条的相关规定有所不同,而《技术进出口管理条例》第24条关于品质瑕疵的规定与《民法典》第870条的相关规定完全相同。具体而言,《技术进出口管理条例》第23条规定了在让与人提供的技术存在权利瑕疵时,包括被许可人、受让人担负通知与协助义务,消除因第三方提起的侵权诉讼而造成技术实施的障碍,[33]而《民法典》对此没有规定。这两种义务可以从诚信原则中推导出来,只不过通知义务几乎没有成本,所以要求受让方履行无须特定前提,而协助义务则应视给被许可方造成的负担而定,本文认为至多只能要求受让方在可以承受的范围履行。

二、权利瑕疵

《民法典》第870条对于技术权利瑕疵担保的表述比较简单,仅仅要求让与人和许可人为"所提供的技术的合法拥有者"[34]。如果仅对此条作字面上的解释,显然不能覆盖所有可能的权利瑕疵类型。理论上,除了转让方不是技术的合法拥有者之外,任何可能妨碍受让方实施合同技术的其他权利存在,均可认为构成权利瑕疵。因此,可以把技术转让、许可合同中的权利瑕疵分为三种:[35](1)技术上的权利不存在,即技术为公有领域技术;(2)缺乏转让或授予许可的权利,如权利不属于或不完全属于转让方,或转让、授予许可的权利受到限制,比如已经设置担保质押或者存在在先许可;(3)存在其他冲突性第三人权利,比如专利上存在先用权、专利为从属专利。当然,第二、三种情形存在一定程度的交集,比如专利权共有人之一擅自转让专利的行为,既属于无权处分,也侵害了其他共有人的权利。为了避免论述中可能的混乱,在本文中,侵害第三人权利作狭义解释,不包括无权处分的情形。这三种瑕疵所包含的情形与德文文献中对技术转让权利瑕疵范围

〔33〕《技术进出口管理条例》第23条规定:"技术进口合同的让与人应当保证自己是所提供技术的合法拥有者或者有权转让、许可者。技术进口合同的受让人按照合同约定使用让与人提供的技术,被第三方指控侵权的,受让人应当立即通知让与人;让与人接到通知后,应当协助受让人排除妨碍。"

〔34〕当然,如果认为技术秘密不具有归属性,使用"拥有者"的说法难免有欠准确,更为妥当的称呼可以是"对未公知之技术采取了保密措施的人"(解亘教授的建议),也可以是更为简洁的"持有者",或者"权利人"。参见林秀芹:《商业秘密知识产权化的理论基础》,载《甘肃社会科学》2020年第2期,第11页及以下。

〔35〕李伟、刘宏光:《专利权瑕疵的类型及其法律责任——基于合同法的视角》,载《法学杂志》2012年第6期,第14页。

的认定基本一致。[36] 从狭义民法学的角度，也不排除有观点会认为，只有转让方不是所提供技术的合法拥有者才构成权利瑕疵。但什么构成《民法典》第 870 条"所提供的技术的合法拥有者"，目前的讨论还过于有限，并没有形成清晰一致的认识，因而仍需通过法律解释来确定。本文采用的是广义理解，这一理解并不会导致技术合同所有的问题都变成了瑕疵担保的问题，因为针对这些情形《民法典》并未提供其他可以直接适用的替代性条文。当然有人可能会认为，可以绕开瑕疵担保义务，直接适用关于违约责任的一般规定。但是，在这些情形中如果不借助第 870 条，将难以认定转让方的义务范围，而如果义务范围不明确，又将难以认定违约的存在。这里还需要指出的是，上述三种瑕疵是针对专利权的划分，对于专利申请权与技术秘密，第二种与第三种瑕疵适用的空间有限，比如专利申请权与技术秘密无法出质，也不涉及先用权与从属专利的问题。

（一）权利自始不存在

22   如果转让的专利、非专利技术上的权利在合同订立时并不存在，根据《民法典》第 870 条毫无疑义构成权利瑕疵。这种瑕疵可以说是技术合同所特有的。权利不存在包括从未存在或曾经存在，但在合同订立时因为超过保护期限或因被宣告无效而灭失的情形，以及专利申请权的转让、许可，该申请所涉及的技术方案不可能被授权，或者被许可的非专利技术不满足秘密性、未采取相应的保密措施等前提的情形。这些情形的法律后果《技术合同纠纷解释》（2020 年修正）第 34 条有特别规定。权利自始不存在的最重要情形为专利被宣告无效，根据《专利法》第 47 条第 1 款，宣告无效的专利权视为自始即不存在，相应的法律后果在《专利法》第 47 条第 2 款与第 3 款有专门的规定。

（二）缺乏转让或授予许可的权利

23   在转让或授予许可的权利之缺失是否构成权利瑕疵的问题上，首先应该明确这种权利在何种程度上对技术转让、许可具有法律意义。这里需要强调的是，要

---

〔36〕 参见董美根：《专利许可合同的构造：判例、规则及中国的展望》，上海人民出版社 2012 年版，第 48—52 页；邱永清：《专利许可合同法律问题研究》，法律出版社 2010 年版，第 211—212 页；徐涤宇、张家勇主编：《〈中华人民共和国民法典〉评注（精要版）》，中国人民大学出版社 2022 年版，第 910 页。德文文献参见 Ulmer-Eilfort/Schmoll, Technologietransfer Lizenzverträge für Patente und Know-how, 2. Aufl., 2016, S. 143-148.

区分技术转让合同[37]与技术许可合同的成立与转让的完成、许可的授予,后者是前者履行的结果。[38] 比照《民法典》第597条,可以认为,转让、许可合同的有效性同样不应以转让或授予许可的权利为前提。但许可人是否能够有效授予许可,仍与其相关。如果采纳部分学者的观点,认为知识产权许可具有物权性,特别是独占许可,则许可的成立以拥有授予许可的权利为前提。[39] 如果认为知识产权许可只具有债权属性,[40]许可人缺乏授予许可的权利,也是无法履行相关的债权合同的。在转让方没有转让或授予许可的权利的情形,对于受让方是否有善意取得的空间,文献中不乏肯定的观点。[41] 本文认为,在现行法下,因相关条文的缺失,专利权以及专利许可都不可能被善意取得。特别是专利许可,因为物权法定原则,目前只能被视为一种债权,更应被排除在善意取得的范围之外。[42]

1. 专利权全部或部分属于他人

专利权全部属于他人分为两种情形:一为转让方冒充已被授权的专利权人;24
二为转让方虽然为名义上的专利权人,但该专利所基于的发明为他人所作出,名

---

〔37〕 解亘教授认为,技术秘密不存在归属,也就谈不上转让了,因此从用语的严谨性出发,不应使用技术秘密转让或非专利技术转让的说法,至少日本学界在转让一词上是打上引号的。笔者认为,非专利技术的转让、许可在中国《民法典》有明文规定,实践中此类合同也大量存在。在比较法中,同为大陆法系的德国法也认为技术秘密可以转让、许可、出质,即便技术秘密并非属于一种绝对权,至少也是一种受法律保护的、类似于知识产权的权益(immaterialgüterrechtsähnliche Rechtsposition)。参见 Köhler/Bornkamm/Feddersen/*Alexander*, 2023, GeschGehG § 1 Rn. 18-21a.

〔38〕 此处当然也会产生是否区分债权行为与物权行为的问题,如果认为技术转让需要处分行为,则该处分行为的有效性以处分权为前提。

〔39〕 邱永清:《专利许可合同法律问题研究》,法律出版社2010年版,第54—55页。

〔40〕 董美根:《我国专利许可合同登记必要性研究》,载《电子知识产权》2012年第2期,第85页。

〔41〕 董美根:《专利许可合同的构造:判例、规则及中国的展望》,上海人民出版社2012年版,第49页;邱永清:《专利许可合同法律问题研究》,法律出版社2010年版,第147—148页。

〔42〕 具体论证参见卜元石:《知识产权的善意取得》,载邵建东、方小敏主编:《中德法学论坛》第8卷,法律出版社2011年版,第313—314页。解亘教授认为,如果认为专利登记具有公信力,那么就有发生善意取得的空间。专利许可既会是纯粹的负担行为的结果,也有可能还包含有处分行为。如果是后者,没有理由不尊重。只不过需要专利登记的配合,作为权利变动的公示手段。对此,笔者认为,《民法典》第311条善意取得的对象是不动产和动产,不包括知识产权,所以无法直接适用于专利权。但从法理上,就专利权的善意取得,笔者与解亘教授的观点一致,即如果赋予专利登记簿以公信力,专利权本身可以善意取得。最高人民法院在(2013)民申字第2320号民事裁定书中认为专利权原则上可以善意取得,但从其论证来看,受让人善意的来源并不是专利登记簿上关于权利人的记载,而是受让该财产的具体过程、转让人与受让人之间的关系、让人受让该财产的目的等因素。这种理解与善意取得中对于权利外观依赖的理论并不一致。就专利许可而言,因为登记的效力不明,所以距离承认善意取得的可能性更为遥远。

义上的专利权人未经发明人的同意,将其技术申请专利。[43] 这两种情形根据《技术合同纪要》第 12 条第 1 款均被认为属于侵害他人技术成果,在实质权利人拒绝追认时,根据《技术合同纪要》第 14 条转让、许可合同因此无效。如果只侵犯了技术权利人的人身权利,如被列为发明人的权利,不影响其他部分效力的,合同部分无效。[44] 被许可人未经专利权人同意,擅自授予分许可的行为也属于缺乏许可权的情形。如果专利权人允许被许可人授权他人使用,这种分许可则属于有效许可。[45]

25　　　　如果专利权由多个权利人所有,根据《专利法》第 14 条,如无另行约定,每个共有人仅有权自己实施或者以普通许可方式许可他人实施该专利。如果共有人之一擅自授予独占或排他许可,则该许可在未取得其他共有人的追认时,效力待定。此外,专利权共同共有之持分权的转让,需要得到其他共有人的同意(《专利法》第 14 条 2 款);《专利法》第 14 条第 1 款所指向的是普通许可,因其不构成物权性的许可,所以无须全体共有人同意。[46] 非专利技术共有的情形,其使用或处分,可参考《商业秘密保护规定(征求意见稿)》第 10 条第 3 款的规定,"如无约定,应征得全体共有人同意,各共有人无正当理由,不得拒绝同意"。[47] 技术上权利或权益的共有可以因继承、家庭关系、夫妻关系,[48] 或者委托开发、合作开发而产生。甚至改进他人已有技术秘密,根据最高人民法院的判决,所申请的专利由改进人与技术秘密所有人所共有,即便专利的申请并未获得技术秘密权利人的同意。[49]

26　　　**2. 专利权被质押**

　　　　专利权上存在的质权无疑是一种第三人权利,但其是否构成专利转让、许可

---

　　[43]　正如解亘教授在《冒认专利效力考——发明人主义的再诠释》一文中所指出的,因为中国法对于冒名申请专利的情形没有规定返还请求权,在授权程序中又不审查申请人的申请权限,因而即便最终的结果与日、德、法等国有部分相同之处,但仍然无法逻辑自洽。在许可、转让的情形,没有实体权利人的同意,冒名者所签订的合同无效,在这一点上《技术合同纪要》的处理方式是妥当的。参见解亘:《冒认专利效力考——发明人主义的再诠释》,载《南京大学法律评论》2003 年秋季号、2004 年春季号。

　　[44]　《技术合同纪要》第 12 条第 2 款。

　　[45]　新疆维吾尔自治区高级人民法院"众志公司诉丰台煤机厂转让的技术几经改进仍不符合合同约定的标准请求解除技术转让合同案"民事判决书(该判决书无案号,于中国裁判文书网上无法被检索到,载北大法宝数据库,2023 年 2 月 25 日访问)。

　　[46]　此点源于解亘教授的提示。《专利法》第 14 条所规定的共有指代的是按份共有还是共同共有,并不明确。参见崔国斌:《中国专利共有制度述评(上)》,载《电子知识产权》2010 年第 6 期,第 15—17 页。

　　[47]　当然,如果如前所述认为非专利技术没有归属性,则不存在共有的情形,但对于一项非专利技术由多人开发、持有的情形,如何许可、转让仍然是需要规则的。

　　[48]　谢商华:《技术转让合同问题的探讨》,载《当代法学》2000 年第 2 期,第 41 页。

　　[49]　焦彦、游美玲:《未经许可使用他人技术秘密申请专利的权属认定》,载《人民司法·案例》2021 年第 14 期,第 89 页。

情形的瑕疵,尚未检索到相关判例,相关中文文献即便有提及,通常也是一笔带过,[50] 因此本文对此予以深入讨论。在专利出质后,出质人未经质权人的同意不得转让或者许可他人使用(《民法典》第 444 条第 2 款第 1 句)。该处分限制属于绝对禁止,因此未经质权人同意而授予的许可、进行的转让无效。[51] 专利上的质权虽然可以被认为构成了权利瑕疵,但专利质权自办理登记时才设立,登记簿上的质押登记为公开信息,具有公信力,可以排除受让人、被许可人的善意,因此也无法善意取得专利权或专利许可,更遑论对专利权或专利许可的无负担善意取得。

如果质权人已经同意转让、许可,该质权是否被视为权利瑕疵仍值得商榷。　27
一方面,专利权上的质权只有在债务不能清偿,需要实现质权时,才有可能对受让人、被许可人产生影响。这是因为,质权的实现会导致专利权转让给第三人,受让人有可能因此失去专利权,被许可人失去许可(边码 29),即便专利许可得以持续,通过实现质权而获得专利权的第三人也可能无法履行许可合同所约定的、同意被许可人实施技术之外的其他义务,在这一意义上,可以认为专利权的质权构成了权利瑕疵。在出质人向质权人提前清偿债务或者提存的情形(《民法典》第 444 条第 2 款第 2 句),如果避免了质权人行使质权而导致的专利权权属变化,则可认为设立的质权不构成权利瑕疵。另一方面,质权登记的信息可以推定为受让人或被许可人所知悉,因此可以考虑类推适用《民法典》第 613 条,即卖方对买方已知的缺陷不承担责任的原则,否定瑕疵担保责任的适用。

如果认为专利上存在的质权构成了专利许可的权利瑕疵,似乎可以推导出,　28
在已经授予许可的专利上设定质押也需要得到被许可人的同意。根据这一论证思路,甚至可以推导出许可人转让专利也需要得到被许可人的同意,这是因为质押的设立并不一定导致质权人行使质权,只是间接地影响了被许可人的法律地位,而专利转让可能会给被许可人直接带来这种不利后果(边码 29)。但这一看法无疑过度限制了许可人的处分自由。因此,可以认为已经授予许可的专利权转让,被许可人最多只享有合同解除权。同理,专利权人可以不经被许可人同意设立质押,此时质权也不构成在先专利许可的权利瑕疵。

---

〔50〕　邱永清:《专利许可合同法律问题研究》,法律出版社 2010 年版,第 214—215 页;最高人民法院民法典贯彻实施工作领导小组主编:《中华人民共和国民法典合同编理解与适用(四)》,人民法院出版社 2020 年版,第 2294 页。

〔51〕　根据《专利实施许可合同备案办法》第 12 条第 2 款第 9 项的规定,专利权被质押的,无质权人同意的许可合同不能备案。有观点认为这一规定并不合理,专利权人在质押后应该可以无须质权人同意即可许他人使用。参见徐红菊:《专利许可法律问题研究》,法律出版社 2007 年版,第 122 页。

3. 在先许可

29　　在先许可是否构成转让、许可标的权利瑕疵,同样需要区分不同情况来认定。[52] 这里首先讨论专利权、非专利技术转让的情形,之后讨论专利权、非专利技术被多次许可的情形。第一种情形又可以分为下面两种:(1)在专利权转让合同中,在先许可是否构成权利瑕疵,取决于该许可能否延续。对此问题,在已废止的司法解释以及部门规章中曾予以肯定,[53] 但相关条款在现行法中均已被删除,仅剩《技术合同纪要》中的一条规定,[54] 由此似乎可以推断,官方基本上放弃专利许可随着专利转让而移转给受让人的观点,许可合同只是继续存在于原专利权人与被许可人之间,并因专利权的转让而无法继续履行。但现有文献仍有观点支持"知识产权转让不破许可",即许可的续存保护制度。[55] 本文认为如果许可合同不受专利转让的影响,那么在先许可无疑构成了被转让专利之上的权利瑕疵。反之,如果许可合同效力在转让时对受让人不产生拘束力,这种许可就不是被转让专利之上的权利瑕疵。(2)非专利技术先被许可给第三人实施,后又被转让给他人的情形,根据《技术合同纪要》第 59 条,这里同样可以适用转让不破许可原则,此时在先的许可便构成了一种权利瑕疵。[56] 但如果认为,专利转让不破许可原则都已经为最高人民法院与专利行政部门所放弃,在非专利技术领域坚持这一原则更缺乏法理基础。从这一点出发,可以认为非专利技术在先许可会因转让而处于事实上的失效状态,所以不构成被转让技术之上的权利瑕疵。当然这里也可能

---

〔52〕 解亘教授认为,"在讨论在先许可是否构成瑕疵的情形,或许有必要区分讨论物权性许可和债权性许可。这是因为如果是物权性许可,通常都存在登记。在此情形,第二次许可或者转让中的相对人恐怕只能主张错误,而不能主张瑕疵担保"。对此,笔者认为,因为中国法中许可登记的效力不明,因此登记与否并不影响许可的法律属性。即便认为存在物权性许可,也只可能在独占许可上产生这种物权性权利,普通许可无论如何难以构成一种物权。与质押登记不同,现行法中许可的登记不具有公信力,这是因为已经登记的许可可能早已失效,但并未及时从登记簿涂销,已经生效的登记也可能没有被记载到登记簿之中,所以笔者认为查看登记簿与否,对于被许可人的救济并无影响。

〔53〕 2001 年颁布的《专利实施许可合同备案管理办法》第 23 条规定:"正在履行的专利合同发生专利权转移的,对原专利合同不发生效力。当事人另有约定的除外。"《技术合同纠纷解释》第 24 条第 2 款规定:"让与人与受让人订立的专利权……转让合同,不影响在合同成立前让与人与他人订立的相关专利实施许可合同……的效力。"

〔54〕 该纪要第 59 条规定,专利权转让合同、专利申请权转让合同不影响让与人在合同成立前与他人订立的专利实施许可合同或者技术秘密转让合同的效力。这一条之所以没有更改,本文认为是因为整个纪要都未在《民法典》出台后更新。

〔55〕 张轶:《知识产权转让不破许可之证伪》,载《知识产权》2019 年第 5 期,第 16 页。该作者列举了支持这一观点的文献。张鹏:《知识产权许可使用权对第三人效力研究》,载《北方法学》2020 年第 6 期,第 70 页。该作者认为已经备案的许可具有对抗转让的效力,但原许可合同是否直接为许可人所承继司法实践并不统一。

〔56〕 当然如果如前所述不认同非专利技术不可以转让,这种情形自然不会出现。

出现在非专利技术被许可后但在被转让前被授予专利的情形,此时也应该排除许可附随转移的可能性,同理对于受让人而言也不存在权利瑕疵。

　　在第二种情形中,如果在先许可本身有效,并与在后许可发生冲突,限制在后 [30]
许可的使用,就构成了在后许可的瑕疵。具体而言,可区分如下三种情形:(1)如果权利人先后授予了两个独占或排他许可,两个许可合同虽然都有效,但只有一个可以被实际履行。如果在先许可有效,则在后许可存在权利瑕疵。在先被许可人可以要求许可人终止第二个许可合同(《民法典》第 872 条第 1 款第 2 分句),因为许可人授予他人许可已经构成违约。在后被许可人也可以主张瑕疵担保责任,要求解除合同、赔偿损失。如果在后被许可人实施了专利,构成对独占许可权的侵害,在先被许可人可以直接起诉在后被许可人,[57] 在先被许可人也可以要求解除其与许可人所签订的合同。[58] (2)如果许可人首先向一个被许可人授予了普通许可,然后向另一个被许可人授予独占或排他许可,则两个许可合同均有效。由于第二个许可的独占性受到在先普通许可的影响,因此可认定存在权利瑕疵。(3)如果许可人首先向一个被许可人授予了独占或排他许可,然后向另一个被许可人授予普通许可,则两个许可合同均有效。这种情况下,第一个许可的独占性受到在后普通许可的影响,因此可认定存在权利瑕疵。但这一瑕疵在在先许可授予时还未存在,因此也可以把授予在后许可的行为认定为一般违约行为。合同订立后出现的瑕疵,涉及的不是瑕疵担保义务,而是维持技术上权利有效性义务。根据《技术合同纠纷解释》(2020 年修正)第 26 条,该义务要求许可人必须在合同订立后避免被许可技术上权利提前灭失,包括缴纳专利年费和积极应对他人提出宣告专利权无效的请求。如果合同的标的为非专利技术,维持权利有效性的义务为采取合理保密措施,已经申请专利的,继续进行申请程序。在合同订立后,专利被无效、提前终止、非专利技术上的权利提前灭失的情形,让与人、许可人原则上违反了相应的权利维持义务才承担赔偿责任。如果为维持专利有效性,许可方在无效宣告程序中主动删除了授权公告文本的一项权利要求,导致涉案专利权的权利保护范围缩小,虽然许可方未违反权利维持义务,但被许可人可要求减价。[59]

　　如果在先许可因属伪造而无效,但在国家知识产权局进行了备案,在备案未 [31]
被撤销之前,在后授予的许可无法备案,这种情况下也可以认为是在后许可存在

---

〔57〕 江苏省高级人民法院(2003)苏民三终字第 010 号民事判决书;董美根:《论专利被许可人的诉权》,载《科技与法律》2008 年第 4 期,第 18 页。

〔58〕 山东省高级人民法院(2007)鲁民三终字第 33 号民事判决书。

〔59〕 浙江省高级人民法院(2010)浙知终字第 110 号民事判决书。

权利瑕疵。[60] 值得注意的是,在中国法中,专利许可在专利行政部门的备案,对于许可的民事效力没有任何附加意义,[61] 备案的许可并不比没有备案的许可具有更高的法律效力。因此,某一在先独占许可未备案并不会因在后独占许可备案而失去效力。[62] 而且与专利权质押不同,这种备案登记不具有公信力,因此,即便一项许可已经备案,不能推定第三人对此知悉。对此持有不同观点的判决与学术观点,多是基于对许可备案登记性质的不同认识。[63] 所以,如果前后授予的许可发生冲突,在先许可即便已经备案,也不能类推适用《民法典》第 613 条,认为该瑕疵为在后被许可人已知,因此排除许可人的瑕疵担保责任。

(三) 其他冲突性第三人权利

32　　其他冲突性第三人权利包括下面四种情形,其中情形三、四仅当许可为排他、独占性时,才构成瑕疵,对于普通许可而言,不属于瑕疵。[64]

1. 侵害第三人知识产权

33　　在合同约定的范围内实施被转让的技术,侵害第三人权利的,合同标的物上无疑存在权利瑕疵。之所以出现这种情形,一方面可能是由于专利审查疏漏从而导致专利重复授权或者与第三方专利的保护范围构成实质相同,[65] 另一方面也有可能被转让的专利为从属专利。从属专利本身并不构成侵权,因此本文单列一类。值得注意的是,《民法典》第 874 条(边码 18)所确立的这一规则仅适用于受让方是善意的情形,即其既不知道也不应该知道所转让技术的侵权性质,否则受让方可被视为共同侵权人。[66] 因为过错并非是制造和进口专利产品或使用专利方法的侵权行为的先决条件,因此受让方即使是善意的,仍然可以是专利侵权

---

〔60〕 毛向荣:《以伪造的专利实施许可合同进行备案的法律认定——黄长学诉金凤凰公司侵害实用新型专利权纠纷案评析》,载《科技与法律》2013 年第 4 期,第 92 页。

〔61〕 这一点中国法与德国法相同,与日、韩法不同。参见杨玲:《专利实施许可备案效力研究》,载《知识产权》2016 年第 11 期,第 80 页。

〔62〕 广东省高级人民法院(2002)粤高法民三终字第 153 号民事判决书。

〔63〕 参见邱永清:《专利许可合同法律问题研究》,法律出版社 2010 年版,第 284 页。

〔64〕 不同观点可参见邱永清:《专利许可合同法律问题研究》,法律出版社 2010 年版,第 229 页。该书作者认为对于普通许可这种情形构成一物上瑕疵,理由是发明专利本身不存在瑕疵。

〔65〕 邱永清:《专利许可合同法律问题研究》,法律出版社 2010 年版,第 215—216 页。该书作者认为这三种情形均不构成瑕疵,因为这并不影响专利的完整性,这一观点忽略了独占、排他许可的内容涉及的不仅仅是专利的有效性,而是使用权本身的唯一性。

〔66〕 汤贞友:《技术合同双方对他人侵权的责任分担——〈民法典〉第 874 条的解释适用》,载《知识产权》2022 年第 1 期, 第 89 页;四川省高级人民法院(2005)川民终字第 237 号民事判决书。

人。[67]《民法典》第 874 条是为了规范受让人与转让人、被许可人与许可人之间的内部关系，而不是授予第三方直接的赔偿要求。由于第三方侵犯非专利技术需要恶意（《反不正当竞争法》第 9 条第 3 款），因此可以认为《民法典》第 874 条仅适用于善意的转让受让人、被许可人，不适用于非专利技术。[68]

在合同约定的范围外实施被转让、许可的技术，侵害第三人权利的，如将产品销售到转让方未申请专利国家，而在当地有第三人主张权利，不属于权利瑕疵。 **34**

2. 专利属于从属专利

如果被转让、许可的专利是从属专利[69]，那么其实施必须获得基本专利权利人的同意或者依据《专利法》第 56 条第 1 款专利行政部门所授予的强制许可，否则构成侵权，因此，从属专利权人在未获得相关许可时，其从属性构成转让、许可的一种权利瑕疵。[70] **35**

3. 专利权上存在先用权

被转让、许可的专利权上存在先用权，也有可能构成一种权利瑕疵。根据《专利法》第 75 条第 2 项的规定，第三人"在专利申请日前已经制造相同产品、使用相同方法或者已经做好制造、使用的必要准备，并且仅在原有范围内继续制造、使用的"，不视为侵犯专利权。因此，受让人、被许可人实施专利的行为虽然不构成侵权，但其必须容忍先用人权利的存在。在转让的情形，受让人获得的专利权上会受到先用人权利的影响，因此先用权无疑构成了一种瑕疵。在许可的情形则略有不同，如果许可是普通许可，先用权不影响被许可人的权利，先用权不构成瑕疵。如果许可是独占或排他性的，则独占性、排他性会受到先用权的限制，先用权则构成一种瑕疵。域外法中，有把专利从属性与先用权作为特别瑕疵，要求过错作为责任成立前提的做法。[71] 这是因为，专利从属性与先用权的存在，难以完全通过检索而发现，如果要求许可人承担无过错赔偿责任，就会使得许可人出于对风险 **36**

---

〔67〕 汤贞友：《技术合同双方对他人侵权的责任分担——〈民法典〉第 874 条的解释适用》，载《知识产权》2022 年第 1 期，第 90 页。

〔68〕 汤贞友：《技术合同双方对他人侵权的责任分担——〈民法典〉第 874 条的解释适用》，载《知识产权》2022 年第 1 期，第 90 页。

〔69〕 从属专利的概念在《专利法》中并未使用，北京高院的《专利侵权判定指南（2017）》第 43 条对此进行了定义："在后获得专利权的发明或实用新型是对在先发明或实用新型专利的改进，在后专利的某项权利要求记载了在先专利某项权利要求中记载的全部技术特征，又增加了另外的技术特征的，在后专利属于从属专利。实施从属专利落入在先专利的保护范围。……"

〔70〕 邱永清：《专利许可合同法律问题研究》，法律出版社 2010 年版，第 228 页。该书作者认为这种情形不构成一种品质瑕疵。

〔71〕 Benkard-PatG/Ullmann/Deichfuß, 11. Aufl., 2015, § 15 Rn. 173.

的判断而没有动力授予许可,从法政策的角度,不利于科技成果的推广。[72] 在中国法,也可以考虑这种风险由受让人、独占被许可人自己承担,[73] 或者由转让方与受让方共同分担。

4. 专利被授予强制许可

37　　与专利上存在先用权同理,如果专利上被授予了强制许可,对于独占、排他许可而言,也构成一种瑕疵。

三、品质瑕疵

38　　根据《民法典》第 870 条,转让方的物上瑕疵义务是指担保所提供的技术是完整、无误、有效的,并且能够实现双方约定的目标。本文认为,此条中前三个要求侧重点不同,其中最关键的是有效性,因为即便提供的技术完整、无误,但无效,仍然存在瑕疵;反之,如果有效,对完整与无误再作额外要求也无意义。在一起药品技术转让的纠纷中,法院指出若因临床试验数据的规范性和完整性对各项试验结果的真实有效或对涉案技术的完整、无误、有效造成影响,可认定技术提供方构成违约;在该案中技术提供方虽然认可其某些临床试验数据存在不规范、不完整的情况,但技术接受方并未提供证据证实这些缺陷对各项试验结果的真实有效或对涉案技术的完整、无误、有效造成影响,故无法认定转让的技术存在瑕疵。[74] 最后一个要求"能够实现双方约定的目标"也是专利有效性的表现,因此下文的讨论集中在有效性。

(一) 技术完整、无误、有效

1. 完整

39　　"完整"的含义相对容易理解,是指"保证技术的整体性,不得隐瞒技术关键和技术要点,包含一个产品、工艺、材料及其系统或改进技术的一整套方案或者一整套文件资料"。[75] 技术不完整的情形包括技术提供方交给对方的生产技术资料

---

[72] Henn/Pahlow, Patentvertragsrecht, 6. Aufl., 2017, S. 203.

[73] 此点源于解亘教授的提示。

[74] 广西壮族自治区南宁市中级人民法院(2017)桂 01 民初 323 号民事判决书。

[75] 谢鸿飞、朱广新主编:《民法典评注·合同编·典型合同与准合同 3》,中国法制出版社 2020 年版,第 509 页;黄薇主编:《中华人民共和国民法典合同编解读(下册)》,中国法制出版社 2020 年版,第 1192 页。

少于约定的页数,[76] 或没有提供合格的产品给对方,没有提交技术合同中约定的软件核心资料,没有履行合同约定的培训和指导义务,没有将双方合作产品提交给有关部门检测,[77] 或者没有提供原始数据及电子图谱,使得技术的完整性、准确性和有效性缺乏验证和回溯的基础。[78] 如果在合同订立时,须交付的资料尚不存在,可以根据合同目的来判断是否符合完整性要求,即当研究数据不全、试验未完成等数据不完整、不能足以证明产品的有效性和安全性,并导致合同目的不能实现时,可以认定转让的技术不符合完整性要求。[79]

2. 无误

"无误"是指"一个产品、工艺、材料及其系统或改进的技术应当准确,没有误差"。[80] 这里没有误差的要求是相对的,根据相关判决,"如果图纸虽有误差和不完善之处,但是经过双方共同对图纸进行修改和补充,并未影响转让技术的实施,而且被告能够生产销售机器,在这种情况下所转让的技术具备实用性、可靠性"[81]。

40

3. 有效

根据全国人大常委会法工委的释义书,"有效"是指"一个产品、工艺、材料及其系统或改进的技术不存在争议,受让方可以依据合同进行操作,能够解决受让方的技术问题,达到订立合同预期的目的"。[82] 简言之,有效性首先包括技术的可实施性,[83] 即在费用可以承受的前提下,技术可以被实施。在此之上是否还有其他要求,有些尚存在一定分歧:

41

一是技术的可实施性是否为工业上的可实施性,即不局限在实验室里的大规

42

---

〔76〕 北京市第二中级人民法院(2003)二中民终字第 04649 号民事判决书。在提供技术资料方面,正如解亘教授所提示的,需要区分不同的类型。"在纯粹的专利权转让、许可的情形,由于专利信息已经公开,这时的转让或者许可并不存在需要交付的技术资料。也就是说,在这种情形,许可人、转让人除了配合过户登记外,只负担消极的容忍义务,不可对相对人主张民事救济。在技术转让、许可的情形,往往存在将相关技术信息告知对方的积极义务。"

〔77〕 最高人民法院(2015)民申字第 2870 号民事裁定书。

〔78〕 上海市高级人民法院(2020)沪民申 968 号民事裁定书。

〔79〕 山东省高级人民法院(2018)鲁民终 994 号民事判决书。

〔80〕 黄薇主编:《中华人民共和国民法典合同编解读(下册)》,中国法制出版社 2020 年版,第 1192—1193 页;谢鸿飞、朱广新主编:《民法典评注·合同编·典型合同与准合同 3》,中国法制出版社 2020 年版,第 510 页。

〔81〕 上海螺钉厂诉上海群英机械厂技术转让合同纠纷案,载《最高人民法院公报》1993 年第 2 期。

〔82〕 黄薇主编:《中华人民共和国民法典合同编解读(下册)》,中国法制出版社 2020 年版,第 1193 页。

〔83〕 参见李伟、刘宏光:《专利权瑕疵的类型及其法律责任——基于合同法的视角》,载《法学杂志》2012 年第 6 期,第 14 页。

模实施。对此,学界有学者持肯定观点。[84]但如下文所述,这一观点忽略了转让技术的多种形态,对合同双方当事人利益平衡的处理过于简化。

43　　　二是对于技术可实施性是否应该对专利与技术秘密进行区分。有观点认为前者转让方无保证技术实施效果或技术能够工业化实施的义务,这是因为专利多为实验室产物,而技术秘密是在实践中开发出来,《民法典》第 868 条"实用性""可靠性"则要求更高。[85]也有法院判决采纳这一观点,认定技术秘密转让合同的让与人应保证技术秘密的实用性、可靠性,作为技术秘密转让合同标的技术秘密,应当是成熟的、能够应用于生产经营的适用性技术,技术应是在充分的研究开发基础上完成的,已经具备了商品化开发的可能性。[86]本文认为这一观点同样过于片面,技术秘密并非都是在实践中形成的,处于专利申请阶段的技术性质上属于技术秘密,但也可能是未经工业实践检验的实验室产物。

44　　　比较合理的是根据技术所处的开发阶段来判断。《技术合同纪要》第 53 条第2 款要求"转让阶段性技术成果,让与人应当保证在一定条件下重复试验可以得到预期的效果"。本文理解这一要求指向技术稳定性,技术不稳定不符合要求。[87]《技术合同纪要》第 54 条规定:"技术转让合同中约定受让人取得的技术须经受让人小试、中试、工业性试验后才能投入批量生产的,受让人未经小试、中试、工业性试验直接投入批量生产所发生的损失,让与人不承担责任。"比较法上也认为判断技术是否具有可实施性的关键是合同所约定的产品,也即是双方在合同订立时对合同产品的必要性能、功能指标、使用用途等的约定。[88]在双方对合同的验收未作约定时,在确定是否存在品质瑕疵时,如果发明还处于早期阶段,许可人自己尚未实施,被许可人知悉这一情形时,瑕疵担保义务的范围相对较小。[89]对此最高人民法院指出"专利系发明专利,根据法律规定,已经过实质性审查,应具备新颖性、创造性和实用性。专利技术转化为现实的产品并非水到渠成,被许可人应当知道该转化过程需要资金、人力、技术的后续投入,在追逐预期可观市场利益的同时也必然要意识到专利技术实际转化过程中所涉风险。将专利技术转化为现实产品的资金、设备、场地等均由被许可人负责的情况下,虽然许可协议在实际履行过程中专利权人参与专利技术转化过程的指导,但将专利技术

---

〔84〕 邱永清:《专利许可合同法律问题研究》,法律出版社 2010 年版,第 226—227 页;谢鸿飞、朱广新主编:《民法典评注·合同编·典型合同与准合同 3》,中国法制出版社 2020 年版,第 510 页。该书作者认为,一般来说,该技术要达到技术行业公认的技术标准,能够转化为直接经济效益或潜在经济价值。

〔85〕 董美根:《专利许可合同的构造:判例、规则及中国的展望》,上海人民出版社 2012 年版,第 52 页。

〔86〕 山东省青岛市中级人民法院(2021)鲁 02 知民初 19 号民事判决书。

〔87〕 山东省高级人民法院(2021)鲁民终 447 号民事判决书。

〔88〕 Pfaff/Osterrieth, Lizenzverträge, 4. Aufl., 2018, Rn. 184.

〔89〕 Pfaff/Osterrieth, Lizenzverträge, 4. Aufl., 2018, Rn. 184.

转化为现实产品并推向市场并非其合同义务".[90]

反之,如果许可人本身已经生产出合格的产品或者制造出技术成熟的表象,那么被许可人对所转让、许可技术也可以抱有相同的期待。对此,山东高院在一起案件中认定,"依据涉案协议及所附项目报告的内容可知,涉案技术为一个成熟的工艺技术,可以马上进行投资生产,而实际情况却是,转让方就涉案技术进行了多次试生产及送检,期间一直在不停地测试和调整,除去 2010 年 9 月 10 日的送检外,从 2010 年 6 月双方签订协议直至双方发生纠纷,均未有证据显示转让的技术经双方共同送检可以达到双方协议约定的技术指标,故本院认为转让的涉案技术并未达到稳定的、可以马上进行投资生产的标准".[91]

三是技术可实施性的范围也与所涉及的技术相关。比如《药品技术转让注册管理规定》第 11 条规定,转让方应当将所涉及的药品的处方、生产工艺、质量标准等全部资料和技术转让给受让方,指导受让方完成样品试制、规模放大和生产工艺参数验证实施以及批量生产等各项工作,并试制出质量合格的连续 3 个生产批号的样品。受让方生产的药品应当与转让方生产的药品质量一致。因此,在涉及药品技术转让的合同中,法院通常认定合同目的要求受让方必须能够生产出合格产品。[92]

四是根据《技术合同纪要》第 53 条 1 款第 2 句,在没有明确约定的情况下,让与人不对受让人实施技术后的经济效益承担责任。[93] 值得注意的是,此处的经济效益与上文所提及的技术工业化为两个不同的概念。"技术工业化以技术的工业化运用为目标,其仅解决技术能否从实验室走向工厂,产出合格产品的问题;产品商业化则以盈利为目标,其所关心的是供给侧和需求侧在质和量上是否匹配的问题,亦即产品是否适销对路、有无利润空间的问题。"[94]"能否产出符合合同约定的产品,与该产品能否上市销售、是否适销对路、有否利润空间等并非同一层面的问题。技术合同领域,尤其是涉及技术工业化的合同中,如果当事人之间没有明确约定,不应将产品商业化认定为技术合同的目的,否则将阻滞技术向生产力的转化。"[95]

45

46

47

〔90〕 最高人民法院(2021)最高法知民终 601 号民事判决书。

〔91〕 山东省高级人民法院(2015)鲁民三终字第 328 号民事判决书。

〔92〕 最高人民法院(2013)民申字第 718 号民事裁定书;山东省高级人民法院(2021)鲁民终 447 号民事判决书;山东省高级人民法院 (2022)鲁民申 3878 号民事裁定书。

〔93〕 杨金琪:《这起技术转让合同纠纷案应由受让方承担主要责任》,载《人民司法》1990 年第 7 期,第 38 页。

〔94〕 最高人民法院(2016)最高法民再 251 号民事判决书。

〔95〕 最高人民法院(2016)最高法民再 251 号民事判决书。

(二) 能够达到约定的目标

48　　　"达成约定的技术目标"的要求,是对技术有效性要求的补充与增强。有约定目标实际上就是一种保证特定功能的承诺,使得许可人负担无过错责任。所约定的目标可以是直至生产出合格产品,[96]或是产品电器性能符合国家规定的标准,几何尺寸保证规范,[97]或是受让人成为中华人民共和国境内唯一的某设备专利及生产专有技术的专利技术所有者。[98]本文认为,技术能否达到约定的目标对于瑕疵的判断之所以重要,是因为有效性的要求比较抽象,而约定目标更为具体。这也是在即便缺乏明示的约定目标时,法院仍然试图从当事人的行为或合同目的中推导出默示约定的目标的原因。此外,合同约定的目标不能实现也是肯定受让方解除合同以及要求赔偿损失的前提。

1. 明示约定目标

49　　　对于目标的明示约定,在药品技术转让领域比较常见,比如约定获得新药证书、生产批文、生产出一定批量合格的产品。[99] 在这种情况下,获得新药证书及生产批件,与技术转让合同约定的技术资料、技术参数、产品质量标准一样,都是涉案技术交付义务履行是否达标的质量标准(或交付标准),作为转让技术成熟与否的判断标准和标志。[100]对于约定目标范围的划定,需要对合同进行解释。如果只是约定生产出安全合格新型建筑用轻质隔墙条板,在无明示承诺时,受让方不能要求涉案设备可以用于生产某种特定类型的轻质墙板。[101]

2. 默示约定目标

50　　　本文认为,承认目标可以默示约定会产生两个问题,一是如何确定目标,二是如何判断目标的实现。

51　　　针对第一个问题,法院会考虑合同订立时的具体情况。比如转让方在其公司简介及产品介绍材料中均宣称该项技术突破性地解决了已有难题,整体技术指标达到国内领先水平,并已获得多项国家专利,具有独家技术垄断权,法院认为转让的涉案技术应当达到其宣称的上述效果,[102]但显然并未考虑受让方是否可以对

---

〔96〕　最高人民法院(2016)最高法民再 252 号民事判决书;最高人民法院(2008)民申字第 128 号民事裁定书。

〔97〕　浙江省高级人民法院(2006)浙民三终字第 220 号民事判决书。

〔98〕　浙江省杭州市中级人民法院(2015)浙杭知初字第 290 号民事判决书。

〔99〕　广西壮族自治区高级人民法院(2007)桂民三终字第 59 号民事判决书。

〔100〕　山东省高级人民法院(2018)鲁民终 994 号民事判决书。

〔101〕　最高人民法院(2021)最高法知民终 733 号民事判决书。

〔102〕　山东省高级人民法院(2009)鲁民三终字第 144 号民事判决书。

这些宣传形成合理信赖。

针对第二个问题,如果双方在合同中未就转让的技术验收标准作出明确约定,可根据《民法典》第 511 条第 1 项规定处理:"质量要求不明确的,按照强制性国家标准履行;没有强制性国家标准的,按照推荐性国家标准履行;没有推荐性国家标准的,按照行业标准履行;没有国家标准、行业标准的,按照通常标准或者符合合同目的的特定标准履行。"[103] 只要技术所检项目达到相关标准规定的技术要求,会被认为是完整、无误和有效的,达到了约定的技术目标。[104]

没有相应标准的,产品至少应该具有其基本性能,比如某涉案技术为已经申请了实用新型专利的新式防护窗,首先应具备通常状态下普通窗子所应达到的国家相关标准。如果连普通窗子所应具有的国家相关技术标准都达不到,则必然存在瑕疵。[105] 如果产品未取得国家许可,若违反《食品安全法》的强制性规定,也可以认为技术转让未达到法律要求的"达到约定的目标"。[106] 当事人可以通过履行行为[107] 或合同目的确定涉案技术应达到的标准。在同一合同中也有可能适用不同标准,"因当事人并未对'合格'的标准作出约定,故本院依据证据规则结合当事人履约过程和合同目的来判断明生公司交付的三批中试样品是否合格。新药技术开发过程一般包括实验室研究的小试阶段、由实验室研究过渡到车间生产的中试阶段和具备生产规模的车间生产阶段。这是一个需要根据生产用的原料、设备、车间等具体条件不断进行工艺调整、优化的过程,只有经过反复的实验、调试才能最终形成生产用的定型的技术,或者称为成熟稳定的技术。因此,每一阶段是否合格或者说能够进行下一阶段工作的衡量标准是不同的,以最终生产阶段的标准衡量前两个阶段是不客观的,也会阻碍相关技术的研发。"[108]

四、证明责任

在诉讼中,受让方须证明技术存在缺陷,而转让方就技术不存在缺陷承担证明责任。[109] 品质瑕疵的证明一般需要技术鉴定,在技术比较简单明了的实用新

52

53

54

［103］ 湖北省高级人民法院(2006)鄂民三终字第 7 号民事判决书。

［104］ 重庆市高级人民法院(2005)渝高法民三终字第 3 号民事判决书。

［105］ 山东省东营市中级人民法院(2007)东民三初字第 15 号民事判决书。

［106］ 河南省南阳市中级人民法院(2013)南民三终字第 00081 号民事判决书。

［107］ 江苏省高级人民法院(2009)苏民三终字第 0109 号民事判决书。

［108］ 山东省高级人民法院(2018)鲁民终 1516 号民事判决书。

［109］ 谢鸿飞、朱广新主编:《民法典评注·合同编·典型合同与准合同 3》,中国法制出版社 2020 年版,第 510 页。

型专利案件中,法院也可以无须鉴定径直确认技术是否有效。[110]

（一）权利瑕疵

1. 权利的存在

55　　　具体而言,就权利的存在,专利权人的举证义务容易完成。只要专利未被宣告无效或撤销,登记的专利权人即为实体的权利人。对于技术秘密的存在,直接的证据包括已经采取必要的保密措施、开发资料、所投入的费用等,如无直接证据也可以间接推定,如在一起案例中,法院指出受让方作为生产兽药的专业厂家,对市场生产、销售的兽药情况应当非常清楚,转让方不可能以市场早已公开的兽药配方作为新配方技术秘密转让给受让方,获取转让费。[111] 在另一起案件中,法院认为转让方能够提供技术资料,在无第三人对该技术权属提出异议前,转让方成立才一个月、技术图纸上载明的设计单位为他人并不能否定转让方拥有该技术的自主知识产权。[112]

2. 转让、授予许可的权利

56　　　对于转让、授予许可的权利的存在,如果转让方并非为专利权人,原则上转让方需证明其获得相应的授权。但在实践中,如果提交的授权书是获得专利人同意的唯一证据,可能会被认为不够充分。[113]

（二）品质瑕疵

1. 实用性

57　　　对于技术上品质瑕疵,原则上许可人须证明技术有效。[114]针对实用性,实践中对发明专利、实用新型与技术秘密区分对待。

（1）专利

58　　　原则上,法院推定发明专利具有实用性,这是因为发明专利是否具有实用性,是专利行政部门在授权时必须审查的内容,如果专利转让协议中转让方并未保证,在一定期限内涉案专利得到成功实施,被许可人即使确实用了 14 个月未能生产出专利产品,也不足以证明涉案专利没有实用性,"因为实用性指的是在理论上运用现有的科学技术条件可以实施,（受让方不能实施）不能排除其缺乏实施涉案

---

[110]　广东省深圳市中级人民法院(2005)深中法民三初字第 318 号民事判决书。
[111]　山东省高级人民法院(2007)鲁民三终字第 63 号民事判决书。
[112]　四川省高级人民法院(2006)川民终字第 129 号民事判决书。
[113]　贵州省高级人民法院(2016)黔民终 402 号民事判决书。
[114]　山东省高级人民法院(2008)鲁民三终字第 58 号民事判决书。

专利必须具备的技术条件等原因"[115]。因此,一个技术方案被授予专利权后,即应认为其具有实用性,受让方如要推翻这一推定,所负证明责任要求较高。[116] 值得注意的是,如果合同当事人约定了特定的目标,则这种对于专利实用性的推定实际意义并不大,因为对达到约定目标的证明责任仍由转让方承担(边码61)。

（2）实用新型

对于实用性的推定是否适用实用新型专利,司法实践尚不一致。有的法院对此予以肯定;[117]有的法院认为在我国实用新型只要通过初步审查认为符合要求的,便公告授权,对其不作实质性审查,所以转让方即便取得了实用新型专利证书,仍需举证证明其质量或者专利性达到其宣称的效果;[118]有的法院认为授权是证据之一,但应有其他证据加以佐证,如他人使用技术已经生产出产品。[119]

（3）非专利技术

对于技术秘密的实用性,上述对发明专利、实用新型的推定不适用。[120] 被许可人能够利用技术生产出产品就可以推定技术无缺陷,进而要求被许可人证明技术有缺陷。[121] 如果鉴定机构证明涉案技术能够生产合格产品,而且受让方确实生产出符合质量的产品,即便鉴定结论并非依据转让方提供的全套技术文件资料得出的,也足以证明技术文件资料虽存在一定的瑕疵,但未影响合同目的的实现。[122]

2. 约定目标

对于技术能达到约定目标的证明,比如利用技术可以生产出产品、技术可以工业化,或者约定的主要经济指标和经济效益,则无论技术是否被授予专利,均由转让方承担证明责任。[123]为了达到这一证明责任,转让方可以提供检索报告、检验报告或者证明可以在流通领域购买到受让方使用该技术、执行合同约定标准的产品的,可认定转让的专利技术能够批量生产符合标准的产品。[124] 如果没有约定

59

60

61

〔115〕 江苏省高级人民法院(2010)苏知民终字第0021号民事判决书。

〔116〕 最高人民法院(2021)最高法知民终601号民事判决书;最高人民法院(2019)最高法民申3622号民事裁定书。

〔117〕 江苏省高级人民法院(2010)苏知民终字第0021号民事判决书。

〔118〕 北京市第一中级人民法院(2010)一中民终字第6313号民事判决书。

〔119〕 广西壮族自治区高级人民法院(2013)桂民三终字第61号民事判决书。

〔120〕 甘肃省白银市中级人民法院(2018)甘04民初56号民事判决书。

〔121〕 浙江省舟山市中级人民法院(2015)浙舟知初字第1号民事判决书。

〔122〕 浙江省绍兴市中级人民法院(2006)绍中民二终字第198号民事判决书。

〔123〕 最高人民法院(2016)最高法民再252号民事判决书;最高人民法院(2008)民申字第128号民事裁定书;福建省高级人民法院(2005)闽民终字第384号民事判决书;江苏省淮安市中级人民法院(2020)苏08民初594号民事判决书;四川省高级人民法院(2010)川民终字第376号民事判决书。

〔124〕 广东省高级人民法院(2013)粤高法民三终字第26号民事判决书。

标准,也无国家、行业标准的,受让方利用转让的技术生产出来的产品经相关行政质检部门检验均合格,也可以作为认定技术具有实用性、可靠性的证据。[125] 受让方利用转让的技术在政府招标中中标,亦可以证明技术符合合同目的。[126] 取得卫生主管部门颁发的特殊用途化妆品卫生许可批件,也是证明技术达到约定目标的证据。[127] 反之,被主管部门退审[128]、数据违反国家评审规则的规定[129],均可以作为技术存在严重问题的证据。

62　　当然,对于许可方对于技术已经达到约定目标所提出的证据,被许可方如要推翻,则需提出反证。最高人民法院在一项判决中指出:"发明专利实施许可合同纠纷中,被许可人主张依照合同专利技术生产的产品技术指标不符合约定,请求许可人返还技术授权使用费的,应当由被许可人举证证明上述主张成立。"[130] 在该案中许可方已经提交的证据证明了该技术可以在他人处生产出合格产品,被许可方时隔五年之后才主张产品不达标,法院认定不符合情理,因此判定许可方无须承担证明被许可人生产的产品确已达到合同约定的技术指标的举证责任。

　　附:案例索引

　　1．北京市第二中级人民法院(2003)二中民终字第 04649 号民事判决书:中国中医研究院望京医院与北京君元科技有限公司技术合同纠纷案【边码 39】

　　2．北京市第一中级人民法院(2010)一中民终字第 6313 号民事判决书:罗某国与北京清大华美环保节能技术研究院技术转让合同纠纷案【边码 13、59】

　　3．重庆市高级人民法院(2005)渝高法民终字第 3 号民事判决书:重庆益民卫生科技开发有限责任公司与重庆伟伟医疗器械发展有限公司技术转让合同纠纷案【边码 52】

　　4．福建省高级人民法院(2005)闽民终字第 384 号民事判决书:陈某标与泉州市泉港厦日建材有限公司技术秘密转让合同纠纷案【边码 61】

　　5．甘肃省白银市中级人民法院(2018)甘 04 民初 56 号民事判决书:白银海博生化科技有限公司与侯某兵技术转让合同纠纷案【边码 60】

　　6．广东省高级人民法院(2002)粤高法民三终字第 153 号民事判决书:珠海汇贤企业有限公司与南京希科集团有限公司专利侵权纠纷案【边码 31】

　　7．广东省高级人民法院(2013)粤高法民三终字第 26 号民事判决书:广州新科达新量电池有限公司与雷某臣、陈某义技术转让合同纠纷案【边码 61】

　　8．广东省深圳市中级人民法院(2005)深中法民三初字第 318 号民事判决书:石某德与

---

〔125〕 湖北省武汉市中级人民法院(2005)武知初字第 68 号民事判决书。
〔126〕 山东省高级人民法院(2020)鲁民终 2924 号民事判决书。
〔127〕 广西壮族自治区高级人民法院(2006)桂民三终字第 8 号民事判决书。
〔128〕 江苏省高级人民法院(2014)苏知民终字第 0023 号民事判决书。
〔129〕 湖北省武汉市中级人民法院(2018)鄂 01 民初 88 号民事判决书。
〔130〕 最高人民法院(2019)最高法知民终 73 号民事判决书。

44．浙江省高级人民法院(2010)浙知终字第110号民事判决书:杭州华兴印染有限公司与钟某根实用新型专利实施许可合同纠纷案【边码30】

45．浙江省杭州市中级人民法院(2015)浙杭知初字第290号民事判决书:浙江惠春贸易有限责任公司与炯鼎发能源科技股份有限公司等专利权转让合同纠纷案【边码48】

46．浙江省绍兴市中级人民法院(2006)绍中民二终字第198号民事判决书:张某才与绍兴纺织机械集团有限公司技术转让、买卖合同纠纷案【边码60】

47．浙江省舟山市中级人民法院(2015)浙舟知初字第1号民事判决书:浙江富健生物科技有限公司与赵某德技术合同纠纷案【边码60】

48．最高人民法院(2008)民申字第128号民事裁定书:华东理工大学与浙江虞乐集团有限公司等技术转让合同纠纷案【边码48、61】

49．最高人民法院(2013)民申字第2320号民事裁定书:隗某宏与青岛科尼乐机械设备有限公司等专利权权属纠纷案【边码23】

50．最高人民法院(2013)民申字第718号民事裁定书:济川药业集团股份有限公司与北京福瑞康正医药技术研究所技术转让合同纠纷案【边码46】

51．最高人民法院(2015)民申字第2870号民事裁定书:华夏星通(北京)科技发展有限公司与山东箭波通信设备有限公司技术转让合同纠纷案【边码39】

52．最高人民法院(2016)最高法民再251号民事判决书:陕西天宝大豆食品技术研究所与汾州裕源土特产品有限公司技术合同纠纷案【边码16、47】

53．最高人民法院(2016)最高法民再252号民事判决书:山东神龙科教装备有限公司与山东师范大学技术转让合同纠纷案【边码48、61】

54．最高人民法院(2019)最高法民申3622号民事裁定书:肇东汇聚农产品种植有限公司与黑龙江福和制药集团股份有限公司技术转让合同纠纷案【边码58】

55．最高人民法院(2019)最高法知民终73号民事判决书:山东博瑞特能源材料有限公司与徐某松发明专利实施许可合同纠纷案【边码62】

56．最高人民法院(2021)最高法知民终601号民事判决书:重庆市柯森汽车配件有限责任公司与万某国专利合同纠纷案【边码44、58】

57．最高人民法院(2021)最高法知民终733号民事判决书:江苏建邦建材科技有限公司与江苏宝盛住宅工业有限公司等技术转让合同纠纷案【边码49】

58．最高人民法院(2021)最高法知民终768号民事判决书:珠海精专科技有限公司与珠海泛能打印机耗材有限公司专利权转让合同纠纷案【边码4、14】

第919条

委托合同的定义 *

第919条　委托合同是委托人和受托人约定,由受托人处理委托人事务的合同。

简　　目

---

* 本文系基于《〈民法典〉第919条(委托合同的定义)评注》(载《南大法学》2023年第4期,第170—200页)一文修订而成。特别感谢高西雅律师、赵晶洁同学与范潇同学的校订。

案例搜集情况说明。(1)案例来源:威科先行、法信、天同码。(2)搜集方法及结果:本文援引案例来自多轮检索,以下介绍最后一次补充检索(2022年4月15日)的案例搜集方法及结果。①威科先行高级检索——关键词:由受托人处理委托人事务的合同;搜索范围:裁判理由及依据;法院级别:最高人民法院、高级人民法院;共计检索到160(15+145)个案例。②威科先行高级检索——关键词:三百九十六条;搜索范围:裁判理由及依据;法院级别:最高人民法院、高级人民法院;共计检索到407(45+362)个案例。③威科先行高级检索——关键词:名为委托;搜索范围:裁判理由及依据;法院级别:最高人民法院、高级人民法院;共计检索到72(8+64)个案例。④威科先行高级检索——关键词:委托合同、无效;搜索范围:裁判理由及依据;法院级别:最高人民法院、高级人民法院;共计检索到741(64+677)个案例。⑤威科先行高级检索——关键词:参照、适用、委托合同;搜索范围:裁判理由及依据;法院级别:最高人民法院、高级人民法院;共计检索到336(22+314)个案例。⑥威科先行高级检索——关键词:构成委托;搜索范围:裁判理由及依据;法院级别:最高人民法院、高级人民法院;共计检索到151(21+130)个案例。⑦威科先行高级检索——关键词:实为委托;搜索范围:裁判理由及依据;法院级别:最高人民法院、高级人民法院;共计检索到44(6+38)个案例。⑧威科先行高级检索——关键词:参照、委托合同;搜索范围:裁判理由及依据;法院级别:最高人民法院、高级人民法院;共计检索到376(21+355)个案例。⑨法信检索以上关键词,侧重于检索法信整理的裁判规则、经典案例、裁判观点、法信码。⑩检视天同码与委托合同有关的全部案例。⑪写作过程中由检索发现的线索,则进一步对比研究委托合同与其他合同类型、梳理研究委托合同的无效事由等问题,并基于以上基础进一步检索案例,不限于最高人民法院和高级人民法院的案例,亦不拘泥于前述检索截止时间。

游　冕

一、规范意旨

(一)规范沿革

中华人民共和国成立以来,很长一段时间内法律未对委托合同作出规定。直至1999年,《合同法》第396条对委托合同作出定义条款。《民法典》第919条未进行修改。而且,《民法典》制定过程中的各版草案中,委托合同的定义均保持稳定。因此,《合同法》以来的学理研究与实践案例在不断阐释委托合同的定义边界。　　**1**

(二)规范性质

本条为委托合同的定义条款,用于界定委托合同的概念。[1] 关于各类典型合同,《民法典》均在第三编第二分编中的各章首条先行给出定义条款,再逐条展开该类典型合同项下的法律规定。循此逻辑,不论是当事人主张适用委托合同一章的法律规定,抑或裁判者适用本章有关法律规定,均应以当事人合意构成委托合同为前提。本条功能即在于判断或识别当事人合意(当事人据以主张的合同)是否构成委托合同。　　**2**

　　本条所称"受托人处理委托人事务"已经呈现出委托合同关系所固有、必备　　**3**

---

〔1〕　参见黄薇主编:《中华人民共和国民法典合同编释义》,法律出版社2020年版,第864页;最高人民法院民法典贯彻实施工作领导小组主编:《中华人民共和国民法典合同编理解与适用(四)》,人民法院出版社2020年版,第2468页。

并用以决定合同类型的基本义务,[2]一定程度上是在描述委托合同关系的主给付义务。不过,尽管典型合同的定义不可避免地涉及主给付义务,但《民法典》在第三编第二分编中的各章通常仍另行设置主给付义务条款。[3] 委托合同一章中,第 922 条、第 923 条即详细规定受托人的主给付义务。可见,合同定义条款虽然在一定程度上指明了某一典型合同的主给付义务,但《民法典》并无意于将合同定义条款作为请求权基础提供给当事人,主给付义务条款才是相应典型合同的请求权基础规范。

4　　　　按照民法规范的逻辑结构,本条并非包含构成要件与法律效果的结构完整之假言命题。本条本身未包含给付与抗辩的法律效果,[4]适用该条必须与其他条文相结合,故本条为不完全规范。依法条功能,本条属于不完全规范中的定义规范(立法定义)。[5] 具体而言,当事人欲主张委托合同项下的法律规定,应以委托合同之成立为前提。据此,何为"委托合同"应当予以界定,本条即以立法形式作出说明与指引。

5　　　　依据请求权基础方法,本条在"请求—抗辩"体系内的作用在于,针对委托合同项下主要规范与抗辩规范的构成要件(适用前提)之一——"当事人合意构成委托合同关系"作出细化说明,应定性为辅助规范。具体到实践案例中,委托事务的一方依据本条(《合同法》第 396 条)先行主张双方之间构成委托合同关系,进而主张适用《民法典》第 933 条(《合同法》第 410 条)行使任意解除权,并依据《民法典》第 921 条(《合同法》第 398 条)请求处理事务的一方返还预付费用,法院则援引《民法典》第 928 条(《合同法》第 405 条)"因不可归责于受托人的事由,委托合同解除或者委托事务不能完成的,委托人应当向受托人支付相应的报酬"之规定,认为处理事务的一方可收取部分给付义务之对应报酬,免于返还部分款项。[6]

(三) 体系关联

6　　　　首先,需要阐明本条与委托合同一章其他规定的体系关联。本条作为定义条

〔2〕　参见韩世远:《合同法总论》(第 4 版),法律出版社 2018 年版,第 340 页。

〔3〕　保证合同可能存在例外,《民法典》保证合同一章未明确给出专门的主给付义务条款。相同见解,详见吴香香:《请求权基础视角下〈民法典〉的规范类型》,载《南京大学学报(哲学·人文科学·社会科学)》2021 年第 4 期,第 122 页。

〔4〕　参见黄茂荣:《法学方法与现代民法》,中国政法大学出版社 2001 年版,第 134 页。当然,当事人单纯依据本条可确认委托合同关系存在与否,由此可依本条提起委托合同关系的确认之诉。在此意义上,本条具有"法律效果"。但该等法律效果并不涉及权利之设立、消灭或变更,故并非民法权利体系或请求权基础意义上的"法律效果"。

〔5〕　关于立法定义的规范性质,详见朱庆育:《民法总论》(第 2 版),北京大学出版社 2016 年版,第 102 页。

〔6〕　参见最高人民法院(2011)民一终字第 72 号民事判决书。

款,发挥识别当事人合意的效用。诚然,定义条款未必可以穷尽合同的全部定义要素,例如主给付义务是某一合同类型的固有必备条款与核心交易目的,当事人排除主给付义务则合同类型将发生变化。[7] 这就表明主给付义务条款可能提取出超过定义条款的更多定义要素,进而丰富合同类型的界分标准。不过,本条所称"受托人处理"与"委托人事务"实际上已可涵盖主给付义务条款提供的定义要素,[8]故主给付义务条款并未扩展委托合同的界分标准。此外,委托合同一章的其他大部分规定属于任意性规定,可为约定排除,并非委托合同的必要特征,不应提取为界定合同类型的定义要素与区分标准。值得关注的是,任意解除权之有无可能作为区分无偿委托合同与其他合同类型的辅助理由。[9] 考虑到任意解除权通常表现为认定委托合同成立的结果("法律效果"),本文认可司法实践的做法,即将其作为识别无偿委托合同的辅助理由,而较难发挥定义要素的识别作用。

其次,需要注意到委托合同在合同体系中的体系定位。按照合同编的编排次序,典型合同可分类为转让财产合同("财产权让与型合同")、使用财产合同("财产权利用型合同")与劳务给付合同(或称提供劳务合同、提供服务合同,"服务提供型合同")。[10] 劳务给付合同包括承揽合同、建设工程合同、运输合同、保管合同、仓储合同、委托合同、行纪合同、中介合同等,以承揽合同、委托合同、保管合同、雇佣合同(我国未规定为典型合同)作为四大基础类型,[11]由基础类型进一步延展(包括因事务特殊性而分化独立、商法化、社会法化)而形成更多类型的劳务给付合同。 7

委托合同属于劳务给付合同。在劳务给付合同体系内,可按照属加种差法进一步作出概念区分:第一,劳务给付合同可分为劳务行为给付合同与劳务结果给付合同,委托合同属于前者,后者除给付劳务以外尚需保证一定结果之达成,典型 8

[7] 详见吴香香:《〈民法典〉第598条(出卖人主给付义务)评注》,载《法学家》2020年第4期,第171—172页(边码2)。修订后收录于朱庆育主编:《中国民法典评注·条文选注(第2册)》,中国民主法制出版社2021年版,第322页(边码2)。

[8] 本条定义似乎无法完全涵盖"受托人应当按照委托人的指示处理委托事务"这一要求,但实践中少有仅仅根据这一要求否定委托合同关系的裁判案例。

[9] 参见贵州省高级人民法院(2018)黔民终956号民事判决书。

[10] 参见王家福主编:《中国民法学·民法债权》,法律出版社1991年版,第621、647、712页(第621页与第647页由孙宪忠执笔,第712页由张新宝执笔);韩世远:《合同法总论》(第4版),法律出版社2018年版,第70页;周江洪:《服务合同的类型化及服务瑕疵研究》,载《中外法学》2008年第5期,第655页;周江洪:《服务合同在我国民法典中的定位及其制度构建》,载《法学》2008年第1期,第77页;[日]我妻荣:《债权各论(中卷二)》,周江洪译,中国法制出版社2008年版,第1页。

[11] 参见最高人民法院研究室编著:《最高人民法院新民事案件案由规定理解与适用(上)》,人民法院出版社2021年版,第396页;[日]我妻荣:《债权各论(中卷二)》,周江洪译,中国法制出版社2008年版,第1—3页。

如承揽合同。第二,同样是劳务行为给付,整体性处理事务与单纯听令劳动亦判然有别,委托合同属于前者,雇佣合同及其社会法化而产生的劳动合同则属于后者。第三,即使在整体性处理事务的劳务行为给付合同框架内,部分合同也因为"委托事务"的特殊性,独立于委托合同而分化产生新的典型合同类型,如立法对其设立专门规则、不再回归适用一般性委托合同相关规定的保管合同及其商法化而产生的仓储合同,以及仍然准用委托合同有关规定的行纪合同与中介合同。委托合同的界定,必须在劳务给付合同体系内厘清前述问题,用以确定概念外延(边码 44—48)。

9　　　　比较法上,部分立法例还将委托合同规定为劳务给付合同(劳务行为给付合同)的一般类型,委托合同的有关规定可适用于其他劳务给付合同(劳务行为给付合同)。[12] 不同于前述立法例,我国法并无类似规定,故是否采纳同样的解释论就存在较大争议。[13] 实际上,学者对我国台湾地区"民法"第 529 条亦不乏反思。[14] 从司法实践来看,并无典型裁判案例倡导该等抽象规则。具体到实证法下,劳务行为给付合同是否参照及如何参照适用委托合同一章的法律规定,应是基于《民法典》第 467 条第 1 款的解释问题(边码 62—68)。

10　　　　再次,在合同体系之外,委托合同与合同编项下的准合同(法定之债)亦有关联。《民法典》第 919 条系"处理他人事务的正当性依据",很多情况下,"委托终结之时即是无因管理开始之时"[15]。循此法理,无因管理在特定情形下也可能转化为委托合同关系或参照适用委托合同的相关规定。对此,《民法典》第 984 条规定:"管理人管理事务经受益人事后追认的,从管理事务开始时起,适用委托合同的有关规定,但是管理人另有意思表示的除外。"

11　　　　最后,在合同编(债法领域)之外,代理制度与委托合同亦存在体系关联。必须明确的是,代理权的授权行为独立于基础法律关系。[16]《民法典》第 163 条第 1款虽将"委托代理"与"法定代理"相并列,但《民法典》第 165 条规定委托代理仅需被代理人的意思,而不依赖于代理人的意思,即不要求合意,可见"委托代理"之

---

〔12〕　例如,《瑞士债务法》第 394 条第 2 款规定:"给付劳务的契约,非为本法所规定的特定契约类型者,适用关于委任的规定。"又如,我国台湾地区"民法"第 529 条规定:"关于劳务给付之契约,不属于法律所定其他契约之种类者,适用关于委任之规定。"对相关比较法情况的整体介绍,参见黄立主编:《民法债编各论(下册)》,台湾地区元照出版公司 2004 年版,第 65—66 页(杨佳元执笔)。

〔13〕　参见李永军、易军:《合同法》,中国法制出版社 2009 年版,第 567—568 页。亦有学者认为,我国法上的无名劳务合同应适用委托合同的有关规定。详见崔建远:《合同法》(第 4 版),北京大学出版社2021 年版,第 649 页。

〔14〕　参见邱聪智:《新订债法各论(上)》,中国人民大学出版社 2006 年版,第 139 页。

〔15〕　最高人民法院民法典贯彻实施工作领导小组主编:《中华人民共和国民法典合同编理解与适用(四)》,人民法院出版社 2020 年版,第 2794 页。

〔16〕　参见朱庆育:《民法总论》(第 2 版),北京大学出版社 2016 年版,第 342 页。

"委托"并不等同于"委托合同"。"委托代理"实指"意定代理",即来自当事人意志的代理权授予,[17]基础法律关系并非一定是委托合同关系,也可能是合伙、雇佣或劳动等合同关系。[18]合理的归纳是,委托合同关系是代理的常见基础法律关系,但委托合同本身并不能产生代理权授予的法律效果。

二、定义要素(构成要件)

定义要素是委托合同有别于其他合同的必要特征。由当事人角度,双方合意符合本条之定义要素则成立委托合同,可援引委托合同项下的法律规定支持相应主张;由裁判者角度,符合本条定义要素的合同关系应定性为委托合同关系,可适用委托合同的法律规定作为裁判依据。　　　　　　　　　　　　　　　　　　　12

(一)主体要素:委托人与受托人

委托人是有权请求受托人处理事务的人,受托人是负有处理事务之义务的人。《民法典》多次出现"委托人"一词,但未必构成委托合同关系。《民法典》合同编第二十五章"行纪合同"、第二十六章"中介合同"项下同样存在"委托人"概念,但行纪合同、中介合同均为独立于委托合同的典型合同类型。《民法典》第852 条、第879 条、第882 条分别涉及委托开发合同、技术咨询合同、技术服务合同的"委托人"概念,此类合同是否构成委托关系还应结合本条之定义要素加以实质判断。《民法典》涉及"受托人"概念的,同样应作实质判断。《律师法》《信托法》等其他立法中涉及"委托人"或"受托人"概念的,同样如此。　　　　　　　　　13

委托人与受托人可为任何民事主体。[19]除有关行为能力的要求外,对委托人与受托人的主体资格原则上并无特别限制,这一特征有别于行纪合同对行纪人资质的要求。不过,如特别法规定委托事务须委托人具有相应资格要求(合格投资者等投资门槛),或者对受托人的专业资质、市场准入与主体限制等作出规定,[20]则委托人的资格要求、受托人是否具有专业资质等虽不影响合同的成立,　　　14

---

〔17〕　参见朱庆育:《民法总论》(第 2 版),北京大学出版社 2016 年版,第 329 页。

〔18〕　参见枣庄市道桥工程有限公司与屈某、重庆建工投资控股有限责任公司等债权转让合同纠纷案,重庆市高级人民法院(2015)渝高法民终字第 00072 号民事判决书,载最高人民法院中国应用法学研究所编:《人民法院案例选》2016 年第 1 辑(总第 95 辑);李永军、易军:《合同法》,中国法制出版社 2009 年版,第 574 页;黄立主编:《民法债编各论(下册)》,台湾地区元照出版公司 2004 年版,第 70 页(杨佳元执笔)。

〔19〕　参见黄薇主编:《中华人民共和国民法典合同编释义》,法律出版社 2020 年版,第 864—865 页。

〔20〕　参见黄薇主编:《中华人民共和国民法典合同编释义》,法律出版社 2020 年版,第 957 页。

但可能影响委托合同的有效性(边码73—74)。

15　　　委托人与受托人均可为多人。《民法典》第932条规定,两个以上的受托人共同处理委托事务的,对委托人承担连带责任。实践中,多个委托人共同委托受托人处理事务亦属常见。[21]

(二)标的要素:劳务行为之给付

16　　　委托合同的客体是劳务之给付,也就是受托人处理委托事务的行为。[22]进一步来说,劳务给付合同依标的之不同可划分为行为之债(给付行为)与结果之债(给付效果),前者的客体就是劳务给付行为本身,后者的客体则不仅包括劳务给付行为,最终目的还在于取得某一特定结果,最典型例子是承揽合同,提供劳务的最终目的在于完成并交付工作成果。[23]委托合同属于前者,客体是劳务行为之给付,也就是受托人为委托人处理委托事务这一行为本身,[24]受托人并不负有必须完成某种工作成果或者将委托事务办理成功的义务。[25]

(三)内容要素之一:"受托人处理"

1. 基本概念

17　　　"受托人处理"的基本要求是受托人应当亲自处理委托事务。不过,依据《民法典》第923条,在委托人同意或紧急情况下,受托人可以转委托,此时委托人与受托人之间成立的委托合同关系并不终止。

18　　　"受托人处理"这一定义要素的关键在于"处理"一词。"处理"在日常用语中的词义较为宽泛,似乎难以据此进一步解释委托合同的内涵。但在《民法典》合同

---

〔21〕　参见最高人民法院(2021)最高法民终409号民事判决书;最高人民法院(2020)最高法民终1157号民事判决书。

〔22〕　参见黄薇主编:《中华人民共和国民法典合同编释义》,法律出版社2020年版,第865页。

〔23〕　参见最高人民法院民法典贯彻实施工作领导小组主编:《中华人民共和国民法典合同编理解与适用(四)》,人民法院出版社2020年版,第2468页;韩世远:《合同法总论》(第4版),法律出版社2018年版,第339—341页;唐波涛:《承揽合同的识别》,载《南大法学》2021年第4期,第44页。此种分类又称为"方式性债务"与"结果性债务"的区分,"方式性债务"只需要债务人按照既定方式为特定行为,"结果性债务"需要债务人的行为实现特定后果。详见王利明:《债法总则研究》(第2版),中国人民大学出版社2018年版,第161页。

〔24〕　参见陈甦编著:《委托合同 行纪合同 居间合同》,法律出版社1999年版,第14页;黄立主编:《民法债编各论(下册)》,台湾地区元照出版公司2004年版,第65页(杨佳元执笔)。

〔25〕　参见最高人民法院民法典贯彻实施工作领导小组主编:《中华人民共和国民法典合同编理解与适用(四)》,人民法院出版社2020年版,第2469页;崔建远:《合同法》(第4版),北京大学出版社2021年版,第649页;陈甦编著:《委托合同 行纪合同 居间合同》,法律出版社1999年版,第14页;[日]我妻荣:《债权各论(中卷二)》,周江洪译,中国法制出版社2008年版,第2—3页。

编中,除"依照法律规定或者按照约定处理"等提示性表述以外,"处理"一词仅出现于委托合同、物业服务合同、行纪合同、无因管理四章,其中以委托合同一章的出现频率最高。事实上,物业服务合同、行纪合同、无因管理均与委托合同存在密切关联。因此,从立法用语来看,"处理"是受托人履行行为的重要特征,也即委托合同之内容的关键之点,系解释论的重点问题。

受托人处理既可为无偿处理亦可为有偿处理,即无偿或有偿并非委托合同的定义要素。罗马法认为委托应为无偿,"非无偿的委任无效"[26]。《德国民法典》亦将委托合同定性为无偿合同,另设有偿事务处理合同。不过,诸多大陆法系国家(如瑞士、日本)在成文法中并未将委托合同限定于无偿。我国法亦未将委托合同限定为无偿合同。而且,不同于规范相邻的仓储合同(《民法典》第 904 条作出定义)、物业服务合同(《民法典》第 937 条作出定义),委托合同亦不限定为有偿合同。实践中,无偿委托合同与情谊行为(好意施惠)的区别也有引发争议,两者在学理上的核心差异在于是否有受法律拘束的意思,[27]司法实践中通常结合事项类型(投资行为还是生活行为)、[28]是否存在更为整体的事务处理环境或交易背景(比如上下游关系)、[29]行为与感情基础的匹配程度(陌生人之间的谨慎交易还是熟人帮忙)[30]等加以判断。　　　　　　　　　　　　　　　　　　　19

2. 利用劳务而非单纯的转让或利用财产

"受托人处理"意味着委托人希望受托人为自己进行事务处置,利用的是受托人的劳务,而并非仅是财产的转让或利用。[31]据此,委托合同可区别于买卖合同等转让财产合同。例如,在一宗涉及《委托书》合同性质争议的案例中,虽然双方签订的合同文本多次出现"委托"一词,但法院认为双方所签合同的主要权利义务是当相关欧元利率符合约定条件时,或由甲公司向乙银行给付金钱,或由乙银行向甲公司支付金钱,仅有财产的对待给付而不涉及乙银行处理(甲公司的)事务,应定性为金融衍生品交易合同(转让财产合同)而非委托合同。[32]　　　　　20

当然,委托合同完全可能包含财产的交付与转让(《民法典》第 927 条)。因　　21

---

〔26〕 [古罗马]优士丁尼:《学说汇纂·委任与合伙(第十七卷)》,李飞译,[意]腊兰校,中国政法大学出版社 2014 年版,第 3 页。

〔27〕 参见李永军、易军:《合同法》,中国法制出版社 2009 年版,第 576 页。

〔28〕 参见湖南省岳阳市中级人民法院(2021)湘 06 民终 3851 号民事判决书。

〔29〕 参见北京市第二中级人民法院(2021)京 02 民终 8457 号民事判决书。

〔30〕 参见浙江省绍兴市中级人民法院(2014)浙绍商终字第 93 号民事判决书。

〔31〕 参见[日]我妻荣:《债权各论(中卷二)》,周江洪译,中国法制出版社 2008 年版,第 1—2 页。

〔32〕 参见上海市高级人民法院(2013)沪高民五(商)终字第 5 号民事判决书。类似案例,参见最高人民法院(2017)最高法民申 1057 号民事裁定书;浙江省高级人民法院(2016)浙民终 339 号民事判决书。

此,委托合同与转让财产合同、使用财产合同的关键差异应在于,受托人除负有财产转让及利用等义务以外,是否还具有事务处理的义务,需整体考察转让或利用财产是否仅为劳务给付的部分手段。法律规范方面可见《最高人民法院关于为自由贸易试验区建设提供司法保障的意见》第 7 条的规定,"合同约定消费者个人承担关税和邮寄风险的,可认定消费者和跨境电商企业之间成立委托合同关系。电商企业批量进口、分批销售,消费者主张其与电商企业之间成立买卖合同关系的,人民法院应予支持"。实践案例亦显示出委托合同与转让财产合同、使用财产合同的差异。例如,在一例贸易纠纷中,购销合同虽然约定由甲乙完成若干买卖交易,但《贸易合作框架协议》同时明确约定商品买卖贸易中所需的贸融业务、进口代理业务由甲选择其中部分业务委托乙办理,乙向甲销售的货物应来自甲指示的第三方,同时按照整体交易安排为甲垫付部分资金。法院认为,《贸易合作框架协议》是对双方之间交易方式的总的安排和约定,系列购销合同是对该框架协议的具体履行。据此,乙便不仅仅是出卖人,而负有按照甲的指示处理其他事务的义务,甲乙之间成立委托合同关系。[33] 相反,在其他案例中,合同虽名为代理协议,但实际内容只是甲乙之间的若干买卖,乙采购完毕后以何种形式、何种价格面向社会销售,甲不参与,合同亦不涉及,故甲乙均不负有买卖合同以外的事务处理义务,应据实认定为买卖合同关系。[34] 类似情形可见一则最高人民法院公报案例,一方主张的《细胞培养委托合同》并无委托培养的权利义务安排,仅就价款、数量、款项支付等买卖合同的要素达成约定,应认定成立买卖合同关系。[35] 还有案例认为,双方签订委托合同之时,委托事项已经办理完毕(没有再委托办理的必要),"委托代理费用"实为项目转让的对价,委托合同的实质为房地产项目转让。[36]

22　　　　此外,"受托人"应处理事务、提供劳务,而不是仅提供财产供"委托人"利用,这是区分委托合同与借用合同(我国法上为无名合同)等财产利用型合同的关键。例如,生活用语所称的甲公司"借"乙公司的 POS 机办理信用卡消费,应定性为乙公司将 POS 机借用给甲公司,还是甲公司委托乙公司使用 POS 机办理业务,就应当根据乙公司是否提供劳务来确定。在一则名为"借用"POS 机的最高人民法院公报案例中,实际情况是甲公司将资料交至乙公司,由乙公司 POS 机操作人员在POS 机上手工输入信用卡信息,进行信用卡消费,法院认定甲公司与乙公司形成

---

〔33〕 参见最高人民法院(2017)最高法民终 569 号民事判决书。

〔34〕 参见最高人民法院(2017)最高法民终 701 号民事判决书。类似案例,参见最高人民法院(2017)最高法民终 386 号民事判决书。

〔35〕 参见吴某澜诉上海聚仁生物科技有限公司买卖合同纠纷案,上海市第一中级人民法院(2020)沪 01 民终 4321 号民事判决书,载《最高人民法院公报》2021 年第 6 期。

〔36〕 参见内蒙古自治区高级人民法院(2019)内民终 203 号民事判决书。

无偿委托关系而非借用关系。[37]

3. 强调处理事务的过程而非形成工作成果

"受托人处理"强调过程而非结果,并不要求受托人须提供一定的工作成果。   23
据此,虽同为劳务给付合同,但委托合同作为行为之债,显著区别于作为结果之
债、必须提供工作成果的承揽合同。[38]

判断某一劳务给付合同的性质为委托抑或承揽,应当以合同标的(劳务提供   24
者的主给付义务)是否包括提供工作成果为标准,结合报酬支付是否与工作成果
交付形成对待给付、[39]违约责任是否仅仅取决于提供劳务一方有无按约完成工
作成果而无须关注其履行行为是否合理[40]等因素加以判断。实践中,某一工程
造价咨询合同并未约定以出具正式的审计报告作为支付审计费的前提条件,应定
性为委托合同而非承揽合同。[41] 与此相对,在另一案例中,一方当事人的主要义
务是完成设计、加工、试运行等工作,交付一套完整的项目生产线,该合同则构成
承揽合同而非委托合同。[42] 在三方合作的产品设计开发关系中,更为精细地区
分不同主体之间的委托与承揽关系则更显必要:甲乙之间的设计开发关系不以工
作成果的交付为目的,构成委托合同关系,设计开发完成后交由丙来制造模具、制
作产品,则应定性为承揽合同关系。[43]

学理研究上,有学者认为,医疗合同的劳务提供者并不负担实现特定结果之   25
义务,医疗合同总体应定性为委托合同,但以获取特殊治疗效果为目的的医疗合

[37] 参见苏州阳光新地置业有限公司新地中心酒店诉苏州文化国际旅行社有限公司新区塔园路
营业部、苏州文化国际旅行社有限公司委托合同纠纷案,江苏省苏州市中级人民法院(2011)苏中商终字
第0539号民事判决书,载《最高人民法院公报》2012年第8期。

[38] 参见最高人民法院民法典贯彻实施工作领导小组主编:《中华人民共和国民法典合同编理解
与适用(四)》,人民法院出版社2020年版,第2473页;李永军、易军:《合同法》,中国法制出版社2009年
版,第572页;陈甦编著:《委托合同 行纪合同 居间合同》,法律出版社1999年版,第14页;周江洪:《服务
合同的类型化及服务瑕疵研究》,载《中外法学》2008年第5期,第666页;[日]我妻荣:《债权各论(中卷
二)》,周江洪译,中国法制出版社2008年版,第2页。

[39] 参见周江洪:《服务合同的类型化及服务瑕疵研究》,载《中外法学》2008年第5期,第665—
666页。

[40] 参见唐波涛:《承揽合同的识别》,载《南大法学》2021年第4期,第44页;周江洪:《服务合同
典型化理论工具及其概念界定》,载朱晓喆主编:《中外法商评论》第1卷,上海财经大学出版社2021年
版,第27页。

[41] 参见山东省高级人民法院(2018)鲁民申7546号民事裁定书。

[42] 参见宁夏回族自治区高级人民法院(2008)宁民商终字第21号民事判决书。

[43] 参见山东省高级人民法院(2018)鲁民终1031号民事判决书。

同(主要包括美容整形、修补牙齿、安装义肢)则应定性为承揽合同或混合合同。〔44〕 不过,医疗合同具有相当的特殊性,在实践案例中极少定性为委托合同或承揽合同等典型合同。〔45〕

26　　　　司法实践中,不少名为"委托"的合同,实际将交付工作成果确定为主给付义务并与报酬支付形成对待给付,应据实认定为承揽合同。例如,在一例委托创作合同引发的纠纷中,甲委托乙为自己撰写传记,明确作品全部完成并定稿后支付最终报酬,一、二审判决认为应定性为承揽合同,再审裁定认为应定性为委托合同。相比而言,因为合同约定支付报酬与完成作品形成对待给付,案涉委托创作合同定性为承揽合同更为妥当。〔46〕 又如,在一宗《杂交水稻委托生产合同》引发的纠纷中,该合同名称虽带有"委托"二字,但"受托人"的义务是以自己的技术、劳力等进行生产,并将合格的种子交付给"委托人",而"委托人"的义务是接收交付的种子并按约支付报酬。法院认定该合同并非委托合同,而与承揽合同最相类似,并适用《合同法》第 262 条(《民法典》第 781 条)的规定,判令"受托人"承担交付质量不合格种子的违约责任。〔47〕 同理,名为"承揽"的合同关系项下亦可能存在委托合同关系。〔48〕

4. 强调带有裁量权地整体性处理事务

27　　　　查现代汉语词典,"处理"一词的第一项词义为"安排(事务);解决(问题)"。〔49〕 可见,"处理"通常指向一种带有整体性安排或解决问题之导向的劳务,与简单的体力劳动存在微妙差异。在我国台湾地区"民法"上,对委托合同的定义同样使用"处理"一词,而对雇佣合同的定义则使用"服劳务"一词。《合同

---

〔44〕 参见韩世远:《医疗服务合同的不完全履行及其救济》,载《法学研究》2005 年第 6 期,第 91—92 页;黄茂荣:《债法总论(第一册)》,中国政法大学出版社 2004 年版,第 249 页;陈聪富:《医疗契约之法律关系(上)》,载《月旦法学教室》2008 年第 10 期,第 92—93 页。

〔45〕 否认医疗合同属于委托合同的案例,参见北京市第一中级人民法院(2017)京 01 民终 9016 号民事判决书。

〔46〕 另外,该合同仅约定"委托人"具有任意解除权,与定作人享有单方解除权、承揽人不具有解除权一致,印证该合同应定性为承揽合同。最高人民法院(2013)民申字第 2353 号民事裁定书认定该合同属于委托合同范畴,本文认为略显不当。北京市第一中级人民法院(2010)一中民初字第 5312 号民事判决书、北京市高级人民法院(2012)高民终字第 34 号民事判决书将该合同定性为承揽合同,更具说服力。

〔47〕 参见江苏省高级人民法院(2015)苏商终字第 00482 号民事判决书。

〔48〕 参见福建省高级人民法院(2020)闽民终 445 号民事判决书。

〔49〕 中国社会科学院语言研究所词典编辑室编:《现代汉语词典》(第 7 版),商务印书馆 2016 年版,第 195 页。

法》草案中,雇佣合同的定义条款使用"提供劳务",[50]与"处理"存在差异。

　　传统大陆法系民法上,委托的以上特征正是意在同雇佣合同相区别。理论上 28
认为,委托在传统上对应"高阶劳务",常必须根据自己之专业判断,提供者不得盲
从于委托人,而雇佣仅以低级劳务或不自由劳务为标的。[51] 有学者将委托合同
的这一特征归纳为"整体性劳务"。[52] 我国台湾地区学者普遍指出,委托与雇佣
的主要区别在于处理事务的裁量权之有无,[53]无法判断有无裁量权之时,可根据
提供劳务给付"是否须具相当技能或专业知识为断"[54](会计师、医师、精算师
等)。总之,委托合同之目的在于整体处理一定事务,虽有委托人的指示存在(《民
法典》第922条),但受托人在所受权限内仍保有自行裁量决定处理事务之方法,
具有相当的意志裁量空间,而不是依从命令单纯提供劳务。[55]

　　"带有裁量权地整体性处理事务"同样指向委托合同的重要特征"特别信任" 29
与"信赖关系"。有学者指出,委托合同的特点包括当事人之间具有"特别信
任",[56]即委托人与受托人之间存在信赖关系(信任关系)。信赖关系是指广义
的信任,包括对专业主体资质、经营能力、商誉的信任,除特别人身信赖关系以外
亦包含一定的利益关系。[57] 最高人民法院关于《民法典》的配套理解与适用一书
指出,"信赖关系是委托类合同特别是委托合同得以成立的前提条件之一"。[58]
因此,广义的信赖关系可以认为是委托合同的一般特征。不过,信赖关系具有抽
象性,难以作为识别标准,"受托人处理"强调带有裁量权地整体性处理事务是信

　　[50]　1995年10月16日《合同法(试拟稿)》第349条、1996年5月《合同法(试拟稿)》第359条,详
见何勤华、李秀清、陈颐编:《新中国民法典草案总览(下卷)》(增订本),北京大学出版社2017年版,第
1951、1995页。
　　[51]　参见黄茂荣:《债法总论(第一册)》,中国政法大学出版社2004年版,第122—123页;[日]我
妻荣:《债权各论(中卷二)》,周江洪译,中国法制出版社2008年版,第3页。
　　[52]　[日]我妻荣:《债权各论(中卷二)》,周江洪译,中国法制出版社2008年版,第2页。
　　[53]　参见黄立主编:《民法债编各论(下册)》,台湾地区元照出版公司2004年版,第68页(杨佳元
执笔);王怡苹:《委任契约之相关问题》,载《月旦法学教室》2015年第12期,第16页。
　　[54]　邱聪智:《新订债法各论(上)》,中国人民大学出版社2006年版,第12页。
　　[55]　参见崔建远:《合同法》(第4版),北京大学出版社2021年版,第649、652页;李永军主编:《合同
法学》,高等教育出版社2011年版,第367页;韩世远:《合同法学》,高等教育出版社2010年版,第556页;李
永军、易军:《合同法》,中国法制出版社2009年版,第573页;邱聪智:《新订债法各论(上)》,中国人民大学
出版社2006年版,第138页;黄立主编:《民法债编各论(下册)》,台湾地区元照出版公司2004年版,第68
页(杨佳元执笔);王怡苹:《委任契约之相关问题》,载《月旦法学教室》2015年第12期,第16页。
　　[56]　陈甦编著:《委托合同 行纪合同 居间合同》,法律出版社1999年版,第7页。
　　[57]　参见最高人民法院(2015)民一终字第226号民事判决书;最高人民法院民法典贯彻实施工作
领导小组主编:《中华人民共和国民法典合同编理解与适用(四)》,人民法院出版社2020年版,第2469—
2470页。
　　[58]　最高人民法院民法典贯彻实施工作领导小组主编:《中华人民共和国民法典合同编理解与适
用(四)》,人民法院出版社2020年版,第2469页。

任关系的具象体现,[59] 代替发挥识别作用。此外,"受托人处理"的亲自处理要求同样是信任关系的具象体现,代替发挥识别作用(边码 17)。

30　　我国法并未将雇佣合同确立为典型合同,仅在《民法典》第 1191 条、第 1192 条有关侵权责任的规定中涉及雇员与个人劳务。在我国的民事案件案由中,传统大陆法系民法中的雇佣合同有关纠纷,一般归属于"劳务合同纠纷"。[60] 对此,最高人民法院配套的理解与适用一书对雇佣合同作出界定,并指出委托合同与雇佣合同存在差异,"广义的劳务合同大部分都已成为有名合同,受《民法典》合同编的调整,双方的具体权利义务都有明确的规定,如行纪、中介、保管、运输、承揽、建筑工程承包合同等……本条规定的是狭义的劳务合同,即雇佣合同,是指双方当事人约定,在确定或不确定期间内,由一方向他方提供劳务,他方给付报酬的合同"。[61] 理解与适用一书还强调,"在劳务合同中,雇主处于支配地位,雇员则处于被支配的从属地位;虽然双方当事人的法律主体地位形式上平等,但在合同履行过程中,雇主与雇员之间的主体身份是不平等的"。[62] 鉴于雇主与雇员之间的这一实质"不平等关系",理解与适用一书认为处理雇佣合同纠纷可适用《劳动法》与《劳动合同法》所规定的基本原则。[63]

31　　司法实践亦不乏案例指出委托合同与雇佣合同的区别,往往是对雇佣合同进行界定以作出论证。有案例认为,雇佣合同的雇员应"处于被支配的从属地位",合同中应体现"管理与被管理、支配与被支配的特点"。[64] 有案例进一步将雇佣合同区分为两种类型:一为狭义的雇佣合同,是指"雇员是为雇主的利益而工作,以获得相应劳务报酬,接受雇主的工作安排和管理的合同";二为"个人提供劳务合同",是指"仅仅发生在自然人的个人之间,通常仅仅是为了满足生活需要而非生产需要的家庭教师、家庭保姆等非营利性质的劳务关系"。[65] 当然,除是否必须支付报酬等问题以外,更多情形下双方成立委托抑或雇佣并无明显差异,故有关争议在司法实践中相对并不多见。实际上,在《民法典》生效以前(彼时尚无

---

〔59〕 参见崔建远:《合同法》(第 4 版),北京大学出版社 2021 年版,第 649—650 页。

〔60〕 因此,实践中不少案例以(狭义的)"劳务合同"指代传统大陆法系民法中的雇佣合同,或存在混用。为行为简洁之便,除原文引用以外,本文对"雇佣合同"与"劳务合同"不作特别区分。

〔61〕 最高人民法院研究室编著:《最高人民法院新民事案件案由规定理解与适用(上)》,人民法院出版社 2021 年版,第 397 页。

〔62〕 最高人民法院研究室编著:《最高人民法院新民事案件案由规定理解与适用(上)》,人民法院出版社 2021 年版,第 542—543 页。

〔63〕 参见最高人民法院研究室编著:《最高人民法院新民事案件案由规定理解与适用(上)》,人民法院出版社 2021 年版,第 543 页。

〔64〕 参见北京市第一中级人民法院(2018)京 01 民终 3813 号民事判决书。

〔65〕 参见广东省深圳市中级人民法院(2018)粤 03 民终 19936 号民事判决书。不过,家庭教师、家庭保姆是否属于非营利性质劳务,值得商榷。

《民法典》第563条第2款的规定），有案例还参照适用委托合同的任意解除权规定，论证未定期限的雇佣合同应允许单方面随时终止。[66]

此外，雇员限于自然人，受托人则并无限制，也是委托合同与雇佣合同（及其社会法化而形成的劳动合同）的重要区别。[67]

相比于雇佣合同，司法实践中更为常见的有关合同类型是劳动合同。劳动合同主要受《劳动法》与《劳动合同法》的规范和调整，属于社会法范畴，[68]实质是雇佣合同社会法化的特殊类型，[69]并在现代社会的绝大部分场合架空雇佣合同。[70] 循此逻辑，委托合同与雇佣合同的差异可在相当程度上推及至委托合同与劳动合同。最高人民法院案例即认为，"在劳动关系存续期间，用人单位与劳动者之间存在管理与被管理的隶属关系，这是劳动合同关系与委托合同关系的本质区别"。[71] 但同时也要注意到劳动合同的特殊性：企业与员工之间被普遍、强制要求建立起长期性劳动关系，并非企业与员工的自由合意。企业与员工完全可能希望以委托处理事务之方式开展工作，这就会产生强制性的劳动关系以外的委托事务安排，故劳动合同与委托合同可能并存。例如，公司与董监高之间成立委托合同关系，[72]这是指导案例10号"李建军诉上海佳动力环保科技有限公司公司决议撤销纠纷案"[73]与《公司法解释（五）》第3条有关董事无因解除的理论依据之一。[74] 同时，实践案例指出董监高通常与公司签订劳动合同或实际成立无书面合同的劳动关系，可见委托合同与劳动合同并非绝对排斥、不能兼容。[75] 此

［66］　参见湖南省株洲市中级人民法院（2018）湘02民终1947号民事判决书。

［67］　参见陈甦编著：《委托合同 行纪合同 居间合同》，法律出版社1999年版，第13页。

［68］　参见最高人民法院研究室编著：《最高人民法院新民事案件案由规定理解与适用（上）》，人民法院出版社2021年版，第397页。

［69］　参见广东省深圳市中级人民法院（2018）粤03民终19936号民事判决书；邱聪智：《新订债法各论（上）》，中国人民大学出版社2006年版，第8页；黄茂荣：《债法总论（第一册）》，中国政法大学出版社2004年版，第131—132页；郑尚元：《民法典制定中民事雇佣合同与劳动合同之功能与定位》，载《法学家》2016年第6期，第63—67页；［日］我妻荣：《债权各论（中卷二）》，周江洪译，中国法制出版社2008年版，第5页。

［70］　参见邱聪智：《新订债法各论（上）》，中国人民大学出版社2006年版，第8页；谢增毅：《民法典编纂与雇佣（劳动）合同规则》，载《中国法学》2016年第4期，第99—101页。

［71］　最高人民法院（2015）民申字3557号民事裁定书。

［72］　参见王军：《中国公司法》（第2版），高等教育出版社2017年版，第366页。

［73］　最高人民法院案例指导工作办公室：《指导案例10号〈李建军诉上海佳动力环保科技有限公司公司决议撤销纠纷案〉的理解与参照》，载《人民司法·应用》2013年第3期，第33页（刘净执笔）；顾继红、何云：《罢免公司高管的董事会决议效力之司法审查》，载《人民司法·案例》2010年第22期，第89页。

［74］　参见《依法保护股东权益 服务保障营商环境——最高人民法院民二庭相关负责人就〈关于适用若干问题的规定（五）〉答记者问》，载最高人民法院网，https://www.court.gov.cn/zixun-xiangqing-155282.html，最后访问时间：2023年3月1日。

［75］　参见最高人民法院（2020）最高法民再50号民事判决书。

外,即便是在同一份聘用合同中,企业与员工也无妨就产品销售的奖励与责任等特殊工作安排达成合意,在劳动合同关系以外另行成立委托合同关系。[76]

(四)内容要素之二:"委托人事务"

1. 基本概念

34　　受托人处理的须为"委托人事务",其要求是受托人处理的事务必须至少要包括委托人的事务,而不应全是自己的事务。此外,如果事务既包括委托人事务,又包括受托人事务,乃至于包括第三人事务,则可能产生"共同的事业目的",构成合伙合同等共同行为,对此应结合合伙合同等其他典型合同的定义而作出进一步的区分界定(边码42—43)。

35　　"委托人事务"不得属于在性质上不能委托他人代办的事务,主要是指与人身密切联系的婚姻登记、设立遗嘱、收养子女等涉及身份行为的事务,[77]以及履行演出合同等具有较强人身属性而无法由他人代为履行的事务。[78]不过,假如当事人就前述事项形成委托合意,亦不应认为合同不成立或依此否认合同效力,[79]而仅能认为委托合同无法实际履行。

36　　委托事务不限于法律行为。比较法上,意大利与日本等国立法例认为委托合同之标的仅限于法律行为。根据《日本民法典》第 656 条的规定,就委托法律行为以外的事务成立的合同为"准"委托,准用委托合同的规定。[80]不过,《德国民法典》等则没有作出该等事务限制。我国法亦未作出限制。

2. "委托人利益"或"委托人利益与风险"标准

37　　何为"委托人事务",除去对事务归属的朴素理解以外,司法实践通常采用"委

---

[76] 参见内蒙古自治区高级人民法院(2014)内民申字第 725 号民事裁定书。

[77] 参见黄薇主编:《中华人民共和国民法典合同编释义》,法律出版社 2020 年版,第 867 页;李永军、易军:《合同法》,中国法制出版社 2009 年版,第 567 页;邱聪智:《新订债法各论(上)》,中国人民大学出版社 2006 年版,第 138 页;黄立主编:《民法债编各论(下册)》,台湾地区元照出版公司 2004 年版,第 63 页(杨佳元执笔)。

[78] 参见最高人民法院民法典贯彻实施工作领导小组主编:《中华人民共和国民法典合同编理解与适用(四)》,人民法院出版社 2020 年版,第 2471 页;陈甦编著:《委托合同 行纪合同 居间合同》,法律出版社 1999 年版,第 7 页。

[79] 尤其考虑到我国实定法并无自始给付不能合同无效的规定。

[80] 参见黄薇主编:《中华人民共和国民法典合同编释义》,法律出版社 2020 年版,第 867 页;最高人民法院民法典贯彻实施工作领导小组主编:《中华人民共和国民法典合同编理解与适用(四)》,人民法院出版社 2020 年版,第 2471 页;李永军、易军:《合同法》,中国法制出版社 2009 年版,第 567 页。

托人利益"[81]或"委托人利益与风险"[82]的标准来界定何为"委托人事务",背后逻辑在于事务处理的利益与风险归属于谁,即应当界定为何者之事务。[83] "委托人利益"或"委托人利益与风险"标准强调的是委托人应当根据事务处理之不同情况,相应享有收益、负担风险,而不应让受托人承受全部的利益与风险。司法案例否认委托合同关系的典型表述包括:"一方收取固定回报,另一方承担全部风险"[84]则不构成委托合同关系;无论赢亏都获取固定收益,与委托关系中利益和风险归委托人承担存在本质区别。[85] 也可以注意到,该标准并不意味着事务处理的利益与风险必须全部归属于委托人,不允许受托人从中分享。实际上,在委托理财合同中,受托人分享部分投资超额收益并不少见。[86]

"委托人利益"或"委托人利益与风险"标准可以用于区分委托合同与借款合同、租赁合同等财产的转让或利用型合同。原因在于,借款、租赁的本质要求是将货币或财产使用权转让至借款人、承租人名下,此后借款人、承租人将自行支配货币或使用财产。借款人作为货币所有权人运用资金所获收益归自己所有,使用租赁的承租人经由财产使用而营业获得的收益归自己所有,用益租赁的承租人取得租赁物的法定孳息归自己所有,三者同时亦应自行承担风险。与此相对,出借人与出租人则根据借款合同与租赁合同获取固定收益,不承担支配出借货币与使用租赁财产所产生的风险。 38

司法实践中最常出现的场景是委托理财合同与借款合同(主要是民间借贷)的界分。委托人将资金托付给受托人,但约定收取固定本息回报,应据实认定为借款合同。例如,当事人虽签订《资产委托管理协议书》,但最高人民法院在该案中认为,"委托人马某文将资产交由马某进行投资管理,受托人马某在合同履行期限内无论盈亏均保证马某文获得固定本息回报,超额投资收益或造成的经济损失均由马某负责……符合借贷法律关系的本质属性,该协议属于名为委托理财,实为借贷的情形"。[87] 更进一步,实践案例中,当事人之间转让债权并委托清收的交易安排,如实质约定为固定收益,同样应据实认定为借款合同关系,债权受让则 39

[81] 参见山东省高级人民法院(2020)鲁民终761号民事判决书;江西省高级人民法院(2018)赣民初50号民事判决书。

[82] 参见最高人民法院(2013)民申字第2112号民事裁定书;四川省高级人民法院(2018)川民再86号民事判决书;上海市高级人民法院(2011)沪高民一(民)申字第1823号民事裁定书。

[83] 例如判断是否构成委托代建关系(委托代建实质属于委托合同抑或承揽合同亦需探讨),法院关注到"受托人"开发建设后自行销售,并给自己获利,"委托人"从中仅获得必要费用,应认定双方不构成委托代建关系。详见最高人民法院(2020)最高法民申6332号民事裁定书。

[84] 最高人民法院(2009)民二终字第83号民事判决书。

[85] 参见四川省高级人民法院(2018)川民再86号民事判决书。

[86] 参见广东省广州市中级人民法院(2019)粤01民终2078号民事判决书。

[87] 最高人民法院(2013)民申字第2112号民事裁定书。

是借款合同之担保。[88] 不仅前述案例,法院据此认定名为委托实为借款的案例还有许多,[89] 此前长期施行的地方司法文件亦予以认可。[90] 此外,与本类案型中收取固定收益的委托合同应解释(转性)为借款合同不同,自然人、非专业机构之间签订带有保底条款("上不封顶,下有保底",最低收益条款,有别于绝对固定收益)的民间委托理财合同,资产管理机构作为受托人签订带有保底条款(刚兑条款)的金融委托理财合同,虽不影响委托合同关系的成立,但涉及合同的全部或部分无效问题,后文将进一步探讨(边码80—84)。

40　　　　涉及物之交付场合,以"委托人利益"或"委托人利益与风险"标准界定"委托人事务",进而区分委托合同与租赁合同,同样是常见且有效的司法判断标准。最高人民法院关于《民法典》的配套理解与适用一书特别强调,并非凡是包含"委托"二字的合同都是委托合同,特别指出的例证便是,如果委托人将商铺、房屋交由受托人经营,但经营收益和风险均由受托人承担,受托人仅向委托人支付固定金额的"投资回报",应认定为租赁合同。[91] 最高人民法院在"委托合同纠纷"这一案由的理解与适用部分持有同等观点。[92] 裁判案例亦予以支持。[93] 有案例直接根据"委托人利益"标准,认为按照收益权归"受托人"的约定,当事人之间名为委托管理合同,实为承包租赁合同。[94] 另有案例认为,《商铺委托经营管理协议》虽然名为委托经营管理,但不论经营管理如何,"受托人"支付的是固定收益,并有权自主对外转租房屋,故不应认定为委托合同,而应认定为出租人允许承租人转租的房屋租赁合同。[95] 类似案型还包括名为委托合同,实为土地承包经营

---

〔88〕 参见江西省高级人民法院(2018)赣民初50号民事判决书。值得注意的是,该案所涉法律关系在《民法典》施行后可能构成保理合同关系。

〔89〕 参见北京市高级人民法院(2021)京民申385号民事裁定书;北京市第三中级人民法院(2020)京03民终7653号民事判决书;广西壮族自治区高级人民法院(2021)桂民终839号民事判决书;云南省高级人民法院(2019)云民终345号民事判决书;四川省高级人民法院(2018)川民再86号民事判决书;宁夏回族自治区高级人民法院(2017)宁民终62号民事判决书。

〔90〕 《江苏省高级人民法院关于审理委托理财合同纠纷案件若干问题的通知》(2020年12月31日废止)第2条规定:"当事人在合同中约定,由委托人向受托人交付资金,受托人自行开设证券账户进行证券交易,委托期限届满后由受托方向委托方返还本金并支付固定回报,或除支付固定回报外对超额投资收益约定由委托人与受托人按比例分成的,应认定双方成立以委托理财为表现形式的借贷关系,并以借款合同纠纷确定案由。"

〔91〕 参见最高人民法院民法典贯彻实施工作领导小组主编:《中华人民共和国民法典合同编理解与适用(四)》,人民法院出版社2020年版,第2473页。

〔92〕 参见最高人民法院研究室编著:《最高人民法院新民事案件案由规定理解与适用(上)》,人民法院出版社2021年版,第354页。

〔93〕 参见北京市高级人民法院(2019)京民申6068号民事裁定书;北京市第一中级人民法院(2019)京01民终1456号民事判决书。

〔94〕 参见山东省高级人民法院(2020)鲁民终761号民事判决书。

〔95〕 参见湖南省高级人民法院(2018)湘民终151号民事判决书。

权转包合同。[96]

在股权代持、借名买房的有关争议中，[97] 裁判者同样可能适用"委托人利益"　　41
或"委托人利益与风险"作为界分标准。在一宗涉及股权代持的纠纷中，法院认为
出资人只享受利益而不承担持有股权风险的约定符合借款性质。[98]

3."个人事务""个人利益"而非"共同的事业目的""共同利益"

如前所述，"委托人事务"是指处理的事务必须至少要包括委托人的事务，委　　42
托人应当根据事务处理的不同情况，取得利益或承担风险。"委托人事务"这一定
义要素并不要求受托人处理事务后，不能分享处理事务之利益。但是，不论如何，
"委托人事务"与"受托人事务"乃至"第三人事务"均为个人事务，"委托人利益"
与"受托人利益"乃至"第三人利益"均为个人利益。因此，以上分析仍以"意思表
示对向一致"的双方行为作为基础，未关注到"意思表示方向相同"的共同行
为。[99]　在以合伙合同为代表[100]的共同行为的框架内，各方的利益具有一致性，
与当事人之间处于对立或竞争关系的双方行为存在差异，产生了"共同目的"与
"共同利益"。[101]　合伙合同等为共同利益而从事共同事业的合同类型，应与包括
委托合同在内的利用他人之劳务的合同相互区分，居于独立的合同类别。[102]

从双方行为与共同行为的差异出发，"个人事务"还是"共同的事业目的"便　　43
是委托合同与合伙合同（包括实质构成合伙合同的合作合同）的核心区别。最具

---

〔96〕　参见新疆维吾尔自治区高级人民法院生产建设兵团分院(2015)新兵民申字第 00053 号民事
裁定书；新疆生产建设兵团第十四师中级人民法院(2014)兵十四民终字第 00019 号民事判决书。

〔97〕　股权代持、借名买房并非严格意义的法律术语，因当事人的不同交易安排，所指代的情形亦存
在差异。详见王毓莹：《股权代持的权利架构——股权归属与处分效力的追问》，载《比较法研究》2020
年第 3 期；司伟：《借名买房排除强制执行的法律规则——基于学说与案例的分析与展开》，载《法治研
究》2021 年第 4 期。可以注意到，行政法规一般认为部分股权代持为委托关系，详见《期货交易管理条
例》第 16 条第 4 款与《证券公司监督管理条例》第 14 条第 2 款的规定。同时，法院认定股权代持（或与之
有关的委托投资）、借名买房构成委托合同关系或适用委托合同有关规定解决争议的案例并不少见。有
关实务研究，详见葛伟军：《股权代持的司法裁判与规范理念》，载《华东政法大学学报》2020 年第 6 期，第
128—130 页；胡立峰：《借名登记引发的房屋权属认定问题探讨——以中国裁判文书网上 76 个一审案例
为分析对象》，载《法律适用》2016 年第 7 期，第 90—92 页。

〔98〕　参见河南省高级人民法院(2021)豫民再 23 号民事判决书；河南省洛阳市中级人民法院
(2018)豫 03 民终 2282 号民事判决书。

〔99〕　有关双方行为与共同行为的差异，参见朱庆育：《民法总论》(第 2 版)，北京大学出版社 2016
年版，第 136—138 页。

〔100〕　之所以认为合伙合同是中国法下共同行为的代表，主要原因是《民法典》合同编第二十七章对
合伙合同特别作出规定。

〔101〕　参见黄薇主编：《中华人民共和国民法典合同编释义》，法律出版社 2020 年版，第 999 页。

〔102〕　参见最高人民法院研究室编著：《最高人民法院新民事案件案由规定理解与适用(上)》，人民
法院出版社 2021 年版，第 396—397 页。

代表性的体现在于,《民法典》第 970 条规定"按照合伙合同的约定或者全体合伙人的决定,可以委托一个或者数个合伙人执行合伙事务",虽然出现"委托"一词,但并不构成委托合同关系,而是合伙合同或一致决定(两者均不属于双方行为)赋予执行合伙人以委托代理权。[103]《民法典》生效以前,有案例就明确指出,出具委托书只是双方合作合同的一项内容,并非成立委托合同关系。[104] 司法实践中,对"共同的事业目的"除采朴素理解以外,也会采用"共同利益"作为实质判断标准。[105] 裁判者还会关注当事人之间是否具有"共同出资、共同经营、共享收益、共担风险"的安排。例如,甲公司将资金交付给乙公司投资煤矿,看似符合委托合同的定义,但甲公司实际与乙公司一起参与商谈建矿、卖矿及签订还款协议,同时派员工前往煤矿参与财务工作,乙公司又向甲公司的有关员工发放工资,双方产生了方向一致的共同事业与共同利益,法院据此认定甲乙之间成立合伙合同关系。[106] 更进一步,有案例认为"隐名合伙"(与合伙人之一就其持有的合伙份额另行建立合伙关系)亦属于合伙合同范畴,不应认定为委托合同关系。[107] 与之相对,合同约定甲帮助乙、丙取得地块,乙、丙将该项目利润的 30% 支付给甲,甲之事务处理(取得地块)系为乙、丙之利益,乙、丙支付给甲的 30% 项目利润实乃报酬,法院认定构成委托合同关系,而非合作合同与合伙合同关系。[108] 值得注意的是,在《民法典》颁行前,《民通意见》第 50 条与《合伙企业法》第 4 条要求合伙合同应以书面形式订立,此前部分案例即以主张合伙关系的一方无法提供书面合同或书面合伙协议未作记载为由否认合伙关系,从而认定为委托合同关系。[109]《民法典》未对合伙合同施加形式限制,未来区分委托合同与合伙合同需从实质内容角度予以考察。

---

〔103〕 参见最高人民法院民法典贯彻实施工作领导小组主编:《中华人民共和国民法典合同编理解与适用(四)》,人民法院出版社 2020 年版,第 2746 页。

〔104〕 参见江苏省高级人民法院(2012)苏商终字第 0015 号民事判决书。

〔105〕 参见最高人民法院(2020)最高法民申 2342 号民事裁定书;江西省高级人民法院(2018)赣民终 517 号民事判决书;北京知识产权法院(2020)京 73 民终 548 号民事判决书。

〔106〕 参见山东省高级人民法院(2021)鲁民申 6653 号民事裁定书;山东省泰安市中级人民法院(2020)鲁 09 民终 2916 号民事判决书。

〔107〕 参见浙江省高级人民法院(2019)浙民申 3557 号民事裁定书;浙江省丽水市中级人民法院(2019)浙 11 民终 580 号民事判决书。

〔108〕 参见江苏省高级人民法院(2011)苏商外终字第 0048 号民事判决书。值得注意的是,基于保证结果系主给付义务并与支付报酬形成对待给付,该案所涉合同可据实认定为承揽合同,总之不构成合作合同或合伙合同。

〔109〕 参见黑龙江省高级人民法院(2017)黑民终 178 号民事判决书;河南省高级人民法院(2012)豫法立二民申字第 02171 号民事裁定书。

(五)消极要素:体系要求对定义外延的限缩

规范理论上,合同定义条款"就其所欲定义的对象之描写,并不一直是详尽 44
的,因此这些定义所描述的用语之解释或甚至补充的必要,并没有因定义性的规
定之存在而被排除"[110]。这在委托合同的界定上得到了充分体现:委托合同本身
的概念具有相当的开放性和包容性,甚至在一定意义上可以包含所有的劳务给付
合同。[111] 因此,对委托合同的界定不能仅依赖于定义条款的词句,还应进一步将
委托合同置于劳务给付合同体系内,与其他劳务给付合同进行平行对比,以厘清
委托合同的外部边界。换言之,从"构成要件"的角度来看,本部分构成委托合同
的"消极定义要素"。即便当事人合意符合委托合同的定义内涵,但可能因为具有
其他要素而构成他种合同类型,从而未必归入委托合同的范畴。这是体系要求对
委托合同之外延的限缩。

委托合同是劳务给付合同的基础类型之一。劳务给付合同可分为四大基础 45
类型,分别为承揽、委托、保管、雇佣。[112]《最高人民法院新民事案件案由规定理
解与适用》一书列出的四种最具代表性的劳务给付合同同样如此。[113] 从四种基
础劳务给付合同出发,经由商法化、社会法化、特殊劳务的分化与独立,形成了更
多的劳务给付合同类型,不完全梳理见图1。

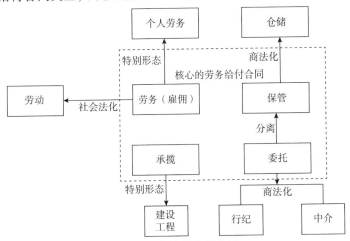

图1　劳务给付合同类型

---

〔110〕　黄茂荣:《法学方法与现代民法》,中国政法大学出版社2001年版,第134页。

〔111〕　参见崔建远:《合同法》(第4版),北京大学出版社2021年版,第649页。

〔112〕　参见[日]我妻荣:《债权各论(中卷二)》,周江洪译,中国法制出版社2008年版,第1—3页。

〔113〕　参见最高人民法院研究室编著:《最高人民法院新民事案件案由规定理解与适用(上)》,人民
法院出版社2021年版,第396页。

46　　　如前所述,由"受托人处理"这一定义要素,委托合同可与承揽合同、雇佣合同及其衍生合同相界分。值得一提的是保管合同,虽有悠久的立法史且为劳务给付合同的基础类型,但保管合同实际可视为一种特殊类型事务处理的委托合同,因处理的事务为单纯保管而由法律特殊规定。[114]

47　　　某一类合同分离为独立的典型合同,代表了立法注意到该类合同的特性,适于独立成章而设立专门规则。因此,虽然行纪、中介、物业服务合同乃至保管、仓储均满足本条之定义(整体性处理事务的劳务行为给付合同),似乎可界定为委托合同关系,但因有关合同类型已经独立成章,不应再回归一般性的委托合同而适用委托的法律规定。学者将这一类合同归纳为"具体特殊类型事务的处理",应适用"特殊委托规范",委托合同的规定不得"越俎代庖"。[115]当然,行纪合同与中介合同亦明确"本章没有规定的,参照适用委托合同的有关规定",则是立法者意识到专章规定未尽周全,故而设置准用规范。

48　　　除去法系渊源的差异,仅观察合同的功能与目的,委托合同与信托合同的区分亦来自特别立法之下的体系要求。委托合同与信托合同的核心差异是合同所欲达成或构造的财产归属问题,即信托合同之目的在于,委托人应将财产委托给受托人,形成独立于委托人与受托人固有财产的信托财产。[116]信托合同以信托财产为核心,与委托合同存在差异。在此核心差异上,信托的专门立法进一步强调信托受托人的管理权限、与第三人法律关系等问题。因此,虽然在一定程度上可以将自益信托合同视为负有特殊财产权属安排等的委托合同,但鉴于信托合同已经具有法律适用方面的独立性,两者基于立法体系要求仍应作出严格区分。司法实践中,信托争议几乎不存在适用或参照适用委托合同有关规定的情形。

(六)委托合同的常见实务类型

49　　　依据以上定义要素,可在实践中识别、界定委托合同关系。为进一步提供实务指引,以下对委托合同的常见实务类型作出列举。当然,实务列举仅为不完全生活描述,无法穷尽实践现象,更无法代替定义要素的实质判断,名实不符亦属于十分常见的现象。

---

〔114〕参见崔建远:《合同法》(第 4 版),北京大学出版社 2021 年版,第 649 页。

〔115〕参见崔建远:《合同法》(第 4 版),北京大学出版社 2021 年版,第 648—649 页。

〔116〕参见最高人民法院(2018)最高法民申 1423 号民事裁定书。在财产管理制度层面比较信托与委托代理,详见赵廉慧:《信托法解释论》,中国法制出版社 2015 年版,第 62、217 页;周小明:《信托制度:法理与实务》,中国法制出版社 2012 年版,第 97、205 页。强调信托财产必须独立于委托人及受托人自有财产,详见王利明:《信托合同与委托合同的比较》,载《暨南学报(哲学社会科学版)》2019 年第 4 期,第 29 页。强调信托制度的特征在于财产权发生移转,详见李宇:《商业信托的法人资格》,载朱晓喆主编:《中国信托法评论》第 1 卷,法律出版社 2018 年版,第 85—86 页。

　　法律法规明确列举的委托合同类型包括但不限于:《民法典》第 796 条将建设工程监理合同定性为委托合同;《资产评估法》第 23 条规定委托人应当与评估机构订立委托合同;《律师法》第 25 条规定,律师承办业务的,应由律师事务所与委托人签订书面委托合同;[117]《注册会计师法》第 16 条规定,注册会计师承办业务,应由会计师事务所与委托人签订委托合同;《旅游法》第 69 条规定,经旅游者同意,旅行社将包价旅游合同中的接待业务委托给其他具有相应资质的地接社履行的,应当与地接社订立书面委托合同,另《旅行社条例》第 36 条规定的旅行社之间的委托合同;《职业教育法》第 28 条规定,行业主管部门、工会等群团组织、行业组织、企业、事业单位等委托学校、职业培训机构实施职业教育的,应当签订委托合同;《个人信息保护法》第 21 条规定个人信息处理者委托处理个人信息的委托合同;《住房公积金管理条例》第 12 条规定住房公积金管理中心与受委托办理住房公积金金融业务的商业银行签订委托合同;《专利代理条例》第 14 条规定专利代理机构与委托人订立书面委托合同;[118]《证券公司监督管理条例》第 38 条规定,证券公司可以委托证券公司以外的人员作为证券经纪人,代理其进行客户招揽、客户服务等活动,证券公司应当与证券经纪人签订委托合同;《招标投标法实施条例》第 14 条规定,招标人应当与被委托的招标代理机构签订书面委托合同。

　　需要注意的是,专门立法规定的“委托合同”未必构成委托合同关系。例如,　51
《期货和衍生品法》第 66 条规定期货经营机构与交易者应当签订书面委托合同,监管规定与交易实践中将其称作期货经纪合同,[119] 通常定性为行纪合同。[120] 又如,《音像制品管理条例》第 19 条、第 23 条分别规定的音像出版单位与音像制作单位签订的委托合同、音像出版单位与音像复制单位签订的委托合同,视合同约定情况,可能因保证结果系主给付义务并与支付报酬形成对待给付,从而据实认定为承揽合同。《物业管理条例》第 59 条作为行政处罚条款虽提及“委托合同”,但实际规范对象为“物业服务企业将一个物业管理区域内的全部物业管理一并委托给他人”,即物业服务合同的“转委托”,在《民法典》于委托合同之外单独规定

　　〔117〕　最高人民法院公报案例进一步印证了委托人与律师事务所之间成立委托合同关系。详见上海市弘正律师事务所诉中国船舶及海洋工程设计研究院服务合同纠纷案,上海市第二中级人民法院(2009)沪二中民四(商)终字第 450 号民事判决书,载《最高人民法院公报》2009 年第 12 期。

　　〔118〕　实践案例进一步印证了《专利代理条例》第 14 条规定的“书面委托合同”指向《民法典》(《合同法》)意义上的委托合同关系。详见最高人民法院(2021)最高法知民终 965 号民事判决书。

　　〔119〕　参见王瑞贺、方星海主编:《中华人民共和国期货和衍生品法释义》,法律出版社 2022 年版,第112—113 页。

　　〔120〕　参见最高人民法院(2001)民二终字第 141 号民事判决书;湖南省高级人民法院(2018)湘民终835 号民事裁定书;上海金融法院(2020)沪 74 民初 598 号民事判决书;参见最高人民法院研究室编著:《最高人民法院新民事案件案由规定理解与适用(上)》,人民法院出版社 2021 年版,第 880 页。

物业服务合同且未明确参照适用的情况下,《物业管理条例》第 59 条所称"委托合同"不当然构成本条所指委托合同。

52　　　　司法实践认定的类型化委托合同包括但不限于:《最高人民法院关于审理涉船员纠纷案件若干问题的规定》第 3 条规定,船员服务机构仅代理船员办理相关手续,或者仅为船员提供就业信息,且不属于劳务派遣情形,船员服务机构可主张其与船员成立委托合同关系。《最高人民法院关于为自由贸易试验区建设提供司法保障的意见》第 7 条规定,合同约定消费者个人承担关税和邮寄风险的,可认定消费者和跨境电商企业之间成立委托合同关系。《民事案件案由规定》在"委托合同纠纷"项下具体列举进出口代理合同、货运代理合同、民用航空运输销售代理合同、诉讼(仲裁、人民调解)代理合同、销售代理合同,此处所称销售代理合同至少还可包括金融产品发行人与代销的销售者之间的委托合同关系。〔121〕 最高人民法院公报案例认为,动产质押监管合同一般应定性为委托合同;〔122〕公司与董监高之间除成立劳动合同关系外,亦成立委托合同关系;〔123〕融资租赁等金融交易的债权人、债务人委托银行对监管账户的流入流出实施监管应定性为委托合同关系;〔124〕提供反担保的第三人和担保人之间的关系为担保合同关系,反担保人和债务人之间可能构成委托合同。〔125〕。

---

〔121〕 参见最高人民法院民事审判第二庭编著:《〈全国法院民商事审判工作会议纪要〉理解与适用》,人民法院出版社 2019 年版,第 420 页。

〔122〕 参见大连俸旗投资管理有限公司与中国外运辽宁储运公司等借款合同纠纷案,最高人民法院(2016)最高法民终 650 号民事判决书,载《最高人民法院公报》2017 年第 7 期;最高人民法院(2019)最高法民终 330 号民事判决书;最高人民法院民事审判第二庭:《最高人民法院民法典担保制度司法解释理解与适用》,人民法院出版社 2021 年版,第 481 页;最高人民法院民事审判第二庭编著:《〈全国法院民商事审判工作会议纪要〉理解与适用》,人民法院出版社 2019 年版,第 377—378 页。

〔123〕 参见最高人民法院(2020)最高法民再 50 号民事判决书;最高人民法院案例指导工作办公室:《指导案例 10 号〈李建军诉上海佳动力环保科技有限公司公司决议撤销纠纷案〉的理解与参照》,载《人民司法·应用》2013 年第 3 期,第 33 页(刘净执笔);顾继红、何云:《罢免公司高管的董事会决议效力之司法审查》,载《人民司法·案例》2010 年第 22 期,第 89 页。

〔124〕 参见北京市第二中级人民法院(2020)京 02 民终 8148 号民事判决书。关于第三方金融机构的监管责任应为委托合同责任的学术观点,详见吴庆宝、赵培元、孟祥刚主编:《委托类合同裁判原理与实务》,人民法院出版社 2008 年版,第 87—88 页。

〔125〕 参见最高人民法院民事审判第二庭:《最高人民法院民法典担保制度司法解释理解与适用》,人民法院出版社 2021 年版,第 219 页。

三、法律效果

(一) 直接适用委托合同一章的规定及其例外

1. 符合本条定义的合同可适用委托合同一章的规定

本条为不完全法条,本身并未包含给付与抗辩的法律效果。本条作为辅助规 53
范的"法律效果"在于,确定当事人合意是否满足本条定义而成立委托合同关系。
如成立委托合同关系,则产生委托人和受托人的权利义务关系,可适用委托合同
一章的法律规定。

当然,委托合同一章的全部规定之适用应以合同成立(当事人之间达成合意) 54
为前提,大部分规定[126]应以合同生效为前提。当事人合意是否成立、生效,则并
非本条所能解决,应适用合同编通则分编有关合同订立与效力的规定以及总则编
有关民事法律行为的规定予以判断。[127]

2. 当事人可约定排除适用委托合同一章的任意性规定

与合同编各章一致,委托合同一章的规定主要为任意性规定,当事人可约定 55
排除。例如,《民法典》第 921 条有关委托人预付费用与偿还受托人垫付费用的规
定系任意性规定,有偿委托合同经常对费用负担问题另作约定,应属有效。[128] 又
如,既有实践案例显示,任意解除权条款至少在有偿委托合同项下可特约
排除。[129]

**3. 基于委托事务的特别性、委托合同的商事属性,可能排除适用委托合同一章
的部分规定**

随着社会生活的演进,部分委托合同可能超出立法预设:第一,部分"委托合 56
同"可能因事务的独立性而成为另一典型合同类型并再建规则,典型如保管合同

---

〔126〕　成立但未生效的合同应可适用任意解除权,故本处采"大部分规定"的表述。

〔127〕　参见陕西省高级人民法院(2020)陕民终 513 号民事判决书。

〔128〕　参见最高人民法院民法典贯彻实施工作领导小组主编:《中华人民共和国民法典合同编理解
与适用(四)》,人民法院出版社 2020 年版,第 2481 页。

〔129〕　参见最高人民法院(2015)民一终字第 226 号民事判决书;广西壮族自治区高级人民法院
(2014)桂民提字第 75 号民事判决书。

(仓储合同)〔130〕、物业服务合同〔131〕。第二,部分"委托合同"的权利义务安排常见性、行业性地超出"委托处理事务"的范畴,进而具有综合属性,且合同内容构成整体性安排而不可分割,应定性为混合合同,无法简单适用委托合同的有关规定,典型如演艺经纪合同不应直接适用委托合同的有关规定,特别是应当限制任意解除权。〔132〕第三,部分"委托合同"则基于委托事务的特别性、委托合同的商事属性等理由,无法完全适用委托合同一章的全部规定,应排除部分具体规定的适用。有关于以上三种类型,应然的法技术处理为:保管合同等第一种类型应根据定义要素的识别,认定不构成委托合同关系。演艺经纪合同等第二种类型亦应根据定义要素的识别,认定其为混合合同而不应当然适用委托合同的有关规定,至于是否参照适用委托合同的部分规定,后文将进一步探讨(边码65、66、68)。最有争议的是以上第三种类型。

57　　　　关于以上第三种类型,能否基于委托事务的特别性、委托合同的商事属性等理由,排除适用委托合同一章的部分规定,争议较大。理论上来说,妥当的法律论证路径应是通过解释当事人的意思,探究其是否具有排除委托合同一章某项任意性规定的意思,该等法律适用过程本质上属于"当事人可约定排除适用委托合同一章的任意性规定"(边码55)。司法实践中,有案例即依据《项目委托开发框架协议》的排他性开发条款,"除乙方外,其他房地产开发公司均不得参与本合同项下的土地开发",进一步解释出双方预先对合同任意解除权进行限制的意思。〔133〕此

〔130〕　虽然从立法史来看,自罗马法起保管合同就独立于委托合同,但在我国法上,保管合同(以及由此商化而产生的仓储合同)完全符合委托合同的定义,只是基于委托事务的特殊类型而独立为典型合同,设置特别规范。详见崔建远:《合同法》(第4版),北京大学出版社2021年版,第648—649页。

〔131〕　在《民法典》颁布以前,最高人民法院在有关司法解释的理解与适用一书中虽然提到物业服务合同定性为委托合同为主流理论观点,但结合物业服务合同的多项特征,最终的倾向性观点是物业服务合同并非委托合同。详见最高人民法院民事审判第一庭编著:《最高人民法院建筑物区分所有权、物业服务司法解释理解与适用》,人民法院出版社2009年版,第331—333页。《民法典》颁布后,最高人民法院在《民法典》的理解与适用一书中,结合立法过程,进一步阐述:物业服务合同尽管具有委托合同的特性,也具有承揽合同的特性,属于混合型合同,不宜笼统规定物业服务合同参照适用委托合同的有关规定。详见最高人民法院民法典贯彻实施工作领导小组主编:《中华人民共和国民法典合同编理解与适用(四)》,人民法院出版社2020年版,第2468—2469页。

〔132〕　支持演艺经纪合同为混合合同并限制任意解除权的裁判案例与学术观点,详见最高人民法院(2009)民申字第1203号民事裁定书;北京市高级人民法院(2013)高民终字第1164号民事判决书;北京市第三中级人民法院(2019)京03民终1760号民事判决书;上海市第一中级人民法院(2017)沪01民终5638号民事判决书;刘承韪:《论演艺经纪合同的解除》,载《清华法学》2019年第4期,第133页。支持演艺经纪合同为委托合同(但并未进一步阐述是否适用委托合同一章有关规定)的裁判案例,详见上海市第一中级人民法院(2017)沪01民终8795号民事判决书。支持演艺经纪合同为委托合同并支持任意解除权的裁判案例可见于部分仲裁案件,详见北京市第三中级人民法院(2015)三中民(商)特字第06227号民事裁定书所提及的有关仲裁案件及裁决观点。

〔133〕　参见湖南省高级人民法院(2020)湘民终1785号民事判决书。

外,有案例亦根据委托人出具的《授权委托书》所载明"本委托书一经出具,即为不可撤销",认定委托人一方存在放弃任意解除权的意思表示。[134]

但必须注意到,裁判者未必拘泥于意思表示解释,而可能加入更为整体的利益考量,以此排除委托合同一章之部分具体规定的适用。从实践案例来看,几乎都聚焦于排除适用任意解除权的有关规定,具体包括两种情形。　58

第一种情形是双方虽然约定排除任意解除权等具体规定的适用,但法院认为仅仅论证当事人存在特别约定的说理尚不足够,还需加入进一步的实质论理。最高人民法院案例指出,商事委托合同关系更多关注受托人的商誉及经营能力,且由于经营可得利益的不确定性,解除合同后受托人所能获得的损害赔偿往往与继续履行合同所能获得的收益不相匹配,这一结果显然有悖公平原则,应当允许作出特别约定以排除任意解除权的适用。[135] 该观点可解读为,当事人约定排除任意解除权规定是受到限制的,仅限于当事人之间并无人身信赖关系的商事委托合同。当然,由此引发的问题在于,何为商事委托合同,是否等同于有偿委托合同,存在争议。[136]　59

第二种情形则完全无涉合同条款的解释,而是基于委托事务之特殊性,解释其他法律规定或考量整体利益格局,排除任意解除权等具体规定的适用。例如,部分学者倡导商事委托合同本身就应当限制任意解除权。[137] 又如,《律师法》第32 条第 2 款规定,"律师接受委托后,无正当理由的,不得拒绝辩护或者代理"。有案例依据本条认为律师事务所应限制行使任意解除权。[138] 本文持有不同见解:《律师法》明确区分了委托合同关系与委托代理关系,前者对应当事人与律所建立的委托合同关系(第 25 条),后者对应当事人与律师所成立的委托代理关系(第 28 条)。《律师法》第 32 条第 2 款是对律师无正当理由不得拒绝代理的规定,无涉当事人与律所之间的委托合同关系,依据该条否认律所的任意解除权还需更　60

---

〔134〕 参见最高人民法院(2018)最高法民终 1344 号民事判决书。不过,本案可能在一定程度上混淆了委托合同与委托代理权授予。

〔135〕 参见最高人民法院(2013)民申字第 2491 号民事裁定书。

〔136〕 有观点认为,有偿委托合同排除任意解除权的特约均为有效。详见朱虎:《分合之间:民法典中的合同任意解除权》,载《中外法学》2020 年第 4 期,第 1034 页;仲伟珩:《有偿委托合同任意解除权的法律适用问题研究》,载《法律适用》2020 年第 17 期,第 23—26 页。有观点认为,应从民商区分视角判断任意解除权可否排除。详见韩富鹏:《民商区分视角下委托合同任意解除权的适用》,载《财经法学》2021年第 3 期。

〔137〕 参见钱玉林:《商法漏洞的特别法属性及其填补规则》,载《中国社会科学》2018 年第 12 期,第99 页。

〔138〕 参见甘肃省高级人民法院(2015)甘民二终字第 138 号民事判决书。不过,亦有案例认为该条并非法律的禁止性规定,而是管理性规定,违反后果是由司法行政部门予以处理。详见湖南省常德市中级人民法院(2016)湘 07 民终 1848 号民事判决书。

进一步的解释和说理。

(二)参照适用

61　　当事人合意虽不构成委托合同,但可能参照适用委托合同一章的规定,实际达成与本条类似的"法律效果"。法定准用规范包括《民法典》第960条、第966条,即行纪合同与中介合同各自章节没有规定的,参照适用委托合同的有关规定。此外,《民法典》第984条规定,"管理人管理事务经受益人事后追认的,从管理事务开始时起,适用委托合同的有关规定,但是管理人另有意思表示的除外",似乎认为经受益人事后追认的无因管理直接构成委托合同关系而自然适用委托合同一章的全部规定。然而,"由于无因管理的追认是受益人的单独行为,因此准用委托合同的规定,自不应使管理人因受益人追认而处于较无因管理不利的地位",[139]经受益人事后追认的无因管理仍应仅是参照适用委托合同一章的规定,[140]应排除《民法典》第930条、第935条等不利于无因管理之管理人的规定。[141]

62　　依据《民法典》第467条第1款的规定,《民法典》或者其他法律没有明文规定的合同,可以参照适用合同编或者其他法律最相类似合同的规定。由此,除《民法典》第960条、第966条、第984条的准用规范以外,司法实践中涉及参照适用委托合同一章有关规定的无名合同还包括:"商品房委托代理销售合同"参照适用委托合同一章有关任意解除权及赔偿损失的规定,[142]参照适用有关委托事务不能完成的报酬支付条款;[143]广告发布合同参照适用有关任意解除权及赔偿损失的规定;[144]房产代持协议(借名购房合同)、[145]车辆挂靠合同("车辆服务管理协议")[146]参照适用有关任意解除权的规定;《度假权益承购合同书》涉及的是度假

---

〔139〕　易军:《论中国法上"无因管理制度"与"委托合同制度"的体系关联》,载《法学评论》2020年第6期,第52页。

〔140〕　参见王泽鉴:《债法原理》,北京大学出版社2009年版,第281页。

〔141〕　参见易军:《论中国法上"无因管理制度"与"委托合同制度"的体系关联》,载《法学评论》2020年第6期,第52页。

〔142〕　参见最高人民法院(2013)民申字第1609号民事裁定书。此外,案涉合同直接认定为委托合同亦无障碍。类似案例,详见四川省成都市中级人民法院(2018)川01民终3145号民事判决书。

〔143〕　参见湖南省长沙市中级人民法院(2021)湘01民终15062号民事判决书。

〔144〕　参见上海市高级人民法院(2017)沪民申1150号民事裁定书。

〔145〕　参见广东省深圳市中级人民法院(2019)粤03民终18003号民事判决书;广东省深圳市中级人民法院(2018)粤03民终11451号民事判决书。

〔146〕　参见广东省广州市中级人民法院(2020)粤01民终12299号民事判决书;浙江省温州市中级人民法院(2018)浙03民终5875号民事判决书;安徽省合肥市中级人民法院(2017)皖01民终6367号民事判决书;江苏省无锡市中级人民法院(2017)苏02民终3048号民事判决书。

俱乐部为俱乐部权益人提供度假住宿及相关服务,属于服务合同,可参照最相类似的、同样作为服务合同的委托合同有关任意解除权的规定;[147]因部分报酬支付与办理居留卡等工作成果形成对待给付,移民服务合同可能包括委托与承揽的综合内容,不应简单定性为委托合同,但可参照适用有关任意解除权的规定;[148]会员与美容院签订顾客订购契约书形成的是美容有关的服务合同关系,可参照适用有关任意解除权的规定;[149]教育培训合同亦可参照适用有关任意解除权的规定;[150]货运代理合同参照适用委托合同有关过错归责与转委托的有关规定。[151]

归纳以上司法实践,参照适用委托合同有关规定的合同主要包括三类:第一,"商品房委托代理销售合同"等带有"委托"但在《民事案件案由规定》下明确单列的合同类型;第二,形形色色的"服务合同";第三,部分房产代持、车辆挂靠等实际可由委托合同关系所涵摄的特殊合同安排。　　　　　　　63

第一,"商品房委托代理销售合同"在2011年版与现行有效的《民事案件案由规定》中均置于"房屋买卖合同纠纷"项下并设定单独案由,裁判者应是基于对案由的谨慎考量而选择参照适用委托合同的有关规定。不过,案由体系的编排制定主要着眼于法院的审判管理,[152]毕竟不能代替法律关系的实质界定。"商品房委托代理销售合同"等如符合委托合同的概念,[153]更准确的法律适用路径应是将其认定为委托合同关系,直接适用委托合同一章的有关规定。　　　　　　　64

第二,形形色色的"服务合同"(包括合同名称不包含"服务"一词但实际约定提供某种服务的合同)。2011年版与现行有效的《民事案件案由规定》均设置与"委托合同纠纷"相并列的"服务合同纠纷"这一案由,并在其下列举超过20种子案由。但是,"服务合同"不是周延的法律概念,而仅是对社会生活的描述,是若干合同现象的松散集合。例如,《民事案件案由规定》列举的"服务合同"之一"旅游　　　65

---

〔147〕　参见辽宁省大连市中级人民法院(2018)辽02民终2972号民事判决书。根据合同安排的不同,法院亦有认定《度假权益承购合同》与承揽合同最相类似。详见江苏省南京市中级人民法院(2015)宁商终字第370号民事判决书。

〔148〕　参见江苏省南京市中级人民法院(2017)苏01民终7675号民事判决书。当然,接受服务一方对于承揽部分也享有"定作人"的任意解除权。

〔149〕　参见北京市第三中级人民法院(2016)京03民终13933号民事判决书。

〔150〕　参见江苏省南京市中级人民法院(2016)苏01民终9331号民事判决书。

〔151〕　参见广州铁路运输第二法院(2018)粤7102民初149号民事判决书。值得注意的是,货运代理合同可能实质构成委托合同关系,未必属于参照适用委托合同的相关规定。详见最高人民法院民事审判第二庭编著:《〈全国法院民商事审判工作会议纪要〉理解与适用》,人民法院出版社2019年版,第420页。

〔152〕　参见最高人民法院研究室编著:《最高人民法院新民事案件案由规定理解与适用(上)》,人民法院出版社2021年版,第17页。

〔153〕　现行有效的《民事案件案由规定》配套的理解与适用已经一般性认可商品房委托代理销售合同属于特殊的委托合同。详见最高人民法院研究室编著:《最高人民法院新民事案件案由规定理解与适用(上)》,人民法院出版社2021年版,第281页。

合同"属于《旅游法》明确规定的有名合同,此种合同类型自是有别于委托合同。又如,《民事案件案由规定》列举的"服务合同"之一"法律服务合同",虽然配套理解与适用一书将其标的界定为"非诉讼法律帮助"而区别于作为典型委托合同的诉讼代理合同,[154]但《律师法》第 25 条实际并未区分诉讼与非诉业务,均要求签订委托合同。非诉法律服务合同的定性较为复杂,不可一概而论,应根据当事人合意来确定,可能包含承揽特征。[155]再如,医疗服务合同是否属于委托合同,学理与实践则存在一定争议(边码 25)。[156]由此观之,先行认定某一合同为服务合同,进而参照适用委托合同或承揽合同有关规定的做法,值得商榷。妥当的法律适用逻辑应是优先判断某一所谓的"服务合同"是否实质构成委托合同、承揽合同等典型合同:若构成则直接适用典型合同的有关规定;若因该"服务合同"具有权利义务的复合性(构成混同合同等)而难以界定为某一类典型合同,例如前述兼具委托与承揽特征的移民服务合同、可能包含有承揽特征的非诉法律服务合同,才有下一步参照适用最相类似的典型合同。可见,法律适用真正推进到"参照适用"这一步骤的案例数量理应少于现有司法实践。

66　　　　第三,部分房产代持、车辆挂靠等实际可由委托合同关系所涵摄的特殊合同安排。裁判者可能基于对此类现象作出定性的谨慎,更倾向于采用"参照适用"的法技术。实际上,这一类安排与"服务合同"的差异仅在于,因游走于灰色地带而未能形成公众普遍认知的服务行业,理应与"服务合同"采用同等法律适用逻辑。

67　　　　尤其值得一提的是雇佣合同(狭义的劳务合同)。雇佣合同虽然在传统大陆法系是劳务给付合同的支柱类型,与委托合同并列,但在我国法上毕竟是无名合同,未设置单独规则,所以同样应参照适用委托合同的部分规定:一方面,雇佣合同应参照适用有偿委托合同的过错责任,而不应适用合同编通则的严格责任。[157]另一方面,有案例认为雇佣合同应参照适用委托合同一章的任意解除权规定,[158]

---

〔154〕　参见最高人民法院研究室编著:《最高人民法院新民事案件案由规定理解与适用(上)》,人民法院出版社 2021 年版,第 389 页。

〔155〕　定性为委托合同,参见山东省高级人民法院(2020)鲁民终 1854 号民事判决书;定性为无名合同并认为应参照承揽合同的有关规定,参见北京市第三中级人民法院(2015)三中民终字第 05669 号民事判决书。

〔156〕　医疗服务合同定性困难,参见周江洪:《作为典型合同之服务合同的未来——再论服务合同典型化之必要性和可行性》,载《武汉大学学报(哲学社会科学版)》2020 年第 1 期,第 79—80 页。支持观点,参见陈聪富:《医疗契约之法律关系(上)》,载《月旦法学教室》2008 年第 10 期,第 92—93 页。反对观点,可见实践案例,参见北京市第一中级人民法院(2017)京 01 民终 9016 号民事判决书。

〔157〕　有实践案例注意到雇佣合同(狭义的劳务合同)应适用过错归责而非严格责任,只是在说理方面并未采用参照适用《民法典》第 929 条(《合同法》第 406 条)的法律路径。详见辽宁省高级人民法院(2019)辽民终 220 号民事判决书。

〔158〕　参见湖南省株洲市中级人民法院(2018)湘 02 民终 1947 号民事判决书。

以解决雇员退出不定期雇佣合同的问题。这在《民法典》生效以前具有合理性，《民法典》生效以后是否妥当则值得探讨。主要原因在于，委托合同具有强信赖关系而赋予任意解除权，雇佣合同则并无相应的规范供给基础。实际上，《民法典》已新增第563条第2款的规定，"以持续履行的债务为内容的不定期合同，当事人可以随时解除合同，但是应当在合理期限之前通知对方"，未来可据此为不定期雇佣合同的当事人提供合理退出机制。[159]

不同于《瑞士债务法》第394条与我国台湾地区"民法"第529条有关无名劳务给付合同适用委托合同的法律规定，我国法并未作出类似安排，实践中亦无典型案例对此提出倡导。不过，依据《民法典》第467条第1款的规定，在我国违约责任原则采严格责任立场的情况下，劳务行为给付合同如不构成委托合同，则至少可在归责原则上参照适用委托合同的过错归责，[160]避免严格责任的滥用。实践案例亦有支持。[161]

四、效力瑕疵事由[162]

释义书、理解与适用和教科书在界定委托合同的事务范围时，往往强调委托事务不得违反公序良俗与法律规定，举例如委托他人代为销售毒品、淫秽物品。[163] 一般来说，委托事务是否违法并非委托合同的定义要素，而通常是在认可委托合同成立之基础上给予的合同无效等效力评价。而且，委托事务违反法律规

68

69

[159] 如此亦与我国台湾地区的规范供给一致，详见邱聪智：《新订债法各论（上）》，中国人民大学出版社2006年版，第23页。

[160] 参见周江洪：《服务合同的类型化及服务瑕疵研究》，载《中外法学》2008年第5期，第665页。

[161] 参见江苏省盐城市中级人民法院（2012）盐民终字第1433号民事判决书；广州铁路运输第二法院（2018）粤7102民初149号民事判决书。值得注意的是，货运代理合同可能实质构成委托合同关系，未必属于参照适用委托合同的相关规定。详见最高人民法院民事审判第二庭编著：《〈全国法院民商事审判工作会议纪要〉理解与适用》，人民法院出版社2019年版，第420页。

[162] 法律行为的效力问题应依据《民法典》总则编第六章第三节"民事法律行为的效力"的有关规定加以判断，法律行为无效应以《民法典》第144条、第146条、第153条第1款所引致的导致法律行为无效的强制性规定与第2款所指的公序良俗、第154条作为判断依据。此外，《民法典》第502条涉及合同成立而未生效的问题。本文所涉效力瑕疵事由，是指效力问题在委托合同项下的具体表现与特有现象，实际已经超出合同定义条款的规范目的。但考虑到委托合同的效力问题在实践中殊为重要，委托合同一章的其他条文评注更不适于论述相关内容，本条作为本章首条评注有必要加以阐释。

[163] 参见黄薇主编：《中华人民共和国民法典合同编释义》，法律出版社2020年版，第867页；最高人民法院民法典贯彻实施工作领导小组主编：《中华人民共和国民法典合同编理解与适用（四）》，人民法院出版社2020年版，第2471页；崔建远：《合同法》（第4版），北京大学出版社2021年版，第649页；李永军、易军：《合同法》，中国法制出版社2009年版，第567页；陈甦编著：《委托合同 行纪合同 居间合同》，法律出版社1999年版，第7页；邱聪智：《新订债法各论（上）》，中国人民大学出版社2006年版，第63页（杨佳元执笔）。

定或公序良俗将如何影响委托合同的效力,同样需要从总则编有关法律行为效力的有关规定出发,分析具体案型与所涉效力瑕疵规定,加以细致判断与深入阐述。

(一) 书面形式的强制要求

70　　委托合同整体上并非要式合同,仅在法律、行政法规有规定时应遵守书面形式等特别要求。《民法典》第 796 条规定建设工程监理合同为委托合同,并应采用书面形式。《律师法》第 25 条第 1 款规定:"律师承办业务,由律师事务所统一接受委托,与委托人签订书面委托合同,按照国家规定统一收取费用并如实入账。"《旅游法》第 69 条第 2 款规定,"经旅游者同意,旅行社将包价旅游合同中的接待业务委托给其他具有相应资质的地接社履行的,应当与地接社订立书面委托合同"。《招标投标法实施条例》第 14 条规定,"招标人应当与被委托的招标代理机构签订书面委托合同"。《专利代理条例》第 14 条规定,"专利代理机构接受委托,应当与委托人订立书面委托合同"。此外,《期货和衍生品法》第 66 条规定"期货经营机构接受交易者委托为其进行期货交易,应当签订书面委托合同",但此处的"委托合同"实为期货经纪合同,属于行纪合同(边码 51)。

71　　司法实践对未采书面形式的法律效果存在不同见解,部分案例认为书面形式直接影响合同的成立与效力,部分案例则认为欠缺书面形式不构成合同无效事由,而是将书面合同理解为反映当事人合意之证据,从举证责任角度加以阐述。例如,《律师法》第 25 条第 1 款规定:"律师承办业务,由律师事务所统一接受委托,与委托人签订书面委托合同,按照国家规定统一收取费用并如实入账。"有案例立足于合同的成立与效力认为,委托人与律所未就法律服务事项签订书面委托合同,而径行向律师出具授权委托书并向律师个人支付款项的,委托关系不约束律所,律师行为不属于职务行为。[164] 类似观点认为,委托人与律所以口头形式签订、变更委托代理合同,不具有法律效力。[165] 另有不少案例则是基于举证责任的分析,认定律所因无法提交书面合同,应承担无法举证报酬约定之不利后果。[166] 本文认为,《律师法》第 25 条整体落脚于"按照国家规定统一收取费用并如实入账"与"律师事务所和律师应当依法纳税",规范目的应在于确定律所收取的律师费用,不宜理解为否定合同效力的强制性规定,而更多发挥固定证据、提供信息的作用。主要作用如下:第一,在律师实际代理委托人办理事务的情况下,书面合同

---

[164]　参见最高人民法院(2018)最高法民申 2246 号民事裁定书。

[165]　参见西藏自治区高级人民法院(2021)藏民申 276 号民事裁定书。

[166]　参见甘肃省高级人民法院(2021)甘民终 29 号民事判决书;安徽省高级人民法院(2020)皖民申 4915 号民事裁定书;安徽省亳州市中级人民法院(2020)皖 16 民终 751 号民事判决书;山东省高级人民法院(2019)鲁民申 953 号民事裁定书;山东省威海市中级人民法院(2017)鲁 10 民终 1772 号民事判决书。

可用于判断律师系个人行为还是职务行为,无法提交书面合同且无其他证据证明之情况宜认定为个人行为。第二,律所无法提交书面合同的,在无其他证据证明之情况下,可能承担无法举证报酬约定之不利后果。又如,《旅游法》第69条第2款规定,经旅游者同意,旅行社将包价旅游合同中的接待业务委托给其他具有相应资质的地接社履行的,应当与地接社订立书面委托合同。实践案例认为,未按照该条要求订立书面合同,并不影响委托合同的成立与生效,有其他证据证明委托关系存在亦可。[167]

（二）强制性规定[168]

委托合同一章并无《民法典》第153条所引致的将导致委托合同无效的强制性规定（当事人在无偿委托合同中特别排除任意解除权的约定可能因违反《民法典》第933条而无效,[169]但不影响委托合同的整体效力）。其他法律与行政法规上则有若干强制性规定,其中部分规定的违反将导致委托合同无效,部分则不影响委托合同效力,应进一步阐释规范目的加以识别。 ⟨72⟩

第一,将导致委托合同无效的强制性规定（效力性强制性规定）。导致委托合同无效的强制性规定主要与专业委托事务（专家服务）的市场准入与主体限制有关。参酌《九民纪要》第30条及配套理解与适用一书的观点,法律、行政法规对实施事实行为（专家服务领域的委托事务主要是事实行为）的主体资格、资质的要求,目的不在于禁止法律行为本身,所以不影响合同效力,但主体不合格如涉及违反特许经营、特定行业准入等行政许可事项,则可以认定合同无效。[170] "法律对律师、注册会计师、拍卖师以及其他行业的职业者的资格取得作了严格的限 ⟨73⟩

---

〔167〕　参见江苏省连云港市中级人民法院(2018)苏07民终3130号民事判决书。

〔168〕　《民法典》第153条第1款所引致的导致法律行为无效的强制性规定是否适于命名为"效力性强制性规定",不会导致法律行为无效的强制性规定是否适于命名为"管理性强制性规定",效力性与管理性强制性规定的二分格局是否有助于厘清基础概念、准确适用法律,均值得商榷,详细论述可见《民法典》第153条第1款的评注。详见朱庆育:《〈合同法〉第52条第5项评注》,载《法学家》2016年第3期,第157—169页(边码17—72)。修订后收录于朱庆育主编:《中国民法典评注·条文选注(第1册)》,中国民主法制出版社2021年版,第40—58页(边码27—85)。不过,本文注意到效力性强制性规定与管理性强制性规定在《民法典》出台后的司法实践中仍然广泛使用。在此基础上,二分格局作为法律解释结果而非推理前提,用于描述某一强制性规定的规范意旨,作为促进法律人沟通交流的语词,在当下依然存在一定价值。本文未采纳该用法,但原文引用裁判观点等仍将保留,就此特作说明。

〔169〕　一方面,"关于限制任意解除权的约定并不能真正阻却任意解除权的行使",详见最高人民法院民法典贯彻实施工作领导小组主编:《中华人民共和国民法典合同编理解与适用(四)》,人民法院出版社2020年版,第2532页;另一方面,最高人民法院的一宗二审案例强调,有偿委托合同才可以例外约定限制、排除任意解除权,详见最高人民法院(2015)民一终字第226号民事判决书。

〔170〕　参见最高人民法院民事审判第二庭编著:《〈全国法院民商事审判工作会议纪要〉理解与适用》,人民法院出版社2019年版,第245—248页。

定……受托人必须具有相应的法定资格和缔约能力，否则将导致委托合同无效。"[171] 例如，《律师法》第13条规定，"没有取得律师执业证书的人员，不得以律师名义从事法律服务业务"。违反本条是否导致委托合同无效存在一定争议。实践中，更多裁判案例认为诉讼代理业务系特许经营业务，未取得执业资格的公民，不得从事收取报酬的诉讼代理业务，并依据该条否认法律服务合同的效力。[172] 比较法上，《德国法律咨询法》第3条对独立实施非诉法律咨询服务设定许可，属于禁止性规定，未根据《德国法律咨询法》得到许可的事务处理合同无效。[173] 相反，虽然法律规定亦可能对委托人提出资格要求，但有关规定通常难以定性为《民法典》第153条第1款第1句引致的强制性规定，违反该规定通常并不导致合同无效。例如，在私募基金、银行理财等资产管理业务（实质法律关系可能为委托或信托）中，法律规定可能要求委托人必须为合格投资者才能投资部分产品。在一宗非合格投资者参与私募基金交易的案例中，法院认为，私募基金引入"合格投资者"制度的目的在于保护投资人，在一定程度上起到风险提示与风险阻遏作用，是行政管理的需要，向不合格投资者转让私募基金份额并不导致任何第三方权益、国家、集体及社会公共利益受损，不应认定合同无效。[174] 与欠缺准入资质相对应，具有特定身份的主体还可能受到法定限制，由此不得受托处理特定事务。司法实践中，投资者与证券从业人员签订委托理财合同，将账户实际交由证券从业人员操作，有违《证券法》第40条第1款[175]的强制性规定，应属无效。[176]

74　　　　第二，不导致委托合同无效的强制性规定（管理性强制性规定）。法律、行政

---

〔171〕 吴庆宝、俞宏雷、冒金山主编：《基层法院裁判标准规范（商事卷）》，人民法院出版社2013年版，第425页。

〔172〕 参见河南省高级人民法院（2018）豫民申7714号民事裁定书；河南省洛阳市中级人民法院（2017）豫03民终4988号民事判决书；湖南省高级人民法院（2018）湘民申2122号民事裁定书；湖南省郴州市中级人民法院（2018）湘10民终964号民事判决书；黑龙江省高级人民法院（2017）黑民再211号民事判决书；浙江省高级人民法院（2016）浙民申965号民事裁定书；浙江省金华市中级人民法院（2015）浙金商终字第2537号民事判决书。部分案例认为该条并非效力性强制性规定，不影响合同效力。详见黑龙江省高级人民法院（2021）黑民申1298号民事裁定书。

〔173〕 ［德］汉斯·布洛克斯、沃尔夫·迪特里希·瓦尔克：《德国民法总论》（第41版），张艳译，冯楚奇补译，中国人民大学出版社2019年版，第154—156页。

〔174〕 参见北京市高级人民法院（2020）京民申5575号民事裁定书；北京市第二中级人民法院（2020）京02民终7993号民事判决书。类似观点，详见广东省深圳市中级人民法院（2021）粤03民终1460号民事判决书。

〔175〕 《证券法》第40条第1款规定："证券交易场所、证券公司和证券登记结算机构的从业人员，证券监督管理机构的工作人员以及法律、行政法规规定禁止参与股票交易的其他人员，在任期或者法定限期内，不得直接或者以化名、借他人名义持有、买卖股票或者其他具有股权性质的证券，也不得收受他人赠送的股票或者其他具有股权性质的证券。"

〔176〕 参见江苏省南京市中级人民法院（2020）苏01民终11180号民事判决书；江苏省无锡市中级人民法院（2020）苏02民终4612号民事判决书。

法规对实施事实行为的主体资格、资质的要求,如未达到违反特许经营、特定行业准入的程度,一般不影响合同效力。《出版管理条例》第 32 条第 1 款规定:"出版单位不得委托未取得出版物印刷或者复制许可的单位印刷或者复制出版物。"[177] 出版行业的管制虽然比较严格,但有案例认为该规定系管理性规定,不影响合同效力。[178] 类似规定还有《音像制品管理条例》第 19 条第 1 款,"音像出版单位不得委托未取得《音像制品制作许可证》的单位制作音像制品",亦可能认定为不影响合同效力的规定。

　　进一步提炼和归纳而言,委托合同的基本行为模式是受托人代为处理事务,强制性规定否认委托合同效力的路径应落脚于两点:第一,法律禁止事务本身;第二,法律禁止受托人从事某一事务。对于前者,如法律禁止杀人,是普遍针对于任何人的要求,所以"双方订立杀人的委任契约即属违反内容禁令之行为"[179] 而应归于无效,销售毒品同理。关于后者,有关专业服务行业准入的特别要求,是针对受托人之特定身份的规制,如前所述,应审慎考量主体资格要求的规范对象与法益衡量。不可否认的是,在不同行业领域将存在显著差异。除以上两点外,如强制性规定仅意在禁止委托人从事某一事务,那么对于委托人请求受托人代办自己无法从事之事务这一合同,即不能简单地否定委托合同的效力:例如,在《商业银行委托贷款管理办法》生效以前,证券公司委托银行发放贷款,法院认为并不违反《银行业监督管理法》《商业银行法》《贷款通则》禁止机构从事发放贷款等银行金融业务的规定。[180] 又如,商业银行具有投资股权的限制,但可通过委托理财(委托资产管理)的安排而享受股权投资的收益。在《合同法》尚未废止时,一家香港金融服务公司委托内地企业投资入股内地银行机构,由内地企业出面作为银行名义上的股东受托代表香港金融服务公司享有和行使股权,法院认为香港金融服务公司与内地企业签订的《委托书》等属于"以合法形式掩盖非法目的"而无效。[181] 因"以合法形式掩盖非法目的"的无效事由已经废止,该案置于当下,则应深入考量强制性规定的规范目的是效果禁止(禁止香港公司以任何形式享有和行使股权)还是手段禁止(禁止香港公司直接持有股权),以类推适用等法学方法加以论证。[182]

---

〔177〕　值得提示的是,印刷或复制出版物的"委托合同"可能据实构成承揽合同关系而非委托合同关系。

〔178〕　参见上海市第一中级人民法院(2019)沪 01 民终 1780 号民事判决书。

〔179〕　朱庆育:《民法总论》(第 2 版),北京大学出版社 2016 年版,第 298 页。

〔180〕　参见吉林省高级人民法院(2017)吉民初 40 号民事判决书。

〔181〕　参见最高人民法院(2002)民四终字第 30 号民事判决书。

〔182〕　有关论证逻辑与裁判方法,参见王军:《法律规避行为及其裁判方法》,载《中外法学》2015 年第 3 期,第 642—647 页。

(三) 公序良俗

1. "请托行为"

76　　　　社会中存在数量不少的"请托行为"[183]，俗称"托关系"办事，如托人帮忙找关系提干、晋升、入学、看病、安排工作、办理审批。从司法实践来看，"请托行为"主要构成委托合同关系。[184] 除请托"捞人"与"代考国家考试"等直接违法行为以外，大部分"请托行为"涉及的是紧缺公共资源的优先获取、顺利获取，处于灰色地带，并无法律、行政法规的强制性规定明确予以禁止。[185]

77　　　　学者认为，部分有偿请托应属于因违背公序良俗而无效的情形。[186]《九民纪要》的理解与适用一书认为，诸如找关系解决就业、调查婚外不正当关系等委托合同均可能因违背公序良俗而无效。[187] 司法实践中，认为"请托行为"因违背公序良俗(损害社会公共利益)而无效的案件亦不在少数：例如，协助安排未达分数线的子女到普通高中就读并办理高中学籍，委托事项违反我国教育政策，扰乱了正常的普通高中教学管理秩序。[188] 又如，双方均以能为对方受托的他人办理上大学、入伍、提干、保外就医等具体事项而收取对方钱款，扰乱正常社会秩序。[189] 再如，为不具备承包项目所需资质条件的主体代办行政审批手续。[190] 应值区分的是，办理审批手续虽是政府部门的依法履职行为，但申请办证必然涉及诸多材料准备及沟通协调等工作，故委托他人协助办理审批手续的委托合同并非当然无

---

[183] "请托"并非严格法律术语，但在司法实践中常用于对有关行为的描述。在威科先行(law. wkinfo. com. cn)搜索"裁判理由及依据"中出现过"请托"一词的民事裁判文书，截至 2022 年 4 月 15 日共计 2452 例。

[184] 在威科先行(law. wkinfo. com. cn)搜索"裁判理由及依据"中出现过"请托"一词的民事裁判文书，截至 2022 年 4 月 15 日共计 2452 例。其中，1132 例与"委托"一词在"裁判理由及依据"中同时出现。一致观察，详见陈广辉：《"有偿请托"的私法定性及其司法规制》，载《中国政法大学学报》2020 年第 6 期，第 172 页。

[185] 参见陈广辉：《"有偿请托"的私法定性及其司法规制》，载《中国政法大学学报》2020 年第 6 期，第 163 页。

[186] 参见陈广辉：《"有偿请托"的私法定性及其司法规制》，载《中国政法大学学报》2020 年第 6 期，第 167—169 页；张红：《请托关系之民法规制》，载《法学家》2018 年第 5 期，第 72—73 页。

[187] 参见最高人民法院民事审判第二庭编著：《〈全国法院民商事审判工作会议纪要〉理解与适用》，人民法院出版社 2019 年版，第 253 页。

[188] 参见《厦门思明审结一"高考移民"学籍系列案——法院认定委托合同无效》，载《人民法院报》2019 年 8 月 14 日，第 3 版。

[189] 参见江苏省高级人民法院(2014)苏审三民申字第 238 号民事裁定书；江苏省南京市中级人民法院(2013)宁民终字第 50 号民事判决书。

[190] 参见陕西省高级人民法院(2020)陕民终 513 号民事判决书。

效。[191] 此外,还有案例认为,协助办理采矿许可证合同中的"招待费、公关费、礼品费"条款因与公序良俗相悖而无效,但有关条款具有可分性,不导致委托合同整体无效。[192]

2. 金融安全与市场秩序

委托合同是金融领域的重要法律工具,委托理财合同、委托贷款合同、委托资产管理合同、股权代持合同(如构成委托)等若干类型均是委托合同在金融领域的具体运用。在强监管的金融领域,委托合同亦受到监管规定、金融政策的强影响。《九民纪要》第31条认为:"违反规章一般情况下不影响合同效力,但该规章的内容涉及金融安全、市场秩序、国家宏观政策等公序良俗的,应当认定合同无效。人民法院在认定规章是否涉及公序良俗时,要在考察规范对象基础上,兼顾监管强度、交易安全保护以及社会影响等方面进行慎重考量,并在裁判文书中进行充分说理。"由此,虽然监管规定与金融政策大多属于部门规章及更低层级的规范性文件,不能直接用于确认合同无效,但经由金融安全、市场秩序、国家宏观政策等论证,委托合同在金融领域因违背公序良俗而无效的情形并不罕见。 **78**

在涉及保险公司股权代持(案涉股权代持的基础合同名为《信托持股协议》,构成委托关系抑或信托关系存在争议)的纠纷中,最高人民法院认为《保险公司股权管理办法》虽仅为部门规章,但有关禁止代持保险公司股权的规定是依据《保险法》第134条的明确授权而制定,代持保险公司股权将出现破坏国家金融管理秩序、损害包括众多保险法律关系主体在内的社会公共利益的危害后果,据此认定合同无效。[193] 涉及上市公司股权代持的案例中,裁判者亦是从损害资本市场基本交易秩序与基本交易安全、损害金融安全与社会稳定等公序良俗角度否认《委托投资协议书》与《协议书》的合同效力。[194] **79**

实践中,委托理财合同签订"保底条款"并不少见,即受托人或关联方保证委托人获得"上不封顶、下有保底"的最低收益,不仅不承担投资失败风险,还享有超额而非固定的投资回报(与之相对,委托人无论投资情况如何均享受固定收益,"委托合同"应据实认定为借款合同)(边码39)。以受托人是否为金融机构为标准,委托理财合同可进一步区分为金融委托理财合同与民间委托理财合同。[195] 司法实践对两者所签"保底条款"的效力问题具有不同认定。 **80**

---

〔191〕 参见最高人民法院(2015)民提字第212号民事判决书。

〔192〕 参见辽宁省高级人民法院(2015)辽民二终字第00231号民事判决书。

〔193〕 参见最高人民法院(2017)最高法民终529号民事裁定书。

〔194〕 参见最高人民法院(2017)最高法民申2454号民事裁定书。

〔195〕 参见最高人民法院研究室编著:《最高人民法院新民事案件案由规定理解与适用(上)》,人民法院出版社2021年版,第355页。

81　　　　金融委托理财合同是金融机构资产管理业务的一种类型(有别于信托类资产管理业务),"保底条款"等保本保收益安排在金融资管领域属于"刚性兑付"的情形之一。金融委托理财合同"保底条款"的效力在此前就一直受到质疑,[196] 在监管机构明确强调打破"刚性兑付"以后,司法实践则全面转向否定态度。2018 年 4 月 27 日,中国人民银行、中国银行保险监督管理委员会、中国证券监督管理委员会、国家外汇管理局联合发布《资管新规》,明确要求打破金融机构资产管理业务中的"刚性兑付"。《九民纪要》第 92 条第 1 款认为,"信托公司、商业银行等金融机构作为资产管理产品的受托人与受益人订立的含有保证本息固定回报、保证本金不受损失等保底或者刚兑条款的合同,人民法院应当认定该条款无效"。可见,金融委托理财合同的"保底条款"("刚兑条款")应认定无效,除部分场景下可适用《证券法》第 135 条以外,认定合同无效的基础依据在于以公序良俗面目出现的金融安全与市场秩序。[197] "保底条款"("刚兑条款")无效是否导致金融委托理财合同整体无效,应关注"保底条款"("刚兑条款")是否构成委托合同的核心条款。[198] 换言之,如无该等安排,当事人是否仍将达成委托合意。2010 年以前,最高人民法院公报案例与经典案例即以保底条款应属委托理财合同之目的条款或

---

〔196〕 地方司法文件方面,各地态度不一:《北京市高级人民法院关于审理金融类委托理财合同纠纷案件若干问题的指导意见(试行)》第 4 条认为,"金融类委托理财合同中的保底条款,原则上不予以保护";《江苏省高级人民法院关于审理委托理财合同纠纷案件若干问题的通知》(2020 年 12 月 31 日废止)第 2 条则认为,"对于被认定为有保底条款的委托合同的效力,除受托方为证券公司外,一般应认定为有效"。裁判案例方面,《九民纪要》发布以前,最具代表性的是一则最高人民法院公报案例,依据《证券法》(1998)第 143 条这一强制性规定否认证券公司作为受托人所签"保底条款"。详见湘财证券有限责任公司与中国光大银行长沙新华支行、第三人湖南省平安轻化科技实业有限公司借款合同代位权纠纷案,最高人民法院(2006)民二终字第 90 号民事判决书,载《最高人民法院公报》2007 年第 1 期。是否应依据公序良俗一概否认金融委托理财合同之"保底条款"的效力,在当时存在较大争议。

〔197〕 上海金融法院的有关说理为,"因'刚性兑付'违反了资管业务'受人之托,代人理财'的法律关系本质,转嫁损失风险,且不利于金融资源的合理配置,损害了金融秩序及金融市场的稳定,故对于资产管理产品的发行人或者管理人对投资人承诺保本保收益的行为应依法认定无效"。详见 2021 年全国法院十大商事案件之六:光大资本投资有限公司与招商银行股份有限公司其他合同纠纷案,上海市高级人民法院(2020)沪民终 567 号民事判决书。部分裁判案例将《证券法》(2005)第 144 条[《证券法》(1998)第 143 条]作为否认合同效力的依据之一,但需注意到有关规定的规制对象仅为"证券公司",针对的也是"客户证券买卖的收益或者赔偿证券买卖的损失",无法涵盖金融委托理财合同"保底条款"的全部情形,否定其他场景下的"保底条款"还需引入公序良俗原则。

〔198〕 参见最高人民法院民事审判第二庭编著:《〈全国法院民商事审判工作会议纪要〉理解与适用》,人民法院出版社 2019 年版,第 248 页。

核心条款为由,认定委托理财合同整体无效。[199]《资管新规》与《九民纪要》发布后,金融委托理财合同领域有限的司法实践案例一般认为"保底条款"("刚兑条款")无效并不导致金融委托理财合同整体无效。[200] 可资参考的是,信托类资管业务所涉争议相对较多,对"保底条款"("刚兑条款")是否将导致资管合同整体无效则存在较大争议。[201]

民间委托理财合同的情况则更为复杂。司法实践的主流观点同样认为"保底条款"因有违公序良俗(市场基本规律、投资风险分配及其背后的理性投资原则、市场秩序、公共利益)而无效,[202] 不少案例在论理中亦提到该类条款有违公平原则。[203] 不过,民间委托理财合同与金融管制的距离相对较远,并未处在强监管的直接作用领域,个体行为难以诱发系统性风险等宏观问题,所以没有绝对禁止的监管规定或政策文件。基于监管强度的差异,尤其考虑到民间委托理财合同对宏观金融秩序的影响相对较小,实践中有例外观点认为偶发性的自然人之间的民间委托理财签订"保底条款",未达到扰乱金融市场秩序、损害公共利益的程度,可认定为有效。[204] 此外,民间委托理财合同发生亏损后达成的类似于"保底条款"的亏损负担安排,属于损失已经发生情况下的民事权利自由处分,无从诱导委托人

82

---

　　[199] 参见湘财证券有限责任公司与中国光大银行长沙新华支行、第三人湖南省平安轻化科技实业有限公司借款合同代位权纠纷案,最高人民法院(2006)民二终字第 90 号民事判决书,载《最高人民法院公报》2007 年第 1 期;亚洲证券有限责任公司与长沙同舟资产管理有限公司委托理财合同纠纷案,最高人民法院(2009)民二终字第 1 号民事判决书,载最高人民法院民事审判第二庭编:《最高人民法院商事审判指导案例·合同卷(上)》,中国法制出版社 2011 年版,第 19—30 页。

　　[200] 参见广东省广州市中级人民法院(2019)粤 01 民终 23878 号民事判决书。

　　[201] 支持案例,参见四川省高级人民法院(2019)川民初 36 号民事判决书。反对案例,参见湖南省高级人民法院(2020)湘民终 1598 号民事判决书。

　　[202] "违背了基本的经济规律和资本市场规则",详见北京市高级人民法院(2019)京民申 2144 号民事裁定书。"保底条款不合理地分配金融市场投资风险,诱导作为委托人的投资者误视或漠视投资风险,非理性地将资金投入金融市场,不断积累和放大投资风险,扰乱金融市场秩序,最终将导致广大委托人利益受损。据此,委托理财合同中的保底条款违背社会公共利益,应属无效",详见北京金融法院(2022)京 74 民终 1313 号民事判决书。"无论金融委托理财还是民间委托理财,保底条款将投资风险完全分配给受托人,严重违背市场经济基本规律和资本市场规则",详见广东省深圳市中级人民法院(2019)粤 03 民终 5346 号民事判决书。"由于其将证券投资的风险完全分配给受托人……违反市场基本规律",详见北京市第二中级人民法院(2016)京 02 民终 3283 号民事判决书。

　　[203] 参见北京市高级人民法院(2019)京民申 2144 号民事裁定书;北京市第二中级人民法院(2018)京 02 民终 7620 号民事判决书;广东省高级人民法院(2018)粤民申 3996 号民事裁定书;广东省深圳市中级人民法院(2019)粤 03 民终 5346 号民事判决书;上海市第一中级人民法院(2018)沪 01 民终 11248 号民事判决书;北京市第二中级人民法院(2017)京 02 民终 9686 号民事判决书;北京市第二中级人民法院(2016)京 02 民终 3283 号民事判决书。

　　[204] 参见广东省高级人民法院(2020)粤民再 251 号民事判决书。另有案例认定有效但说理角度略有不同,详见辽宁省高级人民法院(2019)辽民申 3576 号民事裁定书;广东省广州市中级人民法院(2019)粤 01 民终 2078 号民事判决书。

误判或漠视投资风险,不会如事前保底条款一样引发损害社会公共利益的后果,实践通常认可此类合同安排的有效性。[205]

83　　　关于"保底条款"将导致民间委托理财合同部分无效还是全部无效,既往实践案例更多认为"保底条款"是普通投资者关注的核心条款,该条款无效将导致委托理财合同整体无效。[206] 近来,裁判思路发生一定转变,"保底条款"无效可能不再导致民间委托理财合同整体无效。[207]

84　　　在公序良俗原则之外,部分案例依据《民法典》第 929 条认定委托理财合同无效,该等论证路径值得讨论。法院认为委托合同的受托人只有存在过错的情况下才承担违约责任,保底条款不考虑受托人有无过错一律要求受托人承担责任,违反有关规定,依此作为认定保底条款无效的理由之一。[208] 裁判案例以该理由作为补充性论理并无大碍。但有必要澄清,第 929 条本身的规范意旨在于明确违约责任的可归责要件,而当事人是将"保底条款"直接作为合同给付义务的一部分,并非将这一条款项下的给付视为"违约责任的承担"。第 929 条用于规范"保底条款",存在不适配之处。况且,第 929 条应属任意性规定,不宜直接据此否定"保底条款"及委托合同之效力。[209] 实际上,该条所欲传达的规范意旨之一是委托合同构造下的风险分配。因此,将该条作为基础来论证公序良俗(市场基本规律、投资风险分配、市场秩序)如何衡量于"保底条款"有关争议,应是更优的法律适用路径。

85　　　近年来,有关比特币等数字货币的法律争议巨大。比特币需要通过专用"矿机"计算生产虚拟货币,业界称为"挖矿"。投资者常有委托掌握"矿机"的公司代为"挖矿",转交收益。2021 年 9 月,国家发改委等部委联合印发《关于整治虚拟货币"挖矿"活动的通知》,指出"挖矿"对推动经济社会高质量发展和节能减排具有不利影响。在一宗比特币"挖矿"合同案中,法院根据"挖矿"行为对国家金融秩序和社会秩序的影响,认定委托"挖矿"协议应属无效。[210]

---

〔205〕　参见北京金融法院(2022)京 74 民终 1313 号民事判决书;上海金融法院(2019)沪 74 民终 126 号民事判决书。

〔206〕　参见广东省高级人民法院(2020)粤民再 251 号民事判决书;北京市高级人民法院(2019)京民申 2144 号民事裁定书;北京市第二中级人民法院(2018)京 02 民终 7620 号民事判决书;广东省深圳市中级人民法院(2019)粤 03 民终 5346 号民事判决书;上海市第一中级人民法院(2018)沪 01 民终 11248 号民事判决书。

〔207〕　参见北京金融法院(2022)京 74 民终 1313 号民事判决书。

〔208〕　参见广东省惠州市中级人民法院(2021)粤 13 民终 4182 号民事判决书。

〔209〕　参见辽宁省高级人民法院(2019)辽民申 3576 号民事裁定书。

〔210〕　参见北京市第三中级人民法院(2022)京 03 民终 3852 号民事判决书。

（四）批准生效

依据《民法典》第 502 条的规定,法律规定的审批同样可能将影响到委托合同 86
的效力。不同于导致合同无效的强制性规定,未经审批的合同并非无效,而是尚
未生效。[211]

典型例子是部分金融企业的股权代持,行政法规明确须经监管机构批准方可 87
允许委托持股,故效力规制并非认定无效,而是采取"未经审批合同未生效"的法
律路径。例如,《证券公司监督管理条例》第 14 条第 2 款规定:"未经国务院证券
监督管理机构批准,任何单位或者个人不得委托他人或者接受他人委托持有或者
管理证券公司的股权。证券公司的股东不得违反国家规定,约定不按照出资比例
行使表决权。"委托持股的前提是"国务院证券监督管理机构批准"。实践案例依
据该条认为,委托持股合同尚需完成审批方可生效,[212] 有案例则指出《表决权委
托协议》未办理批准手续,尚不具备法定生效条件。[213] 类似规定可见《期货交易
管理条例》第 16 条第 4 款,亦可能作出同等解释。

五、证明责任

主张当事人合意成立委托合同关系的一方,换言之,希望援引委托合同一章 88
项下法律规定的一方,应当负担举证当事人合意构成委托合同关系的证明责
任。[214] 在当事人提交证据的基础上,裁判者根据合同内容、主要条款、合同目的
及履行情况等进行意思表示解释,确定当事人合意是否构成委托合同关系。[215]
值得注意的是,实践中并不是只有原告等主张权利的一方会举证证明双方合意构
成委托合同关系,被告等主张抗辩乃至于提起反诉的一方同样可能希望援引委托
合同的有关法律规定,包括《民法典》第 929 条的过错归责条款、委托人应支付报
酬等规定,[216] 或借由主张委托合同而使得合同不被认定为买卖合同、权益转让协

---

[211]　《民法典》第 153 条第 1 款的强制性规定判断的是合同有效还是无效,故不包括法律、行政法
规有关要求办理批准手续的规定,因为后者涉及的是合同成立但未生效的问题。详见最高人民法院民事
审判第二庭编著:《〈全国法院民商事审判工作会议纪要〉理解与适用》,人民法院出版社 2019 年版,第
243—244 页。

[212]　参见浙江省高级人民法院(2016)浙民再 117 号民事判决书。

[213]　参见北京市第二中级人民法院(2021)京 02 民初 288 号民事判决书。

[214]　参见四川省高级人民法院(2018)川民再 800 号民事判决书;贵州省高级人民法院(2020)黔民
终 501 号民事判决书。

[215]　参见最高人民法院(2017)最高法民终 569 号民事判决书。

[216]　参见湖南省高级人民法院(2018)湘民再 340 号民事判决书;广东省梅州市中级人民法院
(2021)粤 14 民终 902 号民事判决书。

议、借款合同等其他合同类型。[217]　总之,应由主张成立委托合同关系的一方负有证明责任。

89　　　如前所述,当事人合意成立委托合同关系,仅是一般性默认适用委托合同一章的有关规定,但基于当事人另有补充协议等其他约定、委托事务的特别性、委托合同的商事性质等理由,委托合同项下的部分具体规定(如《民法典》第 921 条有关委托人预付费用与偿还受托人垫付费用的规定等)未必可以得到适用。有关特殊情况如涉及举证,应由主张不适用某一具体规定的一方负担证明责任。[218]

90　　　举证实践方面,当事人通常提交书面合同,在没有书面合同(例如仅有收条)或书面合同约定不明的情况下可结合聊天记录[219]、收条记载[220]等证明当事人之间存在委托合同关系。

附:案例索引

1. 安徽省亳州市中级人民法院(2020)皖 16 民终 751 号民事判决书:安徽香樟律师事务所与贾某国委托合同纠纷案【边码 71】

2. 安徽省高级人民法院(2020)皖民申 4915 号民事裁定书:安徽香樟律师事务所与贾某国委托合同纠纷案【边码 71】

3. 安徽省合肥市中级人民法院(2017)皖 01 民终 6367 号民事判决书:张某乐与合肥金涛货运有限公司服务合同纠纷案【边码 62】

4. 北京金融法院(2022)京 74 民终 1313 号民事判决书:尚某国与张某委托理财合同纠纷案【边码 82、83】

5. 北京市第二中级人民法院(2016)京 02 民终 3283 号民事判决书:罗某盛与周某民间委托理财合同纠纷案【边码 82】

6. 北京市第二中级人民法院(2017)京 02 民终 9686 号民事判决书:刘某与张某宇民间委托理财合同纠纷案【边码 82】

7. 北京市第二中级人民法院(2018)京 02 民终 7620 号民事判决书:杨某斌等与曹某英民间委托理财合同纠纷案【边码 82、83】

8. 北京市第二中级人民法院(2020)京 02 民终 7993 号民事判决书:北京盈泰财富云电子商务有限公司等与陕西省教育基金会合同纠纷案【边码 73】

9. 北京市第二中级人民法院(2020)京 02 民终 8148 号民事判决书:中信富通融资租赁有限公司与朝阳市重型机械制造厂等合同纠纷案【边码 52】

---

[217]　参见湖南省高级人民法院(2018)湘民再 340 号民事判决书;广东省东莞市中级人民法院(2022)粤 19 民终 109 号民事判决书;广东省梅州市中级人民法院(2021)粤 14 民终 902 号民事判决书;北京市第三中级人民法院(2020)京 03 民终 7529 号民事判决书。

[218]　参见湖南省高级人民法院(2020)湘民终 1785 号民事判决书。

[219]　参见广东省深圳市中级人民法院(2018)粤 03 民终 7838 号民事判决书。

[220]　参见湖南省高级人民法院(2018)湘民再 337 号民事判决书。

10. 北京市第二中级人民法院(2021)京 02 民初 288 号民事判决书:华创证券有限责任公司与北京嘉裕投资有限公司股权转让纠纷案【边码 87】

11. 北京市第二中级人民法院(2021)京 02 民终 8457 号民事判决书:吕某红与董某等委托合同纠纷案【边码 19】

12. 北京市第三中级人民法院(2015)三中民(商)特字第 06227 号民事裁定书:北京荣信达影视艺术有限公司与杨某申请撤销仲裁裁决案【边码 56】

13. 北京市第三中级人民法院(2015)三中民终字第 05669 号民事判决书:北京向辰和力矿业投资有限公司与北京市凯鹏律师事务所法律服务合同纠纷案【边码 65】

14. 北京市第三中级人民法院(2016)京 03 民终 13933 号民事判决书:北京爵妙美容有限公司与张某岭服务合同纠纷案【边码 62】

15. 北京市第三中级人民法院(2019)京 03 民终 1760 号民事判决书:熊某与北京东洋天映影视文化有限公司合同纠纷案【边码 56】

16. 北京市第三中级人民法院(2020)京 03 民终 7529 号民事判决书:孙某、王某春与郑某艳买卖合同纠纷案【边码 88】

17. 北京市第三中级人民法院(2020)京 03 民终 7653 号民事判决书:李某庆与董某卫委托理财合同纠纷案【边码 39】

18. 北京市第三中级人民法院(2022)京 03 民终 3852 号民事判决书:北京丰复久信营销科技有限公司与中研智创区块链技术有限公司服务合同纠纷案【边码 85】

19. 北京市第一中级人民法院(2010)一中民初字第 5312 号民事判决书:孙某良与陈某一委托创作合同纠纷案【边码 26】

20. 北京市第一中级人民法院(2017)京 01 民终 9016 号民事判决书:北京圣雅美口腔门诊部与倪某医疗服务合同纠纷案【边码 25、65】

21. 北京市第一中级人民法院(2018)京 01 民终 3813 号民事判决书:曹某坤与闫某生等委托合同纠纷案【边码 31】

22. 北京市第一中级人民法院(2019)京 01 民终 1456 号民事判决书:阮某与秦某华等房屋租赁合同纠纷案【边码 40】

23. 北京市高级人民法院(2012)高民终字第 34 号民事判决书:陈某一与孙某良委托创作合同纠纷案【边码 26】

24. 北京市高级人民法院(2013)高民终字第 1164 号民事判决书:北京新画面影业有限公司与窦某表演合同纠纷案【边码 56】

25. 北京市高级人民法院(2019)京民申 2144 号民事裁定书:杨某斌等与曹某英委托理财合同纠纷案【边码 82、83】

26. 北京市高级人民法院(2019)京民申 6068 号民事裁定书:阮某与秦某华等房屋租赁合同纠纷案【边码 40】

27. 北京市高级人民法院(2020)京民申 5575 号民事裁定书:北京盈泰财富云电子商务有限公司与陕西省教育基金会及北京西创投资管理有限公司合同纠纷案【边码 73】

28. 北京市高级人民法院(2021)京民申 385 号民事裁定书:李某庆与董某卫民间借贷纠

及黄某祥、深圳市益田集团股份有限公司合同纠纷案【边码62】

游晃

118. 上海市高级人民法院(2017)沪民申1150号民事裁定书:上海橡鸿文化传媒有限公司与四川分时广告传媒有限公司广告合同纠纷案【边码62】

119. 上海市高级人民法院(2020)沪民终567号民事判决书:光大资本投资有限公司与招商银行股份有限公司其他合同纠纷案【边码81】

120. 四川省成都市中级人民法院(2018)川01民终3145号民事判决书:成都仁智房地产顾问有限公司与广元市天成实业有限公司商品房委托代理销售合同纠纷案【边码62】

121. 四川省高级人民法院(2018)川民再800号民事判决书:姚某金与姚某福所有权确认纠纷案【边码88】

122. 四川省高级人民法院(2018)川民再86号民事判决书:周某与邓某红民间借贷纠纷案【边码37、39】

123. 四川省高级人民法院(2019)川民初36号民事判决书:达州银行股份有限公司与山西平遥农村商业银行股份有限公司委托理财合同纠纷案【边码81】

124. 西藏自治区高级人民法院(2021)藏民申276号民事裁定书:西藏宏伟律师事务所与新疆聚鼎建设工程有限公司等诉讼、仲裁、人民调解代理合同纠纷案【边码71】

125. 新疆生产建设兵团第十四师中级人民法院(2014)兵十四民终字第00019号民事判决书:杨某伟与王某国确认合同无效纠纷案【边码40】

126. 新疆维吾尔自治区高级人民法院生产建设兵团分院(2015)新兵民申字第00053号民事裁定书:王某国、汤某英与杨某伟、刘某英确认合同无效纠纷案【边码40】

127. 云南省高级人民法院(2019)云民终345号民事判决书:云南润泽经济信息咨询有限公司与云南红河金田电力有限责任公司合同纠纷案【边码39】

128. 浙江省高级人民法院(2016)浙民申965号民事裁定书:陈某金与顾某花委托合同纠纷案【边码73】

129. 浙江省高级人民法院(2016)浙民再117号民事判决书:王某霞与杭州银河财务咨询有限公司合同纠纷案【边码87】

130. 浙江省高级人民法院(2016)浙民终339号民事判决书:绍兴市福禅家纺有限公司与中国农业银行股份有限公司绍兴柯桥支行、中国农业银行股份有限公司绍兴分行金融衍生品种交易纠纷案【边码20】

131. 浙江省高级人民法院(2019)浙民申3557号民事裁定书:洪某东与叶某媚合伙协议纠纷案【边码43】

132. 浙江省金华市中级人民法院(2015)浙金商终字第2537号民事判决书:顾某花与陈某金委托合同纠纷案【边码73】

133. 浙江省丽水市中级人民法院(2019)浙11民终580号民事判决书:叶某媚与洪某东合伙协议纠纷案【边码43】

134. 浙江省绍兴市中级人民法院(2014)浙绍商终字第93号民事判决书:陈某根与丁某仙合同纠纷案【边码19】

135. 浙江省温州市中级人民法院(2018)浙03民终5875号民事判决书:温州市豪顺贸易有限公司与潘某雪挂靠经营合同纠纷案【边码62】

136. 最高人民法院(2001)民二终字第 141 号民事判决书:上海大陆期货经纪有限公司与上海佳昌金属材料有限公司、苏州商品交易所资产清理领导小组期货交易交割纠纷案【边码 51】

137. 最高人民法院(2002)民四终字第 30 号民事判决书:华懋金融服务有限公司与中国中小企业投资有限公司委托投资纠纷案【边码 75】

138. 最高人民法院(2006)民二终字第 90 号民事判决书:湘财证券有限责任公司与中国光大银行长沙新华支行、第三人湖南省平安轻化科技实业有限公司借款合同代位权纠纷案【边码 81】

139. 最高人民法院(2009)民二终字第 1 号民事判决书:亚洲证券有限责任公司与长沙同舟资产管理有限公司委托理财合同纠纷案【边码 81】

140. 最高人民法院(2009)民二终字第 83 号民事判决书:甘肃省科技风险投资有限公司与上海方大投资管理有限公司委托理财合同纠纷案【边码 37】

141. 最高人民法院(2009)民申字第 1203 号民事裁定书:熊某、杨某与北京正合世纪文化传播有限公司知识产权合同纠纷案【边码 56】

142. 最高人民法院(2011)民一终字第 72 号民事判决书:民福置业集团有限公司与北京住总房地产开发有限责任公司一般委托合同纠纷案【边码 5】

143. 最高人民法院(2013)民申字第 1609 号民事裁定书:文昌海石投资有限公司与海南臻美地产顾问有限公司商品房委托代理销售合同纠纷案【边码 62】

144. 最高人民法院(2013)民申字第 2112 号民事裁定书:马某与渤海证券股份有限公司天津营口道第一证券营业部、马某文民间借贷纠纷案【边码 37、39】

145. 最高人民法院(2013)民申字第 2353 号民事裁定书:孙某良与陈某一委托创作纠纷案【边码 26】

146. 最高人民法院(2013)民申字第 2491 号民事裁定书:大连世达集团有限公司与大商股份有限公司其他合同纠纷案【边码 59】

147. 最高人民法院(2015)民申字 3557 号民事裁定书:陆某富与安徽中升投资发展有限公司劳动争议案【边码 33】

148. 最高人民法院(2015)民提字第 212 号民事判决书:张某武与陈某雄合同纠纷案【边码 77】

149. 最高人民法院(2015)民一终字第 226 号民事判决书:成都和信致远地产顾问有限责任公司与四川省南部县金利房地产开发有限公司委托合同纠纷案【边码 29、55、72】

150. 最高人民法院(2016)最高法民终 650 号民事判决书:大连俸旗投资管理有限公司与中国外运辽宁储运公司等借款合同纠纷案【边码 52】

151. 最高人民法院(2017)最高法民申 1057 号民事裁定书:绍兴市福禅家纺有限公司与中国农业银行股份有限公司绍兴柯桥支行金融衍生品种交易纠纷案【边码 20】

152. 最高人民法院(2017)最高法民申 2454 号民事裁定书:杨某国与林某坤股权转让纠纷案【边码 79】

153. 最高人民法院(2017)最高法民终 386 号民事判决书:泉州五矿(集团)公司与赫里

克里特有限公司买卖合同纠纷案【边码 21】

第 967 条

合伙合同的定义[*]

第 967 条 合伙合同是两个以上合伙人为了共同的事业目的,订立的共享利益、共担风险的协议。

简　目

---

* 本文系基于《〈民法典〉第 967 条（合伙合同的定义）评注》（载《法学家》2023 年第 2 期，第 172—190 页）一文修订而成。

案例检索说明。（1）案例来源：北大法宝、中国裁判文书网、中国期刊网、公开出版物等。（2）检索方法：以条文号、关键词在北大法宝进行检索，关键词为"合伙合同""共同的事业目的""共享利益""共担风险"；同时，作为比对，也检索了"个人合伙""合伙协议""共同出资""共同经营""共同劳动""共负盈亏"等；基于相关性，亦检索了"个体工商户""保底条款""众筹融资""家庭、合伙份额转让"等关键词。（3）检索截止日：2022 年 5 月 30 日。（4）案例使用：优先使用较高审级的判例，本条未检索到最高人民法院指导案例，最终选用的主要是最高人民法院及二审法院的终审裁判文书。

唐　勇

一、规范意旨

(一) 立法原意

《民法典》第 967 条(以下简称本条)及以下条款,构成合伙合同的规范群。 1
《民法典》之前,"合伙合同"并非法定概念,更无立法定义:1986 年的《民法通则》
在其公民(自然人)一章规定了个人合伙(第 30 条及以下),在其法人一章规定了
合伙型联营(第 52 条);[1]针对合伙人之间设立合伙的约定,《民法通则》及 1988
年的《民通意见》采"合伙协议"概念;1997 年的《合伙企业法》规范普通合伙企业
和有限合伙企业,其第 4 条及以下条款亦采"合伙协议"概念;其后,1999 年的《合
同法》规定了 15 种典型合同,合伙合同不在其列。

《民法通则》规定的"两户一伙"(个体工商户、农村承包经营户与个人合伙), 2
应当如何定性[2]以及如何进一步法典化,一直是立法过程中的一个难点。2017
年的《民法总则》在其自然人一章,仅延续《民法通则》规定了个体工商户和农村
承包经营户,未再规定个人合伙;在其法人一章,则未再规定法人之间的联营。
《民法总则》删除个人合伙与联营,"主要是考虑作为商事主体的合伙企业由合伙
企业法进行调整,而未成立合伙企业的民事合伙,则可以由民法典合同编进行规
定"[3]。准此,本条及以下条款,立法目的首要在于填补《民法总则》删除个人合
伙与联营后的立法空白,进而以合同形式规范民法上的合伙关系,并为《合伙企业
法》等单行法供给一般法支撑。[4] 至于合伙合同之上是否进一步凝结为民事主
体,则由《民法典》其他编(总则编等)以及《合伙企业法》等单行法,分层予以
规范。

---

〔1〕 《最高人民法院关于审理联营合同纠纷案件若干问题的解答》[法(经)发〔1990〕27 号,已失
效],较早在民事审判领域将《民法通则》规定的联营形式,分别界定为法人型联营(《民法通则》第 51
条)、合伙型联营(《民法通则》第 52 条)和协作型联营(《民法通则》第 53 条)。

〔2〕 杨振山:《论"两户一伙"的法律性质》,载《政法论坛》1987 年第 6 期,第 13 页。

〔3〕 黄薇主编:《中华人民共和国民法典合同编解读(下册)》,中国法制出版社 2020 年版,第 1504 页。

〔4〕 类似观点,参见最高人民法院民法典贯彻实施工作领导小组主编:《中华人民共和国民法典合
同编理解与适用(四)》,人民法院出版社 2020 年版,第 2732—2734 页;王利明:《论民法典对合伙协议与
合伙组织体的规范》,载《甘肃社会科学》2019 年第 3 期,第 33 页;李永军:《民事合伙的组织性质疑——
兼评〈民法总则〉及〈民法典各分编(草案)〉相关规定》,载《法商研究》2019 年第 2 期,第 123 页。

（二）法条功能

3　　　本条属于立法定义。本条从内涵角度,给出了合伙合同的构成要件,[5]以区别于《民法典》合同编的其他典型合同。《民法典》合同编的典型合同分编共计规定 19 种典型合同,合伙合同位列末章;所有典型合同章均于首条给出了该典型合同的立法定义,形式上,单就"属加种差"式定义方法而言,不难发现,唯有本条将合伙合同定义为"……的协议",[6]其他均为比如"买卖合同是……的合同"（第595 条）。本条前述定义方式,彰显了从形式上自《合同法》以来,以"合同"概念统一"契约""协议"概念的一贯做法;从法律适用角度,也产生一个意外的效果,即使得《合伙企业法》第 4 条之合伙协议与本条之合伙合同的衔接,无有障碍。

4　　　本条为不完全法条。本条给出合伙合同的内涵,但未给出合伙合同的外延;本条给出合伙合同的构成要件,但未给出合伙合同的法律效果。据此,本条主要功能有三个:其一,从内涵角度,本条构成识别合伙关系的主要依据,统一涵摄民法上的合伙关系;其二,从外延角度,本条通过规定内涵间接划定外延,即从区隔于其他合同乃至其他法律关系的角度,在一定程度上也构成类型封闭;其三,本条并非完全法条,主要与本章包含法律效果的其他条文（比如第 969 条、第 973 条等）结合予以适用,即因蕴含构成要件而成为其他（蕴含法律效果）条文的适用前提,但也可能在比如确认之诉中单独适用。

（三）适用范围

5　　　合伙类型复杂,完备定义亦属困难,学理上通常将其分为民事合伙与商事合伙。[7] 划分标准主要是基于合伙目的,即"作为商事合伙,合伙目的必须是从事某种程度或规模的商业活动,即从事商行为,否则,属于民事合伙"[8]。前述界分,基本对应罗马法中根据目的不同对合伙作的划分,即区分为"商业合伙"（quaestuariae）与"非商业合伙"（non quaestuariae）,前者以得利为目的,后者不以得利为目的。[9] 本条及以下条款主要规范民法上的合伙关系,即民事合伙;同

---

　　〔5〕　司法实践中,认为本条给出合伙合同构成要件的既有判例,可参见贵州省六盘水市中级人民法院(2021)黔 02 民终 2832 号民事判决书;广东省广州市中级人民法院(2021)粤 01 民终 16636 号民事判决书;山东省青岛市中级人民法院(2021)鲁 02 民终 7593 号民事判决书;江苏省南通市中级人民法院(2020)苏 06 民终 3720 号民事判决书。

　　〔6〕　《民法典》第 464 条第 1 款沿袭《合同法》第 2 条第 1 款,将合同定义为"……的协议"。

　　〔7〕　王利明:《论民法典对合伙协议与合伙组织体的规范》,载《甘肃社会科学》2019 年第 3 期,第33 页;朱庆育:《民法总论》(第 2 版),北京大学出版社 2016 年版,第 489 页。

　　〔8〕　江平、龙卫球:《合伙的多种形式和合伙立法》,载《中国法学》1996 年第 3 期,第 44 页。

　　〔9〕　[意]彼德罗·彭梵德:《罗马法教科书》,黄风译,中国政法大学出版社 2005 年版,第 290 页。

时,鉴于我国《民法典》采取的是民商合一模式,[10]本条及以下条款"是关于合伙的一般规定,既能调整民事合伙,也涵盖商事合伙"[11],即也为商事合伙及合伙协议提供一般法基础。[12] 比较法上,本条对应《德国民法典》第 705 条("合伙合同的内涵");《德国民法典》通过其第 705 条及以下条款,主要规范民法上的合伙(Gesellschaft),但该规范群"首先对于商法上的两种人合公司而言,具有'基础结构性'的意义",即对于无限公司与两合公司。[13]

有争议的是,民事合伙的范围,是否限于《民法通则》规定的个人合伙与联营,仅排除合伙企业。就此,分述如下:其一,《民法通则》本身是将自然人之间的合伙(个人合伙)与法人之间的合伙(合伙型联营)分别规定,其在形式上至少构成一处立法空白,即"自然人与法人之间的合伙经营,既不能归结为个人合伙,也不能归结为联营,它处于一种法律身份不明确的状态,从而它存在的法律依据也就成为一个疑问"[14];相较而言,《民法典》合同编不受此限,范围更大。[15] 其二,有观点明确指出,"《民法通则》下的'个人合伙'仅限于商业合伙的范畴,而且已经被合伙企业所替代,在多大程度上能否适用于《民法典》下的民事合伙存在很大疑问,尤其是并不存在针对民事合伙字号的登记制度"[16]。换言之,《民法通则》主要以商事合伙为预设对象,其后的《合伙企业法》在很大程度上实现了规则替代,相较而言,针对宽泛意义上的民事合伙,相关规范配套则属乍隐乍现。正如有观点总结的,"《民法通则》以商事合伙为规制对象,几乎完全忽略民事合伙。《民办

[10] 全国人民代表大会常务委员会副委员长王晨 2020 年 5 月 22 日在第十三届全国人民代表大会第三次会议上作的"关于《中华人民共和国民法典(草案)》的说明"中指出:我国民事法律制度建设一直秉持"民商合一"的传统,把许多商事法律规范纳入民法之中。此外,有观点认为,民事合伙与商事合伙的区分,在采商分立的法域有意义,而"对于采民商合一的我国而言,没有实际的区分价值与意义"。参见谢鸿飞、朱广新主编:《民法典评注·合同编·典型合同与准合同4》,中国法制出版社 2020 年版,第469 页(徐强胜执笔)。

[11] 最高人民法院民法典贯彻实施工作领导小组主编:《中华人民共和国民法典合同编理解与适用(四)》,人民法院出版社 2020 年版,第 2734 页。

[12] 参见王利明:《论民法典对合伙协议与合伙组织体的规范》,载《甘肃社会科学》2019 年第 3 期,第 32 页。

[13] [德]迪特尔·梅迪库斯:《德国债法分论》,杜景林、卢谌译,法律出版社 2007 年版,第 384 页。

[14] 方流芳:《关于联营的两个法律问题》,载《法学杂志》1987 年第 5 期,第 11 页。

[15] 比如,湖北省高级人民法院(2021)鄂民终 862 号民事判决书认为:"胡某前与恒业公司之间的船舶合伙经营行为发生于 2011 年,应当适用当时的《中华人民共和国民法通则》(现已废除)、合同法(现已废除)的相关规定。由于《中华人民共和国民法通则》第三十条规定的是公民与公民之间形成的合伙关系即个人合伙,第五十二条规定了企业与企业之间形成的合伙关系即合伙型联营,但对公民与企业之间形成的合伙关系未作规定,而现已经生效的民法典对合伙关系有明确的规定,因此根据《最高人民法院关于适用〈中华人民共和国民法典〉时间效力的若干规定》第三条的规定,审理本案也应当适用民法典相关规定。"

[16] [德]谢立敏:《民事合伙的体系勘误和适用完善》,载《经贸法律评论》2021 年第 5 期,第 5 页。

非企业单位登记管理暂行条例》部分填补了这一缺漏……此等合伙,自属民事合伙无疑"。[17] 进一步说明,民事合伙,不以《民法通则》的合伙为限。

7　　　　同样有争议的是,民事合伙是否意味着不构成民事主体,或谓不形成组织,又或不具有组织性或团体性,而仅依照本条及以下条款规定之合同关系予以规范。对此,肯定的观点认为,"营利性一般情况下可作为民事合伙和商事合伙的区别特征,但并非绝对标准,两类合伙本质区别在于商事合伙具有独立主体资格且具有组织性(团体性),而民事合伙仅是合同关系"。[18] 另有观点进一步认为,"与《合伙企业法》不同,《民法典》合伙合同规范以未形成组织的合伙为预设对象,两者结合能够发挥最大的体系效益",且"较之组织性强弱的类型区分,仅就合伙合同而言,民事合伙与商事合伙的区分反而并非那么重要。合伙未必是以营业作为共同事业目的,《民法典》第 967 条所规定的共同事业目的也不限于营业,即使合伙未形成商事的合伙企业也不见得组织性一定就较弱"。[19] 实际上,将所有民事合伙建基于合伙合同,即是将所有合伙关系建基于合伙合同,构建的是合伙合同作为合伙组织的一般法;从制度优选角度,并不存在对所谓契约型合伙或组织性合伙非此即彼的选择,[20] 合伙合同是必选项(一般法),合伙企业是增选项(特别法);就显性的组织架构而言,《合伙企业法》等提供了商事合伙的典型,而《民办非企业单位登记管理暂行条例》等则提供了部分民事合伙的样态,但它们均以本条之合伙合同为前提,只是可能进一步特别法化为比如合伙企业的合伙协议。本条及以下条款作为合伙的一般法,也构成兜底条款,即《民办非企业单位登记管理暂行条例》等民事特别法、《合伙企业法》等商事特别法优先适用;不适用特别法者,适用本条及以下条款。

8　　　　又及,本条及以下条款,是否主要适用于合伙的内部关系。德国法上,将民事合伙(GbR)又区分为"外部合伙与内部合伙"(Außen- und Innengesellschaft),并讨论

---

〔17〕　朱庆育:《民法总论》(第 2 版),北京大学出版社 2016 年版,第 489 页;进一步剖析与预见,可参见朱庆育:《第三种体例:从〈民法通则〉到〈民法典〉总则编》,载《法制与社会发展》2020 年第 4 期,第81、82 页。

〔18〕　王利明:《论民法典对合伙协议与合伙组织体的规范》,载《甘肃社会科学》2019 年第 3 期,第27 页。

〔19〕　朱虎:《〈民法典〉合伙合同规范的体系基点》,载《法学》2020 年第 8 期,第 19、24 页。

〔20〕　比如,最高人民法院在"邢某荣与北京鼎典泰富投资管理有限公司、丁某国等合伙企业财产份额转让纠纷案"中指出:"合伙是两个以上合伙人为了共同的事业目的,以订立共享利益、共担风险协议为基础而设立的经营方式或组织体";其中,将作为"组织体"的合伙和作为"经营方式"的合伙均纳入"合伙"的范畴。参见最高人民法院(2020)最高法民终 904 号民事判决书,载《最高人民法院公报》2021年第 5 期。

外部合伙是否为具有民事权利能力之社团（als rechtsfähiger Personenverband）。[21] 相较而言,我国理论和实践中,较少关注前述区分。司法实践中,认为本条及以下条款"调整民事合伙法律关系,侧重合伙的内部关系,是处理合伙法律关系的一般规定。《合伙企业法》则全面规定了合伙企业内外部关系规则,属于对商事合伙的特殊规定"。[22] 本条属于对合伙合同的定义,其明确了合伙合同的内涵及构成要件,作为合同,其主要限于合伙人之间的约定(内部关系),但合伙本身不可避免地涉及外部关系(仅具内部关系的合伙系罕见),第 970 条、第 973—975 条等均涉及合伙的外部关系。

（四）体系关联

上已述及,合伙合同在合同编典型合同中,系属以"协议"定义的特例。其作为合同编的特例,具有两方面的体系效应:其一,基于合伙合同的特殊性,主流观点认为原则上规制合伙合同"并不能简单套用合同法总则的基本理论及部分规定,比如同时履行抗辩权制度即不宜适用于"合伙合同;[23] 即便在我国台湾地区"民法"上也认为,合伙不仅诸多制度内容与"其他契约类型有所不同,且非债总有关契约总论之规定可尽为说明……因此,视合伙为台湾债编各种之债中最具特色之契约类型,似不为过"。[24] 其二,比较法上,《德国民法典》第 741 条及以下条款还规定了"按份共有"(Gemeinschaft)之债,二者共同构成"协力债务关系";就关系而言,"基于法律行为的按份共有关系形成于共同取得时未约定目的因而未形成合伙的情形"。[25] 相较而言,我国《民法典》合同编并未规定与合伙关系同类的共有关系,合伙合同属于合同编中协力债务关系的孤例,因而更具示范意义。

以合同形式规范民事合伙,但民事合伙很难剪裁适当后,全部纳入合同范畴,

9

10

---

〔21〕 *Schäfer*, § 705, in: Münchener Kommentar zum BGB, 8. Auflage, München, C. H. Beck, 2021, Rn 260 ff.

〔22〕 最高人民法院民法典贯彻实施工作领导小组主编:《中华人民共和国民法典合同编理解与适用(四)》,人民法院出版社 2020 年版,第 2733 页。

〔23〕 王利明:《论民法典对合伙协议与合伙组织体的规范》,载《甘肃社会科学》2019 年第 3 期,第 27 页。类似观点,参见严城:《民法典合同编(草案)合伙合同的成功与不足》,载《法治研究》2019 年第 1 期,第 85 页;朱虎:《〈民法典〉合伙合同规范的体系基点》,载《法学》2020 年第 8 期,第 19 页。也有观点持不同意见,比如认为合同编通则性规定并非不能适用于合伙合同,某些主要适用于双务合同的制度,比如同时履行抗辩权也可以适用于合伙合同。参见谢鸿飞、朱广新主编:《民法典评注·合同编·典型合同与准合同 4》,中国法制出版社 2020 年版,第 472 页(徐强胜执笔)。另有观点认为,同时履行抗辩权等应当予以调整适用。参见王轶等:《中国民法典释评·合同编典型合同(下卷)》,中国人民大学出版社 2020 年版,第 601—603 页。

〔24〕 邱聪智:《新订债法各论(下)》,中国人民大学出版社 2006 年版,第 6 页。

〔25〕 [德]迪特尔·梅迪库斯:《德国债法分论》,杜景林、卢谌译,法律出版社 2007 年版,第 377、379、399 页。

"随着社会经济发展,合伙的具体形态不断更新变化,多数国家对合伙的性质认识,也逐渐由传统契约向兼具组织和契约性质转变"〔26〕。准此,本条及以下条款立于《民法典》合同编,为民事合伙提供了一般法,但对民事合伙具体进行法律适用时,仍涉及对其主体性的判断,这意味着仍与《民法典》总则编的主体法形成关联,且主要是《民法典》总则编非法人组织一章;与此同时,因合伙合同而生成之合伙财产,其物权定性亦难免与《民法典》物权编相关联,且主要是《民法典》物权编共有一章〔27〕;此外,较为隐秘的关联,则是《民法典》婚姻家庭编。〔28〕

二、合伙合同的订立

(一)合同订立形式自由

11　　　　本条及以下条款对合伙合同的订立,并未附加特殊的形式要求,即合伙合同是非要式性的。故此,合伙合同的订立形式,适用《民法典》合同编通则的规定(第469 条)及总则编关于民事法律行为形式的规定(第 135 条)。此一点,既不同于《民法通则》第 31 条对订立合伙协议的要求,也不同于《合伙企业法》第 4 条对合伙协议的书面要式要求。此外,《民通意见》第 50 条曾对个人合伙的要式要求,作过补充性规定:当事人之间没有书面合伙协议,又未经工商行政管理部门核准登记,但具备合伙的其他条件,又有两个以上无利害关系人证明有口头合伙协议的,

---

〔26〕 最高人民法院民法典贯彻实施工作领导小组主编:《中华人民共和国民法典合同编理解与适用(四)》,人民法院出版社 2020 年版,第 2732 页。

〔27〕 司法实践中,认为因合伙合同产生的财产在合伙合同终止后属于合伙人共有者,参见湖南省永州市中级人民法院(2021)湘 11 民终 1863 号民事判决书;认为合伙后的财产属于合伙人共有者,参见贵州省毕节市中级人民法院(2021)黔 05 民终 5085 号民事判决书、新疆维吾尔自治区克孜勒苏柯尔克孜自治州中级人民法院(2021)新 30 民终 251 号民事判决书。

〔28〕 司法实践中,有关夫妻一方与他人合伙形成的财产份额属于夫妻共同财产的认定,参见山东省东营市中级人民法院(2021)鲁 05 民终 2323 号民事判决书、青海省西宁市中级人民法院(2022)青 01 民终 514 号民事裁定书;有关夫妻一方能否请求分割夫妻另一方与他人合伙形成的财产的观点,参见云南省保山市中级人民法院(2020)云 05 民终 72 号民事判决书。另外,有关夫妻一方因与他人合伙产生的债务不属于夫妻共同债务的认定,参见山东省枣庄市中级人民法院(2021)鲁 04 民终 1430 号民事判决书、湖南省永州市中级人民法院(2021)湘 11 民终 1473 号民事判决书;有关夫妻一方因与他人合伙产生的债务属于夫妻共同债务的认定,参见黑龙江省高级人民法院(2020)黑民再 70 号民事判决书、内蒙古自治区呼伦贝尔市中级人民法院(2020)内 07 民终 736 号民事判决书、辽宁省大连市中级人民法院(2020)辽 02 民再 52 号民事判决书、广西壮族自治区桂林市中级人民法院(2016)桂 03 民再 19 号民事判决书。

人民法院可以认定为合伙关系。[29]

本条对合伙合同未采《民法通则》《合伙企业法》的书面形式要求,体现立法 **12**
试图最大限度涵盖社会生活中各种合伙关系的努力,同时符合相较于《合伙企业
法》构筑一般法规范群的倾向。司法实践中,从便利处理合伙事务、避免纠纷角
度,仍然倾向于“合伙合同原则上应采用书面形式订立”;[30]此外,是否采书面形
式,在民间习惯中,也彰表合伙人对合伙业务的审慎程度。[31] 本条去除要式要
求,对司法实践中认定所谓“事实合伙关系”,[32]有实质意义上的影响,即《民法
典》之前应当认定“事实合伙关系”中的“事实”(比如共同出资等)是对书面合伙
合同的拟制,《民法典》之后应当认定是对合伙合同的拟制,倘若能证明存在口头
合伙合同,则不再是认定为事实合伙关系而本身即是合伙关系。[33]

本条对合伙合同的订立形式,也未附加特殊的要求。若以书面形式订立合 **13**
同,则适用《民法典》第 490 条第 1 款第 1 句,即“自当事人均签名、盖章或者按
指印时合同成立”。有争议的是,三个及以上合伙人,倘若未全部签名、盖章或者
按指印,则合伙合同根据《民法典》第 490 条第 1 款和第 502 条是否生效,或者是
否至少对已签章的合伙人发生效力。主流观点认为,合伙合同须经全体合伙人签
名、签章或者按指印,如果有任何一个合伙人未签名、盖章或者按指印,则合同不
产生法律效力;[34]进一步而言,虽然全体合伙人均已签章,但其中一人的意思表

---

〔29〕 典型判决如河南省焦作市中级人民法院(2016)豫 08 民终 2048 号民事判决书,相关分析参见
何菊荣、赵向辉:《个人合伙的认定》,载《人民司法·案例》2018 年第 11 期,第 56—58 页;最高人民法院
(2013)民提字第 69 号民事判决书,相关分析参见严城:《合伙关系的认定》,载周江洪、陆青、章程主编
《民法判例百选》,法律出版社 2020 年版,第 425—429 页。

〔30〕 最高人民法院民法典贯彻实施工作领导小组主编:《中华人民共和国民法典合同编理解与适
用(四)》,人民法院出版社 2020 年版,第 2734 页。

〔31〕 比如民国习惯调查报告便有记载,“南平民间合伙营业,如砍造木筒、垦种山地之类,须由合伙
人同意,决定进行方法,订立合同,各执一纸为据,无论业务是否发达,均照合同办理。但肩挑小贸之合
伙,多以口头契约为准。上据南平袁知事、刘承审员报告”。前南京国民政府司法行政部编:《民事习惯
调查报告录》,中国政法大学出版社 2005 年版,第 503 页(边码 1067)。

〔32〕 相关讨论,参见严城:《合伙关系的认定》,载周江洪、陆青、章程主编《民法判例百选》,法律出
版社 2020 年版,第 427 页;张喜月:《司法审判中事实合伙关系之认定》,载《法制博览》2021 年 9 月(上),
第 83 页。

〔33〕 比如,江苏省南通市中级人民法院(2020)苏 06 民终 3720 号民事判决书认为:“因双方之间没
有书面的合伙协议系客观事实,故假如周某清的上述主张能够成立,其前提条件必然是双方之间曾经存
在口头合伙的相关约定,即曾有关于合伙事宜的口头约定。”

〔34〕 最高人民法院民法典贯彻实施工作领导小组主编:《中华人民共和国民法典合同编理解与适
用(四)》,人民法院出版社 2020 年版,第 2736 页。司法实践中,认为只要有一名合伙人未签署,合伙协
议就不生效的观点,参见广东省佛山市中级人民法院(2016)粤 06 民终 6372 号民事判决书;认为合伙合
同履行过程中仅由部分合伙人订立的协议如不损害并非该协议的当事人的其他合伙人合法权益则属有
效的观点,参见浙江省舟山市中级人民法院(2010)浙舟商终字第 35 号民事判决书。

示因瑕疵而无效或被撤销时,除非可以认定剩余人仍构成合伙之意思,原则上应当理解为合伙合同全部失去效力。[35]

（二）须二个以上合伙人

1. 对合伙人数量的限制

14　　合伙合同既是合同,必然至少发生在两人之间。本条及以下条款并未定义何谓合伙人,以及成为合伙人是否有所限制,仅对缔结合伙合同的人数提供了最低标准,即须二人以上,但未规定人数的上限。就合伙人数量的构成而言,本条拆除了《民法通则》第 30 条(个人合伙)与第 52 条(合伙型联营)的同类合伙(自然人与自然人、法人与法人)之壁垒,自然人与法人也可以构成"二个以上合伙人"。此外,与《公司法》第 24 条、第 78 条以及《合伙企业法》第 61 条不同,本条未规定合伙人的数量上限(与《合伙企业法》第 14 条相同)。

15　　有争议的情形是一人合伙(Einpersonen-GbR)。不论是合伙还是合伙合同,从概念上均排斥一人合伙,一人既无法缔结合伙合同也构成不了组织。就组织设立而言,《公司法》(第 57—63 条)允许设立一人有限责任公司,但《合伙企业法》并不允许设立一人合伙企业。是故,一人合伙一般不发生在合伙合同缔结或合伙设立阶段,而主要起因于合伙存续过程中合伙人数量削减至二人以下。而从法律适用角度,因合伙人死亡等原因导致合伙人数量降低至一人,则根据《民法典》第 977 条,合伙合同当然终止。然而,依据《合伙企业法》虽不能设立一人合伙企业,但应当认可其间接承认了一人合伙的合法地位,即该法第 85 条第 4 项赋予了一人合伙以 30 天的"观察期"。[36] 从"有利于合伙维持"(Favor Societatis)的角度,比较法上也有一人合伙并不当然导致合伙解散的规则。[37]

16　　本条是否以及如何涵盖一人合伙,主要涉及合伙维持及与相似类型的互动。实际上,不论是民事合伙还是商事合伙,合伙人均不享受有限责任优惠(有限合伙人除外),就合伙人对合伙债务的承担而言,数个合伙人缩减为一个合伙人,该仅

---

〔35〕 参见[日]我妻荣:《债法各论(中卷二)》,周江洪译,中国法制出版社 2008 年版,第 230 页。实际上,更有争议的是,《民法典》第 490 条第 1 款第 2 句及第 2 款,是否适用于合伙合同。

〔36〕 王乐宇:《我国合伙企业合伙人类型异动与数量异动规定的完善》,载《西南政法大学学报》2013 年 2 月第 15 卷第 1 期,第 63 页。

〔37〕 比如《魁北克民法典》第 2232 条规定,"只要在 120 日内至少有另一名合伙人加入,全部份额集中到一个合伙人手中并不导致合伙解散"。相关分析,参见徐国栋:《〈魁北克民法典〉的世界》,载《中外法学》2005 年第 3 期,第 279 页。

剩的合伙人并未因此获得优待,[38]就此,一人合伙的问题与一人公司便有差异,前者毋宁主要是维持一种形式,比如保留该合伙人对其财产最低限度的"资产分割"(asset partition)愿望。就此而言,一人合伙与一人在民法上应属本质相同。进一步而言,一人合伙的规范结构,能从民事一般法角度,为《民法典》总则编自然人一章规定的个体工商户和非法人组织一章以及《个人独资企业法》规定的个人独资企业,填补类型序列上的缝隙,便利类型变更规则的未来塑型。[39]

2. 对合伙人资格的限制

本条及以下条款并未对合伙人的资格作出限制。就主体范围而言,应当认为本条规定的合伙人包括《民法典》总则编规定的自然人、法人与非法人组织,且就该三种类型的民事主体而言,合伙既可以发生在自然人之间、法人之间、非法人组织之间,也可以交叉组合。就合伙人的类型而言,本条并无限制;但就法人与非法人组织成为合伙人,《公司法》与《合伙企业法》均规定了特别法上的限制。其一,《公司法》第 15 条规定,公司可以向其他企业投资,但是,除法律另有规定外,不得成为对所投资企业的债务承担连带责任的出资人;其二,《合伙企业法》第 3 条规定,国有独资公司、国有企业、上市公司以及公益性的事业单位、社会团体不得成为普通合伙人。前述合伙人类型限制均属特别法上的限制,涉及公司、企业时优先适用,单就缔结本条合伙合同而言,解释上应当认定为无资格限制。[40] 不过,法人之间的合伙(联营或联合),可能会触发经济法(比如反垄断法)、[41]行政法上的效果,当属别论。[42]此外,特殊的行业限制,比如有无采矿资质等,从合伙合同的成立角度,也应当认为是无资格限制的,但会影响合伙合同的效力,即应区分

17

---

[38]　类似观点,如"就规定合伙人对合伙的契约债务须承担个人连带责任的法律的角度看,一人合伙不是一个问题,因为只有一个合伙人时,该合伙人无论如何也不能逃避责任。但如果州的法律允许成员对合伙契约享受有限责任,则独资企业主就不能利用 LLP 这种形式"。宋永新:《一种新型的合伙——美国有限责任合伙法评介》,载《中外法学》2001 年第 5 期,第 591 页。

[39]　横向上,还可以与一人公司形成对照式序列;此外,农村承包经营户情形下,丧偶一方仍得维持户的同一性,亦具有比照价值。

[40]　参见最高人民法院民法典贯彻实施工作领导小组主编:《中华人民共和国民法典合同编理解与适用(四)》,人民法院出版社 2020 年版,第 2734 页。

[41]　《民法典》之前的司法实践中,关于联营导致反垄断法的适用调整,参见江山:《论协议型企业联营的反垄断规制》,载《环球法律评论》2017 年第 6 期,第 105 页;张平:《专利联营之反垄断规制分析》,载《现代法学》2007 年第 3 期,第 97 页。

[42]　"企业之间的卡特尔(联合)协定中,具有合伙性质的很多。就其成立,虽然中小企业安定法以及反垄断法对其课以慎重的限制,但就作为协定内容的法律关系而言,主要应适用合伙的规定"。[日]我妻荣:《债法各论(中卷二)》,周江洪译,中国法制出版社 2008 年版,第 219 页。关于德国法上"卡特尔协议"(Kartellvertrag)的合伙属性,参见 MüKoBGB/*Schäfer*, 2021, § 705 Rn. 147.

成立要件与生效要件。[43]

18　　　　又及,合伙人为自然人时,缔结合伙合同是否应当具备完全民事行为能力。首先,本条并未要求合伙人应具备完全的民事行为能力,从法律适用上,涉及自然人的行为能力时,应根据《民法典》总则编对限制民事行为能力人、无民事行为能力人从事民事法律行为时的效力规制,分别予以判断。[44] 其次,根据对《民法典》第 977 条的反面解释可知,合伙人部分丧失行为能力,并不导致合伙终止。此一点,又与《合伙企业法》不同,作为特别法,《合伙企业法》第 14 条第 1 项规定,合伙人为自然人的,应当具有完全民事行为能力;与之相同的是《公司法》,《公司法》第 23 条对于设立有限责任公司并未要求股东为自然人时须为完全民事行为能力人;此外,《合伙企业法》第 79 条等对于设立有限合伙企业,亦未要求有限合伙人为自然人时须具有完全民事行为能力。

19　　　　有争议的是夫妻是否合伙以及夫妻能否另行设立合伙。[45] 将夫妻视为“合伙契约”,构成所谓“夫妻合伙契约说”。该种观点有其合理之处,对其批评主要是“走向了另一个极端,它将夫妻团体视为经济团体,忽略了夫妻之间的伦理关系”[46];亦即,婚姻乃是夫妻之全人格投入的共同生活,以感情之结合为前提,而合伙乃是追求利润的营利主体,因此,夫妻之财产关系与合伙之财产关系在本质上完全不同。[47] 前述批评对民事合伙的目的存在误解,民事合伙及民事合伙财产并不必须以营利为目的,实际上,在我国《民法典》婚姻家庭编(第 1065 条)规定的法定夫妻共同财产制之外的分别财产制下,如何理解夫妻之间就共同生活乃至养老育幼的约定,涉及财产的部分也不能认定为以营利为目的,恰恰是作为实现伦理价值的工具。至于夫妻能否另行设立合伙,如同法律不禁止夫妻设立二人有限责任公司,当属无疑。[48]

----

〔43〕　比如,最高人民法院 2016 年公布的矿业权民事纠纷十大典型案例之八“黄国均与遵义市大林湾采矿厂、苏芝昌合伙纠纷案”,其裁判要旨即为“挂靠采矿,合伙协议应为无效”。

〔44〕　参见最高人民法院民法典贯彻实施工作领导小组主编:《中华人民共和国民法典合同编理解与适用(四)》,人民法院出版社 2020 年版,第 2734 页;邱聪智:《新订债法各论(下)》,中国人民大学出版社 2006 年版,第 7 页;戴孟勇:《未成年人及限制民事行为能力人的合伙行为能力问题》,载《人民司法》2004 年第 8 期,第 56—57 页。

〔45〕　德国法上的讨论,参见[德]迪特尔·梅迪库斯:《德国债法分论》,杜景林、卢谌译,法律出版社 2007 年版,第 387 页。

〔46〕　冉克平:《夫妻团体财产与个人财产的法理构造》,载《法治与社会发展》2019 年第 5 期,第 30 页。

〔47〕　林秀雄:《夫妻财产制之研究》,中国政法大学出版社 2001 年版,第 162 页。

〔48〕　值得一提的是,相关分析,有助于进一步界定家庭经营的个体工商户(第 56 条第 1 款)与农村承包经营户(第 55 条)是否为合伙。比如,有观点即就个体工商户、农村承包经营户与合伙的区隔,提出质疑。详见张谷:《从民商关系角度谈〈民法总则〉的理解与适用》,载《中国应用法学》2017 年第 4 期,第 149 页。

三、合伙合同的构成要件

(一)导言:合同自由与内容控制

合伙合同作为典型合同之一,合伙人根据《民法典》第 5 条和第 134 条,享有
自愿缔结合伙合同的自由以及相互磋商达成合伙合同各项内容条款的自由。《民
法典》第 470 条第 1 款为所有合同提供了"当事人的姓名或者名称和住所""标的"
"数量"等在内的 8 项主要条款提示,但正如该条第 2 款的作用一样,均非强制而
是示范,并非法定而是辅助参照。从合同主给付义务决定合同类型的角度而言,
本条如同《民法典》合同编典型合同分编各章的首条(如第 595 条、第 648 条、第
657 条等)给出了合伙合同的特征("构成要件"),以区别于其他典型合同,故而,
本条实际承载《民法典》对合伙合同的内容控制。原则性的内容控制,主要基于
《民法典》第 8 条;规范性的内容控制,主要基于本条。要言之,合伙合同的约定违
反法律或违背公序良俗,则合伙合同可能归于无效;[49]而合伙合同的核心条款,
如与本条不符,则不一定无效,但却可能无法取得合伙的法律效果,而应当归于其
他典型合同(如实践中常见的"名为合伙,实为借贷"等)甚至无名合同(如"隐名
合伙"等)。

合伙有着悠久的历史,《汉谟拉比法典》即已有了关于合伙的规定,我国古代
典籍中,也不难找到合伙的印迹;[50]罗马法上的合伙,最早起源于共同继承关
系,[51]"同一被继承人的几个继承人在取得遗产后,为了获得更大的利益,不将各
自所得的遗产分开使用而集中经营,形成合伙关系。合伙形式一经创立,便经久
不衰,并得到了充分发展,其衍化形式增多"。[52]合伙比公司古老,其现代类型更
是复杂多样。[53]将合伙关系首要纳入典型合同规制,则需要提炼合伙的基本特
征,作为合伙合同的必备条款(成立要件),立法上用以区隔其他典型合同,实践中

[20]

[21]

---

[49]　比如司法实践中,处理的"名为民事合伙,实为刑事诈骗"等情形,参见江西省抚州市中级人民
法院(2021)赣 10 刑终 120 号刑事判决书;贵州省黔东南苗族侗族自治州中级人民法院(2021)黔 26 刑终
42 号刑事裁定书。

[50]　参见王家福主编:《中国民法学·民法债权》,法律出版社 1991 年版,第 833 页。

[51]　佐证之一:"古典法上的合伙合同(societas)是两人或者多人的联合,旨在通过共同手段实现
共同目的。这种合同构造在历史上可以回溯到两个渊源,即古代罗马法的继承人共同体(consortium)和
资合性的取得合伙"。[德]马克斯·卡泽尔、罗尔夫·克努特尔:《罗马私法》,田士永译,法律出版社
2018 年版,第 479—480 页。

[52]　王家福主编:《中国民法学·民法债权》,法律出版社 1991 年版,第 833 页。

[53]　关于合伙类型总结的早期文献,参见江平、龙卫球:《合伙的多种形式和合伙立法》,载《中国
法学》1996 年第 3 期,第 44—47 页。

用于界定民事合伙关系能否成立。

22　　　　本条提取"共同的事业目的"、"共享利益"与"共担风险"作为合伙合同的构成要件,方式既不同于其他典型合同的同类规定,内容也迥异于其他立法例。具体而言:其一,本条最显著的特点之一是,与《民法典》其他典型合同章之首条(如第 595 条、第 648 条、第 657 条等)不同,后者提炼的典型合同之特征要件均为合同各方的主给付义务,本条付之阙如。其二,就规范比较而言,我国台湾地区"民法"第 667 条第 1 款将合伙合同凝练为"称合伙者,谓二人以上互约出资以经营共同事业之契约"。相较而言,本条取其"共同事业",但未将出资义务、共同经营纳入。《德国民法典》第 705 条则规定,"因合伙契约,合伙人为达成共同之目的,相互间负有依契约所定之方法,即如约定出资之义务"。据此,德国法上合伙合同区别于其他合同的核心在于两个标志:"共同目的"(Gemeinsamer Zweck)和"促进义务"(Förderpflicht),后者特别指向出资义务;也就是,合伙合同至少应当约定"共同目的及其实现方式"(den gemeinsamen Zweck und die Art seiner Verwirklichung)。[54] 相较而言,本条将共同目的进一步限定为"共同的事业目的",且未从实现共同目的的方式归纳合伙合同的特征,而代之以共享利益与共担风险。

(二) 要件之一:共同的事业目的

23　　　　合伙人订立合伙合同,系为了实现共同的事业目的,此一点是合伙合同区别于其他类型合同的最重要特征。后者或可称为"交换合同"(Austauschvertrag),[55] 其典型者系以"交换目的(Austauschzweck)与利益对立为基础建构的双务合同"[56]。合伙合同系为实现共同事业,故而,虽则本条未规定如何实现共同事业应为合伙合同的必备条款,但从中应得解释出合伙合同的另一个特征:为实现共同事业目的,履行合伙合同时合伙人之间的利益并非对立,而是应当共同促进该目的的实现,亦即互负共同促进义务。[57] 也就是,因共同事业目的,合伙人之间,是"一种合作关系而非对立关系……通俗而言,一般合同当事人之间的权利义务是'此消彼长'的关系,而合伙合同的所有合伙人之间则是'共消共长'的关系"。[58]

---

〔54〕　MüKoBGB/*Schäfer*, 2021, § 705 Rn. 132.

〔55〕　MüKoBGB/*Schäfer*, 2021, § 705 Rn. 132.

〔56〕　严城:《民法典合同编(草案)合伙合同的成功与不足》,载《法治研究》2019 年第 1 期,第 85 页。

〔57〕　比如,四川省高级人民法院(2020)川民申 4821 号民事裁定书认为:"买卖合同是双方法律行为,合同双方当事人须具有相互交换利益的性质。而合伙合同并非利益的相互交换,而是利益的共同促成,为多方法律行为。"山西省高级人民法院(2020)晋民再 82 号民事判决书也认为:"……合伙合同为非交易合同,合伙当事人的出资亦不构成对价,故合伙合同所产生的当事人的权利义务均以共同经营的事业为对象……"

〔58〕　黄薇主编:《中华人民共和国民法典合同编解读(下册)》,中国法制出版社 2020 年版,第 1507 页。

基于共同的事业目的,不仅使得合伙合同区别于交换型的双务合同,亦得区别于单务合同。《民法典》合同编除了规定买卖合同、租赁合同等典型的双务合同之外,还规定了赠与合同、保证合同等单务合同。基于合伙合同,合伙人应当共同促成共同事业目的的实现,亦即互负义务,而非仅其中一个合伙人或一部分合伙人负有促进义务,故而,得与单务合同相区隔。除了前述合伙合同因互负义务、本就区分于单务合同的特征之外,从规范群特征的角度,《民法典》对于单务合同并未要求对合同订立的原因或动机予以明示,比如赠与合同原则上并不考量其是基于潜在的交换目的,还是基于慷慨抑或慈善;对于合伙合同,本条则要求其基于"共同的事业目的"。

至于如何才构成共同的事业目的,本条及以下条款并未提供进一步的识别标准。文义上,不论是"共同"、"事业"抑或"目的",均过于宽泛,三者的结合,与其说给定了精准的内涵,莫如言其给定的是一个基本框架。作为一个框架概念、复合概念,"共同的事业目的"需要在合伙合同中予以必要的明示、具体化。[59] 通说认为,"合伙之目的,在于合伙人经营共同之事业,其共同事业之种类如何,在所不问。故合伙得以祭祀、宗教、慈善、学术、技术及其他各种事业为目的",只要不违背公序良俗;[60] 可以是营利的,也可以是非营利的;[61] 可以是继续的,也可以是临时的;[62] 可以是单数的,也可以是复数的。[63]

承上所述,任何一种合法的且不悖俗的目的,都可以构成合伙的共同目的。本条构成对所有合伙关系的一般法,这意味着,如果共同事业目的是营利性的,则可能进入《合伙企业法》的规制范围;[64] 如果共同事业目的涉及婚姻家庭、非婚同居等情形,则也可能进入《民法典》婚姻家庭编等其他特别法规制范畴。[65] 然则,细究而言,即便是在商事领域,作为共同事业目的的营利,实际上也不能用来甄别

24

25

26

---

〔59〕 "合伙人之约定,于事业种类为何,出资种类为何及其数额多寡? 均需具体明确,不以泛称愿意共同出资经营共同事业为已足"。邱聪智:《新订债法各论(下)》,中国人民大学出版社 2006 年版,第 13 页。

〔60〕 史尚宽:《债法各论》,中国政法大学出版社 2000 年版,第 686 页。

〔61〕 黄薇主编:《中华人民共和国民法典合同编解读(下册)》,中国法制出版社 2020 年版,第 1507 页。

〔62〕 史尚宽:《债法各论》,中国政法大学出版社 2000 年版,第 686 页。

〔63〕 邱聪智:《新订债法各论(下)》,中国人民大学出版社 2006 年版,第 11 页。比较法上讨论"中间目的",见[日]我妻荣:《债法各论(中卷二)》,周江洪译,中国法制出版社 2008 年版,第 215 页;讨论"最终目的"与合意"动机"的区分,参见 MüKoBGB/Schäfer,2021,§ 705 Rn. 151.

〔64〕 本质相同的是,德国法上"营业(《德国商法典》第 1 条)不能为合伙的目的,营业将转变合伙的性质,使合伙转变为无限公司"。[德]迪特尔·梅迪库斯:《德国债法分论》,杜景林、卢谌译,法律出版社 2007 年版,第 386 页。

〔65〕 德国法上关于夫妻形成婚姻外的合伙关系以及关于非婚共同关系适用民事合伙的讨论,参见[德]迪特尔·施瓦布:《德国家庭法》,王葆莳译,法律出版社 2010 年版,第 163、485 页。

公司与合伙企业。公司与合伙企业均是以营利为目的,均是为了共同的事业目的,其成员(股东与合伙人)甚至也均能套上本条的另外两个要件(共享利益与共担风险),只不过公司情形下,股东不为公司债务承担连带责任,而仅以出资为限承担所谓有限责任(有限风险)。故而,就趋势而言,不妨认同"到了最近,关于两者的不同,逐渐认为应从内部组织寻求,而不应从对外是否认可其作为法人存在来区别"〔66〕。

(三) 要件之二:共享利益

27　　本条未规定共同经营、共同出资、共同劳动等共同事业目的之实现方式作为合伙合同的本质特征,但规定共享利益、共担风险作为合伙合同的另外两个内容要件。〔67〕 通常认为,从事业目的共同性决定了"所有合伙人共享利益、共担风险,而不能只由部分合伙人享受利益或者承担风险",正所谓"一荣俱荣,一损俱损"。〔68〕 就共同利益的解释而言:其一,共同利益排斥独享利益,不应允许约定由一个合伙人或部分合伙人享受利益、其他合伙人不享受利益,比如罗马法上的所谓"狮子合伙"(societas leonia);〔69〕相应的趣旨,也体现在《合伙企业法》第 33 条第 2 款。〔70〕 其二,共同利益不限于经济利益,此系由共同目的所决定,故而,也不妨为精神上的,甚至是利他的。〔71〕 其三,即便是基于经济性的共同事业目的,合伙人的共同利益也并不以利润分配(Beteiligung am Gewinn)为必要。〔72〕

(四) 要件之三:共担风险

28　　基于共同目的,辅之以公平原则,倘若只共享利益,不共担风险,同样不能构成合伙。〔73〕 共享利益与共担风险,既可认定为合伙合同的过程要件,亦可认定为合伙合同的后果要件,以实现共同事业目的贯彻始终,通过对"静态"利益共享、风

---

〔66〕 [日]我妻荣:《债法各论(中卷二)》,周江洪译,中国法制出版社 2008 年版,第 216 页。

〔67〕 司法实践中,根据本条认为"共享利益、共担风险是合伙合同的本质特征,合伙利润分配属于合伙内部关系的核心事项"的观点,参见青海省海北藏族自治州中级人民法院(2021)青 22 民终 167 号民事判决书、(2021)青 22 民终 168 号民事判决书。

〔68〕 黄薇主编:《中华人民共和国民法典合同编解读(下册)》,中国法制出版社 2020 年版,第 1507 页。

〔69〕 参见史尚宽:《债法各论》,中国政法大学出版社 2000 年版,第 686 页;[日]我妻荣:《债法各论(中卷二)》,周江洪译,中国法制出版社 2008 年版,第 240 页。

〔70〕 《合伙企业法》第 33 条第 2 款规定:合伙协议不得约定将全部利润分配给部分合伙人或者由部分合伙人承担全部亏损。

〔71〕 参见史尚宽:《债法各论》,中国政法大学出版社 2000 年版,第 686—687 页。

〔72〕 MüKoBGB/*Schäfer*, 2021, § 705 Rn. 153 ff.

〔73〕 司法实践中,认为当事人之间并无共担风险的合意故不构成合伙关系的观点,参见湖南省株洲市中级人民法院(2021)湘 02 民终 1924 号民事判决书。

险共担(区别于"动态"的共同出资、共同经营、共同劳动),及至第三内容要件"共担风险",本条形成了对合伙合同三个要件的闭合。就共担风险的解释而言:其一,共担风险排斥独担风险,不应允许约定仅由一个合伙人或部分合伙人承担、其他合伙人不承担风险,比如,司法实践中,约定保底收益的合伙条款,[74] 经常被认定为存在效力缺陷;[75] 相应的趣旨,也体现在《合伙企业法》第 33 条第 2 款。其二,共担风险排斥还本付息。司法实践中,即便合同名义为合伙,但却约定特定期限届满后,由其他合伙人向其中一个合伙人或部分合伙人返还出资及支付固定利息者,就内部法律关系而言,则已经构成借款合同而非合伙合同。[76] 其三,合伙风险同样是一个框架概念,应不限于直接的经济损失(针对合伙财产),还包括商业风险、行业风险、社会风险等,但相关风险往往主要或最终反映在物质损失上;合伙风险,其在《民法典》中具体反映在亏损分担(第 972 条)上,以及对合伙债务的连带责任(第 973 条)。

(五)要件之外:共同出资、共同经营等

合伙合同的必要条款,决定合伙合同的类型。《民法通则》第 30 条定义个人 29 合伙,系从行为角度,强调合伙人"按照协议,各自提供资金、实物、技术等,合伙经

---

〔74〕 比如《最高人民法院关于审理联营合同纠纷案件若干问题的解答》[法(经)发〔1990〕27 号,已失效]第 4 条规定,"联营合同中的保底条款,通常是指联营一方虽向联营体投资,并参与共同经营,分享联营的盈利,但不承担联营的亏损责任,在联营体亏损时,仍要收回其出资和收取固定利润的条款。保底条款违背了联营活动中应当遵循的共负盈亏、共担风险的原则,损害了其他联营方和联营体的债权人的合法权益,因此,应当确认无效"。

〔75〕 司法实践中,认定保底条款无效者,比如贵州省安顺市中级人民法院(2021)黔 04 民终 1305 号民事判决书;认定保底条款至多构成显失公平而得主张撤销者,比如辽宁省沈阳市中级人民法院(2021)辽 01 民终 8585 号民事判决书。

〔76〕 司法实践中,典型的认定方式,比如:"《中华人民共和国民法典》第九百六十七条规定:'合伙合同是两个以上合伙人为了共同的事业目的,订立的共享利益、共担风险的协议。'本案中,原、被告双方签订的《投资入股分红协议》仅约定了原告的投资数额和固定的回报比例,并未对经营的风险和债务的负担进行约定,并且约定了在合同履行期间原告个人原因具有撤资权,被告需返还原告原始投资金额,该约定与合伙合同终止前合伙人不得请求分割合伙财产的法律规定相悖。因此,原、被告签订的《投资入股分红协议》,虽然名义上是投资入股或合伙经营的合伙协议,但是双方当事人之间并未实际发生合伙法律关系,而是构成民间借贷法律关系。原告主张被告还款付息,理由正当。"河南省郑州市中级人民法院(2021)豫 01 民终 5637 号民事判决书。类似的论理,另可参见河南省郑州市中级人民法院(2021)豫 01 民终 5215 号民事判决书;河南省商丘市中级人民法院(2021)豫 14 民终 1490 号民事判决书;安徽省亳州市中级人民法院(2021)皖 16 民终 1890 号民事判决书、(2021)皖 16 民终 1892 号民事判决书、(2021)皖 16 民终 1893 号民事判决书;福建省龙岩市中级人民法院(2021)闽 08 民终 1770 号民事判决书;广西壮族自治区钦州市中级人民法院(2021)桂 07 民终 1725 号民事判决书;辽宁省盘锦市中级人民法院(2021)辽 11 民终 1102 号民事判决书;辽宁省阜新市中级人民法院(2021)辽 09 民再 9 号民事判决书等。

营、共同劳动",而前述特征或要件(出资、经营、共同劳动),本条均未采纳,而是代之以共同目的、共享利益、共担风险;《民法通则》第 31 条规定,"合伙人应当对出资数额、盈余分配、债务承担、入伙、退伙、合伙终止等事项,订立书面协议",其中诸多事项本条亦均未采纳,唯有盈余分配、债务承担可分别对应于共享利益、共担风险。《合伙企业法》第 18 条规定了合伙协议应当载明的 10 个事项,较《民法通则》详细,其第 2 项为"合伙目的和合伙经营范围",可视为与本条"共同的事业目的"相对应,仅该第 2 项应受营利性之限缩。

30　　本条未取共同出资、共同经营与共同劳动等作为合伙合同的特征要件,有必要简要予以梳理。其一,关于共同出资:民事合伙不以营利为必要,合伙目的更为开放,且"是否真正形成合伙财产并不是必要条件,例如一般在承运共同中即不存在合伙财产"〔77〕。本条未将共同出资列为特征要件,仅在《民法典》第 968 条规定应当按照约定履行出资义务,〔78〕此种分别处理方式,应和立法试图与合伙企业的营利性区隔有关。然则,是否出资,仅彰显实现合伙目的(包括非营利性目的)的途径,而不能决定合伙目的的属性,不可不查。其二,关于共同经营:《民法通则》第 30 条主要是以商事合伙为规制对象,故而强调个人合伙的经营性。实际上,比较我国台湾地区"民法"第 667 条第 1 款可知,事业亦可共同经营,不限于商业。其三,关于共同劳动:有观点指出,《民法通则》特将"共同劳动"设定为个人合伙的法律特征,系在于撤除剥削经济之嫌。〔79〕本条既未采共同经营,又未采共同劳动,对于合伙事业目的之实现方式的必要规定系属缺失,唯有留待未来从共同目的中解释。〔80〕其四,关于合伙人变动等其他条款:本条及以下条款,未如《民法通则》第 31 条,要求合伙合同应当对入伙、退伙等合伙人变动事项作出约定。全国人大常委会法工委 2018 年 3 月 15 日印发的《民法典各分编(草案)》(征求意见稿),原本配置了入伙条款,其后删除,主要的考量,应是对合伙合同组织特征的犹豫。〔81〕准此,本条凸显了共同目的作为合伙合同的首要特征,于合伙事业目的的

〔77〕　[德]迪特尔·梅迪库斯:《德国债法分论》,杜景林、卢谌译,法律出版社 2007 年版,第 388 页。

〔78〕　司法实践中,争点涉及共同出资是否为合伙合同构成要件,参见江苏省南通市中级人民法院(2020)苏 06 民终 3720 号民事判决书;肯定共同出资系属合伙合同的本质特征之一,参见山东省青岛市中级人民法院(2021)鲁 02 民终 7593 号民事判决书。

〔79〕　方流芳编著:《个人合伙》,法律出版社 1986 年版,第 6 页;朱庆育:《民法总论》(第 2 版),北京大学出版社 2016 年版,第 487 页。

〔80〕　司法实践中,认为"满足共享利益、共担风险的要件,即使未共同经营,也构成合伙合同"的观点,参见湖北省高级人民法院(2021)鄂民终 862 号民事判决书;认为"合伙人是否实际参与经营属于合伙事务履行中的事宜,并不当然影响合伙合同的效力"的观点,参见四川省宜宾市中级人民法院(2021)川 15 民终 1394 号民事判决书。

〔81〕　从立法经济角度的考量分析,参见严城:《民法典合同编(草案)合伙合同的成功与不足》,载《法治研究》2019 年第 1 期,第 92 页。

实现方式则显规定不足,故而,对于合伙合同的类型要件,未来应当围绕共同的事业目的,予以动态的解释架构,方为妥当。

综上,本条选取共同目的(共同事业目的)、共享利益、共担风险作为合伙合同 31 的显性特征,以区别于其他合同类型,当属我国法上的特色。从要件视角而言,权衡旧法、比较法及司法实践,对该"三共同"要件应作动态理解:其一,共同的事业目的为核心要件,[82] 贯穿合伙始终,合伙合同的缔结及履行均以其为方向,也是对合伙合同进行目的解释之关键;其二,共享利益、共担风险是从权利义务角度的约定,系过程要件、后果要件、表现形式(区别于实现方式),其功能在于彰表共同的事业目的,至于出资、经营、劳动等实现路径以及入伙、退伙等事宜,既在约定范围内,也是从动态角度对实现合伙事业目的之方式的补足。

(六)成员同质:对合伙合同结构同一性的历史探寻

本条以共同事业目的为核心要件,以共享利益、共担风险为特征要件,型构了 32 立法上合伙合同的"理想类型",进而从一般法角度,规范所有合伙关系。值得商榷的是,本条是否仅限于历史意义上的合伙,对于邻近法律现象有无适用或类推可能。具体而言:其一,通过以上分析可知,本条作为立法定义,舍弃旧法的动态要件(共同出资、共同经营、共同劳动等),进而相较于对合伙的传统立法定义更显抽象,就本条之三要件而言,其的确可以与其他典型合同相区分,但细究而言,并未全然概括出传统合伙的本质特征,尤其不能与法人设立协议相区隔,[83] 也并不容易与约定共有协议相区分,尽管前者《民法典》未规定,后者《民法典》将其规定在物权编。其二,换个角度而言,本条及以下条款,对于公司设立协议(比如《民法典》第75条第1款)、约定共有协议等,是否也能根据《民法典》第467条第1款,提供《民法典》合同编意义上典型合同的参照适用功能,也应在法典解释及法律适用的射程内。

而以历史的眼光观察,合伙人之间往往具有较强的同质性:罗马法上的"共有 33 合伙"(societas omnium bonorum,"家子"早期宗亲共同体)、"农艺合伙"(politio, 耕种人或农艺师契约)、商业合伙(societas quaestuaria),[84] 即是因同身份(同为"家子")、同职业(农民)、同行业(商业)型塑而成的典型合伙。同业者团体形成

---

[82] "经营共同事业为合伙之目的,亦合伙成立之必要要件,因之,文献上或称合伙为合伙事业"。邱聪智:《新订债法各论(下)》,中国人民大学出版社2006年版,第11页。

[83] 司法实践中,认为因设立公司引发的纠纷不属于合伙协议纠纷的观点,可参见吉林省长春市中级人民法院(2020)吉01民终5725号民事判决书;认为公司设立协议属于合伙合同的较早的观点,可参见广西壮族自治区南宁市中级人民法院(2014)南市民二终字第335号民事判决书。

[84] [意]彼德罗·彭梵德:《罗马法教科书》,黄风译,中国政法大学出版社2005年版,第290页。

合伙(合作社、工会等),可以上溯至中世纪,"以部落、村落为代表的,以水利、灌溉、渔猎等为目的的各种地域性团体",更是可以上溯到更早的时代。[85] 现代法上,合伙制度的适用空间,一直受法人制度有限责任优势的挤压,而使得其在民事领域的利用相对萎缩,[86]但其在同业领域,尤其商业领域(普通合伙企业)、专业领域(会计事务所等特殊普通合伙)仍相较于法人制度展现出顽强的生命力。合伙人基于同业性的自愿联合,更能反映合伙在"共同的事业目的"上的同一性,以之观察合伙人之间的高度信任、"属人性"、[87]乃至"竞业禁止"[88]等规范约束,方不至于恣意。本条及以下条款,就规范密度而言,相较于《德国民法典》、我国台湾地区"民法",均属稀薄,应当避免规范群过于含混、"优势"不明而被弃用。就此一点而言,上述"同业"("同质")特征,[89]非为限缩"共同事业",而是为共同事业提供一个符合历史与社会真实的典型,广义上亦能为合伙制度区隔于法人制度,获取一定制度增量上的正当性。

四、合伙合同的法律性质

(一)协议属性:共同法律行为

1. 导言:合同、契约与协议

34　　　上已述及,合伙合同是《民法典》合同编 19 种典型合同中,唯一在各自的立法定义中以"协议"概念作为其属性的典型合同,虽然《民法典》第 464 条第 1 款将"合同"本身定义为"民事主体之间设立、变更、终止民事法律关系的协议"。结合《民法典》第 464 条第 2 款可知,"协议"在《民法典》合同编中是范围大于"合同"的上位概念。而"协议"概念在《民法典》之前,即在立法中使用,包括《民法通则》《合伙企业法》《合同法》等。"契约"概念则在《民法典》中未予使用,但在司法文件中有所体现;[90]此外,则更多保留在学理上对"contract""contrat"等外来词的固

---

〔85〕 [日]我妻荣:《债法各论(中卷二)》,周江洪译,中国法制出版社 2008 年版,第 215 页。

〔86〕 有学者总结为"民事合伙,长期以来处于'只见其声,不见其人'的状态"。[德]谢立敏:《民事合伙的体系勘误和适用完善》,载《经贸法律评论》2021 年第 5 期,第 1 页。

〔87〕 严城:《民法典合同编(草案)合伙合同的成功与不足》,载《法治研究》2019 年第 1 期,第 85 页。

〔88〕 《合伙企业法》第 32 条第 1 款规定:合伙人不得自营或者同他人合作经营与本合伙企业相竞争的业务。

〔89〕 我妻荣先生已经注意到在现代社会中,"人与人之间的关系广泛地日益同质化是事实",然而合伙相较于"社团性组织",在组织和管理的灵活性上,仍"拥有巨大的优势"。[日]我妻荣:《债法各论(中卷二)》,周江洪译,中国法制出版社 2008 年版,第 216 页。

〔90〕 比如,最高人民法院 2019 年 11 月 8 日与 2016 年 11 月 21 日的两次会议纪要即《九民纪要》和《八民纪要》均在引言部分使用了"契约"概念。

有译法上。[91] 据考证，在中文的古典用法中，"合同只是契约形式的一种，严格地说，它是验证契约的一种标记，犹如今天的押缝标志，它本身并不是当事人之间的协议"[92]。"合同"成为"契约"的同义词，并逐渐取代后者，是中华人民共和国成立之后的实定法使然。

学理上，历来有根据合意方向的不同，来区分契约与合同的传统。[93] 根据合意双方(或多方)意思表示方向的不同，将合意行为分为"相互交换"的意思表示一致与"同向平行"的意思表示一致。前者典型比如买卖、租赁等，后者典型比如法人设立、合伙人开除等;前者又称为"契约"(Vertrag;双方行为,zweiseitges Geschäft)，后者称为"合同"(Gesamtact,共同行为)。合同与契约的术语选用，"更多是语用习惯问题"，[94] 其甄别或是区别的意义，应当主要在于是否有不同的规范效果。

承上所述，实定法上舍弃了契约概念，主要采用合同概念、兼采协议概念，但这并不意味着契约与合同的语义区分传统不能反映在规范类型区分上。虽然在《民法典》合同编并不能有效区分合同与协议(二者似乎只是范围上的差异,但本质上又无差异)，但在《民法典》总则编却区分了双方法律行为与多方法律行为，就规范意义而言，除非是一种不必要的同义反复(主体的数量不应影响法律行为的本旨)，后者在法律适用上应当聚焦于同向平行的两个以上意思表示的一致，即双方行为与共同行为的区隔。[95] 反映在《民法典》合同编，则表现为两类不同合同的区分，即意思表示对向一致的合同与意思表示同向一致的合同。

2. 合伙合同作为共同法律行为

合伙合同系基于共同的事业目的而订立，与表意方向相对的其他典型合同不同，合伙人表意方向相同，故而在学理上将其归类在与双方法律行为不同的共同法律行为项下。《民法典》之前，已有观点倡导"具有表意人身份相同、意思表示内容相同、意思表示方向相同、意思表示所指向的目标实体相同等特点"的共同法律行为应当与契约行为区隔，且典型的共同法律行为包括公司的设立协议与股东会决议、业主规约、结婚行为与共同遗嘱、合伙协议等。[96] 《民法典》第 134 条第 1 款区分规定了双方法律行为、多方法律行为与单方法律行为，又于该条第 2 款单

35

36

37

---

[91]　比如,对梅因"从身份到契约"(from Status to Contract)理念以及卢梭"社会契约论"(Du Contrat Social)等的固有翻译。

[92]　贺卫方:《"契约"与"合同"的辨析》,载《法学研究》1992 年第 2 期,第 37 页。

[93]　参见史尚宽:《民法总论》,中国政法大学出版社 2000 年版,第 310—311 页。

[94]　朱庆育:《民法总论》(第 2 版),北京大学出版社 2016 年版,第 137 页。

[95]　或可谓"对向法律行为"与"同向法律行为"的区分、"相对法律行为"与"共同法律行为"的区分。

[96]　韩长印:《共同法律行为理论的初步构建——以公司设立为分析对象》,载《中国法学》2009 年第 3 期,第 73—79 页。

独规定了法人、非法人组织的决议行为。学理上，"所谓多方民事法律行为，又称为共同民事法律行为，是基于两个或两个以上共同的意思表示一致而成立的法律行为"，[97] 典型者即包括"订立公司章程的行为和签订合伙协议的行为"。[98] 同时，基于《民法典》合同编将合伙合同纳入典型合同，故而，合伙合同又成为合同编中典型的共同法律行为。

38　　　　作为《民法典》合同编中典型的共同法律行为，就规范密度而言，本条及以下条款提供了《民法典》中共同法律行为最为庞大（尽管并不完整）的规范群，这意味着：其一，合伙合同构成债之法律关系，虽然《民法典》未设债法通则，但根据第468 条反推并结合第465 条，合同产生债权债务关系，故而合伙人依据合伙合同互负义务，此一点，与一般的双务合同并无差异；其二，合伙合同与交换型双务合同的差异在于基于共同目的，合伙合同体现出较强的"非即时"的交换性，[99] 而往往具有涉他性，进而形成内部关系与外部关系，围绕共同事业目的实现，除了本条以及以下条款的专门规定之外，对于合同编通则及其他典型合同的规定，适用上可能需要调整；其三，作为共同法律行为相对完整的规范群，本条及以下条款会对其他共同行为产生类推效应，或者至少存在示范影响。

3. 对双方行为规则的调整适用

39　　　　合伙合同因合伙人相互负有实现共同事业目的之促进义务，而为双务合同；[100] 又因履行出资义务等原因，而主要为有偿合同。就进一步的定性而言，"各合伙人之出资义务，具有互为对价之关系，且其出资并不以金钱或其他代替物为限，故合伙属于双务契约"；同时，"各合伙人因履行出资义务应为或所为之给付，性质上有两足相偿之关系，故一般认为，合伙契约为有偿契约"。[101]《民法典》合同编因相较《合同法》增加了合伙合同，使其总则编（第 134 条）规定的多方法律行为有了对应，但总体上因《合同法》一般规定部分对之并无专门体现，而《民法典》合同编通则部分是对《合同法》相应部分的延续，故而仍是以双方法律行为之合同

---

〔97〕　王利明主编：《中国民法典释评·总则编》，中国人民大学出版社 2020 年版，第 318 页。

〔98〕　黄薇主编：《中华人民共和国民法典总则编解读》，中国法制出版社 2020 年版，第 434 页；王利明主编：《中国民法典释评·总则编》，中国人民大学出版社 2020 年版，第 318 页。

〔99〕　就"交换合同"（Austauschvertrag）而言，即便是在分期买卖合同中，也主要体现为一个即时交换的意思被分解为数个即时交换的意思。对于合伙合同中的给付义务，我妻荣先生总结说"各合伙人对其他合伙人所享有的请求合作权，并不是以为了各自的利益而交换给付为目的，而是以为了全体合伙人的利益而统合给付为目的"。[日] 我妻荣：《债法各论（中卷二）》，周江洪译，中国法制出版社 2008 年版，第 224 页。

〔100〕　不认为合伙合同属于双务合同的观点，参见最高人民法院民法典贯彻实施工作领导小组主编：《中华人民共和国民法典合同编理解与适用（四）》，人民法院出版社 2020 年版，第 2736 页；王利明：《论民法典对合伙协议与合伙组织体的规范》，载《甘肃社会科学》2019 年第 3 期，第 30 页。

〔101〕　邱聪智：《新订债法各论（下）》，中国人民大学出版社 2006 年版，第 13—14 页。

为主要规制对象。换言之,合同编通则中涉及的履行请求权、履行抗辩权、[102]法定解除、[103]违约责任、抵销等一般规则,是否对合伙合同同样适用? 目前,主流观点认为至少应当予以调整适用。[104]

关于合伙人未履行促进义务(包括出资义务等)时,其他合伙人是否享有同时履行抗辩权。[105] 有观点认为,同时履行抗辩权属于双务合同共通效力之事项,于合伙合同原则上亦适用,只是其呈现形态,因合伙同时具有团体性,而与买卖、租赁等一般之双务合同,有所不同。[106] 有观点则认为,合伙合同本质上是一种共同行为而非双务合同,如果其他合伙人可以针对出资义务等行使同时履行抗辩权,将难以形成合伙财产,合伙事业和合伙目的也将难以实现;但是当一合伙人未按照合伙合同履行义务时,其他合伙人可以根据合伙合同主张违约责任。[107] 就此,在出资义务(《民法典》第 968 条)部分予以详解。 **40**

关于是否类推适用买卖合同规则。[108] 上已述及,合伙合同主要是有偿合同。而根据《民法典》第 646 条,合同编延续《合同法》规定了其他有偿合同对买卖合同规定的参照适用。本条及以下条款并未对合伙人怠于履行合伙义务、不履行合同义务、瑕疵履行等情形下,其他合伙人能否以及如何向该合伙人主张违约责任加以规定;进而,若能主张相应的违约责任,则该责任所得是归于其他合伙人还是归入合伙。以合伙合同中约定的出资义务为例,基于有偿合同的性质(相互构成对价支付关系),《民法典》第 612—618 条规定的瑕疵担保义务对合伙人出资情形原则上应当予以参照适用。[109] **41**

---

〔102〕　司法实践中,认为"先履行抗辩适用于合伙合同合伙人的出资"者,可参见贵州省贵阳市中级人民法院(2020)黔 01 民再 127 号民事判决书。

〔103〕　司法实践中,认为"合伙合同解除后不能简单地适用合同解除规则"和"合同无效后不能简单地适用合同无效规则"的观点,参见最高人民法院(2017)最高法民再 228 号民事判决书。

〔104〕　参见王利明:《论民法典对合伙协议与合伙组织体的规范》,载《甘肃社会科学》2019 年第 3 期,第 30 页;严城:《民法典合同编(草案)合伙合同的成功与不足》,载《法治研究》2019 年第 1 期,第 85 页;朱虎:《〈民法典〉合伙合同规范的体系基点》,载《法学》2020 年第 8 期,第 33 页。

〔105〕　司法实践中,认为"同时履行抗辩适用于合伙合同合伙人的出资"者,可参见江苏省高级人民法院(2012)苏民终字第 0233 号民事判决书。

〔106〕　邱聪智:《新订债法各论(下)》,中国人民大学出版社 2006 年版,第 14 页。

〔107〕　王利明:《论民法典对合伙协议与合伙组织体的规范》,载《甘肃社会科学》2019 年第 3 期,第 30 页。此外,《民法典各分编(草案)》初审稿(2018 年 9 月 5 日公布)合同编第 752 条第 2 款规定:一个或者数个合伙人不履行出资义务的,其他合伙人不能因此拒绝出资。

〔108〕　司法实践中,认为合伙合同不应参照适用买卖合同规则者,比如四川省高级人民法院(2020)川民申 4821 号民事裁定书;认为合伙合同参照适用买卖合同规则者,比如四川省广安市中级人民法院(2016)川 16 民终 990 号民事判决书、广西壮族自治区崇左市中级人民法院(2019)桂 14 民终 715 号民事判决书。

〔109〕　类似观点,参见邱聪智:《新订债法各论(下)》,中国人民大学出版社 2006 年版,第 14 页。

4. 对其他共同行为的类推适用

42　　上已述及,共同行为不限于合伙合同。《民法典》本条及以下条款规定了合伙合同,与《合伙企业法》形成民法与商法的呼应。相较而言,从与《公司法》呼应的角度,《民法典》并未规定相应的公司设立协议,仅总则编涉及法人章程(如《民法典》第 79 条与《公司法》第 11 条、第 23 条第 3 项、第 76 条第 4 项的对应)。此外,《民法典》第 134 条第 2 款规定了法人、非法人组织的决议行为,但对于决议行为并无进一步的规范群构建,《民法典》法人章、非法人组织章亦未设置系统条款。然则,学理上认为,决议行为与共同行为既有共同性,也有差异,[110] 而《民法典》涉及决议者,还在于共有章(第 301 条)、业主的建筑物区分所有权章(第 278 条)、农村集体所有财产成员决定(第 261 条)等。总体上,相较于合伙合同,其他共同行为(及决议行为)的规范群,较为零散;就债之关系而言,在可预见的时间段内,合伙合同对于其他共同行为,至少具有最低限度的示范价值。[111]

43　　理论上,共同行为除了共同债权债务关系之外,还可能是共同拥有权利或共同承担债务的行为。前者典型的比如上述《民法典》共有章处理的共同所有权问题,《民法典》第 517 条、第 518 条处理的按份债权、连带债权问题;后者典型的比如《民法典》第 517 条、第 518 条处理的按份债务与连带债务问题。也有将二者结合起来的问题,比如"设想一项一般的双务合同,其一方或双方都有若干个当事人参与,如共同所有人(多数出租人)将其房子出租给一对夫妻(两个承租人)"[112]。租赁合同中的共同承租人,未另外缔结合同,则除了需要处理与出租人的关系外,共同承租人的内部关系应当如何认定,便是现有规范群下的法律适用困境之一。无疑,在解释上,可以形成类似合伙的关系。

(二)组织属性:民事权利能力?

1. 导言:组织、团体与主体

44　　合伙人之间互相负有促进共同事业目的达成的义务,故而其除具备双务性、有偿性等双务合同一般的属性之外,合伙合同尚具有"继续性合同"[113] 的特点。合伙合同亦属民事主体对法律关系的创设,但既然是合同便不可能完备,甚至合

---

〔110〕　参见朱庆育:《民法总论》(第 2 版),北京大学出版社 2016 年版,第 137 页。

〔111〕　可比较发起人未向公司履行出资义务(《公司法》第 28 条、第 83 条、第 93 条第 1 款)情形,与合伙情形下的区别。关于前者的问题意识展现,参见韩长印:《共同法律行为理论的初步构建——以公司设立为分析对象》,载《中国法学》2009 年第 3 期,第 85 页。

〔112〕　[德]迪特尔·梅迪库斯:《德国民法总论》,邵建东译,法律出版社 2004 年版,第 166 页。

〔113〕　黄薇主编:《中华人民共和国民法典合同编解读(下册)》,中国法制出版社 2020 年版,第 1508页。《民法典》颁布之前,将合伙与租赁、保管等一同纳入继续性合同的国内文献,可参见韩世远:《合同法总论》(第 3 版),法律出版社 2011 年版,第 83 页。

伙合同再具体也不能一次性解决合伙事务执行过程中遭遇的无数可能之变化，故而，不论是合伙合同还是合伙企业，在理想的"一致行动人"愿景之下，不得不为保持一致行动而辅之以必要的组织行为，典型者即是合伙过程中对各项重要事务的表决机制（第 970 条第 1 款）；并且，基于合同的联合，而不是物理上的捆绑，共同执行合伙事务（第 970 条第 2 款）本身亦需要组织行为。职是之故，虽然本条及以下条款是以合同形式规范未形成主体的合伙关系，但合伙合同除了具备债权债务关系的属性之外，还具有一定的组织性。[114] 有一定的组织性或团体性，并不意味着构成法人或非法人组织；[115] 换言之，组织性或团体性是对法律关系结构的一种描述，并不等同于构成主体的评价。

合伙的组织性，与其他团体的组织性不同，在于其预设了合伙成员之间的高度信任，即具有较强人合性的组织性。[116] 理想高效的合伙关系，上已述及，不仅仅是法律效果上的"一荣俱荣、一损俱损"，而在历史型构中即优先表现为身份相同、职业相同、专业相同等的合伙基础。基于高度信任缔结的合伙合同，主要事务原则上是不能外包给职业经理人的（第 970 条第 2 款），而是需要合伙人亲力亲为、共进共退，即所谓"自营机关原则"[117]（der Grundsatz der selbstorganschaft）。体现在合伙事务的表决机制中，即原则上的一致决（第 970 条第 1 款）。而正是因为合伙事务的事必躬亲与一致决，使得民事合伙的组织程度构成两极化评价：从结果角度论，民事合伙因为对高度一致性的维持，体现出最强的组织效果（相应的组织成本昂贵）；从机构设置角度，民事合伙相较于合伙企业及法人，体现出的又是弱组织性（相应的组织成本低廉）。据此可知，合伙合同的债权债务关系属性本身及其共同法律行为的特性，只能决定民事合伙具有组织性，但并不能决定该组织性是否构成民事主体，这意味着需要在现行法框架内从主体法角度予以单独评价甚至个案评价。

2. 争点：民事权利能力？

承接上述，与自然人"自然"取得民事主体地位的实证法基础不同，法人、非法

---

〔114〕　参见黄薇主编：《中华人民共和国民法典合同编解读（下册）》，中国法制出版社 2020 年版，第 1508 页；朱虎：《〈民法典〉合伙合同规范的体系基点》，载《法学》2020 年第 8 期，第 24 页。

〔115〕　关于商法上契约与组织边界的系统探讨，参见王文宇：《探索商业智慧：契约与组织》，台湾地区元照出版有限公司 2019 年版；许德风：《组织规则的本质与界限——以成员合同与商事组织的关系为重点》，载《法学研究》2011 年第 3 期，第 94 页以下。

〔116〕　比如，最高人民法院在"邢某荣与北京鼎典泰富投资管理有限公司、丁某国等合伙企业财产份额转让纠纷案"中指出："合伙是两个以上合伙人为了共同的事业目的，以订立共享利益、共担风险协议为基础而设立的经营方式或组织体。合伙人之间的合作建立在对彼此人身高度信赖的基础之上，故合伙事业具有高度的人合性。"最高人民法院（2020）最高法民终 904 号民事判决书，载《最高人民法院公报》2021 年第 5 期。

〔117〕　严城：《民法典合同编（草案）合伙合同的成功与不足》，载《法治研究》2019 年第 1 期，第 85 页。

人组织等组织或团体的主体地位取得更显法律关系的创设性。根据合伙合同,只能认定合伙人有创设债权债务法律关系的意思表示,并不能推定合伙人在合伙合同基础上尚有创设民事主体的意愿;至于合伙合同中可能包含设立民事主体(比如合伙企业)的意思表示,则根据主体法(包括特别法)的要式要求(比如工商登记规则等),当属别论。[118] 基于继续性合同的特性,合伙合同使得合伙人一致可以在合伙事务中通过一致决与共同的事务执行,增强或催生民事主体的产生,唯其本条及以下条款保留该种"跃迁"的底限规范群:尤其不使得合伙债权人的地位变得更差或对部分合伙人显失公平。这意味着,以合同形式规范所有合伙关系,并不意味着只要不成立特别法上的民事主体(如合伙企业),则民事合伙便一定不具备民事权利能力;相反,承上所述,应当另行评价、单独评价。从这一视角出发,本条及以下条款突破合同相对性的规定,本就是针对双务合同的特别法,但又构成组织行为的一般法。

47   总体上,认定为合伙关系、认定合伙为民事组织,客观效果是承担责任的债务人增多,对外部债权人有利。[119] 而从责任承担角度,具备主体地位的合伙与不具备主体地位的合伙,合伙人对于债务的承担差异有限:取譬而言,差距至多是保证责任中的一般保证与连带责任保证的不同。加之,合伙不论是否构成主体,其成员均未享受法人出资人有限责任的优待,故而,对于其主体资格的判断,更应当以考量合伙人是否形成创设主体之意愿为主,而不宜唯以是否符合组织特别法要式(尤其登记)为限。

48   此外,德国法上,依据学理与司法实践,形成了对民事合伙(主要是对外合伙)部分权利能力的承认,[120] 但《德国民法典》第 705 条及以下条款并未直接规定民事合伙具有部分权利能力。德国法学理和实践中,承认民事合伙具备与无限公司

---

〔118〕 比如,广东省佛山市中级人民法院(2021)粤 06 民终 8812 号民事判决书认为:案涉协议中"并未明确约定成立合伙企业为合同目的,且从双方履行合伙协议的沟通交流的过程中,亦未有证据反映双方达成过以成立合伙企业为目的的合意。……A 上诉主张应按《中华人民共和国合伙企业法》的规定进行审理,但本案中并未成立合伙企业,故该法对本案并不适用,一审判决依照《最高人民法院关于适用〈中华人民共和国民法典〉时间效力的若干规定》第三条的规定,认定本案合伙部分的法律事实适用《中华人民共和国民法典》相关规定进行审理,适用法律正确"。类似的论理,另可参见山东省济南市中级人民法院(2021)鲁 01 民终 10487 号民事判决书。

〔119〕 从合伙人内部关系看,司法实践中,认为未设立合伙组织时合伙人无权要求查阅合伙体财务账册者,比如上海市第一中级人民法院(2020)沪 01 民终 8780 号民事判决书;认为未设立合伙组织时合伙人如不能证明合伙体有盈利则无权请求分配者,比如新疆维吾尔自治区巴音郭楞蒙古自治州中级人民法院(2021)新 28 民终 1026 号民事判决书;认为未设立合伙组织时合伙人要求强制清算没有法律依据者,比如广西壮族自治区高级人民法院(2020)桂民申 3918 号民事裁定书、广西壮族自治区玉林市中级人民法院(2020)桂 09 民终 1214 号民事裁定书、河北省保定市中级人民法院(2019)冀 06 民终 5035 号民事判决书。

〔120〕 MüKoBGB/*Schäfer*, 2021, § 705 Rn. 297 ff.

和两合公司一样的部分权利能力需要三个前提条件:其一,合伙必须拥有合伙财产;其二,合伙必须通过其组织机构参与法律往来;其三,合伙必须具备自己的身份特征,例如名称和住址。[121] 有观点认为,德国法上的前述发展难谓成功,但也"无可厚非",体现了与我国法的共通性,也同样是"因此恐怕不得不无奈接受难以实现立法所设想的'一般规定与特殊规定之完美体系'的结果"。[122] 值得注意的是,德国最新立法"人合公司法现代化法"[123](2024 年 1 月 1 日生效)已经开始普遍承认(民事) 外部合伙的权利能力,并肯认民事合伙在土地登记簿上的登记能力。

五、合伙合同的法律结构

(一) 概览:关于框架的框架

承上所述,本条以共同事业目的、共享利益、共担风险作为合伙合同的特征要件,围绕共同事业目的,但并未强调实现共同事业目的的方式。后者在《民法通则》第 30 条体现为"各自提供资金、实物、技术等,合伙经营、共同劳动";在我国台湾地区"民法"第 667 条第 1 款则体现为共同出资、共同经营;在《德国民法典》第705 条则体现为以共同出资为典型的促进义务(第 708 条对促进义务作了补充规定,主要是与处理自己事务等同的注意义务)。而即便在德国法上,也认为"对于为这种广义上的双务合同(合伙合同,引者注),不能给出统一的答案,尤其是债法现代化之后也一样。法律几乎不可能用一般性的规范来涵盖持续性的法律关系以及不完整的框架性合同"。[124] 相较而言,本条通过该三要件所型构的合伙合同,不以共同出资、共同经营、共同劳动、互相促进为要件,既是对营利性目的的放开,也是对共同事业目的实现方式的开放。据此,本条更为抽象的要件涵摄,在一定程度上也决定了本条及以下条款(第 968—978 条)法律结构意义上的相对宽松。故而,或可谓,本条及以下条款架构的合伙合同,更是关于框架的框架。

49

从文义上,本条只涉及合伙人之间的内部关系,然而,基于共同的事业目的,理论上除有限的例外情形(比如纯粹的对内合伙关系),任何合伙关系均不可避免地具有涉他性;体现在法律结构上,即合伙合同与其他合同最基本的差异,在于其

50

---

[121]　[德]迪特尔·梅迪库斯:《德国债法分论》,杜景林、卢谌译,法律出版社 2007 年版,第 389 页;严城:《民法典合同编(草案)合伙合同的成功与不足》,载《法治研究》2019 年第 1 期,第 87 页。

[122]　[德]谢立敏:《民事合伙的体系勘误和适用完善》,载《经贸法律评论》2021 年第 5 期,第 10 页。

[123]　Gesetz zur Modernisierung des Personengesellschaftsrechts (MoPeG).

[124]　[德]格茨·怀克/克里斯蒂娜·温德比西勒:《德国公司法》(第 21 版),殷盛译,法律出版社 2010 年版,第 82 页。

往往既形成内部关系,也形成外部关系。内部关系与外部关系的区隔与纠缠关系,也最能体现本条及以下条款所塑造的合伙合同之法律结构。

(二)合伙合同的内部关系

51　　　合伙合同作为合同之一种,当然也应符合债之相对性原则,即合伙合同的约定对所有合伙人首先具有债权债务效力。概括而言,本条及以下条款涉及如下内部关系:

(1)共享利益、共担风险:本条(第 967 条)、第 972 条(利润分配、亏损分担);[125]

(2)互负促进义务:第 968 条(出资义务)、第 970 条与第 971 条(共同执行合伙事务);

(3)合伙财产的形成:第 969 条;

(4)合伙人的相互追偿权:第 973 条第 2 句;

(5)合伙期限:第 976 条;

(6)合伙合同终止:第 977 条、第 978 条。

52　　　就内部关系而言,本条及以下条款仅涉及合伙财产份额的转让(第 974 条),未涉及入伙、退伙及合伙人开除。关于既未规定入伙,也未规定退伙,已经引发了很多猜测,[126]需要探讨立法是否将问题留给了对第 974 条的扩张解释上:这其中存在一个非常明显的问题是,入伙与退伙不仅仅是财产份额的转让,更涉及非财产利益以及债权的让与和债务承担问题。能否通过一个概括的债权债务关系转让,来实现入伙与退伙,的确需要动用合同编通则关于债权让与、债务承担等的系统规定;就债务承担、概括转让而言,单是债权人同意规则,便将使得加入与退出机制所要负担的成本昂贵到不可想象。同样是猜测,立法之所以未规定入伙与退伙,恐怕与对其所彰表的组织性或团体性特征有关,而寄望仅仅凭借纯粹的合同规则即能解决合伙合同的所有事宜。

(三)合伙合同的外部关系

53　　　合伙合同罕见仅依照合伙人的内部关系,即能实现共同的事业目的。共同的事业目的本身,即要求发生对外关系,此即合伙合同的涉他性结构。合伙合同的涉他性,并不简单等同于第三人履行合同或向第三人履行合同,后两者仍基本保

---

〔125〕 司法实践中,认为"出资、利润分配和亏损分担等属于合伙内部关系的重要事项"的观点,参见辽宁省大连市中级人民法院(2022)辽 02 民终 211 号民事判决书;浙江省杭州市中级人民法院(2021)浙 01 民终 1666 号民事裁定书。

〔126〕 严城:《民法典合同编(草案)合伙合同的成功与不足》,载《法治研究》2019 年第 1 期,第 92 页。

持在合同相对性的范畴内。合伙合同的涉他性,主要指向合伙与第三人发生的债权债务关系。本条及以下条款对于该外部关系之规定实属有限,主要为:

(1)合伙人对合伙债务的连带责任:第973条第1句;

(2)合伙财产份额的转让:第974条;

(3)对合伙人债权人代位行使权利的限制:第975条。

此外,就合伙事务执行部分(第970条),虽然主要规定的是内部关系,但也涉及外部效力;而部分外部关系规定也涉及内部效力,比如对合伙人相互追偿权的规定(第973条第2句)。

就本条及以下条款所规定的涉他性,应当认为已经突破了合同的相对性。以 **54** 对合伙债务承担连带责任的规定(第973条第1句)为例:就构成要件而言,合伙债务并非直接基于合伙合同产生的内部债务,而是基于合伙合同、共同事务执行而发生的对外债务;当然,倘若所有合伙人共同与第三人发生债权债务关系(第970条第2款第1句),自可解释为未突破相对性;加之,所有合伙人委托一个或数个合伙人与第三人发生债权债务关系(第970条第2款第2句),也能寻求保持相对性的解释,并且如此,便涉及对外的授权委托定性及善意相对人保护之事宜;然则,相关规定(第973条)并未提供构成合伙债务的标准,就合伙合同涉他性的体系解释,在所难免。

(四)延展:最低限度要件

比较而言,本条及以下条款是相对简陋的,甚至的确可谓"几乎就是《德国民 **55** 法典》有关合伙合同规定的'简化版'"[127]。通过对以上内部关系与外部关系的简要梳理,也不难发现,本条及以下条款谨慎地保持在合同规范而并非组织规范的范畴内,主要条款的规范内容基本能从本条之三要件(共同事业目的、共享利益、共担风险)中解释出来,少有更进一步的创新,更无激进条款:就内部关系而言,除了出资义务之外,尤其未提供合伙人互负义务的标准,[128]未界定合伙财产的属性(第969条),未界定执行事务合伙人的属性(第970条),未规定入伙、退伙、清算等事宜;就外部关系而言,未界定合伙债务的标准(第973条),未规定善意相对人的保护,等等。凡此种种,皆表明保持本条及以下条款法律结构上的同一性并不困难("最低限度要件"),难在依据本规范群实现精准的司法裁量。

---

〔127〕 [德]谢立敏:《民事合伙的体系勘误和适用完善》,载《经贸法律评论》2021年第5期,第2页。

〔128〕 上已述及,相较而言,《德国民法典》第708条规定:合伙人履行其所负担之义务时,仅就与处理自己事务为同一注意,负其责任。

六、实务中常见的类型争议

(一)名实之辩

56　　上已述及,就《民法典》合同编所规定的 19 种典型合同,合伙合同与买卖合同的界分并不困难,[129] 司法实践中较为常见的争议在于与借款合同的界分,亦即是否"名为合伙,实为借贷",构成所谓"名实之辩"。[130] 此外,也会发生诸如一方主张是合伙关系,另一方主张是雇佣关系(劳务关系或劳动关系),[131] 或租赁关系,[132] 或委托关系,[133] 或公司股东协议,[134] 或合作关系[135] 等情形。

57　　就类型区分而言,除了前述"名为合伙,实为其他"的实践类型辩驳之外,与之对应,还存在"名为其他,实为合伙"的类型辨析,后者常见的比如合作协议(含合

---

〔129〕 比如,安徽省安庆市中级人民法院(2021)皖 08 民终 2364 号民事判决书认为:"首先,双方签订的合同名称为《购销合同》,即开宗明义明确了系买卖关系,其次从《购销合同》的内容看,包含有关货物名称、单价、数量、付款及合作方式、货款结算以及终止合同条件的约定等,均属于买卖合同相关权利义务的约定,符合买卖合同的法律特征。合同中虽然有个别条款存在'产生的利润甲乙双方各 50%'的内容,但合伙法律关系不仅共享利润,还应要求合伙人之间共同投入、共负盈亏、共担风险,本案中双方并未对此有明确的约定,故仅凭该内容不足以认定属于合伙关系,上诉人认为双方系合伙关系,与客观事实不符。"

〔130〕 参见最高人民法院民法典贯彻实施工作领导小组主编:《中华人民共和国民法典合同编理解与适用(四)》,人民法院出版社 2020 年版,第 2737 页;王轶等:《中国民法典释评·合同编典型合同(下卷)》,中国人民大学出版社 2020 年版,第 598—599 页。

〔131〕 司法实践中,有关"名为合伙,实为劳务"的裁判,可参见北京市高级人民法院(2019)京民申 4269 号民事裁定书、重庆市第一中级人民法院(2019)渝 01 民终 3581 号民事判决书;有关一方主张为雇佣但实为合伙的裁判,可参见贵州省毕节市中级人民法院(2021)黔 05 民终 4392 号民事判决书。

〔132〕 司法实践中,有关"名为合伙,实为租赁"的裁判,可参见贵州省铜仁市中级人民法院(2021)黔 06 民终 735 号民事判决书;贵州省贵阳市中级人民法院(2021)黔 01 民终 7330 号民事判决书;辽宁省盘锦市中级人民法院(2020)辽 11 民终 1099 号民事判决书。

〔133〕 司法实践中,有关"名为合伙,实为委托"的裁判,可参见黑龙江省七台河市中级人民法院(2021)黑 09 民终 475 号民事判决书;有关一方主张为委托但实为合伙的裁判,可参见辽宁省营口市中级人民法院(2021)辽 08 民终 3363 号民事判决书。

〔134〕 司法实践中,有关"名为合伙,实为公司股东协议"的裁判,可参见山东省威海市中级人民法院(2022)鲁 10 民终 463 号民事判决书;有关"名为股东协议,实为合伙合同"的裁判,可参见最高人民法院(2017)最高法民再 228 号民事判决书。

〔135〕 司法实践中,有关一方主张为合伙但实为合作的裁判,可参见上海市第一中级人民法院(2020)沪 01 民终 9515 号民事判决书。

作经营协议)、[136] 合作建房协议、[137] 合作开发房地产合同、[138] 合作采矿协议、[139] 联营协议、[140] 联合办学协议、[141] 承包协议、[142] 共同承建协议、[143] 框架协议、[144]

---

〔136〕 司法实践中,有关"名为合作,实为合伙"的裁判,可参见上海市第一中级人民法院(2020)沪 01 民终 8780 号民事判决书;广东省广州市中级人民法院(2020)粤 01 民终 14281 号民事判决书;新疆维吾尔自治区吐鲁番市中级人民法院(2021)新 21 民终 166 号民事判决书。另外,有关海域使用权合作经营构成合伙的观点,可参见河北省唐山市中级人民法院(2019)冀 02 民终 2294 号民事判决书。

〔137〕 比如,广东省河源市中级人民法院(2020)粤 16 民终 854 号民事判决书认为,"上诉人与被上诉人合作建房,双方成立合伙合同关系";认为合作建房不属于合伙合同关系的观点,可参见广西壮族自治区桂林市中级人民法院(2019)桂 03 民终 730 号民事判决书。

〔138〕 司法实践中,认为"合作开发房地产属于合伙关系"者,参见四川省眉山市中级人民法院(2021)川 14 民终 925 号民事判决书;此外,最高人民法院(2019)最高法民申 5198 号民事裁定书认为"案涉合作开发房地产合同亦具有合伙性质"事实上也表明其认为"合作开发房地产合同属于合伙合同"。另外,认为"合作开发房地产合同不属于合伙合同"或"合作开发房地产不属于合伙关系"者,参见广东省惠州市中级人民法院(2020)粤 13 民终 7588 号民事判决书、广西壮族自治区桂林市中级人民法院(2021)桂 03 民终 1773 号民事判决书、河南省商丘市中级人民法院(2021)豫 14 民终 2074 号民事判决书、山东省青岛市中级人民法院(2021)鲁 02 民终 3438 号民事判决书;此外,最高人民法院(2021)最高法民终 444 号民事判决书没有正面回应部分当事人提出的案涉合作开发房地产合同属于合伙合同的上诉理由,仍然根据《最高人民法院关于审理涉及国有土地使用权合同纠纷案件适用法律问题的解释》认定当事人之间形成了合资、合作开发房地产合同关系,事实上也表明其认为"合作开发房地产合同不属于合伙合同"。

〔139〕 有关合作/合伙开采矿山的合同构成合伙协议的裁判,可参见最高人民法院(2012)民抗字第 1 号民事判决书;贵州省遵义市中级人民法院(2014)遵市法环民终字第 20 号民事判决书(最高人民法院 2016 年 7 月发布的十起人民法院矿业权民事纠纷典型案例之八)。

〔140〕 司法实践中,有关"名为联营,实为合伙"的裁判,可参见最高人民法院(2015)民申字第 1480 号民事裁定书;福建省高级人民法院(2016)闽民终 1459 号民事判决书;广东省清远市中级人民法院(2014)清中法民三终字第 311 号民事判决书。

〔141〕 司法实践中,认为联合办学协议属于合伙合同者,参见广东省广州市中级人民法院(2021)粤 01 民终 5284 号民事判决书;山东省枣庄市中级人民法院(2021)鲁 04 民终 1430 号民事判决书。

〔142〕 司法实践中,有关"名为承包,实为合伙"的裁判,可参见江西省上饶市中级人民法院(2020)赣 11 民终 373 号民事判决书;江西省九江市中级人民法院(2020)赣 04 民终 907 号民事判决书。

〔143〕 比如,安徽省芜湖市中级人民法院(2019)皖 02 民终 1818 号民事判决书认定当事人共同承建某工程构成合伙关系。

〔144〕 司法实践中,有关"名为框架协议,实为合伙协议"的裁判,可参见青海省西宁市中级人民法院(2021)青 01 民终 3120 号民事判决书;贵州省黔东南苗族侗族自治州中级人民法院(2021)黔 26 民终 2882 号民事判决书。

技术合作开发合同、[145] 中外合作经营企业合同、[146] 中外合资经营企业合同[147] 等。

58　　　从构成要件角度，依据本条之三要件区隔合伙合同与借款合同等并不困难，[148] 因其他典型合同，往往不同时具备共享利益、共担风险的特征。[149] 颇值一提的是，合伙合同的性质仍为诺成性合同，并非要式合同、要物合同，这意味着已经达成意思表示一致、合伙合同原则上即成立生效，其性质也具有同一性，不应再以实际履行情况重新评价合同性质。就上述"名为合伙，实为其他"情形，除非有证据证明合伙合同构成虚假表示(《民法典》第 146 条第 1 款)，进而存在隐藏的其他法律行为(《民法典》第 146 条第 2 款)，合伙合同原则上得保持其质的同一性，反之亦然。

(二) 隐名合伙

59　　　与我国台湾地区"民法"(第 700 条及以下条款)规定"隐名合伙"作为典型合同不同，《民法典》在本条及以下条款之外未再单独规定隐名合伙。前者将"隐名合伙"定义为：称隐名合伙者，谓当事人约定，一方对于他方所经营之事业出资，而分受其营业所生之利益，及分担其所生损失之契约。比较法上，德国、法国等将隐名合伙规定在其商法中(《德国商法典》第 325—342 条、《法国商法典》第 47—50 条)，民法典中亦未体现。然而，不论是否在民法典中专门规定隐名合伙，民商事

---

〔145〕 司法实践中，有关区分技术合作开发合同与合伙协议的观点，可参见河南省郑州市中级人民法院(2014)郑民四终字第 1142 号民事判决书；湖北省宜昌市中级人民法院(2020)鄂 05 知民初 185 号民事判决书。

〔146〕 司法实践中，有关区分中外合作经营企业合同与合伙协议的观点，可参见广西壮族自治区高级人民法院(2014)桂民四终字第 8 号民事判决书；北京市朝阳区人民法院(2013)朝民初字第 10681 号民事判决书。

〔147〕 司法实践中，有关区分中外合资经营企业合同与合伙协议的观点，可参见广东省江门市中级人民法院(2014)江中法民一终字第 456 号民事判决书。值得一提的是，随着《外商投资法》自 2020 年 1 月 1 日起施行和原外资三法(《中外合资经营企业法》《外资企业法》《中外合作经营企业法》)的废止，外商投资企业的组织形式、组织机构及其活动准则，也跟内资企业一样，统一适用《公司法》《合伙企业法》等法律的规定，实务中，中外合作经营企业合同纠纷和中外合资经营企业合同纠纷案件预计会越来越少。

〔148〕 比如，《民法典》施行前的判例，可参见最高人民法院(2018)最高法民申 2450 号民事裁定书。

〔149〕 比如，针对合伙合同和委托合同，山东省高级人民法院(2021)鲁民申 6653 号民事裁定书认为："委托合同是委托人和受托人约定，由受托人处理委托人事务的合同。而合伙合同是两个以上合伙人为了共同的事业目的，订立的共享利益、共担风险的协议。综合原审认定事实来看，泰山染料公司与安某苓在 2007 年曾共同投资煤矿赢利，之后泰山染料公司再次与安某苓商量投资煤矿事宜，泰山染料公司派员工在内蒙古煤矿参与事务管理，泰山染料公司法定代表人夏某奉与安某苓在和郑某平商谈建矿、卖矿及签订还款协议等过程中均共同参与，其意思表示和行为更符合合伙关系共同出资、共同经营、共享收益、共担风险的特征。故二审法院认定泰山染料公司和安某苓之间系合伙关系并无不当。"

司法实践中均常见出名合伙人(通常为营业合伙人)与隐名合伙人之纠纷。[150]

就隐名合伙的性质而言,因民法典是否规定其为典型合同而有差异。在我国台湾地区"民法"上,因明确规定其为典型合同,其一方面与合伙合同相区隔,另一方面得依据明文准用关于合伙之规定(第 701 条)。[151] 依据德国民法通说,包括"参与合伙份额"(Unterbeteiligung)等复杂情形在内的隐名合伙(Die stille Gesellschaft),其在法律性质上仍被认定为民事合伙(GbR),"只不过其形式是一种对内合伙(Innengesellschaft)"。[152] 而德国法上所谓"对内合伙",典型特征有两个:一是合伙合同限定不对外交往,进而不会约定对外代表规则;二是不形成合手财产(Gesamthandsvermögen)。[153] 法国学者则多认为隐名合伙并非合伙,有认为隐名合伙为消费借贷之一种,也有认为其性质属于附条件的消费借贷、租赁或无名契约。[154]

就我国目前的司法实践,隐名合伙除涉及上述基本问题之外,还涉及一类较为普遍的情形:借用他人或者某个合伙人的营业执照,以个体工商户、个人独资企业等形式进行营业。[155] 上已述及,就目前《民法典》规定的个体工商户、农村承包经营户而言,其背后往往涉及家庭关系,是否也是一种隐名合伙,应同样在讨论的范畴内。在本条未限定合伙合同为要式合同的前提下,合伙合同较大概率在法律解释上会成为共同法律行为的"兜底"类型,以弥补或补充类型化不足之下的法典缝隙。简言之,将各类隐名合伙,均首先界定为一种特殊的合伙类型,在现有立法体例下,应属有利于增强民法典的体系效应。[156]

60

61

---

[150] 司法实践中,将实际出资人与名义出资人之间的协议认定为个人合伙合同的观点,参见湖北省武汉市中级人民法院(2017)鄂 01 民终 1427 号民事判决书;有关隐名合伙人应当承担合伙债务的观点,可参见江西省新余市中级人民法院(2021)赣 05 民终 996 号民事判决书;有关隐名合伙人不得基于其与显名合伙人之间的合伙关系对抗显名合伙人的债权人的执行的观点,可参见四川省广安市中级人民法院(2020)川 16 民终 1367 号民事判决书。商事领域中关于隐名合伙的法律适用分析,可参见刘洋:《合伙条款在私法法源中的优先地位及其实现——以隐名合伙的商事实践为例》,载《法学》2021 年第 4 期,第 95 页。

[151] 学理上,认为该种准用存疑者,参见邱聪智:《新订债法各论(下)》,中国人民大学出版社 2006 年版,第 123 页。

[152] MüKoBGB/*Schäfer*, 2021, § 705 Rn. 67.

[153] MüKoBGB/*Schäfer*, 2021, § 705 Rn. 283.

[154] 史尚宽:《债法各论》,中国政法大学出版社 2000 年版,第 751 页。

[155] 最高人民法院民法典贯彻实施工作领导小组主编:《中华人民共和国民法典合同编理解与适用(四)》,人民法院出版社 2020 年版,第 2737 页。

[156] 不妨将隐名合伙的问题意识进一步推进到民商关系中,亦即合伙协议超出合伙企业章程或《合伙企业法》,又或与后两者不符时,是否仍应当在合伙人之间保有合伙合同的效力,这又构成了另外一种合伙企业外观下的"隐名"(条款)。

七、证明责任

62   关于合伙合同的成立及其内容,由主张其存在的当事人负担证明责任。[157]构成合伙关系的证明,主要受以下因素的影响:其一,本条未限定合伙合同为要式合同,故而,在非书面合同情形下,需要证明存在符合"共同的事业目的""共享利益""共担风险"约定的要件事实;[158]同时,欲否定合伙合同的成立,在书面合同情形下,需要否定一方证明存在虚伪表示及相应的隐藏行为。其二,无证据证明存在合伙合意,则需要证明存在《民法典》第490条第1款和第2款的要件事实(即证明存在"事实合伙关系"),并且基于合伙合同的继续性合同特征,还需证明存在基于"共同的事业目的"的持续性。其三,在我国司法实践中,对于合同性质,人民法院得依照职权审理,这在一定程度上,也会影响构成合伙合同的证明责任。

    附:案例索引

    1. 安徽省安庆市中级人民法院(2021)皖08民终2364号民事判决书:刘某农与苏某买卖合同纠纷案【边码56】

    2. 安徽省亳州市中级人民法院(2021)皖16民终1890号民事判决书:九州通亳州中药材电子商务有限公司与陈某劳等民间借贷纠纷案【边码28】

    3. 安徽省亳州市中级人民法院(2021)皖16民终1892号民事判决书:九州通亳州中药材电子商务有限公司与夏某等民间借贷纠纷案【边码28】

    4. 安徽省亳州市中级人民法院(2021)皖16民终1893号民事判决书:九州通亳州中药材电子商务有限公司与张某迪等合同纠纷案【边码28】

    5. 安徽省芜湖市中级人民法院(2018)皖02民终1960号民事判决书:杨某保与周某传合伙协议纠纷案【边码62】

    6. 安徽省芜湖市中级人民法院(2019)皖02民终1818号民事判决书:黄某松与安徽亿车信息技术有限公司等建设工程施工合同纠纷案【边码57】

    7. 北京市朝阳区人民法院(2013)朝民初字第10681号民事判决书:谢某与CHEOK

---

[157] 司法实践中,在当事人之间未订立书面的合伙合同的情形,主张存在合伙关系的原告因所提供的证据尚不足以证明其与被告之间存在合伙关系而被驳回诉讼请求的裁判,可参见最高人民法院(2018)最高法民再216号民事判决书;江苏省南通市中级人民法院(2020)苏06民终3720号民事判决书。

[158] 比如,最高人民法院(2018)最高法民再216号民事判决书指出:"口头合伙情形下,必须具备上述法律规定的构成要件,否则,不能认定当事人之间形成合伙关系。"另外,司法实践中,当事人未签订合同书而只有一方出具的收据而被认定为合伙关系成立的裁判,可参见安徽省芜湖市中级人民法院(2018)皖02民终1960号民事判决书;既无书面合伙协议,又无关于存在口头合伙协议的证据而被认定为合伙关系成立的裁判,可参见上海市第二中级人民法院(2019)沪02民终7631号民事判决书。

26. 广西壮族自治区桂林市中级人民法院(2021)桂 03 民终 1773 号民事判决书:伍某斌与唐某等合伙合同纠纷案【边码 57】

27. 广西壮族自治区南宁市中级人民法院(2014)南市民二终字第 335 号民事判决书:苏某与宋某海合伙协议纠纷案【边码 32】

28. 广西壮族自治区钦州市中级人民法院(2021)桂 07 民终 1725 号民事判决书:李某添与蒋某良民间借贷纠纷案【边码 28】

29. 广西壮族自治区玉林市中级人民法院(2020)桂 09 民终 1214 号民事裁定书:骆某兴与陈某川等合伙协议纠纷案【边码 47】

30. 贵州省安顺市中级人民法院(2021)黔 04 民终 1305 号民事判决书:安顺黄铺物流园区综合服务有限公司与贵州拼的科技有限公司合同纠纷案【边码 28】

31. 贵州省毕节市中级人民法院(2021)黔 05 民终 4392 号民事判决书:陈某坤与周某坤等合伙合同纠纷案【边码 56】

32. 贵州省毕节市中级人民法院(2021)黔 05 民终 5085 号民事判决书:陈某容等与余某等合伙合同纠纷案【边码 10】

33. 贵州省贵阳市中级人民法院(2020)黔 01 民再 127 号民事判决书:黄某荣与刘某祥等合伙合同纠纷案【边码 39】

34. 贵州省贵阳市中级人民法院(2021)黔 01 民终 7330 号民事判决书:陈某月与白某珍等房屋租赁合同纠纷案【边码 56】

35. 贵州省六盘水市中级人民法院(2021)黔 02 民终 2832 号民事判决书:六枝特区金海大酒店有限公司与严某云合伙合同纠纷案【边码 3】

36. 贵州省黔东南苗族侗族自治州中级人民法院(2021)黔 26 民终 2882 号民事判决书:雷山县惠通混凝土有限责任公司与邱某忠等合伙合同纠纷案【边码 57】

37. 贵州省黔东南苗族侗族自治州中级人民法院(2021)黔 26 刑终 42 号刑事裁定书:孔某珍等诈骗案【边码 20】

38. 贵州省铜仁市中级人民法院(2021)黔 06 民终 735 号民事判决书:贵州尚文学历教育培训有限公司与石阡县新华物业有限公司租赁合同纠纷案【边码 56】

39. 贵州省遵义市中级人民法院(2014)遵市法环民终字第 20 号民事判决书:黄某均与遵义市大林弯采矿厂等合伙纠纷案【边码 17、57】

40. 河北省保定中级人民法院(2019)冀 06 民终 5035 号民事判决书:王某新与刘某旭等合伙协议纠纷案【边码 47】

41. 河北省唐山市中级人民法院(2019)冀 02 民终 2294 号民事判决书:周某龙与唐山恒基亿龙辇牧场实业有限公司等合伙协议纠纷案【边码 57】

42. 河南省焦作市中级人民法院(2016)豫 08 民终 2048 号民事判决书:马某奎与焦作市世明大件运输有限公司等不当得利纠纷案【边码 11】

43. 河南省商丘市中级人民法院(2021)豫 14 民终 1490 号民事判决书:郜某霞与张某民间借贷纠纷案【边码 28】

44. 河南省商丘市中级人民法院(2021)豫 14 民终 2074 号民事判决书:王某与张某凤等

商品房预约合同纠纷案【边码 57】

45. 河南省郑州市中级人民法院（2014）郑民四终字第 1142 号民事判决书：封某信与李某太合同纠纷案【边码 57】

46. 河南省郑州市中级人民法院（2021）豫 01 民终 5215 号民事判决书：郑州昊天餐饮管理服务有限公司与刘某辉民间借贷纠纷案【边码 28】

47. 河南省郑州市中级人民法院（2021）豫 01 民终 5637 号民事判决书：郑州昊天餐饮管理服务有限公司与文某民间借贷纠纷案【边码 28】

48. 黑龙江省高级人民法院（2020）黑民再 70 号民事判决书：郑某君与衣某江等民间借贷纠纷案【边码 10】

49. 黑龙江省七台河市中级人民法院（2021）黑 09 民终 475 号民事判决书：张某与曹某委托理财合同纠纷案【边码 56】

50. 湖北省高级人民法院（2021）鄂民终 862 号民事判决书：胡某前与南京恒业油运有限公司船舶共有纠纷案【边码 6、30】

51. 湖北省武汉市中级人民法院（2017）鄂 01 民终 1427 号民事判决书：王某等与武汉海迪百纳商贸有限公司等股东资格确认纠纷案【边码 59】

52. 湖北省宜昌市中级人民法院（2020）鄂 05 知民初 185 号民事判决书：王某与湖北中超化工科技有限公司技术合同纠纷案【边码 57】

53. 湖南省永州市中级人民法院（2021）湘 11 民终 1473 号民事判决书：唐某与张某等合伙协议纠纷案【边码 10】

54. 湖南省永州市中级人民法院（2021）湘 11 民终 1863 号民事判决书：唐某与洪某生等共有物分割纠纷案【边码 10】

55. 湖南省株洲市中级人民法院（2021）湘 02 民终 1924 号民事判决书：刘某泉与郭某年等合同纠纷案【边码 28】

56. 吉林省长春市中级人民法院（2020）吉 01 民终 5725 号民事判决书：郭某磊与王某伟等公司设立纠纷案【边码 32】

57. 江苏省高级人民法院（2012）苏民终字第 0233 号民事判决书：骆某科与吴某涛合伙协议纠纷案【边码 40】

58. 江苏省南通市中级人民法院（2020）苏 06 民终 3720 号民事判决书：周某清与沙某良等合伙协议纠纷案【边码 3、12、30、62】

59. 江西省抚州市中级人民法院（2021）赣 10 刑终 120 号刑事判决书：刘某明诈骗案【边码 20】

60. 江西省九江市中级人民法院（2020）赣 04 民终 907 号民事判决书：罗某华与冷某祥等提供劳务者受害责任纠纷案【边码 57】

61. 江西省上饶市中级人民法院（2020）赣 11 民终 373 号民事判决书：潘某毅与上饶市广丰区九重天烟花爆竹原材料有限公司等合伙协议纠纷案【边码 57】

62. 江西省新余市中级人民法院（2021）赣 05 民终 996 号民事判决书：刘某与万某合伙合同纠纷案【边码 59】

　　　　　　　　　　　　　　　　唐　勇

第979条

无因管理的构成要件与管理人的请求权*

第979条　管理人没有法定的或者约定的义务,为避免他人利益受损失而管理他人事务的,可以请求受益人偿还因管理事务而支出的必要费用;管理人因管理事务受到损失的,可以请求受益人给予适当补偿。

管理事务不符合受益人真实意思的,管理人不享有前款规定的权利;但是,受益人的真实意思违反法律或者违背公序良俗的除外。

简　目

＊　本文系基于《〈民法典〉第979条(无因管理的构成要件与管理人的请求权)评注》(载《法学家》2022年第6期,第169—190页)一文修订而成。

案例搜集情况:本文采用“案由”+“关键词”的案例检索办法,在北大法宝“司法案例”库中,以“无因管理”“管理意思”“他人事务”“必要费用”“损害赔偿”等关键词进行全文检索,检索时间截至2022年3月15日。由于最高人民法院针对无因管理案迄今尚未作公报案例或指导性案例,因此本文对裁判文书的选用以高级人民法院案例和中级人民法院案例为主,同时选取具有代表性的基层人民法院案例。

一、规范意旨与体系意义

1　　　《民法典》第 979 条（以下简称本条，其他条文如无特别说明，均指《民法典》条文）是合同编中无因管理制度（第 979—984 条）的核心条文。依本条语词表述，无因管理是指"管理人没有法定的或者约定的义务，为避免他人利益受损失而管理他人事务"的法律制度。无因管理仅调整介入他人事务的管理人和该"他人"（即受益人[1]）之间的内部法律关系，不处理受益人或管理人与第三人之间可能发生的外部关系，后者依合同规则或由代理制度进行调整。

（一）规范史略与制度价值

2　　　无因管理制度在新中国民事法律制定的历史进程中历经波折。20 世纪 50 年代初的几部民法典草案依然遵循了大陆法系的制度传统，在"债编通则"中详细规定了无因管理制度。[2] 随着社会主义制度在我国的建立，后续拟定的民法典草案在社会主义的指导思想下规定了"公民和法人"防止和避免对社会主义公共财产或公民的人身、财产遭受损害的一般义务，[3] 无因管理制度因此在民法中失去存在空间。直到 1981 年 7 月的《民法草案（第三稿）》在委托合同部分设置了一个条文的规定，[4] 该条成为本条的雏形。本条在实定法上的前身是 1986 年《民法通则》第 93 条，但该条内容相对简单，为理论和司法实践的发展预留了较大空间。本条在《民法通则》规定基础上进行了调整与扩充，具体内容上的承继关系则较为复杂。本条第 1 款前段（从"管理人没有法定的"至"管理他人事务的"）承继自《民法通则》第 93 条和 2017 年《民法总则》第 121 条；第 1 款后段（从"可以请求受

---

[1]　在我国文献中，无因管理法律关系中之受益人有时也称"本人"。参见金可可：《〈民法典〉无因管理规定的解释论方案》，载《法学》2020 年第 8 期，第 37 页。

[2]　参见何勤华、李秀清、陈颐编：《新中国民法典草案总览（上卷）》（增订本），北京大学出版社 2017 年版，第 140 页。

[3]　参见何勤华、李秀清、陈颐编：《新中国民法典草案总览（中卷）》（增订本），北京大学出版社 2017 年版，第 1193 页。

[4]　该草案第 308 条规定："没有受人委托，也没有法律上的义务，主动代为管理有利于他人事务的，应当受到表扬。因管理事务所支出的必要费用，受益人应当偿还。"但该草案同时在第 460 条和 461 条规定了公民的一般性互助义务，参见何勤华、李秀清、陈颐编：《新中国民法典草案总览（中卷）》（增订本），北京大学出版社 2017 年版，第 1276、1290 页。

益人"至本句末)的前半句(至"必要费用")同样承继自《民法通则》第 93 条,该段的后半句(从"管理人因"至本句末)对管理人损失之适当补偿请求权的规定可追溯至 1988 年《民通意见》第 132 条并略加修改。本条第 2 款为新增规定,最初见于 2017 年 8 月 8 日《民法合同编(草案)(室内稿)》第 148 条,[5]随后虽然历经数次语词表述上的调整,但规范语义似乎未有实质变动。[6]

在法治社会中,民事主体对于私人事务和私人生活领域享有自我管理和自我 **3** 决定下的控制和支配自由,他人应当对此表示尊重和容忍。对于他人在缺乏法定或约定的介入义务或未经当事人同意而实施的介入行为及其后果,法律往往通过不当得利制度和侵权制度加以矫正。但由于社会生活世界的复杂多样,行为人有时介入他人事务领域是出于为避免他人利益受损失的动机,此时若法律严格恪守个人主义立场并要求助人为乐者承担损害赔偿责任或使其仅在受益人得利范围内取得返还请求权,可能产生不公平的结果。由此,无因管理制度旨在调和实现受益人与管理人两个面向中的价值平衡:一方面尊重个体意思自决,保护受益人的私人事务免受不当干涉;另一方面弘扬中华民族传统的助人为乐和团结协助精神,鼓励人们互帮互助,形成良好的社会道德风尚。[7]

《民法典》通过设置无因管理制度,对具有利他意思的干涉他人事务的行为采 **4** 取有限度的容忍立场。无因管理一方面不关注财产归属之异常状态的发生原因,仅在第 981 条第 1 句规定介入他人事务领域之人的善良管理义务,这与侵权行为法对损害发生原因或归责事由的关注存在区别;[8]另一方面,无因管理对因管理人干涉行为所产生的财产归属异常状态的情况,采取与不当得利相区别的矫正办法,关于制度区别详见下文阐述(边码 13)。

(二) 无因管理的规范内容与体系定位

本条为完全法条,第 1 款前段规定了无因管理的构成要件,第 1 款后段规定 **5** 了管理人的请求权;本条第 2 款前半句规定了受益人对管理人请求权的成立抗辩,第 2 款后半句为受益人抗辩的排除。[9]尽管本条对于"管理事务"并未在表述上作进一步承担与实施的区分,而是遵循《民法通则》以来较为简略的"管理事务"的表述方式,但为准确厘清受益人与管理人之间的权利义务,本条评注根据我

〔5〕 参见何勤华、李秀清、陈颐编:《新中国民法典草案总览(上卷)》(增订本),北京大学出版社 2017 年版,第 39 页。

〔6〕 参见谢鸿飞、朱广新主编:《民法典评注·合同编·典型合同与准合同 4》,中国法制出版社 2020 年版,第 567 页(金可可执笔)。

〔7〕 参见黄薇主编:《中华人民共和国民法典合同编释义》,法律出版社 2020 年版,第 1030 页。

〔8〕 Vgl. BeckOGK/*Thole*, 2019, § 677 Rn. 64.

〔9〕 参见吴香香编:《民法典请求权基础检索手册》,中国法制出版社 2021 年版,第 136 页。

国学说的立场,对条文中表述笼统的"管理事务"概念再进行承担与实施的明确区分。[10] 具体而言,管理事务之承担,是指管理人内心所具有的介入他人事务领域的抽象决意即承担意思,并不涉及管理人具体进行事务管理的方式方法,本条第 1 款前段的构成要件、第 2 款的成立抗辩以及第 980 条和第 984 条所称的"管理事务"属此范畴。与管理事务之承担相反,管理事务之实施,是指管理人在承担意思支配下、对他人事务的具体管理行动,第 981—983 条所称的"管理事务"属此范畴。

6　　　对本条所称"事务管理"进行承担与实施区分的实践意义在于:(1)管理人承担事务管理是否符合受益人真实意思,将决定管理人基于无因管理之债的请求权是否成立,亦即管理人向受益人主张的请求权基础是本条第 1 款后段还是第 980 条,管理人所能请求的偿还范围依这两条的适用而各有不同。(2)第 981 条第 1 句为管理人的善良管理义务,仅适用于管理人实施事务管理的情况,不适用于管理人对事务管理的承担;换而言之,无论管理人在承担事务管理时有无过错,均应依第 981 条第 1 句而实施善良管理。(3)受益人依第 984 条对事务管理所进行的事后追认仅可治愈管理人的承担过错,原则上不影响管理人的实施责任,除非受益人又有明确表示的。

7　　　在满足本条第 1 款前段的构成要件时,无因管理法定之债即告成立,管理人负担第 981—983 条的善良管理、通知和财产转交等义务,但此时管理人的请求权的内容及范围仍处于未定状态。其原因在于,尽管管理人对他人事务的干涉将获得法律的容忍,但法律为尊重保护受益人意思并平衡双方利益关系,仍在本条第 2 款前半句为受益人赋予请求权成立抗辩。只有在承担事务管理符合受益人真实意思,或虽不符合受益人真实意思但该真实意思违反法律或违背公序良俗时,管理人才可以依照本条第 1 款后段请求必要费用偿还以及损失的适当补偿,否则只能依第 980 条请求受益人承担其得利范围内的必要费用偿还以及损失适当补偿责任。

8　　　尽管本条第 1 款前段对于无因管理的构成要件有着清楚准确的规定,但理论上对于无因管理制度的具体适用范围仍存在较大争议。引发争议的原因在于,本条的结构和内容较为复杂,而第 980 条的语义表述"管理人管理事务不属于前条规定的情形"加剧了混乱。本条的内容既包括无因管理的构成要件(第 1 款前段),也包括管理人请求权(第 1 款后段),又包括受益人对管理人请求权的成立抗辩(第 2 款前半句),还包括受益人抗辩的排除(第 2 款后半句),因此对于第 980

---

〔10〕 参见崔建远、陈进:《债法总论》,法律出版社 2021 年版,第 395 页;易军:《中国法上无因管理制度的基本体系结构》,载《政法论坛》2020 年 5 期,第 95 页;金可可:《〈民法典〉无因管理规定的解释论方案》,载《法学》2020 年第 8 期,第 43 页。

条所称之"不属于"的理解存在逻辑上的多种可能性。[11] 有学者从第 980 条的文义解释出发,认为该条性质为独立于侵权损害赔偿和不当得利的特别请求权,但承认其仍可与上述请求权发生真正竞合。[12] 本文认为该条在体系上不属于无因管理,而是受益人的一般得利返还责任,对此问题的讨论非属本条评注所及。

　　在我国关于无因管理的理论讨论中,无因管理制度有时也涵盖行为人缺乏为避免他人利益受损失的意思却又承担了他人事务管理的情况。[13] 这些情况主要包括:行为人出于认识上的错误而误将他人事务作为自己事务加以管理的"误信管理",如对已签订买卖合同但尚未过户的房屋进行装修,嗣后发现买卖合同无效;明知事务属于他人领域却仍将其作为自己事务管理的"不法管理",如无权处分他人之物。[14] 在上述情况中,虽然管理人均不具有法定的或约定的事务管理义务,但其所实施的事务管理并非出于为避免他人利益受损失的意图,因此并不属于无因管理且不在本条的规范射程内,在理论上被称为"准无因管理"或"不真正无因管理"。[15] 对于上述情况中可能产生的财产返还问题,属于《民法典》第157 条、[16] 第 459 条以下占有制度和第 985 条以下不当得利制度所处理的范围;前述第 980 条亦可能在受益人享有利益时的返还问题上有适用空间。

　　在明确本条的规范内容包括无因管理的构成要件和管理人请求权的前提下,可以对《民法典》第 979—984 条的规范群作如下划分:第 979 条第 1 款前段为无因管理的构成要件,第 1 款后段为管理人的必要费用偿还和损失适当补偿请求权;第 979 条第 2 款前半句规定了受益人对管理人请求权的成立抗辩,第 2 款后半句为受益人抗辩的排除;第 981—983 条为管理人的善良管理及财产转交等义务;

---

　　〔11〕 如"本条是关于不适当无因管理制度的规定",参见黄薇主编:《中华人民共和国民法典合同编释义》,法律出版社 2020 年版,第 1037 页;"本条是关于管理人行为不构成正当无因管理时的法律效果的规定",参见王利明主编:《中国民法典评注·合同编(四)》,人民法院出版社 2021 年版,第 2111 页(王林刚执笔);"不真正无因管理",参见杨代雄主编:《袖珍民法典评注》,中国民主法制出版社 2022 年版,第 836 页(任我行执笔);"本条主要涉及本人的管理利益移交请求权,以及管理人的费用偿还和损害补偿请求权",参见金可可:《〈民法典〉无因管理规定的解释论方案》,载《法学》2020 年第 8 期,第 50 页。

　　〔12〕 参见金可可:《〈民法典〉无因管理规定的解释论方案》,载《法学》2020 年第 8 期,第 52—54 页。

　　〔13〕 这一状况源自比较法上的立法经验,与欧洲大陆罗马法继受过程中无因管理、不当得利及转化物之诉的历史纠缠有关,由不同法秩序在管理人的"管理意思"与受益人的"获利返还"之间作取舍,例如《德国民法典》第 687 条第 2 款、《奥地利普通民法典》第 1038 条、《法国民法典》第 1301-5 Cc 条。

　　〔14〕 参见王利明:《债法总则研究》,中国人民大学出版社 2015 年版,第 510 页;崔建远、陈进:《债法总论》,法律出版社 2021 年版,第 381 页。

　　〔15〕 参见黄薇主编:《中华人民共和国民法典合同编释义》,法律出版社 2020 年版,第 1038 页;最高人民法院民法典贯彻实施工作领导小组主编:《中华人民共和国民法典合同编理解与适用(四)》,人民法院出版社 2020 年版,第 2777 页。

　　〔16〕 参见叶名怡:《〈民法典〉第 157 条(法律行为无效之法律后果)评注》,载《法学家》2022 年第 1期,第 182 页。

第 984 条为受益人承认制度。第 980 条的体系定位问题较为复杂,本文认为该条属于《民法典》无因管理制度中的异质要素,其性质为《民法典》对受益人得利返还责任的一般性规定,在具体返还范围上应按照目的不达型给付不当得利的一般规则加以界定。

(三)无因管理与相关制度的区别

1. 代理

11　　　无因管理制度仅处理受益人与管理人的内部法律关系,不涉及第三人问题,而代理制度重在规范受益人、管理人、相对人之间的三方关系,[17] 两个制度之间的差异一般而言较为明确。但本条无因管理的构成要件并未就管理人以何人的名义实施事务管理进行规制,因此当管理人实施的事务管理为法律行为时,如管理人为修缮受益人之房屋而与第三人签订建筑材料的买卖合同,在外部关系中将可能发生与代理相关的问题及相应的法律效果。在《民法典》明确区分代理基础关系和代理授权行为(即"分离原则")的前提下,[18] 无因管理仅属于债法上基础关系层面的问题,从而与委托合同关系类似,其本身并不为管理人授予意定代理权,管理人以受益人名义对外实施的法律行为亦构成第 171 条意义上的无权代理或表见代理,[19] 管理人以自己名义对外实施法律行为则依照合同相对性原则处理。[20] 受益人若依第 984 条对事务管理进行追认,尽管严格而言不在外部关系中发生第 171 条第 1 款的效力,但从实践便利角度出发亦可认同"双重追认",[21] 此时由于同时发生委托合同溯及适用的效果,管理人以自己名义实施的事务管理亦可能产生委托合同部分第 925 条隐名代理和第 926 条间接代理的效果。[22]

2. 委托合同

12　　　无因管理与委托合同具有历史渊源上的密切关系,自罗马法时代便有无因管理经"同意等同于委托"的规则。《民法典》在合同编中设"准合同"分编处理无因管理制度,而准合同概念一方面明确指出无因管理制度并非真正的合同之债,既

---

〔17〕　参见纪海龙:《〈合同法〉第 48 条(无权代理规则)评注》,载《法学家》2017 年第 4 期,第 158 页。

〔18〕　参见王利明:《论民法典代理制度中的授权行为》,载《甘肃政法大学学报》2020 年第 5 期,第 4 页。

〔19〕　参见纪海龙:《〈合同法〉第 48 条(无权代理规则)评注》,载《法学家》2017 年第 4 期,第 159 页。

〔20〕　我国学者的不同观点认为,此时应突破合同相对性,直接适用第 925 条和第 926 条的间接代理规则,这一观点实际认为无因管理能够在缺乏追认的情况下产生法定的代理权授予效果。参见汪洋:《民法典无因管理的内外体系与规范呈现》,载《学术月刊》2020 年第 11 期,第 118 页。

〔21〕　参见李永军:《论我国民法典中无因管理的规范空间》,载《中国法学》2020 年第 6 期,第 34 页。

〔22〕　关于受益人依第 984 条行使事后追认在内部与外部关系中的法律效果,笔者将在该条评注中详细讨论。

防止将管理人"为避免他人利益受损失"的意思与合同要约相等同,也避免认为受益人依第 984 条对管理事务的追认能够在缺乏管理人意思参与的情况下成立委托合同;另一方面,无因管理作为"准"合同与委托合同的密切关联,也为第 984 条的准用条款所揭示,[23]但该关联仅在受益人追认的情况下产生准用委托合同规范的不完全拟制效果,而非溯及地成立委托合同。[24]

3. 不当得利

无因管理与不当得利共同服务于矫正当事人财产归属状况异常的法律目的,两个制度所采取的矫正方式均为财产返还而非损害赔偿。受益人/得利人均从行为人的介入行为中获得支出的节省或从债务中得到解脱,而行为人介入他人事务的目的则在于嗣后获得必要费用的偿还,在其目的达到时则无因管理成立,没有不当得利请求权的适用空间。但当行为人的给付目的因不符合受益人真实意思等原因而落空后,可以转而向受益人(此时成为不当得利法意义上的得利人)请求目的不达不当得利的返还。[25] 在继受罗马法而形成的大陆法系的发展过程中,无因管理与不当得利的规范空间在欧陆不同法秩序中存在明显的"此消彼长"态势。[26] 在未继受无因管理制度的英美法系中,无因管理相关问题由以不当得利为基础的统一返还制度加以解决。[27] 在《民法典》的制度框架内,不当得利以防止干涉为要旨,无因管理则鼓励社会互助,两者的区别主要为财产返还的范围。当管理人承担事务管理符合第 979 条第 1 款构成要件且排除受益人的抗辩时,可以请求必要费用偿还和损失适当补偿,不当得利规则被排除适用。反之,当管理人要么不具有为避免他人利益受损失的意思,要么管理自己事务,要么不符合受益人真实意思时,[28]第 980 条为此时管理人的返还请求权设置了一个"上限",亦即管理人只能在受益人获得的利益范围内请求必要费用及损失的返还,从而使其负担了事务管理不成功时的风险;受益人则一方面可以主张第 986 条的得利丧失

---

〔23〕　参见易军:《论中国法上"无因管理制度"与"委托合同制度"的体系关联》,载《法学评论》2020 年第 6 期,第 45 页。

〔24〕　参见金可可:《〈民法典〉无因管理规定的解释论方案》,载《法学》2020 年第 8 期,第 56 页。

〔25〕　参见[德]汉斯·约瑟夫·威灵:《德国不当得利法》(第 4 版),薛启明译,中国法制出版社 2021 年版,第 37 页。

〔26〕　参见[德]克里斯蒂安·冯·巴尔、[英]埃里克·克莱夫主编:《欧洲私法的原则、定义与示范规则:欧洲示范民法典草案(全译本):第 5 卷、第 6 卷、第 7 卷》,王文胜等译,法律出版社 2014 年版,第 22 页以下。

〔27〕　Vgl. *Frank Schäfer*, Das Bereicherungsrecht in Europa, 2001, S. 676.

〔28〕　这三种情况在理论中分别称为"不真正无因管理"、"幻想管理"和"不正当/不适法无因管理",但在解释论上却又均可纳入《民法典》第 980 条的规范射程内,由此更加说明第 980 条不仅"文义范围甚广",规范定位亦较为困难。参见金可可:《〈民法典〉无因管理规定的解释论方案》,载《法学》2020 年第 8 期,第 50 页。

抗辩,另一方面也获得保护,免受强迫得利规则的困扰。

（四）本条与其他条文的体系关联

14　　　从立法史可以看出,本条在大致沿袭《民法通则》第93条和《民法总则》第121条的基础上进行了细化与扩充。我国《民法典》在进行调整工作后保留了总则编第121条作为无因管理制度的原则性规定,〔29〕因此该条仍为无因管理人请求权的一般基础。但由于该条仅规定了管理人必要费用的偿还请求权,并未规定管理人对损失的适当补偿请求权,同时缺少受益人依第979条第2款不符合其真实意思的请求权成立抗辩及其排除事由,〔30〕故而依照具体规定优于一般规定的适用原则,第979条的适用顺位应当优先于第121条。

15　　　本条以下的无因管理制度以一般情况下的财产管理为基础类型,对于紧急情况下的无因管理或见义勇为则通过总则编第183条和第184条进行特别规定,〔31〕这两个条文应根据特别法优先的原则在见义勇为的情形中获得优先适用,同时避免与无因管理制度发生评价矛盾。〔32〕在见义勇为者的救助行为符合第979条构成要件的情况下,考虑到紧急情况下由于事发突然,使见义勇为者如管理人那样依第981条第1句承担善良管理义务并不适合,在2017年《民法总则》立法过程中为了倡导培育乐于助人的良好社会风尚并完全消除救助者的后顾之忧,立法者特设第184条排除了救助者因故意和重大过失造成受助人损害时的责任。〔33〕当然由于社会生活的复杂性,对于该条对救助者的责任排除还需结合案件具体情形,根据价值判断和利益衡量作适用中的类型化。〔34〕如当救助者故意加害受助人之时,即不具有为他人避免损失的意思,不构成无因管理亦不适用第184条,而应承担侵权责任。〔35〕

16　　　在因自愿实施救助的见义勇为者受到损害时的救济问题上,第183条规定了

---

〔29〕　参见《全国人民代表大会宪法和法律委员会关于〈民法典各分编（草案）〉修改情况和〈中华人民共和国民法典（草案）〉编纂情况的汇报》(2019年12月23日),载本书写作组编:《民法典立法背景与观点全集》,法律出版社2020年版,第57页。

〔30〕　参见黄薇主编:《中华人民共和国民法典总则编释义》,法律出版社2020年版,第317页。

〔31〕　参见易军:《中国法上无因管理制度的基本体系结构》,载《政法论坛》2020年5期,第95、104页。

〔32〕　参见汪洋:《民法典无因管理的内外体系与规范呈现》,载《学术月刊》2020年第11期,第114页;易军:《无因管理制度设计中的利益平衡与价值调和》,载《清华法学》2021年第1期,第154页。

〔33〕　参见《第十二届全国人民代表大会法律委员会关于〈中华人民共和国民法总则（草案修改稿）〉修改意见的报告》(2017年3月14日),载本书写作组编:《民法总则立法背景与观点全集》,法律出版社2017年版,第35页。

〔34〕　参见最高人民法院民法典贯彻实施工作领导小组主编:《中华人民共和国民法典总则编理解与适用（下）》,人民法院出版社2020年版,第928页。

〔35〕　参见金可可:《〈民法典〉无因管理规定的解释论方案》,载《法学》2020年第8期,第42页。

受益人承担适当补偿责任,但对于该条与本条第 1 款后段的关系,理论界仍存在不同观点。有学者认为该条系无因管理制度的补充,[36]但主流观点坚持该条为无因管理制度内第 979 条第 1 款后段的特别规定,无因管理制度仅在侵权人、社会保险或公共基金无法对救助者提供完善保护时才有适用空间。[37] 本文认为理论争议的根源在于,《民法典》在无因管理制度中对损失补偿责任的规定已然突破传统无因管理理论仅就一般情况下的财产管理之基础类型的理解,使我国无因管理制度承担了侵权法的部分任务。从尊重实定法规范目的之立场出发,本文认同主流观点的做法,将第 183 条置于无因管理制度的框架内适用,即便管理事务(即救助行为)不成功也应成立受益人的适当补偿责任,同时为避免法律后果评价冲突,亦应使救助者承担第 981 条第 2 句和第 983 条的义务。

合同编通则部分第 468 条为实质性债法总则的衔接性条款。[38] 无因管理之债虽然并非合同关系,但在无因管理制度对当事人义务缺乏具体而明确的规定时,依第 468 条可以适用合同编通则的有关规定。如管理人履行第 983 条第 2 句规定的财产转交义务时,可以参照第 927 条受托人转交财产的规定,认为管理人应当将其因管理事务而取得的金钱、实物、金钱与实物所生的孳息,以及其他财产权利转交给受益人。[39]

17

二、无因管理的构成要件(第 979 条第 1 款前段)

依本条第 1 款前段规定和理论分析,无因管理构成要件具体包括:(1)管理人管理他人事务,或表述为"管理人对他人事务承担管理";(2)管理人具有为避免他人利益受损失的意思;(3)管理人对于其所承担管理的事务没有法定的或者约定的义务。下文将据此逐一展开讨论。

18

(一)管理人管理他人事务

1.　"管理事务"的界定

对于本条所称事务所涉及的范围,可以比照第 919 条委托合同中的"事务"作统一而宽泛的理解,涵盖有关人们生活利益并能成为债之内容的一切行为,无论

19

---

〔36〕 参见冯德淦:《见义勇为中救助人损害救济解释论研究——兼评〈民法典(草案)〉第 979 条第 1 款》,载《华东政法大学学报》2020 年第 2 期,第 142 页。

〔37〕 参见金可可:《〈民法典〉无因管理规定的解释论方案》,载《法学》2020 年第 8 期,第 48 页;汪洋:《民法典无因管理的内外体系与规范呈现》,载《学术月刊》2020 年第 11 期,第 115 页。

〔38〕 参见于飞:《我国民法典实质债法总则的确立与解释论展开》,载《法学》2020 年第 9 期,第 41 页。

〔39〕 参见黄薇主编:《中华人民共和国民法典合同编释义》,法律出版社 2020 年版,第 882 页。

该行为是否具有法律意义、人身利益或经济价值，[40]但不能是纯粹消极的容忍或不作为。依性质不得成为委托合同内容的事务亦不能成为无因管理的对象，如具有人身属性的事务、违法或违反公序良俗的事务等，例如某人已有配偶却又公开自称为死者配偶，并以此名义为死者办理丧葬事宜的，其所管理之事务虽然并不构成重婚，但仍因违反公序良俗而不构成对死者继承人的无因管理。[41]

20　　由于无因管理制度对"事务"采取宽泛界定的态度，本条所称管理事务也有着较广泛的概念外延。与委托合同所处理之事务类似，根据管理人是否需要以法律行为进行事务管理，可以将管理事务区分为法律行为的管理事务以及非法律行为的管理事务。非法律行为的管理事务包括相对短促的照料活动、看护或救助行为，[42]例如管理人将属于受益人所有并在脱离束缚后跑进其院子的狗拴住又进行饲养，构成对受益人的无因管理。[43]由于承担意思并非意思表示(边码29)，因此管理人在承担管理事务时无须具有民事行为能力，限制行为能力人救助他人也可成立无因管理。[44]尽管如此，管理人必须具备对自己正有意识地介入他人事务领域这一事实的识别能力，并且由法院在个案中根据管理人的精神状况和生活经验进行审查。

21　　无因管理制度内的非法律行为之管理事务应当与情谊行为或无偿帮工行为区分，在后两种情况下，行为人对他人提供无偿劳务的给付目的并非是获得必要费用或以报酬之类名义支付的劳务对价，而往往是出于友情、社交来往或赠与目的。[45]因此当帮工人的给付目的落空时，可以主张第985条的给付型(目的不达)不当得利请求得利人即被帮工人返还。[46]此外，在无偿帮工人因帮工活动而遭受人身损害时，帮工人依据《人身损害赔偿解释》(2022年修正)第5条可以获得对被帮工人的侵权损害赔偿责任或适当补偿责任的请求权。[47]本文认为帮工人的这一请求权为独立请求权，并非基于本条的无因管理，[48]因为此时无因管理

---

〔40〕　参见黄薇主编：《中华人民共和国民法典合同编释义》，法律出版社2020年版，第867页。

〔41〕　重庆市第四中级人民法院(2021)渝04民终771号民事判决书。

〔42〕　山东省邹平县人民法院(2016)鲁1626民初2347号民事判决书。

〔43〕　贵州省六盘水市中级人民法院(2020)黔02民终1674号民事判决书。

〔44〕　广西壮族自治区百色市中级人民法院(2019)桂10民终720号民事判决书。

〔45〕　参见张家勇：《因情谊给付所致损害的赔偿责任》，载《东方法学》2013年第1期，第11页。

〔46〕　参见王洪亮：《〈民法典〉中得利返还请求权基础的体系与适用》，载《法学家》2021年第3期，第33页。

〔47〕　湖南省长沙市中级人民法院(2021)湘01民终691号民事判决书；山东省济南市中级人民法院(2021)鲁01民终400号民事判决书。

〔48〕　参见尹飞：《论义务帮工责任的独立地位》，载《法学杂志》2009年第3期，第15页。关于我国学界对帮工行为与无因管理关系的认识问题的梳理，参见陈肖宇：《义务帮工人遭受人身损害的问题研究》，华东政法大学2021年硕士学位论文，第3页及以下。

因帮工人缺乏管理意思而并未成立。

在管理事务为法律行为时,对于该管理事务效力的判断依照总则编法律行为 **22**
效力的相关规定。限制行为能力人实施的事务管理根据第 145 条处于效力待定
状态,在经其法定代理人同意或追认后有效。由于此时无因管理在外部关系中将
体现为管理人与第三人之间发生的给付关系或合同关系,可能会涉及管理人以何
人名义管理事务以及与代理制度相关的问题(边码 11)。在管理人以自己名义实施
事务管理并与第三人订立合同时,管理人为履行合同义务所支付的费用属于必要
费用的范畴,可以在无因管理内部关系中向受益人主张偿还。我国司法实践中属
于法律行为的管理事务类型较为多样,涵盖了从一个即时的金钱给付到一项长期
工作的多种可能性,如出租人替承租人垫付承租人所雇请员工的劳动报酬、[49]垫
付医疗费和护理费、[50]替受益人代缴物业费、[51]长期照料护理他人、[52]支付殡
仪馆为死者保管骨灰的费用。[53]

2. 管理"他人事务"的判断标准

与总则编第 121 条相比,本条对于管理人承担"他人事务"的管理有明确规 **23**
定,因此在构成要件上排除了管理人对自己事务所承担的管理。在他人事务的具
体判断上,本条通过使用"他人"这一语词表述方式预设了从管理人角度判断事务
性质的立场,因此根据管理人的主观意图便可以将事务区分为"他人事务"和"自
己事务"。如果管理人知道事务属于他人的领域且管理事务的利益和风险都被归
属于他人,那么该事务即为(主观)他人事务,应注意的是管理人对事务不归属于
自己有抽象的意识即可,并不需要明确知道该事务的具体归属。[54] 反之,若管理
人在主观上意识到实施事务管理将纯粹影响自己的权利与利益格局,则该事务为
自己事务。行为人管理自己事务属于私人领域内的行动自由,法律一般不加干
涉,此时亦不成立无因管理。不过当行为人管理自己事务产生外溢的得利效果
时,[55]如高层住户为自己上下楼便利而安装电梯从而导致下层住户得利,此时行

[49] 湖南省双峰县人民法院(2021)湘 1321 民初 1044 号民事判决书。
[50] 北京市第三中级人民法院(2017)京 03 民终 201 号民事判决书。
[51] 湖南省湘潭市雨湖区人民法院(2021)湘 0302 民初 1006 号民事判决书。
[52] 山东省泰安市中级人民法院(2020)鲁 09 民终 1437 号民事判决书。
[53] 河北省邯郸市中级人民法院(2020)冀 04 民终 1313 号民事判决书。
[54] 参见最高人民法院民法典贯彻实施工作领导小组主编:《中华人民共和国民法典合同编理解
与适用(四)》,人民法院出版社 2020 年版,第 2779 页。
[55] 此种外溢的得利效果须与理论上所称之"反射利益"(Reflexvorteile)相区别,后者的得利群体
通常为不特定的多数人,且得利效果的发生仅与行为人所实施的管理自己事务存在间接关系,如物业公
司修缮其管理的封闭小区内部的照明设备,对于小区外的过路人仅具反射利益。反射利益并非无因管理
意义上的他人事务。Vgl. Staudinger/*Bergmann*, 2020, Vor §§ 677 ff. Rn. 134.

为人因管理自己事务而不构成对他人的无因管理,而其对于可能产生的他人得利返还问题属于不当得利法调整的范围。[56]

24　　　　由于社会生活的复杂性,纯粹从管理人的主观立场出发有时并不能够很好地解决事务归属于何人的问题,尤其是管理人对其管理意思负有举证责任的情况下,要求管理人对他人事务进行证明有时颇为困难。因此无因管理理论在管理人的主观判断基础上仍引入客观辨识标准,结合事务的客观属性和在外观上的可辨识程度将他人事务进一步区分为"客观他人事务"、"客观中性事务"和"混合事务"。[57] 当事务凭借外部可辨识的标识即属于受益人的利益范围时,如对不相识的路人施以援手,此种属于管理客观他人事务;若事务仅凭借纯粹的外部标识不能被归属于任何人时,即称所谓客观中性事务,如行为人购买某件物品,此时难以从购买行为中推断该事务是属于行为人自己还是属于他人;当管理人所管理的事务同时被归入管理人与他人的利益范围之内时,即为混合事务。

25　　　　在对他人事务的判断过程中引入上述类型化区分具有重要的实践价值。通过事务性质的判断可以对管理人是否具有"为避免他人利益受损失"的管理意思进行认定,在他人事务与管理意思的判断过程中亦可能存在交叉。简而言之,在客观他人事务和混合事务中通常可以推定管理人具有管理意思;而在客观中性事务中,管理人需要就其具备管理意思进行举证(边码 33)。[58]

26　　　　对客观他人事务的判断是无因管理认定中的难点问题,我国司法实践中常见具有代表性的情形包括:

26a　　　　在紧急救助或见义勇为的情况下,救助人所管理的是客观他人事务,一般不存在疑问。但由于此时已存在第 183 条和第 184 条作为无因管理的特别规范,这两个条文应当优先于第 979 条以下规则的适用(边码 14)。

26b　　　　在紧急避险中存在的特殊情况"自我牺牲",亦即在道路交通事故中管理人为避让受益人而迫不得已采取避险措施导致自己遭受损失时,本文认为可以按照假定因果关系处理:在管理人对其不避让受益人时须就造成的后果承担赔偿责任时,则其避让行为是管理自己事务,从而不构成无因管理;仅在管理人即便不采取避让行为亦不会导致自己承担责任,但却毅然采取自我牺牲措施的情况下,才认

---

〔56〕　在上例中,尽管高层住户可能主张"管理混合事务"而请求下层住户偿还必要费用及损失适当补偿,但下层住户亦可以不符合其真实意思进行请求权成立抗辩,特别是当其依《民法典》第 278 条表示反对的情况下。此时高层住户无论以第 980 条还是以第 985 条请求返还,均属于对不当得利规则的适用,且可能承受得利丧失抗辩的不利结果。

〔57〕　参见崔建远:《无因管理规则的丰富及其解释》,载《当代法学》2020 年第 3 期,第 4 页。

〔58〕　参见金可可:《〈民法典〉无因管理规定的解释论方案》,载《法学》2020 年第 8 期,第 39 页。

定其系管理他人事务。[59] 因此根据《道路交通安全法》第 76 条规定,仅在非机动车驾驶人、行人故意碰撞机动车的情况下,机动车采取避让行为造成交通事故使自己遭受损失时,方才构成对受益人("碰瓷者")的无因管理。

　　管理人清偿他人债务属于管理客观他人事务的典型类型。当管理人并非基于法定的或约定的义务而清偿了受益人债务时,管理人可以向受益人依照本条第 1 款请求必要费用的偿还。当事人的约定可以是保证合同或利他合同(如受益人与管理人依第 522 条第 1 款约定由管理人向第三人履行)。当管理人依第 524 条第 1 款对于受益人对第三人履行债务有合法利益并实施代为履行时,其对受益人因该条第 2 款的法定债权让与而不构成无因管理。此外,当管理人依第 551 条实施免除的债务承担和依第 552 条加入债务时,也构成对债务人事务的管理。[60]实践中清偿他人债务的案例,如第三人为施工方垫付工程价款,[61] 或第三人为受益人缴纳物业费。[62] 街道办事处向房屋倒塌事故的死者家属与伤者垫付赔偿款,使得事故责任人在刑事判决中获得从轻处罚,构成对后者事务的管理。[63]

26c

　　属于清偿他人债务中的一类特殊情况是对未成年人进行抚养。尽管《民法典》在第 1067 条、第 1074 条和第 1075 条分别规定了父母、有负担能力的祖父母和外祖父母、有负担能力的兄姐对于相应未成年人的抚养义务,但并未规定他人履行此种义务时的法定债权让与。[64] 因此当父母不履行第 1067 条所规定的对未成年子女或不能独立生活子女的抚养义务时,实施了事实上抚(扶)养的祖父母、外祖父母或兄姐以及其他人可以根据第 979 条第 1 款请求父母支付抚养费用。[65] 类似的问题也可能出现在婚姻家庭编中关于赡养和扶养等权利义务关系的规定之中(边码 37)。

26d

　　对于理论上所谓"不真正连带债务"的清偿不属于管理他人事务,因为此时行为人清偿的是自己的债务而非管理他人事务。例如产品销售者因产品缺陷依第 1203 条第 1 款具有向被侵权人承担损害赔偿责任的义务,因而在其依第 1203 条第 2 款第 1 句向被侵权人承担损害赔偿责任后,无法依据本条之无因管理向生产

26e

　　[59]　不同观点认为,在自我牺牲案型中应一律肯定避让人的管理意思。参见金可可:《〈民法典〉无因管理规定的解释论方案》,载《法学》2020 年第 8 期,第 39 页。

　　[60]　Vgl. Staudinger/*Bergmann*, 2020, Vor § § 677 ff. Rn. 272.

　　[61]　江苏省南京市中级人民法院(2019)苏 01 民终 8712 号民事判决书。

　　[62]　湖南省湘潭市雨湖区人民法院(2021)湘 0302 民初 1006 号民事判决书。

　　[63]　浙江省高级人民法院(2020)浙民申 1666 号民事裁定书。

　　[64]　类似的规定参见《德国民法典》第 1607 条。

　　[65]　参见薛宁兰、谢鸿飞主编:《民法典评注·婚姻家庭编》,中国法制出版社 2020 年版,第 272 页(刘征峰执笔)。

者请求必要费用偿还,而仅对其拥有法定的追偿权。[66]

27   在事务仅凭借纯粹的外部标识不能被归属于任何人,亦即发生客观中性事务的情况下,此时由于事务本身缺乏外部特征,行为人必须对其具有管理意思进行举证,若无法证明则不能成立无因管理。例如行为人购买五金工具在性质上属于客观中性事务,还要证明这是为了修缮邻居家的外墙。[67] 即便在行为人成功证明其管理意思的情况下,此时的客观中性事务将转换为管理人的主观他人事务,受益人仍可以依照本条第 2 款提出无因管理请求权的成立抗辩,管理人需承受其仅能依第 980 条在受益人得利范围内请求返还必要费用的风险。

28   管理人对混合事务所实施的管理不影响无因管理的成立,此时管理人在管理他人事务时兼顾自己利益或公共利益,如管理人在扑灭邻居家中的火情时兼具避免火势扩大从而波及自己的意思。[68] 应当注意的是,无论管理人为履行有效合同还是因错误而履行无效合同,其事务管理均为混合事务,但无因管理是否因之而成立,还需在义务层面和受益人真实意思层面上考虑其他问题。当管理人管理自己事务的同时又兼顾他人利益,也不影响对该他人成立无因管理,如管理人为避免安全隐患影响整栋建筑而对电梯等设备进行维护修缮、[69] 物业公司为建筑整体提供保安、保洁等服务同时也是对进驻商户的事务管理。[70] 但行为人纯粹为自己利益而又在事实上同时承担了对他人事务的管理时,即便受益人在客观上获得利益亦不能构成管理他人事务,[71] 如开发商为销售宣传而对楼盘周边道路进行修缮施工不构成对行政部门的无因管理。[72]

3. 承担事务管理

29   本条第 1 款在无因管理构成要件中所称管理人"管理他人事务",按严格表述应为"承担管理他人事务",以与第 981—983 条所规定的管理人实施管理时的具体义务相区分。事务管理之承担是指管理人内心的承担意思,该意思为管理人决心介入他人的私人事务领域、干涉他人事务的抽象决意,既不属于意思表示从而不受管理人行为能力的制约,也不涉及具体的管理手段或方法。由于管理人具有纯粹的承担意思并不意味着同时具有为避免他人利益受损失的意思,因此可能产生承担意思与管理意思分离的问题。此外,管理人的承担意思往往必须通过由该

---

[66] 参见黄薇:《中华人民共和国民法典侵权责任编解读》,中国法制出版社 2020 年版,第 160 页。

[67] 如通过与受益人、其他邻居或出卖人的聊天记录等,但此类举证在实践中通常较为困难。

[68] 云南省昆明市官渡区人民法院(2020)云 0111 民初 421 号民事判决书。

[69] 广东省珠海市中级人民法院(2021)粤 04 民终 90 号民事判决书。

[70] 江苏省高级人民法院(2020)苏民申 1217 号民事裁定书。

[71] 参见李宇:《民法总则要义:规范释论与判解集注》,法律出版社 2017 年版,第 375 页。

[72] 广东省东莞市中级人民法院(2019)粤 19 民终 1443 号民事判决书。

意思所支配的介入实施管理表现出来才能被外界所查知,因此管理人的承担意思与外在实施行动也可能存在时间上的分离。不过,为鼓励社会互助的良好风尚,在对承担意思进行解释时应当结合管理意思采取较为宽松的标准,即便管理人承担事务管理时不具有管理意思而嗣后具有的,也可能溯及地成立无因管理。例如管理人为清理自己门面以供使用而将他人货物挪走,其后又为避免货物遭受损害而实施保管,此时无因管理的成立时间应被认定为挪走货物之时。[73]

当管理人在承担意思的驱动下开始介入他人事务领域实施管理时,无因管理之债即告成立,因此事务管理之承担也是判断无因管理成立的重要时间点。[74]在认定承担事务管理的时间点时,应当根据管理人的主观决断和外部行动综合判断,在实践中宜将管理人为承担管理而进行的准备工作和辅助工作等包括在内,如管理人在承担意思的支配下为赶赴现场承担事务管理所进行的活动也应当被认为属于无因管理的一部分。

(二)为避免他人利益受损失

1. "管理意思"的内涵

本条所称管理人"为避免他人利益受损失"而承担事务管理,即无因管理理论中作为主观构成要件的管理意思,指的是管理人知道其事务管理的后果(无论有利或不利)并非归属自己,而是将被归属于("为")他人的意思。既不需要管理人明确知道此"他人"即受益人的具体身份,也不要求管理人自愿承担事务管理。虽然在管理人处于承担意思的支配下实施事务管理时,无因管理的外观已然具备,但承担意思仅为管理人对介入他人事务领域的内心意识,如前所述,其本身并不意味着管理人具有为避免他人利益受损失的管理意思。当承担意思与管理意思发生分离时,可能的情况包括:(1)当管理人具有承担意思但缺乏管理意思,那么应当自始排除无因管理的成立以及本条的适用;(2)当管理人缺乏承担意思但具有管理意思,此时其在主观上并未介入他人事务领域,而是对自己事务进行管理或误将他人事务作为自己事务进行管理,无论如何均应排除无因管理的成立。[75]就此而言,管理意思是判断无因管理之债能否成立的主观构成要件。

本条仅对管理人"为避免他人受损失"的意思进行规定,因此排除了管理人为增进他人利益所实施的事务管理,而仅限于对受益人进行消极的利益保全。[76]

30

31

32

〔73〕　湖南省郴州市中级人民法院(2018)湘 10 民终 2390 号民事判决书。

〔74〕　参见易军:《中国法上无因管理制度的基本体系结构》,载《政法论坛》2020 年 5 期,第 95 页。

〔75〕　参见金可可:《〈民法典〉无因管理规定的解释论方案》,载《法学》2020 年第 8 期,第 38 页。

〔76〕　参见最高人民法院民法典贯彻实施工作领导小组主编:《中华人民共和国民法典合同编理解与适用(四)》,人民法院出版社 2020 年版,第 2778 页。

不过根据我国学界的一般观点,本条文义较为狭窄,在解释上应当扩大为使他人积极地获利,包括增进他人利益的情形。[77] 本文不赞同此种扩张。[78] 理由首先在于,本人应当是自己利益的最佳判断者,当管理人仅具有为增进他人利益之意思但无缔结合同意思的情况下,其主观判断不一定契合"受益人"的真实利益,在受益人未依第 984 条行使追认时,倘若认为此时构成无因管理,那么一方面虽然使得"受益人"取得意料之外的利益,但另一方面却也使其承担事务管理失败时依本条返还管理人徒劳支出的不利后果。其次,当管理人具有为增进他人利益之意思时,若管理不成功,无论使其获得第 980 条得利返还抑或第 985 条不当得利请求权,在返还范围上将不存在差别;若管理成功,受益人当然可以选择行使第 984 条的追认并溯及适用委托合同条款,而对于受益人拒绝追认即仅得请求获利返还的风险,理应由管理人自己承担。最后,在第 981 条第 2 句对继续管理义务有所规定的情况下,管理人为增进受益人利益却又不得不继续管理,反而使得其承受较受托人更重的负担。

33　　　　对于管理意思应当采取何种认定标准,在理论上存在大量争议。有以管理人主观意思为基础的主观归属说,有以事务是否在客观上可归属于管理人为基础的客观归属说,还有综合考虑事务的主客观可归属性而提出的规范性归属理论等。[79] 在不同的理论选择下,管理意思的认定将会与前述"他人事务"的判断产生交叉,进而影响无因管理的构成要件。举例而言,倘若以管理意思为判断基础,那么所谓"主观他人事务"将被纳入无因管理;倘若以他人事务为判断基础,那么所谓"不法管理"亦将被纳入无因管理。为了避免陷入理论上的争执,对本条所称管理意思宜结合事务性质采取统一认定的立场:在客观他人事务和混合事务中,管理人被推定具有管理意思,除非管理人证明自己不具有管理意思而是有缔结合同的意思,此时应当按照要约的解释规则进行处理;[80] 在主观他人事务中,管理人尽管在主观上具有管理意思,但由于管理了客观自己事务或不属于任何人的事务而不成立无因管理,[81] 即便管理人能够证明其管理意思,在受益人拒绝依第 984 条行使追认的情况下,也仅能依照第 980 条请求其在得利范围内返还。

---

〔77〕　参见汪洋:《民法典无因管理的内外体系与规范呈现》,载《学术月刊》2020 年第 11 期,第 112 页;金可可:《〈民法典〉无因管理规定的解释论方案》,载《法学》2020 年第 8 期,第 38 页。

〔78〕　与本文类似的观点,参见最高人民法院民法典贯彻实施工作领导小组主编:《中华人民共和国民法典合同编理解与适用(四)》,人民法院出版社 2020 年版,第 2779 页。

〔79〕　关于理论中的大量争论,参见昝强龙:《无因管理中管理意思的认定》,载《法学》2021 年第 2 期,第 75 页以下。

〔80〕　参见杨代雄:《〈合同法〉第 14 条(要约的构成)评注》,载《法学家》2018 年第 4 期,第 178 页以下。

〔81〕　参见昝强龙:《无因管理中管理意思的认定》,载《法学》2021 年第 2 期,第 82 页。

2. 管理意思认定中的特殊情况

管理意思的规范意义除前述利益归属于他人外,还隐含管理人对其所实施之事务管理所花费的必要费用的请求返还之意思。[82] 换而言之,当管理人承担事务管理时内心已有使受益人负担在未来依本条第 1 款偿还必要费用之义务的目的,[83] 倘若行为人不具有这种意思,那么可以认为其承担事务管理乃是出于对受益人的赠与意图,或类似于"甘愿付出""不图回报"的无私奉献精神,则将因管理人缺乏管理意思而不成立无因管理。当然,在管理人反悔并依本条第 1 款主张必要费用偿还时,尽管受益人拥有基于赠与意图的请求权成立抗辩,但应当对管理人最初的赠与意图承担举证责任。[84]

实践中的特殊情况还出现在,当管理人并非直接为避免他人利益受损失,而是出于对公共利益的考量或为维护社会和谐稳定、"息事宁人"、"顾全大局"或"安抚受害者家属"而承担客观他人事务管理,此时管理人对第三人的给付目的是嗣后向受益人主张费用偿还,一般也被法院认定构成无因管理。例如承租人所雇佣的工人在租赁场所内死亡,出租人为安抚死者家属而垫付赔偿款项;[85] 政府职能部门"为维护社会稳定"而指定建设公司承担烂尾楼续建工作并垫付建设工程款;[86] 在交通事故中,基层人民政府指示安排职能部门"基于维护社会稳定、及时安抚受害者家属的目的"垫付治疗费用;[87] 职工因非职务行为引起的安全事故导致第三人伤亡时,用人单位为顾全大局和避免群体聚集而向第三人家属垫付赔偿款,构成对该职工的无因管理。[88] 在上述案例中,管理人出于对公共利益的考量而承担了客观他人事务的管理,虽然并非直接追求受益人避免损失的结果,但其事务管理使得受益人从债务中获得解脱,因而被法院认定具有管理意思并构成无因管理。

[34]

[35]

---

〔82〕 参见李永军:《论我国民法典中无因管理的规范空间》,载《中国法学》2020 年第 6 期,第 35 页。

〔83〕 就此而言,管理意思同时成为不当得利意义上的给付目的确定行为。若管理人在此目的下实施给付行为,则在理论上被称为"基于设债原因之给付(datio obligandi causa)",此时若其必要费用返还请求权被受益人依第 979 条第 2 款排除则给付目的落空,将产生第 980 条之目的不达之给付不当得利。参见[德]汉斯·约瑟夫·威灵:《德国不当得利法》(第 4 版),薛启明译,中国法制出版社 2021 年版,第 17 页。然而德国通说一方面认为给付目的的设定行为在性质上属于意思表示,另一方面认为管理意思并非意思表示,这使得上述观点与通说产生龃龉。参见[德]汉斯·约瑟夫·威灵、托马斯·芬克瑞尔:《德国债法分则案例研习》(第 8 版),冯洁语译,中国法制出版社 2019 年版,第 139 页。

〔84〕 海南省第二中级人民法院(2021)琼 97 民终 414 号民事判决书;贵州省黔东南苗族侗族自治州中级人民法院(2021)黔 26 民终 380 号民事判决书。

〔85〕 山东省青岛市中级人民法院(2020)鲁 02 民终 8897 号民事判决书。

〔86〕 最高人民法院(2019)最高法民申 4796 号民事裁定书。

〔87〕 新疆维吾尔自治区塔城地区中级人民法院(2020)新 42 民终 791 号民事判决书。

〔88〕 浙江省湖州市吴兴区人民法院(2013)湖吴商初字第 956 号民事判决书。

(三) 没有法定的或者约定的义务

36　　本条第 1 款所称"没有法定的或者约定的义务"为无因管理的第三个要件,其中对于"没有义务"应当进行广义理解,涵盖"没有权利"的情况。[89] 由于无因管理制度的规范目的在于对财产归属的异常状态进行矫正,并且相对于意定之债和其他法定之债居于补充性的次要顺位,因此只要不存在特别的法律制度、规定或当事人约定对财产归属状态加以规制,无因管理之债便存在适用之空间。[90] 如果管理人在客观上具有法定的或约定的权利义务,则其介入他人事务领域的行为虽然不在无因管理制度的规范领域内,但亦被排除违法性并从属于相应的行政关系、合同关系或婚姻家庭法律关系等范畴。

1. 没有法定的义务

37　　在我国的现行法秩序中,行为人依法定义务而承担他人事务管理涵盖了诸多情况。就《民法典》的体系内部而言,存在例如财产代管人依第 43 条对失踪人的财产的妥善管理义务;拾得人依第 316 条对遗失物、留置权人依第 451 条对留置财产均具有法定的妥善保管义务;供电人依第 653 条在因自然灾害等原因断电时的抢修义务;出租人依第 712 条有对租赁物的维修义务;遗产管理人依第 1147 条对遗产具有的保管、分割等义务;宾馆、商场、银行等经营场所、公共场所的经营者、管理者或者群众性活动的组织者依第 1198 条负有安全保障义务。此时行为人履行上述义务均不构成无因管理。此外在婚姻家庭编中,第 1058 条规定的父母对未成年子女的抚养、教育和保护的义务,第 1059 条规定的夫妻相互扶养的义务,第 1111 条规定的养子女与养父母之间的义务等均属于法定义务,行为人依上述义务而进行事务管理时并不构成无因管理。反之,若不存在此类法定义务,例如当兄姐与弟妹之间不存在第 1075 条的法定扶养义务,仅仅出于亲情而管理彼此事务时,应当构成无因管理;[91] 已离婚的妻子为前夫垫付医疗费用亦属此种情况。[92] 较复杂的情况出现在收养法律关系中。例如在收养人未依照第 1105 条第 1 款第 1 句进行收养登记时,收养关系并不成立:此时若第三人对"被收养人"进行抚养,则并不构成对"收养人"的无因管理。[93] 在行为人收买并抚养被拐卖

---

〔89〕　参见金可可:《〈民法典〉无因管理规定的解释论方案》,载《法学》2020 年第 8 期,第 40 页。

〔90〕　Vgl. Staudinger/*Bergmann*, 2020, Vor §§ 677 ff. Rn. 187. 我国理论上有所谓无因管理之"无权利"、"无义务"和"无权限"之争,此种争执系继受于日本和我国台湾地区的概念化争议,在理论上并无实益。

〔91〕　吉林省高级人民法院(2019)吉民申 3220 号民事裁定书。

〔92〕　江苏省高级人民法院(2019)苏民申 3284 号民事裁定书。

〔93〕　四川省南江县人民法院(2021)川 1922 民初 219 号民事判决书。

的儿童时,虽然其对儿童在客观上不存在法定的抚养义务且已实际进行抚养,但收买行为本身亦构成《刑法》第 241 条所规定的收买被拐卖的儿童罪,因此行为人不能成立对亲生父母的无因管理。[94]

法定管理事务义务的来源包括民刑事法律、行政规章等,但必须有明确的授权或义务来源。无因管理制度在适用顺位上的补充性原则要求,只要行为人具有干涉他人私人事务领域的法定义务,即排除无因管理的成立。例如车辆驾驶人依《道路交通安全法》第 70 条第 1 款第 1 句对受伤人员具有法定的救助义务;[95]国家依照《社会救助暂行办法》第 14 条对无劳动能力、无生活来源且其法定赡养、抚养、扶养义务人无赡养、抚养、扶养能力的老年人、残疾人以及未满 16 周岁的未成年人,给予特困人员供养的义务;[96]国家综合性消防队依《消防法》第 37 条承担重大灾害事故和其他以抢救人员生命为主的应急救援工作义务,且根据同法第 49条第 2 款不得就为处理灾情所消耗的物资而收取费用;医疗机构依《道路交通安全法》第 75 条第 1 句而对交通事故中的受伤人员负有及时抢救义务,同时该条第2 句又规定道路交通事故社会救助基金承担抢救费用垫付义务,故而交警队垫付抢救费用构成无法定义务对肇事人员的无因管理。[97] 村民委员会对于村民自杀时是否依《村民委员会组织法》第 9 条(“维护村民的合法权益”)而负有法定的救助义务则存在疑问,实践中有法院认为不构成无因管理。[98] 此外,对生效判决的履行也属于当事人的法定义务(2023 年修正的《民事诉讼法》第 247 条第 1 款第 1句),若依法院生效判决共同承担还款责任的被告人为执行判决而向已胜诉的原告支付还款,不构成对其他共同被告人的无因管理。[99]

在无因管理制度中,承担事务管理的法定义务与刑法意义上的作为义务并不同。当行为人因先前行为制造了法益侵害的危险并具有作为义务时,尽管其不作为将构成刑法评价意义上的不作为犯罪,[100]但其“作为义务”仅为刑法上的结果评价,而非民法意义上承担事务管理的法定义务,因此不能排除无因管理的成立。如受益人为讨要工资而在管理人面前服用农药而寻求自杀,管理人将其送医救助

38

39

---

[94]　实践中的错误判例,参见重庆市垫江县人民法院(2015)垫法民初字第 03263 号民事判决书。

[95]　此时第三方救助人可能对肇事司机和被救者同时成立无因管理。参见缪宇:《论被救助者对见义勇为者所受损害的赔偿义务》,载《法学家》2016 年第 2 期,第 88 页。

[96]　广东省广州市中级人民法院(2020)粤 01 民终 17963 号民事判决书。

[97]　新疆维吾尔自治区塔城地区中级人民法院(2020)新 42 民终 791 号民事判决书。

[98]　湖北省大冶市人民法院(2018)鄂 0281 民初 4366 号民事判决书。

[99]　河南省焦作市中级人民法院(2020)豫 08 民终 3705 号民事判决书。

[100]　参见张明楷:《刑法学(上)》(第 6 版),法律出版社 2021 年版,第 200 页。

的行为构成无因管理,与管理人在客观上是否具有刑法意义上的作为义务无关。[101] 基于类似的理由,第 181 条正当防卫、第 182 条紧急避险和第 183 条见义勇为并非法定的事务管理义务,而仅仅是授予了紧急情况下管理人干涉他人事务的权限,因此不排除无因管理的成立。[102]

2. 没有约定的义务

40　　　管理人进入他人事务领域加以干涉的行为还可能出自"约定的义务"即有效的合同或其他约定而排除无因管理的成立。值得注意的是,由于并非所有合同都能够赋予当事人介入他人事务的权利义务,例如买卖合同并不会赋予买受人帮助出卖人修理房屋的权限,因此仅当合同依合同目的和履行内容具有对事务管理的封闭性规则时,才可以排除无因管理的成立。[103] 例如出卖人交付不符合质量要求的标的物时,依第 617 条结合第 582 条负有修理义务,此时若买受人自行实施了修理,可以依第 582 条请求出卖人减少价款或依第 584 条请求出卖人赔偿修理费用,不构成对出卖人的无因管理。除当事人在合同中对事务管理的明确约定外,还应排除当事人依照合同编通则中关于合同履行、保全等规范,以及为履行合同编分则中具体有名合同所包括的给付义务和附随义务所实施的事务管理,如出卖人依第 619 条第 1 句履行对标的物进行按约定包装的义务并不能成立无因管理。在承租人依第 713 条第 1 款第 2 句自行维修租赁物时,拥有对出租人必要费用的法定返还请求权,亦将排除无因管理的成立。有疑问的是在法律规定不明时,应当在合同框架内进行处理还是适用无因管理,如承租人依第 714 条对租赁物拥有法定的妥善保管义务,但因妥善保管租赁物所支出的必要费用能否依照无因管理请求出租人返还? 实践中有法院对无因管理在此时的适用也持否定态度,[104] 立法释义书认为承租人为维持租赁物的使用收益状态所支出的费用应当由出租人负担,[105] 本文认为由于承租人对其未履行妥善保管义务导致租赁物毁损灭失时将承担损害赔偿责任,因此其妥善保管为管理自己事务,应排除无因管理。

41　　　本条所称"约定的义务"仅包括有效的合同或其他类型的约定,在合同不成立或依第 143 条以下规定而无效或存在可撤销事由时,当事人之间即不存在约定的

---

[101]　湖北省孝感市中级人民法院(2020)鄂 09 民终 1476 号民事判决书。有疑问的是,本案中受益人声称因管理人拖欠工资而选择自杀,此时管理人是否具有刑法意义上的作为义务。

[102]　参见黄薇主编:《中华人民共和国民法典合同编释义》,法律出版社 2020 年版,第 1035 页。

[103]　德国司法实务界认为,在合同对事务管理不具有封闭性规则(abschließende Regelung)时,还要(在必要时借助补充解释)判断合同本身是否具备对事务管理的优先适用可能性。Vgl. Staudinger/ *Bergmann*, 2020, Vor § § 677 ff. Rn. 188.

[104]　河南省南阳市中级人民法院(2021)豫 13 民终 968 号民事判决书。

[105]　参见黄薇主编:《中华人民共和国民法典合同编释义》,法律出版社 2020 年版,第 541 页。

义务。为缔约所进行的磋商等工作属于第 500 条缔约过失责任的范畴,即使行为人管理客观他人事务是为了与其签订合同,无论合同嗣后是否成立均不构成对他人的无因管理。[106] 在一方当事人误以为合同有效而已经履行合同的情况下,尽管管理人承担了对混合事务的管理,但其履行系出于对合同关系存在的信赖,本文认为应当排除本条并适用第 157 条合同无效时的返还或折价补偿请求权;但在当事人明知合同无效却依然履行时,其履行可能构成"不法管理"而适用第 980 条。[107]

三、无因管理人请求权的成立与受益人抗辩(第 979 条第 2 款)

在管理人承担事务管理符合前述三个要件的情况下,无因管理之债即告成立。从管理人角度出发,一方面,负担第 981—983 条的善良管理和通知等义务,并就其义务违反承担损害赔偿责任;另一方面,管理人依本条第 1 款拥有对受益人主张必要费用偿还和损失适当补偿的请求权。管理人的请求权与事务管理的结果无关,无论管理成功与否均可向受益人主张必要费用偿还,因此双方当事人的给付关系并不存在牵连性,而是类似于(单务的)无偿委托合同。[108] 在这种情况下,受益人实际上承受了自己事务在未经允许的情况下被介入干涉且必须支付必要费用的风险,《民法典》为了平衡此时双方当事人的利益关系,在本条第 2 款为受益人赋予了管理人请求权的成立抗辩。在受益人依本条第 2 款前半句提出成立抗辩的情况下,管理人可以根据本条第 2 款后半句提出受益人真实意思违反法律或违反公序良俗的抗辩排除。

在我国文献中,本条第 2 款有时也被视作《民法典》无因管理制度中所规定的"正当性事由"或"适法事由"。[109] 此种解释立场的出发点在于对本条以下的无因管理制度按照域外(尤其是德国)法律理论进行体系重构,即在具备管理意思的"真正无因管理"范畴下根据管理人的介入管理即承担意思是否符合受益人真实意思而进一步作"适法/正当"与"不适法/不正当"无因管理的区分。然而《民法

42

43

---

〔106〕　Vgl. Müko/*Schäfer*, 2020, § 677 Rn. 92. 有疑问的是在合同不成立时,"管理人"能否依第 500 条请求受益人承担缔约过失责任。

〔107〕　参见叶名怡:《〈民法典〉第 157 条(法律行为无效之法律后果)评注》,载《法学家》2022 年第 1 期,第 184 页。

〔108〕　参见黄薇主编:《中华人民共和国民法典合同编释义》,法律出版社 2020 年版,第 867 页。

〔109〕　参见汪洋:《民法典无因管理的内外体系与规范呈现》,载《学术月刊》2020 年第 11 期,第 110 页;金可可:《〈民法典〉无因管理规定的解释论方案》,载《法学》2020 年第 8 期,第 43 页;易军:《中国法上无因管理制度的基本体系结构》,载《政法论坛》2020 年 5 期,第 95 页;黄薇主编:《中华人民共和国民法典合同编释义》,法律出版社 2020 年版,第 1037 页。

典》并未采用相应的表述方法,德国法上所谓"适法无因管理理论"于 20 世纪 80 年代提出以来也始终受到批判。[110] 为澄清本条以下无因管理制度的原意,本文特意避免使用相关概念。

（一）承担事务管理符合受益人的真实意思

44　　　根据本条第 2 款前半句,管理人"管理事务"是否符合受益人的真实意思,将成为管理人请求权能否成立的关键。在前述管理事务承担与实施的区分下,本条所称之管理事务实际为管理人"承担管理事务",因此需根据管理人的承担意思进行判断。由于承担意思仅为管理人是否愿意介入受益人所属领域的抽象决意,并不涉及具体方式和计划,因此根据本条第 1 款前段反推,只要管理人的承担意思与受益人真实意思相符合,其基于无因管理的请求权即告成立:无论事务管理最终是否成功,管理人均可依本条第 1 款请求必要费用偿还。就此而言,无因管理之债与委托合同类似,均属于行为之债:即便最终管理结果与受益人具体利益不符,也不影响本条第 1 款请求权的行使,受益人不得以得利不存在而提出抗辩。[111]

45　　　在对受益人的真实意思进行查明时应注意以下问题:无因管理制度中所称之受益人"意思"并非意思表示,仅为对他人干涉这一事实的肯定或否定意见,因而原则上不适用《民法典》第 142 条意思表示解释的方法,故而司法实践对受益人意思采取"明知或可得推知"的标准。[112] 具体而言,应当首先考察受益人为外界所明知的意思;仅在受益人明知的意思无法被查明的情况下,才应当考察其可得推知的意思。需注意的是,受益人明知与可得推知的意思之间不存在择一关系,当受益人明示的意思与可推知的意思相悖时,管理人不得援引可得推知的意思擅自承担管理。[113]

46　　　由于管理人在承担事务管理时,依第 982 条第 1 句负有及时通知受益人的义务,那么受益人必须在管理人承担事务管理时知道或至少意识到管理人的介入,并对其事务管理产生两种可能的回应:受益人对来自外部的事务管理要么表示肯定,要么表示拒绝。在受益人对管理人介入其事务并实施管理具有肯定性意思

---

〔110〕 有德国学者认为"适法无因管理理论"的缺陷包括:(1)歪曲了《德国民法典》第 677 条以下的规范原意;(2)使得无因管理制度被不必要地复杂化;(3)遮蔽了无因管理与不当得利在返还效果上的深层次关联。Vgl. *Florian Loyal*, Der fremdnützige Leistungszweck, in: JZ 22/2012, S. 1109.

〔111〕 就两者同为行为之债而非结果之债而言,无因管理与委托合同具有相似之处。参见易军:《论中国法上"无因管理制度"与"委托合同制度"的体系关联》,载《法学评论》2020 年第 6 期,第 46 页。

〔112〕 四川省高级人民法院(2018)川民申 1759 号民事裁定书;山东省高级人民法院(2020)鲁民终 2027 号民事判决书。

〔113〕 参见王利明:《债法总则研究》,中国人民大学出版社 2015 年版,第 538 页。

时,该意思必须涵盖诸如管理人的身份、介入时间等具体信息,而不能是一种抽象的认可或不置可否;反之,在受益人具有否定性意思时,只要对他人介入自己的事务领域表示抽象的拒绝即可,此时管理人介入管理即不符合其真实意思,但仍需考虑该真实意思违反法律或违背公序良俗即本条第2款后半句的情况。

本条第2款前半句所称"管理事务不符合受益人真实意思"仅指管理人有意识地介入受益人事务时的承担意思,并非指管理人实施管理时所采用的方式、方法等具体措施,因此只要受益人承担事务管理符合其真实意思,受益人即无法依本条第2款前半句提出无因管理的请求权成立抗辩。然而如前所述,规范意义上的承担意思只是管理人介入他人事务领域的抽象决意,因此管理人可能仅仅通过对受益人的抽象利益进行初步衡量后就作出了介入的决断,换而言之,管理人可能只对其承担管理所欲达到的目的或最终结果有一个抽象的期待,但对于达至此结果的具体实施手段可能尚无审慎成熟的思考。这样一来,在管理人内心所预期的受益人抽象利益(应然状态)和具体利益(实然状态)之间可能发生偏差,[114] 不过只要管理人依照第981条第1句的善良管理义务实施了事务管理,上述偏差出现的风险即应由受益人自己承担,由法院在个案中根据管理人的生活经验和身体素质能否胜任事务管理进行审查。在我国的社会生活和司法实践中,不时出现未成年人明显缺乏救助经验或对风险缺乏准确判断,但却依然奋不顾身实施救助的案件,尽管受益人此时可能以未成年人缺乏经验和自我保护能力为理由,依本条第2款提出管理事务因不符合受益人真实意思而无法依本条请求必要费用偿还和损失适当补偿,但法院往往从维护社会公平和良好道德风尚的角度出发,适用第183条和第184条的见义勇为规则并认定受益人具有适当补偿义务。[115]

有疑问的是,当管理人承担事务管理与受益人的真实意思不符合时,管理人应当在何种程度上就其错误地介入他人事务而负责? 尽管《民法典》对此并未规定,但根据前述查明受益人真实意思时"明知或可得推知"的标准,当管理人明知受益人的真实意思或应当知道其真实意思却依然承担事务管理时,[116] 可以认为其事务管理与受益人的真实意思不相符,受益人可以提出本条第2款前半句的请求权成立抗辩。

管理人的上述承担责任与具体实施事务管理时责任应当加以严格区分,管理人在具体实施事务管理时仍须依照第981条第1句规定尽善良管理人的注意义

---

〔114〕　Vgl. *Johannes Meier*, Das subjektive System der Geschäftsführung ohne Auftrag, 2019, S. 112.

〔115〕　湖北省宜昌市中级人民法院(2014)鄂宜昌中民三终字第238号民事判决书。

〔116〕　此种归责方式类似于过错责任。参见金可可:《〈民法典〉无因管理规定的解释论方案》,载《法学》2020年第8期,第42页。

务,我国通说认为其归责事由为抽象轻过失。[117] 对这两种责任进行区分的理由在于,一旦管理人开始实施管理并及时通知受益人,受益人的抽象利益即被具体化为第982条第2句的指示,此时管理人应当等待受益人就具体利益的指示并据此进行善良管理。当管理人偏离受益人指示、无正当理由中断管理时,应当就其因抽象轻过失导致的义务违反承担损害赔偿责任。例如,当管理人非因故意或过失导致承担事务管理不符合受益人真实意思,其后又因重大过失违背受益人指示实施了具体的事务管理时,那么此时依然成立无因管理,[118]但仍就其实施管理时的义务违反(第981条第1句)承担损害赔偿责任。

(二)受益人抗辩及其排除

1. 受益人抗辩成立的效果

50　　　在管理人承担事务管理符合本条第1款所规定的构成要件时,无因管理之债即告成立,本条第2款前半句关于管理事务是否符合受益人"真实意思"的规定,为受益人对管理人的请求权成立抗辩。但应当注意的是,本条第2款前半句的抗辩仅涉及管理人依照本条第1款规定对受益人的必要费用及损失适当补偿请求权,无论该抗辩成立与否,均不影响管理人向受益人承担第981—983条所规定的妥善管理、通知、等候和财产转交等义务。[119]

51　　　在受益人未提起本句的抗辩或抗辩因本条第2款后半句被排除时,管理人可以依照本条第1款规定向其请求偿还因事务管理而支出的必要费用以及损失的适当补偿。在受益人抗辩成功时,管理人的前述请求权不能成立。管理人仅能依照第980条规定,在受益人得利范围内请求必要费用偿还及损失的适当补偿。因此就结果而论,管理人一方面须承担第981—983条所规定的义务,另一方面仅能在"具有上限"的范围内请求必要费用偿还,倘若其管理事务不成功却又遭受损失,那么其基于第980条的请求权因受益人未得利而落空,其损失只能由自己承

---

〔117〕　参见王利明:《债法总则研究》,中国人民大学出版社2015年版,第546页。

〔118〕　相应的,在管理人因故意或重大过失导致承担事务管理不符合受益人真实意思时,即便其实施事务管理不违背受益人的指示,亦应成立不正当管理,不过此时可能产生受益人通过《民法典》第984条追认治愈管理人承担过错的可能。对此问题可参见易军:《论中国法上"无因管理制度"与"委托合同制度"的体系关联》,载《法学评论》2020年第6期,第96页。

〔119〕　参见金可可:《〈民法典〉无因管理规定的解释论方案》,载《法学》2020年第8期,第41页。然而该文同时认为"不适法管理人"转交财产的义务并非依据第983条第2句,而是以第980条受益人享有管理利益为要件。本文认为此观点似值得商榷:在"不适法管理"之时,管理人具有为避免他人利益受损失的意思,只是其介入即承担事务管理不符合受益人的真实意思,此时若其管理客观他人事务,自然应当转交所取得的财产,第980条仅关乎其能请求受益人返还的范围大小;若其管理主观他人事务则需证明其具有管理意思,否则将不成立无因管理并根本排除第983条第2句的适用(边码30)。

担。[120] 这再次体现《民法典》对于受益人私人利益领域的重视和保护,不当干涉者须自己承担介入他人事务的风险。

2. 受益人抗辩的排除

尽管受益人的私人利益和自决空间因上述请求成立抗辩而获得保护,但法律并非一味迁就其真实意思而毫无限制地保护私人意思自决。根据本条第 2 款后半句的规定,在受益人真实意思违反法律或者违背公序良俗的情况下,即便受益人提出本条第 2 款前半句的请求权成立抗辩,该抗辩亦将通过管理人的再抗辩而被排除。受益人此时必须容忍他人介入自己事务领域"干涉"其意思自由的事实并承受无因管理请求权成立的后果。

本条第 2 款后半句仅称"受益人的真实意思"违反法律或违背公序良俗,但根据条文逻辑,此句指的实际是受益人对管理人承担事务管理的否定性意思违反法律或违背公序良俗。因此,本句具有正反两方面的意涵:一方面,当受益人反对管理人承担事务管理的意思违反法律和行政法规的强制性规定或者违背公序良俗,那么该真实意思便无须被纳入考量;[121] 另一方面,当受益人对管理人承担事务管理具有肯定性意思或径依第 984 条行使追认时,即无须考虑受益人的真实意思是否违法悖俗的问题,[122] 不再适用本条。

对于本句所称受益人真实意思违反法律或违背公序良俗的认定,可以通过反面解释来进行理解:受益人对于管理人所介入管理的事务依照法律或公序良俗而本来便具有履行义务,当受益人不履行此类义务时将可能产生危险后果或对公序良俗造成损害,因此可以认为受益人不希望或拒绝管理人介入管理的真实意思构成违法悖俗。[123] 因此在受益人提出请求权成立抗辩时,应当查明受益人对于事务管理是否本来便具有依法或依公序良俗而发生的履行义务。

受益人对事务管理本来便具有的履行义务可能来自法律法规的直接规定,也可能来自公序良俗的要求。在实践中产生的情况主要包括:(1)管理人代具有法定管理义务[如《民法典》中规定的各项法定抚(扶)养义务]和其他法定义务(如安全保障义务)的受益人而承担的事务管理(边码37),例如代受益人依法缴纳土地使用税及滞纳金;[124] (2)管理人为保障公共安全和社会秩序、维护社会稳定而承担的事务管理(边码38);(3)对于在比较法上讨论较多的救助自杀的场合,在我国理论和实践上则几乎不成为问题。我国法院通常认为,无论受益人出于何种原因

52

53

54

55

---

[120]　参见黄薇主编:《中华人民共和国民法典合同编释义》,法律出版社 2020 年版,第 1038 页。

[121]　参见黄薇主编:《中华人民共和国民法典总则编释义》,法律出版社 2020 年版,第 406 页。

[122]　参见金可可:《〈民法典〉无因管理规定的解释论方案》,载《法学》2020 年第 8 期,第 45 页。

[123]　Vgl. Müko/*Schäfer*, 2020, § 679 Rn. 1.

[124]　安徽省芜湖市镜湖区人民法院(2017)皖 0202 民初 4778 号民事判决书。

或动机而寻求自杀,哪怕其内心真实意思即为"生无可恋""一心求死"并明确表示拒绝施救,管理人实施救助行为均构成见义勇为或无因管理。[125] 实务界的这种选择乃是出于对社会传统价值的维护和对见义勇为精神的尊重,有着从历史和现实因素出发的必然性。[126]

四、无因管理人的请求权(第 979 条第 1 款后段)

56　　　　在本条第 1 款前段所规定的无因管理的构成要件得到满足,且受益人未依本条第 2 款前半句提出请求权成立抗辩或该抗辩因本条第 2 款后半句被排除的情况下,管理人可以根据本条第 1 款后段请求受益人偿还必要费用及适当补偿损失。无因管理之债与具有给付牵连性的双务合同具有本质区别,管理人的请求权并非其依第 981—983 条向受益人履行报告和财产转交等义务的给付对价,也不取决于事务管理最终是否成功。管理人请求权与受益人请求权之间彼此独立成立,双方当事人可以就财产返还请求权与必要费用偿还请求权主张第 525 条以下的同时履行和先履行抗辩权,[127] 第 447 条以下的留置权规则亦存在适用空间。[128]

57　　　　早在《民法典》颁布实施之前,关于无因管理人必要费用及损失的偿还请求权范围的问题已在理论和实践上产生较多争议。单行法时代的《民法通则》第 93 条和《民法总则》第 121 条对于管理人的偿还请求权仅规定为"必要费用",1988 年《民通意见》第 132 条又将"必要费用"的范围扩张至管理人的实际损失,这种做法虽然是为了填补《民法通则》未规定损失赔偿请求权而对管理人不利的漏洞,但将导致管理人的必要费用偿还请求权兼具损害赔偿或补偿的功能,对无因管理制度造成体系性冲击。[129] 为回应上述问题,《民法典》在本条增加后半句,实现了管理人必要费用(自愿的费用支出)与损失(非自愿的费用支出)补偿请求权的分离,

---

〔125〕 北京市顺义区人民法院(2020)京 0113 民初 17663 号民事判决书;湖北省孝感市中级人民法院(2020)鄂 09 民终 1476 号民事判决书;黑龙江省哈尔滨市中级人民法院(2018)黑 01 民终 5872 号民事判决书。

〔126〕 参见关涛:《救助他人行为的私法构造》,载《法学》2017 年第 9 期,第 39 页。

〔127〕 参见汪洋:《民法典无因管理的内外体系与规范呈现》,载《学术月刊》2020 年第 11 期,第 117 页。

〔128〕 广东省佛山市中级人民法院(2018)粤 06 民终 881 号民事判决书。参见章程:《论我国留置权的规范适用与体系整合——民法典时代的变与不变》,载《法商研究》2020 年第 5 期,第 27 页。

〔129〕 相关争议参见王雷:《见义勇为行为中受益人补偿义务的体系效应》,载《华东政法大学学报》2014 年第 4 期,第 85 页;缪宇:《论被救助者对见义勇为者所受损害的赔偿义务》,载《法学家》2016 年第 2 期,第 80 页;王道发:《论侵权责任法与无因管理之债的界分与协调——兼评〈侵权责任法〉第 23 条》,载《法制与社会发展》2017 年第 2 期,第 170 页;吴训祥:《论无因管理本人的偿还义务——兼论〈民法总则〉第 183 条第 2 句的适用问题》,载《法学家》2019 年第 2 期,第 93 页。

有助于概念体系的清晰化。[130]

（一）因管理事务而支出的必要费用偿还

1. 因果关系与必要性的认定

据本条第 1 款后段的规定,管理人必要费用偿还的范围须以"因管理事务"而　58
支出为限,包括金钱或其他形式(如物的使用)的给付以及负担的债务。管理人所
支出的费用必须与事务管理具有因果关系,且该支出的目的必须是用于进行事务
管理。在解释论上,可以参照《民法典》第 921 条受托人为处理委托事务所支付的
必要费用,即以费用支出的直接性、有益性和经济性为原则,依据管理事务的性质
和具体管理情况而确定范围,包括管理人自承担事务管理时起为实施管理而支出
的差旅费、有关财产的运输费、仓储费、交通费和邮费等费用在内,并包含相应费
用的利息,[131]必要费用和利息的计算应当从支出之时起算。[132] 但为鼓励社会互
助精神,管理人为实施管理而进行的准备、辅助工作或预备工作所支出的费用也
应包含在必要费用内,例如管理人为赶赴现场开展救援工作所支出的交通费,应
当被认为与事务管理存在因果关系属于必要费用。[133]

受益人无须对管理人在管理事务期间支出的一切费用负责,管理人在实施事　59
务管理时的支出及负担债务在原则上应以客观必要性为限。[134] 在对必要性进行
认定时,可以依照信赖保护原则按如下顺序检索:(1)在管理人向受益人发出通
知,受益人依第 982 条第 2 句进行了指示的情况下,受益人所指示的内容即构成
管理人必要费用支出的依据。(2)当受益人未进行指示或因情况紧急而来不及等
候受益人指示时,管理人通过权衡考虑周遭情事以及受益人利益后所支出的合理
费用,也应当被认为具有必要性。对此,"合理费用"应以事后为视角进行客观判
断,尤其当管理人与第三人实施法律行为时,应根据交易习惯和一般惯例认定费
用的必要性。(3)管理人有可能出于认识错误或误判而支出超过客观必要性的费
用,此时应当基于信赖保护原则进行兜底,只要管理人对于其误判情事没有过错,
所支出的费用不属于"显著夸张或过于昂贵"的范畴即可。[135]

---

　　[130]　参见金可可:《〈民法典〉无因管理规定的解释论方案》,载《法学》2020 年第 8 期,第 48 页。反
对的观点认为本条无因管理受益人的适当补偿义务会与第 930 条受托人赔偿损失的义务产生矛盾。参
见冯德淦:《见义勇为中救助人损害救济解释论研究》,载《华东政法大学学报》2020 年第 2 期,第 146 页。
　　[131]　参见黄薇主编:《中华人民共和国民法典合同编释义》,法律出版社 2020 年版,第 870 页。
　　[132]　Vgl. Müko/Schäfer, 2020, § 670 Rn. 30.
　　[133]　吉林省通化市中级人民法院(2018)吉 05 民终 457 号民事判决书。
　　[134]　参见金可可:《〈民法典〉无因管理规定的解释论方案》,载《法学》2020 年第 8 期,第 47 页。
　　[135]　例如为救助不慎从自行车上摔落之人而"兴师动众"出动救援直升机。Vgl. Müko/Schäfer,
2020, § 683 Rn. 29.

60   本条将费用偿还的范围限制在"必要费用"之上,从而排除了管理人对有益费用的偿还请求权。虽然在比较法上有立法例明确支持有益费用的偿还,[136]但在教义学上仍普遍对其进行限缩解释,例如有益费用应当是管理人"在其依诚信原则所推知的受益人财产状况下的支出"且不包括奢侈费用。[137]不过必要费用与有益费用在实践中的区分有时难以获得清晰阐明,法院可以根据个案情事予以灵活对待。[138]对于管理人显著超出事务管理性质之限度所进行的支出,应当认为这部分费用不符合受益人的真实意思,从而构成实施事务管理中对第 981 条善良管理义务的违反。当受益人对这部分费用支出拒绝行使第 984 条追认时,可以就管理人的善良管理义务违反主张损害赔偿,在其应依本条第 1 款后段返还的必要费用中抵销即可。[139]

2. 实践中认定必要费用的类型

61   在我国司法实践中,认定必要费用的类型除了管理人所支出的费用外,还包括管理人因事务管理所负担的债务。如在管理人为死者办理丧葬等事宜成立对死者继承人的无因管理的情况下,管理人所支出的丧葬费用[140]和依当地生活习惯办理丧事(办白事)支出的招待费用属于必要费用,但其基于个人情感因素为主动寻找死者遗体所支出的费用不属于必要费用。[141]在管理人将死者遗体存放于殡仪公司成立对死者继承人的无因管理时,必要费用应当按照当地关于遗体存放费的相关标准计算,超出部分不属于必要费用。[142]管理人为受益人看管走失的狗所支出的必要费用为合理的饲养费用。[143]管理人因事务管理而为受益人垫付

---

[136]   例如《瑞士债法典》第 422 条;《意大利民法典》第 2031 条;《法国民法典》第 1375 条。关于欧洲各国立法例针对费用偿还的规定及教义学立场,参见[德]克里斯蒂安·冯·巴尔、[英]埃里克·克莱夫等主编:《欧洲私法的原则、定义与示范规则:欧洲示范民法典草案(全译本):第 5 卷、第 6 卷、第 7 卷》,王文胜等译,法律出版社 2014 年版,第 141 页及以下。

[137]   Vgl. BSK-OR I/*Weber*, 2015, § 422 Rn. 6.

[138]   参见金可可:《〈民法典〉无因管理规定的解释论方案》,载《法学》2020 年第 8 期,第 47 页。

[139]   我国学者的不同观点认为,管理人对于其所支出的有益费用可以向受益人请求不当得利的返还。参见汪洋:《民法典无因管理的内外体系与规范呈现》,载《学术月刊》2020 年第 11 期,第 117 页。但若管理人承担事务管理符合受益人真实意思,那么此时应当排除不当得利的成立。受益人对于这部分费用仅可依第 981 条第 1 句债务不履行请求损害赔偿。

[140]   丧葬费用的计算标准依据《人身损害赔偿解释》(2022 年修正)第 14 条规定:"丧葬费按照受诉法院所在地上一年度职工月平均工资标准,以六个月总额计算。"

[141]   辽宁省沈阳市中级人民法院(2017)辽 01 民终 338 号民事判决书。

[142]   山东省泰安市中级人民法院(2020)鲁 09 民终 3097 号民事判决书。

[143]   贵州省六盘水市中级人民法院(2020)黔 02 民终 1674 号民事判决书。

的费用如医疗费和护理费、[144]暖气费、[145]物业费等,[146]可以在计算利息后请求全部偿还。

管理人的必要费用偿还请求权的范围不包括报酬,这既是无因管理与有偿委托合同的重要区别,也是为鼓励社会互帮互助、弘扬社会主义核心价值观的应有之义。[147]　不过,在管理人具有专业身份且其所承担的事务管理属于其职业或营业范畴内的情况下,我国学界有观点援引域外理论,主张可以允许管理人享有报酬请求权,[148]但实务界对报酬请求权持总体上的否定态度。[149]　本文认为,管理人依本条第1款后段所主张的必要费用请求权中不应当包含报酬,但在管理人因自愿实施事务管理而丧失正常的工作机会时,从鼓励管理人的角度出发,可以向受益人请求误工费的全部偿还。值得注意的是,此处误工费是指管理人因实施事务管理所直接导致的误工,并非管理人因实施事务管理受到损害时间接导致的误工。前者如管理人为居家抚养未成年人而丧失外出工作机会,[150]后者则如管理人在灭火过程中从屋面摔下导致伤残并长期无法工作,[151]属于损失适当补偿的范畴(边码66)。在对此种因实施事务管理所直接导致的误工费进行计算时,应当按照当地城镇单位就业人员平均工资或农村居民人均收入,参照管理人的误工时间和收入状况确定,其本质上是对管理人因事务管理所支出之必要费用的计算,并非对管理人的报酬。

(二) 因管理事务所受损失的适当补偿

大陆法系传统的无因管理制度对管理人请求权的范围进行了严格限制,使之仅限于必要费用即自愿的财产支出并排除损失。传统理论对管理人请求权采取限制态度的原因一方面在于其将无因管理的基础范式定位于非紧急情况下、风险较小的财产管理,另一方面则在于坚持延续罗马法的历史传统,将无因管理的制度目的锚定于矫正财产利益的失衡状态,损失的问题则被归于侵权法范畴。随着

[144] 北京市第三中级人民法院(2017)京03民终201号民事判决书。

[145] 辽宁省大连市中级人民法院(2018)辽02民终4942号民事判决书。

[146] 湖南省湘潭市雨湖区人民法院(2021)湘0302民初1006号民事判决书。

[147] 参见黄薇主编:《中华人民共和国民法典合同编释义》,法律出版社2020年版,第1036页。同样的立法精神也见于《民法典》第317条,据此,拾得人对权利人仅有必要费用偿还而无报酬请求权。

[148] 参见金可可:《〈民法典〉无因管理规定的解释论方案》,载《法学》2020年第8期,第48页。通说则否认管理人的报酬请求权。参见王利明:《债法总则研究》,中国人民大学出版社2015年版,第553页。

[149] 参见最高人民法院民法典贯彻实施工作领导小组主编:《中华人民共和国民法典合同编理解与适用(四)》,人民法院出版社2020年版,第2779页;广东省广州市从化区人民法院(2020)粤0117民初2868号民事判决书。

[150] 四川省绵阳市中级人民法院(2021)川07民终605号民事判决书。

[151] 云南省昆明市官渡区人民法院(2020)云0111民初421号民事判决书。

工业化发展和现代社会生活的展开,传统理论的框架早已被突破。[152] 本条第 1
款后段将无因管理和见义勇为进行统一处理,为管理人和救助人赋予一般性的损
失适当补偿请求权。

1. 损失的认定

64　　　　据本条第 1 款后段规定,受益人应当对管理人因管理事务受到的损失给予适
当补偿。对于本段所称"损失",包括管理人的人身损害和财产损失,必须因实施
事务管理而产生并与事务管理具有因果关系。在管理人因事务管理受到人身损
害而主张精神损害的适当补偿时,我国理论和司法实践一般予以认可。[153] 但实
践中也有法院以无因管理"并非侵权"为理由而不支持管理人精神损害的适当补
偿请求权,[154] 可能造成不利于保护实施紧急救助行为的救助人利益的后果。

65　　　　根据内在于事务本身的风险属性和管理人对风险的预期,可以对损失进行区
分:[155] 在事务仅具一般风险时,管理人对于自身因介入事务管理所意外遭受的人
身或财产损失通常不具备预期或心理准备,此时的损失往往来自意外事件;当事
务属于紧急救助或见义勇为时,管理人在意识到承担事务管理将会承受来自紧急
状况或第三人的风险,却毅然奋不顾身自愿实施救助(第 183 条)。无论管理人对
于损失之产生是否具有预期,其损失均应被理解为本应由受益人自己承担的损
失:管理人所受损失来自事务本身所具有的风险,并不是来自管理人介入他人事
务领域实施管理这一事实。正因为如此,本条第 1 款后段所承担的损失适当补偿
责任不要求受益人具有过错即可成立。[156]

66　　　　在非紧急救助的无因管理依本条第 1 款前段而成立时,管理人在介入他人事
务领域时已经具有管理之利益和风险归属于受益人的意思。在管理人实施事务
管理的过程中,因违反善良管理义务或因过失而导致自身受到损失时,受益人可
以主张管理人因违反第 981 条第 1 句注意义务而承担损害赔偿责任并在其适当
补偿责任之内进行抵销,无须援引与有过失规则。[157] 在管理人奋不顾身"自愿实

---

〔152〕　比较法上关于管理人因事务管理所受损失赔偿或补偿的不同立场的梳理,参见[德]克里斯蒂
安·冯·巴尔、[英]埃里克·克莱夫主编:《欧洲私法的原则、定义与示范规则:欧洲示范民法典草案(全
译本):第 5 卷、第 6 卷、第 7 卷》,王文胜等译,法律出版社 2014 年版,第 155 页及以下。

〔153〕　福建省福州市中级人民法院(2020)闽 01 民终 3873 号民事判决书。参见金可可:《〈民法典〉
无因管理规定的解释论方案》,载《法学》2020 年第 8 期,第 50 页。

〔154〕　参见广东省江门市中级人民法院(2019)粤 07 民终 946 号民事判决书。

〔155〕　德国理论严格遵循"Aufwendung(费用支出)"概念,将其区分为"自愿的财产牺牲"(即费用支
出)和"非自愿的财产牺牲"(即损失),我国无因管理制度无须借鉴此种区分。参见金可可:《〈民法典〉
无因管理规定的解释论方案》,载《法学》2020 年第 8 期,第 48 页。

〔156〕　Vgl. BSK-OR I/*Weber*, 2015, § 422 Rn. 11.

〔157〕　参见金可可:《〈民法典〉无因管理规定的解释论方案》,载《法学》2020 年第 8 期,第 49 页。

施救助"即构成第 183 条规定的情况下,由于情况紧急或事发突然,管理人一方面对事务之危险程度可能会有误判,另一方面也不必等候受益人的指示,此时若让受益人承担完全赔偿责任则不啻于令受益人承担危险责任,对受益人而言较为不公。从双方当事人利益平衡的角度出发,本条为受益人规定了适当补偿而非完全赔偿的义务。[158] 依本条第 1 款后段之特别法第 183 条的规定,在侵害由第三人造成时,受益人可以给予适当补偿;在没有侵权人、侵权人逃逸或无力承担民事责任时,受益人应当向管理人承担适当补偿责任。

2. 适当补偿的范围

对于本条第 1 款后段所称"适当"应当如何理解,学界认为由法院依照个案情 67
事基于公平原则进行裁量,根据管理人的实际损失与受益人的最终获利情况进行衡量,将补偿请求限制在合理范围内。既避免奋不顾身的救助者蒙受巨大牺牲,又不应使无辜的被救助人承担过重的压力。[159] 当管理人按照受益人的指示进行善良管理时依然遭受了损失,此时应当将"适当"的范围放宽,准许管理人就全部损失请求赔偿。[160] 在管理人受到人身损失的情况下,可以参照《民法典总则编解释》第 34 条的规定,根据受害人所受损失和已获赔偿的情况、受益人受益的多少及其经济条件等因素确定受益人承担的补偿数额。

在我国司法实践中,适当补偿责任的承担范围呈现出极大的多元性。具体而 68
言,当管理人对于损失的发生亦有过失时,应当对受益人的补偿义务进行酌减,如管理人自知有心血管病史却在经济救助行为中"没有充分注意自我保护及情绪控制",法院最终认定受益人承担管理人损害结果的责任比例为 20%;[161] 又如管理人为扑灭火情,在受益人"再三叮嘱不能上屋顶"时不听劝阻,以至从屋顶摔落致伤残,法院认定受益人应承担 30% 的责任;[162] 还如管理人在协助工作时因过失导致自身伤残,法院考虑到管理人过失以及受益人"在整个事件中实际获益较小",认定其承担约 20% 的补偿责任。在管理事务不成功时,可以根据管理人与受益人双方各受损失的程度对补偿义务进行衡量。如未成年人(管理人)在救助落水的伙伴(受益人)时两人均不幸身亡,法院综合双方当事人的家庭经济能力后对适当补偿责任进行了认定。[163] 总的来看,由于此类案型极为复杂多样,也受我国

---

[158] 参见黄薇主编:《中华人民共和国民法典合同编释义》,法律出版社 2020 年版,第 1035 页。

[159] 参见汪洋:《民法典无因管理的内外体系与规范呈现》,载《学术月刊》2020 年第 11 期,第 118 页。

[160] 参见金可可:《〈民法典〉无因管理规定的解释论方案》,载《法学》2020 年第 8 期,第 49 页。

[161] 黑龙江省哈尔滨市中级人民法院(2018)黑 01 民终 5872 号民事判决书。

[162] 云南省昆明市官渡区人民法院(2020)云 0111 民初 421 号民事判决书。

[163] 广西壮族自治区百色市中级人民法院(2019)桂 10 民终 720 号。本案中管理人的监护人请求 20 万元的经济补偿金,法院最终认定受益人的监护人承担 10% 即 2 万元。

地域辽阔、经济发展格局存在差异的客观事实影响,法院对于适当补偿的范围存在较大偏差,难以进行预先限定。[164]

五、举证责任

69　　　对于本条第 1 款前段所规定的三个构成要件即管理人管理他人事务、管理人具有为避免他人利益受损失的意思、管理人没有法定的或约定的义务,以及本条第 2 款后半句的再抗辩事由即受益人的真实意思违反法律或者违背公序良俗,由管理人承担举证责任。由于上述第二个要件即管理人为避免他人受损失的管理意思有时难以直接证明,因此在客观他人事务和混合事务中应当推定管理人具备管理意思,此时若受益人主张管理人不具备管理意思或仅为其自己利益实施管理的,应当承担举证责任。管理人仅在客观中性事务中承担管理意思的举证责任(边码 28)。

70　　　对于本条第 2 款前半句所规定的请求权成立抗辩,即事务管理不符合受益人明知或可得推知的真实意思,由受益人承担举证责任。在受益人未对事务管理提出否定性意思时,应推定事务管理符合受益人的真实意思,但受益人需在明确了解管理人承担即介入事务管理时提出认可或拒绝(边码 47)。对于管理人实施事务管理时具有的赠与意图,由受益人承担举证责任。管理人依本条第 1 款主张必要费用偿还和损失适当补偿请求权时,应当就其因事务管理所花费的必要费用和具体损失进行举证。

　　　　附:案例索引

　　　1. 安徽省芜湖市镜湖区人民法院(2017)皖 0202 民初 4778 号民事判决书:陈某与张某金无因管理纠纷案【边码 55】

　　　2. 北京市第三中级人民法院(2017)京 03 民终 201 号民事判决书:北京市三里屯街道办事处与何某无因管理纠纷案【边码 22、61】

　　　3. 北京市顺义区人民法院(2020)京 0113 民初 17663 号民事判决书:北京市顺义区大孙各庄镇客家庄村村民委员会与米某华无因管理纠纷案【边码 56】

　　　4. 重庆市第四中级人民法院(2021)渝 04 民终 771 号民事判决书:崔某清与谭某洲、崔某等无因管理纠纷案【边码 19】

　　　5. 重庆市垫江县人民法院(2015)垫法民初字第 03263 号民事判决书:胡某超与谭某国、邱某无因管理纠纷案【边码 37】

　　　6. 福建省福州市中级人民法院(2020)闽 01 民终 3873 号民事判决书:莫某仁与庄某滩

---

〔164〕　参见金可可:《〈民法典〉无因管理规定的解释论方案》,载《法学》2020 年第 8 期,第 49 页。

无因管理纠纷案【边码64】

7. 广东省东莞市中级人民法院（2019）粤19民终1443号民事判决书:东莞市达鑫江滨新城开发有限公司与东莞市石碣镇人民政府无因管理纠纷案【边码28】

8. 广东省佛山市中级人民法院（2018）粤06民终881号民事判决书:陈某基与邵某琪无因管理纠纷案【边码56】

9. 广东省广州市从化区人民法院（2020）粤0117民初2868号民事判决书:潘某敏与从化市峻敏物业有限公司无因管理纠纷案【边码62】

10. 广东省广州市中级人民法院（2020）粤01民终17963号民事判决书:许某与广州市番禺区人民政府洛浦街道办事处无因管理纠纷案【边码38】

11. 广东省江门市中级人民法院（2019）粤07民终946号民事判决书:郑某华、江门市德和汽车零部件有限公司与胡某英无因管理纠纷案【边码64】

12. 广东省珠海市中级人民法院（2021）粤04民终90号民事判决书:珠海市福利彩票发行中心与珠海市基督教梅华堂排除妨害纠纷案【边码28】

13. 广西壮族自治区百色市中级人民法院（2019）桂10民终720号民事判决书:玉某爱等与黄某梅等无因管理纠纷案【边码20、68】

14. 贵州省六盘水市中级人民法院（2020）黔02民终1674号民事判决书:黄某昌与王某员无因管理纠纷案【边码20、61】

15. 贵州省黔东南苗族侗族自治州中级人民法院（2021）黔26民终380号民事判决书:吴某梅与彭某民间借贷纠纷案【边码34】

16. 海南省第二中级人民法院（2021）琼97民终414号民事判决书:黄某与邢某玲、黄某无因管理纠纷案【边码34】

17. 河北省邯郸市中级人民法院（2020）冀04民终1313号民事判决书:黄某庆与杜某琴无因管理纠纷案【边码22】

18. 河南省焦作市中级人民法院（2020）豫08民终3705号民事判决书:崔某领与陈某麦无因管理纠纷案【边码38】

19. 河南省南阳市中级人民法院（2021）豫13民终968号民事判决书:张某与裴某无因管理纠纷案【边码40】

20. 黑龙江省哈尔滨市中级人民法院（2018）黑01民终5872号民事判决书:关某静与黑龙江省华瑞物业管理有限公司无因管理纠纷案【边码56、68】

21. 湖北省大冶市人民法院（2018）鄂0281民初4366号民事判决书:大冶市金山街道办事处四棵村村民委员会与黄某梅无因管理纠纷案【边码38】

22. 湖北省孝感市中级人民法院（2020）鄂09民终1476号民事判决书:邓某忠与张某伟无因管理纠纷案【边码39、55】

23. 湖北省宜昌市中级人民法院（2014）鄂宜昌中民三终字第238号民事判决书:向某等与龙泉村村委会等见义勇为人受害责任纠纷案【边码47】

24. 湖南省郴州市中级人民法院（2018）湘10民终2390号民事判决书:赵某光、李某娥与刘某训无因管理纠纷案【边码29】

25. 湖南省双峰县人民法院(2021)湘 1321 民初 1044 号民事判决书:杨某与阳某波无因管理纠纷案【边码 22】

26. 湖南省湘潭市雨湖区人民法院(2021)湘 0302 民初 1006 号民事判决书:湖南金园物业发展有限公司与张某、郑某莲无因管理纠纷案【边码 22、26c、61】

27. 湖南省长沙市中级人民法院(2021)湘 01 民终 691 号民事判决书:邱某红与杭州百世网络技术有限公司湖南分公司无因管理纠纷案【边码 21】

28. 吉林省高级人民法院(2019)吉民申 3220 号民事裁定书:吕某卿、吕某竹与孙某娜无因管理纠纷案【边码 37】

29. 吉林省通化市中级人民法院(2018)吉 05 民终 457 号民事判决书:初某亮与集安市鹤翔交通设施工程有限公司无因管理纠纷案【边码 58】

30. 江苏省高级人民法院(2019)苏民申 3284 号民事裁定书:朱某雷与俞某霞无因管理纠纷案【边码 37】

31. 江苏省高级人民法院(2020)苏民申 1217 号民事裁定书:孙某、陆某等与常熟市雅致物业管理有限公司、常熟市雅致酒店有限公司等无因管理纠纷案【边码 28】

32. 江苏省南京市中级人民法院(2019)苏 01 民终 8712 号民事判决书:陈某与南京大贺装饰工程有限公司、大贺传媒股份有限公司等无因管理纠纷案【边码 26c】

33. 辽宁省大连市中级人民法院(2018)辽 02 民终 4942 号民事判决书:庄河市金阳供热有限公司与大连恒安物业管理有限公司无因管理纠纷案【边码 61】

34. 辽宁省沈阳市中级人民法院(2017)辽 01 民终 338 号民事判决书:王某爱与张某无因管理纠纷案【边码 61】

35. 山东省高级人民法院(2020)鲁民终 2027 号民事判决书:单县名人置业有限公司与单县人民政府房地产开发经营合同纠纷案【边码 45】

36. 山东省济南市中级人民法院(2021)鲁 01 民终 400 号民事判决书:张某某与朱某某生命权、健康权、身体权纠纷案【边码 21】

37. 山东省青岛市中级人民法院(2020)鲁 02 民终 8897 号民事判决书:东莞市春福润茶叶有限公司与青岛绿森食品有限公司无因管理纠纷案【边码 35】

38. 山东省泰安市中级人民法院(2020)鲁 09 民终 1437 号民事判决书:杨某某与关某某无因管理纠纷案【边码 22】

39. 山东省泰安市中级人民法院(2020)鲁 09 民终 3097 号民事判决书:朱某山与岳某英无因管理纠纷案【边码 61】

40. 山东省邹平县人民法院(2016)鲁 1626 民初 2347 号民事判决书:高某兰等与阎某芬等无因管理纠纷案【边码 20】

41. 四川省高级人民法院(2018)川民申 1759 号民事裁定书:广元市朝天区富达石业有限责任公司与赵某军合同纠纷案【边码 45】

42. 四川省绵阳市中级人民法院(2021)川 07 民终 605 号民事判决书:蒋某梅与段某英等无因管理纠纷案【边码 62】

43. 四川省南江县人民法院(2021)川 1922 民初 219 号民事判决书:石某坤与胡某俊、苏

某无因管理纠纷案【边码 37】

44. 新疆维吾尔自治区塔城地区中级人民法院（2020）新 42 民终 791 号民事判决书：石河子市安通物流有限公司与沙湾县人民政府等无因管理纠纷案【边码 35、38】

45. 云南省昆明市官渡区人民法院（2020）云 0111 民初 421 号民事判决书：辛某军与艾某艳、马某仓无因管理纠纷案【边码 28、62、68】

46. 浙江省高级人民法院（2020）浙民申 1666 号民事裁定书：温州市鹿城区人民政府双屿街道办事处与金某光、潘某平无因管理纠纷案【边码 26c】

47. 浙江省湖州市吴兴区人民法院（2013）湖吴商初字第 956 号民事判决书：浙江湖州市建工集团有限公司与沈某荣追偿权纠纷案【边码 35】

48. 最高人民法院（2019）最高法民申 4796 号民事裁定书：沈阳恒宇房地产开发有限公司与沈阳市大东区城市建设局无因管理纠纷案【边码 35】

第 1245 条

饲养动物损害责任的一般规定[*]

第 1245 条　饲养的动物造成他人损害的,动物饲养人或者管理人应当承担侵权责任;但是,能够证明损害是因被侵权人故意或者重大过失造成的,可以不承担或者减轻责任。

简　　目

---

[*]　本文系基于《〈民法典〉第 1245 条(饲养动物损害责任的一般规定)评注》(载《清华法学》2023 第 4 期,第 193—208 页)一文修订而成,增加约 2 万字。

案例搜集情况说明。(1)本文选取案例遵循以下标准:一是全面搜集最高人民法院指导案例、公报案例和最高人民法院裁判意见;二是对相同案型选取较高级别法院的裁判意见;三是在最高人民法院和高级人民法院无同类案例的前提下,选取中级人民法院和基层人民法院有讨论价值的特殊案型;四是最高人民法院相关刊物(如《人民司法》《商事审判指导》等)所载案例,优先选取。(2)案例来源:中国裁判文书网;北大法宝案例库;威科先行案例库;《人民司法》等纸质载体。

一、规范意旨

(一)规范意义及正当化理由

《民法典》第 1245 条(以下简称第 1245 条)是饲养动物损害责任的基础规范。本条前段规定了饲养动物损害责任的归责原则、一般要件和责任主体,后段规定了抗辩事由。第 1245 条继承了《侵权责任法》第 78 条的规范内容,仅将"但"改为"但是",并对标点有所调整。二者的规范性质和规范含义没有变化。　　**1**

饲养动物损害责任的特殊性在于:其一,损害系由动物危险性引起,而非人的单纯饲养行为所致,故不宜按照一般侵权责任处理。其二,动物作为有生命的有机体,其"行为"[1]具有自发性和不可控性,故亦区别于物件损害责任。由于饲养动物损害责任的规则设计需考虑多种特殊因素,因此立法通例将此类侵权责任类型化为一种独立的特殊侵权,我国亦不例外。《民法典》侵权责任编专设第九章规定饲养动物损害责任。第 1245 条作为该章的首条,明确了饲养动物损害责任在一般场合下的规则内容。[2]　　**2**

---

[1]　动物的致害"行为"不是严格法律意义上的行为,但基于遵循表达习惯的和方便行文的原因,本文表述为"动物行为"或者"动物侵害行为"。

[2]　亦有学者将第 1245 条(《侵权责任法》第 78 条)解读为本章的一般条款。参见杨立新:《饲养动物损害责任一般条款的理解与适用》,载《法学》2013 年第 7 期,第 25 页。

3　　　　比较法上,对于饲养动物损害责任的归责原则存在两种基本模式:一是单一归责原则模式,即饲养动物损害责任的所有案型均适用一种归责原则。例如统一适用无过错责任〔3〕或者过错推定责任〔4〕。二是多元归责原则模式,即区分不同类型的动物适用不同的归责原则。例如德国法以动物的用途为区分标准,规定奢侈型动物(宠物)适用无过错责任,用益型动物(役畜)适用过错推定责任。〔5〕英美法以动物的危险程度为区分标准,规定家畜侵入土地、野生动物和异常危险的驯养动物致害适用严格责任,非异常危险的驯养动物致害适用过错责任。〔6〕

4　　　　对于饲养动物损害责任的归责原则,我国法律经历了以下几个阶段:(1)《民法通则》施行前采取过错责任原则,即以"管理不善"为责任要件。〔7〕(2)《民法通则》第 127 条采取无过错责任原则,且将无过错责任适用于饲养动物损害责任的所有案型。该阶段的我国法律与模式一(单一的无过错责任)类似。(3)《侵权责任法》对《民法通则》的上述规定作出较大程度的修正:一是在一般场合下适用无过错责任原则(《侵权责任法》第 78 条);二是动物园构成责任主体的情形下适用过错推定责任(《侵权责任法》第 81 条);三是某些场合下适用更严格的无过错责任(《侵权责任法》第 79 条、第 80 条);四是"第三人过错"不再构成饲养人或者管理人的免责事由(《侵权责任法》第 83 条)。〔8〕《民法典》延续了《侵权责任法》的做法。总体而言,现行法似介于模式一与模式二之间,其适用不同归责原则的区分标准主要虑及某些责任主体(动物园)的特殊性。

5　　　　第 1245 条规定的责任条件中未出现"过错""过失"等表述,故应解释为在一般场合下饲养动物损害责任适用无过错责任原则。依据立法机关释义书的解释,其立法理由在于:其一,促使动物饲养人或者管理人认真地负担全面的注意、防范义务,以保护公众安全;其二,动物的本性决定了其具有特殊危险性。〔9〕学者多以"各国立法潮流"〔10〕"强化受害人保护"〔11〕"危险责任的分配正义"〔12〕等视角,

---

〔3〕　参见《法国民法典》第 1385 条;《意大利民法典》第 2052 条。

〔4〕　参见《日本民法典》第 718 条;《奥地利民法典》第 1320 条。

〔5〕　参见《德国民法典》第 833 条。

〔6〕　参见《美国侵权法重述(第二次)》第 504—518 条。

〔7〕　参见《最高人民法院关于贯彻执行民事政策法律若干问题的意见》(〔84〕法办字第 112 号)第 74 条。

〔8〕　《侵权责任法》相较于《民法通则》的上述变化,有学者总结为"单一的无过错责任"到"适用不同责任"。参见程啸:《侵权责任法》(第 3 版),法律出版社 2021 年版,第 707 页。

〔9〕　参见黄薇主编:《中华人民共和国民法典侵权责任编释义》,法律出版社 2020 年版,第 230 页。

〔10〕　参见张新宝:《中国民法典释评·侵权责任编》,中国人民大学出版社 2020 年版,第 268 页。

〔11〕　参见王利明:《侵权责任法研究(下卷)》(第 2 版),中国人民大学出版社 2016 年版,第 609 页。

〔12〕　参见邹海林、朱广新主编:《民法典评注·侵权责任编 2》,中国法制出版社 2020 年版,第 734 页(尹志强执笔)。

论证该规定的合理性。有少数学者在立法论层面主张,应在区分动物类型的基础上,分别适用无过错责任和过错推定责任。[13]

第 1245 条构成《民法典》第 1166 条中的"不论行为人有无过错,法律规定应当承担侵权责任的,依照其规定"之情形。后者可作为适用第 1245 条时的参引规范。

6

(二)规范性质

1. 第 1245 条是完全法条

第 1245 条的内容包含了责任要件、法律后果和抗辩事由,故属于完全法条。从请求权基础的角度而言,第 1245 条前段为主要规范,为原告(被侵权人)主张侵权责任提供了请求权基础;后段为防御规范,为被告排除或限制原告的请求权提供了依据。[14]

7

2. 第 1245 条规定的是危险责任

比较法上普遍认为,饲养动物损害责任系由动物固有危险的实现所产生的责任,故属于危险责任。[15] 在我国,学理[16]及实务主流意见[17]亦认为饲养动物损害责任属于危险责任的范畴,饲养动物作为一种危险源是相关主体承担责任的根本原因。

8

3. 第 1245 条规定的是"准侵权行为"责任

对于饲养动物损害责任的性质究属人的行为(狭义侵权行为、直接加害行为)抑或准侵权行为所生责任,理论上存在一定分歧。第一种观点"准侵权行为说"认为,饲养人或者管理人不是对自己的行为承担责任,而是对与其具有一定关系的"物"造成的损害负责。[18] 第二种观点"不作为侵权说"认为,饲养动物损害责任系由于饲养人或者管理人未履行对危险源的监督义务而产生,故属于不作为侵权责任。[19] 第三种观点"双重复合性说"认为,饲养动物损害责任中的加害行为是

9

〔13〕 参见王崇华:《再议饲养动物损害责任的归责原则》,载《法学论坛》2013 年第 4 期,第 153 页。

〔14〕 参见吴香香编:《民法典请求权基础检索手册》,中国法制出版社 2021 年版,第 185 页。

〔15〕 参见[德]克里斯蒂安·冯·巴尔、[英]埃里克·克莱夫主编:《欧洲私法的原则、定义与示范规则:欧洲示范民法典草案(全译本):第 5 卷、第 6 卷、第 7 卷》,王文胜等译,法律出版社 2014 年版,第 521 页。

〔16〕 参见朱岩:《危险责任的一般条款立法模式研究》,载《中国法学》2009 年第 3 期,第 44 页。

〔17〕 参见最高人民法院民法典贯彻实施工作领导小组主编:《中华人民共和国民法典侵权责任编理解与适用》,人民法院出版社 2020 年版,第 645 页。

〔18〕 参见张新宝:《中国民法典释评·侵权责任编》,中国人民大学出版社 2020 年版,第 269 页。

〔19〕 参见最高人民法院民法典贯彻实施工作领导小组主编:《中华人民共和国民法典侵权责任编理解与适用》,人民法院出版社 2020 年版,第 643 页。

"人对动物的管理行为与动物行为的复合",二者结合才能认定侵权行为。[20]　笔者赞同观点一,理由在于:其一,第 1245 条规定的责任要件中并未包含"不履行监督等管理义务",故另两种观点无法解释饲养人或者管理人在已履行管理义务的情形下何以仍须承担责任。其二,第 1245 条中的"管理人"之表述,意在确定与动物存在何种关系的人有可能成为责任主体,而非以"不履行监督等管理义务"为责任要件。

(三) 适用范围

1. 第 1245 条与本章其他各条的关系

10　　　受害人因饲养动物致害主张侵权责任的,如果不涉及法律特殊规定,均应适用第 1245 条。由于第 1245 条是饲养动物损害责任的一般规定,故本章其他各条如果对相关规范未作特殊规定,则应采与第 1245 条之相同解释。例如第 1246 条系针对责任主体违反管理规定的情形下对抗辩事由所作特别规定,即该情形下以"被侵权人故意"代替第 1245 条中的"被侵权人故意或者重大过失"之抗辩事由,但归责原则、责任要件和责任主体仍采第 1245 条之相同解释。又例如第 1249 条的规范意义在于明确"遗弃、逃逸的动物在遗弃、逃逸期间造成他人损害"仍适用饲养动物损害责任的一般规定,即该情形下归责原则、责任要件、责任主体和抗辩事由均采第 1245 条之相同解释。

11　　　动物园的动物致人损害责任适用第 1248 条,而不适用第 1245 条。由于该两条规定的归责原则、责任要件、责任主体和抗辩事由均不相同,故不能并用。

2. 责任主体与被侵权人之间存在合同关系的情形

12　　　该情形下,是否依据请求权竞合规则允许被侵权人选择请求权,抑或作其他处理? 有域外法对此持肯定意见,且承认当事人约定排除适用动物危险责任的效力。[21] 我国学界对此少有讨论,但实务中不乏涉及该问题的实例。笔者认为,在我国现行法框架下,原则上应允许被侵权人选择行使侵权请求权或违约请求权,但在某些案型中应考虑合同性质、当事人义务等因素作例外处理。实务中的常见情形如下:

13　　　第一,以骑乘、观赏动物为内容的旅游合同(被侵权人是旅游者)。《旅游纠纷规定》(2020 年修正)第 3 条规定,因旅游经营者方面的同一原因导致旅游者受到

---

[20]　参见季若望:《论动物致害责任中的动态危险性——〈民法典〉第 1245 条与第 1247 条的联动解释》,载《北方法学》2021 年第 4 期,第 48 页。

[21]　Vgl. Gerhard Wagner, Kommentar zum § 833, in: *Münchener Kommentar zum BGB*, 8. Aufl., München: C. H. Beck, 2020, Rn. 7-8.

损害的,旅游者可以选择行使侵权请求权或违约请求权。旅游者提起侵权之诉的,既可依据第 1245 条,亦可以其他侵权请求权为基础。[22] 由于骑乘、观赏动物属于"可能危及旅游者人身、财产安全的旅游项目",旅游经营者、旅游辅助服务者对此应履行告知、警示义务[《旅游纠纷规定》(2020 年修正)第 8 条第 1 款]。旅游者就个人健康信息未履行如实告知义务,或者不听从旅游经营者、旅游辅助服务者的告知、警示,参加不适合自身条件的旅游活动,导致旅游过程中受到损害的,旅游经营者、旅游辅助服务者可主张抗辩[《旅游纠纷规定》(2020 年修正)第 8 条第 2 款]。在违约之诉中,还须考虑格式条款无效(《民法典》第 497 条)、免责条款无效(《民法典》第 506 条)等规则的适用。

第二,动物保管合同(被侵权人是保管人)。该情形下被侵权人可以选择行使 **14** 侵权请求权或违约请求权。侵权之诉中,如果保管人是专业经营动物保管业务的人(如宠物店),认定被侵权人重大过失时应采更严格标准,因为此类保管人负有更高的专业注意义务。违约之诉中,可适用保护义务、协助义务等附随义务(《民法典》第 509 条第 2 款)和寄存人的特殊告知义务(《民法典》第 893 条)等规则认定寄存人的责任。

第三,以诊疗、屠宰动物等为内容的承揽合同(被侵权人是执业兽医等专业承 **15** 揽人)。该情形应解释为特殊领域中双方当事人约定排除适用危险责任,故应按合同纠纷处理,而不适用第 1245 条。换言之,承揽人在承揽活动过程中因动物致害的,不得主张饲养动物损害责任,而只能向对方主张违反告知义务、协助义务等附随义务的违约责任。以动物诊疗为例,分析理由如下:其一,第 1245 条的规范目的是基于公众安全的需要,针对动物危险性强化被侵权人的保护。动物诊疗过程中,面对并处理动物危险是诊疗行为的组成部分,即被侵权人自愿进入危险领域且对危险有充分预见,故该场合似与前述规范目的不符。其二,从事动物诊疗活动的机构和执业兽医负有更高的法定义务,动物致害事件的发生通常与被侵权人未充分履行该义务有关。例如,从事动物诊疗活动的机构应当具备"有与动物诊疗活动相适应并符合动物防疫条件的场所"等条件(《动物防疫法》第 61 条第 1 款);执业兽医负有"按照技术操作规范从事动物诊疗和动物诊疗辅助活动"的法定义务(《执业兽医管理办法》第 26 条第 2 项、《动物防疫法》第 65 条第 1 款)。换言之,具有专业技能的此类被侵权人本有义务防范诊疗过程中动物危险的实现。其三,该情形下,双方当事人就动物所生责任和风险的分配事先作出约定,故责任的承担应依据约定。[23] 此类被侵权人收取相关费用,构成在危险环境下提供诊

---

〔22〕　参见河北省承德市中级人民法院(2020)冀 08 民终 1244 号民事判决书。

〔23〕　参见邵永昌等:《饲养动物致人损害赔偿责任新探》,载《社会科学家》2006 年第 6 期,第 103 页。

疗服务的对价,故不宜在发生致害事件时使此类被侵权人获得与普通人相同的保护。正是基于该理由,《民法典》第 1193 条规定承揽人在完成工作过程中造成自己损害的,定作人不承担侵权责任。其四,在诊疗过程中,一般须在执业兽医控制动物的状态下进行诊疗行为。此时执业兽医类似于动物的临时管理人,故原饲养人或者管理人构成责任主体存在障碍。

16　　　　实务中,不乏采上述观点的实例。例如原告(执业兽医)接受邀请为病猪诊治,原告准备用自带钢丝套套住猪嘴然后给猪打针,在套猪嘴过程中被猪嘴拱伤左眼受伤。法院认为该案属于诊疗服务合同纠纷而非饲养动物损害责任纠纷,理由在于:原告作为专业兽医,应当熟悉牲猪的习性并意识到病猪受到钢丝套的物理作用时,极有可能产生本能应激反应和由此带来的安全风险。因此,原告因疏忽大意或者违反操作规程被诊疗对象侵害受伤,不符合饲养动物损害责任的构成要件。[24]

17　　　　基于与动物诊疗情形之相同理由(边码 15),在屠宰、劏割动物过程中专业承揽人受到损害的,亦应按合同纠纷处理。此类场合下,专业承揽人在已经预见到动物危险性的前提下凭借其技能完成承揽活动并获得报酬,故不宜适用第 1245 条之无过错责任。如果承揽活动过程中承揽人因其他动物(非承揽对象)致害,则仍可适用第 1245 条,因为其他动物危险并非承揽活动的固有内容。例如劏割仔猪过程中,因定作人过失导致承揽人被猪栏中的母猪冲出咬伤,仍构成饲养动物损害责任。[25]

18　　　　不具备专业资质的人实施上述承揽活动的,被侵权人可以选择行使侵权请求权或违约请求权,因为上述情形之理由(边码 15)对其不成立。无论在侵权之诉或违约之诉中,此类被侵权人在不具备专业资质的前提下实施诊疗、屠宰动物等承揽活动,均应认定为具有重大过失。

二、饲养动物损害责任的一般要件

(一) 要件 1:饲养的动物

1. 饲养

19　　　　第 1245 条中的"饲养",是指特定人基于本意通过提供食物的方式对动物进

---

〔24〕　参见湖北省高级人民法院(2021)鄂民申 1737 号民事裁定书。其他裁判意见参见天津市第三中级人民法院(2021)津 03 民终 6088 号民事判决书。

〔25〕　参见湖北省宜昌市中级人民法院(2016)鄂 05 民终 1285 号民事判决书。

行培育和实际控制的行为。[26]"饲养"应具备两个因素:一是主体要素,即饲养或管理的主体是特定的人。二是控制力要素,即饲养或管理的主体须对动物具有适当程度的控制力。[27] 前一要素使动物危险源的归属得以确定,后一要素使危险源所生损害与特定主体相联结具有正当性。饲养的具体形态可以是封闭式的,如圈养生猪、笼养鹦鹉等;也可以是开放式的,如农村地区散养的犬类、家禽等;家养宠物(如猫、狗)则多介于封闭与开放之间的状态。以下几种情形值得特别讨论:

　　第一,不包括野生动物。野生动物通常不具备"饲养"的两个要素,故第 1245 条中的"动物"原则上排除野生动物。此处的野生动物,是指不受特定人控制、处于野生状态的动物,既包括受保护的野生动物,也包括不受保护的野生动物。其范围大于《野生动物保护法》第 2 条第 2 款规定的野生动物,后者仅指受保护的珍贵、濒危的陆生、水生野生动物和有重要生态、科学、社会价值的陆生野生动物。[28]

20

　　对于受保护的野生动物致害事件,通常适用国家补偿对受害人予以救济,[29] 具体补偿办法由省级人民政府制定。[30] 如果存在其他原因力介入导致受保护的野生动物致害事件,其他责任人与相关国家机构均为责任主体。例如野象踏坏隔离栅栏横穿高速公路与车辆相撞,对高速公路负有安全保障义务的投资公司与相关国家机构均为责任主体。[31] 一般情形下,对于自然保护区和野生动物保护区内的受保护野生动物虽然存在一定程度的饲养或管理(如定期投放食物),但对其控制力很低,故其不属于第 1245 条中的饲养动物。[32] 如果驯养繁殖的重点保护

21

　　〔26〕　参见最高人民法院民法典贯彻实施工作领导小组主编:《中华人民共和国民法典侵权责任编理解与适用》,人民法院出版社 2020 年版,第 640 页。

　　〔27〕　参见张新宝:《中国民法典释评·侵权责任编》,中国人民大学出版社 2020 年版,第 267 页。亦有观点认为饲养或管理的主体须对动物具有"完全的"控制力。参见梁慧星主编:《中国民法典草案建议稿附理由:侵权行为编·继承编》,法律出版社 2004 年版,第 82 页。后者所采标准似乎过高,且与通常观念不符。

　　〔28〕　我国法律中的野生动物不同于英美法中的野生动物,后者是与"驯养动物"相对的概念。野生动物(如马戏团的老虎、农场中的斑马)与驯养动物(如牛、羊)的区分标准包括危险性、放养状态、民众习俗等因素。在英美法中,野生动物致害的,其主人承担严格责任。参见[美]丹·B. 多布斯:《侵权法(下册)》,马静等译,中国政法大学出版社 2014 年版,第 817—818 页。

　　〔29〕　对此类国家补偿性质的学理意见,参见武奕成:《野生动物致害中的国家补偿责任》,载《邢台学院学报》2008 年第 4 期,第 39—40 页。

　　〔30〕　迄今为止,仅少数省份制定了此类补偿办法。例如《云南省重点保护陆生野生动物造成人身财产损害补偿办法》《陕西省重点保护陆生野生动物造成人身财产损害补偿办法》等。

　　〔31〕　参见杨棱:《野生动物穿越高速公路致害的责任探析》,载《人民司法·应用》2011 年第 9 期,第 110 页。

　　〔32〕　参见黄薇主编:《中华人民共和国民法典侵权责任编释义》,法律出版社 2020 年版,第 230—231 页。

野生动物与饲养人或者管理人之间形成明确的监管关系,由于其性质上更接近饲养动物,故可参照适用第 1245 条。[33]

22　　不受保护的野生动物致人损害的,如果没有其他原因力介入,属于正常的生产、生活风险,故由受害人自行承担损害。例如田鼠啃食庄稼、麻雀啄伤小孩等。

23　　第二,是否包括养殖蜜蜂?学理上对此多持肯定意见。[34] 但亦有学者指出,将养殖蜜蜂认定为饲养动物,可能存在以下困扰:(1)养蜂人并不为蜜蜂直接提供食物,而是将蜜蜂移至靠近花源的位置,再由蜜蜂自己"劳动"采集花粉获取食物。这种养殖方式是否构成第 1245 条中的"饲养"?(2)养蜂人对蜜蜂的控制方式主要是通过控制蜂王使其进入蜂箱,而在蜂箱之外以及采集花粉的过程中无法控制蜜蜂个体。(3)由于蜜蜂飞行快、个体小,难以对伤人蜜蜂进行个体定位,导致被侵权人举证困难。[35] 笔者认为,养殖蜜蜂构成第 1245 条之饲养动物。对上述质疑的回应如下:其一,责任主体不为饲养动物直接提供食物,并非养殖蜜蜂所具有的特殊现象,农村地区散养的家禽(俗称走地鸡)亦属此类饲养方式。而且,养蜂人提供的专业蜂箱对蜜蜂转化蜂蜜具有决定性意义。其二,养蜂人通过控制蜂王及蜂箱间接控制蜂群,系针对蜜蜂的生物学特征所采控制方式,具备"适当程度的控制力"之要求。其三,对于被侵权人难以举证致害蜜蜂个体以及该蜜蜂属于养蜂人,实务中法院多适用举证责任倒置和高度盖然性规则,故该问题可得到妥善处理(边码 113)。[36]

2. 动物

24　　第一,不区分动物的危险程度,但应为法律未禁止饲养的动物。英美法通常区分动物的危险程度适用不同归责原则(边码 3),我国未采该模式。法律未禁止饲养的动物无论危险程度如何,均可构成第 1245 条中的"动物"。某些动物危险程度较高仅对"被侵权人重大过失"的认定具有影响。有学者认为,饲养动物不包括无脊椎动物,如孔虫、珊瑚虫、乌贼等。[37] 该观点似以危险程度为标准将此类动物排除于第 1245 条中的"动物"范围之外,故并不合理。

25　　第二,不区分动物用途。比较法上,有区分动物用途而适用不同归责原则的

---

〔33〕 参见尹志强主编:《物件及动物致害责任例解与法律适用》,人民出版社 2010 年版,第 223—224 页。

〔34〕 参见程啸:《侵权责任法》(第 3 版),法律出版社 2021 年版,第 711 页。

〔35〕 参见邹海林、朱广新主编:《民法典评注·侵权责任编 2》,中国法制出版社 2020 年版,第 734 页(尹志强执笔)。

〔36〕 参见江苏省镇江市中级人民法院(2003)镇民一终字第 447 号民事判决书。该案详细分析参见最高人民法院中国应用法学研究所编:《人民法院案例选》2005 年第 3 辑(总第 53 辑),人民法院出版社 2006 年版,第 214—219 页。

〔37〕 参见张民安、杨彪:《侵权责任法》,高等教育出版社 2011 年版,第 538 页。

立法模式(边码 3)。我国现行法未采上述模式,具有不同用途的饲养动物均可适用第 1245 条,且适用标准不存在差异。

第三,不包括微生物。学界[38]及实务界[39]普遍认为,细菌、病毒等微生物虽属有机体,但不构成第 1245 条中的"动物"。微生物致害应当适用高度危险责任的相关规定(《民法典》第 1239 条中的剧毒、高致病性危险物)。笔者赞同该观点,理由如下:其一,细菌、病毒等微生物的管理人主要是医院、科研机构等,此类主体依据法律或行业规程负有更严格的管理义务,故微生物致害适用的规范内容与第1245 条具有不同的考量因素。其二,微生物不被肉眼所见,且无法对其进行个体控制。这与通常观念上的"饲养、管理动物"存在差异。其三,携带病毒的动物致害的情形下(如狗咬小孩致其患狂犬病),虽然直接致害的因素是病毒,但猫、狗携带病毒亦属动物危险性的体现,故应认定为动物致害而非微生物致害。该认定亦与社会通常观念相符。其四,域外法上,虽然日本有学理及实务意见认为微生物致害构成饲养动物损害责任,但此系日本法律框架下未设置高度危险责任之故。[40] 在德国,主流意见认为微生物致害与化学物质致害的性质类似,应适用高度危险物责任的相关规定。[41] 我国在此问题上与德国法模式类似,故宜采相同解释。[42]

26

(二) 要件 2:动物危险的实现

所谓动物危险的实现,是指动物危险致害的高度可能性成为现实。[43] 饲养动物损害责任须具备本要件,是比较法上的共识。[44] 本条件与危险责任相契合,其主要意义是将"虽由动物致害,但责任性质非属危险责任"的情形排除在外。我国学界及实务界对此亦持相同意见,但具体表述不尽相同。本要件的常见表述包

27

---

[38]　参见王利明:《侵权责任法研究(下卷)》(第 2 版),中国人民大学出版社 2016 年版,第 595 页。

[39]　参见陈现杰主编:《中华人民共和国侵权责任法条文精义与案例解析》,中国法制出版社 2010年版,第 267 页(高燕竹执笔)。

[40]　亦有日本学者认为微生物致害属于一般侵权责任(《日本民法典》第 709 条)。参见[日]吉村良一:《日本侵权行为法》(第 4 版),张挺译,中国人民大学出版社 2013 年版,第 172 页。

[41]　Vgl. Gerhard Wagner, Kommentar zum § 833, in: *Münchener Kommentar zum BGB*, 8. Aufl. , München : C. H. Beck, 2020, Rn. 10.

[42]　关于微生物致害责任的比较法材料,参见[德]克雷斯蒂安·冯·巴尔:《欧洲比较侵权行为法(上卷)》,张新宝译,法律出版社 2001 年版,第 272—274 页。

[43]　参见朱岩:《危险责任的一般条款立法模式研究》,载《中国法学》2009 年第 3 期,第 47 页。

[44]　参见[德]克雷斯蒂安·冯·巴尔:《欧洲比较侵权行为法(上卷)》,张新宝译,法律出版社2001 年版,第 285 页。

括"动物固有危险的实现"[45]"动物本身的危险性发生"[46]"动物独立实施某种致害举动"[47]等。亦有观点实质性采纳本要件,但未将本条件单列,而是在其他条件中予以阐释本条件的要求。[48]

28　　　　对于"动物危险"的判断标准,比较法上多有分歧。[49] 我国学界多持"动物自主行为说",该说认为动物危险应解释为动物的自主行为(自主运动),而动物行为的不可预测性只是动物危险的一种表现。该说适当扩大了动物危险的范围,对保护受害人较为有利。[50] 对于该说的具体运用,说明如下:其一,自主行为系指动物依其本性作出的行为,故动物在人的意志支配下致害不具备本要件(边码54)。自主行为是否具有不可预测性,不影响动物危险的认定。例如一向温顺的小猫偶然抓伤他人,仍可具备本条件。[51] 其二,由于动物习性各异,其自主行为引发危险的样态亦不相同,故动物危险的认定应依据动物种类作个别判断。例如狗的危险是咬人,牛是顶或撞人,蜜蜂是蜇人,鸽子是粪便污染,毒蛇是对其袭击的担忧等。其三,动物危险不仅限于动物的攻击行为,只要其自主行为相较于通常情形增加了损害发生的可能性,即可具备本要件。例如牲畜在公路上站立不动引发交通事故、为躲避狂奔的马群而摔伤等。

(三)要件3:他人损害

1. 他人

29　　　　此处的"他人"应解释为责任主体(饲养人或者管理人)之外的人。宠物主人被自己的猫、狗抓伤或咬伤,属于豢养宠物的固有风险,当然不符合本条件。如果宠物店(出卖人)就动物习性等事宜未履行告知义务导致买受人因饲养动物致害,可通过违约责任(违反告知义务、瑕疵担保责任)救济受害人,而不构成饲养动物

---

〔45〕 参见王利明:《侵权责任法研究(下卷)》(第2版),中国人民大学出版社2016年版,第611页。

〔46〕 参见邹海林、朱广新主编:《民法典评注·侵权责任编2》,中国法制出版社2020年版,第737页(尹志强执笔)。

〔47〕 参见张新宝:《中国民法典释评·侵权责任编》,中国人民大学出版社2020年版,第269页。

〔48〕 参见程啸:《侵权责任法》(第3版),法律出版社2021年版,第711页;陈现杰主编:《中华人民共和国侵权责任法条文精义与案例解析》,中国法制出版社2010年版,第267页(高燕竹执笔)。

〔49〕 例如德国法上存在"动物任意行为说""动物不可预见行为说""动物自主行为说"等观点。参见[德]克里斯蒂娜·埃贝尔-博格斯:《德国民法动物饲养人责任(§§833,834 BGB)施陶丁格注解》,王强译,中国政法大学出版社2013年版,第46页。

〔50〕 参见王利明、周友军、高圣平:《侵权责任法疑难问题研究》,中国法制出版社2012年版,第617—619页。

〔51〕 对于此类情形,英美法上有所谓"免费一口"(One Free Bite)规则,但该规则的合理性在英美法中亦极具争议。参见[美]丹·B. 多布斯:《侵权法(下册)》,马静等译,中国政法大学出版社2014年版,第814—815页。我国现行法中并无该规则。

杨　巍

损害责任。

30　存在其他原因力介入而导致责任主体受到其饲养或管理的动物侵害的,亦不符合本要件,而应依据原因力的属性及大小确定责任性质和责任主体。例如甲追打乙的牛,牛躲避过程中撞伤乙。该情形应按一般侵权责任处理(侵权人为甲)。兹举两则实例进一步说明:(1)张某遛狗时,其饲养的狗扑向赵某饲养的猫,猫在躲避过程中,赵某利用其手中栓猫绳欲强行将猫抱起,猫挣脱时将赵某挠伤。法院判决张某承担主要责任,赵某承担次要责任(理由是强行抱猫的行为不妥,构成致害原因之一)。[52] 该裁判意见可资赞同。唯应注意的是,虽然本案以饲养动物损害责任为裁判依据,但本案中确定责任归属的"饲养动物"是张某的狗,而非(直接抓伤)赵某的猫,因为狗是该致害事件的原因力来源。(2)黄某牵自己饲养的一匹马沿国道行走,王某驾驶货车同向行驶经过马匹时,马匹受惊跳入路旁边沟,牵马的黄某被带摔倒受伤。法院认为,本案属于一般侵权责任纠纷,适用过错归责原则,而不属于饲养动物损害责任和机动车交通事故责任纠纷。[53] 本案排除适用饲养动物损害责任的思路值得赞同,但界定为一般侵权责任纠纷似非妥当。由于该致害事件的原因力来源是机动车,故依据机动车交通事故责任处理似乎更为合理。如果黄某牵马不当,可作为过失相抵的因素予以考量。

2. 损害

31　对于财产损害和人身损害符合本条件,学理及实务上不存疑义。财产损害的常见情形包括:猪啃食他人农作物、牛撞坏路边的汽车、狗抓坏房东的地板等。甲的动物侵害乙的动物致其伤亡的,亦属于财产损害,[54] 例如狗侵入鸡舍并咬死鸡鸭。[55] 人身损害的常见情形包括:猫抓伤他人、牛顶人致残、藏獒咬死他人等。被侵权人主张精神损害赔偿的,在某些案型中可以得到支持,详见本文第五部分。

3. 妨碍状态

32　饲养动物虽未造成实际损害,但对他人构成妨碍状态,是否满足本要件? 例如宠物狗日夜狂吠影响邻人休息、学童因恶犬常立于门前而不敢上学等。学界对此存在争议。"肯定说"认为,妨碍状态具有客观性,亦构成对他人合法权益的侵害,故满足本条件。[56]"否定说"认为,如果属于邻里之间的动物侵扰,适用相邻

---

〔52〕 参见北京市第一中级人民法院(2016)京 01 民终 6334 号民事判决书。

〔53〕 参见贵州省黔西南布依族苗族自治州中级人民法院(2021)黔 23 民终 2922 号民事判决书。

〔54〕 不同观点参见尹志强主编:《物件及动物致害责任例解与法律适用》,人民出版社 2010 年版,第 180—181 页。

〔55〕 参见上海市高级人民法院(2015)沪高民一(民)申字第 1207 号民事裁定书。

〔56〕 参见杨立新:《侵权责任法》(第 4 版),法律出版社 2021 年版,第 628 页。

关系规则;如果不属于邻里之间的动物侵扰,适用一般侵权责任。[57] 笔者赞同肯定说。由于现行法规定的民事责任形式不仅限于损害赔偿,还包括停止侵害、排除妨碍等,故本要件之"损害"似不应等同于损害赔偿意义上的损害。如果被侵权人主张损害赔偿请求权,存在损害赔偿意义上的损害方满足本要件。如果仅存在动物妨碍状态等具有客观性的不利后果,被侵权人可主张停止侵害、排除妨碍等请求权。

(四) 要件 4:因果关系

33　　　第 1245 条中"造成他人损害"之"造成",意指对因果关系的要求。本要件是指动物危险的实现与他人损害之间具有相当因果关系,即特定类型的动物危险的实现通常会给他人造成特定类型的损害,或者说"致害事件发生之因果历程符合一般事件正常发展过程"[58]。实务中认定具有相当因果关系的情形包括:(1)宠物狗追咬被侵权人,致其摔倒受伤;[59](2)被藏獒咬伤后,导致心脏病发作;[60](3)高加索犬(属凶猛犬类)扑冲行驶中的摩托车,车手情急之下避险,从摩托车上跌落摔伤[61]等。

三、常见案型

(一) 基于动物本性的典型侵害

34　　　该情形下,动物依其本性利用其身体实施直接侵害行为,故可构成饲养动物损害责任不存疑义。实务中最常见的情形是狗咬人、猫抓人。其他情形包括:(1)马踢人;[62](2)牛闯入他人承包地踩坏种植物及破坏整理好的土地;[63](3)猪撞人;[64](4)他人在狗的带动下摔倒;[65](5)八哥啄伤他人眼睛;[66](6)天鹅扑倒、啄伤行

---

〔57〕 参见王利明:《侵权责任法研究(下卷)》(第 2 版),中国人民大学出版社 2016 年版,第 613—614 页。

〔58〕 参见陈聪富:《因果关系与损害赔偿》,北京大学出版社 2006 年版,第 13 页。

〔59〕 参见广东省高级人民法院(2019)粤民申 5450 号民事裁定书。

〔60〕 参见甘肃省高级人民法院(2018)甘民申 841 号民事裁定书。

〔61〕 参见福建省宁德市中级人民法院(2015)宁民终字第 1451 号民事判决书。

〔62〕 参见黑龙江省高级人民法院(2017)黑民申 154 号民事裁定书。

〔63〕 参见浙江省丽水市中级人民法院(2021)浙 11 民终 1422 号民事判决书。

〔64〕 参见湖北省鄂州市中级人民法院(2020)鄂 07 民终 346 号民事判决书。

〔65〕 参见山东省枣庄市中级人民法院(2020)鲁 04 民终 2861 号民事判决书。

〔66〕 参见福建省福州市中级人民法院(2019)闽 01 民终 5467 号民事判决书。

人[67]等。

(二) 动物单纯的机械作用致害

1. 动物躯体作为机械工具

如果动物被当作无生命的工具用来完成侵害行为(如抛掷乌龟砸人),不构成 **35**
饲养动物损害责任。该情形下,动物的质量和冲击力造成损害,但这并非由动物
自主行为所引起,而是行为人将其作为侵权工具(与无生命的工具无异),故不属
于动物危险的实现。如果动物被当作工具时本能地作出反应造成他人损害(如被
投掷的猫因受惊吓而抓伤人),应采相同认定,[68]因为动物在该情境下的此种反
应是行为人完全可以预见的,该反应可视为工具的"附加效果"。

2. 动物的大小或重量构成致害原因

如果单纯因为动物的大小或重量造成他人损害,该情形与(无生命的)物件致 **36**
害性质类似,而非基于动物危险的实现致害,故不符合条件 2。域外法上的实例包
括:用车辆运输的长颈鹿仅因为其高度导致树立在行车道上方的物品受损;装载
大象的飞机所行驶的地面仅因为大象的重量而断裂。[69] 我国虽未见类似实例,
但宜采相同解释。

一种值得讨论的情形是,宠物从阳台坠落砸伤他人是否属于上述之情形(边码 **37**
36)? 笔者持否定意见。该情形应当适用第 1245 条,而非第 1253 条(物件坠落致
害责任)。此类致害事件大致包括两种情形:一是致害事件的原因力完全来自动
物自主行为,例如乌龟爬出龟缸坠落、[70]猫从阳台自主(或失足)跃下等。该情形
符合条件 2 不存疑义,其与奔跑的马撞伤行人性质类似。二是因自然力介入导致
动物坠落,例如猫自主站立于阳台栏杆之上,一阵强风致其站立不稳而坠落。该
情形下,动物在对坠落危险无意识(或者过于自信?)的状态下实施自主行为,仍属
不能被人力完全控制的动物危险,故亦符合条件 2。事实上,由于此类致害事件很
难于事后查明究竟属于这两种情形中的哪一种,且二者后果相同,故实务中法院

---

[67]　参见重庆市第五中级人民法院(2015)渝五中法民终字第 03260 号民事判决书。

[68]　其他观点参见叶锋:《动物致害责任研究——以〈侵权责任法〉第 78 条的解释适用为中心》,
载《华东政法大学学报》2014 年第 6 期,第 96 页。

[69]　参见[德]克里斯蒂娜·埃贝尔-博格斯:《德国民法动物饲养人责任(§§833,834 BGB)施陶
丁格注解》,王萍译,中国政法大学出版社 2013 年版,第 55 页。

[70]　参见陈国岳等:《小乌龟坠楼砸伤路过 3 岁儿童,致其手术被缝 8 针》,载中国新闻网 2010 年
12 月 31 日,https://www.chinanews.com.cn/sh/2010/12-31/2759089.shtml,最后访问时间:2023 年 8 月
4 日。

通常对此类案型直接适用第 1245 条。[71]

3. 动物构成消极的交通障碍

38　　基于"动物自主行为说"之理由(边码 28),如果动物停留于公共道路造成交通障碍是其自主行为,并由此造成他人损害的,可构成饲养动物损害责任。由于动物无法意识到交通行为的意义,而选择交通设施作为停留或休息的地点。这是责任主体无法完全控制的某些动物(如牛、马、狗)习性,而该习性导致了动物危险的实现。是否构成交通障碍应依具体情形判断,动物是否处于静止状态以及动物采取何种姿态(立、坐、卧)不具有决定性意义。实务中的情形包括:(1)拉布拉多犬停留在道路斑马线上,王某驾驶电动车与其相撞,并遭受损害;[72](2)狗于夜间静立于未安装路灯的通行道路,王某骑电动车与其相撞受伤;[73](3)马匹撞开马圈后跑上公路,战某驾驶二轮摩托车撞到马匹,摩托车倒地,战某经抢救无效死亡[74]等。

39　　如果动物构成交通障碍是由来自责任主体的原因力所致,不构成饲养动物损害责任,而按照一般侵权责任处理。该情形下,致害事件并非由动物自主行为所致,故不符合条件 2。例如靳某将黄牛的牛绳拴在公路旁的竹子上后离开,导致牛绳横跨公路。其后杨某驾驶摩托车正常行驶至此地时,为避让横跨在公路上的牛绳而致摩托车翻倒,并造成人员受伤。[75] 本案应按照一般侵权责任处理,因为造成损害的原因不是动物自主行为,而是黄牛主人有过失的管理行为。该原因并非人力不可控的动物危险,不应适用危险责任(无过错责任)。

40　　动物尸体构成交通障碍造成他人损害,是否构成饲养动物损害责任?德国法上,对此亦依据致害事件是否由动物自主行为所致予以认定。[76] 我国宜采相同处理。如果动物尸体是由行为人放置于公共道路,并由此构成交通障碍造成他人损害,应适用第 1256 条。该情形下,动物尸体可构成该条中的"妨碍通行的物品"。

(三)动物导致物件致害

41　　动物自主行为以其他物件为媒介造成他人损害的,是否构成动物损害责任应依据因果关系规则判断。大致分为以下几种情形:其一,动物自主行为为致害事

---

〔71〕 实例如被改编为法考试题的"高空坠狗砸车案",参见广东省珠海市香洲区人民法院(2019)粤 0402 民初 12841 号民事判决书。

〔72〕 参见安徽省高级人民法院(2018)皖民申 1233 号民事裁定书。

〔73〕 参见河北省沧州市中级人民法院(2021)冀 09 民终 1928 号民事判决书。

〔74〕 参见黑龙江省齐齐哈尔市中级人民法院(2019)黑 02 民终 2215 号民事判决书。

〔75〕 参见重庆市第二中级人民法院(2018)渝 02 民终 2176 号民事判决书。

〔76〕 Vgl. Gerhard Wagner, Kommentar zum § 833, in: *Münchener Kommentar zum BGB*, 8. Aufl., München: C. H. Beck, 2020, Rn. 22.

件提供了全部原因力的,仍属基于动物危险的实现致害,故构成动物损害责任(而非物件损害责任)。例如受惊的骡子狂奔致使骡车倾覆撞伤他人。[77] 其二,动物自主行为为致害事件提供了部分原因力的,动物饲养人或者管理人与物件管理人承担按份责任(《民法典》第 1172 条)。例如甲违规在人行道堆放木材,乙的狗狂奔撞到木材,致使木材垮塌压伤行人。该情形下,如果动物饲养人或者管理人与物件管理人是同一人,被侵权人有权选择主张动物损害责任或者物件损害责任。其三,动物自主行为没有为致害事件提供原因力,构成物件损害责任。例如甲违规在人行道堆放的木材自行垮塌压伤行人,虽然乙的狗偶然在附近狂奔,但木材垮塌并非狗狂奔所致。

(四) 非接触型致害

1. 看到动物而受到惊吓致害

该情形下,动物可能处于静止、运动或者向人吠叫的状态,他人看到该动物而受到惊吓并引发损害。该情形可构成饲养动物损害责任,理由在于:其一,基于生活经验,人们知道动物会造成(可能是严重的)损害,故避让、逃走是完全必要的。其二,虽然动物没有实施接触他人的撕、咬等行为,但如果动物作为力量源泉的特点对损害发生起到决定性作用,亦可认定为动物危险的实现(边码 28)。[78] 在该案型中,关键因素是因果关系的认定。如果他人看到动物的上述状态与造成损害具备相当因果关系,可构成饲养动物损害责任。实务中此类案件数量较多,以下对几种常见情形具体分析:

第一,因惊吓而摔倒。该情形下对因果关系的认定,应视被侵权人因受惊吓而摔倒的反应是否为其所属群体之人通常会作出的合理正常反应。[79] 认定因果关系时,致害事件的具体情境、动物的凶猛程度及体型大小、被侵权人的年龄等因素均应予以考量。实务中认定具备相当因果关系且饲养人或者管理人承担全责的情形包括:(1)欧某(62 岁)于某晚 19 点半在公共人行道步行时,遇趴在台阶上休息的泰迪犬,该犬见欧某接近,站立起来向欧某方向走了两步(约 50 厘米),此时欧某与泰迪犬相距约 3 米,欧某惊慌避让时摔倒受伤;[80] (2)事发时间为夜晚,

---

〔77〕 参见广西壮族自治区河池市中级人民法院(2014)河市民一终字第 100 号民事判决书。

〔78〕 参见王利明、周友军、高圣平:《侵权责任法疑难问题研究》,中国法制出版社 2012 年版,第 618 页。

〔79〕 参见程啸:《侵权责任法》(第 3 版),法律出版社 2021 年版,第 711—712 页。

〔80〕 参见广东省江门市中级人民法院(2018)粤 07 民终 2934 号民事判决书,载《最高人民法院公报》2019 年第 10 期。该案详细分析参见周江洪等主编:《民法判例百选》,法律出版社 2020 年版,第 494—498 页(季若望执笔)。

犬的体型较大,苑某因犬突然靠近导致受到惊吓摔倒受伤;[81](3)驾驶电动摩托车的陈某因牛挣脱缰绳突然奔跑而来受到惊吓,并想躲避而跌倒摔伤;[82](4)体型较大的狗吠叫并作出向前跑动状,近距离的仲某(80多岁)受到惊吓往后退并跌倒受伤;[83](5)王某正常行走时突然见一米之高、之长且没有拴狗链的金毛犬从楼洞口出来,王某在毫无准备的情况下摔倒受伤[84]等。

44　　　某些情形下,被侵权人受到惊吓与其他原因力结合而致摔倒的,法院通常依据原因力大小认定饲养人或者管理人承担部分责任。具体情形包括:(1)方某跑步时邓某的狗从侧方窜出,方某受到惊吓而跑步动作变形,避让不当而倒地受伤,法院认定邓某承担70%的责任;[85](2)甲乙都在路边遛狗,甲的狗向乙跑去,乙害怕就把自己的狗抱起时,没有看清马路和上街沿的落差踩空摔倒受伤,法院认定甲承担30%的责任;[86](3)张某缓步走在斜坡上,马某牵狗在斜坡顶端,狗面向张某抬头叫的瞬间张某踩到坑洼处而踩空,向后翻滚倒地受伤,法院认定马某承担70%的责任[87]等。

45　　　饲养人或者管理人明确告知"动物无危险"的,可否减轻被侵权人受惊吓的合理性,并由此影响因果关系的认定?实务中对此存在分歧。持肯定说的裁判意见认为,即使罗某(被侵权人)对边境牧羊犬(体型中等偏大、未佩戴牵引绳)的种类和性情不了解(性情温和、不具有攻击性),但罗某已与黎某(饲养人)对话确认该犬"不咬人"的事实,故涉案犬不足以使罗某心生恐惧,涉案犬与罗某摔倒受伤无因果关系,黎某不承担赔偿责任。[88]持否定说的裁判意见认为,周某驾驶电动三轮车途经丁某家门口时遇到丁某在路边放养藏獒,周某要求丁某看管,丁某表示自信"能够看住藏獒让其不伤人"。周某驾车经过藏獒旁边时恐惧之意加剧,导致驾驶失误后从车上跌落受伤。法院仍然认可了因果关系,并认定丁某承担70%的责任。[89]笔者赞同否定说,理由在于:其一,动物主人的此类言行通常因掺入情感因素而偏离客观性,故不足以使被侵权人合理地相信。其二,不应苛求被侵权人对各类动物的危险程度有准确了解。在前述肯定说实例中,虽然此类牧羊犬性情温和,但被侵权人面对体型中等偏大的牧羊犬心生恐惧而摔倒仍属该情境下的

---

〔81〕　参见北京市第一中级人民法院(2021)京01民终6858号民事判决书。

〔82〕　参见广东省湛江市中级人民法院(2020)粤08民终2914号民事判决书。

〔83〕　参见江苏省镇江市中级人民法院(2014)镇民终字第1536号民事判决书。

〔84〕　参见辽宁省沈阳市中级人民法院(2014)沈中民一终字第01560号民事判决书。

〔85〕　参见陕西省高级人民法院(2018)陕民申2483号民事裁定书。

〔86〕　参见上海市第二中级人民法院(2021)沪02民终9243号民事判决书。

〔87〕　参见上海市第二中级人民法院(2021)沪02民终659号民事判决书。

〔88〕　参见湖南省岳阳市中级人民法院(2016)湘06民终1502号民事判决书。

〔89〕　参见浙江省绍兴市中级人民法院(2019)浙06民终1320号民事判决书。

正常反应。

　　第二,因惊吓而诱发基础疾病发作、加重或死亡。该情形属于多因一果,即被 46
侵权人自身患有基础疾病与受到惊吓相结合造成损害。实务中,法院通常依据原
因力大小认定饲养人或者管理人承担部分责任。具体情形包括:(1)王某的狗体
态较大,在未采取牵引等安全措施的情况下进入尹某(患冠心病十余年)家院中,
导致尹某病情加重并住院治疗。法院认定狗构成损害的诱因,王某承担 40% 的责
任。[90] (2)王某将黑狗拴在院内看守稻谷,刘某(患有严重心脏疾病)依约前往
院内时,黑狗突然向其吠叫,刘某因惊吓引发心脏疾病,救治无效死亡。法院认定
黑狗吠叫属于病情发作的诱因,判决王某承担 10% 的责任。[91] (3)赵某(未满 5
岁)随家人在尹某经营的烧烤园就餐上厕所过程中,受到园内土狗吠叫惊吓倒地,
送医后心电图检查为窦性心脏停搏,临床诊断为"猝死"(原因待查)。法院认为,
因监护人拒绝尸检,导致赵某死亡原因无法查明,判决尹某承担 40% 的责任。[92]

　　第三,因惊吓导致新发疾病。此处的新发疾病主要是由过度惊吓引起的情感 47
性精神障碍类型的疾病。由于该情形下没有其他原因力介入,法院通常在认定具
备因果关系的前提下,判决饲养人或者管理人对医疗费等承担全部赔偿责任。例
如:(1)闫某牵着两条拉布拉多犬到小区内散步,与关某相遇,其中一只黑犬向关
某发出吠叫,关某表示心脏不适,经 120 救治诊断为胸闷,住院治疗 3 天;[93](2)王
某(75 岁)22 时左右将要走到单元门口时,刘某的小狗未拴狗绳突然从单元门内
跑出,后小狗回头向王某叫了几声,王某受惊吓后多次就医,中医诊断为眩晕病、
肝气郁结证,西医诊断为头晕和眩晕、抑郁状态;[94](3)刘某(60 多岁)早晨 6 点
出门的瞬间,体型较大的黑色拉布拉多犬突然出现在门口,刘某受到惊吓致四肢
抽动、神智欠清晰,经送医诊断为"惊恐发作"。[95] 但在上述案例中,主审法院均
以"精神损害不严重"为由对精神损害赔偿的诉讼请求予以不支持。

2. 被动物追逐致害

　　相较于单纯看到动物而言,动物的追逐行为使动物危险的实现更具有现实性 48
和急迫性,故被追逐者因逃跑而受伤的,具备因果关系的合理性更加明显。该情
形下,客观上动物基于何种意图(真的想咬人或单纯为了好玩)实施追逐行为并不
重要。认定因果关系时应采与因惊吓而摔倒之相同标准(边码 43),即被追逐者因

---

〔90〕　参见吉林省高级人民法院(2018)吉民申 144 号民事裁定书。

〔91〕　参见湖北省襄阳市中级人民法院(2020)鄂 06 民终 1069 号民事判决书。

〔92〕　参见陕西省咸阳市中级人民法院(2015)咸中民终字第 00764 号民事判决书。

〔93〕　参见辽宁省抚顺市中级人民法院(2022)辽 04 民终 81 号民事判决书。

〔94〕　参见江苏省连云港市中级人民法院(2021)苏 07 民终 838 号民事判决书。

〔95〕　参见江苏省徐州市中级人民法院(2015)徐民再终字第 48 号民事判决书。

逃跑而受伤是否属于其所属群体之人通常会作出的合理正常反应。实务中认定该情形下饲养人或者管理人承担全责的情形包括:(1)邵某骑行三轮车从孙家门前经过,两只狗跑出来追逐邵某,两只狗先后在邵某左侧和右后方区域追咬,邵某回头看狗的过程中从车上侧翻摔下致残;[96](2)刘某驾驶电动自行车正常行驶时,一条黑狗边叫边追,致受到惊吓而摔倒受伤;[97](3)高某(71 岁)在人行道行走时,一犬在高某身后尾随,致其受到惊吓倒地骨折[98]等。

49　　　　如果被侵权人在逃跑过程中的不适当行为构成损害发生或扩大的部分原因力,法院通常依据原因力大小认定饲养人或者管理人承担部分责任。例如:(1)原告骑行电动车被狗追逐,未合理减速停车导致摔伤;[99](2)原告乘坐其女儿驾驶的电动车被狗追逐,电动车转弯时操作不当导致摔下骨折[100]等。

(五)动物生理行为致害

50　　　　对于该情形是否构成饲养动物损害责任,比较法上旧时多采否定说,但近年似有转采肯定说的趋势。[101]　动物生理行为与动物典型侵害行为的区别在于,前者(如动物舔、嗅)并不具有明显的、典型意义的攻击性,而是动物的生理体现,但也有可能造成损害(如通过舔、嗅传染疾病)。如果将动物生理行为理解为一种广义的自主行为,则其可以构成饲养动物损害责任。常见的动物生理行为包括:

1. 动物排泄行为

51　　　　虽然动物排泄是难以改变的生理现象,但由于动物对排泄时间、地点不能按照人类标准加以自我约束,故亦属于动物危险的实现。例如宠物狗排尿毁损轿车漆面、鸽子粪便污染邻居阳台[102]等。关于动物排泄物的清理义务,还涉及《民法典》第 1251 条的适用。

2. 动物交配行为

52　　　　该情形是指一只动物自主地与另一只动物进行交配,且两只动物归属于不同主人。该情形下,动物(主动方)基于生理需求实施交配行为,而不会顾及对方(指被动方动物的主人)的意愿以及可能由此造成的损害,故属于动物危险的实现。

---

〔96〕　参见北京市第三中级人民法院(2021)京 03 民终 3636 号民事判决书。

〔97〕　参见江苏省南通市中级人民法院(2020)苏 06 民终 3375 号民事判决书。

〔98〕　参见内蒙古自治区呼伦贝尔市中级人民法院(2016)内 07 民终 177 号民事判决书。

〔99〕　参见北京市高级人民法院(2018)京民申 542 号民事裁定书。

〔100〕　参见辽宁省盘锦市中级人民法院(2022)辽 11 民终 758 号民事判决书。

〔101〕　参见[德]克里斯蒂娜·埃贝尔-博格斯:《德国民法动物饲养人责任(§§833,834 BGB)施陶丁格注解》,王强译,中国政法大学出版社 2013 年版,第 64—65 页。

〔102〕　参见陕西省汉中市中级人民法院(2020)陕 07 民终 673 号民事判决书。

例如甲的杂种狗与乙的纯种狗交配,给乙造成为狗堕胎费用损失。很显然,此时判断甲的狗是否构成侵害行为,应当以乙(狗的主人)的意愿而非乙的狗(交配行为当事者)的意愿为标准。如果乙的狗系在发情状态下配合甲的狗完成交配,甲有可能主张"被侵权人重大过失"之抗辩事由(乙未对发情状态的狗采取必要措施)。

该案型还包括"公马效应"致害,即虽无交配行为,但雄性动物因附近出现雌 **53**
性动物(反之亦然)而陷入癫狂或不受控制的状态并引发致害事件。例如被告将公牛拴在家门前道路边电杆上,原告牵母牛经过被告门前时,母牛不受控制朝公牛奔去,原告丢开牛绳时摔伤。法院判决被告承担 20% 的责任,并认定原告具有重大过失而承担 80% 的责任,因为"原告牵牛经过被告门前时,没有考虑到自己的牛是母牛,而被告的牛是公牛这一情况"。[103]

(六)动物受人驱使致害

学理[104]及实务[105]主流意见均认为,如果动物实施侵害行为完全是由于受人 **54**
驱使,应当按照一般侵权责任处理。[106] 例如故意放狗咬人、过失骑马撞人等。此类情形下,动物仅作为侵权人的工具,故不符合"动物自主行为"之要求。

如果动物主人并无主动驱使行为,但特定情境下动物基于某种原因(如保护 **55**
主人)实施侵害行为造成他人损害,是否按照上述原则(边码 54)处理? 例如被告(狗的主人)与原告发生激烈争吵和肢体冲突,在场的狗目睹该情景,咬伤了原告。一审法院认为,该情形适用饲养动物损害责任,原告没有故意或重大过失,判决被告承担全部责任。二审法院认为,该情形下狗咬只是被告的侵权方式之一,应按照一般侵权责任处理,故判决被告承担部分责任(过失相抵)。[107] 笔者赞同前者意见,但在个案中应对原告是否构成重大过失作具体考察。理由如下:其一,动物在其主人受到侵害(从动物的视角而言)时自主作出反击行为,亦为动物危险的实现方式之一。该情形与动物受到其他类型的刺激(如挑逗)而自主实施侵害行为性质类似。其二,主人携动物与他人发生冲突时,其意图存在多种可能(巧合、壮胆或故意作为侵害工具),但很难证实。在是否存在驱使行为存疑的场合下,应采

---

[103]　参见四川省广元市中级人民法院(2014)广民终字第 49 号民事判决书。

[104]　参见王利明:《侵权责任法研究(下卷)》(第 2 版),中国人民大学出版社 2016 年版,第 611 页。

[105]　参见最高人民法院民法典贯彻实施工作领导小组主编:《中华人民共和国民法典侵权责任编理解与适用》,人民法院出版社 2020 年版,第 642 页。

[106]　域外法对于该问题的不同意见参见[德]埃尔温·多伊奇、汉斯-于尔根·阿伦斯:《德国侵权法:侵权行为、损害赔偿及痛苦抚慰金》(第 6 版),叶名怡、温大军译,中国人民大学出版社 2022 年版,第 187 页。

[107]　参见云南省昆明市中级人民法院(2020)云 01 民终 9248 号民事判决书。类似案例参见北京市第三中级人民法院(2020)京 03 民终 1303 号民事判决书。

对被侵权人更有利的前者观点,而不宜采对(带来危险源的)动物主人有利的后者观点。其三,如果原告实施了明显易刺激动物的行为(如持工具对动物作击打状),可认定构成重大过失。但仅因对方带了一条狗,就将与其争吵认定为重大过失则是不合理的。其四,如果事后证实原告行为具有不法性,动物侵害行为貌似代替主人实施"正当防卫",可适用"被侵权人重大过失"之抗辩事由(边码 107)。

四、责任主体

(一)责任主体的一般标准

1."饲养人或者管理人"的含义

56   对于第 1245 条中"饲养人或者管理人"的含义,学理及实务上均存在较大争议。第一种观点认为,饲养人是指所有权人;管理人是指不享有所有权,但根据某种法律关系直接占有和控制动物的人。[108] 第二种观点认为,饲养人是对动物具有支配地位的人,包括直接占有人和间接占有人;管理人是对动物直接控制的人(如本权人委托管理)。在认定责任主体时,管理人居于补充地位。[109] 第三种观点认为,饲养人包括所有权人和(合法或非法)占有人;管理人是指管理国家所有的动物的法人或其他社会组织。[110] 第四种观点认为,饲养人或者管理人应解释为比较法上的"保有人"[111] 或者径行表述为"管理人"。[112] 上述各观点中,观点一为传统多数说,但近年来似乎观点四影响渐升。笔者倾向于观点四,即以"实际管理控制"(而非物权归属)和"自益性"作为确定责任主体的核心标准。在此前提下,在涉及所有权人与实际管控人分离的场合下参照其他危险责任(如机动车交通事故责任)的相关规定处理。理由如下:其一,将危险源(动物)的实际管理控制者认定为责任主体,符合危险责任的基本属性。上述各观点对此存在相当程度的共识。其二,法条中"饲养人或者管理人"之文义,系针对实际管理控制者的一种描述,而并未对物权归属关系作出要求。从比较法经验来看,越来越多的国家

---

[108]   参见黄薇主编:《中华人民共和国民法典侵权责任编释义》,法律出版社 2020 年版,第 231 页;张新宝:《中国民法典释评·侵权责任编》,中国人民大学出版社 2020 年版,第 267 页;邹海林、朱广新主编:《民法典评注·侵权责任编 2》,中国法制出版社 2020 年版,第 736 页(尹志强执笔)。

[109]   参见最高人民法院民法典贯彻实施工作领导小组主编:《中华人民共和国民法典侵权责任编理解与适用》,人民法院出版社 2020 年版,第 641—642 页。

[110]   参见王利明:《侵权责任法研究(下卷)》(第 2 版),中国人民大学出版社 2016 年版,第 637—639 页。

[111]   参见杨立新:《侵权责任法》(第 4 版),法律出版社 2021 年版,第 630 页;周友军:《我国动物致害责任的解释论》,载《政治与法律》2010 年第 5 期,第 46 页。

[112]   参见朱晓峰:《动物侵权责任主体概念论》,载《法学评论》2018 年第 5 期,第 95 页。

不再将物权归属关系作为责任主体的核心认定标准,而是将其作为辅助因素。[113]其三,"自益性"可将管理辅助人排除于责任主体之外。由于其仅辅助他人完成管控行为,而非基于自己的意思和利益实施该行为,故不应构成责任主体。其四,上述各观点的真正差异在于,所有权人(间接占有人)与实际管控人(直接占有人)分离的各种情形下前者是否构成责任主体。对于该问题,其他危险责任已有较为成熟的规则,在基于危险责任共性的基础上参照适用具有可行性和合理性。为行文方便,本文将"饲养人或者管理人"与责任主体作为同义语使用。基于上述分析,具备以下两个条件的人构成饲养动物损害责任的责任主体。

条件 1:须实际管理控制动物。责任主体应当对动物形成支配力、控制力,动 57
物的直接占有人通常具备该条件。对于是否形成支配力、控制力,应结合动物习性等因素判断。是否直接提供食物、住处不具有决定性意义。形成此种管控状态的原因既可以是合法的(如所有权、租赁),也可以是不法的(如盗用)。

条件 2:须依据自己的意思和利益管理控制动物。该条件包含两方面要求:一 58
是依据自己的意思管控动物。即对于管理控制动物的具体方式、强度、时间等事宜,系由责任主体自主决定而非遵循他人的意思。承租人、借用人等主体虽受到合同关系的限制,但其仍然以直接占有人地位自主地管控动物,故无论其管控行为是否符合合同约定,都仅与违约有关,而不影响本条件的构成。与之相反,临时帮助遛狗的朋友牵一下狗绳则因欠缺自主意思而不符合该要求。二是依据自己的利益管控动物。对此可依据以下因素判断:饲养成本由谁负担、动物带来的利益归属于何人、保险费由谁支付等。合法占有人和不法占有人均可具备该要求,但无偿帮工人、[114]雇员为执行工作任务而管控动物等情形则不具备该要求。

2. 民事行为能力对责任主体的意义

无(限制)民事行为能力人可否构成饲养动物损害责任的责任主体?由于饲 59
养管理动物并非法律行为,故不应适用《民法典》第 19 条和第 22 条判断无(限制)民事行为能力人是否构成责任主体,而仍应以前述条件 1 和条件 2(边码 57、58)作为判断标准。对于条件 1,行为人具有事实上的管控能力即可,而不必具有完全民事行为能力。例如 10 岁儿童对饲养于笼中的仓鼠可以具备本条件,但对于家中作为玩伴的拉布拉多大型犬,则不具备本条件。对于条件 2,如果无(限制)民事行为能力人在监护人同意的前提下饲养一只动物,可以具备本条件。如果监护人对于其饲养动物不知情,且饲养该动物没有超出无(限制)民事行为能力人的智识能

---

〔113〕　对于以物权归属关系作为责任主体认定标准的批评意见,参见朱晓峰:《比较法上动物侵权责任主体的界定标准及启示》,载《比较法研究》2018 年第 3 期,第 98—102 页。

〔114〕　参见重庆市高级人民法院(2013)渝高法民申字第 01378 号民事裁定书。

力,可以具备本条件;如果超出智识能力偷偷饲养动物并造成他人损害,不具备本条件,而应按照监护人责任处理(《民法典》第 1188 条)。父母将其饲养的动物临时交由未成年人看管、溜放,未成年人为管理辅助人,不构成责任主体。[115]

60　　　超出无(限制)民事行为能力人管控能力的动物造成他人损害的,虽然无(限制)民事行为能力人不构成责任主体,但可影响"被侵权人重大过失"的认定。例如王某(智力一级伤残)擅自在原告田里放养水牛,水牛顶伤原告,法院以"王某不具有管理案涉水牛的能力"为由认定王某父亲是责任主体。同时法院认为,"原告明知王某智力残疾,无法进行正常沟通,在要求王某将牛拉走未得到有效反馈后,未采取通知王某父亲等合理方式解决,而是自行拿枝条通过吓牛的方式试图赶走水牛,牛受惊后转向顶原告致自己受伤",故认定原告承担 50% 的责任。[116] 该情形下,被侵权人草率行动加大了致害事件发生的可能性。

3. 多个责任主体的情形

61　　　第一,多个动物实施侵害行为。例如甲的狗与乙的狗一起追咬他人的耕牛,致耕牛死亡。对于该情形下甲和乙应如何承担责任,学理上存在分歧。第一种观点认为,应按照共同侵权(《民法典》第 1168 条)处理,甲与乙承担连带责任。[117]第二种观点认为,应按照数人分别侵权(《民法典》第 1172 条)处理,甲与乙承担按份责任。[118] 笔者赞同前者观点。理由如下:其一,由于动物之间不存在法律意义上的"共同过错",故该情形下以侵害行为的客观关联性代替该要件是适当的。其二,在外部关系上区分责任份额,不合理地加大了被侵权人行权难度,而动物致害的特征则加剧了该不合理性。

62　　　第二,多个动物实施危险行为。实务中的常见情形是,甲的狗与乙的狗于公共道路上相互追逐、嬉戏而撞伤(抓伤)行人,但无法查清具体由哪只狗撞倒。[119]对于该情形,学理及实务上[120]均认为应按照共同危险行为(《民法典》第 1170 条)处理。

63　　　第三,多人就一个动物构成责任主体。包括以下几类情形:其一,家庭成员饲养动物致害的,其他家庭成员(如父母子女)承担连带责任。此处的家庭成员仅限

---

[115]　参见天津市第二中级人民法院(2017)津 02 民终 3512 号民事判决书。

[116]　参见陕西省汉中市中级人民法院(2020)陕 07 民终 1585 号民事判决书。

[117]　参见尹志强主编:《物件及动物致害责任解酌与法律适用》,人民出版社 2010 年版,第 230 页。实例参见浙江省杭州市中级人民法院(2020)浙 01 民终 4458 号民事判决书。

[118]　参见周友军:《我国动物致害责任的解释论》,载《政治与法律》2010 年第 5 期,第 47 页。

[119]　参见福建省厦门市海沧区人民法院(2010)海民初字第 2542 号民事判决书。该案详细分析参见郭静、林丹:《二狗嬉戏致人摔伤的责任承担》,载《人民司法·案例》2012 年第 12 期,第 69—71 页。

[120]　参见辽宁省阜新市中级人民法院(2022)辽 09 民终 862 号民事判决书;上海市第二中级人民法院(2016)沪 02 民终 8166 号民事判决书。

于共同居住、共同生活之情形,法院通常将该情形认定为所有家庭成员共同管理控制动物。具体情形包括:(1)姜某夫妻与姜某父母共同居住生活,姜某父母照看姜某夫妻的三个孩子,虽然姜某夫妻在外做生意,但对家中饲养狗知情,姜某夫妻视为共同饲养人;[121](2)曹某与其儿子儿媳共同生活居住,虽然儿子儿媳曾反对曹某养狗,且养狗事宜均由曹某料理,但儿子儿媳仍构成共同饲养人;[122](3)王某夫妻与王某父亲虽不在一起居住,但一起共同生活,认定藏獒系王某夫妻与王某父亲共同饲养和管理;[123](4)师某虽与其父母分家,但仍共同居住在同一院落,且交往密切,应认定同住的家庭成员均是动物饲养人和管理人[124]等。如果"家庭成员"已经分家且未共同居住,即使户口仍然登记在一起,也不构成共同饲养人和管理人。[125]

其二,夫妻饲养动物致害的,夫妻双方承担连带责任。无论双方适用何种夫妻财产制,由于夫妻间的紧密关系以及利益的一致性,将双方认定为共同饲养人和管理人都是合理及必要的。夫妻中的一方是否实际负担饲养事宜不影响该认定。[126]当事人离婚但仍然共同居住、共同生活的,仍可采此认定。[127]当事人非婚同居的,有法院亦采相同认定。[128]

其三,基于其他原因构成动物共同管理人的,依据法律关系的性质确定责任的性质。例如:(1)房屋租赁合同约定承租人应协助出租人管理原业主遗留的动物,双方对动物致害事件承担按份责任;[129](2)犬用于看护驾校场所(合伙组织),合伙人均为共同管理人,对动物致害事件承担连带责任[130]等。

(二)几种特殊情形下的责任主体

1. 买卖动物

如果动物所有权移转与占有移转的时间相同,该时间点是责任主体变化时点,对此应无疑义。[131]如果二者发生时间点不同,原则上应以占有移转的时间点

〔121〕 参见河南省新乡市中级人民法院(2020)豫 07 民终 5961 号民事判决书。

〔122〕 参见河北省衡水市中级人民法院(2020)冀 11 民终 1862 号民事判决书。

〔123〕 参见安徽省亳州市中级人民法院(2015)亳民一终字第 01225 号民事判决书。

〔124〕 参见甘肃省张掖市中级人民法院(2013)张中民终字第 350 号民事判决书。

〔125〕 参见湖南省永州市中级人民法院(2017)湘 11 民终 460 号民事判决书。

〔126〕 参见湖北省十堰市中级人民法院(2018)鄂 03 民终 465 号民事判决书。

〔127〕 参见吉林省高级人民法院(2020)吉民申 3051 号民事裁定书。

〔128〕 参见天津市第二中级人民法院(2017)津 02 民终 1058 号民事判决书。

〔129〕 参见山东省德州市中级人民法院(2021)鲁 14 民终 1234 号民事判决书。

〔130〕 参见湖南省郴州市中级人民法院(2018)湘 10 民终 36 号民事判决书。

〔131〕 参见周友军:《我国动物致害责任的解释论》,载《政治与法律》2010 年第 5 期,第 46—47 页。

为准。换言之,交付动物之前责任主体是出卖人,交付之后责任主体是买受人,且亦须考虑交付动物导致管理控制权限移转的实际效果等因素。实务中常见案型如下:

67　　　第一,是否已完成交付不明。例如双方已就狗所有权转移达成合意,买方狗笼制作完成前卖方继续饲养,但狗事实上可能处于在两家任意居住、走动的状态,致使是否实际交付难以查证。对于此期间内发生的致害事件,法院判决买方和卖方承担同等责任。[132]

68　　　第二,交付过程中动物致害。例如买卖双方在公共场所进行活牛交易,在验货和交货过程中,牛突然冲进居民小区造成他人损害。法院基于双方的过错程度,判决买卖双方分别承担 30% 和 70% 的责任。[133]

69　　　第三,交付已完成但因动物自主行为影响交付效果。例如卖方将狗交付买方后,狗又跑回原主人(卖方)家,卖方告知买方后,买方委托卖方喂养几天。对于此期间内发生的致害事件,法院判决买方和卖方(临时管理人)均承担部分责任。[134]

70　　　第四,缔约磋商过程中动物致害。例如买方在卖方(提供生猪交易和屠宰服务的公司)经营场所就生猪交易进行磋商的过程中,被卖方管理的生猪撞伤,法院判决卖方承担全部责任。[135]

2. 转移动物使用权(租赁、借用等)

71　　　该情形下,承租人、借用人依据自己的意思和利益实际管理控制动物,符合前述条件 1 和条件 2(边码 57、58)之情形,故构成责任主体不存疑义。例如:对院落及其内饲养的藏獒一体租赁、[136] 借用狼狗看护鱼塘、[137] 借用公羊配种[138]等。

72　　　有疑问的是,在出租人、出借人未直接占有动物期间,其是否构成责任主体?第一种观点认为,如果出租人、出借人对出租、出借行为本身存在过错,其与承租人、借用人承担连带责任。[139] 第二种观点认为,出租人、出借人与承租人、借用人之间成立不真正连带责任。[140] 第三种观点认为,出租人、出借人不承担责任,因

---

〔132〕　参见贵州省遵义市中级人民法院(2021)黔 03 民终 1712 号民事判决书。

〔133〕　参见四川省乐山市中级人民法院(2021)川 11 民终 613 号民事判决书。

〔134〕　参见云南省普洱市中级人民法院(2014)普中民终字第 727 号民事判决书。

〔135〕　参见广东省佛山市中级人民法院(2019)粤 06 民终 10311 号民事判决书。

〔136〕　参见北京市第三中级人民法院(2019)京 03 民终 15855 号民事判决书。

〔137〕　参见上海市第一中级人民法院(2020)沪 01 民终 3477 号民事判决书。

〔138〕　参见广西壮族自治区河池市中级人民法院(2016)桂 12 民终 422 号民事判决书。

〔139〕　参见张新宝:《中国民法典释评·侵权责任编》,中国人民大学出版社 2020 年版,第 268 页。

〔140〕　参加张玉东:《论饲养动物损害责任主体的适用规则——以〈侵权责任法〉第 78 条为中心》,载《烟台大学学报(哲学社会科学版)》2018 年第 6 期,第 13 页。

为其已不是动物保有人。[141] 第四种观点认为,应参照适用《民法典》第 1209 条,出租人、出借人依其过错承担相应的赔偿责任。[142] 笔者赞同观点四。该情形下,出租人、出借人因不具备条件 1(边码 57) 之条件而不能当然构成责任主体,而承担连带责任或不真正连带责任亦缺乏法律依据。依据前述以"实际管理控制"和"自益性"作为确定责任主体的核心标准之理由(边码 56),该情形参照适用同为危险责任规则的第 1209 条是适当的。

3. 不转移动物使用权(保管、运输等)

该情形下,虽然保管人、承运人依约不能使用动物,但其仍属依据自己的意思 73 管理控制动物以实现合同上的利益,故与管理辅助人不同。而且,第 1245 条规定的饲养动物损害责任并未以"使用动物"为条件,此与某些域外法规定的役用动物损害责任有所不同。因此,该情形应与转移动物使用权之情形(边码 71、72) 作相同处理。[143] 实务中采此意见的实例如:(1)白某将其饲养的狗委托于某看管、喂养,对动物可能具有的攻击性等特点应履行告知义务而未履行,故应当承担主要责任,保管人于某承担次要责任;[144] (2)在公牛运输过程中至交付给收货人前,承运人为公牛的管理人[145] 等。

实践中常有"寄养""代养"他人宠物的情形。此类行为兼具保管和借用的双 74 重内容,即一方面代养人须就宠物履行妥善保管义务,另一方面亦可享受饲养宠物的乐趣。该情形应与转移动物使用权之情形(边码 71、72) 作相同处理。[146] 有法院认为,该情形下委托人与代养人就代养期间的动物致害事件共同承担责任。[147] 该裁判意见并不合理。

4. 雇员饲养或者管理动物

雇员因执行工作任务饲养或者管理动物造成他人损害的,雇主(包括《民法 75 典》第 1191 条之"用人单位"和第 1192 条之"接受劳务一方")构成责任主体。该情形下,雇员不是依据自己的意思和利益管理控制动物,故应认定为管理辅助人。法定代表人因执行职务饲养或者管理动物造成他人损害的,法人构成责任

---

[141]　参见杨立新:《侵权责任法》(第 4 版),法律出版社 2021 年版,第 630 页。

[142]　参见程啸:《侵权责任法》(第 3 版),法律出版社 2021 年版,第 714 页。

[143]　其他观点参见张新宝:《中国民法典释评·侵权责任编》,中国人民大学出版社 2020 年版,第 267—268 页。

[144]　参见内蒙古自治区赤峰市中级人民法院(2020)内 04 民终 1398 号民事判决书。

[145]　参见福建省泉州市中级人民法院(2018)闽 05 民终 182 号民事判决书。

[146]　参见上海市第一中级人民法院(2017)沪 01 民终 7694 号民事判决书。

[147]　参见陕西省西安市中级人民法院(2021)陕 01 民申 103 号民事裁定书。

主体。[148]

76　　　如果雇主是动物所有权人，其构成责任主体的合理性十分明显。如果雇员为了执行工作任务以自行购买或其他方式取得动物所有权，法院通常仍然认定雇主构成责任主体。理由包括：（1）法人对狗的存在一直持默许态度，狗看家护院客观上使法人受益；[149]（2）法人虽非饲养人，但构成动物管理人；[150]（3）雇主虽然不允许雇员将藏獒带至工作地点饲养，但未对雇员进行有效管理[151]等。少数法院认为，该情形下雇主与雇员（动物主人）构成共同侵权，应承担连带责任。[152] 依前文分析，该裁判意见并不合理。

5. 非法占有（盗窃、抢劫等）动物

77　　　对于该情形下责任主体的确定，学界存在争议。第一种观点认为，非法占有人构成责任主体，原权利人不承担责任。[153] 第二种观点认为，非法占有人构成《民法典》第 1175 条的"第三人"，其与原权利人成立不真正连带责任。[154] 第三种观点认为，应参照适用《民法典》第 1215 条，由非法占有人承担赔偿责任；非法占有人与实际占有人（如买受人）不一致的，由非法占有人与实际占有人承担连带责任。[155] 笔者赞同观点三，理由与转移动物使用权情形（边码 71、72）之理由类似。

6. 投喂流浪动物

78　　　以各种形式投喂猫、狗等流浪动物的人是否构成责任主体？实务中此类纠纷较多，争议较大。例如备受关注的"流浪猫与宠物狗打架伤人案"中，一审法院认定被告（投喂人）构成饲养人，应承担责任；二审法院否认被告构成饲养人，但以"投喂行为给公共环境带来危险"为由判决其承担部分责任。[156] 此类案件中，由于投喂人与流浪动物所形成的实际关系各异，故较为合理、现实的做法是：依据投喂人对流浪动物的管控程度、投喂人对流浪动物享有利益的大小等因素，判断投喂人责任的有无及大小。具体分为以下几种情形：

79　　　第一，投喂人构成完全意义上的责任主体。如果投喂人依据自己的意思和利

---

[148] 参见辽宁省大连市中级人民法院（2019）辽 02 民终 2467 号民事判决书。

[149] 参见河南省平顶山市中级人民法院（2020）豫 04 民终 2644 号民事判决书。

[150] 参见福建省福州市中级人民法院（2015）榕民终字第 5715 号民事判决书。

[151] 参见山东省日照市中级人民法院（2015）日民一终字第 350 号民事判决书。

[152] 参见甘肃省陇南市中级人民法院（2018）甘 12 民终 711 号民事判决书。

[153] 参见王利明：《侵权责任法研究（下卷）》（第 2 版），中国人民大学出版社 2016 年版，第 639 页。

[154] 参见张新宝：《中国民法典释评·侵权责任编》，中国人民大学出版社 2020 年版，第 268 页。

[155] 参见程啸：《侵权责任法》（第 3 版），法律出版社 2021 年版，第 714 页。

[156] 参见北京市第二中级人民法院（2012）二中民终字第 16207 号民事判决书。该案详细分析参见韩强：《流浪动物损害责任的个案解析》，载《法商研究》2013 年第 4 期，第 21—26 页；杨立新：《饲养动物损害责任一般条款的理解与适用》，载《法学》2013 年第 7 期，第 28—29 页。

益,对流浪动物形成事实上的管理控制,且这种关系是持续的(而非偶然的)、清晰可见的(而非模糊的),则原流浪动物已转化为"饲养动物",投喂人构成完全意义上的责任主体。提供稳定的食物来源、提供住处、照顾生育、负担相关费用等,是该情形的标志性因素。具体情形包括:(1)陈某喂养流浪狗很长一段时间,其间流浪狗在陈某处生了一窝狗崽,陈某构成管理人;[157](2)林某捡拾、收养流浪狗,并且允许狗滞留在其住所,林某与狗形成事实上的饲养关系;[158](3)雇主喂食流浪狗近一年,使流浪狗长期生活在其经营场所附近,且雇主指示雇员喂食并每月向其支付 100 元的喂狗费用,雇主构成实际饲养人;[159](4)刘某对流浪狗实施了喂养、遛放等行为,并允许狗滞留其住所,应视为饲养人或管理人[160]等。

少数法院将该情形认定为无因管理,并据此判决投喂人承担责任。[161] 该   **80**
裁判意见并不合理,因为投喂人在明知是流浪动物(无主物)的前提下,缺乏"为他人管理事务的意思",且不存在请求支付"必要管理费用"的相对人。

第二,投喂人构成部分意义上的责任主体。该情形下,投喂人仅对流浪动物   **81**
形成部分管控力,且投喂人不享有明显的利益。由于该情形不完全具备前述确定责任主体的核心标准所要求之条件(边码 57、58),但投喂行为为致害事件发生提供了部分原因力,故可结合个案案情认定投喂人承担部分责任。前述"流浪猫与宠物狗打架伤人案"即属该情形,而对该情形的处理往往极具争议。[162] 具体情形包括:(1)刘某基于爱心为流浪猫提供食物、活动场所,客观上吸引流浪猫聚集,以流浪猫管理人的身份承担 70% 的责任;[163](2)被告经常喂食小区内的流浪狗,法院认定其对涉案狗具有"一定时效性的管理责任",判决其承担 50% 的责任[164]等。

第三,投喂人不构成责任主体。如果投喂人仅临时地、偶尔地投喂或者疑似   **82**
提供住处,未对流浪动物形成管控力,且未因投喂行为给自己带来任何利益(除了因爱心得到的心理满足),投喂人不构成责任主体。[165] 具体情形包括:(1)原承租人搬离租住房屋时未将其饲养的黑狗带走,其后黑狗平时喜欢趴在该房屋门口,

---

[157] 参见四川省高级人民法院(2019)川民申 6787 号民事裁定书。

[158] 参见福建省莆田市中级人民法院(2020)闽 03 民终 2078 号民事判决书。

[159] 参见陕西省西安市中级人民法院(2018)陕 01 民终 3970 号民事判决书。

[160] 参见河北省廊坊市中级人民法院(2015)廊民一终字第 646 号民事判决书。

[161] 参见贵州省黔南布依族苗族自治州中级人民法院(2019)黔 27 民终 1419 号民事判决书;四川省成都市中级人民法院(2017)川 01 民终 11263 号民事判决书。

[162] 对此类案件的梳理评价参见朱晓峰:《比较法上动物侵权责任主体的界定标准及启示》,载《比较法研究》2018 年第 3 期,第 84—85 页。

[163] 参见辽宁省抚顺市中级人民法院(2021)辽 04 民终 3090 号民事判决书。

[164] 参见新疆维吾尔自治区巴音郭楞蒙古自治州中级人民法院(2021)新 28 民终 143 号民事判决书。

[165] 参见叶锋:《动物致害责任研究——以〈侵权责任法〉第 78 条的解释适用为中心》,载《华东政法大学学报》2014 年第 6 期,第 99 页。

不能以黑狗的惯常行为当然地认定新承租人是饲养人或者管理人;[166](2)流浪狗经常到苏某饲养的小狗处吃狗食,不能以此认定苏某是流浪狗的饲养人或者管理人;[167](3)被告公司大院位于农村马路道边,流浪狗经常出没于院内,但被告并无喂食行为,不构成饲养人或者管理人;[168](4)王某偶尔利用剩饭菜喂食流浪狗及允许该流浪狗与其饲养的狗玩耍,不能以此认定王某是该流浪狗的管理人[169]等。

83　　　　如果前述第二种和第三种情形(边码81、82)发生于小区内,由于物业公司就其服务区域负有安全保障义务,因此对该区域内的流浪动物致害事件应当依据物业合同约定或者依其过错承担相应的责任。[170]

五、责任形式与内容

(一) 责任形式

84　　　　对于饲养动物损害责任的责任形式,第 1245 条未予明确,而仅表述为"应当承担侵权责任"。因此,被侵权人可依据损害类型及救济目的自行选择合适的责任形式。实务中,最常见的情形是就各类损害请求赔偿损失。对于饲养动物未造成实际损害但造成妨碍状态的,可主张停止侵害、排除妨碍、消除危险等责任形式(第 1167 条)。被侵权人就人身损害主张赔礼道歉的,不应予以支持。[171] 以下主要就损害赔偿的内容予以分析。

(二) 责任内容

1. 人身损害赔偿

85　　　　饲养动物造成人身损害的,被侵权人可依据《民法典》第 1179 条请求赔偿医疗费、护理费、交通费、营养费、住院伙食补助费、误工减少的收入等;造成残疾的,还应当赔偿辅助器具费和残疾赔偿金;造成死亡的,还应当赔偿丧葬费和死亡赔偿金。赔偿标准与其他案件中的人身损害赔偿原则上并无不同。此类案件中,法院认可的特有赔偿项目主要包括:(1)儿童被狗咬伤,请求赔偿伤疤修复费用;[172]

---

[166]　参见江苏省高级人民法院(2014)苏审二民申字第 1707 号民事裁定书。

[167]　参见山东省济宁市中级人民法院(2017)鲁 08 民终 3729 号民事判决书。

[168]　参见北京市第三中级人民法院(2014)三中终字第 01560 号民事判决书。

[169]　参见北京市第三中级人民法院(2014)三中终字第 00368 号民事判决书。

[170]　参见四川省成都市中级人民法院(2018)川 01 民终 16750 号民事判决书。

[171]　参见湖北省黄石市中级人民法院(2020)鄂 02 民终 979 号民事判决书。

[172]　参见河南省周口市中级人民法院(2022)豫 16 民终 2694 号民事判决书。

杨　巍

(2)被猫、狗抓(咬)伤,请求赔偿狂犬疫苗费用[173]等。

赔偿项目(损害)应当与动物危险的实现存在因果关系,即责任范围上的因果 86
关系。实务中认定不具有因果关系的情形包括:(1)被侵权人被小狗咬伤,其后罹
患精神疾病;[174](2)被侵权人被狗咬伤后注射了狂犬疫苗,此后出现乳腺癌糖类
抗原 CA15-3 指数飙升的情形;[175](3)被侵权人被狗咬伤,其后经医院检查出"双
侧乳腺小叶增生,左侧乳房上方混合回声区"[176]等。

被侵权人特殊体质是否影响赔偿数额?由于该情形不属于被侵权人有过错 87
的行为,故不适用过失相抵,而应依据因果关系规则处理。[177] 具体分为以下几种
情形:

第一,被侵权人患有基础疾病且经治疗处于未发病状态,动物危险的实现导 88
致其基础疾病发作或加重的,可认定责任主体就治疗费用等承担部分责任。例如
动物惊吓构成心脏病发作的诱因(边码46)。

第二,被侵权人虽有特殊体质但此前并未转化为实际损害,动物危险的实现 89
与特殊体质相结合导致损害发生,原则上认定特殊体质与损害之间不具备因果关
系,责任主体承担全部责任。例如原告(71 岁)被狗惊吓摔倒受伤,法院认为"老
龄化骨质疏松是正常的,与损害没有因果关系",判决被告就治疗费用等承担全部
责任。[178]

第三,动物危险的实现导致损害发生的过程中,被侵权人特殊体质没有提供 90
原因力的,责任主体对特殊体质产生的治疗费用不承担责任。例如原告被狗扑倒
受伤,经检查患有心脏病、高血压等多种基础疾病,法院以"基础疾病的治疗费用
与动物侵权无关"为由不支持该费用的诉求。[179] 如果对动物所致损害的治疗过
程中治疗基础疾病是必要的,则基础疾病的治疗费用与动物致害具有因果关系,
故应予以赔偿。例如原告(59 岁)患有冠心病等基础病,被狗咬伤后,治疗中的绝
大部分费用是治疗创伤产生。由于原告基础病也比较危重,在手术治疗过程中对
基础病也进行适当治疗。法院认为这属于医疗机构的合理处置,被告应承担相应

---

[173] 参见辽宁省大连市中级人民法院(2021)辽 02 民终 8694 号民事判决书。

[174] 参见广东省高级人民法院(2018)粤民申 11071 号民事裁定书。

[175] 参见广东省高级人民法院(2017)粤民申 10154 号民事裁定书。

[176] 参见内蒙古自治区高级人民法院(2017)内民申 421 号民事裁定书。

[177] 相关学理意见参见程啸:《受害人特殊体质与损害赔偿责任的减轻——最高人民法院第 24 号
指导案例评析》,载《法学研究》2018 年第 1 期;孙鹏:《受害人特殊体质对侵权责任之影响》,载《法学》
2012 年第 12 期。

[178] 参见内蒙古自治区呼伦贝尔市中级人民法院(2016)内 07 民终 177 号民事判决书。该裁判意
见与最高人民法院指导案例 24 号的精神一致。

[179] 参见天津市第一中级人民法院(2021)津 01 民终 10824 号民事判决书。

费用。[180]

2. 精神损害赔偿

91　　对于饲养动物侵害物质性人格权(生命权、健康权、身体权等)所生精神损害,如果符合法定赔偿条件则应予赔偿。学理及实务上对此不存疑义。例如:(1)被狗咬伤,受到惊吓且留有疤痕;[181] (2)被狗追逐摔倒,致九级伤残;[182] (3)被狗咬伤后,因担心患上狂犬病而造成恐惧[183]等。如果精神损害未达到严重程度,则因不符合法定条件而不予赔偿。[184]

92　　饲养动物"侵害"精神性人格权(名誉权、隐私权等),被侵权人可否主张精神损害赔偿? 例如八哥辱骂他人[185]或者揭露他人隐私。我国学者大多认为,该情形是人利用动物(的舌头)实施直接加害行为,故应按照一般侵权责任而非饲养动物损害责任处理。[186] 笔者赞同该意见,因为该情形并非动物自主实施侵害行为,故不符合条件 2。域外法亦多采此意见。[187]

93　　被侵权人一方宠物受伤、死亡的,可否主张精神损害赔偿? 对于此类请求,法院多以"缺乏法律依据""精神损害不严重"等理由不予支持。[188] 在现阶段,对于此类非因侵害人身权主张精神损害赔偿的诉求,实务主流意见尚显保守。[189]

3. 财产损害赔偿

94　　饲养动物造成财产损害的,被侵权人可依据《民法典》第 1184 条请求按照损失发生时的市场价格[190]或者其他合理方式计算予以赔偿。为计算损失所支出的合理的评估费用,亦可请求赔偿。[191]

---

〔180〕　参见新疆生产建设兵团第八师中级人民法院(2021)兵 08 民终 151 号民事判决书。

〔181〕　参见北京市第三中级人民法院(2022)京 03 民终 6810 号民事判决书。

〔182〕　参见辽宁省大连市中级人民法院(2021)辽 02 民终 3624 号民事判决书。

〔183〕　参见广东省深圳市中级人民法院(2011)深中法民一终字第 805 号民事判决书。类似案例参见广东省广州市中级人民法院(2010)穗中法民一终字第 148 号民事判决书。

〔184〕　参见江苏省高级人民法院(2016)苏民申 849 号民事裁定书。类似案例参见云南省高级人民法院(2016)云民申 422 号民事裁定书。

〔185〕　参见《北京"八哥骂人案"续:八哥骂人是否构成侵权》,载新浪网 2002 年 11 月 10 日,https://news. sina. com. cn/s/2002−11−10/0736802223. html,最后访问时间:2023 年 8 月 4 日。

〔186〕　参见杨立新:《侵权责任法》(第 4 版),法律出版社 2021 年版,第 628 页;叶锋:《动物致害责任研究——以〈侵权责任法〉第 78 条的解释适用为中心》,载《华东政法大学学报》2014 年第 6 期,第 100 页。

〔187〕　参见毛瑞兆:《英美法的动物致害责任》,载《山西大学学报(哲学社会科学版)》2003 年第 3 期,第 112 页。

〔188〕　参见北京市第三中级人民法院(2021)京 03 民终 2561 号民事判决书。

〔189〕　参见严海涛:《因饲养的动物受损请求精神损害赔偿应否支持》,载《人民司法·案例》2010 年第 8 期,第 89 页。

〔190〕　参见山西省晋城市中级人民法院(2021)晋 05 民终 798 号民事判决书。

〔191〕　参见陕西省咸阳市中级人民法院(2019)陕 04 民终 2000 号民事判决书。

一个特殊问题是,被侵权人一方动物的救治费用等(如治疗费、火化费)[192]如何作为财产损害予以赔偿。有域外法规定,受害动物治疗费不应显著超出该动物价值,而认定费用过巨。[193] 依此规定,对于受害动物治疗费不宜简单采取无生命物件的修理、重置标准,而应考虑动物所蕴含精神利益以判断支出费用的必要性。我国现行法虽无此规定,但亦应采此解释。例如甲的狗将乙的狗撞成严重脑震荡,乙请求赔偿治疗费、宠物轮椅费共计 3 万余元,甲以"乙的狗市场价 1 千元左右"为由主张治疗费不合理,法院未认可甲的意见。法院认为,"当宠物犬受到损伤影响健康甚至生命时,主人选择在经济能力范围内为其治疗为人之常情,且宠物犬已陪伴主人五年多,其对宠物犬具有深厚情感,因此不能仅以普通物的修复、重置方式衡量主人的损失"。[194] 该裁判意见可资赞同。

饲养动物损害责任的被侵权人可否主张纯粹经济损失?域外法对此多持否定意见,主要理由包括"不符合因果关系要件""仅对侵害绝对权所生损害提供救济"等。[195] 我国有学者主张借鉴该做法,以契合危险责任原则中不救济纯粹经济损失的一般规则。[196] 该意见可资赞同。

六、抗辩事由

(一) 损害是因被侵权人故意造成

1. 抗辩要件

条件 1:基于故意引起损害发生的心理状态,被侵权人实施了某种行为。单纯的心理状态不能构成抗辩事由,而必须有某种行为。依据最高人民法院释义书的梳理,此类常见行为包括:一是为获得赔偿的"碰瓷式行为";二是盗窃饲养动物;三是单纯利用饲养动物进行自损。[197] 本条件中的"故意"是指对损害发生的心理状态,而非指故意实施某种行为。以下实例中,被侵权人故意实施某种行为但并无致其损害的故意,故不符合本条件:(1)故意凌晨带着狗去邻居家争吵,被邻居

---

[192]　参见上海市高级人民法院(2015)沪高民一(民)申字第 1796 号民事裁定书。

[193]　参见《德国民法典》第 251 条第 2 款。

[194]　参见江苏省苏州市中级人民法院(2021)苏 05 民终 7416 号民事判决书。

[195]　参见[意]毛罗·布萨尼、[美]弗农·瓦伦丁·帕尔默主编:《欧洲法中的纯粹经济损失》,张小义等译,法律出版社 2005 年版,第 201—202 页。

[196]　参见王利明、周友军、高圣平:《侵权责任法疑难问题研究》,中国法制出版社 2012 年版,第 619 页。

[197]　参见最高人民法院民法典贯彻实施工作领导小组主编:《中华人民共和国民法典侵权责任编理解与适用》,人民法院出版社 2020 年版,第 647 页。

家的狗咬伤；[198]（2）故意走到拴狗处，被狗咬伤；[199]（3）甲到乙家院子用砖头砸烂乙院子小房的石棉瓦（后被公安机关以故意毁坏财物予以行政处罚），乙的狗咬伤甲[200]等。

98　　　　条件2：被侵权人的行为与损害之间具有因果关系。本条件应采相当因果关系之标准。例如甲为碰瓷索赔持木棒故意激怒乙的狼狗，甲本意是被咬成轻伤，结果感染狂犬病毒。甲的行为与罹患狂犬病具有因果关系，乙可以主张本抗辩事由。

2. 抗辩效果

99　　　　第1245条中的"可以不承担或者减轻责任"之抗辩效果，如何适用于本抗辩事由？对此存在分歧意见。第一种观点认为，"被侵权人故意"构成免责事由，"被侵权人重大过失"构成减责事由。[201] 第二种观点认为，被侵权人故意或者重大过失均可构成免责事由，也均可构成减责事由，应基于案件相关因素考量。[202] 第三种观点（原因力说）认为，如果被侵权人故意或者重大过失是引起损害的全部原因，构成免责事由；如果是引起损害的部分原因，构成减责事由。[203] 笔者赞同观点三，理由如下：其一，第1245条规定的抗辩事由是基于原因力的抗辩，[204] 而故意的主观恶意虽大于重大过失，但二者提供的原因力未必构成正比关系。其二，参酌《民法典》第1174条（受害人故意）与第1173条（过失相抵）的适用关系，可印证观点三的合理性。

（二）损害是因被侵权人重大过失造成

1. 抗辩要件

100　　　　条件1：被侵权人实施某种行为时，对该行为可能引起损害发生存在重大过失。判断重大过失应考虑几方面因素：一是动物的危险程度。如果对危险程度较高的动物（如狼狗、猴子）鲁莽行动，构成重大过失的可能性较大；而针对危险程度较低的动物（如鸡、鸭）则否。二是被侵权人行为的性质，即该行为是否容易激发

---

[198]　参见吉林省高级人民法院（2017）吉民申2982号民事裁定书。

[199]　参见辽宁省抚顺市中级人民法院（2021）辽04民终1270号民事判决书。

[200]　参见广西壮族自治区来宾市中级人民法院（2016）桂13民终1168号民事判决书。

[201]　参见程啸：《侵权责任法》（第3版），法律出版社2021年版，第710页。

[202]　参见王利明：《侵权责任法研究（下卷）》（第2版），中国人民大学出版社2016年版，第616—617页。

[203]　参见张新宝：《中国民法典释评·侵权责任编》，中国人民大学出版社2020年版，第271页；杨立新：《饲养动物损害责任一般条款的理解与适用》，载《法学》2013年第7期，第28页。

[204]　参见黄薇主编：《中华人民共和国民法典侵权责任编释义》，法律出版社2020年版，第231—232页。

动物危险的实现。三是动物饲养人或者管理人对管理义务的履行情况。如果其充分履行了预防、警示等义务,被侵权人仍草率行动,构成重大过失的可能性较大;反之则否。[205] 上述因素应在个案中作综合考量。

条件 2:被侵权人行为与损害之间具有因果关系。本条件亦采相当因果关系之标准。实务中认定构成本抗辩事由的具体情形包括:(1)阮某(未满 3 岁)脱离监护人的监护自行玩耍,被用铁链拴在树上的狗咬伤,监护人有重大过失;[206] (2)祝某得知公园不营业离开景区时又独自行至公园偏僻角落处,忽视该处的养狗警示;[207] (3)他人散养的梅花鹿出现在市区附近的堤坝上,被在此处施工的隋某发现,隋某驱逐、围堵该鹿时被该鹿顶伤;[208] (4)聂某未经屋主允许,在屋主不知情的情况下,将自己身体的一部分置于屋主院墙内,引发护院犬的攻击;[209] (5)元某因琐事与他人发生争吵,推搡对方并踢踹其狗导致被狗咬伤;[210] (6)叶某作为蜂场的所有人和管理人,明知双方的蜜蜂已经起盗,在对方搬离蜂场后 9 天内,未经营管理蜂场及采取任何补救措施;[211] (7)尔某自行解开他人拴着的马,擅自骑行时摔倒受伤;[212] (8)牛的主人警告"这头牛脾气爆,不要太靠近",黄某轻信能够避免,用草喂牛时过于靠近而被顶伤[213] 等。

实务中认定不构成本抗辩事由的情形主要包括两类:第一,被侵权人行为虽然为损害发生提供了原因力,但该行为本身并未超出正常范畴。例如:(1)杨某从工作场地前往厕所的途径中只有拴狗的一条道路,否则必须从田地中绕行,杨某情急中选择道路通行而被狗咬伤;[214] (2)刘某在赵某的工地干活时到王某家附近关水开关,被王某家饲养的狗咬伤;[215] (3)牛发狂失控窜至钟某家门前,钟某(80岁)躲避不及,弯腰捡工具意欲驱赶牛系为保护自身安全;[216] (4)甲看到乙牵狗绳在小区树林里遛狗,上前与乙聊天,因狗吠叫导致甲摔倒受伤[217] 等。

———————

[205] 参见最高人民法院民法典贯彻实施工作领导小组主编:《中华人民共和国民法典侵权责任编理解与适用》,人民法院出版社 2020 年版,第 648—649 页。

[206] 参见湖北省高级人民法院(2017)鄂民申 1340 号民事裁定书。

[207] 参见陕西省高级人民法院(2015)陕赔民申字第 00722 号民事裁定书。

[208] 参见黑龙江省高级人民法院(2015)黑高民申二字第 162 号民事裁定书。

[209] 参见北京市高级人民法院(2014)高民申字第 4375 号民事裁定书。

[210] 参见北京市第二中级人民法院(2020)京 02 民终 10516 号。

[211] 参见重庆市第五中级人民法院(2017)渝 05 民终 6421 号民事判决书。

[212] 参见云南省昆明市中级人民法院(2016)云 01 民终 4279 号民事判决书。

[213] 参见广西壮族自治区百色市中级人民法院(2014)百中民一终字第 788 号民事判决书。

[214] 参见新疆维吾尔自治区高级人民法院生产建设兵团分院(2021)兵民申 344 号民事裁定书。

[215] 参见甘肃省高级人民法院(2020)甘民申 1859 号民事裁定书。

[216] 参见湖南省株洲市中级人民法院(2022)湘 02 民终 1215 号民事判决书。

[217] 参见吉林省长春市中级人民法院(2015)长民二终字第 1121 号民事判决书。

103　　　抚摸、逗弄动物不宜简单地一律认定为"重大过失",而应视一般人对该行为引发致害事件是否具有可预见性而定。由于抚摸、逗弄等行为属于饲养宠物带来的合理的、不易抗拒的乐趣,因此如果该行为在通常视角下能够被宠物所接受,就不构成重大过失。例如捏狗的尾巴、[218]轻摸猫的额头(除非行为人已知或应知看似温顺的小猫实则性格暴戾)。如果逗弄行为具有粗暴、攻击性、不合动物习性等特征,则有可能构成重大过失。

104　　　第二,被侵权人行为本身虽属不当,但与损害之间不具有因果关系。例如:(1)吕某骑行电动摩托车被狗追逐摔倒受伤,虽然吕某未佩戴头盔违反规定,但其主要伤情并非因未佩戴头盔所致;[219](2)芦某的狗未束犬链,致使狗扑咬王某,虽然王某饲养的犬只未办理《养犬许可证》,但不能以此认定王某存在重大过失;[220](3)黄某的狗在公路上咬伤王某,虽然王某违反国家疫情禁令外出聚集打牌,但对于被狗咬伤不属于重大过失;[221](4)胡某为求职进入厂区时未按要求进行登记(门卫口头允许进入),被厂区饲养的家犬咬伤;[222](5)肖某未经屋主许可(二人相熟),进入院内卫生间小解,被院内的狗咬伤[223]等。

2. 抗辩效果

105　　　基于前述原因力说之理由(边码99),应当依据被侵权人行为与损害之间所具有的原因力大小,判断构成免责事由或者减责事由。

(三)其他抗辩事由

1. 不可抗力

106　　　对于饲养动物损害责任可否适用不可抗力之抗辩事由,学理上存在争议。[224]较为合理的解释是,不可抗力作为一般抗辩事由未被第1245条的文义排除,故仍可适用,但抗辩效果应当依据因果关系规则予以确定。[225]如果不可抗力为动物致害事件的发生提供了全部原因,构成免责事由。例如原本平静的公牛在山洪

---

〔218〕　参见江西省赣州市中级人民法院(2018)赣07民终405号民事判决书。

〔219〕　参见辽宁省高级人民法院(2021)辽民申6238号民事裁定书。

〔220〕　参见河北省高级人民法院(2017)冀民申6377号民事裁定书。

〔221〕　参见湖南省湘潭市中级人民法院(2020)湘03民终1073号民事判决书。

〔222〕　参见湖南省湘潭市中级人民法院(2018)湘03民终262号民事判决书。

〔223〕　参见福建省福州市中级人民法院(2014)榕民终字第162号民事判决书。

〔224〕　肯定说参见尹志强主编:《物件及动物致害责任例解与法律适用》,人民出版社2010年版,第260—261页;否定说参见王利明:《侵权责任法研究(下卷)》(第2版),中国人民大学出版社2016年版,第617—618页。

〔225〕　参见陈本寒、艾围利:《侵权责任法不可抗力适用规则研究——兼评〈侵权责任法〉第29条》,载《现代法学》2011年第1期,第66—68页。

暴发的刺激下顶伤他人。如果不可抗力仅为动物致害事件的发生提供了部分原因力,构成减责事由。例如羊群正在踩踏农田,突起龙卷风使羊群受惊狂奔,致使农田损失进一步扩大。该情形虽属动物自主行为造成他人损害,但对于因不可抗力扩大的损失可予以免责。

2. 正当防卫、紧急避险、自助行为

这些抗辩事由均属于合法性抗辩(违法阻却事由),不应适用于饲养动物损害责任。因为责任主体是否承担危险责任取决于,在致害事件中其掌控的危险是否变成了现实,而非其行为是否合法。[226]　而且,动物不可能具有法律意义上的"防卫意图""避险意图""保护合法权益的意图"等,故无法具备这些抗辩事由所需要件。以正当防卫为例,如果狗的主人遭受他人不法侵害时驱使狗进行防卫,这是人的行为构成正当防卫(狗是防卫工具),而非饲养动物损害责任适用正当防卫之抗辩事由;如果狗的主人遭受他人不法侵害时狗自主进行反击,可适用"被侵权人重大过失"之抗辩事由,狗自身遭受不法侵害的情形亦同。 107

3. 自甘冒险

该抗辩事由可适用于饲养动物损害责任,因为在风险较高的文体活动(如西班牙式斗牛)中参加者依其意思排除适用危险责任不违反该抗辩事由的立法本意。该情形下,《民法典》第 1176 条第 1 款前段之"因其他参加者的行为受到损害"应解释为因动物(如被斗之牛)自主行为受到损害;第 1 款后段之"其他参加者对损害的发生有故意或者重大过失"应解释为饲养人或者管理人对损害的发生有故意或者重大过失(如牛的主人未向活动组织者提供牛的真实信息),而不应解释为动物作出超乎寻常的行为,因为动物的这种行为本为该文体活动的固有内容,而且评判"动物是否犯规"是没有意义的。 108

此类文体活动的观众因动物受到损害的,活动组织者的责任适用安全保障义务的相关规定(《民法典》第 1176 条第 2 款),而不适用该抗辩事由。[227] 109

4. 过失相抵

《民法通则》第 127 条曾规定"受害人的过错"构成饲养动物损害责任之抗辩 110

---

　　[226]　参见[德]马克西米利安·福克斯:《侵权行为法》(2004 年第 5 版),齐晓琨译,法律出版社 2006 年版,第 256 页。

　　[227]　对于该案型,有法院仍然依据第 1245 条认定动物饲养人或者管理人对(被斗牛顶伤的)观众承担责任,而忽略活动组织者的责任。该裁判意见似值得商榷。参见贵州省黔东南苗族侗族自治州中级人民法院(2022)黔 26 民申 48 号民事裁定书。

事由,但《民法典》未延续该规定。学界[228]及实务界[229]主流意见均认为,《民法典》第 1173 条之过失相抵规则不适用于饲养动物损害责任,因为第 1245 条规定"被侵权人故意或者重大过失"之抗辩事由排除了"被侵权人一般过失"之情形。在饲养动物损害责任案件中,有少数法院仍然适用《民法典》第 1173 条之过失相抵规则,[230]似为因循旧法之误,《民法典》施行后不应再采此做法。

111　　　　但是,以下情形例外地适用"被侵权人一般过失"之抗辩事由(《民法典》第 1173 条)似乎具有一定程度的合理性:第一,被侵权人亦为危险责任的责任主体。例如:被告(马匹饲养人)在道路上行走时未用缰绳牵引马匹,原告驾驶摩托车与其相撞受伤。法院认为,"原告未及时采取减速或避让等措施,导致与马匹相撞,对损害发生也存在过错",依据过失相抵规则(《民法典》第 1173 条),认定双方分别承担 40% 和 60% 的责任。[231]该情形下,(作为危险责任主体的)被侵权人亦负有较高的注意义务,故相应地降低抗辩事由标准似乎是合理的。第二,在"看到动物而受惊吓致害"的案型中,由于动物危险的实现程度较低,其提供的原因力亦弱于其他案型,故似可适当降低抗辩事由标准(边码 44)。

七、举证责任

112　　　　第 1245 条适用举证责任的一般规则。原告(被侵权人)起诉时须证明本文第二部分各要件均已具备,但对于被告(责任主体)是否有过错不负举证责任。[232]被告以"损害是因被侵权人故意或者重大过失造成"为由主张免责或减责的,须对该抗辩事由举证证明。《民事诉讼证据规定》(法释〔2001〕33 号,已废止)第 4 条第 1 款第 5 项曾对此设有明确规定,虽然其后《民事诉讼证据规定》(2019 年修正)删除该规定,但仍应采此解释。因为被告的该主张属于"当事人反驳对方诉讼请求所依据的事实",其当然负有举证责任[《民事诉讼法解释》(2022 年修正)第 90 条第 1 款],故无须另行规定。被告主张其他抗辩事由的,作相同处理。

113　　　　某些案件中,由于动物致害事件具有瞬间性、即时性的特点,导致原告举证困

---

[228]　参见邹海林、朱广新主编:《民法典评注·侵权责任编 2》,中国法制出版社 2020 年版,第 743 页(尹志强执笔)。

[229]　参见最高人民法院民法典贯彻实施工作领导小组主编:《中华人民共和国民法典侵权责任编理解与适用》,人民法院出版社 2020 年版,第 647 页。

[230]　参见贵州省毕节市中级人民法院(2020)黔 05 民终 7186 号民事判决书。

[231]　参见黑龙江省高级人民法院(2019)黑民申 4512 号民事裁定书。类似案例参见吉林省延边朝鲜族自治州中级人民法院(2021)吉 24 民终 1307 号民事判决书。

[232]　参见王倩、袁中华:《侵权法上动物致害责任之证明责任分配——以要件事实论为方法》,载《河南大学学报(社会科学版)》2013 年第 6 期,第 79 页。

杨巍

难。对于该情形,法院通常针对"动物危险的实现""因果关系"等条件适用高度盖然性证明规则[《民事诉讼法解释》(2022 年修正)第 108 条第 1 款]。例如:(1)监控视频显示,两条狗相互追逐向喻某行走处奔跑。从两条狗的奔跑速度、方向以及未见喻某有躲避动作而是瞬间直接摔倒来看,喻某被狗撞倒的事实具有高度可能性。[233] (2)王某受伤时,被贾某饲养的牛群包围着,双方对此事实均予以认可。法院根据公安机关询问笔录以及相关视频资料,认定王某致伤是由贾某饲养的牛造成。[234] (3)事发时属于蜜源不足的季节,此时意蜂的活动半径会扩大。除被告养殖意蜂之外,原告周边无其他蜜蜂养殖户,双方事后亦对此事进行过协商处理。据此,原告的中蜂大量死亡系被告养殖的意蜂所致具有高度盖然性。[235]

附:案例索引

1. 安徽省亳州市中级人民法院(2015)亳民一终字第 01225 号民事判决书:王某灰等与张某妮饲养动物损害责任纠纷案【边码 63】

2. 安徽省高级人民法院(2018)皖民申 1233 号民事裁定书:张某乐等与王某生饲养动物损害责任纠纷案【边码 38】

3. 北京市第二中级人民法院(2012)二中民终字第 16207 号民事判决书:乔某玉与肖某贞饲养动物损害责任纠纷案【边码 78】

4. 北京市第二中级人民法院(2020)京 02 民终 10516 号:元某霄与高某饲养动物损害责任纠纷案【边码 101】

5. 北京市第三中级人民法院(2014)三中民终字第 00368 号民事判决书:徐某与王某付饲养动物损害赔偿责任纠纷案【边码 82】

6. 北京市第三中级人民法院(2014)三中民终字第 01560 号民事判决书:朱某信与刘某财产损害赔偿纠纷案【边码 82】

7. 北京市第三中级人民法院(2019)京 03 民终 15855 号民事判决书:马某等与季某银饲养动物损害责任纠纷案【边码 71】

8. 北京市第三中级人民法院(2020)京 03 民终 1303 号民事判决书:孔某丽与李某等饲养动物致人损害纠纷案【边码 55】

9. 北京市第三中级人民法院(2021)京 03 民终 2561 号民事判决书:邓某红与李某杰等饲养动物损害责任纠纷案【边码 93】

10. 北京市第三中级人民法院(2021)京 03 民终 3636 号民事判决书:邵某芬等与孙某成等饲养动物损害责任纠纷案【边码 48】

11. 北京市第三中级人民法院(2022)京 03 民终 6810 号民事判决书:于某俊与高某饲养动物损害责任纠纷案【边码 91】

---

[233] 参见重庆市高级人民法院(2019)渝民申 2487 号民事裁定书。

[234] 参见内蒙古自治区高级人民法院(2015)内民申字第 01878 号民事裁定书。

[235] 参见湖北省荆门市中级人民法院(2020)鄂 08 民终 1000 号民事判决书。

12. 北京市第一中级人民法院(2016)京 01 民终 6334 号民事判决书:赵某霞与张某平等生命权、健康权、身体权纠纷案【边码 30】

13. 北京市第一中级人民法院(2021)京 01 民终 6858 号民事判决书:吕某等与苑某芹生命权、身体权、健康权纠纷案【边码 43】

14. 北京市高级人民法院(2014)高民申字第 4375 号民事裁定书:聂某三与刘某岭饲养动物损害责任纠纷案【边码 101】

15. 北京市高级人民法院(2018)京民申 542 号民事裁定书:贾某利等与王某芹饲养动物损害责任纠纷案【边码 49】

16. 重庆市第二中级人民法院(2018)渝 02 民终 2176 号民事判决书:靳某权与杨某忠等饲养动物损害责任纠纷案【边码 39】

17. 重庆市第五中级人民法院(2017)渝 05 民终 6421 号民事判决书:何某金与包某娟等饲养动物损害责任纠纷案【边码 101】

18. 重庆市第五中级人民法院(2015)渝五中法民终字第 03260 号民事判决书:金碧物业有限公司重庆分公司与汤某康饲养动物损害责任纠纷案【边码 34】

19. 重庆市高级人民法院(2013)渝高法民申字第 01378 号民事裁定书:罗某林与张某等饲养动物损害责任纠纷案【边码 58】

20. 重庆市高级人民法院(2019)渝民申 2487 号民事裁定书:刘某君等与喻某兰饲养动物损害责任纠纷案【边码 113】

21. 福建省福州市中级人民法院(2014)榕民终字第 162 号民事判决书:肖某珍与黄某忠饲养动物损害责任纠纷案【边码 104】

22. 福建省福州市中级人民法院(2015)榕民终字第 5715 号民事判决书:中铁十九局集团第二工程有限公司与李某文等饲养动物损害责任纠纷案【边码 76】

23. 福建省福州市中级人民法院(2019)闽 01 民终 5467 号民事判决书:黄某平与吴某振等饲养动物损害责任纠纷案【边码 34】

24. 福建省宁德市中级人民法院(2015)宁民终字第 1451 号民事判决书:谢某妃与陈某亨饲养动物损害责任纠纷案【边码 33】

25. 福建省莆田市中级人民法院(2020)闽 03 民终 2078 号民事判决书:林某治与周某饲养动物损害责任纠纷案【边码 79】

26. 福建省泉州市中级人民法院(2018)闽 05 民终 182 号民事判决书:陈某成与李某品等饲养动物损害责任纠纷案【边码 73】

27. 福建省厦门市海沧区人民法院(2010)海民初字第 2542 号民事判决书:曾某龄与李某娜等生命权、健康权、身体权纠纷案【边码 62】

28. 甘肃省高级人民法院(2018)甘民申 841 号民事裁定书:王某学与刘某林饲养动物损害责任纠纷案【边码 33】

29. 甘肃省高级人民法院(2020)甘民申 1859 号民事裁定书:王某与刘某饲养动物损害责任纠纷案【边码 102】

30. 甘肃省陇南市中级人民法院(2018)甘 12 民终 711 号民事判决书:吴某与碧口镇人

49. 贵州省遵义市中级人民法院(2021)黔 03 民终 1712 号民事判决书:王某虎与陈某等饲养动物损害责任纠纷案【边码 67】

50. 河北省沧州市中级人民法院(2021)冀 09 民终 1928 号民事判决书:王某甜与张某饲养动物损害责任纠纷案【边码 38】

51. 河北省承德市中级人民法院(2020)冀 08 民终 1244 号民事判决书:褚某洲等与夏某华、邢某民等健康权纠纷案【边码 13】

52. 河北省高级人民法院(2017)冀民申 6377 号民事裁定书:芦某等与王某兰饲养动物损害责任纠纷案【边码 104】

53. 河北省衡水市中级人民法院(2020)冀 11 民终 1862 号民事判决书:曹某占等与刘某光等饲养动物损害责任纠纷案【边码 63】

54. 河北省廊坊市中级人民法院(2015)廊民一终字第 646 号民事判决书:刘某与刘某琴等饲养动物损害责任纠纷案【边码 79】

55. 河南省平顶山市中级人民法院(2020)豫 04 民终 2644 号民事判决书:平顶山市湛河区姚孟村民委员会与石某等饲养动物损害责任纠纷案【边码 76】

56. 河南省新乡市中级人民法院(2020)豫 07 民终 5961 号民事判决书:姜某等与李某培等饲养动物损害责任纠纷案【边码 63】

57. 河南省周口市中级人民法院(2022)豫 16 民终 2694 号民事判决书:张某进与何某 1 饲养动物损害责任纠纷案【边码 85】

58. 黑龙江省高级人民法院(2015)黑高民申二字第 162 号民事裁定书:哈尔滨金河湾湿地旅游风景区有限公司与隋某名饲养动物损害责任纠纷案【边码 101】

59. 黑龙江省高级人民法院(2017)黑民申 154 号民事裁定书:张某文与张某贵健康权纠纷案【边码 34】

60. 黑龙江省高级人民法院(2019)黑民申 4512 号民事裁定书:杜某龙与于某峰侵权责任纠纷案【边码 111】

61. 黑龙江省齐齐哈尔市中级人民法院(2019)黑 02 民终 2215 号民事判决书:石某东与刘某英等饲养动物损害责任纠纷案【边码 38】

62. 湖北省鄂州市中级人民法院(2020)鄂 07 民终 346 号民事判决书:高某红与胡某全饲养动物损害责任纠纷案【边码 34】

63. 湖北省高级人民法院(2017)鄂民申 1340 号民事裁定书:阮某 1 与阮某 3 等饲养动物损害责任纠纷案【边码 101】

64. 湖北省高级人民法院(2021)鄂民申 1737 号民事裁定书:韩某林与徐某平等饲养动物损害责任纠纷案【边码 16】

65. 湖北省黄石市中级人民法院(2020)鄂 02 民终 979 号民事判决书:李某钏与李某顺饲养动物损害责任纠纷案【边码 84】

66. 湖北省荆门市中级人民法院(2020)鄂 08 民终 1000 号民事判决书:沙洋县五里铺镇荆明养蜂场与荆门市掇刀区雍某蜜蜂养殖场饲养动物损害责任纠纷案【边码 113】

67. 湖北省十堰市中级人民法院(2018)鄂 03 民终 465 号民事判决书:黄某香等与柯某

杨　巍

86. 江苏省徐州市中级人民法院(2015)徐民再终字第 48 号民事判决书:刘某芳与吴某艳饲养动物损害责任纠纷案【边码 47】

87. 江苏省镇江市中级人民法院(2003)镇民一终字第 447 号民事判决书:张某钊与贡某生人身损害赔偿纠纷案【边码 23】

88. 江苏省镇江市中级人民法院(2014)镇民终字第 1536 号民事判决书:仲某芳与方某霞饲养动物损害责任纠纷案【边码 43】

89. 江西省赣州市中级人民法院(2018)赣 07 民终 405 号民事判决书:丁某辉与于都县贡江镇中心小学等饲养动物损害责任纠纷案【边码 103】

90. 辽宁省大连市中级人民法院(2019)辽 02 民终 2467 号民事判决书:赵某等与韩某成饲养动物损害责任纠纷案【边码 75】

91. 辽宁省大连市中级人民法院(2021)辽 02 民终 3624 号民事判决书:李某昌与吕某明饲养动物损害责任纠纷案【边码 91】

92. 辽宁省大连市中级人民法院(2021)辽 02 民终 8694 号民事判决书:于某敏与赵某娟饲养动物损害责任纠纷案【边码 85】

93. 辽宁省抚顺市中级人民法院(2021)辽 04 民终 1270 号民事判决书:隋某某与姜某某饲养动物损害责任纠纷案【边码 97】

94. 辽宁省抚顺市中级人民法院(2021)辽 04 民终 3090 号民事判决书:刘某红与胡某林饲养动物损害责任纠纷案【边码 81】

95. 辽宁省抚顺市中级人民法院(2022)辽 04 民终 81 号民事判决书:闫某某与关某某饲养动物损害责任纠纷案【边码 47】

96. 辽宁省阜新市中级人民法院(2022)辽 09 民终 862 号民事判决书:赵某飞与耿某珍等健康权纠纷案【边码 62】

97. 辽宁省盘锦市中级人民法院(2022)辽 11 民终 758 号民事判决书:马某与高某琴饲养动物损害责任纠纷案【边码 49】

98. 辽宁省沈阳市中级人民法院(2014)沈中民一终字第 01560 号民事判决书:周某鹏等与王某文饲养动物损害责任纠纷案【边码 43】

99. 内蒙古自治区赤峰市中级人民法院(2020)内 04 民终 1398 号民事判决书:白某海与柳某等饲养动物损害责任纠纷案【边码 73】

100. 内蒙古自治区高级人民法院(2015)内民申字第 01878 号民事裁定书:贾某龙与王某云等饲养动物损害责任纠纷案【边码 113】

101. 内蒙古自治区高级人民法院(2017)内民申 421 号民事裁定书:汪某华与满洲里市房屋住宅建筑有限责任公司等饲养动物损害责任纠纷案【边码 86】

102. 内蒙古自治区呼伦贝尔市中级人民法院(2016)内 07 民终 177 号民事判决书:刘某成等与高某琴饲养动物损害责任纠纷案【边码 48、89】

103. 山东省德州市中级人民法院(2021)鲁 14 民终 1234 号民事判决书:郝某玲等与张某饲养动物损害责任纠纷案【边码 65】

104. 山东省济宁市中级人民法院(2017)鲁 08 民终 3729 号民事判决书:李某与苏某苓等

《中国民法典评注》系列规范性文件全简称对照表*

简称	全称
《八民纪要》	《第八次全国法院民事商事审判工作会议(民事部分)纪要》(法〔2016〕399号,2016年颁布)
《保险法解释二》(2020年修正)	《最高人民法院关于适用〈中华人民共和国保险法〉若干问题的解释(二)》(法释〔2013〕14号,2013年颁布;2020年修正,2021年施行)
《保险法解释四》(2020年修正)	《最高人民法院关于适用〈中华人民共和国保险法〉若干问题的解释(四)》(法释〔2018〕13号,2018年颁布;2020年修正,2021年施行)
《保证规定》	《最高人民法院关于审理经济合同纠纷案件有关保证的若干问题的规定》(法发〔1994〕8号,1994年颁布;2021年废止)
《不正当竞争解释》	《最高人民法院关于审理不正当竞争民事案件应用法律若干问题的解释》(法释〔2007〕2号,2007年颁布;2020年修正,2021年施行;2022年废止)
《财产保全规定》(2020年修正)	《最高人民法院关于人民法院办理财产保全案件若干问题的规定》(法释〔2016〕22号,2016年颁布;2020年修正,2021年施行)
《裁判文书引用规定》	《最高人民法院关于裁判文书引用法律、法规等规范性法律文件的规定》(法释〔2009〕14号,2009年颁布)

---

* 鉴于《中国民法典评注》系列图书中的法律、行政法规的简称是统一删去"中华人民共和国",为避免对照表篇幅过长,进而方便读者阅读查找,现对此特作一体说明,而不再将其一一列入对照表。

规范性文件的颁布与施行年份,修正或修订与施行年份不一致的,另列施行年份;多次修正或修订的,只列最后一次修正或修订的年份。

(续表)

简称	全称
《查封、扣押、冻结财产规定》(2020年修正)	《最高人民法院关于人民法院民事执行中查封、扣押、冻结财产的规定》(法释〔2004〕15号,2004年颁布,2005年施行;2020年修正,2021年施行)
《承租人优先购买权复函》	《最高人民法院关于承租部分房屋的承租人在出租人整体出卖房屋时是否享有优先购买权的复函》(〔2004〕民一他字第29号,2005年颁布)
《船舶登记办法》	《中华人民共和国船舶登记办法》(交通运输部令2016年第85号,2016年颁布,2017年施行)
《贷款利率通知》	《中国人民银行关于人民币贷款利率有关问题的通知》(银发〔2003〕251号,2004年施行)
《担保法解释》	《最高人民法院关于适用〈中华人民共和国担保法〉若干问题的解释》(法释〔2000〕44号,2000年颁布;2021年废止)
《道路交通事故损害赔偿解释》(2020年修正)	《最高人民法院关于审理道路交通事故损害赔偿案件适用法律若干问题的解释》(法释〔2012〕19号,2012年颁布;2020年修正,2021年施行)
《独立保函规定》(2020年修正)	《最高人民法院关于审理独立保函纠纷案件若干问题的规定》(法释〔2016〕24号,2016年颁布;2020年修正,2021年施行)
《房屋租赁合同解释》(2020年修正)	《最高人民法院关于审理城镇房屋租赁合同纠纷案件具体应用法律若干问题的解释》(法释〔2009〕11号,2009年颁布;2020年修正,2021年施行)
《非法金融取缔办法》	《非法金融机构和非法金融业务活动取缔办法》(1998年颁布;2011年修订;2021年废止)
《夫妻债务解释》	《最高人民法院关于审理涉及夫妻债务纠纷案件适用法律有关问题的解释》(法释〔2018〕2号,2018年颁布;2021年废止)
《工程价款优先权批复》	《最高人民法院关于建设工程价款优先受偿权问题的批复》(法释〔2002〕16号,2002年颁布;2021年废止)
《公司法解释二》(2020年修正)	《最高人民法院关于适用〈中华人民共和国公司法〉若干问题的规定(二)》(法释〔2008〕6号,2008年颁布;2020年修正,2021年施行)

（续表）

简称	全称
《公司法解释三》（2020年修正）	《最高人民法院关于适用〈中华人民共和国公司法〉若干问题的规定（三）》（法释〔2011〕3号，2011年颁布；2020年修正，2021年施行）
《公司法解释四》（2020年修正）	《最高人民法院关于适用〈中华人民共和国公司法〉若干问题的规定（四）》（法释〔2017〕16号，2017年颁布；2020年修正，2021年施行）
《公司法解释五》（2020年修正）	《最高人民法院关于适用〈中华人民共和国公司法〉若干问题的规定（五）》（法释〔2019〕7号，2019年颁布；2020年修正，2021年施行）
《股票质押办法》	《证券公司股票质押贷款管理办法》（银发〔2004〕256号，2004年颁布）
《关于依法惩治性侵害未成年人犯罪的意见》	《最高人民法院、最高人民检察院、公安部、司法部关于依法惩治性侵害未成年人犯罪的意见》（法发〔2013〕12号，2013年颁布；2023年废止）
《合同法解释一》	《最高人民法院关于适用〈中华人民共和国合同法〉若干问题的解释（一）》（法释〔1999〕19号，1999年颁布；2021年废止）
《合同法解释二》	《最高人民法院关于适用〈中华人民共和国合同法〉若干问题的解释（二）》（法释〔2009〕5号，2009年颁布；2021年废止）
《婚姻法解释一》	《最高人民法院关于适用〈中华人民共和国婚姻法〉若干问题的解释（一）》（法释〔2001〕30号，2001年颁布；2021年废止）
《婚姻法解释二》	《最高人民法院关于适用〈中华人民共和国婚姻法〉若干问题的解释（二）》（法释〔2003〕19号，2003年颁布，2004年施行；2017年修正；2021年废止）
《机动车登记办法》	《中华人民共和国机动车登记办法》（公安部令第56号，2001年颁布；2004年废止）
《技术合同纪要》	《全国法院知识产权审判工作会议关于审理技术合同纠纷案件若干问题的纪要》（法〔2001〕84号，2001年颁布）
《技术合同纠纷解释》	《最高人民法院关于审理技术合同纠纷案件适用法律若干问题的解释》（法释〔2004〕20号，2004年颁布，2005年施行）

(续表)

简称	全称
《技术合同纠纷解释》(2020年修正)	《最高人民法院关于审理技术合同纠纷案件适用法律若干问题的解释》(法释〔2004〕20号,2004年颁布,2005年施行;2020年修正,2021年施行)
《继承法意见》	《最高人民法院关于贯彻执行〈中华人民共和国继承法〉若干问题的意见》[法(民)发〔1985〕22号,1985年颁布;2021年废止]
《建设工程施工合同解释》	《最高人民法院关于审理建设工程施工合同纠纷案件适用法律问题的解释》(法释〔2004〕14号,2004年颁布,2005年施行;2021年废止)
《建设工程施工合同解释二》	《最高人民法院关于审理建设工程施工合同纠纷案件适用法律问题的解释(二)》(法释〔2018〕20号,2018年颁布,2019年施行;2021年废止)
《建设工程施工合同解释一》	《最高人民法院关于审理建设工程施工合同纠纷案件适用法律问题的解释(一)》(法释〔2020〕25号,2020年颁布,2021年施行)
《建筑物区分所有权解释》(2020年修正)	《最高人民法院关于审理建筑物区分所有权纠纷案件具体应用法律若干问题的解释》(法释〔2009〕7号,2009年颁布;2020年修正,2021年施行)
《借贷案件意见》	《最高人民法院关于人民法院审理借贷案件的若干意见》[法(民)〔1991〕21号,1991年颁布;2008年修正;2015年废止]
《金融消费者权益保护办法》	《中国人民银行金融消费者权益保护实施办法》(中国人民银行令〔2020〕第5号,2020年颁布)
《金融审判意见》	《最高人民法院关于进一步加强金融审判工作的若干意见》(法发〔2017〕22号,2017年颁布)
《经济犯罪规定》(2020年修正)	《最高人民法院关于在审理经济纠纷案件中涉及经济犯罪嫌疑若干问题的规定》(法释〔1998〕7号,1998年颁布;2020年修正,2021年施行)
《精神损害赔偿解释》(2020年修正)	《最高人民法院关于确定民事侵权精神损害赔偿责任若干问题的解释》(法释〔2001〕7号,2001年颁布;2020年修正,2021年施行)

简称	全称
《九民纪要》	《全国法院民商事审判工作会议纪要》(法〔2019〕254 号,2019 年颁布)
《劳动争议解释》	《最高人民法院关于审理劳动争议案件适用法律若干问题的解释》(法释〔2001〕14 号,2001 年颁布;2021 年废止)
《劳动争议解释二》	《最高人民法院关于审理劳动争议案件适用法律若干问题的解释(二)》(法释〔2006〕6 号,2006 年颁布;2021 年废止)
《劳动争议解释一》	《最高人民法院关于审理劳动争议案件适用法律问题的解释(一)》(法释〔2020〕26 号,2020 年颁布,2021 年施行)
《立法技术规范(试行)一》	《全国人民代表大会常务委员会法制工作委员会关于印送〈立法技术规范(试行)(一)〉的函》(法工委发〔2009〕62 号,2009 年颁布)
《利率管理规定》	《人民币利率管理规定》(银发〔1999〕77 号,1999 年颁布)
《旅游纠纷规定》(2020 年修正)	《最高人民法院关于审理旅游纠纷案件适用法律若干问题的规定》(法释〔2010〕13 号,2010 年颁布;2020 年修正,2021 年施行)
《买卖合同解释》(2020 年修正)	《最高人民法院关于审理买卖合同纠纷案件适用法律问题的解释》(法释〔2012〕8 号,2012 年颁布)
《买卖合同解释》(2020 年修正)	《最高人民法院关于审理买卖合同纠纷案件适用法律问题的解释》(法释〔2012〕8 号,2012 年颁布;2020 年修正,2021 年施行)
《民法典担保制度解释》	《最高人民法院关于适用〈中华人民共和国民法典〉有关担保制度的解释》(法释〔2020〕28 号,2020 年颁布,2021 年施行)
《民法典婚姻家庭编解释一》	《最高人民法院关于适用〈中华人民共和国民法典〉婚姻家庭编的解释(一)》(法释〔2020〕22 号,2020 年颁布,2021 年施行)
《民法典纪要》	《全国法院贯彻实施民法典工作会议纪要》(法〔2021〕94 号,2021 年颁布)
《民法典继承编解释一》	《最高人民法院关于适用〈中华人民共和国民法典〉继承编的解释(一)》(法释〔2020〕23 号,2020 年颁布,2021 年施行)

(续表)

简称	全称
《民法典时间效力规定》	《最高人民法院关于适用〈中华人民共和国民法典〉时间效力的若干规定》(法释〔2020〕15号,2020年颁布,2021年施行)
《民法典物权编解释一》	《最高人民法院关于适用〈中华人民共和国民法典〉物权编的解释(一)》(法释〔2020〕24号,2020年颁布,2021年施行)
《民法典总则编解释》	《最高人民法院关于适用〈中华人民共和国民法典〉总则编若干问题的解释》(法释〔2022〕6号,2022年颁布)
《民法总则诉讼时效解释》	《最高人民法院关于适用〈中华人民共和国民法总则〉诉讼时效制度若干问题的解释》(法释〔2018〕12号,2018年颁布;2021年废止)
《民间借贷规定》	《最高人民法院关于审理民间借贷案件适用法律若干问题的规定》(法释〔2015〕18号,2015年颁布)
《民间借贷规定》(2020年第二次修正)	《最高人民法院关于审理民间借贷案件适用法律若干问题的规定》(法释〔2015〕18号,2015年颁布;2020年第二次修正,2021年施行)
《民间借贷规定》(2020年第一次修正)	《最高人民法院关于审理民间借贷案件适用法律若干问题的规定》(法释〔2015〕18号,2015年颁布;2020年第一次修正)
《民商事合同指导意见》	《最高人民法院关于当前形势下审理民商事合同纠纷案件若干问题的指导意见》(法发〔2009〕40号,2009年颁布)
《民事诉讼法解释》	《最高人民法院关于适用〈中华人民共和国民事诉讼法〉的解释》(法释〔2015〕5号,2015年颁布)
《民事诉讼法解释》(2020年修正)	《最高人民法院关于适用〈中华人民共和国民事诉讼法〉的解释》(法释〔2015〕5号,2015年颁布;2020年修正,2021年施行)
《民事诉讼法解释》(2022年修正)	《最高人民法院关于适用〈中华人民共和国民事诉讼法〉的解释》(法释〔2015〕5号,2015年颁布;2022年修正)
《民事诉讼证据规定》(2019年修正)	《最高人民法院关于民事诉讼证据的若干规定》(法释〔2001〕33号,2001年颁布,2002年施行;2019年修正,2020年施行)

简称	全称
《民事行政诉讼司法赔偿解释》	《最高人民法院关于审理民事、行政诉讼中司法赔偿案件适用法律若干问题的解释》(法释〔2016〕20 号,2016 年颁布)
《民诉法意见》	《最高人民法院关于适用〈中华人民共和国民事诉讼法〉若干问题的意见》(法发〔1992〕22 号,1992 年颁布;2008 年修正;2015 年废止)
《民通意见》	《最高人民法院关于贯彻执行〈中华人民共和国民法通则〉若干问题的意见(试行)》〔法(办)发〔1988〕6 号,1988 年颁布;2021 年废止〕
《民用航空器权利登记条例实施办法》	《中华人民共和国民用航空器权利登记条例实施办法》(民航总局令第 87 号,1999 年颁布)
《拍卖、变卖财产规定》(2020 年修正)	《最高人民法院关于人民法院民事执行中拍卖、变卖财产的规定》(法释〔2004〕16 号,2004 年颁布,2005 年施行;2020 年修正,2021 年施行)
《票据纠纷规定》(2020 年修正)	《最高人民法院关于审理票据纠纷案件若干问题的规定》(法释〔2000〕32 号,2000 年颁布;2020 年修正,2021 年施行)
《破产法规定一》	《最高人民法院关于适用〈中华人民共和国企业破产法〉若干问题的规定(一)》(法释〔2011〕22 号,2011 年颁布)
《破产法规定二》(2020 年修正)	《最高人民法院关于适用〈中华人民共和国企业破产法〉若干问题的规定(二)》(法释〔2013〕22 号,2013 年颁布;2020 年修正,2021 年施行)
《破产审判纪要》	《最高人民法院印发〈全国法院破产审判工作会议纪要〉的通知》(法〔2018〕53 号,2018 年颁布)
《人身损害赔偿解释》	《最高人民法院关于审理人身损害赔偿案件适用法律若干问题的解释》(法释〔2003〕20 号,2003 年颁布,2004 年施行)
《人身损害赔偿解释》(2020 年修正)	《最高人民法院关于审理人身损害赔偿案件适用法律若干问题的解释》(法释〔2003〕20 号,2003 年颁布,2004 年施行;2020 年修正,2021 年施行)

（续表）

简称	全称
《人身损害赔偿解释》（2022年修正）	《最高人民法院关于审理人身损害赔偿案件适用法律若干问题的解释》（法释〔2003〕20号，2003年颁布，2004年施行；2022年修正）
《融资租赁合同解释》	《最高人民法院关于审理融资租赁合同纠纷案件适用法律问题的解释》（法释〔2014〕3号，2014年颁布）
《融资租赁合同解释》（2020年修正）	《最高人民法院关于审理融资租赁合同纠纷案件适用法律问题的解释》（法释〔2014〕3号，2014年颁布；2020年修正，2021年施行）
《商标纠纷解释》（2020年修正）	《最高人民法院关于审理商标民事纠纷案件适用法律若干问题的解释》（法释〔2002〕32号，2002年颁布；2020年修正，2021年施行）
《商品房买卖合同解释》	《最高人民法院关于审理商品房买卖合同纠纷案件适用法律若干问题的解释》（法释〔2003〕7号，2003年颁布）
《商品房买卖合同解释》（2020年修正）	《最高人民法院关于审理商品房买卖合同纠纷案件适用法律若干问题的解释》（法释〔2003〕7号，2003年颁布；2020年修正，2021年施行）
《商业秘密解释》	《最高人民法院关于审理侵犯商业秘密民事案件适用法律若干问题的规定》（法释〔2020〕7号，2020年颁布）
《涉外民事关系法律适用法解释一》（2020年修正）	《最高人民法院关于适用〈中华人民共和国涉外民事关系法律适用法〉若干问题的解释（一）》（法释〔2012〕24号，2012年颁布，2013年施行；2020年修正，2021年施行）
《审判监督程序解释》（2020年修正）	《最高人民法院关于适用〈中华人民共和国民事诉讼法〉审判监督程序若干问题的解释》（法释〔2008〕14号，2008年颁布；2020年修正，2021年施行）
《诉讼时效规定》	《最高人民法院关于审理民事案件适用诉讼时效制度若干问题的规定》（法释〔2008〕11号，2008年颁布）
《诉讼时效规定》（2020年修正）	《最高人民法院关于审理民事案件适用诉讼时效制度若干问题的规定》（法释〔2008〕11号，2008年颁布；2020年修正，2021年施行）

简称	全称
《土地承包纠纷调解仲裁解释》(2020 年修正)	《最高人民法院关于审理涉及农村土地承包经营纠纷调解仲裁案件适用法律若干问题的解释》(法释〔2014〕1 号,2014 年颁布;2020 年修正,2021 年施行)
《土地承包纠纷解释》(2020 年修正)	《最高人民法院关于审理涉及农村土地承包纠纷案件适用法律问题的解释》(法释〔2005〕6 号,2005 年颁布;2020 年修正,2021 年施行)
《外商投资企业解释一》(2020 年修正)	《最高人民法院关于审理外商投资企业纠纷案件若干问题的规定(一)》(法释〔2010〕9 号,2010 年颁布;2020 年修正,2021 年施行)
《物权法解释一》	《最高人民法院关于适用〈中华人民共和国物权法〉若干问题的解释(一)》(法释〔2016〕5 号,2016 年颁布;2021 年废止)
《物业服务纠纷解释》(2020 年修正)	《最高人民法院关于审理物业服务纠纷案件适用法律若干问题的解释》(法释〔2009〕8 号,2009 年颁布;2020 年修正,2021 年施行)
《网络司法拍卖规定》	《最高人民法院关于人民法院网络司法拍卖若干问题的规定》(法释〔2016〕18 号,2016 年颁布,2017 年施行)
《新冠肺炎疫情执行案件意见》	《最高人民法院关于依法妥善办理涉新冠肺炎疫情执行案件若干问题的指导意见》(法发〔2020〕16 号,2020 年颁布)
《新冠疫情民事案件意见(二)》	《最高人民法院关于依法妥善审理涉新冠肺炎疫情民事案件若干问题的指导意见(二)》(法发〔2020〕17 号,2020 年颁布)
《刑事涉财产执行规定》	《最高人民法院关于刑事裁判涉财产部分执行的若干规定》(法释〔2014〕13 号,2014 年颁布)
《刑事诉讼法解释》	《最高人民法院关于适用〈中华人民共和国刑事诉讼法〉的解释》(法释〔2021〕1 号,2021 年颁布)
《刑事诉讼法解释》(2012)	《最高人民法院关于适用〈中华人民共和国刑事诉讼法〉的解释》(法释〔2012〕21 号,2012 年颁布,2013 年施行;2021 年废止)
《行政诉讼法解释》	《最高人民法院关于适用〈中华人民共和国行政诉讼法〉的解释》(法释〔2018〕1 号,2018 年颁布)

（续表）

简称	全称
《银行卡纠纷规定》	《最高人民法院关于审理银行卡民事纠纷案件若干问题的规定》（法释〔2021〕10号,2021年颁布）
《证券市场虚假陈述规定》	《最高人民法院关于审理证券市场虚假陈述侵权民事赔偿案件的若干规定》（法释〔2022〕2号,2022年颁布）
《执行财产调查规定》（2020年修正）	《最高人民法院关于民事执行中财产调查若干问题的规定》（法释〔2017〕8号,2017年颁布;2020年修正,2021年施行）
《执行程序解释》（2020年修正）	《最高人民法院关于适用〈中华人民共和国民事诉讼法〉执行程序若干问题的解释》（法释〔2008〕13号,2008年颁布,2009年施行;2020年修正,2021年施行）
《执行担保规定》（2020年修正）	《最高人民法院关于执行担保若干问题的规定》（法释〔2018〕4号,2018年颁布;2020年修正,2021年施行）
《执行工作规定》（2020年修正）	《最高人民法院关于人民法院执行工作若干问题的规定(试行)》（法释〔1998〕15号,1998年颁布;2020年修正,2021年施行）
《执行和解规定》（2020年修正）	《最高人民法院关于执行和解若干问题的规定》（法释〔2018〕3号,2018年颁布;2020年修正,2021年施行）
《执行利息解释》	《最高人民法院关于执行程序中计算迟延履行期间的债务利息适用法律若干问题的解释》（法释〔2014〕8号,2014年颁布）
《执行异议复议规定》（2020年修正）	《最高人民法院关于人民法院办理执行异议和复议案件若干问题的规定》（法释〔2015〕10号,2015年颁布;2020年修正,2021年施行）
《仲裁法解释》	《最高人民法院关于适用〈中华人民共和国仲裁法〉若干问题的解释》（法释〔2006〕7号,2006年颁布;2008年修正）
《专利纠纷规定》（2020年修正）	《最高人民法院关于审理专利纠纷案件适用法律问题的若干规定》（法释〔2001〕21号,2001年颁布;2020年修正,2021年施行）
《资管新规》	《中国人民银行、中国银行保险监督管理委员会、中国证券监督管理委员会、国家外汇管理局关于规范金融机构资产管理业务的指导意见》（银发〔2018〕106号,2018年颁布）

附录二

《中国民法典评注》写作指南
（第 2 版）

执笔：朱庆育

说明：从 2016 年第一篇评注开始，经过数年探索，评注写作已积累相当程度的经验教训。2019 年 7 月 20 日，南京大学法典评注研究中心"天同法典评注工作坊"开坊第一期，以"法典评注是什么？"为主题，讨论评注的缘起、功能、写法等基础问题，形成初步共识。2020 年《民法典》颁布，评注写作亦随之进入第二阶段。为此，评注编委会决定编写评注写作指南，以增进评注写作的规范性与稳定性。指南由朱庆育执笔，经编委会讨论于 2020 年 6 月 17 日修改定稿，并于 2020 年 8 月 25 日在微信公众号"天同诉讼圈"的"法典评注"专栏推送，是为第 1 版。本次纸质出版，在公众号推送版的基础上略作修订，是为第 2 版。

1.【功能定位】
评注以法律适用为中心，旨在追求理性而正当的司法裁判，在此目标下兼及学术讨论并为立法提供可能的参考。为此，评注应致力于：

1.1 解释。评注应对法条作出以适用为导向的正当解释。

1.2 整理。评注应秉持客观立场，整理所涉法条的立法、司法与学术文献，在此基础上揭示通说或推动通说之形成。

1.3 评论。评注应秉持理性态度，对所整理的立法、司法与学术文献作出分析评论。评论应围绕所涉法条的适用展开，并给出作者的明确立场。

1.4 详备。评注应尽可能覆盖所涉法条各种现实及可能适用情形，力求全面回应司法裁判之所需。

1.5 引领。评注应对未来司法适用、学术讨论与立法具有引领意义。

2.【评注对象】
《民法典》条文系直接评注对象，相应司法解释视为条文重要成分。必要时，条文所涉行政法规亦纳入评注内容。

3.【评注方式】

3.1 逐条解释。原则上,评注应逐条作出解释。例外情况下,如果相关法条联系过于紧密,甚至据其本质原本应属同一法条却因为立法技术被不当分割,非合并解释难以清晰展示法条适用状况,则可合并解释。

3.2 不真正法条。缺乏可适用性的不真正法条,若存在与之直接相关的真正法条,可纳入该真正法条合并解释;若无与之直接相关的真正法条,但不真正法条本身有助于理解规范体系,可作单纯论理解释;若不具备任何意义上的法律特质,可作出必要说明简略处理。

3.3 前置导言。原则上,法典各编条文评注展开之前,应前置导言,就本编基本概念、规范内容及体系作简要概述。必要时,章节之前亦可前置导言。

4.【内容结构】

完全法条的评注结构一般分成规范意旨、构成要件、法律效果与举证责任四个部分。不完全法条则视情况参照完全法条作相应取舍。

4.1 规范意旨。规范意旨部分可包括立法原意、法条功能、规范史略、适用范围及体系关联等内容。若属于请求权基础规范范畴,应一并指明属于主要规范、辅助规范抑或防御规范,以明了该规范在法律适用之网中所处坐标位置。

4.2 构成要件。构成要件应直接从法条中提取,不宜简单套用某种理论框架,亦不宜简单套用比较法对应规范或理论。构成要件之提取,应以对适用具有独立意义的最小元素为单元。

4.3 法律效果。法律效果之分析应具体至能够体现为裁判结论的程度,避免止步于"有效""无效""应负赔偿责任"等笼统宽泛的表述。

4.4 举证责任。举证责任分配可结合诉讼法举证责任分配条款一并作出分析。一般情况下,举证责任应置于评注最后一部分,但如果法条涉及较为复杂的适用情形,为行文的整体考虑,亦可在每种适用情形的讨论中分别分析举证责任分配问题。

5.【形式编排】

5.1 每条评注文前设置目录以及每一级目录内容所对应的段码。目录设至三级,依次以"一、""(一)""1."标示。

5.2 评注正文一般设至四级标题,依次为:"一、""(一)""1.""(1)"。特殊情况下需要设置第五级标题时,用"①"标示。尽量避免设置第六级标题。第一级标题全文连续计数,第二级以下各级标题则在上级标题之下重新计数。

5.3 根据意义单元编制段码。

5.3.1 作为段码编制依据的意义单元,其基本功能,一是提示作者行文须言之有物,尽量去除无实质意义的空泛之言,二是便于读者精准查询与援引。为此,单元划分以所讨论问题的相对独立性为标准。每一个意义单元对应一个独立问题,每一个意义单元均具有独立援引价值。

5.3.2 段码以阿拉伯数字从1开始全文连续计数,为与第三级标题相区分,用全角中括号括起。示例:[1]。

5.3.3 一般以一个意义单元为一个自然段。若意义单元内容少于3行,可以数个意义单元为一个自然段,但一个自然段一般不超过10行。若意义单元内容超过10行,可分成数个自然段。

5.3.4 无实质意义、仅作起承转合的自然段,不单独编制段码,视情况编入相邻上下单元。

5.3.5 修订时,若有新增意义单元,接上一意义单元段码序号从a开始加英文字母。例如,如果段码[3]之后新增3个意义单元,则依次标示为"[3a]""[3b]""[3c]"。若有删减意义单元,段码编序保留,内容则注明"删",用小括号括起。例如,如果段码[7]所对应的内容删去,则标示为"[7](删)"。如果新增意义单元正好接续删减意义单元,标示方式为"[7](删)""[7a]"。

5.3.6 评注作品结集出版时,将段码改为边码。边码直接以阿拉伯数字计序,不加中括号。

5.4 评注作品发表于期刊时,形式编排另须遵从期刊要求。

6.【解释方法】

法条解释,应综合运用文义、目的、历史、体系等解释方法,以达到清晰、正当、融贯之解释结果。常规解释路径是:始于文义,终于文义。

6.1 文义是解释的事实始点,而不是具有规范拘束力的应然始点。

6.1.1 探究文义从平义解释开始,以语词通常用法为出发点。

6.1.2 将平义解释的初步结论与规范语境相印证,初步探知语词规范含义。

6.1.3 如果存在数种可能的规范含义,结合规范目的、规范体系与规范历史作进一步解释,选择其中最能融贯各项因素的一种含义。

6.1.4 通常情况下,最终确定的语词含义须在其用法射程之内。但如果既有用法射程无法恰当体现规范目的,亦无法与规范体系相协调,可突破语词通常用法。

6.1.5 语词文义确定,即意味着解释结束。

6.2 规范目的指向规范实质功能,系确定概念与规范含义的实质标准,语词则是规范目的的语言载体。

6.2.1 探寻规范目的时,应关注立法原意与规范客观意旨,但无论立法原意(主观解释)抑或规范客观意旨(客观解释),皆非唯一或决定性标准。解释时,应结合二者作综合考量。

6.2.2 在数个可能的规范目的之间，应选择较具衡平效果的解释。

6.2.3 在数个可能的规范目的之间，应选择较合乎私法自治理念、较少管制的解释。

6.2.4 在数个可能的规范目的之间，应选择与规范体系较融贯协调的解释。

6.2.5 在数个可能的规范目的之间，应选择较顺应规范史变迁的解释。

6.2.6 法条文义所显示的规范目的过宽或过窄时，应作目的论限缩或扩张，俾使法条规范目的得到恰当界定。

6.2.7 法条文义无法指示所欲实现的规范目的时，应比照蕴含相似规范目的之法条作类推解释。

6.2.8 规范目的之确定，应体现于语词文义。

6.3 概念与规范意义应在历史变迁中寻求理解。

6.3.1 对于理解语词概念与规范具有意义的立法、司法与学术变迁均应纳入历史观察视域。

6.3.2 历史视角的解释，应避免泛化。以有助于直接理解现行规范的文义、目的与体系为限，对于规范理解不具有直接意义之历史过往，不必涉及。

6.4 概念与规范意义，应作"通过部分理解整体，通过整体理解部分"之体系解释。

6.4.1 文义、目的与历史相互调适的过程中，应随时检验体系融贯程度，适时作出必要的校准。

6.4.2 体系融贯之检验，不仅应关注技术性外在体系，亦应关注功能性内在体系。若外在体系无法兼顾，应选择对体系冲击最小的解释；若内在体系无法兼顾，应选择更有利于私法自治的解释。外在体系与内在体系无法兼容时，应优先考虑维护私法自治之规范功能。

6.4.3 作体系解释时，应依循波纹原则，以目标法条为中心，从功能最相近法条开始逐步往外验证，直至融贯为止。

6.4.4 经文义、目的、历史、体系综合考量之解释结论，应最终体现于文义。

6.5 原则上，合宪性、比较法解释以及经济学、社会学等社会科学解释不构成独立解释步骤，需要考量时，应视情况分别化入文义、目的、历史与体系解释过程。

6.6 理解法条时，应穷尽所有解释手段以维持法条之意义。非不得已不宜置实证规范于不顾而直接诉诸公平正义等抽象理念，亦不宜简单主张另立新法。

6.7 必要时，可在评注分析的基础上，就如何合理设置或表述相应规范给出作者见解，以便为将来可能的修法提供参考。

7.【行文风格】

7.1 评注须对法律适用作理性分析，不宜仅仅给出简单的结论，更须展示支撑结论的理由，但应避免过于理论化。一般情况下，论证应局限在教义法学范畴内，理论性、哲学性前提不予展开讨论。

7.2 实质性论证与信息应尽可能显示于正文。一般情况下,脚注仅用于显示援引资料信息,不展开实质论证。

7.3 行文应言简意赅,清晰明确,不宜迂回含糊,不作空泛之谈。

8.【文献使用】

文献使用顺序为:立法文献,司法文献,学术文献,比较法文献。

8.1 立法文献可提供规范变迁、立法原意、规范目的等信息,是确定规范含义的重要参考。立法文献包括历次法律草案、立法说明、全国人大常委会法工委编辑的立法资料与法律释义等文献。

8.2 司法文献可反映所涉法条的司法适用状况。

8.2.1 司法文献包括各类非属司法解释的司法政策文件、司法案例、最高人民法院编著的"理解与适用"系列释义书等。

8.2.2 最高人民法院发布的"指导意见""会议纪要"等司法政策文件非属司法解释,但鉴于其对司法裁判具有权威的指导意义,系司法解释的补充,得到各级法院事实上的遵行,可由此推知统一的司法立场,因此评注应予以关注。司法政策文件若以条文形式表现,解释时比照法条解释方法,但因其不能用作裁判依据,故应将解释结果体现于相应《民法典》条文或司法解释条文;若以叙述文字形式表述,可用以理解、佐证司法解释及《民法典》相关条文。

8.2.3 司法案例的使用顺序为:指导性案例,《最高人民法院公报》案例,最高人民法院裁判案例,高级人民法院裁判案例,《民事审判指导与参考》《人民司法·案例》《人民法院案例选》等最高人民法院机关刊物刊载案例,高级人民法院的公报类机关刊物刊载案例。中级人民法院及基层人民法院案例,纵未入选上述案例系统,但如果(1)所涉法条案例总量较少,或(2)所涉法条适用的法院层级较低,或(3)对于法条适用具有典型或特别意义,亦应纳入搜集与使用范围。

8.2.4 司法案例的整理,应尽可能反映司法适用概貌。为此,评注应在标题注释中说明案例搜集概况。概况应包括案例搜集方法、案例来源、案例构成、案例数量、案例选择依据等内容。

8.2.5《民法典》颁行之前的司法案例不因《民法典》颁行而失去意义。一般情况下,案例搜集回溯至 1995 年为止,尤其关注近 10 年案例。经典案例不受时间限制。

8.2.6 对于司法案例,可视需要作类型化整理。所涉法条构成要件缺乏或不明确时,尤应通过类型化案型总结法条适用情形。

8.2.7 使用案例时,同类案型不必全面列举案例,选取代表性案例即可。选取标准除依循 8.2.3 所示顺序外,裁判理由质量亦系重要考量因素。

8.2.8 下级法院与上级法院裁判冲突时,除非作者认同下级法院裁判并给出理由,否则应仅以上级法院裁判为分析对象。同级法院裁判冲突时,原则上均应列出并分析。

8.2.9 对于司法案例,应重视裁判理由甚于结论。若所涉法条之司法裁判普遍缺乏具有实质意义的裁判理由,应在评注中说明此司法现状,并在必要时根据裁判结论分析可能的裁判理由。

8.2.10 无论是否认同司法裁判,均应显示明确态度及理由。不认同时,应进一步给出作者主张。

8.2.11 最高人民法院编著的"理解与适用"等释义书可用作探知与理解司法立场。

8.3 学术文献反映学者对于所涉条文的理解状况,是司法适用的学理来源。

8.3.1 学术文献使用顺序为:本评注相关内容,其他可使用的评注或类评注作品,教科书,学术论文,专著。

8.3.2 学术观点不必全面列举。若可判断通说,一般援引通说;若存在对通说构成有力挑战的学说,亦应予反映;若难以判断通说,可列举具有代表性的学说。作者可在既有学说之外表达自己的主张,但应附充分且简洁的理由。

8.3.3 评注不承担体系化理论建构之责,且应考虑与其他作者研究进路的协调,因此,不宜在评注中阐述个性过于强烈的理论主张,亦不宜将论述重心置于理论建构而忽略法律适用的现实性。

8.4 作为法律规则与法律知识继受国,比较法文献有助于理解规范来源及其意义。

8.4.1 现阶段下,比较法文献不可避免,但应节制,以必要为原则。尤其是,外文比较法文献不宜单纯用于炫技,亦不宜借此回避我国司法与学术现状。

8.4.2 概念、原理等法律知识即使来自比较法,但若已为中国大陆学术吸收内化,亦应援引中国大陆学者文献,除非为了纠正中国大陆文献存在的错误。

8.4.3 援引内容为外国法或比较法时,文献使用顺序为:汉译外国文献、外文文献、中国大陆学者文献。若汉译外国文献翻译失真或版本较旧,可以外文文献相对照或直接使用外文文献,但须作说明。有关台湾地区法律状况,优先援引台湾地区文献。

8.4.4 解释法条时,如6.5所示,比较法不作为独立解释步骤,因此,原则上不单列"比较法"标题,亦不集中列举立法例等比较法资料。需要使用比较法文献时,应以论证理由的形式用作理解法条文义、目的、历史或体系的辅助因素。

8.4.5 若确有必要整理列举比较法案例、学说及立法资料供参考或对照,一般应置于脚注,以免占用正文篇幅及节外生枝。

8.4.6 使用比较法资源时,应避免主客易位,将比较法当成先在框架套用于我国实证法分析,或将我国实证法处理成印证比较法"定式"的材料。

9.【引注方式】

引注兼采脚注与文内夹注两种方式。

9.1 常规注释采脚注方式。

9.1.1 发表时,注释体例从期刊要求;出版时,并结合出版社特别要求。

9.1.2 如7.2所示,脚注一般不作实质性论证,仅显示文献信息以及8.4.5提及的比较法资料。

9.2 同一篇评注前后内容相互援引时,采文内夹注方式。

9.2.1 文内夹注直接在需要援引的正文用小括号标示所援引段码,不使用"参见"或类似提示语词。示例:(边码3)。

9.2.2 原则上,评注前后文内容具有呼应或者参照关系时,应使用文内夹注,以提示评注的体系关联。

10.【知识基础】

评注系集体作品,观点无法强求一致,但若相去太远,又难以形成具有最低限度协调性的体系。为此,评注作者在若干基础问题上应秉持相似立场。例如,应以私法自治作为基石与出发点,解释理论既非固守纯粹的主观解释亦非坚持绝对的客观解释,应根据法律效果区分负担行为与处分行为,等等。

图书在版编目（CIP）数据

中国民法典评注·条文选注. 第 4 册 / 朱庆育主编 ; 刘勇等副主编. —北京：中国民主法制出版社,2023.11

ISBN 978-7-5162-3439-6

Ⅰ. ①中… Ⅱ. ①朱…②刘… Ⅲ. ①民法–法典–法律解释–中国 Ⅳ. ①D923.05

中国国家版本馆 CIP 数据核字（2023）第 214715 号

图书出品人：刘海涛

图 书 策 划：麦　读

责 任 编 辑：庞贺鑫　孙振宇

书名／中国民法典评注·条文选注（第 4 册）

作者／朱庆育　主编

　　　刘　勇　尚连杰　吴香香　辛正郁　副主编

出版·发行／中国民主法制出版社

地址／北京市丰台区右安门外玉林里 7 号（100069）

电话／（010）63055259（总编室）　63058068　63057714（营销中心）

传真／（010）63055259

http：//www.npcpub.com

E-mail：mzfz@npcpub.com

经销／新华书店

开本／16 开　730 毫米×1030 毫米

印张／32　字数／615 千字

版本／2023 年 11 月第 1 版　2023 年 11 月第 1 次印刷

印刷／北京天宇万达印刷有限公司

书号／ISBN 978-7-5162-3439-6

定价／119.00 元